칼 바르트와 공공신학

공공신학과 정의론 3

칼 바르트와 공공신학

임창세 지음

새로운 출발
복음적 진보 신학과
교회 실천

KARL BARTH

동연

이 책은 칼 바르트연구소에서 목회자 연장 교육을 위해 행했던 논문들을 담고 있다. 임창세 박사가 발표한 논문을 주로 담고 있고, 보충적으로 정승훈 교수의 강연을 첨부한다.

임창세 박사는 "종교개혁으로부터 배우기"란 주제로 어거스틴과 토마스 아퀴나스, 루터 그리고 칼빈을 중심으로 종교개혁 사유에서 충분히 논의되지 않는 내용들이지만 목회에 필요한 개념들을 정리한다. 특히 가톨릭과 개혁교회의 주요 신학적 주제들을 비교 분석하면서 개혁교회의 주요 주제들을 목회에 적용하기 쉽게 정리한다.

바르트는 『교회교의학』의 마지막을 성령세례론으로 끝마쳤다. 여기서 성령세례론은 기독교인의 삶의 총괄 개념이며, 복음적 전진 (Vorwarts)신학의 의미가 드러난다. 바르트를 이해하려면 교의학의 마지막 성령세례론에서부터 시작해서 그 출발인 말씀의 신학으로 읽어 나가는 것이 최상의 방법이다. 바르트를 연구하는 사람들은 그의 신론을 읽고 이른바 바르티안(Bartian)이 되지만, 성령세례론을 읽고 그로부터 자유로워진다.

바르트에게서 교리는 추상적이거나 교회의 권위를 지지하기 위한 지배 담론이 아니다. 교리는 성서에 대한 주석과 해석을 담고 있고, 교회 공동체와 더불어 실천되고, 이러한 실천을 통해 사회와 정치 그리고 문화적 영역에서 영향력을 행사한다. 이런 점에서 교리는 사회적 배경과 조건을 담고 있고, 이에 대한 교회의 응답을 표현한다. 그런가 하면 교리는 고정되거나 무시간적이 아니라, 우리가 몸담고 살아가는 사회적인 영역과 더불어 대화하고, 성서 주석을 통해 새롭게 다듬어진다. 이런 점에서 교리는 살아계신 하나님과 더불어 시작되고, 해석학적이며 사회와 정치 문화적 조건과 관련된다. 바르트는 항상 근원이신 하나님과 더불어 새롭게 시작하길 원했다. 그래서 책의 제목은 "칼 바르트와 공공신학 ― 새로운 출발·복음적 진보·신학과 교회 실천"이며, 성령세례에서 표현되는 복음적인 전진신학을 통해 목회 실천에 필요한 교의학적 주제들을 이 책에서 다룬다.

바르트는 이천 년 서구 교회와 동방 교회의 교리적 전통을 비판적으로 『교회교의학』에서 논의하고, 오류를 수정하기도 하며, 자신이 해결할 수 없는 교리의 과제는 에큐메니칼 차원의 논의를 위해 열어놓기도 한다. 이런 점에서 『교회교의학』은 마치 퀼른의 대성당처럼 미완성으로 남으며, 후학들에게 남겨진 부분을 채우도록 자극한다.

교리는 하나님의 말씀의 빛에서 움직여지고 종말론적 성격, 즉 지속적인 재구성과 새로운 종합을 필요로 한다. 바르트는 교회가 하나님을 향해 어떤 말씀의 봉사(Wort zur Sache)를 할 수 있으며, 동시에 사회를 향해 어떤 책임적인 태도(Wort zur Lage)를 가질 수 있는지에 초점을 맞춘다. 마틴 루터와 장 칼뱅은 바르트의 교의학의 원류에 속하지만, 바르트는 이들의 한계와 약점에 포로가 될 필요가 없다고 말한다.

바르트가 루터와 칼빈으로부터 배운 것은 복음이란 '살아계신 하나님의 음성'(viva vox evangelii _루터)이며, 계시란 '하나님이 그리스도 안에서 인격적으로 말씀'(Dei loquentis persona _칼빈)이라는 것이다. 이것을 바르트는 "하나님이 말씀하신다"(Deus dixit)는 말씀 사건으로 파악하고 전체 교의학에 관철시킨다. 살아계신 하나님의 말씀

행위(Wort-Tat _다바르)는 자유로우며 해방적이며, 교회와 세계의 사이에 의미론적인 가교를 놓는다.

다시 말하면 하나님은 교회와 더불어 세계를 통해 자유롭게 말씀하시며, 교회는 이러한 하나님의 낯선 음성에 귀를 기울여야 한다. 교회의 교리는 이러한 시대적이고 정치사회적인 문제와 부단한 대화와 논의 과정을 거치며, 하나님의 말씀과 교리에 새로운 의미론적인 내용을 창출해 낸다. 화해론에서 그리스도론은 보편적 차원과 연관되고, 성령의 사역이 화해의 그리스도 더불어 역동적으로 나타난다.

바르트는 한편에서 삼위일체론적인 신학적 논리를 전개하고 있는가 하면, 다른 한편에서 사회 물질적 조건들을 분석하고 철학과 사회학, 경제 이론 등과의 비판적 논의를 통해 인간의 삶의 자리를 향한 말씀의 관련성을 탐구한다. 바르트는 위로부터 오는 말씀과 사회 경제적 차원에서 오는 인간과 세계의 문제를 상호 연관적으로 파악한다. 이러한 자신의 논지를 확고히 하기 위해 그는 교의학에서 작은 문체로 쓴 주석의 난을 할애해서 설명하였다. 히틀러와 투쟁에서 바르트의 모토는 그가 본 대학에서 추방당하면서 썼던 "주석, 주석, 주석"에 담겨 있다. 히틀러는 이미 제국의 교회를 통해 성서해석을 왜곡시키고 구약 대신 독일 민족 신화인 에다(Eda)를 첨부할 것을 요구했다. 바르트의 슬로건인 "주석"은 제국의 교회를 향한 비판을 담고 있다. "그것은 마치 아무 일도 일어나지 않은 것처럼" 성서 텍스트에 몰두하는 것이며, 이러한 성서 주석으로부터 하나님의 혁명을 돌출하고 히틀러 인종사회주의를 우상숭배로 단죄했다.

바르트의 교의학은 교회와 세상이라는 상호 교차적인 텍스트(intertextuality)에 깊숙이 관계되어 있다. 그의 정치 신학이나 또는 화해론의 빛들의 교리들에서 문화나 종교 그리고 자연과학을 향한 개방성은 이러한 하나님의 말씀 행위에 근거하고 있으며, 더 나아가 그리스도 안에서 세계와 화해를 하신 은혜로운 하나님에게 초점이 맞추어져 있다. 종교화되고 왜곡된 서구 기독교 문화에 대해서 타협의 여지없는 거절을 말하지만, 한편으로 바르트는 비서구의 문화나 종교에 대해서 열린 자세를 가지고 있었다.

아시아인으로서 첫 제자인 가츠미 다키자와는 선불교 출신인데, 이런 바르트의 관점에 큰 매력을 느꼈다. 마지막까지 세례 받기를 거절한 다키자와에게 바르트는 오히려 힘과 용기를 주었다. 그러나 그가 죽기 전에 기독교로 전향하고 세례를 받은 것은 무엇을 의미하는가? 바르트가 말하는 성령세례가 그에게 영향을 미쳤을 것으로 짐작한다. 바르트의 성령세례는 대단히 깊고 체계적이다. 한국교회와 목회를 위해 그의 성령세례를 연구하는 것은 대단히 중요하다. 그러나 난해하고 어렵다. 한마디로 그의 성령세례는 '전진'(Vorwarts) 신학이다. 하나님 나라를 향한 전진 운동을 하도록 성령은 우리를 자극하신다. 교회는 이러한 전진 운동에서 전위대로 서 있어야 한다.

바르트는 성서비평학을 거절하지 않았다. 오히려 하나님이 성서를 통해 말씀하신다는 그의 인식론적인 원리에는 성서비평의 성과와 주석을 긍정적으로 평가한다. 그러나 성서비평학이 성서의 내러티브를 통해 살아계신 하나님의 말씀 행위를 탈각해버리고, 비판적인 근대 의식을 통해 대양과도 같은 성서의 세계를 포로로 잡으려 했을 때, 바르트는 단호히 "NO"라고 말한다. 오히려 주석가는 자신의 의식과 태도에 대해 보다 더 비판적이어야 한다고 강조한다.

장구한 세월을 통해 전승된 성서의 생활세계를 개인의 근대적

의식을 통해서 임의대로 재단질해서 불트만처럼 실존주의화하는 것이 과연 바른 방향일까? 오히려 성서의 생활세계는 독자와는 다르며, 성서의 내러티브와 역사를 이해하기 위해서 새로운 해석의 문법이 필요하지 않은가? 성서의 삶의 자리를 파고들기 위해 비평학의 성과는 소중하지만, 삶의 자리를 통해 말씀하시는 하나님의 음성을 경청하고 나의 삶의 자리에 동시대적으로 이어가려면 기도와 말씀의 묵상은 필수적이다.

이런 점에서 바르트는 말씀과 경험 그리고 영성의 차원을 중요하게 파악한다. 성서의 생활세계가 나의 의식과 이해를 이끌어가고, 나는 여기에 질문과 대화를 통해 의미론적인 새로운 지평을 열어간다. 이것은 한 번에 이루어지는 것이 아니라 항상 새로움으로 시작된다. 성서의 영감론은 이것을 말한다. 성서 안의 새로운 세계가 교회를 향해 스스로 드러냈다(self imposition). 성서의 주제에 붙들리는 것이 바르트에게는 성서 해석학의 새로운 과제가 된다.

성서 주석과 비평을 통해 우리가 도달해야 하는 것은 '성서 안의 새로운 세계'이지 근대인의 실존이나 협소한 심리주의적인 이해에 있지 않다. 이러한 성서의 새로운 세계는 여전히 우리 삶에 동시대적으로 관련되고, 회개와 전환 그리고 새로움으로 전진할 것을 요청한다. 여기에 붙들린 사람이 바울이고, 어거스틴이고, 루터와 칼빈이었다.

바르트의 『교회교의학』 저변에 흐르는 주요 원리는 하나님의 말씀 행위에 대한 언어학적–해방적(liguistic, emancipatory) 접근이다. 말씀과 사회 물질적인 영역들에 대한 의미론적 순환(semantic circle)을 통해 바르트는 그의 교의학을 전개해 나간다. 이런 점에서 바르트가 그의 대작인 『교회교의학』을 하나님의 말씀과 삼위일체론으로 시작하는 것은 의미심장하다. 그의 말씀의 신학에는 언어학적이며 해방의 차원이 담겨 있고, 정치사회 경제적인 영역과 문화 종교적인 문제들이 이러한 새로운 해석의 틀에 들어온다.

이런 점에서 바르트의 말씀의 신학은 해석학적이지만, 하이데거나 불트만과는 전혀 다르다. 해석학 신학의 대가인 게하르트 에벨링이나 철학적 해석학의 수장인 한스 게오르그 가다머가 바르트의 『교회교의학』에서 새로운 해석학을 위한 통찰을 발견하고 여기에 감사하는 것은 이해할 만하다.

그럼에도 불구하고 살아계신 하나님은 교리와 성서를 통해 말씀하신다. 불트만처럼 해석자의 실존이 우위성을 갖는 것이 아니라, 살아계신 하나님의 말씀이 우위성을 가지며 삼위일체 하나님이 어떤 분인가를 계시한다. 그리고 성서를 읽는 독자의 삶을 바꾸어 놓는다. 바르트에게서 하나님은 자유 가운데 사랑하시는 분이다. 자유 가운데 사랑하시는 분은 모든 것들을 단지 조명할 뿐만 아니라 근저에서부터 잘못된 것들 뒤흔들고 변혁하시는 분이다. 바르트는 세계 변혁의 실천 과제(마르크스)를 그의 독특한 하나님의 혁명론에서 파악하고, 교리와 실천과 성서 주석의 문제를 사회 비판적으로 연관시키고, 정치적인 책임성으로 나가게 한다. 이런 점에서 바르트는 "오늘의 신학의 실존", 다시 말하면 신학자의 삶의 자리를 사회 비판적으로 그리고 정치적으로 진지하게 고려한다. 그래서 바르트는 종종 '하나님의 섭리와 인간의 혼란'이라는 말을 즐겨 사용했다.

정승훈은 스위스 바젤에서 "칼 바르트와 헤겔좌파"란 논문을 마치고 버클리대학 사회학과에서 오랫동안 종교개혁과 막스 베버 사회학을 연구했다. 임창세 박사가 칼빈을 교리사로부터 연구했다면, 정승훈은 칼빈의『기독교강요』를 그의 성서 주석과 비교하면서 읽었다. 임창세 박사의 지도교수는 칼빈과 바르트 전문가로 알려진 독일 보훔대학의 크리스천 링크 교수이다. 이분은 창조론에 대해 탁월한 저작을 남겼고, "자연의 신학"과 유비론에 대한 저작을 통해 칼 바르트가 기여할 수 있는 자연과학의 영역에 새로운 지평을 열어 놓으신 분이다.

"자연의 신학"은 전통적인 자연신학과는 다르다. 그것은 현대 물리학과 생물학이 발견해 놓은 업적들을 비판적으로 신학의 교리에 관련시키고 교회와 목회 현장에서 창조론과 진화론이라는 진부한, 그러나 여전히 논의의 여지가 있는 문제를 넘어서려고 한다. 전통적인 자연신학의 오해를 피하기 위해 이것은 오늘날 자연과학의 성과를 통섭하는 과학 신학으로 불리기도 한다. 이런 점에서 부록에는 임창세 박사의 교회와 과학 신학에 관한 논문이 첨부되었다.

나는 2006년 안드레아스 팡그리츠 교수의 초청으로 독일 본(Bonn)대학의 초빙 교수로 있는 동안 링크 교수가 임창세 박사를 비롯한 한국 학생들과 정기적으로 행하는 콜로키움에 참여한 적이 있다. 성서(norma normans)와 교리신학(norma normata)에 대해 매우 중요한 논의를 하고 있었던 것으로 기억하고 있다. 링크는 조직신학자로서 교리의 의미와 역사에 관심했다.

그러나 추천인이 버클리에서 연구한 칼빈은 막스 베버의 사회학과 연관되고, 지도 교수 가운데 한 분이셨던 버클리대학의 윌리암 바우스마 교수가 보는 칼빈 해석을 연구하였다. 그는 신학자가 아니라 16세기 유럽의 인문학적 지성사를 연구한 전문가이다. 필자의 마지막 논문 평가를 위해 버클리 동산에 소재한 자택으로 초청한 적이 있다. 버클리대학의 역사학과에서 어거스틴 전문가로 명망 있는 피터 브라운 교수와 더불어 바우스마 교수는 학생들에겐 존경과 흠모의 대상이었다. 그분은 칼빈을 유럽 지성사의 정점에 속하는 인문학적인 사상의 체계에서 파악하고 성서 주석가로서 성령에 깊이 감화를 받은 영성 신학자로 파악한다.

바우스마 교수는 칼빈의 예정론에 대한 저자의 해석에 대단히 만족하셨다. 칼빈의 예정론을 성서 주석에서 독해할 때 성령의 사역과 구분되지 않는다. 이후 칼빈주의 역사에서 성령의 신학자로서 칼빈은 찾아보기가 어렵다. 10여 쪽에 달하는 논문 평가서를 쓰신 스위스 바젤대학의 안톤 슈미트 교수는 성령론적으로 해석학 예정론에 놀라움을 표시하고 교리사적인 측면에서 대단히 중요한 질문을 제기하기도 했다.

슈미트 교수는 교의사(Dogmengeschichte)에 정통한 분이셨고, 교리사를 부수고 들어가는 영성과 해석학적 접근에 흥미로움을 표시하기도 했다. 미국에서 교수와 학자로 살아가면서 그분에게 평생 갚을 수 없는 사랑과 은혜를 입었다. 이런 점에서 정승훈의 "토라와 복음: 영성, 신체성 그리고 물질적 삶"에 대한 논문을 부록에 첨부했다. 그렇게 『칼 바르트와 공공신학 ― 새로운 출발·복음적 진보·신학과 교회 실천』이라는 저작은 복음적이며, 전진신학을 한국교회의 목회 실천에 착상하려고 한다. 그러나 이 책의 저자는 임창세 박사에게 주어지는 것이 적합하다.

스위스 바젤대학 본관 입구에는 스승과 제자의 동상이 있다. 스승이 제자 어깨를 손으로 얹고 앞을 바라보고 서 있는 모습으로 기억한다. 슈미트 교수는 그 동상처럼 나를 대해주셨다. 한국에서 온 별 볼 일 없는 학생을 유럽의 스승은 왜 이토록 과분한 사랑을 베풀었을까? 나에게도 향후 제자들에게 선하고 좋은 학문과 진리의 안내자가 되라는 의미가 아닐까? 스승은 제자의 뒤에 선다. 유교에도 '후생이 가외'란 말이 있지만 피에르 부르디에가 분석한 것처럼 이런 문화의 도덕적 가치를 찾기에 후기자본주의 다양한 영역들에서 인간의 의식과 성향(habitus)은 너무도 많이 뒤틀려 있고 부패해 있다.

칼빈 연구에서 막스 베버가 분석한 청교도와 자본주의는 수용하기가 어렵다. 칼빈의 사상 세계는 그의 후예들인 프랑스 위그노들의 사상 속에서 찾아야 하지 않을까! 지난 세월 가톨릭의 박해 아래 고난의 광야의 교회를 겪어야 했던 이들에게 칼빈은 위로와 권면 그리고 따스한 영성의 상징이었다. 이런 점에서 칼빈과 바르트는 한국교회에 공공신학을 위해 새로운 출발로 삼아야 하고, 교회와 목회를 위해 이들이 주는 통찰과 자극을 새롭게 재구성해야 할 과제가 있다.

추천인의 책 『칼 바르트: 행동 가운데 있는 하나님의 말씀』(Karl Barth: God's Word in Action, 2008)이 출간된 후 과분한 평가와 또한 많은 비판적인 대화에 관여했다. 이 책으로 2013년 프린스턴 신학대학원의 바르트센터의 초청을 받고 "칼 바르트와 삼위일체론적 선교"란 주제로 강연을 한 적이 있다. 흥미롭게도 에버하르트 부쉬가 기조강연차 독일에서 참석하셨는데, 그의 강연에서 무엇보다 바르트 신학에 대한 프리드리히 마르크바르트(F. W. Marquardt) 교수의 탁월한 기여에 대한 감사의 말을 들을 수 있었던 것은 흐뭇한 일이었다.

바르트 신학을 공부하면서 추천인이 마르크바르트로부터 받은 은혜와 영향은 지대하다. 그리고 이분의 신학의 세계를 나는 넘어갈 수가 없다. 마르크바르트는 평생 자신의 서재에서 바르트 사진을 걸어 놓고 그 밑에 자신의 사진을 붙여 놓은 상태로 신학 작업을 했다. 그분의 급작스런 죽음 이후 상한 마음을 가지고 베를린의 자택을 방문했을 때 도로테아 사모님이 마르크바르트 서재를 보여주셨다. 그때에는 이미 마르크바르트의 사진이 바르트의 사진 위에 걸려 있었다!

도로테아 사모님이 그렇게 하셨다고 한다. 대가들 밑에서 학문을 배우는 것은 즐거운 일이지만, 자신의 신학을 독자적으로 하기 위해 시간이 되면 미련 없이 작별을 고해야 한다. "바르트안이 되지 마라." 스승들로부터 들은 격려이고, 나의 제자들에게도 그렇게 이어간다. 이제 인생 65세를 살면서 대가들과 작별하기 시작한다. 그러나 이러한 비판적 거리감의 시간에도 여전히 대가들의 저작들은 할 말을 가지고 있다.

프린스턴 바르트연구소에서 강연 이후 흥미로운 프로그램에 참여한 적이 있다. 그것은 바르트 신학의 목회 프로젝트였다. 프린스턴의 젊은 목회자들이 바르트의『교회교의학』을 읽고 세미나에 참석하면서 교회 실천으로 발전시키고 또한 이러한 목회적 실천과 경험을 바르트학회에서 정규적으로 나누는 것이었다. 그것은 학문적 기여에 앞서 충격이고 커다란 부러움에 속했다. 저런 프로그램이 한국에서 가능할까? 반신반의했지만 인간의 혼란에는 신비한 하나님의 섭리가 있다.

예견하지 못했던 연구비가 지급되고 아시아에서 바르트연구소를 설립하는 데 사용할 수 있다는 소식을 들었을 때 하나님의 섭리가 한국의 교회를 위해 있음을 느낄 수가 있었다. 그렇게 한국에 바르트

연구소가 설립되고, 이를 위해 국내 소장인 임창세 박사가 많은 수고를 했다. 그리고 신실한 목회자들이 재정적인 후원을 해주었고, 운영 이사회를 조직해주면서 도움을 주셨다. 특히 이종원 목사(평택장로교회)는 목회의 일로 분주한 중에도 이사장직을 맡고 많은 수고를 했다. 그리고 전병금 목사(강남교회 원로목사)는 연구소의 원활한 운영을 위해 상임고문의 일을 마다하지 않으셨다. 노회별 목회자 연장 교육에 항상 참석하시고 젊은 목회자들에게 아낌없는 격려를 해 주셨다. 이 지면을 통해 도움과 후원을 주신 분들의 이름을 일일이 열거할 수는 없지만, 그분들의 손길이 바르트연구소를 움직이는 동력이 되었다. 그리고 그들을 통해서 하나님 섭리하심을 믿는다.

2023년 5월 바르트센터는 칼 바르트와 공공신학센터로 발전되고 한신대학 신대원에서 개소식 강연회를 가졌다. 이제 센터는 프린스턴의 바르트센터와 버클리의 공공신학센터와 교류하고, 독일의 공공신학과 정치 교양 프로그램과 합력하면서 글로벌 차원에서 발전하고 있다.

바르트의 신학은 믿음의 공동체를 위한 신학이다. 이 책은 바르트 신학의 목회화를 위해 임창세와 정승훈이 까다로운 교리의 주제들을 이야기체로 풀어놓은 것이다. 학문적인 가치를 손상시키지 않기 위해 연구자료들을 담고 있지만, 이 공동 저작의 의미는 목회자들에게 교리가 쉽게 수용되고, 성서를 새롭게 읽어가고, 목회의 실천으로 발전되길 바란다.

2023 부활절 버클에서
정승훈

머 리 말

필자는 독일에서 총회 파송 선교사 사역과 한인교회 목회 사역에
헌신했다. 또한 보훔대학교의 청강생(Gasthörer)으로 등록하여 틈나
는 대로 신학 연구도 병행했다. 보훔대학교에서 수업을 청강하면서
유명한 칼 바르트 학자인 링크(Chritian Link) 교수가 강의하는 교의학
콜로키움이 있다는 사실을 알았고, 8년 동안 참여하였다. 매주 모인
콜로키움에서 칼빈과 바르트를 중심으로 하는 교의학적인 훈련을
받았다. 그리고 몇 년 뒤 링크 교수는 뜻밖에도 존 폴킹혼의 과학
신학에 관한 책 몇 권을 주면서 필자에게 박사학위 논문을 제안했다.
존 폴킹혼과 비판적 실재론은 당시 가장 관심받았던 신학 분야였다.
링크 교수로부터 이런 과학 신학을 칼 바르트와 칸트의 관점에서
비평하라는 주문을 받았다. 목회를 하면서 틈나는 대로 존 폴킹혼의
저서들을 읽어 내려가던 중 존 폴킹혼이 토마스 아퀴나스에 대해서
상당히 긍정적인 평가를 한다는 느낌을 받았다.

개혁교회의 신학에 집중했던 필자로서는 토마스 아퀴나스의 신
학이 생소할 수밖에 없었다. 혹시나 하는 마음에 토마스 아퀴나스의
개론서 몇 권을 읽고서야 존 폴킹혼의 신학이 토마스 아퀴나스의
신학적 형이상학을 기반으로 과학 신학을 전개한다는 사실을 밝혀
내었다. 존 폴킹혼에게 있어서 양자물리학은 신학을 매개하기에 토
마스 아퀴나스의 자연신학이 잘 맞는 신학적 형이상학이었고, 성공
회 신학자였던 존 폴킹혼은 토마스 아퀴나스의 신학을 거부감없이
수용할 수 있었다.

학위 논문의 주제가 존 폴킹혼의 과학 신학과 토마스 아퀴나스의 자연신학의 관계 해명에 관한 것으로 잡히면서 토마스 아퀴나스를 집중적으로 연구하기 시작했다. 가톨릭 신학부의 도서관에서 2년여 동안 토마스 아퀴나스의 신학과 씨름해야만 했다. 『신학대전』을 비롯한 방대한 그의 저서를 읽는다는 것은 결코 쉬운 일이 아니었다. 그러나 토마스 아퀴나스 사상을 연구하면서 중세의 거대한 사상적 흐름이 얼마나 대단한 것인가를 새삼 깨닫게 되었다. 아비체나 보에티우스 오캄 등의 중세 신학자들을 함께 연구하면서 루터와 칼빈의 신학적 주제들이 더욱 선명하게 이해되기 시작했다.

사실 루터와 칼빈에게 있어서 가장 중요한 신학적 논쟁 대상은 가톨릭 신학, 그것도 토마스 아퀴나스의 신학이다. 루터는 윌리암 오캄에게 많은 영향을 받았고, 칼빈의 박사학위 논문은 세네카의 '관용론'에 관한 것이다. 즉, 루터도 칼빈도 중세 사상의 흐름 속에서 파악되어야 한다는 것이다. 그리고 무엇보다 루터의 저술들과 칼빈의 『기독교강요』를 보면 가톨릭 신학, 특히 토마스 아퀴나스의 신학적 주제에 대한 비판과 새로운 해석이 많은 부분을 차지하고 있다. 무엇보다도 루터와 칼빈 모두 토마스 아퀴나스라는 거대한 신학자를 넘어서기 위해서 어거스틴의 신학을 비판적으로 수용하면서 새로운 개혁교회를 위한 교의학과 신학을 전개하였다.

그럼에도 불구하고 한국의 종교개혁 교의학에 관한 저술들에서 가톨릭 교의학과의 비교분석이나 신학적 개념 차이를 정리한 것은 찾아보기 힘들다. 엄밀한 의미에서 종교개혁 교의적 개념들은 중세의 신학적 철학 혹은 가톨릭의 교의학과 비교되지 않으면 정확한 개념 정리가 힘들다.

이러한 사실을 발견한 후 필자는 줄곧 개혁교회 교의학과 가톨릭 교의학의 차이를 비교분석하는 연구에 관심을 가졌다. 그러나 교단 인가 신학교인 총회목회신학교의 주임 교수로 재직하고 또 목회를 하면서 연구를 지속하기가 쉽지 않았다. 무엇보다도 한국에서 가톨릭 교의학을 연구하는 것이 쉽지 않았다. 200년의 선교 역사에도 불구하고 한국의 가톨릭 교의학은 의외로 많은 연구 성과를 내놓지 못한 것 같다. 가톨릭의 교의학에서 가장 중요한 역할을 하는 토마스 아퀴나스의 『신학대전』(*summa theologia*)조차도 일부만 번역되었을 뿐이다. 따라서 가톨릭 교의학을 연구하는 데 시간 부족과 자료 부족 으로 한계를 느끼고 있었다.

그러다 미국에 있는 한국인 신학 교수로서는 최초로 해외 우수 인재로 선정된 정승훈 교수와 연락이 닿았다. 필자는 독일에서 정승 훈 교수가 본(Bonn)대학의 초빙 교수로 왔을 때 만나서 친분을 쌓았 다. 정 교수와 연락이 닿은 후 카톡으로 혹은 이메일로 학문적 조언을 들을 수 있었다. 그리고 정 교수와 함께 한국에 칼 바르트센터를 만들 어서 교단의 목회자들을 위한 교의학 강연을 기획하고 실천에 옮겼 다. 무엇보다도 필자가 구상했던 종교개혁 교의학과 가톨릭 교의학 의 비교분석에 관한 학문적 점검을 받을 수 있어서 정 교수와의 학문 적 대화가 큰 도움이 되었다. 그리고 아울러 칼빈과 칼 바르트가 단지 교회를 위한 교의학을 지향한 것을 넘어서서 사회참여와 변혁을 위 한 교의학을 전개했다는 사실에 대한 확실한 학문적 근거들을 소개 받을 수 있었다. 그리고 6년 동안 전국에 있는 기장교회 목회자들을 위해서 혹은 초교파 모임에서 교의학 강연을 하였다. 본 저서의 1부 와 2부는 바로 그 강연의 결과물들이다. 필자가 어거스틴부터 칼빈에 이르는 교의학 주제의 개념 정리를 맡았고, 정승훈 교수는 칼 바르트의 교의학 주제와 그에 대한 새로운 학문적 해석 및 방향에 대해서 강연했다.

이후 필자는 정 교수의 미국 저서들 가운데 공공신학을 다룬 저서들에 주목하고 한국에서 번역 출판할 것을 적극 권했다. 정 교수의 공공신학 저서인『공공신학과 학제 간의 대화』와『공공신학과 신체 정치학』이 출판되기 전까지 한국의 공공신학은 기초 단계에 머무르고 있었다. 정 교수의 공공신학 저서들은 깊고도 폭넓은 사회학적 통찰력과 신학을 접목시킨 뛰어난 저술이다. 그리고 사회적 공공장에서 신뢰를 상실하고 방향을 상실한 한국교회와 신학에 건전하고 올바른 지침을 제시해 주리라 확신한다.

정 교수의 공공신학 저서가 번역 출판된 이후 '칼 바르트센터'는 '칼 바르트와 공공신학센터'로 개명하였다. 그리고 정 교수가 신학 분야를 넘어서서 한국의 인문사회과학자들과 폭넓은 대화를 하는 동안 필자는 교의학과 공공신학을 접목시켜 한국교회에 적용할 수 있는 주제를 맡았다. 본 저서의 3부에서 개혁교회 교의학과 사회학을 접목하기 위한 논문들과 강연들을 담았다. 그리고 마지막 부록에서는 공공신학에서 빼놓을 수 없는 주제인 과학과 신학의 대화를 주제로 하는 논문을 담았다. 필자가 과학 신학의 주요 주제인 과학과 신학의 접목을 위한 형이상학을 주제로 다루었다면, 정승훈 박사는 과학 신학의 새로운 트렌드를 제시하는 글을 실었다. 특히 필자가 다룬 논문은 가톨릭의 자연신학을 넘어서려는 개혁교회의 신학적 형이상학인 '자연의 신학'을 다루었다는 점에서 이 책의 큰 흐름에서 벗어나지 않았다.

독자들은 이 책에서 다루고 있는 주제의 스펙트럼이 너무 광범위해서 혼란스러울 수 있다. 그러나 가톨릭의 자연신학 혹은 국가교회의 신학을 넘어서려는 개혁교회의 교의학과 공공신학 그리고 '자연의 신학'이라는 큰 흐름을 그리면서 읽는다면, 칼 바르트와 공공신학센터가 시도하려는 신학적 방향과 변혁에 크게 동감하리라 믿는다.

마지막으로 공동 저자를 사양하며 후배에게 저서의 이름을 양보하고 기꺼이 추천을 글을 써준 정승훈 교수에게 감사한다. 부족한 후배의 학문적 발전을 위해서 조언과 충고를 아끼지 않은 것에 대해서도 진심으로 감사하고 있다. 정 교수 같은 세계적인 학자가 교단의 신학과 한국의 인문사회과학 발전에 많은 기여를 할 수 있기를 바라며, 필자가 그 일에 작은 다리 역할을 했으면 좋겠다.

또한 칼 바르트센터를 후원하고 충고를 아끼지 않고 많은 힘을 실어주신 이사장 이종원 목사님과 고문 전병금 목사님께 진심으로 감사드린다. 그리고 목회와 학문 사이에 걸터앉은 동기를 위해서 조언과 격려를 아끼지 않은 박상필 목사를 비롯한 한신 신학 83학번 동기들에게 감사하다. 마지막으로 목회와 학문 사이에서 아슬아슬하게 줄타기하는 것을 옆에서 가슴 졸이며 지켜봐 준 평생의 동역자 주이애 사모에게 감사하고, 늦은 나이에 신학 연구에 뛰어든 동생을 위해서 기도와 재정적 후원을 아끼지 않았던 누나 임봉옥 권사에게도 감사의 마음을 전한다.

평생 목회와 학문을 길을 동시에 걸었던 교단의 원로 목사님 한 분이 자신의 목회 여정을 회고하면서 다시 기회가 주어진다면 한쪽 길만을 걷고 싶다는 회한을 들을 적이 있다. 어쩌면 목회와 신학자의 길을 동시에 걷는 것은 무모할 수 있고 또 한쪽도 제대로 못 하는 어정쩡한 목회자와 신학자가 될 수 있다. 그러나 칼 바르트는 자펜빌에서 10년 동안 목회를 한 것이 평생의 신학적 작업에 밑거름이 되었다고 고백하였다. 또한 그의 인생 말년에 『교회교의학』을 비롯한 자신의 저서들이 교회와 목회에 활용되는 것이 가장 영광스러운 일이 될 것이라고 고백하였다.

필자는 칼 바르트의 마음을 조금이나마 이해할 수 있는 것 같다. 교회를 모르는 신학자가 되기보다는 또 신학적 역량이 부족한 목회자가 되기보다는 힘겹지만 두 길을 함께 걸으면서 오히려 많은 것을 배우고 느낄 수 있어서 행복하다.

2023년 7월
목회와 신학의 자리인 용산 사택에서
임창세

차 례

제1부

종교개혁 신학에서 배우기

KARL BARTH

I. 종교개혁 시대의 성만찬 이해

들어가는 말

몇 년 전 워마드라는 페미니스트 단체가 가톨릭 성당에서 가져온 성체를 불태운 사건이 화제가 되었다. 워마드는 가톨릭교회가 낙태 금지를 강조하고 여성 사제를 임명하지 않는 것이 여성 차별적 행위라고 비난했다. 가톨릭교회에 대한 저항의 표현으로 성체를 불태운 것이다. 그리고 이런 워마드의 행동을 가톨릭교회는 심각하게 받아들였다. 이는 성체를 모독하는 행동이며, 천주교 신앙의 핵심 교리에 맞서는 것이라는 공식 입장을 밝혔다. 이 사건에 대해서 성도들이 물을 때에 가톨릭교회는 왜 화체설(transubstantiation)을 주장하는지 그리고 화체설과 개신교 성만찬 교리의 차이에 대해서 정확하게 설명해 줄 목회자가 몇 명이나 될까?

또한 한때 한국교회에서는 유행처럼 제자 양육 프로그램을 운영했고, 그 여파는 지금까지 이어지고 있다. 제자 양육 교재들 대부분이 교리 중심적 목차로 구성되어 있다: "하나님은 누구신가?", "예수 그리스도는 누구신가?", "삼위일체란?", "교회란?" 등. 이런 제자 양육 교재들을 평신도들에게 가르치면서 목회자들은 얼마나 깊은 교리적 이해를 갖고 진행하고 있을까?

칼 바르트는 말씀을 전하는 목회자에게 교리적 훈련은 필수적인 것임을 강조했다. 바르트에 따르면, 신학은 교회에 봉사하는 학문이다. 무엇보다 말씀에 봉사하는 학문이어야 한다. 그리고 말씀에서 가장 중요한 것은 살아계신 하나님에 대해서 언급하는 것이다. 그러나 유한한 인간이 무한한 하나님에 대해서 언급할 수 없다. 하나님에 대해서 말할 수 있는 능력을 상실한 인간이 하나님에 대해서 말해야만 하는 어려움이 있다. 그렇다면 어떻게 하나님에 대해서 언급해야 하는가? 칼 바르트의 "하나님의 말씀과 신학의 과제"[1]라는 강연에 이러한 고민이 잘 나타난다.

이 강연에서 바르트는 인간이 하나님에 대해서 언급할 수 있는 세 가지 방법을 제시한다.[2] 첫 번째는 교리적 방법이다. 이 방법은 신학의 전통적인 방법으로 하나님이 인간이 되셨다는 화육의 교리를 토대로 삼위일체, 구원론, 종말론 등을 이끌어 내는 방법이다. 이 방법은 성서를 근거로 하나님에 대한 실제적인 진술을 할 수 있다는 장점을 갖고 있다. 하지만 이 교리적 방법은 하나님이 교리와 달리 행하실 수 있다는 개연성을 확보하지 못한다는 단점을 갖고 있다. 즉, 하나님은 인간이 말할 수 없는 영역을 무한히 갖고 계시는데, 그것에 대해서는 말할 수 없는 것이다. 이러한 교리적 방법을 보완할 수 있는 신학적 방법이 자기 비판적 방법이다. 이는 신비주의자들이

---

1 이 강연은 1922년 10월 3일 엘거스부르크(Elgersburg)에서 있었다.
2 세 가지 방법에 대해서는 다음을 참고. 정승훈, 『칼 바르트와 동시대성의 신학』 (서울: 대한기독교서회, 2006), 286-287.

주로 사용하는 방법이다. 이 방법은 인간이 스스로를 부정하는 데서 시작된다. 인간 스스로 자기를 부정함으로 하나님이 지금 현재 말씀하시는 것을 드러내려고 한다. 수도원 운동이나 경건주의가 이에 해당한다고 볼 수 있다. 인간의 이성과 요구를 부정함으로 하나님이 지금 현재 원하시는 것을 알아가고자 하는 노력이다. 하지만 바르트에 따르면, 인간은 스스로를 부정할 필요가 없다. 왜냐하면 하나님 스스로가 십자가에서 자기를 부정하셨기 때문이다. 하나님의 자기 부정은 동시에 인간에 대한 하나님의 긍정을 의미한다. 하나님께서 스스로 십자가에 못 박히심으로 인간의 부정을 긍정으로 바꾸었다. 하나님이 자기를 비우심으로 인간이 되었기 때문에 인간은 자기 부정적인 방법을 통해서만 하나님에 대해서 말할 수 있는 것은 아니다. 우리는 인간이 되신 예수 그리스도를 통해서 하나님에 대해서 말할 수 있다.

바르트는 교리적 방법과 자기 비판적 방법을 토대로 제3의 길을 제시한다. 바로 변증법적 방법이다. 교리주의적 방법과 자기 비판적 방법은 변증법적 방법 안에서 배제되는 것이 아니라 비판적으로 통합되고 흡수된다. 바르트는 이 변증법적 방법을 후에 유비론적 방법으로 발전시킨다.

물론 바르트에 따르면, 하나님에 대해 언급하는 신학은 변증법적 방법의 틀에 고정될 수 없다. 왜냐하면 하나님은 하나님 자신이 말씀하시기 때문이다(Deus dixit). 따라서 변증법적 방법도 하나님의 말씀 앞에서 무력해질 수밖에 없다. 하지만 바르트는 변증법적 방법이 인간에게 최선의 길임을 주장한다.

여기서 주목해야 할 사실은 바르트의 중요한 신학 방법론, 즉 변증법적 방법 혹은 유비론적 방법에 있어서 교리적 방법이 배제된 것이 아니라 중요한 토대가 된다는 사실이다. 교리적 방법을 무시한 변증법적 방법이나 유비적 방법은 존재할 수 없다. 따라서 모든 신학자나 목회자가 하나님에 대해서 말하려고 할 때 교리적 방법은 중요한 기초가 된다. 여기서 신학자이든 목회자이든 스스로 물음을 던져야 한다. 우리는 성경과 하나님에 대해서 선포하면서 얼마나 교리적 기초에 충실하려고 노력했는가? 그렇지 못했다면 우리의 신학과 설교는 기초에 충실하지 못했다는 의미이다. 잘못될 경우 '다른 복음'으로 회중을 미혹할 수 있다. 교리가 없는 기독교는 존재하지 않는다.

무엇보다 기독교 교리 중에서 성만찬 문제는 매우 민감한 주제이다. 1529년 마르부르크(Marburg)회의에서 종교개혁 진영의 연합 전선이 성만찬 문제로 수포로 돌아간 사실은 너무나도 유명하다. 각자의 노선을 걷던 종교개혁 진영이 모여 연합 전선을 위해 많은 신학적 주제들에 대해서 합의를 이끌어 냈지만, 성만찬 문제에서 합의점을 찾지 못하였다. 쯔빙글리와 루터가 결별하고, 후에 칼빈조차도 자신의 길을 걸어갔다. 오늘날에는 에큐메니칼 차원에서 많은 일치점에 도달하려고 노력하고 있지만, 여전히 많은 과제가 남아 있다. 특히 개신교와 가톨릭교회는 성만찬 문제에 있어서 날카로운 대립각을 세우고 있다.

하지만 오늘날 교회일치운동을 지향하면서 다양한 신학적 일치를 모색하고 있다. 칭의론과 구원론, 예정론 그리고 성만찬까지 에큐메니칼적 일치를 위해서 노력하고 있다. 칼 바르트의 신학은 이런 일치운동에 좋은 토대를 제공했다. 오늘날의 성만찬 신학과 일치운동을 이해하기 위해서는 우선 종교개혁 시대의 성만찬 문제에 대한 전 이해가 필요하다. 본 강연에서 필자는 이런 성만찬 문제를 전반적으로 정리하고, 장로교 신학의 모태인 칼빈의 성만찬 신학을 설명하려고 한다.

특히 강연에서 그리스도의 육(肉) 임재 문제를 중심으로 다루려고 한다. 그리스도의 육(肉) 임재 문제는 성만찬 논쟁의 핵심적 사항이다. 성도들이 성만찬에서 성령의 도우심으로 그리스도를 기념한다는 사실에 대해서는 어느 종교개혁자도 부인하지 않았다. 그러나 성만찬에 그리스도의 몸이 어떻게 임재할 수 있는가? 이 문제 앞에서 많은 이견과 논쟁이 있었다. 그리고 이 문제는 여전히 성만찬 신학의 일치를 가로막는 주요 주제이다. 본 강연은 가톨릭과 종교개혁자들의 진영에서 그리스도의 육의 임재를 어떻게 이해하는지에 초점을 맞추어 진행하려 한다.

1. 성만찬 논쟁을 위한 전 이해

1) 속성 교류(communicatio idiomatum)

우선 교회사 속에 성만찬 논쟁 중 가장 민감한 문제가 그리스도의 육체성의 임재에 관한 것이다. 떡과 포도주는 물질적 요소인데 어떻게 그 속에 신성이 임하는가? 그리고 떡과 포도주 안에 그리스도의 육체가 실제로 임하는가? 이 물음에 대한 각각의 견해 차이가 치열한 논쟁을 불러일으켰다.

이런 논쟁을 이해하기 위해서 먼저 그리스도의 인성과 신성에 대한 교회사적인 논점을 정리할 필요가 있다. 주지하다시피 5세기

신학적 논쟁의 화두는 그리스도의 인성과 신성에 관한 것이다. 그리스도라는 한 인격 안에 인성과 신성이라는 두 인격 혹은 두 실체가 어떻게 공존할 수 있는가에 대해서 뜨겁게 논쟁했다. 안디옥 학파는 두 본성의 분리를 강조한 반면, 알렉산드리아 학파는 두 본성의 연합을 주장했다. 두 학파의 논쟁은 네스토리우스와 시릴의 논쟁으로 발전했고, 에베소공의회를 거쳐 칼케돈공의회는 두 본성의 연합을 강조한 시릴의 손을 들어주었다. 이후 에베소-칼케돈공의회에서 결의된 신조는 정통 교리로 자리매김하였다. 칼케돈신조는 그리스도의 인성과 신성에 대해서 다음과 같이 고백하고 있다.

> (우리는 다음과 같이 고백하도록 가르친다.) 바로 그분이 한 분이신 그리스도요 하나님의 아들이며 주님이요 외아들이시다. 그분 안에 두 본성이 있으되 섞임 없이, 바뀜 없이, 나뉨 없이 갈라짐 없이 결합한다. 결합한 후에 두 본성의 차이가 제거되는 것이 아니라 오히려 두 본성이 향유하고 있는 것이 고스란히 보존되면서 유일한 위격(prosopon), 그리고 유일한 실체(hypostasis) 안으로 흘러들어온다. 그분은 두 위격으로 나뉘거나 구별되지 않는다. 오히려 유일하고 동일한 외아들 성자 말씀이신 하나님이요 우리 주님이신 예수 그리스도가 계실 뿐이다.[3]

칼케돈신조의 인성과 신성에 대한 고백은 알렉산드리아 학파의 대표자인 시릴의 속성 교류(comminicatio idiomatum)라는 개념에 기초하고 있다. 시릴에 따르면, 그리스도의 인성과 신성은 각각 향유하고

---

3 안젤로 아마토/김관희 역, 『예수 그리스도』 (수원: 수원보홈대학교출판부, 2014), 500-501.

있는 전유물이나 특징(idiomata)을 서로 맞바꾸어 언급할 수 있다. 그러니까 그리스도 안의 두 본성이 서로 구별되고 섞이지 않은 채로 공존하지만, 일치의 덕으로 신성에 관한 것을 인성에도 서술할 수 있고, 그 역도 마찬가지라는 것이다. 예를 들자면 고통을 당하거나 죽는다는 것이 오로지 인성에만 해당된다고 하더라도 하나님께서 고난을 받으시고 죽으셨다고 말할 수 있다는 것이다.[4]

이런 속성 교류라는 개념을 통해서 인성과 신성의 문제가 어느 정도 정리되었지만, 논쟁의 불씨는 꺼지지 않았다. 그리스도의 신성 혹은 인성 중 한쪽을 주장하는 단성론(Monophysitism)적 주장이 끊임없이 제기되었고, 이 문제를 기형적으로 해결해 보려는 단의론(Monoteletism)적 주장도 있었다. 그 후 이 문제는 8C에 이르러 다마스커스의 요한(Johannes of Damascus, 675~749)에 의해서 집약되어 정리될 수 있었다. 다마스커스의 요한은 인성과 신상의 속성 교류라는 개념을 더욱 확고하기 위해서 과거 삼위일체 논쟁을 통해서 중요한 신학적 개념으로 자리한 상호내주(Perichoresis)라는 개념을 도입한다.[5]

상호내주, 즉 페리코레시스는 4세기 니케아 콘스탄티노플신조에 담긴 신학적 개념이다. 4세기의 유명한 신학적 논쟁은 소위 말하는 아리우스 논쟁이다. 성자가 성부의 피조물이라고 주장한 아리우스에 대항해서 아타나시우스는 성부와 성자의 동일본질을 주장했다. 일차적으로 니케아공의회에서 아리우스를 정죄하고 아타나시우스의 동일본질이 채택되었지만, 이후 이 논쟁은 381년 콘스탄티

---

4 Ibid., 464-465.

5 J. N. D Kelly, *Early Christian Doctrine* (Harper San Francisco: A Division of Harper Collins Publishers, 1978), 396-397.

노플공의회까지 이어졌다. 콘스탄티노플공의회에서 삼위의 일체성, 특히 성부와 성자의 동일본질에 대해서 결론을 내렸다. 이 콘스탄티노플신조를 완성하는 데 결정적인 역할을 한 교부들이 바로 갑바도키아의 세 교부(바질, 닛사의 그레고리 그리고 나지안주스의 그레고리)이다. 이들 세 교부는 요한복음 14장 11절 "내가 아버지 안에 거하고 아버지께서 내 안에 계심을 믿으라"는 말씀을 근거로 삼위일체의 관계성을 해명했다. 즉, 세 위격이 상호내주한다는 것이다. 아버지의 인격이 아들 안에 존재하기도 하고, 아들의 인격이 아버지 안에 존재하기도 한다. 또 성령 안에 아버지와 아들이 인격이 내주하기도 한다. 상호 위격이 서로에 내주함으로 다른 위격 속에서도 동일본질의 속성을 드러낸다는 것이다.

다마스커스의 요한은 이 페리코레시스의 개념을 그리스도의 인성과 신성의 관계를 설명하기 위해 도입한다. 삼위가 상호내주함으로 일체성을 드러낼 수 있다면, 아들이 인격 안에서 인성과 신성은 서로의 속성에 참여하고 교류함으로써 일체성 속에서 존재할 수 있다. 이런 속성 교류의 개념은 성경과 신앙고백 속에서 흔히 찾아볼 수 있다. "영광의 주님(신성)께서 십자가에 달리셨다(인성)" 혹은 "이 사람은(신성) 창조되지 않은 분(신성)"이라고 고백할 수 있는 것이다. 이후 페리코리시스는 기독교의 정통 교리로 굳건하게 자리하게 되었다.

속성 교류에 따르면, 인성과 신성은 상호 분리될 수 없다. 이 속성 교류의 개념은 그리스도의 인성과 신성의 문제를 해결하는 데 중요한 공헌을 했지만, 이로 인해 성만찬에 대한 뜨거운 논쟁의 빌미가 되었다. 즉, 떡과 포도주가 그리스도의 몸과 피를 상징하는 것인가 아니면 실제적인 살과 피로 변화되는가에 대한 논쟁거리가 남게 된 것이다. 다마스커스의 요한은 속성 교류 개념을 통해서 떡과 포도주는 몸과 피를 상징만 하는 것이 아니라 실제적인 그리스도의 몸과 피가 될 수 있다고 주장한다. 왜냐하면 예배에서 그리스도가 임재한다면 단지 영만 임재할 수 없다. 영과 육은 상호내주함으로 분리될 수 없기 때문이다. 예배 속에서 그리스도의 영만 임재하는 것이 아니라 육도 임재하는데, 바로 육의 임재가 떡과 포도주이다. 따라서 그는 떡과 포도주는 주님의 신화(神化)된 실제적인 몸을 의미한다. 후에 이 문제는 종교개혁 시대에 루터의 공재설과 쯔빙글리의 기념설 사이의 논쟁 속에 다시 점화된다.

2. 토마스 아퀴나스와 가톨릭의 화체설(Transsubstantiation)

가톨릭의 성례를 통틀어 일곱 성사라고 부른다. 일곱 성사는 12세기 피터 롬 바르트(Peter Lombard)에 의해서 완성되었고, 1215년 제4차 라테란공의회 때에 정식 교리로 채택되었다. 일곱 성사 중 하나가 성체성사, 즉 성만찬 예식이다. 롬바르트가 저술한 일곱 성사에 관한 글에서 어거스틴이 성만찬을 '성스러운 표징(sign)'이라고 불렀다는 사실이 알려졌다. 그 이후로 교회에서는 자연스럽게 성만찬은 성스러운 표징으로 불렀다. 그러나 이 표징에 대한 이해가 신학자들마다 달랐다.

유명론자였던 윌리엄 오캄(Willam of Ockham, 1287?~1347)은 어거스틴이 표징이라는 단어를 사용한 것은 물질적인 것보다는 비물질적인 것, 즉 영의 임재를 의미하는 것이라고 주장했다. 그러나 롬바르트(1096~1160)는 이런 오캄의 입장과 다르다. 롬바르트에 따르면, 표징은 반드시 물질적인 것이어야 한다. 왜냐하면 어거스틴이 성만찬을 가리켜 "보이지 않는 은총은 보이게 만드는 것"이라고 정의했기 때문이다. 이런 롬바르트의 주장을 토마스 아퀴나스(Thomas Aquinas)가 더욱 발전시켰다.[6]

토마스 아퀴나스는 그의 신학을 정립하는 데 아리스토텔레스 철학에 많이 의존했다. 혹자는 토마스 아퀴나스의 신학은 아리스토텔레스의 철학을 신학화한 것이라고 주장하기도 한다. 아리스토텔레스에 따르면, 모든 인식의 출발은 감각(Sense)에서 출발해야 한다. 감각은 모든 인식의 출발점이다. 아퀴나스는 이런 아리스토텔레스의 인식론에 근거해서 신앙적 인식도 감각에서 출발해야 한다는 사실을 강조한다. 미사와 예전 중에 떡과 포도주라는 감각적 도구를 사용하는 성만찬은 주님의 은총을 감각적으로 인식하기에 가장 좋은 통로이다. 그래서 떡과 포도주가 진짜 주님의 살과 피로 인정받을 수 있는 신학적 길, 즉 화체설 이론을 더욱 정교하게 다듬을 필요가 있었다.

아리스토텔레스의 질료와 형상 이론(Hylomorphism)은 화체설을 더욱 발전시키는 데 결정적인 공헌을 했다. 아리스토텔레스에 따르면, 모든 물질은 형상(Form)과 질료(Matter)로 구성되어 있다. 가령 나무라는 종(種)은 대부분 공통점을 갖고 있다. 뿌리가 있고 줄기와 잎 그리고 열매라는 구성 요소가 어우러져 나무라는 모습을 이룬다. 이런 공통된 모습을 가능하게 만드는 것이 형상이다. 그래서 형상은

---

6 Marilyn Mccord Adams, *Some Letter Medieval Theories of The Eucharist* (London: Oxford University Press, 2010), 33-34.

모든 사물의 본질적인 것이다. 그 형상을 토대로 질료가 채워진다. 줄기는 줄기의 질료로, 잎과 열매는 각각의 질료로 구성된다. 그래서 형상과 질료가 결합하여 사물이 되는 것이다. 따라서 형상은 항상 변하지 않는 실체적 속성을 갖고 있는 반면, 질료는 늘 변화하고 우연적 요소를 가질 수밖에 없다. 이런 질료의 속성을 아퀴나스는 질료의 우유성이라고 불렀다.

토마스 아퀴나스는 이런 질료와 형상 이론을 신학화한다. 아퀴나스에 따르면, 모든 창조는 하나님께서 질료에 형상을 부여하실 때 가능하다. 그런데 하나님께서 말씀으로 만물을 창조하셨다. 따라서 모든 물질의 형상은 말씀이다. 말씀으로 질료에 형상을 부여하면 그것이 곧 창조이다. 사람의 몸 역시 하나님의 말씀과 질료로 창조된 것이다. 그런데 하나님께서는 인간에게 진짜 살과 피를 먹게 하실 수는 없으셨다. 그래서 질료로 떡과 포도주를 사용하신 것이다.

봉헌 후에도 모든 우유성이 남아 있음을 우리의 오감으로 명백히 알고 있다. 하나님께서 뛰어난 지혜로 이렇게 섭리하신 것이다. 무엇보다도 사람의 살을 먹거나 피를 마시는 풍습은 인간 사회에서 찾아볼 수 없다. 그런 것은 도무지 생각조차 할 수 없다. 그러기에 그리스도의 살과 피는 인간이 보통 먹고 마시는 형태로, 즉 떡과 포도주의 형태로 주고 먹고 마시게 한 것이다. 둘째로 우리가 주님이 몸의 형체를 먹는다면 이방인들이 성찬을 모욕하기 때문이다. 셋째로 우리 주님의 살과 피를 그 보이지 않는 임재의 상태로 먹는 것은 오감의 증거를 거스르고 믿음으로써 우리 믿음의 덕을 증진시키기 때문이다.[7]

그러므로 토마스 아퀴나스에 따르면, 성만찬을 거행할 때 말씀이 선포되면 떡과 포도주의 형상, 즉 실체는 그리스도의 몸과 피로 변하지만, 우유성을 지닌 질료까지 몸과 피로 변화하면 안 된다. 그렇게 되면 진짜 사람의 몸과 피를 먹고 마시게 되기 때문이다. 떡과 포도주의 실체는 그리스도의 몸과 피로 변화되었지만, 질료의 우유성은 그대로 보존되어야 한다. 그래서 성만찬 시 비록 떡과 포도주를 먹고 마시지만, 본질적으로 그것은 말씀 제정 시 진짜 예수님의 살과 피와 같은 효력을 갖는다는 것이다.

여기서 중요한 것이 말씀의 객관성이다. 성만찬에서 말씀이 선포되면 그 말씀의 객관성이 떡과 포도주의 객관적 효력을 갖게 만든다. 이것이 소위 말하는 사효성(ex opera operato)이다.[8] 사효성이란 성례 집례자의 개인적인 성덕과 관계없이 성사 그 자체로 하나님의 은총이 주어진다는 것이다. 그리고 이 사효성이 가능한 것은 말씀이 갖고 있는 능력 때문이다. 태초에 하나님께서는 말씀으로 창조하셨다. 그리고 예수 그리스도는 말씀으로 물로 포도주를 바꾸셨다. 따라서 말씀은 모든 사물의 본질을 바꿀 수 있는 능력을 갖고 있다. 성직자가 "이것이 내 몸이다", "이것이 내 피다"라는 말씀을 선포할 때 빵과 포도주의 본질이 그리스도의 몸과 피의 본질로 변화된다는 것이다. 물론 이때 빵과 포도주의 부수적인 것들(the accident of bread and wine), 곧 냄새, 색깔, 모양, 맛, 부피 등은 그대로 존속한다.[9] 이것이 토마스

---

7 Thomas Aquinas, *Summma Theologica*, pt. III, 75, 5.
  http://www.documentacatholicaomnia.eu/03d/1225-1274, Thomas_Aquinas,_
  Summa_Theologiae_

8 Thomas Aquinas, *Summma Theologica*, pt. III, 64, 8.

9 최승태, "아퀴나스를 통해서 이룩한 가톨릭 성만찬 신학에 대한 루터의 비판," 한국조직

아퀴나스에 의해서 더욱 세련되게 다듬어진 화체설이다.

토마스 아퀴나스 이후의 화체설 논쟁

토마스 아퀴나스의 화체설은 후에 여러 신학자에 의해서 비판당한다. 둔스 스코투스(Duns Scotus, 1266?~1308)와 윌리암 옥캄(William of Ockham 1285~1347)이 토마스의 성만찬 비판에 앞장섰다. 특히 둔스 스코투스는 화체설을 논하면서 토마스의 견해가 그리스도의 몸을 떡으로 둔갑시킨 것이라고 맹렬히 비판했다. 토마스에 따르면, 성찬예식을 집례할 때 사제가 제정의 말씀을 선포하면 실체가 그리스도의 온전한 몸으로 완전히 변화된다. 즉, 제정의 말씀이 그리스도의 몸을 변화시킨다. 그러나 그리스도의 몸을 변화시킬 수 있는 것은 오로지 하나님의 권능뿐이다. 아무리 하나님의 말씀을 전하는 사제일지라도 사람이 그리스도의 몸을 변화시킬 수는 없는 것이다.

또한 둔스 스코투스가 제기한 물음은 하늘에 계신 그리스도의 육체가 어떻게 떡과 포도주에 임하는가 하는 문제이다. 앞에서 언급했듯이 그리스도는 인성과 신성을 가지신 분이다. 인성과 신성 중 어느 한쪽만 임한다면 그것은 온전한 그리스도의 살과 피가 될 수 없다. 하지만 그리스도께서는 하나님 우편에 계신다. 그렇다면 그분의 인성, 즉 육체성이 어떻게 떡과 포도주 위에 임할 수 있는가? 토마스는 실체적 임재를 주장한다. 그리스도의 몸은 하늘에 계시기 때문에 공간적으로 임재할 수 없고, 오로지 실체적으로만 임재할 수 있

신학회, 「한국조직신학논총」 34집 (2012), 191.

다. 즉, 성만찬 축성 시에 떡과 포도주의 실체가 변화되는 방식으로 임재한다는 것이다. 둔스 스코투스는 이런 실체적 임재 방식을 거부한다. 왜냐하면 그는 실체의 존재에 대해서 회의적이었으며, 개별적 속성(properties)이 없는 것은 존재한다고 말할 수 없기 때문이다.

그렇다면 하늘에 계신 그리스도의 육체는 어떻게 떡과 포도주에 임할 수 있는가? 이 문제의 해답을 찾기 위해서 둔스 스코투스는 동재설(Impanation)을 주장한다. 하나님께서는 전능하시기 때문에 한 몸을 동시에 여러 장소에 공존시킬 수 있다. 따라서 그리스도의 몸 역시 하늘과 땅 어느 곳에서든 존재할 수 있는 것이다.[10]

이러한 둔스 스코투스의 입장은 옥캄에 의해서 더욱 발전하게 된다. 무엇보다 옥캄은 토마스가 아리스토텔레스의 질료 형상론을 왜곡시켰다고 주장한다. 토마스에 따르면, 떡과 포도주의 형상과 질료를 구분하여서 성만찬 때에 단지 형상만 변화된다. 그러나 이러한 토마스의 입장은 아리스토텔레스와 동떨어진 것이다. 아리스토텔레스에게 있어서 질료와 형상은 상호 의존적이다. 형상이 없이 질료는 존재 양태를 가질 수 없으며, 형상 역시 질료 없이 존재할 수 없다. 따라서 질료가 그대로 머문 채 형상만 바뀐다는 것은 아리스토텔레스에 대한 오해이다.[11] 이러한 토마스 아퀴나스의 화체설에 대한 유명론적인 비판은 후에 루터에 의해서 수용되고 공재설로 발전한다.

---

10 둔스 스코투스의 성만찬에 대해서는 Marilyn Mccord Adams, *Some Letter Medieval Theories of The Eucharist*, 111-137 참조.

11 Bengt Hagglund, *History of Theology*, trans. by J. Lund (Saint Louis: Concordia Publishing House, 1966), 197.

3. 루터의 성만찬 이해

1) 루터의 성만찬 이해를 위한 세 가지 전제

루터의 성만찬 신학을 흔히들 공재설(consubstantiation)이라고 부른다. 이 공재설에 대해서는 여러 가지 논란이 있다. 화체설이나 기념설 혹은 영감설에 비해서 이해하기가 쉽지 않기 때문이다. 루터의 공재설을 이해하기 위해서는 그의 성만찬 이해의 두 가지 배경을 알아야 한다.

첫 번째는 유명론의 영향이다. 루터는 대학 시절과 수도원 시절 스콜라 신학과 철학에 대해서 철저하게 공부하였다. 당시 에어푸르트대학은 독일 지역의 대표적인 유명론자들이 교수로 재직하였고, 특히 루터의 스승이었던 존 나틴은 유명론의 선봉자였다.[12] 루터는 자신이 옥캄 학파의 일원임을 자랑스럽게 언급하였다. "나의 스승 옥캄은 가장 위대한 변증가였다. 그러나 그는 또 다음과 같은 말로써 자신을 새 시대의 어린아이로 표현했다. 그러나 그는 정밀하게 공식화하지 못했음을 인정해야 한다."[13] 이러한 유명론의 영향을 루터가 공재설을 주장하는 데 많은 영향을 미쳤다.

두 번째로 신비주의적 영향이다. 유명한 교회사가였던 루돌프 하르낙은 루터가 신비주의에 많은 빚을 졌다고 말하였다. 즉, 루터는 중세의 신비주의자들과 깊은 관계를 맺고 있었다. 특히 루터가 회심

---

12 Tony Lane, *A Concise History of Christian Thought*, 127.

13 Heiko Augustinus Obermann/황성국 공역, 『하나님과 악마사이의 인간 루터, 이양호』 (서울: 한국신학연구소, 1995), 184.

사건을 경험하고 난 다음에 어거스틴 수도회에 들어가면서 루터는 한참 동안 신비주의에 심취해 있었다.[14] 이런 루터의 신비주의적 경향은 그의 성만찬 신학에 잘 나타난다. 특히 "성만찬을 통한 그리스도와의 신비한 연합"이라든지 혹은 "성도 간의 교제"라는 주제와 신비주의는 깊은 관련을 가지고 있다.

2) 가톨릭의 화체설 비판

루터는 그의 논문 "교회의 바벨론 포로기"(1520)에서 가톨릭의 일곱 가지 성사에 대해서 비판했다. 그 비판의 핵심은 역시 가톨릭의 성만찬에 관한 것이다. 루터의 비판은 세 가지로 요약할 수 있다.[15]

(1) 떡만 나누는 것에 대한 비판

라테란공의회 이후 가톨릭교회에서는 평신도들에게 포도주를 나누어 주지 않았다. 이에 대해서 루터는 평신도들의 권리를 빼앗는 것이라고 비판한다. 모든 사람에게 포도주를 나누어 주어야 하는 이유는 그리스도께서 "이는 너희와 많은 사람들의 죄 사함을 위하여 흘린 내 피이다"라고 말씀하셨기 때문이다.[16] 여기서 주님은 당신의

---

14 원종천, 『성버나드: 중세 영성의 진수』 (서울: 대한기독교서회 2004), 297.

15 1962년에 시작된 제2 바티칸공의회에서는 평신도들에게도 포도주를 나누어 주는 것이 허락되었다. 그러나 아직도 대부분의 가톨릭교회에서는 빵만 허락한 1종 성찬을 시행하고 있다.

16 마틴 루터, "교회의 바벨론 포로," 존 딜렌버거 편집, 이형기 역, 『루터선집』 (파주: 크리스천 다이제스트, 2011), 326.

피가 모든 사람을 위하여 흘리신 것이라고 분명히 말씀하셨다. 그래서 어느 누구도 감히 평신도들에게 그리스도의 피를 나누지 말자고 말할 권리가 없다. 또한 가톨릭교회는 이에 대한 근거로 교회가 그렇게 정했다고 주장한다. 그러나 그 어느 누구도 그리스도의 말씀이나 하나님의 백성인 교회의 동의 없이 그 위에 군림하여 명령할 수는 없다.

(2) 화체설은 성경적이지 않다

루터는 토마스 아퀴나스가 정립한 화체설이 그냥 하나의 의견에 지나지 않음에도 불구하고 신앙의 조항에 넣었다고 말한다. 따라서 화체설을 신앙고백으로 채택한 공의회와 교황을 인정할 수 없다. 왜냐하면 성서에서 화체설의 근거를 찾아볼 수 없으며, 입증된 계시도 아니기 때문이다. 특히 예수님께서 "이것은 내 몸이다. 그리고 이것은 내 피다"라고 말씀하셨지, "이 실체는 내 몸이다"라고 말씀하지 않으셨다. 우리는 하나님을 말씀을 자의적으로 변형시켜서 안 된다.[17]

(3) 화체설은 아리스토텔레스의 철학조차 왜곡시켰다

루터는 대학 시절부터 스콜라 철학을 깊이 연구했다. 특히 대학에서 아리스토텔레스의 철학에 대해서 강의할 정도로 깊은 이해를

---

17 Ibid., 337.

갖고 있었다. 그가 보기에 토마스 아퀴나스의 화체설은 성경적이지 않을 뿐만 아리스토텔레스의 철학도 잘못 적용한 것이다.

아리스토텔레스에 따르면 주어는 그 속성과 분리될 수 없다. 예를 들어서 이 둥근 것, 이 흰 것이라는 주어는 그 속성도 둥근 것이고 흰 것이어야만 한다. 그런데 토마스 아퀴나스는 화체설에서 주어와 속성을 분리시킴으로써 아리스토텔레스 철학조차도 만족시키지 못했다.[18]

예수님께서 "이것은 나의 몸이다. 이것은 나의 피다"라고 말씀하실 때 이것은 떡과 포도주를 가리키는 것이며, 자신의 몸과 피를 여기에 실재적으로 임재한다고 말한다. 왜냐하면 주님께서는 "이것은 나의 몸이 될 것이다" 혹은 "이것은 나의 피가 될 것이다"라고 말씀하지 않으셨기 때문이다.

또한 루터는 옥캄의 토마스 아퀴나스 비판을 수용한다. 옥캄에 따르면, 아리스토텔레스 철학에서 형상과 질료를 분리될 수 없다. 나무의 형상과 나무의 질료가 결합되어 나무라는 존재가 가능하다. 나무의 형상을 가진 돌덩어리란 존재할 수 없다. 그럼에도 불구하고 화체설에서는 떡의 질료만 그대로 있고 형상이 변하여 예수님의 살이 되었다고 주장한다. 이는 아리스토텔레스의 형상 질료에 대한 이론을 명백히 왜곡한 것이다.

---

18 Ibid., 336.

3) 말씀과 신앙: 루터 성만찬 신학의 핵심

르네상스의 아들 데카르트는 "나는 생각한다. 고로 나는 존재한다"(*cogito ergo sum*)라고 말했다. 이 말은 진리 추구의 대전환을 의미한다. 데카르트 이전 아리스토텔레스의 세계관이 지배하던 시대에는 진리의 근거는 객관과 대상 속에 존재한다고 믿었다. 그리고 인간 주관의 사명은 그 객관을 올바로 판단하고 인식하는 데 있었다. 그러나 르네상스 시대 이후 그 탐구의 주요 주제가 객관과 함께 인간 주관도 중요한 의미를 갖게 되었다. 데카르트가 "*cogito ergo sum*"을 선포함으로 진리의 근거가 객관만이 아니라 인간 주관에도 있음을 선포한 것이다. 이런 르네상스의 성격은 종교개혁에서도 나타난다. 남부 유럽의 르네상스가 문화적이었다면, 북유럽의 르네상스는 종교적이었다. 이런 시대적 변화는 신학의 내용 속에서 발견된다. 즉, 미사의 객관적 효력(*ex opere operato*)을 강조한 가톨릭의 신학이 인간 내면의 결단, 즉 신앙을 강조하는 종교개혁의 신학으로 전환된 것이다.

앞에서도 서술했듯이 가톨릭교회는 성만찬의 사효성(*ex oprere operato*)을 주장한다. 사효성이란 미사나 예식의 객관적인 효력을 의미한다. 성만찬을 집례하는 사제의 도덕성이나 성만찬에 참여하는 성도들의 신앙 혹은 주관과는 상관없이 떡과 포도주가 그리스도의 살과 피로 변하였기 때문에 그리스도의 능력이 나타나 효력이 생긴다는 것이다. 즉, 사람의 주관이나 신앙에 상관없이 객관적인 효력을 갖는다는 것이다. 그러나 루터는 이런 사효성의 주장에 대해서 강력하게 비판한다.

그들 자신이 미사를 '사효성'(*opus operatum*)이라 부른다. 미사를 통하여 그들은 자신들이 하나님과 더불어 극히 권능이 있다고 자부한다. 이것을 출발점으로 삼아 그들은 미사는 행하기만 하면 효력이 있다는 사효성을 지니기 때문에 미사를 집전하는 사제가 악하다면 그에게는 해가 되기는 하지만 다른 사람에게는 그와는 아무 상관 없이 유익하다는 거짓말을 호언장담할 정도로 어리석음의 극치에 이르렀다.[19]

루터에 따르면, 성만찬의 객관적인 효력은 변화된 실체가 아니라 바로 약속의 말씀이다. 따라서 우리는 그리스도의 말씀, 즉 제정의 말씀에만 집중해야 한다. 이 말씀만이 성만찬을 성례전으로 만들기 때문이다. 무엇보다 확실한 것은 이 성만찬 속에 그리스도의 유언이 있다는 사실이다. 성찬은 그리스도께서 자기를 믿는 자들에게 죽음 이후에 베풀어지도록 유언하신 것이다. 왜냐하면 "이 잔은 내 피로 세운 새 언약이다"라고 말씀하셨기 때문이다. 십자가 피 흘림 이후에 새 언약이 이루어진다는 것이다.

루터는 이런 그리스도의 약속과 그 약속을 믿는 믿음과는 필연적 관계임을 강조한다. 약속이 없는 믿음은 공허한 확신이나 맹목에 지나지 않고, 믿음이 없는 약속은 허무한 메아리에 지나지 않는다. 루터는 다음과 같이 말한다.

왜냐하면 약속과 신앙 이 두 가지는 필연적으로 한데 묶여 있다는 것을 누구나 쉽게 알 수 있기 때문이다. 약속이 없다면 아무도 믿을 수 없다.

---

19 Ibid., 351.

믿음이 없다면 약속이 아무 쓸모가 없다. 약속은 믿음이라는 짝은 만나서 완성되기 때문이다.[20]

따라서 루터에게 있어서 약속을 믿는 믿음을 강화하는 것이 중요하다. 신앙은 성만찬의 표지와 의의를 확실하게 만들어주는 역할을 한다. 그리고 이 신앙은 성만찬을 인위적인 계획이나 구상이 아님을 깨닫게 하고, 그리스도와의 깊은 교제로 인도해 준다. 그래서 성만찬에 참여하는 모든 이에게 그리스도의 현존을 체험하게 만들어 준다.

4) 공재설(Consubstantiation)

(1) 성만찬과 속성 교류

앞서 언급한 것처럼 칼케돈 4차 공의회에서는 예수의 인성과 신성에 대해 서로 분리될 수 없다고 결론지었다. 이후 칼케돈공의회의 이런 입장은 인성과 신성의 속성 교류(communicatio idiomatum)라는 개념으로 발전했다. 이 칼케돈공의회의 고백과 속성 교류의 교리는 기독교 정통 교리로 자리 잡게 되었다. 루터 역시 속성 교류의 교리를 정통 교리로 수용하였다. 그가 수용한 이유는 이 교리가 그리스도의 증언을 정확하게 요약하고 있고, 그것이 철저하게 성서적이라고 믿었기 때문이다. 알트하우스에 따르면, 특히 루터가 비텐베르크대학에서 성서 교수로 강의할 때부터 동일본질과 속성 교류를 강조했다

---

20 Ibid., 345.

고 한다. 루터는 로마서 강해에서 "두 본성은 예수 그리스도 안에서 육으로 만들어졌고, 신성과 인성의 완전한 일치가 있으며, 신성에 대한 인성의 완전한 참여와 인성에 대한 신성의 완전한 참여가 있음"을 강조하며 가르쳤다.[21]

그리고 1520년 저작인『교회의 바벨론 포로』에서 본격적으로 그의 성만찬 신학에 속성 교류의 개념을 적용하기 시작했다. 루터는 그리스도에 관하여 참된 것은 역시 성례에 관하여도 참되다고 말하면서 성만찬에 그리스도의 두 본성은 전체적으로 존재하며, 인성과 신성에 대해서도 참되다고 말하고 있다.

> 따라서 그리스도에 관하여 참된 것은 성찬에 관해서도 참되다. 신성이 육체적으로 거하기 위하여 인성의 본질이 변화되어 신성이 인성의 표징 아래 담겨질 필요가 없다. 두 본성은 온전히 그대로 존재하므로 우리는 "이 인간이 하나님이시다" 또는 "이 하나님이 인간이시다"라고 말할 수 있다.[22]

루터는 "이 인간이 하나님이시다" 또는 "이 하나님이 인간이다"라는 속성 교류의 전통적 개념을 수용하고 있다. 그리고 이 교리는 성찬식에 그대로 적용되어야 한다고 생각했다. 우리가 성찬예식에 참여할 때 떡과 포도주를 영적으로만 주님의 살과 피로 느끼는 것은 온전한 성찬예식이 될 수 없다. 그리스도는 성찬예식에서도 영만이 아니라 육으로도 임하셔야 한다. 그렇다고 가톨릭이 주장하는 것처

---

21 Paul Althaus, *The Theology of Martin Luther*, 193.
22 루터,『교회의 바벨론포로』, 337.

럼 떡과 포도주의 형상이 변화되는 것은 아니다. 그렇다면 어떻게 성만찬에 육체가 임할 수 있는가? 여기서 루터는 유명론의 입장을 수용한다. 둔스 스코투스는 토마스 아퀴나스의 화체설을 비판하면서 하늘에 계신 예수님의 육체성이 떡과 포도주에 임할 수 있다고 주장했다. 왜냐하면 하나님께서는 전능하시기 때문에 떡과 포도주와 함께 육신도 임하실 수 있는 것이다.

루터는 이런 둔스 스코투스의 동재설을 수용하고 한 걸음 발전시킨다. 어떻게 떡의 본질과 육체의 본질이 함께 존재할 수 있는가? 이를 설명하기 위해서 루터는 불에 달궈진 쇠의 비유를 사용한다.

> 예수 그리스도께서는 떡의 속성 안에와 마찬가지로 떡의 실체 안에 자신의 몸을 담을 수 없겠는가? 쇠와 불은 두 실체이지만 빨갛게 달궈진 쇠에 있어서는 불과 쇠 이 두 실체가 혼합되어 있기 때문에 모든 부분이 쇠이자 불이다. 그런데 마찬가지로 왜 영화롭게 된 그리스도의 몸이 떡의 실체의 모든 부분에서 발견될 수 없겠는가?[23]

현대 과학의 관점에서 불에 달궈진 쇠일지라도 쇠와 불이 하나가 된 것은 아니다. 하지만 루터 시대의 관점에서 보면 용광로에서 흘러내리는 쇳물에서 불의 실체와 쇠의 실체를 구분하기는 불가능한 것처럼 보였을 것이다. 루터는 이와 같은 원리가 떡과 포도주 속에 혹은 그들과 함께 그리스도의 육체성이 현존하는 것을 설명하기에 가장 적절한 비유라고 생각하여 자주 사용하였다.

---

23 Ibid., 335.

루터는 성찬에서 그리스도의 실재적 임재(real presence)를 말하는데, 이것은 그리스도가 몸으로 오셔서 떡 안에(in), 밑에(under) 그리고 곁에(with) 임재한다는 것이다. 이것이 훗날 루터란 정통주의에서 발전된 공재설의 의미다. 그러나 가톨릭의 화체설처럼 떡과 포도주가 그리스도의 몸과 보혈로 변하는 것이 아니다. 루터의 입장은 단순하고 명료하다. 예수가 "이것은 나의 몸이요 보혈"이라고 했으니 말씀대로 부활이 그리스도가 실제적으로 임재하신다. 이것은 철학적으로 해명의 문제가 아니라 말씀의 약속에 대한 믿음의 문제다.

(2) 츠빙글리와의 논쟁: 츠빙글리의 기념설

루터는 자신의 실제적 임재를 입증하기 위해서 성경 본문을 근거로 제시한다. 마태복음 26장에서 26절에서 "받아서 먹이라 이것은 내 몸이다" 말씀하셨다. 여기서 '이다'를 나타내는 희랍어 εστιν(에이미) 동사는 주어와 목적어를 동일시하는 것을 의미한다. 그리고 이 '이다'라는 단어를 통해서 그리스도의 현존을 나타낸다는 것이다.

그러나 츠빙글리는 이런 루터의 의견에 반대한다. 1526년 그는 『주의 성만찬』이라는 책을 썼다. 이 책에서 그는 루터의 성만찬은 가톨릭의 화체설과 다르지 않다고 비판한다. 그에 따르면, 주님께서 "이것은 나의 몸이다"라고 말씀하셨을 때, '이다'에 해당되는 εστιν를 상징적으로 해석해야 한다고 주장한다. 그에 따르면, 하나님 우편에 계신 그리스도의 몸이 육체적으로 떡과 포도주와 함께 현존할 수 없다. 따라서 '이다'는 'is'로 직역하는 것보다는 'signify' 혹은 'means'로 해석해야 한다. 이는 예수님의 다른 말씀에서 근거를 찾을 수 있다. 예수님이 "나는 포도나무요 너희는 가지이다"라고 말씀하셨다. 이 말씀에서 εστιν을 단순하게 '이다'로 해석하면 안 된다. 왜냐하면 예수님과 포도나무는 동격이 될 수 없고, 우리가 가지가 될 수 없기 때문이다. 따라서 이 말씀은 "나는 포도나무를 상징하고 너희는 가지를 상징한다"는 의미로 해석해야 옳은 것이다. 마찬가지로 "이것은 나의 몸이다"를 이것은 "나의 몸을 상징한다"로 해석해야 한다는 것이다.

츠빙글리는 이런 기념설은 초대교회 교부들에 뿌리를 두고 있다고 주장한다. 츠빙글리에 따르면, 어거스틴은 εστιν을 'figure', 즉 어떤 모양을 나타낸다는 의미로 해석했다. 즉, 떡은 그저 예수님의 몸의 모양을 나타내는 것에 지나지 않는다. 또 터툴리아누스는 εστιν를 'represent'로 해석했다고 주장한다. 즉, 떡은 예수님의 몸을 대표하는 정도라는 것이다. 그리고 초대 교부신학을 완성한 오리게네스는 εστιν을 'signify'로 표현했다. 즉, 떡은 예수님의 몸을 상징하는 것에 지나지 않는다. 츠빙글리는 이런 오리게네스의 생각이 초대 교부들의 성찬 이해를 대표하는 것이라고 생각했다.[24]

이런 츠빙글리의 기념설은 그의 기독론에 뿌리는 두고 있다. 그에 따르면, 부활 승천하신 예수님의 육신은 하나님 우편에 앉아계시고, 이 땅에 편재하시고 임하시는 분은 그리스도의 신성에만 국한된 사역이다. 언제 어디서나 계시는 분은 하나님과 동격이신 신성을 가지신 그리스도이시고, "하늘에 오르사 전능하신 하나님 우편에 앉아 계시다가 저리로서 산 자와 죽은 자를 심판하러 오시는" 예수님

---

24 W. P. Stephens, *The Theology of Huldrych Zwingli* (New York: Oxford Press, 1988), 229-230.

은 인간이신 그리스도라는 것이다. 그에 따르면, 아버지께로 나와서 세상에 왔고 다시 떠나 아버지께로 가신 예수님(요 16:28)과 세상 끝날까지 우리와 함께 하시는 예수님(마 28:20)은 다른 분이 아니라 한 분이시다. 단지 전자는 예수님의 인성을 나타내는 것이고, 후자는 예수님의 신성을 나타내는 것이다. 따라서 인간이신 예수님은 부활 승천 이후에 하늘에 부활체로 계시고 재림하시기 전까지는 하늘에 머물고 계신다. 그리고 영광의 몸으로 이 땅에 오셔서 모든 민족을 그 앞에 모으시고 양과 염소로 분별하여 심판하시는 분(마 25:31-32)은 신성을 가지신 예수님이시다. 이러한 기독론을 바탕으로 육신을 가지신 예수님이 성만찬에 임한다는 가톨릭과 루터의 주장을 동시에 비판하였다.[25]

간략히 말하면 츠빙글리는 부활하신 그리스도의 육체를 하나님의 우편이란 장소에 국한 시키고 성만찬에 올 수 없다고 말한다. 그러므로 상징적인 것을 기념만 하면 된다.

(3) 그리스도의 편재(Omnipersence)

루터는 츠빙글리와의 성만찬 논쟁을 통해서 자신의 주장을 더욱 견고하게 만들기 위해서 '그리스도의 편재'라는 개념을 발전시킨다. 츠빙글리는 그리스도의 몸은 부활 승천 이후 하늘에 머물러 계신다고 주장했다. 그리스도는 신성으로는 하늘과 땅 어느 곳에도 머무실 수 있지만, 그리스도의 인성은 피조물의 유한성을 벗어나지 못하기

---

25 *Zwingli and Bullinger*, ed. by G. W. Bromiley (London: The Westerminster Press, 1953), 176-177.

때문에 하나님 우편에 고정되어 계시다. 그러므로 츠빙글리에 따르면 그리스도의 인성은 성만찬에 임재하실 수 없다.

츠빙글리의 주장에 반박하기 위해서 루터는 우선 성경의 권위에 호소한다. 루터는 누가복음 24장 44절의 말씀을 근거로 삼는다. 예수께서 "내가 너희와 함께 있을 때에 너희에게 말한 바…"라고 말씀하셨다. 예수님께서는 부활하신 이후에도 제자들과 함께 하신다고 말씀하셨다. 그리고 부활하신 이후에도 제자들과 함께 식사하셨다. 루터에 따르면 물론 승천 이후에 그리스도께서는 제자들과 함께 하셨던 그 모습으로 우리와 함께 하시지는 않는다. 전혀 다른 모습으로 함께 하신다. 그렇다면 어떤 모습으로 함께 하시는가? 루터는 골로새서 2장 9절에서 "그 안에는 신성과 모든 충만이 육체로 거하시고"라는 말씀을 중요하게 다룬다. 이 말씀에 따르면 그리스도의 신성이 거하시는 곳에서는 어디든지 육체도 함께 거하신다고 말씀하신다. 따라서 하나님이 하나님 자신을 하늘나라의 한 장소에 국한시킨다거나 황금 보좌에 자신을 붙들어 매어 놓고 계시다는 주장은 매우 유치한 발상에 지나지 않는다.

또한 루터는 하나님은 전능하시기 때문에 한 몸으로 하늘과 땅에 동시에 임재하시지 못할 이유가 없으시다고 주장한다. 물론 하나님은 한 몸이시기 때문에 가시적으로는 여러 곳에 임하실 수 없다. 그러나 불가시적으로는 동시에 여러 장소에 임하실 수 있다. 더욱이 하나님은 우주를 창조하신 분이고, 계속 다스리는 분이시다. 루터는 하나님이 피조물을 계속 창조하시고 섭리하실 때 다른 사자를 보내지 않으시고 신적인 능력으로 직접 섭리하시기 때문에 그분은 모든 곳에 계셔야만 한다고 주장한다.

하나님은 본질적으로 무소부재하시며 모든 피조물의 모든 장소에 현존함이 분명하다. 나뭇잎 속에서 따로 현존하고 있음이 틀림없다. 그 이유는 이렇다: 우리가 사도신조를 통해 고백하듯이, 이 세상 모든 만물을 당신의 전능하신 능력과 오른손으로 창조하시고 성취하시며 유지하시는 분이 바로 하나님이시다. 왜냐하면 그분은 무엇을 창조하거나 유지하실 때 사자를 보내서 하지 않으시고 그분의 신적인 능력 자체를 이용하시기 때문이다. 그러나 만일 그분이 그것을 창조하거나 유지하려고 하신다면, 그분은 그곳에 계셔야만 하며 내적인 측면에서나 외적인 측면에서 당신의 피조물을 지으시고 유지시켜야만 한다.[26]

또한 린드세이에 따르면, 루터는 그리스도의 편재를 주장하기 위해서 자신의 철학적 스승인 옥캄의 권위에 호소하였다. 옥캄의 편재 이론은 그리스도의 몸의 공간적 임재와 초공간적 임재로 분류하였다. 스콜라주의의 이론 도입에서 공간적으로 연장된 몸을 빵과 포도주라는 직접적인 관계를 갖기 위해서는 사제의 기적이 필요하지 않다. 공간적 임재는 두 가지 방법으로 말해지는데, 하나의 임재가 이루어지고 있는 공간에 또 다른 임재를 배제시키는 방법이 있고, 또 다른 임재와 동일한 공간을 차지하면서 임재할 수 있는 방법이 있다. 그리스도는 부활하신 후에 제자들이 문을 잠그고 있는 방에 갑자기 나타나셨는데, 그것은 주님께서 일순간마다 벽과 문이라는 부분을 공간적으로 동일하게 점유하셨기 때문이다. 따라서 부활하셔서 영광 받으신 그리스도의 몸은 자연적으로 편재하시므로 성물

---

26 손주호, "마틴루터 성찬론의 속성교류에 대한 역사적 고찰," 아세아연합신학대학원 신학과 (2010), 219 재인용.

자체의 어떤 특별한 기적도 필요 없이 성물에 있을 수 있다. 그리스도는 내가 글을 쓰고 있는 책상에도 계시며, 내가 공중에 던지는 돌에도 계신다고 루터는 말하였다. 그러므로 루터에 따르면, 그리스도께서는 거룩한 성찬의 성물 안에 완전하게 자연스러운 방법으로 임재하시며, 그러한 임재를 위해서 아무런 사제적인 기적도 필요치 않다. 이처럼 그리스도의 몸과 성찬의 성물 안에 자연스럽게 임재하는 것은 하나님의 약속에 의해서 성례전적인 임재로 바뀌게 되는데, 이때 필요한 것은 바로 믿음이다. 우리가 주님의 약속을 얼마나 믿느냐에 따라서 그리스도의 임재의 깊이가 결정된다.[27]

4. 칼빈의 성만찬 이해

칼빈은 다양한 저서에서 성만찬에 대해서 이야기하였다. 그러나 여기서는 그의 신학이 가장 원숙한 형태로 정리된 1559년 발간된 『기독교강요』에 나타난 성만찬 이해를 중심으로 정리한다.

우선 칼빈은 루터의 화체설 비판을 모두 수용한다. 그리고 칼빈은 어거스틴 이후 성례를 표징으로 이해한 전통을 그대로 수용한다. 어거스틴은 성례를 거룩한 일들을 눈으로 볼 수 있는 표징(sign) 혹은 눈으로 볼 수 없는 은혜를 눈으로 볼 수 있는 형태라고 가르쳤다.[28] 칼빈은 이런 전통적 이해를 수용하면서 한 걸음 더 나아가 성례는 우리에게 향하신 신적인 은혜에 대한 증거를 외형적인 표징(*externo*

27 Thomas M, Lindsay, *A History of the Reformation*, Vol. 2 (Edinburgh: T&T Clark, 1964), 57-58.

28 Marilyn Mccord Adams, *Some Letter Medieval Theories of The Eucharist*, 33.

signo, external sign)으로 확증하는 것이며 동시에 주님을 향한 우리의 경건을 입증하는 것이라고 정의한다.[29]

그러나 칼빈에 따르면 가톨릭과 다른 종교개혁자들은 이 표징이라는 단어의 의미를 오해하고 있었다. 특히 성찬의 표징에 대한 의미가 잘못 이해되는 것을 경계해야 한다고 주장한다. 칼빈에 따르면, 두 가지 극단적인 이해를 경계해야 한다. 그중에 하나는 표징을 지나치게 경시하는 경우이다. 츠빙글리의 성찬 이해가 여기에 해당된다. 한편으로 표징 자체를 과도할 정도로 찬양하는 경우이다. 가톨릭과 루터가 여기에 해당된다. 이런 기본적인 관점으로 칼빈은 기존의 성찬 이해를 비판한다.

그렇다면 칼빈은 성만찬은 표징이라는 전통적인 이해를 어떻게 해석할까? 칼빈은 표징을 세 가지로 구분한다. 그 표징이 갖고 있는 의미와 표징의 실체 그리고 그 표징으로 인해서 발생하는 효과이다. 표징의 의미는 말씀, 즉 성만찬을 제정하신 그리스도의 약속에서 잘 나타나 있다. 그리고 그 표징의 실체, 본질은 바로 십자가에 달리셔서 부활하신 그리스도이시다. 그리고 그 표징의 효과 능력은 예수 그리스도를 믿음으로 얻는 구속과 칭의, 성화 영생 그리고 그리스도께서 주시는 모든 유익한 것들을 말한다.[30]

1) 화체설, 공재설, 기념설 비판

중세의 성만찬 이해의 기본 틀은 속성 교류의 교리와 아리스토텔

---

29 Inst., IV, 14, 1.
30 Inst., IV, 14, 11.

레스의 철학적 인식론으로 규정되어 있다. 즉, 속성 교류의 교리는 성만찬에서 인성, 즉 육의 임재가 반드시 있어야 한다는 고정관념을 생기게 했다. 그리고 아리스토텔레스의 철학은 신앙적 인식론은 감각적인 것에서 출발해야 한다는 틀을 만들어 주었다.

칼빈의 성만찬 이해는 이런 고정관념을 깨는 데서 출발한다. 칼빈에 따르면, 그리스도의 몸과 피의 영적 실체는 반드시 물질적인 요소 안에 포함시킬 필요가 없다. 왜냐하면 성만찬은 육적인 것이 아니라 영적인 것이기 때문이다.

> 그들은 거짓되게 주장하기를 우리가 영적으로 먹는 것에 대해 가르치는 모든 것은 그들이 말한 대로 참되고 실제적으로 먹는 것과 정반대가 되는 것이다. 왜냐하면 그들은 그리스도가 떡 속에 계시다고 생각하는 데 반해 우리는 단지 그 방식—그들에게는 육적인 방식—에만 주의를 기울이기 때문이라는 것이다. 우리에게 있어서 그 방식은 영적인 것이다.[31]

이렇게 칼빈이 성만찬이 영적인 것임을 강조하는 이유는 그리스도의 몸이 승천 이후 하늘에 머물고 있다는 그의 신학적 입장 때문이다. 칼빈은 승천 이후 그리스도의 몸은 그의 재림 시까지 시간적으로나 공간적으로 제한되어 있기 때문에 떡이 그리스도의 몸으로 변한다거나 이 땅에 편재한다는 생각을 거부한다.[32]

따라서 칼빈에 따르면, 보이는 떡은 그리스도의 몸으로 변화되거나 그리스도의 몸이 그 떡 안에 임재할 수 없다. 성만찬 떡은 그저

---

31 Inst., IV, 14, 33.
32 Inst., IV, 14, 37.

영적인 떡을 매개하는 역할에 지나지 않는다. 성찬식에 사용되는 떡은 요한복음 6장에 있는 약속, 그리스도는 하늘에서 내려온 생명의 떡이라는 약속을 보여주는 것에 지나지 않는다. 보이는 떡은 저 영적인 떡을 매개하는 역할을 할 뿐이다.[33]

이런 관점에서 우선 칼빈은 가톨릭의 화체설을 비판한다. 하늘에 계신 그리스도의 몸이 공간적으로 임재해야 한다는 오해가 가공적인 화체설을 탄생시켰다. 이런 공간적인 임재는 인간에 의해서 조작된 것이다. 여기서부터 그리스도의 몸이 떡의 본질과 혼합한다는 불합리한 설명을 할 수밖에 없었고, 그리스도께서 이 형상 밑에 숨기위해서 떡의 본질을 없애신다는 허구적 발상이 나온 것이다. 또한 그들의 오류는 그리스도의 몸이 떡 속에 싸여 사람의 입으로 위로 옮겨진다는 것이다. 이런 유치한 공상을 하게 된 데에는 원인이 있었는데, 즉 그들 사이에는 성별, 즉 제정하는 것은 요술의 주문과 다름이 없었다는 것이다. 그들이 모른 것은 말씀을 믿고 받는 사람에게만 떡이 성물이 된다는 것이다.[34]

이어서 칼빈은 루터의 편재 사상을 비판한다. 칼빈은 떡과 함께 그리스도의 몸이 임재한다는 기본적인 루터의 생각에는 반대하지 않는다. 그러나 그 임재는 성령을 통한 임재이다. 엄밀하게 말해서 성령께서 우리로 하여금 그리스도의 몸에 참여하도록 도와주시는 것이다. 이런 점에서 칼빈은 루터란들의 성찬에 임재하는 전치사적 표현 'in, under, with' 가운데 'in'을 수용한다.

그러나 루터는 더 나아가 그리스도의 편재성을 주장한다. 이 그

---

33 Inst., IV, 14, 14.
34 Inst., IV, 14, 15.

리스도의 몸의 편재성에 대해서 칼빈은 루터에 반대한다.

> 만일 그들이 실제가 그 표징으로부터 분리될 수 없다는 사실에 근거하여
> 떡이 신비스러운 예식에서 제공될 때 그리스도의 몸도 함께 제시된다는
> 것을 뜻하는 것으로 그들이 설명한다면 나는 강하게 반대하지 않겠다.
> 그러나 몸 자체를 떡 속에 둠으로써 그 몸에 그 본질과 상반되는 편재성
> 을 부여하고 또한 '떡 밑에'라는 말을 덧붙임으로써 그 몸이 떡 속에 감추
> 어져 있다는 것을 의미하기 때문에 우리는 이 간교한 생각을 잠시 동안
> 그 숨어 있는 곳으로부터 끌어낼 필요가 있다. (중략)
> 그들은 자기들의 무식함을 모든 가능한 색깔로 위장하려고 하지만, 그들
> 이 온갖 것들을 다 이야기한다고 해도 그들은 그리스도의 공간적 임재를
> 주장하고 있다는 것이 더욱 분명해진다. 왜 그러한가? 그 이유는 그들로
> 서는 공간적인 결합과 접촉 혹은 일종의 조잡한 형식으로 포함시키는 것
> 이외의 다른 방법으로 살과 피에 참여시키는 것은 도저히 생각할 수 없기
> 때문이다.[35]

그렇다면 칼빈은 성만찬에서 몸의 임재를 부인하는 츠빙글리의
입장을 옹호하는 것인가? 그렇지 않다. 칼빈에 따르면, 성만찬에서
몸의 임재를 부인하는 것 역시 비판한다. "성만찬에서 그리스도의
살과 떡 속에 있지 않으면 그리스도의 살이 임재하지 않는다고 생각
하는 사람들은 큰 오류를 범하고 있는 것이다. 왜냐하면 그렇게 함으
로써 그들은 그리스도 자신을 우리와 연합시키시는 성령께서 은밀

---

35 Inst., IV, 17, 16.

히 역사하실 여지를 전혀 남겨 놓지 않기 때문이다."[36] 다시 말해서 떡과 포도주는 그저 그리스도의 몸과 피를 상징하는 것일 뿐이라고 말하는 츠빙글리의 생각은 성만찬에서 성령의 역할을 배제시킴으로써 가장 큰 오류를 범하고 있는 것이다. 심지어 이단적이다.

2) 성찬을 시행해야 하는 이유

칼빈이 스타라스부르그에 머무를 당시 "성만찬 소고"(The Little Treatise on Holy Communication)를 작성하였다. 이 소고는 가톨릭뿐만 아니라 루터, 츠빙글리의 성만찬에 대한 신학적 논쟁을 담고 있으며, 그들의 해석들과는 다르게 철저하게 성서를 근거로 새로운 해석을 제시하려고 노력했다.[37] 이 소고에서 칼빈은 성만찬에 참여해야 하는 이유와 그 참여할 때 얻게 될 유익을 세 가지로 정리한다.[38]

첫 번째로 우리가 구원에 대한 올바른 확신을 누리게 하기 위한 것이다. 성찬 안에 참된 영적인 양식이 있다는 확신성과 보증을 담고 있어서 참여하는 모든 사람에게 구원의 확신을 갖게 하고, 그것을 누리면서 살 수 있도록 도와준다.

두 번째로 그 성찬에 참여하는 사람들이 그들을 향한 주님의 큰 자비와 은혜를 체험하게 함으로 온전히 주님을 찬양하고 찬미하도록 하는 것이다. 성찬이 우리를 고무하고 자각하여 우리가 주 예수

---

36 Inst., IV, 17, 31.
37 프랑수아 방델/김재성 옮김, 『칼빈』 (고양: 크리스챤 다이제스트 1999), 72.
38 존 칼빈, "성만찬 소고", 『칼뱅 작품선집』, 박건택 편역 (서울: 총신대학교출판부, 2009), 94.

그리스도로부터 받았고 또 날마다 받고 있는 축복들을 더 잘 깨달아 그에 합당한 찬양과 봉헌을 드리도록 하는 데 있다.[39]

세 번째로 우리가 그리스도의 지체임을 알고 성결한 삶을 살게 하기 위한 것이다. 그리스도의 살과 피를 받음으로 성찬에 참여한 사람들은 자신이 그리스도의 몸인 교회의 지체가 된다는 믿음을 갖도록 도와준다. 그리고 우리에게 부탁하신 하나됨을 실천하고 다른 지체들을 향한 형제애를 갖도록 해준다. 성찬의 유익은 우리가 거룩하게 살고, 특히 우리 안에 사랑과 형제애를 지키도록 강력히 촉구하는 데 있다. 왜냐하면 성찬에서 우리가 예수 그리스도와 연합하여 머리되신 그와 하나가 됨으로 그의 지체가 된 까닭에 우선 우리를 그의 청결과 순결에 부합시키고 또한 특히 동일한 몸의 지체가 가져야 할 그런 사랑과 일치를 서로 가져야만 하기 때문이다.[40]

3) 성령을 통한 신비한 연합과 성령의 우주적 사역

칼빈은 성만찬에는 두 가지 중요한 전제가 있어야 한다고 주장한다. 그것은 참여하는 사람의 믿음과 성령의 임재이다. "성찬에서 그리스도께서는 그 자신과 그의 모든 복을 우리에게 주시고 우리는 믿음으로 그를 받는다. … 그의 몸을 우리에게 주셔서 먹게 하시어 우리로 하여금 믿음으로 그에게 참여하는 자가 되게 하신다는 뜻이다."[41]

---

39 Ibid., 100.
40 Ibid., 101.
41 Inst., IV, 17, 5.

그러나 칼빈에 따르면 이 믿음 역시 성령의 선물이다. 믿음은 성령께서 우리에게 하시는 주된 사역이다. 성령께서는 오직 믿음에 의해서만 우리를 복음의 빛으로 인도하신다. 성령은 믿음을 통해서 우리로 하여금 그리스도를 영접하게 하신다.[42]

따라서 성령은 우리에게 믿음을 주시고, 그 믿음을 통해서 그리스도와 연합하게 하시는 분이시다. 성령은 그리스도께서 우리를 자신과 효과적으로 연합시키시는 띠이다.[43] 무엇보다도 성령은 복음을 통해서 우리와 그리스도가 연합하도록 하신다. 그리고 그리스도와의 연합을 돕는 보조 수단이 있는데, 그것이 바로 성례전이다. 따라서 칼빈에게 있어서 성만찬은 성령을 통해서 그리스도와 연합하는 것이다. 즉, 성령을 통해서 그리스도께서 우리에게 몸과 영으로 임재하신다.

> 그들은 이렇게 매우 중요한 일들을 간과해 버리고—실제로 무시하고, 거의 매장시켜 버리고— 이 곤란한 질문, 즉 그리스도의 몸이 떡 밑에 혹은 떡의 형태 밑에 숨어 계시느냐고 질문하기를 좋아한다. 그들은 거짓되게 주장하기를, 우리가 영으로 먹는 것과 정반대가 된다는 것이다. 왜냐하면 그들은 그리스도가 떡 속에 계시다고 생각하는 데 반해 우리는 단지 그 방식—그들에게는 육적인 방식—에만 주의를 기울이기 때문이라는 것이다. 우리에게 있어서 그 방식은 영적이다. 왜냐하면 성령의 은밀한 능력은 우리와 그리스도를 연합시키는 끈이기 때문이다.[44]

---

42 Inst., III, 1, 2.

43 Inst., III, 1, 1.

44 Inst., IV, 17, 33.

그렇다면 하늘에 계신 그리스도의 몸과 우리가 어떻게 연합할수 있는가? 칼빈에 따르면 굳이 그리스도의 몸이 떡에 임할 필요가없다. 성령의 능력은 얼마든지 우리를 하늘에 계신 그리스도와 연합할 수 있게 도와주실 수 있기 때문이다. 문제는 임재 방식에 관한것이다. 가톨릭이나 루터는 그리스도를 하늘에서 땅으로 끌어 내려야 한다고 생각하지만, 그럴 필요가 없다. 왜냐하면 성령을 통한 그리스도와 연합이라는 신비는 하늘에 속한 것이므로 그리스도가 우리와 결합하도록 하기 위해서 그를 땅으로 끌어 내릴 필요가 없다.성령은 우리를 들어 올리시어 그리스도와 연합의 신비를 이룰 수있도록 도울 수 있는 분이시다.[45] 칼빈의 "성만찬 소고"에서 말한"너의 마음을 들어 주님을 찬양하라"(sursum corda)는 고대의 기도는매우 중요하다.

그렇다고 땅에서 시행되는 성만찬의 표지(sign)인 빵과 포도주가텅 빈 허상이라는 뜻은 아니다. 칼빈은 "성만찬 소고"에서 표지로서의 빵과 포도주에 그리스도의 실재와 실체가 결합되어 있다고 주장한다. 칼빈은 다음과 같은 주장을 한다.

> 우리가 주님의 몸과 피와 더불어 누리는 교제도 이와 같다. 그것은 눈으로 볼 수 없고 인간의 오성으로도 파악될 수 없는 영적인 신비이다. 그렇기 때문에 우리의 연약함에 맞추어 눈에 보이는 표지로 상징된다. 하지만 그렇다고 해서 그것이 텅 빈 허상이라는 뜻이 아니라 그것은 그 실재및 실체와 결합되어 있는 것이다. 그러므로 빵이 몸이라고 불리는 데는

---

45 Inst., IV, 17, 32.

상당한 이유가 있다. 왜냐하면 빵은 몸을 상징할 뿐만 아니라 또한 몸을 우리에게 제시하기 때문이다. 그러므로 우리는 명칭이 예수 그리스도의 몸에서 빵으로 옮겨졌다고 추론한다. 이는 빵은 몸의 상징이며 비유인 까닭이다. 하지만 한 가지 덧붙여 말하는 것은 주님의 상징들이 실재 또는 실체와 분리되어서는 안 되고 또 분리될 수도 없다는 사실이다. 두 가지가 혼동되지 않도록 구분하는 것은 선하고 합당할 뿐만 아니라 전적으로 필요하다. 그러나 둘로 나누되 하나 없이 다른 하나만 존재하는 식의 분리는 모순이다.[46]

칼빈에게 있어서 빵과 포도주는 하늘에 계신 예수 그리스도의 인성을 나타내는 표지이다. 이 표지는 그 실재 혹은 실체와 구분되지 않는다. 그렇다고 가톨릭의 화체설이나 루터의 공재설과 같이 물질 자체, 즉 빵과 포도주 자체에 임하는 것은 아니다. 이런 입장은 그리스도의 육신과 표지를 구분하지 못하게 만든다. 실재 혹은 실체와 표지는 구분되어야 한다. 그러나 그리스도께서는 성찬식을 통해서 우리와 신비한 교제를 나누시기를 원하신다. 그래서 그리스도께서는 빵과 포도주와 자신의 인성이 임하도록 하셔서 우리가 그리스도의 몸에 참여하게 하신다. 칼빈은 이에 대해서 다음과 같이 말한다.

빵이 손으로 분배될 때 그리스도의 몸도 우리에게 전달되며, 이로써 우리가 그리스도의 몸에 참여하게 된다. 비록 그 이상 아무것도 없다 할지라도 우리는 예수 그리스도가 성찬에서 우리에게 그의 몸과 피에게 참된

---

46 존 칼빈, "성만찬 소고," 『칼뱅 작품선집』, 99.

실체를 주사 우리로 그를 온전히 소유케 하시고 또 그럼으로써 그의 모든 축복에 참여케 하신다는 사실을 깨닫는 것만으로도 만족한 충분한 이유를 갖는다.[47]

이상에서 살펴보았듯이 성만찬에 대한 칼빈의 입장은 화체설이나 공재설과는 구분된다. 화체설과 공재설이 빵과 포도주에 어떤 형태로 예수 그리스도의 육신이 임하느냐에 초점을 맞추고 또한 성만찬을 행할 때 나타나는 말씀의 능력에 초점을 맞추었다면, 칼빈은 성령의 사역에 초점을 맞춘다.

칼빈에 따르면, 성령은 그리스도와 우리를 연합하는 신비한 능력을 소유하셨다. 성만찬을 행할 때 성령은 우리와 그리스도의 육신을 연합하게 도와주신다. 그래서 성만찬에 참여하는 사람들은 빵과 포도주를 통해서 그리스도의 임재를 경험하게 된다.

이러한 성만찬에 대한 칼빈의 입장은 성령의 우주적 사역에 근거하고 있다. 칼빈에 따르면 피조물의 생명, 운동 그리고 유지를 위해서 활동하는 성령의 행위는 영원한 말씀을 근거로 하는 것이다. 모든 피조물이 말씀으로 창조되고 말씀의 원리로 운행되는 것은 성령을 통해서 가능하다. 성령은 모든 피조물의 생명들의 원천과 기원이며, 그는 자신의 생명을 피조물 속으로 불어넣으시며, 호흡과 생명을 위해서 자신의 능력을 흘려보내시며, 자신의 능력으로 모든 생명체를 붙잡고 계신다. 즉, 성령의 지속적인 영감(continua inspiratio)으로 인해 세계는 다시금 무질서와 무로 되돌아가지 않으며, 현상(status)

---

47 Ibid., 100.

속에서 머무를 수 있게 된다.[48] 그렇다고 범신론자들이나 범재신론자들이 주장하는 것처럼 성령께서 피조물 안에 완전히 들어와 작동하는 것은 아니다. 성령은 그리스도의 영이기에 범신론적인 임재로 작용하시지 않는다.

여기서 분명하게 알아야 할 것은 칼빈의 성령론은 그리스도론과 분리될 수 없다는 것이다. 칼빈에 의하면 성령은 자신의 사역을 하는 것이 아니라 성부와 성자의 사역을 작동시키는 것이다. 자신의 영을 통하지 않고서는 그리스도는 활동치 않으신다는 점에 있어서 기독론적인 것과 성령론적인 것 사이에는 교차와 중첩이 존재할 수밖에 없다.

그리스도는 두 가지 점에서 생명의 말씀이다. 즉, 그는 영원한 말씀으로서 모든 피조물 안에서 생명을 주신다. 그리고 그리스도는 이제 우리 안에서 아담의 범죄로 파괴된 생명을 회복시키고 계시다. 더 나아가 영원한 성자의 영으로서 성령은 모든 피조물 위에 부어지며, 피조물 속으로 완전히 들어와 버리지 않으면서 세계에 생명을 주시고, 움직이게 하고 또한 보전하는 능력으로 자신을 계시하신다.[49]

이러한 성령의 우주적 사역은 또한 피조물을 통해(durch) 활동하신다. 칼빈은 다음과 같이 말한다.

> 하나님께서는 그가 보시기에 편리한 도구와 수단을 사용하시므로 모든 것들이 그의 영광을 위하여 사용될 수 있다는 것이다. 왜냐하면 그는 만

---

48 베르너 크루쉐/정일권 옮김, 『칼빈의 성령론』(부산:고신대학교 출판부 2017), 51.
49 Ibid., 52.

유의 주요 심판주이기 때문이다. 그는 떡과 기타 음식물을 통해서 우리 몸을 먹이시며, 태양을 통하여 세상을 비추시며, 불을 통해서 세계를 따듯하게 하신다. 그러나 떡이나 태양이나 불은 하나님께서 그것들을 도구로 사용하셔서 우리에게 복을 주시는 것 외에는 아무것도 아니다.[50]

칼빈에 따르면 성만찬에서 사용되는 빵과 포도주도 마찬가지이다. 성만찬은 하늘에 계신 예수 그리스도의 인성과 만나는 성령의 수단이다. 이 표지(sign)는 자신을 떠나서 천상에 있는 것을 지시하는 고유한 능력을 소유하고 있다. 즉, 우리의 감각을 하늘을 향하게 하는 임무를 갖고 있다. 한마디로 말해서 칼빈에게 있어서 빵과 포도주는 우리의 감각을 하늘로 향하게 만들어 주고, 하늘에 있는 그리스도의 육신과 연결시켜 주는 역할을 하는데, 이것은 불가시적인 것을 가시적인 것으로 상응하게 만들어 주는 것이고, 천상적이고 불가시적인 것을 알게 하는 유비적인 것이다. 그리고 이러한 모든 일은 빵과 포도주를 도구로 사용하는 성령의 연합을 통해서 가능한 것이다.[51]

따라서 성령의 우주적 사역은 성찬을 통해서 우리와 그리스도의 인성을 연합하도록 도와주는데, 이는 우리의 감각을 하늘로 향하게 해 주시는 것과 동시에 빵과 포도주를 통해서 예수 그리스도의 실재를 경험하도록 도와줄 수 있는 것이다. 다른 말로 말하면 성령의 신비한 연합하심과 우주적 사역은 성만찬을 시행할 때 예수 그리스도의 임재를 체험할 수 있게 도와준다. 즉, 떡과 포도주에 하늘에 계신 예수 그리스도의 인성이 임재할 수 있다는 것이다.

---

50 Inst, IV, 14, 12.

51 베르너 크루쉐, 『칼빈의 성령론』, 59.

이러한 칼빈의 성만찬론에 따르면 가톨릭의 화체론이나 루터의 동재설보다도 더 확실한 예수 그리스도의 임재를 체험할 수 있고, 예수 그리스도와 하나되는 은혜 속에 들어갈 수 있게 된다.

4) 성찬의 올바른 집례와 참여

칼빈에 따르면, 성만찬은 완전한 자를 위해서 제정된 것이 아니다. 가톨릭에서는 성만찬에 참여하는 자격에 대해서 너무 완벽한 것을 요구하고 있다. 성만찬은 믿음이 연약한 자들을 일깨우고 자극시키기 위해서 제정되었으며, 믿음과 사랑을 실천에 옮길 수 있도록 하기 위해서 주님께서 우리에게 주신 선물이다.

따라서 칼빈은 성만찬에 참여하는 사람들의 합당한 자격은 다음의 두 가지 조건만 충족하면 된다. 첫째는 우리 자신에게는 아무것도 의지하지 않고 그리스도에게 모든 것을 의지하는 믿음만 있으면 된다. 둘째는 사랑인데, 이 사랑은 완전하게 드릴 수 없으므로 비록 불완전하기는 하지만 좀 더 나아지려고 노력하는 하나님에 대한 사랑만 있으면 된다.[52]

그렇다면 성만찬은 어떻게 드리는 것이 좋은가? 칼빈은 성만찬의 올바른 집례 방법에 대해서도 언급한다. 다음과 같이 정리할 수 있다.[53]

---

52 John Calvin, 『기독교강요』(1559), 제IV권 17장 32절.
53 Ibid., 제IV권 17장 43절.

1. 성만찬은 얼마나 자주 드리면 좋은가?

칼빈에 따르면 자주 드리면 좋지만 적어도 일주일에 한 번이 합당하다. 칼빈은 당시 1년에 1차례 시행하던 성찬 시행 관습을 통렬하게 비난한다. 그에 따르면 성찬을 자주 시행하지 않는 것은 마귀가 좋아하는 일이다.[54]

2. 성만찬은 어떻게 집례하는 것이 좋은가? 칼빈은 다음과 같이 집례하기를 권면한다.

(1) 공중 기도 다음에 설교가 있고, 떡과 포도주를 식탁에 놓은 후에 목사가 제정의 말씀을 선포한다.

(2) 성찬을 위해서 우리에게 주신 약속을 말씀을 낭독한 후에 주께서 금지한 사람들을 성찬에서 제외시킨다.

(3) 합당치 못한 우리를 자비로 받아달라고 기도하고 감사와 믿음의 기도를 드린다.

(4) 시편을 노래하든지 아니면 성경의 다른 본문의 말씀을 읽어야 한다.

(5) 목사가 떡을 떼고 잔을 나누는 적당한 순서로 신자들이 거룩한 잔치에 참여하도록 한다.

(6) 성찬이 끝난 뒤에 믿음과 신앙고백 그리고 사랑과 그리스도인다운 행위에 대한 권고의 말씀이 있어야 한다.

(7) 끝으로 하나님께 감사와 찬송을 드려야 한다.

3. 평신도들에게도 떡과 포도주를 나누어 주어야 한다. 당시 가톨릭에 여러 가지 이유로 평신도들에게는 떡만 나누어 주었다(1종 성

---

54 Ibid., 제IV권 17장 46절.

찬). 하지만 칼빈은 이것은 말씀에 어긋난다고 주장한다.

> 성찬의 절반을 하나님의 백성의 대부분에게서 도둑질하는 또한 강탈하
> 는 다른 규정이 같은 곳에서 생겨났다···. 영원하신 하나님의 명령에는
> 모든 사람이 먹고 마시라고 했다(마 26:27).[55]

    칼빈의 성만찬 신학은 장로교 전통에서 거의 회복되지 못한 감이
있다. 그것은 칼빈주의 안에 들어와 있는 지나친 츠빙글리의 영향
때문이다. 그의 성령론적 임재는 살아 계신 그리스도를 성찬을 통해
회중을 신비한 연합으로 인도한다. 말씀과 성찬은 은혜와 구원의
방편으로서 보이는 말씀과 보이지 않는 말씀에 속한다. 성령은 말씀
과 성찬을 통해 체험된다. 그렇게 믿음의 공동체는 성령의 능력 아래
존재하는 그리스도의 몸이 되고, 성도들의 어머니가 된다. 새로운
목회 실천을 위해 칼빈의 성만찬 신학은 반드시 회복되어야 하고,
교회의 갱신을 위해 숙고되어야 한다.

---

55 Ibid., 제IV권 17장 47절.

II. 칼빈의 삼위일체론
─ 위격 개념의 변천 과정을 중심으로

들어가는 말

『황금신화』라는 책에 어거스틴이 삼위일체론을 집필할 때 있었던 일화가 담겨 있다. 어거스틴이 집필을 하다가 신학적 난제 때문에 머리가 혼란스러워서 해변가를 산책하고 있었다. 한 어린아이가 모래밭에 웅덩이를 파놓고는 조개껍질로 바닷물을 퍼담고 있는 장면을 목격한다. 어거스틴이 궁금해 뭐하고 있냐고 물으면서 어린아이와 대화가 시작된다.

> "지금 저는 바닷물 전부를 이 웅덩이에 퍼담을 거예요." "너는 그것을 할 수 없어! 네 능력으로는 이 바닷물을 다 퍼서 옮길 수 없단다." 그러자 어린아이는 이런 대답을 남기고 순간적으로 사라졌다고 한다. "지금 당신의 머릿속에서 생각하는 문제를 푸는 것보다 바닷물을 웅덩이에 옮기는 것이 더 쉬울 겁니다."

어거스틴은 삼위일체의 신비를 이해할 수 없어서 고민하고 있었던 것이다. 순간 어거스틴은 자신이 고민하고 있는 문제가 인간 이성으로 해결할 수 없다는 것을 깨달았다고 한다.

신학(Theology)은 Θεοσ(하나님)와 λογοσ(말, 진리)의 합성어이다. 표현 그대로 신학은 하나님에 대해서 말하는 학문이다. 그러나 하나님은 인간 이성으로 파악할 수 없는 분이시다. 인간 이성이 하나님을 이해하려면 하나님의 계시가 전제되어야 한다. 신학은 성경에서 계시된 하나님에 대해서 연구하는 학문이다. 이 신학의 핵심이 바로 삼위일체론이다.

따라서 교회사 속에서 있었던 수많은 신학적 논쟁도 성경에서 계시한 삼위일체론에 대한 이해가 중심 주제였다. 초대교회의 교부들이 박해 속에서 그리고 이단과의 논쟁 속에서 지키려고 했던 핵심적인 주제도 삼위일체의 진리였고, 니케아공의회 이후 치열한 논쟁속에서 세우려고 했던 교리체계의 중심 주제 역시 삼위일체 교리였다. 그리고 그렇게 오랜 논쟁 속에서 정립된 삼위일체 교리는 사도신경이라는 형식으로 교회와 예배 속에 고백되고 있다.

그러나 오늘날 개신교 신학과 설교 속에서 삼위일체론을 다루기를 꺼리는 경향이 있다. 왜냐하면 목회자들이 삼위일체론을 개념적으로 이해하기가 쉽지 않고, 이를 평신도들에게 설명하는 데 많은 어려움이 있기 때문이다. 그래서 많은 목회자들이 알게 모르게 삼위일체론을 쉽게 설명하기 위해서 양태론적 방법이나 양자론적인 방법을 사용한다.[1] 그러나 알다시피 양태론이나 양자론은 이단적인

---

1 많은 목회자가 삼위일체론을 설명할 때에 다음과 같은 유비적 방법을 사용한다: 물-수증기-얼음, 태양-빛-열 혹은 목회자-아버지-아들, 이는 전형적인 양태론적 설명이다.

삼위일체 이해이며, 삼위일체론에 대한 오해를 가져올 수 있다. 더욱이 많은 이단들이 양자론적 방법으로 성도들을 미혹하고 있다.

따라서 목회자들이 삼위일체를 올바로 이해하고 설명하는 것이 매우 중요하다. 여기서는 목회자들의 이해를 돕기 위해서 삼위일체론의 형성 과정과 용어적 개념을 되도록 쉽게 설명하려고 한다. 특히 세 위격에 대한 올바른 이해가 매우 중요하다. 저자가 생각하기에 영어로 person이라고 표현된 위격의 개념을 올바로 이해하지 못하는 경향이 있다. 그래서 칼빈도 삼위일체 이단들과 논쟁을 하면서 용어와 개념 정리를 중요하게 생각했다. 그래서 본고에서는 위격이라는 용어의 변천 과정을 중심으로 서술하고, 삼위일체의 이해에 필요한 개념들을 정리하고자 한다.

1. 삼위일체론의 이해를 위한 개념들

1) 삼위일체론과 철학 개념들

판넨베르크에 따르면 초대교회의 교부들이 그리스철학을 적극적으로 수용하였기에 기독교 복음이 활발하게 전파될 수 있었다.[2] 그중에서도 신관은 매우 중요한 의미를 갖는다. 복음이 전파될 당시 로마의 민중 종교는 다신론이었다. 즉, 대중들은 그리스-로마 신화에 등장하는 여러 신들을 숭배하고 있었다. 우주의 근원이 하나라고 믿었던 대부분의 그리스 철학자들은 다신론적 세계관을 긍정할 수

---

2 Wolfhart Pannenberg, *Theologie und Philosophie, Ihr Verhältnis im Lichte ihrer gemeinsamen Geschichte* (Göttingen, 1996), 11-19.

없었다. 이런 그리스 철학과 종교의 갈등이 심화된 상황 속에서 기독교의 유일신관이 전파되었다.

특히 교부들이 그리스철학의 세계관과 신관을 수용하여 신학화함으로써 다신론적 세계관이 기독교적 유일신관으로 대체되는 데 중요한 역할을 했다. 이때 초대교회 교부들이 적극적으로 수용했던 철학적 개념은 스토아학파의 로고스론과 신플라톤주의의 세계관이었다.

(1) 로고스(λόγος)

니케아 콘스탄티노플공의회에서 동일본질(homoousios)이라는 결론에 도달할 때까지 아버지와 아들이 관계 문제는 신학적 논쟁의 핵심적 주제였다. 아버지와 아들이 어떻게 하나가 될 수 있는가? 아버지와 아들 두 다른 인격이 어떻게 하나의 본질을 갖는다고 설명할 수 있을까? 이 난제를 고민하던 초대교회 교부들이 발견한 해결책이 바로 스토아학파의 로고스론이다.

로고스(λόγος)라는 용어는 그리스철학에서 다양한 개념으로 사용되어왔다. 로고스라는 개념을 본격적으로 사용한 철학자는 헤라클레이토스(Heraclitus of Ephesus)이다. 그는 다양한 세계 만물을 통일시키는 세계 내적인 법칙이 로고스라고 주장했다. 만물의 뒤에서 소생과 소멸을 이끄는 세계 법칙, 즉 세계 이성이 바로 로고스이다.3 헤라클레이토스 이후 여러 그리스 철학자들이 로고스 개념을 단편

---

3 https://plato.stanford.edu/entries/heraclitus/

적으로 사용하였다. 이 로고스를 철학의 중심 주제로 삼은 이들이 바로 스토아학파이다. 헤라클레이토스의 제자들이 중심이 된 스토아학파는 로고스 개념을 더욱 발전시켰다.[4]

스토아학파의 사상은 유물론적이다. 헤라클레이토스와 마찬가지로 만물의 근원을 불로 보며, 그 불에 힘을 넣어주어서 만물을 움직이게 하고 조화롭게 하는 것이 바로 로고스이다. 따라서 이 우주가 조화로운 이유는 그 안에 로고스가 있기 때문이다. 모든 만물이 자신의 자리를 지키면서 질서를 유지하는 이유가 그 뒤에 로고스가 있기 때문이다. 스토아학파들은 이 로고스를 신(god)과 동일시했다. 따라서 스토아학파의 신관은 범재신론적인(panentheism) 성격이 강하다.[5]

이 스토아의 로고스 사상과 성경의 하나님을 연결시키려는 노력은 유대교 철학에서 처음으로 시도되었다. 유대교 철학자인 알렉산드리아의 필로는 성경의 말씀(Word)을 로고스 개념으로 이해하려고 노력하였다. 또한 요한복음 기자가 사용한 로고스는 비록 완전히 새롭게 재해석하였을지라도 근본적인 뿌리가 스토아의 것과 같다는 데에는 큰 이견이 없다. 다드(C. H. Dodd)는 요한복음의 로고스가 히브리적인 '하나님의 말씀'(다바르)과 필로에게 나타난 스토아적인 이성적 원리, 두 가지 모두를 포함하고 있다고 주장한다.[6]

스토아철학의 로고스 개념이 기독교의 신관에 본격적으로 수용되기 시작한 것은 2세기 이후이다. 특별히 순교자 유스티누스(Justinus,

---

4 William Ralph Inge, *Personal Idealism and Mysticism*, 안소근 역, 『로고스 기독론과 기독교신비주의』 (서울: 누멘, 2009), 55-58.

5 https://plato.stanford.edu/entries/stoicism/

6 C. H. Dodd, *The Interpretation of the Fourth Gospel* (Cambridge: Cambridge University Press, 1980), 269-272.

?~A.D. 156)는 로고스론을 이용해서 삼위일체에 대해서 설명한 최초의 인물이다. 유스티누스에 따르면 그리스도가 오시기 이전에 이미 하나님께서는 로고스의 씨앗을 사람들이 마음속에 심어 놓으셨다. 이 로고스의 씨앗이 이성이다. 이 인간 안에 있는 로고스, 즉 이성이 하나님과 연합시켜 주고 인간에게 하나님의 대한 지식을 알게 했다. 심지어 유스티누스는 이성을 지향하면서 살았던 인간은 모두 이미 어느 정도 기독교인으로 부를 수 있다고 주장한다. 즉, 그는 이성적 인간을 대표하는 소크라테스는 부분적으로 그리스도인이었다고 주장한다.

더 나아가 유스티누스는 스토아의 인간 이해 속에서 하나님과 그리스도의 관계를 설명할 수 있는 기가 막힌 개념을 발견한다. 스토아철학에서는 이성, 즉 인간 안에 있는 로고스는 두 가지로 구분한다. 인간 이성은 로고스 엔디테토스(*Logos endithetos*)와 로고스 프로포리코스(*Logos prophorikos*)로 나눈다. 전자는 내재적 로고스이고, 후자는 표현된 로고스이다. 생각 속에 있는 이성이 있고, 말이나 행동으로 표현된 이성이 있다는 것이다.[7]

유스티누스는 이런 스토아적 로고스 개념을 그의 삼위일체 신학에 적용한다. 즉, 성부와 성자의 관계를 설명할 수 있는 좋은 개념으로 생각한 것이다. 그래서 그는 성부를 로고스 엔디토테스에 적용하여 내적인 말씀으로, 로고스 프로포리코스를 성자에 적용하여 표현된 말씀이라고 주장했다.

그렇다면 내재적 말씀과 표현된 말씀은 언제 구별되었는가? 유

---

7 J. N. D. Kelly, *Early Christian Doctrines* (New York: Harper Collins Publishers 1978), 18-19.

스티누스에 따르면 창조 이전에 구별되었다. 아들이신 말씀은 창조 이전에 출산(*generatio*)되셨다. 이는 창조 사역을 위한 것이다. 처음에 성부께서 모든 것을 만드시고 배열할 때 성자가 낳음을 받으셨다. 이러한 로고스 이해가 바로 삼위일체 신학의 출발점이 되었다.[8]

유스티누스를 포함한 2세기 변증적 교부들에게 주요 관심은 아버지와 아들의 관계 규명이었다. 따라서 성령의 문제는 매우 적게 다루어졌다. 성령의 문제는 니케아 콘스탄티노플공의회에서 아버지와 아들의 동일본질이 선포된 이후에 본격적으로 논의되기 시작했다.

(2) 신플라톤주의

스토아철학의 로고스 개념과 함께 초기 삼위일체 신학이 정립되는 데 도움을 준 철학이 바로 신플라톤주의이다. 스토아철학이 삼위일체 신학을 위해서 로고스를 통해서 임재적 신관을 형성하는 데 도움을 주었다면, 신플라톤주의는 초월적 신관을 체계화시키는 데 큰 도움을 주었다.

특히 플로티누스의 사상은 기독교 신학에 많은 영향을 주었다. 플로티누스는 플라톤의 이데아론을 더욱 발전시켜서 세계를 거대한 위계질서 구조(Hierachical Structure)로 이해했다. 플로티누스에 따르면, 우주는 일자(一者, The One)에서 유출된 것이다. 이 일자는 신적인 존재라고 해도 무방하다. 일자는 스스로 존재하며 자기운동성과

---

8 루카스 마태오/윤주현 옮김, 『삼위일체론』(서울: 카톨릭출판사 2017), 272.

자기 충만함을 통해서 자신의 신적 속성을 유출하게 된다. 따라서 일자는 의지적 행위의 창조가 아니라 자연스러운 유출 과정을 통해서 만물을 존재하게 만든다. 이런 유출 과정은 만물이 생성되는 원리이다. 플로티누스는 이렇게 말한다.

> 실체적 속성을 부여받은 것들은 마치 원형으로부터 본을 따 형성된 모상처럼 존재하게 된다. 또한 이미 온전히 성숙해진 모든 것들은 (스스로) 산출하게 된다. 불은 자신에게서 열을 뿜는다. 눈 또한 그 내부에만 냉기를 품지 않는다. 자연은 그렇게 존재한다. 영원히 완숙한 것은 영원히 그리고 영원한 것을 산출하게 된다.[9]

플로티누스에 따르면 일자는 '영원한 낳음'(generatio aeterna)을 통해서 만물을 존재하게 한다. 이 영원한 낳음이 기독교의 삼위일체론에 큰 영감을 주었다. 삼위의 관계를 이해하려고 노력했던 교부들은 아버지와 아들의 관계를 출생의 개념으로 설명하였다.[10]

플로티누스가 삼위일체 신학의 정립에 많은 영향을 주었다는 사실은 유출 과정을 설명하는 부분을 보면 더욱 명확해진다. 그에 따르면, 유출 과정은 정신(nous)-영혼(soul)-물질계(body)의 순서로 진행된다. 여기서 정신은 근원적인 일자와 매우 가까운 일자의 모사로서, 일자가 스스로를 바라보는 시선이며 제2의 신, 즉 신의 아들이다. 이 정신이란 신적인 원리이며 영원한 의식이다. 플로티노스는 이를 '신의 소생'이라고 불렀는데, 이를 기독교적인 용어로 바꾸면 '하나

---

9 Plotinus, *Enneades*, 조규홍 역, 『엔네아데스』 (서울:지식을 만드는 지식, 2009), V 8, 6.
10 조규홍, 『플로티노스의 지혜』 (서울: 누멘, 2009), 57.

님의 아들'이 된다.[11]

플로티누스는 일자로부터 정신(누스)을 거쳐 두 번째로 유출되는 것을 신적인 영혼(soul)이라고 불렀다. 정신이 일자의 모사인 것처럼, 영혼 역시 정신의 모사이다. 그리고 영혼은 어떤 감각적 존재에게 생명을 부여하고 자립하도록 만드는 힘이다. 이 영혼에 대해서 설명하면서 플로티누스는 스토아철학의 로고스 개념을 사용한다.

> 영혼은 자립적인 존재이긴 하지만, 정신의 복사체이기 때문이다. 마치 발설된 말이란 영혼 안에 내재하던 개념에서 나온 것이듯, 그렇게 영혼 자체는 정신의 로고스요, 활력으로서 다른 존재가 자립하도록 생명을 주는 생명을 주는 그런 힘이다. 그런 생명력은 마치 불 곁에 존재하면서도 그와 구별되는 열과 같다. 그러므로 영혼에게서 그 자립성은 사유로부터 기인하는데, 이때 사유는 영혼을 완성시키는 힘이요, 영혼이 자신 안에서 정신을 바라보게 하는 로고스이다. 왜냐하면 영혼이 정신을 통찰하게 된다면, 그 안에서 사유하고 실현하는 그런 모든 것을 자기 것으로 소유하게 된다.[12]

질송(E. Gilson)에 따르면, 이런 플로티누스의 사상은 어거스틴의 삼위일체에 그대로 반영된다. 어거스틴의 주요 과제는 성서의 세계관을 플라톤 철학의 입장에서 재해석하는 것이었다. 따라서 플로티누스의 일자-정신-영혼의 유출 과정은 어거스틴이 성서의 하나님을 삼위일체적으로 설명하는 데 큰 도움을 주었다. 플로티누스의

---

11 김광채, 『기독교교리사』 (서울: 보라상사, 2003), 152.
12 Plotinus, *Enneads*, V 1, 2.

일자는 그에게 있어서 곧 아버지이신 신이고, 삼위일체 중 첫 번째 위격이 된다. 플로티누스의 정신(nous)은 그의 정신 안에서는 삼위일체 중 두 번째 위격, 즉 성 요한 복음서의 서두에 언급한 말씀과 하나가 된다. 요약하자면 어거스틴이 플로티누스의 글을 읽는 순간, 그는 아버지인 신에 대해 본질적으로 그리스도교적인 세 가지 개념을 발견한다. 말씀, 아버지와 함께하는 신, 창조가 그것이다.13

위에서 살펴보았듯이 스토아철학의 로고스 개념과 플로티누스의 신관은 기독교의 삼위일체론을 정립하는 데 큰 도움을 주었다. 초대교회 교부들은 성서에서 계시된 삼위일체의 하나님을 더욱 이론적으로 설명하는 데 두 사상을 적극적으로 사용하였다. 이에 대해서 판넨베르크는 다음과 같이 말한다.

> 코스모스를 완전히 지배하는 스토아철학적인 로고스와 세계 영혼에 대한 플라토니즘적 표상의 연결은 로고스를 이데아의 총괄 개념으로 생각한 알렉산드리아의 필로에게서 이미 나타난다. 이런 사상은 2세기 호교론자들 이래로 기독교 신학자들에 의해서 요한복음의 로고스 개념(요 1:1-4)을 예수와 아버지의 관계에 대한 특징으로 해석하기 위해서 전수되고 보다 넓게 확장되었다. 초월적인 하나님의 이성으로부터 로고스의 출현은 로고스 기독론의 중심 주제가 되었다. 이 기독론은 예수를 아버지와 일치시키지 않고도 그를 하나님으로 생각하는 기독론적인 사고를 가능하게 만들어주었다.14

---

13 E. 질송/김태규 역, 『아우구스티누스의 사상과 이해』 (서울: 누멘, 2018), 418.
14 Wolfhart Pannenberg, *Theologie und Philosophie*, 53.

(3) 우시아(*ousia*)와 히포스타시스(*hypostasis*)

i) 프로소폰(*προδωπόν*)과 페르조나(persona)

삼위일체라는 말은 하나님은 하나의 본질과 세 위격을 가지신 분이라는 뜻이다. 여기서 하나의 본질이라는 개념을 이해하기는 어렵지 않다. 하나님은 한 분이시기 때문이다. 그러나 세 위격이라는 개념은 이해하기가 쉽지 않다. 성경에서는 신앙적으로 고백된 삼위일체의 개념을 논리적으로 설명하기란 쉽지 않았다. 하나와 셋을 논리적으로 연결시키기란 쉬운 작업이 아니었다. 더욱이 신학적인 이론으로 정립하기까지는 오랜 논쟁과 수정의 과정을 거쳐야만 했다.

초대교회 교부들이 세 위격을 나타낼 때 처음으로 사용한 단어는 희랍어 프로소폰(πρöωῆν) 혹은 라틴어 페르조나(persona)라는 단어이다. 희랍어와 라틴어가 혼용되는 시대여서 두 단어가 함께 사용되었다. 이 프로소폰 혹은 페르조나를 직역하면 영어의 person, 즉 인격을 나타내는 단어이다. 하지만 가톨릭 신학자인 다니엘루에 따르면, 초대교회에서 이 프로소폰은 인간의 속성이나 본질을 나타내는 단어로 사용하지 않았고, 이 단어를 신적인 속성을 표현하는 데 사용하였다. 예를 들자면 4세기의 교부였던 히에로니무스(Hieronymus)는 페르소나를 하나님의 위격, 특히 성자의 위격을 지칭하는 용어로만 사용하였다. 오히려 인간을 지칭하는 용어는 별도로 *contidio*라는 용어를 사용하였다.[15]

다른 한편으로 프로소폰이라는 단어는 '이름'이라는 의미로도 사

---

15 곽진상, "초세기 교부들의 저서에 나타난 인격의 신학적 의미," 수원카톨릭대학교, 「이성과 신앙」 제50호 (2012), 47.

용되었다. 다시 말해서 구약성서에서 '하나님의 이름으로'라는 표현이 자주 등장하고, 같은 맥락에서 신약성서의 기자들도 '예수 그리스도의 이름으로'라는 표현을 자주 사용하였는데, 초대 교부 유스티누스는 프로소폰을 이 '이름'과 같은 의미로 사용하였다. 즉, 유스티누스에게 있어서 이름은 프로소폰과 동의어이다.16

특별히 초대교회의 초창기에는 프로소폰과 페르조나는 성부보다는 주로 성자에게 적용했다. 성자의 프로소폰은 무한하고 말로 표현할 수 없는 하나님께서 자기를 제한해서 계시하시는 신비로운 방식이다. 이는 창조를 통해서 자신을 드러내신 하나님께서 인간을 구원하기 위해서 자신을 제한하셔서 그리스도를 통해서 프로소폰을 드러내신 은혜의 사건인 것이다.

ii) 프로소폰(페르조나)에서 히포스타시스로

예수 그리스도의 인격을 나타내는 라틴어 페르조나(프로소폰)를 최초로 사용한 교부는 터툴리아누스이다. 그러나 예수 그리스도라는 한 페르조나(프로소폰) 안에서 어떻게 신성과 인성, 즉 두 개의 속성이 공존할 수 있는지에 대한 물음이 본격적으로 제기되면서 용어 사용의 문제가 발생하였다. 즉, 아버지의 페르조나는 신성이고 아들의 페르조나는 신성과 인성을 공유한다면, 페르조나의 의미가 모호해지는 것이다. 따라서 페르조나의 의미를 포함하면서 세 위격을 구분할 수 있는 새로운 단어가 필요했다. 이 단어를 처음으로 찾아낸 교부가 오리게네스이다. 오리게네스는 희랍어 휘포 스타시스(ὑποσ

---

16 Ibid., 55.

τασισ)라는 단어를 위격을 나타내는 단어로 사용한 최초의 교부이다. 오리게네스의 영향 아래 휘포스타시스는 세 위격을 나타내는 단어로 자주 사용되었다.

무엇보다 휘포스타시스라는 단어가 본격적으로 사용되기 시작한 이유는 단성론 이단이 등장하였기 때문이다. 니케아공의회 이전부터 교부들 사이에 아버지와 아들이 동일본질이라는 주장이 대세가 되면서 단성론 이단이 등장하였다. 하나님이 한 본질을 가진 분이기에 세 위격은 한 본질의 세 가지 모습 혹은 양태에 지나지 않는다는 것이다.

3세기에 양태론을 주장한 대표적인 인물이 사벨리우스이다. 사벨리우스는 215년경 로마에서 학파를 만들었다. 그는 세 위격은 각각의 실재가 아니라 한 하나님의 세 가지 양태에 지나지 않는다고 주장했다. 이후 칼케돈공의회에서 아버지와 아들의 동일본질(*homousios*)이 공표되었지만, 단성론적인 주장은 사라지지 않았다. 동일본질이란 아버지와 아들이 동일한 우시아(*ousia*), 즉 본질을 소유하고 있다는 의미기 때문에 세 위격이란 한 본질이 드러내는 모양과 양태에 지니지 않다는 것이다. 이런 단성론 이단의 문제를 해결하기 위해서 교부들은 애매모호한 개념을 가진 페르조나 대신에 오리게네스가 사용한 휘포스타시스라는 용어를 본격적으로 사용하기 시작했다.

휘포스타시스는 플라톤과 아리스토텔레스 철학에 자주 등장하는 단어이다. 이는 주로 본질과 실재를 나타내는 단어이다. 이 단어를 아리스토텔레스는 특별히 추상적인 본질과 대립되는 의미에서 현실적이고 실제적인 본질을 나타내는 단어로 사용하였다.[17] 우시아가 추상적인 본질을 의미한다면, 휘포스타시스는 실제적인 본질 혹은 실재를 의미하는 단어이다. 간략히 말하면 A, B, C라는 사람이 있다고 하자. 이들은 구분되지만, 인간이라는 공동본질이 갖는다. 인간 공동본질로서 A, B, C는 인격적인 특수성을 갖는다. 이러한 인격적인 특수성을 휘포스타시스로 부를 수가 있다. 이런 점에서 인격적인 특수성(휘포스타시스)은 '인격'이란 독립 개체가 아니라 공동본질인 인간성을 서로 공유하는 표현이 된다. 아버지와 아들 그리고 성령은 신성에서 공동본질인 우시아를 가지고 있고, 드러나는 계시에서 각자의 인격적인 특수성 내지 정체성을 갖지만, 여전히 삼신론적인 인격 개체가 아니라 신성의 본질(우시아)을 공유하는 위격(휘포스타시스)이 된다.

따라서 하나님을 한 우시아와 세 휘포스타시스(μία ουσία τρεῖς ὑπόστασεις)를 가진 분으로 정의하면 단성론의 문제가 해결될 뿐만 아니라 양태론적인 문제도 해결할 수 있었다. 이 문제를 해결하는 데 크게 기여한 교부들이 바로 가파도키아의 세 교부, 즉 바질, 나사의 그레고리우스, 나지안조의 그레고리우스이다. 특별히 닛사의 그레고리우스는 우시아와 휘포스타시스를 혼동하여 이해하지 말 것을 역설하였다. 즉, 우시아는 본질 또는 실체를 지칭하는 반면, 휘포스타시스는 개체자들, 즉 기능적인 개체들을 지시하는 것임을 강조했다.

이후 카파도키아 세 교부에 의해서 좀 더 세밀하게 정리된 우시아와 휘포스타시스 개념이 382년 콘스탄티노플공의회에 반영되었다. 그리고 니케아-콘스탄티노플공의회의 삼위일체에 대한 정의가 공

---

17 이종성, 『삼위일체론』 (서울: 기독교출판사, 1993), 291-295.

식적인 삼위일체 신앙고백의 골격으로 자리매김하게 되었다.[18]

2) 삼위일체를 위한 신학적 개념: 페리코레시스(περιχωρησιξ)

삼위일체를 올바로 설명하기 위한 단어들, 즉 프로소폰, 페르조나, 휘포스타시스 등과 같은 용어들이 카파도키아 세 교부에 의해서 어느 정도 정리가 되었지만, 여전히 논란의 요소들이 많이 남아 있었다. 특히 카파도키아의 세 교부가 휘포스타시스라는 개념을 통해서 세 위격의 독립적인 실재에 초점을 맞추어 삼위일체론을 정립하였기 때문에 삼위의 일체성이 문제가 되었다. 그래서 삼위일체가 아닌 삼신론 이단의 가능성을 열어 놓는 결과를 가져왔다.

이런 삼신론의 문제를 해결하기 위한 가파도키아 세 교부의 노력이 바로 페리코레시스 개념이다. 헬라어 'περιχωρησιξ'라는 용어는 원래 'περι'(주위에, 둘러서서)라는 전치사와 'χωρειν'(담다, 포용하다. 침투하다)라는 동사의 합성어이다. 이 '페리코레시스'는 세 위격의 상호관계를 설명하는 언어로서 세 위격이 서로 결합과 연합 혹은 내적인 교통을 통해서 서로의 속성을 공유한다는 의미이다. 특히 하나의 신성(Godhead)이 세 방식의 구분된 위격들(hypostases) 혹은 실재들(subsistence) 안에 동시에 존재하고 있다는 것이다. 즉, 신성은 구분된 위격들 안에 나누어지지 않고 존재하고 있다는 것이다. 그래서 세 위격들 안에 본질상의 동일성이 있다. 다시 말해서 신성의 전체 존재가 세 위격의 각각 안에 포함되어 있어서 실체적 동일성과 단일

---

18 D. Allen/정재현 역, 『신학을 이해하기 위한 철학』 (서울: 대한기독교서회, 1977) 161-163.

성을 이루고 있다는 것이다.

카파도키아의 세 교부가 이 페리코레시스라는 용어를 사용한 것은 아니다. 세 교부는 삼신론이라는 비판에 일체성을 변증하기 위해서 성서를 인용하면서 위격의 속성이 서로 교통할 수 있음을 강조하였을 뿐이다. 바질은 요한복음 17장 21절 말씀에서 예수께서 "아버지께서 내 안에, 내가 아버지 안에 있는 것 같이 그들도 다 하나가 되어 우리 안에 있게 하사"라고 기도한 것을 인용하면서, 위격들 안에 한 실체가 서로 내재하고 있음을 주장하였다. 특히 페리코레시스를 적극적으로 주장한 교부는 닛시의 그레고리우스이다. 그는 "삼신이 아님에 관하여"(Quod non sint tres Dii)라는 논문을 써서 세 위격들의 페리코레시스에 대한 중요한 저술을 남김으로써 상당한 공헌을 하였다.[19]

이 용어를 누가 처음으로 사용하였는지는 불분명하다. 단지 4세기 교부 중 한 명인 힐라리(Hilary, 315-367?)가 처음으로 사용했을 것이라는 추측이 있을 뿐이다.[20] 이후 여러 교부들과 신학자들의 삼위일체론에 반영되면서 보완되었고, 어거스틴에 의해서 좀 더 섬세하게 다듬어졌다. 어거스틴은 페리코레시스를 다음과 같이 정의했다.

삼위일체에 만물의 최고의 근원이 있으며, 가장 완전한 아름다움이 있으며, 가장 복된 기쁨이 있다. 그러므로 세 위격이 상호 간에 결정되어 있는 동시에 그 자체로서는 무한하시다. 물체들의 경우에는 하나가 셋을 합한

---

19 Bethune-Baker, *The Meaning of Homouosios in the Constantinopolitan Creed* (London: Cambridge University Press 1901), 59-61, 75.

20 G. L. Prestige, *God in Patristic Thought* (London: SPCK, 1952), 33.

것만큼 되지 못하며, 둘을 합하면 하나보다 많다. 그러나 최고의 삼위일체의 경우에는 하나가 셋을 합한 것 만하며, 둘을 합해도 하나보다 더하지 않다. 그리고 그들은 각각 자체가 무한하시다. 그래서 하나하나가 다른 하나 안에 계시며, 모든 이 안에 계시다. 또 모든 이가가 모든 이 안에 계시며, 모든 이가 한 이 안에 계시다.[21]

'페리코리시스'라는 단어를 학문적으로 다룬 사람은 8세기 다마스쿠스의 요한(Johannes Damascenus, ?~749)이다. 다마스쿠스 요한은 기존의 삼위일체에 대한 논의를 집대성한 것으로 평가받는다. 그의 저작에서 우리는 확실하게 페리코리시스 단어와 개념을 찾아볼 수 있다. 그에 따르면 하나님 안에는 완벽히 존재하는 세 위격이 계신다. 그러나 이 세 위격은 하나의 유일한 신적 본질을 구성하는 '부분들'로 간주 되어서는 안 된다. 각각의 위격은 총체적인 신적 본질을 지닌다. 그러므로 신적인 본질이 세 위격에 속하는 것이 아니라 세 위격 '안에'(in) 있다고 말해야 한다. 다시 말해 각각의 신적 위격들(hypostasis)은 하나님의 일부가 아니라 전체로 간주되어야 한다. 이러한 다마스쿠스 요한의 사상에 담긴 강조점은 그가 제시한 '상호내재성'(perichoresis)이라는 언명에서도 잘 드러난다. 이 상호내재성의 개념에는 실체의 단일함이 드러난다. 이 위격들은 서로서로 안에 존재한다. 다음 같은 주님의 말씀에 따라, 그것은 서로 혼동되지 않으며 서로를 담고 있다. "아버지께서 내 안에 계시고 내가 아버지 안에 있다"(요 10:38). 우리는 성부, 성자 성령을 세 분의 하나님으로

---

21 St. Augustinus, *De Trin*, VI, 10, 12.

부르지 않는다. 오히려 그 반대로 유일한 하나님, 거룩한 삼위일체라고 부른다. 따라서 사벨리우스주의가 말하는 것과 반대로, 성자와 성령은 서로 혼합되거나 혼동되지 않으며 서로가 서로를 담고 있는 가운데 일치한다. 그들에게는 서로 혼합되거나 혼동됨이 없는 상호내재성(circuminsessio)이 존재한다. 이러한 상호내재성 덕분에 세 위격은 그 본질상 서로 나뉘지도 분리되지도 않는다. 이를 한마디로 말하면, 신성은 각 개별 위격 안에서 나뉘지 않는다.[22]

2. 어거스틴의 삼위일체론

어거스틴의 삼위일체론은 399~420년 사이에 저술되었다. 이 기간은 이단으로 정죄되었던 아리우스의 주장이 다시 등장한 시기였다. 아리우스의 재현을 보면서 히포 교구의 주교였던 어거스틴은 교회와 교인들을 이단으로부터 보호해야 한다는 절박감이 있었다. 그래서 후대의 신학에 가장 큰 영향력을 미치는 책 중 하나인 삼위일체론을 집필하였다.

1) 성경과 삼위일체론

어거스틴의 삼위일체론은 크게 두 부분으로 나눌 수 있다. 전반부는 성서를 기반으로 하는 삼위일체론을 서술하였다. 후반부는 삼위일체론을 반박하거나 왜곡시킨 이단들에 대해 삼위일체론을 변

---

22 카스 마태오, 『삼위일체론』, 466.

증하고, 그를 위해서 삼위일체의 객관적 증거, 즉 삼위일체의 흔적을 제시하고 있다.

전반부에서 어거스틴은 우선 삼위일체에 대한 이단의 신앙적 오류가 왜 발생하는지에 대해서 지적한다. 오류를 저지르는 이유는 신앙보다 이성을 앞세웠기 때문이다. 성경보다는 철학적 논리가 앞섰기 때문이다. 따라서 어거스틴은 신앙적 오류를 최소화하기 위해서는 성경이 아닌 다른 것을 근거로 삼아서는 안 된다고 주장한다.

그렇다면 성경은 어떻게 보아야 하는가? 즉, 어거스틴은 성경 해석의 기준을 분명하게 제시한다. 그것은 바로 하나님의 사랑이 기준이 되어야 하고, 그 사랑이 구체적으로 표현된 예수 그리스도를 성경 해석의 기준으로 삼아야 한다. 어거스틴은 이렇게 말한다.

> 이러한 하나님을 뵈옵는 것의 근거는 성경에 있으며, 사랑의 눈으로 그것을 찾는 사람이라면 그것이 성경 전체에 가득 차 있음을 볼 수 있을 것이다. 이것이야말로 우리의 최고의 선이며, 우리에게 주신 계명들은 바로 이것을 얻기 위해서 모든 일을 바르게 행하라는 뜻을 담고 있다.[23]

2) 삼위일체의 용어들: 휘포스타시스에서 페르조나로

어거스틴 이전에는 삼위일체의 용어들이 희랍어와 라틴어, 두 가지 언어로 혼용되어 사용되었다. 어거스틴은 이런 용어를 라틴어로 정리하기를 원했다. 이는 삼위일체의 오해를 막기 위한 노력이었

---

23 Ibid., I, 13, 31.

다. 그래서 그는 기존의 용어들을 검토하고 다시 정리한다. 우선 어거스틴은 위격을 위해 사용된 희랍어 히포스타시스는 라틴어에서 'essentia'에 해당되고, 우시아는 'substantia'에 해당된다고 주장한다. 그러나 라틴어에서 essentia와 substantia는 거의 같은 의미로 사용되었다. 따라서 한 essentia와 세 subtantia로 삼위일체를 표기하면 더 많은 오해가 발생할 가능성이 높았다. 따라서 어거스틴은 'substantia'를 'persona'로 표기해야 한다고 주장한다. persona는 희랍어 프로소폰에서 유래된 말로, 초기 삼위일체 신학에서 신적 위격을 나타내는 단어였다. 그래서 어거스틴은 삼위일체의 용어를 한 essentia와 세 persona로 표기할 것을 제언한다. 이후 어거스틴 신학의 막강한 영향력 아래에서 삼위일체 용어는 어거스틴을 따르게 되었으며, 서구 교회가 삼위일체를 'one essence in three persons'로 표기하는 데 결정적인 역할을 하였다.[24]

3) 삼위일체의 흔적들

어거스틴 시대에는 아직도 삼위일체 교리를 반대하는 이단들과 철학적 논증들이 많았다. 그들은 성경의 권위를 인정하지 않았다. 따라서 성서의 권위만으로 삼위일체 교리를 논증하기에는 부족한 점이 있었다. 어거스틴은 성서가 아닌 다른 방법, 즉 유비적 방법으로 삼위일체 교리를 설명하고 논증할 필요성을 느꼈다.

그렇다면 어디에 삼위일체의 유비들이 많을까? 어디에서 삼위일

---

24 St. Augustinus, *de Trin*, V.

체 교리의 흔적을 많이 발견할 수 있을까? 어거스틴은 하나님의 형상(*Imago Dei*)으로 지음 받은 인간이 가장 많은 흔적을 담고 있다고 믿었다. 그래서 어거스틴은 "안으로 들어가라"라고 외친다. 즉, 하나님의 형상은 인간의 모습이 아니라 내면 세계에 더 많은 흔적을 갖고 있다고 생각했다. 어거스틴은 하나님의 흔적을 찾기 위해서 인간 내면을 깊이 고찰하기 시작한다. 그래서 그의 삼위일체론을 '심리적 삼위일체론'이라고 부르기도 한다.

어거스틴이 주목한 삼위일체의 유비들은 대략 다음과 같다.

정신mens-지식notia-사랑amor, 자기기억memoria-지성intelligentia-의지voluntas, 그리고 하나님에 대한 기억memorie-지성 intelligentia-사랑amor.

또한 어거스틴은 삼위일체를 설명하는 데 인간 내면의 유비가 아닌 물체적 유비를 거절했다. 왜냐하면 물체적 유비는 양태론에서 자주 사용했을 뿐만 아니라 삼위일체에 대한 많은 오해를 불러일으킬 수 있기 때문이다. 하지만 어거스틴은 인간 내면의 유비를 설명하면서 인간 외부의 유비에 대해서 조심스럽게 언급한다. 인간의 외부에 있는 것 중에 최고의 선이라면, 그것은 하나님 자신이기 때문에 얼마든지 삼위일체의 유비로 사용할 수 있다고 생각한다. 그래서 어거스틴은 다음과 같이 말한다.

가능하다면 선 자체를 보라 그렇게 되면 하나님 이외의 선에 의해서가 아니라, 모든 선을 선하게 하시는 선인 하나님을 볼 수 있다.[25]

그렇다면 선을 바라본다는 것이 구체적으로 무엇을 의미하는가? 세상에서 최고의 선은 카리타스, 즉 사랑이다. 어거스틴이 보기에 카리타스, 즉 사랑은 하나님께서 세우신 덕인 동시에 하나님께 나아가는 덕이다. 어거스틴은 이 카리타스의 덕을 통해서 최고선인 하나님께 나아갈 수 있다고 믿는다. 그런데 그에 따르면 사랑은 세 가지 구조를 가질 때 완성된다: 사랑하는 자(amans)-사랑받는 자(amatus)-사랑(amor). 이것이야말로 하나님의 삼위일체를 잘 이해할 수 있는 유비이다.26

여기서 중요한 것은 후대의 신학자들이 비판하는 것처럼 어거스틴이 삼위일체 흔적론을 심리학적으로 정립하기 위한 것이 아니라 삼위일체 하나님을 설명하기 위한 유비론적인 방식이라는 것이다. 유비란 비슷하게 그러나 여전히 다르게(similiarity in difference) 표현한다는 의미를 갖는다. 다시 말해 동일성의 논리가 아니라 하나님의 삼위일체 신비를 인간의 내면의 예를 들어 비슷하게 그러나 여전히 다르게 표현한다.

이렇게 어거스틴은 혼란스러웠던 삼위일체 논쟁을 정리하기 위해서 한편으로는 성서의 권위를 바탕으로 한 논증을 통해서 삼위일체론의 기준을 세우고, 다른 한편으로는 인간 내면 혹은 사랑의 유비를 통해서 삼위일체를 위한 변증을 완성하였다.

---

25 St. Augustinus, *De Trin*, VIII, 3, 4.
26 St. Augustinus, *De Trin*, VIII, 10, 4.

3. 중세의 삼위일체론

중세 시대에 어거스틴 신학이 끼친 영향력은 매우 크다. 따라서 중세 시대의 삼위일체론 역시 어거스틴의 그늘에서 벗어날 수 없었다. 특히 그의 심리학적 삼위일체론은 많은 영향력을 미쳤다. 심지어 1천 년 뒤에 정립된 스콜라 신학에서도 어거스틴의 삼위일체 논증의 영향력을 볼 수 있다. 심지어 천년 가까운 세월이 지난 13세기 스콜라 신학의 양대 산맥이라고 평가받은 보나벤투라와 토마스 아퀴나스의 삼위일체론에서도 어거스틴의 흔적을 분명히 찾아볼 수 있다.

보나벤투라(Bonaventura, 1221~1274)는 창조된 사물들을 통해서 하나님을 만날 수 있는 가능성에 큰 신뢰를 두었다. 특히 그는 가장 완전한 피조물이며, 그 안에 신비로운 신적 내밀함이 흔적처럼 반영되어 드러나는 인간의 영혼에서부터 그런 가능성을 보았다. 어거스틴과 마찬가지로 보나벤투라 역시 영혼의 세 가지 능력에서 삼위일체의 흔적을 발견했다. 그에 따르면, 기억은 성부의 흔적이며, 지성은 성자의 흔적이고, 의지는 성령의 흔적이다. 보나벤투라는 이러한 실재들 안에서 가장 큰 흔적을 발견했다. 왜냐하면 영혼과 그 능력들 간에는 구별되지 않기 때문이다. 이처럼 세 가지 능력들—이는 유일하며 동일한 바로 그 영혼이다—은 셋이자 동시에 유일한 존재로 드러난다.[27]

스콜라 신학과 철학의 완성자인 토마스 아퀴나스(Thomas Aquinas, 1224~1274) 역시 어거스틴의 심리적 유비를 적극적으로 수용한다.

---

27 루카스 마태오, 『삼위일체론』, 507.

그 역시 어거스틴의 견해를 따라서 우리 영혼이 삼위일체의 모상이라는 사실로부터 출발했다. 아퀴나스는 여러 유비를 통해서 삼위일체를 설명하는데, 그중 하나가 발출 개념으로 설명하는 것이다. 즉, 발출되는 자(qui)-발출하는 자(quo)-발출 관계(relatio) 혹은 발출의 질서(ordo)로 설명한다. 이러한 발출의 유비를 아퀴나스는 영혼 안에서 찾는다.

> 모든 발출은 어떤 활동에 따라 존재하는 것이며, 외부의 소재로 향하는 활동에 따른 외부로의 어떤 발출이 있는 것과 같다. 행위자 자신 안에 머무르는 행위에 따른 안으로 향한 어떤 발출도 생각된다. 이것이 가장 명백하게 나타나는 것은 지성에서이다. 지성의 활동, 즉 인식한다는 것은 인식하는 자 안에 머문다. 사실 누가 인식하든지 간에, 인식하는 그 자체에서 어떤 것이 인식자 자체 안에서 발출한다. 그것은 인식된 사물 표현하는 개념이 된다. 그것은 지성의 힘으로부터 유래하며 그런 앎에서 발출한다. 음성은 이런 개념을 표시한다. 또 그것은 '음성의 말'로 표시하는 '마음의 말'이라고 불린다.[28]

4. John Calvin의 삼위일체론

역사가들은 르네상스를 두 종류로 구분하곤 한다. 알프스 남부는 인문학적 르네상스이고, 알프스 북부는 종교적 르네상스였다는 것이다. 다시 말해서 종교개혁을 종교적 르네상스로 평가하는 것이다.

---

28 Ibid., 517-518. 표현을 원활히 하기 위해 필자가 수정했다.

루터에게서 인문주의자인 로렌조 발라의 영향이나 당대 인문학의 대가였던 에라스무스와의 비판적인 대화는 중요하다.

흔히 오해하는 것처럼 르네상스는 이태리 플로렌스 중심주의로 파악하기가 어렵다. 이전에도 스페인 코르도바에서 꽃을 피웠던 이슬람 문명에서 아리스토텔레스 철학이 서구로 유입되고, 토마스 아퀴나스에게 지대한 영향을 미친 것은 부인할 수 없다. 그리고 이후 오트만 제국에 의해서 콘스탄티노플이 함락되면서 동방 교회의 신학자들이 플로렌스에 그리스 철학과 원전을 유입한다. 그러나 루터의 종교개혁에는 메디치 가문이 스페인 제국과의 결탁과 더불어 금융을 독점하고 콜럼버스 발견 이후 당시 아메리카 대륙을 착취하고 식민지화한 초기 자본주의의 어두운 현실에 대해 날카로운 고발을 담고 있다. 이탈리아 중심주의로 파악하는 르네상스 이해에는 이러한 정치사회적인 배경이 완전히 탈각되고 만다.

르네상스의 특징 중 하나는 주요 관심사가 형이상학과 존재의 문제에서 세상과 인간 문제로 바뀌었다는 것이다. 마찬가지로 종교개혁의 주요 관심도 하나님과 세상 및 인간의 관계 그리고 인간 구원의 문제에 초점을 맞추었다.

칼빈의 삼위일체론도 이런 종교개혁의 관심 변화에서 예외가 아니었다. 중세 시대의 삼위일체에 대한 주요 논의가 본질과 위격의 문제였다면, 칼빈은 삼위일체의 하나님이 세상의 경륜과 인간 구원을 위해서 어떤 일을 하시느냐에 관심을 두었다. 즉, 그는 내재적 삼위일체보다는 경륜적 삼위일체에 더 많은 관심을 기울였다. 따라서 칼빈의 삼위일체는 본질보다는 세 위격을 강조하게 되었고, 이로 인해 많은 오해와 공격이 뒤따랐다.

1) 삼위일체 이단들과의 논쟁

니케아-콘스탄티노플신조가 많은 이단과의 논쟁 속에서 정립되었듯이, 칼빈의 삼위일체론 역시 비슷한 과정을 겪었다. 르네상스의 자유로운 분위기 속에서 억압되었던 민감한 신학적 문제들을 공개적으로 토론할 수 있는 분위기가 조성되었다. 그래서 많은 이단적인 논설들이 고개를 들었다. 특히 삼위일체론의 문제가 논쟁의 중심 주제였다.

특히 삼위일체를 부정한 세르베투스의 사건은 가장 큰 반향을 일으켰다. 세르베투스는 과감하게도 자신의 첫 신학 저술로 『삼위일체의 오류에 관하여』를 출판하였다. 그는 이 책에서 전통적 삼위일체 교리가 성서에 근거하고 있지 않다고 주장했다. 그렇다고 그가 유니테리언들처럼 삼위일체 교리 자체를 부인한 것은 아니다. 그는 하나님의 삼위성의 구별보다는 신성의 단일성을 더 강조해야 한다고 주장했다. 그리고 1545년부터는 칼빈과 서신 논쟁을 시작했다. 그는 칼빈의 『기독교강요』를 읽고 나서 칼빈의 신학을 비판하는 서신을 보냈으며, 특히 칼빈의 삼위일체 교리를 보면 하나님을 '머리가 셋 달린 케르베로스(Cerberus)'[29]로 만들었다고 맹비난했다.[30] 세르베투스의 주장이 유니테리언들에게 많은 영향을 준 것은 사실이지만, 그는 스스로 유니테리언과 분명한 선을 그었다.

유니테리언은 종교개혁 당시 이탈리아를 중심으로 널리 퍼져 있

---

29 그리스 신화에 나오는 명부를 지키는 머리 셋 달린 개.

30 Williston Walker, *John Calvin, The Organiser of Reformed Protestantism* (New York: Schocken Books, 1969), 328.

었다. 유니테리언의 리더들은 주로 신학을 전공하지 않은 비전문가들로 구성되어 있었다. 그들은 특히 예수 그리스도의 신성을 부인하였다. 신성은 오로지 성부 하나님만 갖고 계시다는 것이다. 그들의 주장은 성부우위설을 주장했던 아리우스와 비슷하며(여기서 성자는 피조물이 된다), 그런 관점에서 칼빈의 삼위일체론을 삼신 숭배자라고 맹렬히 비난했다.[31]

그 밖에도 재세례파와 스위스 개신교 목사였던 삐에르 까롤리 (Pierre Caroli) 등과의 논쟁에서 이단들이 칼빈의 삼위일체론을 비판했으며, 칼빈은 이런 이단들과의 논쟁 속에서 자신의 삼위일체론을 정립하였다.

2) 칼빈 삼위일체론의 특징

프랑스의 유명한 칼빈학자 프랑수아 방델은 칼빈의 『기독교강요』 최종판은 사도신경의 구성에 따랐다고 주장한다. 이는 기존의 요리문답과는 다른 형태이다. 사도신경은 삼위일체 하나님에 대한 고백이다. 『기독교강요』도 같은 고백의 순서로 구성되어 있다. 『기독교강요』 1권은 하나님, 2권은 예수 그리스도, 3권에서는 성령과 그의 사역 그리고 마지막 4권에서는 교회론을 다루고 있다. 그리고 각권에서 세 위격이 어떤 사역을 하시는지를 서술하고 있다.[32] 따라서

---

31 김재성, "칼빈의 삼위일체론, 그 형성과 독특성," 합동신학대학원 출판부, 「신학정론」 26권 1호 (2002): 143-146.

32 프랑수와 방델/김재성 역, 『칼빈 그의 신학사상과 근원과 발견』 (고양: 크리스챤다이제스트, 1999), 140-141.

『기독교강요』 전체 구도는 삼위일체론적이라고 말할 수 있고, 칼빈의 신학에서 삼위일체론이 근간을 이룬다는 사실을 알 수 있다.

그리고 앞서서 서술하였듯이 칼빈의 삼위일체론은 많은 이단들과의 논쟁 속에서 정리되고 다듬어졌다. 또한 중세 스콜라 신학의 유비론적 삼위일체가 아닌 다른 것을 모색해야 했다. 따라서 칼빈의 삼위일체론은 다음과 같은 특징을 갖고 있다.

(1) 성서에 근거한 삼위일체론

칼빈은 종교개혁에 앞장서기 전 유능한 인문학자였다. 그의 박사 학위 논문이자 첫 작품인 『세네카의 관용론에 대한 해석』이 출판되면서 그는 유명한 인문주의자들과 어깨를 나란히 하게 되었다.[33]

칼빈은 이런 풍부한 인문주의적 지식을 갖고 있음에도 불구하고 시대적 물음과 신앙적 문제에 대해서 이성적 방법이 아닌 성서 안에서 해답을 찾으려고 노력했다. 그는 성서 언어로 동시대의 물음에 대답했으며, 성서적 해답으로 교회와 신앙을 위한 새로운 길을 제시했다. 이것이 칼빈의 위대한 점이요, 오늘 우리 목회자들이 본받아야 할 점이다.

삼위일체도 예외가 아니다. 물론 과거의 삼위일체 신학도 성서에 근거를 두고 있었다. 하지만 또 다른 길, 즉 삼위일체의 흔적을 찾고자 하는 유비론적 길도 함께 모색하였다. 어거스틴은 성서의 길과 유비의 길 모두를 강조했다. 그러나 스콜라 신학 시대에 접어들면서

---

33 Ibid., 29.

성서적인 근거보다는 유비론적인 길이 더 강조되었다. 특히 어거스틴의 심리적 유비론은 보나벤투라나 토마스 아퀴나스에까지 계승되어 더욱 발전하게 되었다.[34] 그리고 보나벤투라는 빛의 유비를 통해서 토마스 아퀴나스는 그보다 더 다양한 존재 유비를 통해서 삼위일체를 설명하려고 노력했다.[35] 그래서 칼빈 시대 이전에는 성서적 방법 보다는 유비적 방법이 더 강조되었다.

물론 칼빈도 존재의 유비가 갖고 있는 유용성을 어느 정도는 인정한다. 그러나 이런 유비론적 방법은 많은 오해를 불러일으킬 수 있다. 심지어 칼빈은 사람의 성품은 '우상을 만들어 내는 영구적인 공장'과 같은 것이라고 말한다.[36] 그렇기 때문에 하나님에 대한 지식은 철저하게 성서에 뿌리를 두고 있어야 한다.

> 성경은 우리의 마음속에 담겨 있는 하나님에 관한 혼란한 지식을 올바르게 정돈해 줄 뿐만 아니라 우리의 우둔함을 깨닫게 하며 또한 이를 통하여 우리에게 참되신 하나님을 분명하게 보여주는 것이다.[37]

따라서 칼빈은 삼위일체의 모든 요소를 철저하게 성경에 근거해서 하나하나 검증해 나간다. 삼위성과 일체성 그리고 각 위격의 신성과 특성, 각 위격의 관계 이 모든 것이 성경에 다 계시되어 있다. 그러

---

34 루카스 마테오, 『삼위일체론』 518.
35 토마스 아퀴나스는 여러 가지 유비를 사용했다. 예를 들면 발출되는 자·발출하는 자·발출의 관계와 질서 혹은 성부와 성자의 관계를 능동적 날숨과 수동적 날숨 등의 유비로 설명하였다.
36 Inst., I, 11, 8.
37 Inst., I, 6, 1.

므로 다른 것에 의지하여 삼위일체를 논증하거나 증명할 필요가 전혀 없다.

그렇지만 그리스도 자신은 하나님을 절대적으로 영(요 4:24)이라고 부르고 있다. 왜냐하면 하나님의 전체 본질은 영적이지만 그 안에는 성부와 성자, 성령이 내포되어 있다는 견해를 배제할 수 있는 것은 아무것도 없기 때문이다. 이 사실은 성경 전체를 통해 명확히 확증되어 있다.[38]

무엇보다도 20세기의 위대한 칼빈 해석가 칼 바르트는 칼빈의 삼위일체론이 철저하게 성서적 근거를 토대로 하고 있다고 주장한다. 칼 바르트는 칼빈의 삼위일체 교리는 구약과 신약의 증언에 대한 교회의 주석이므로 교회에 속한 교리라고 말했다.

(2) 그리스도 중심적, 구원론적인 삼위일체

칼 바르트는 칼빈의 삼위일체론은 그리스도 중심적이라고 평가했다. 이는 칼빈의 삼위일체론을 맹렬하게 비판했던 세르베투스의 이단적 주장에 대한 비판을 갖는다. 세르베투스는 그리스도의 신성을 부인했다. 심지어 그가 화형을 당하는 마지막 순간에도 그는 이렇게 소리쳐 기도했다고 한다. "예수 그리스도여, 영원한 하나님이 아들이시여, 저에게 자비를 베푸소서."[39] 이 마지막 기도에는 세르베

---

38 Inst., I, 13, 20.
39 필립 샤프/박성수 역, 『스위스 종교개혁』 (고양: 크리스챤 리더스다이제스트, 2004), 582-682.

투스의 신앙적 오류를 그대로 반영되어 있다. 그는 "하나님의 영원한 아들이시여"라고 고백하지 않고 "영원한 하나님의 아들이시여"라고 고백했다. 즉, 그는 그리스도의 신성을 부인했다. 그래서 칼빈은 세르베투스를 향해서 사벨리안주의자 혹은 아리우스주의자라고 비판했다. 이런 세르베투스와의 치열한 논쟁 속에서 삼위일체론을 정립해야 했던 칼빈은 당연히 그리스도의 신성을 입증하는 데 주력할 수밖에 없었다. 그리스도의 신성을 부인한다는 것은 구원론의 문제와 직결되기 때문이다. 따라서 그는 『기독교강요』에서 삼위일체를 다루면서 많은 부분을 그리스도의 신성에 대한 성서적 근거를 제시하는 데 할애한다. 그리고 칼빈은 세르베투스와 같은 그리스도의 신성을 부인하는 자들과의 싸움은 구원을 갈망하는 사람들을 위한 것임을 분명히 하고 있다. 특히 칼빈은 삼위일체에 관한 논의가 자칫 사색적인 논의에 빠지는 것을 경계한다. 왜냐하면 삼위일체 교리는 이성적 논쟁을 위해서 세워진 것이 아니라 우리를 구원하시고자 하는 하나님의 경륜에 대한 신앙고백을 통해서 정립된 교리이기 때문이다. 무엇보다도 칼빈의 삼위일체론이 그리스도 중심적인 이유는 하나님이 구원의 뜻이 온전히 예수 그리스도 안에 나타나기 때문이다.

> 더욱이 하나님을 떠나서는(*extra Deum*) 그 어떤 구원이나 의, 생명도 결코 있을 수 없으며, 그리스도께서 이 모든 것을 그 자신 안에 지니시고 계시다면 분명히 그는 하나님으로 계시된 것이 틀림없다. 왜냐하면 그리스도는 구원을 받으신 것이 아니라 구원 그 자체(*ipse salus*)이시라고 일컬어지기 때문이다.[40]

따라서 홀드롭은 칼빈의 삼위일체를 이해할 때 '우리를 위한 하나님'(Deus pro Nobis)이라는 개념이 중요하다고 지적한 것은 참으로 옳다.[41] 그리고 티모디 조지가 그의 저서 『개혁자들의 신학』에서 다음과 같이 칼빈의 삼위일체론의 핵심을 정리하고 있다.

> 삼위일체론이 칼빈에게 왜 중요한가? 우리가 알다시피, 칼빈은 추상적이고 까다로운 신학의 형이상학적 요소에 관심을 두지 않았고, 그렇다고 전통적인 용어에 집착하지도 않았다. 칼빈이 보기에 삼위일체론은 무엇보다 그리스도의 신성에 관한 증언이며, 따라서 그리스도를 통한 구원의 확실성을 증거하는 것이 중요하다. 칼빈의 삼위일체론은 아타나시우스와 마찬가지로 구원론적이다.[42]

(3) 페르조나와 휘포스타시스

칼빈 시대에 삼위일체론에서 가장 문제가 되었던 세르베투스는 예수의 신성을 문제 삼았다. 그는 예수가 곧 구원자라는 사실에 대해서는 동의하지만, 성자와 성부의 동일한 신성에 대해서는 부인하는 양자론적인 입장을 취했다. 칼빈이 보기에 이런 세르베투스의 입장은 예수의 위격에 대한 오해에서 비롯된 것이다. 특히 성자의 휘포스타시스의 의미를 파악하지 못하거나 부인하는 것이다. 이에 대해서

---

40 Inst., I, 13, 13.

41 필립 홀드롭/박희석·이상길 역, 『기독교강요연구핸드북』(고양: 크리스챤 다이제스트, 1995), 65-70.

42 Timothy George, *Theology of the Reformers* (Nashville: Braodman Press, 1988), 200-201.

칼빈은 다음과 같이 말한다.

> 분명히 세르베투스가 상상하고 있는 대로 하나님의 형상이거나 현현 같
> 은 것은 결코 있을 수 없다. … 그에 의하면 '하나님께서는 자신의 영원한
> 작정에 따라 아들을 선택하심으로써 친히 자신을 나타내셨다'는 것이
> 다. 만일 이것이 사실이라면 그리스도가 하나님의 영원하신 작정에 의해
> 아들로 작정되지 않는 한 그리스도에게는 그 어떤 신성도 말할 수 없게
> 될 것이다. 더욱이 세르베투스는 실재(휘포스타시스) 대신에 사용한 '환
> 상들'이라는 개념을 변형시킴으로써 서슴없이 하나님께 새로운 우연적
> 특성들을 첨가시키려 했다.[43]

따라서 칼빈은 본격적인 삼위일체론에 대해서 설명하기 전에 용
어부터 정리한다. 칼빈 시대에는 어거스틴이 제안한 위격을 나타내
는 단어 persona가 사용되었다. 칼빈에 따르면, 이 페르조나를 사용
하는 것은 잘못된 것이 아니다. 단지 그 페르조나의 의미를 제대로
파악하지 못한 것이 문제였다.

우선 칼빈은 페르조나, 즉 위격의 의미를 제대로 알기 위해서는
페르조나라는 단어를 쓰기 이전의 용어, 즉 콘스탄티노플신조에 채
택된 단어, 휘포스타시스의 의미를 알아야 한다. 그에 따르면, 이
휘포스타시라는 단어는 위격을 설명하기 위해서 궁여지책으로 선
택된 단어이다. 칼빈은 어거스틴의 말을 인용하면서 다음과 같이
말한다.

---

43 Inst., I, 13, 22.

어거스틴도 비슷한 방법으로 변호했다. 즉, 그는 말하기를, 이와 같이 중 대한 문제를 논하기에는 인간의 언어가 너무도 빈약하기 때문에 부득이 '휘포스타니스'라는 단어가 사용될 수밖에 없었는데, 이것은 이 단어가 무엇을 의미하는지를 나타내기 위함이 아니라 단지 '성부와 성자와 성 령이 셋이 되는 이유가 무엇인지를 설명하지 않고 묵과하지 않기 위함이 다'라고 했다.[44]

다시 말해 휘포스타시스라는 단어는 성부와 성자와 성령의 세 위격을 나타내기 위해서 채택된 것이다. 이는 단지 신조에서 채택된 단어가 아니라 성경에서도 이 단어를 사용하고 있는데, 바로 히브리 서 1장 3절이다. "이는 하나님의 영광의 광채시요 그 본체의 형상이 시라"라고 말씀하셨는데, 본체를 나타내는 단어가 바로 휘포스타시 스이다.

칼빈이 보기에 이 휘포스타시는 위격을 나타내는 데 가장 적합한 단어이다. 아버지와 구별되면서도 아버지가 아들 안에서 나타나야 한다. 본질은 같으면서도 실제로 나타나는 것은 구별되어야 한다.[45]

따라서 칼빈은 본질과 실재(휘포스타시스)를 구별해야 한다고 거 듭 강조한다. 본질을 나타내는 단어는 *essentia*이다. 세 위격은 이 본질에서 동일하다. 하지만 본질과는 다른 실재를 갖고 계시다. 이 실재가 휘포스타시스이다. 따라서 칼빈에 따르면, 위격을 나타내는 페르조나라는 단어는 실재(휘포스타시스)로 이해하여야 한다. 이 휘포 스타시스를 라틴어로 번역하면 실재(*subsistentia*)이다. 따라서 칼빈

---

44 Inst., I, 13, 5.
45 Inst., I, 13, 2.

에 따르면 페르조나는 희랍어로는 휘포스타시스 그리고 라틴어로는 실재로 이해하는 것이 가장 적절하다.

> 나는 페르소나(persona)란 말을 하나님의 본질(essentia) 안에 있는 한 실재(subsistentia)라고 이해하고 있는데, 이 실재는 다른 실재들과는 연관을 가지고 있지만 서로 양도할 수 없는 특성에 의해 구별되고 있다. 그러므로 우리는 '서브시스텐티아'(subsistentia)가 '에센티아'(essentia)와는 조금 다른 용어라는 사실을 알아야 한다.[46]

쉽게 말하면 실재는 아버지와 아들과 성령의 인격적인 독특성을 표현하는 휘포스타시스이지만, 에센티아(essentia)는 우시아, 즉 본질로서 아버지와 아들과 성령이 공유하는 신성의 본질을 말한다. 한 분 하나님은 세 분의 실재(아버지, 아들, 성령) 안에서 페리코레시스로 존재한다.

칼빈은 이런 본질과 실재의 구별을 요한복음 1장 1절의 예를 들어서 더욱 쉽게 설명하려고 노력한다. "태초에 말씀이 계시니라 이 말씀이 하나님과 함께 계셨으니 이 말씀은 곧 하나님이시니라." 여기서 하나님과 말씀은 같은 분이지만 동시에 구분된다. 따라서 본질은 다르지만, 아들과 아버지는 구별되는 분이시다. 성서 주석적으로 볼 때 아버지 하나님(호 테오스)과 함께 계셨던 말씀인 영원하신 아들은 아버지 하나님과 우시아를 공유하는, 즉 신성(테오스)을 가지신 하나님이라는 말이다. 원문 비평에서 보면 테오스 앞에서 정관사를

---

46 Inst., I, 13, 6.

통해 구별되고 있다. 사벨리우스는 요한복음 1장 1절에서 이러한 구분을 파악하지 못해서 양태론의 거두가 되고 만다. 아버지도 아들도 하나님이니 서로 구분되지 않고 아버지가 아들의 모습으로 온다고 보는 것이 양태론의 주장이다. 후에 아버지가 성령의 모습으로 온다고 확대된다. 한 분 하나님이 아버지와 아들과 성령의 양태나 모습으로 온다면 결국 사위일체가 되는 논리로 빠지게 된다.

강연에서 필자는 삼위일체론의 혼란스러운 개념들을 정리했다. 삼위일체론은 이단과의 투쟁을 통해 확립된 교회의 정통 교리이다. 이러한 교리에는 부단한 성서 주석과 당대 철학적 개념에 대한 대화가 있다. 그러나 칼빈에게서 중요한 것은 삼위일체는 성서의 하나님을 증거하는 교리다. 이스라엘의 하나님은 본래적으로 영원하신 그리스도와 성령과 더불어 페리코레스적으로 존재하신다. 그리고 이러한 내재적인 하나님은 창조주(아버지), 구원자(계시) 그리고 인간을 거룩하게 하시는 분(성령)으로, 역사로 오신다. 그리고 페리코레스로서 하나님은 본래적 삼위일체와 경륜적 삼위일체 사이에 소통이 되며, 다른 하나님이 아니다. 그러나 인간은 하나님의 페리코레시스의 신비를 다 알 수가 없다. 그것은 이성을 통한 합리적 분석으로 오는 것이 아니라 신앙 안에서 하나님의 은혜를 경험하면서 우리는 다음처럼 고백한다. "하나님은 예수 그리스도 안에서 성령을 통해 우리에게 오시며, 믿음을 선물로 주셔서 이스라엘의 하나님이 예수 그리스도 안에서 주님으로 계시하셨다." 칼빈은 구약과 신약의 연속성을 매우 중요하게 보았고, 이스라엘의 하나님과 예언자들을 통한 메시아의 약속과 새 언약의 성령의 오심(렘 31장)을 매우 중요하게 인식했다. 교회에서 삼위일체 하나님을 성서적으로 가르치는 것은 매우 중요하다. 삼위일체는 삼신론을 말하는 것이 아니라 아버지와 아들과 성령 안에서 나타난 창조와 구원과 성화의 은혜에서 드러난 한 분 하나님(essential)을 고백하는 것이다. 이러한 칼빈적인 삼위일체론은 이후 칼 바르트에게서 매우 더 세련되게 정교화된다.

III. 개혁교회 구원론 이해
— 주입과 전가 개념을 중심으로

매년 4월이 되면 노란 리본을 자주 볼 수 있다. 세월호의 상처는 아직도 우리나라 사회 곳곳에 남아 있다. 특히 의식 있는 사람들의 마음속에 깊이 남아 있다. 이 상처는 치유될 수도 없고, 치유되기도 어렵다. 세월호 사건의 원인을 분명히 규명해서 개선하지 않으면 또 다른 비극을 초래할 수가 있다. 그 참담한 비극의 원인은 탐욕이다. 불법으로 선박을 개조해 과적하게 만든 선박 회사의 탐욕과 뇌물을 받고 이를 묵인한 공무원들의 탐욕이 원인이었다.

하지만 우리 기독교인의 눈은 좀 더 근본적인 원인을 볼 수 있어야 한다. 세월호 사건의 원인은 기독교 한 이단 종파의 잘못된 가치관과 그 교주의 탐욕에서 시작되었기 때문이다. 그들의 탐욕은 잘못된 구원관에서 비롯되었다. 그들에게 구원받았다는 깨달음과 믿음만 중요하다. 이는 초대교회 시대에 유행했던 영지주의 이단들의 주장과 비슷하다. 그들은 영과 육을 철저하게 구분하여 구원은 영이 받았으므로 육적으로 죄를 지어도 그것은 구원과 관계가 없으며, 생활 속에서 저지른 죄는 죄가 되지 않는다. 일단 구원받으면 육적으로 범죄하여도 그 육이 책임을 진다는 잘못된 구원관이 나오게 된 것이다.[1] 이는 "의인은 없나니 하나도 없다"는 말씀에 근거해서 모든 그리스도인은 '구원받은 죄인'이라는 기독교의 전통 교리는 무시하는 것이요, 기독교인의 윤리적 책임이나 성화를 위한 노력을 무시하는 결과를 초래했다.[2]

이러한 잘못된 구원관을 가진 이단이 탄생하게 된 배경에 한국교회의 책임이 없다고 말할 수 없다. 왜냐하면 그동안 한국교회는 협소한 의미의 구원관, 즉 구원의 은혜만을 강조하고, 넓은 의미의 구원관, 즉 구원 뒤에 따르는 성화된 삶이나 사회에 대한 신앙적 책임을 말하는 것에 소홀히 했기 때문이다. 그 결과 내부적으로는 잘못된 구원관을 가진 이단들이 나오고, 외부에서는 한국교회와 그리스도인들을 향한 부정적 이미지가 확산되었다. 이는 당연히 교회 성장의 둔화와 교인 수 감소로 이어졌다.

따라서 기독교의 구원관을 올바로 설교하고 가르치는 일이 중요하다. 특히 한국교회의 대부분은 개혁교회 전통을 이어받고 있다. 개혁교회 전통의 구원관은 값싼 은혜가 아니라 성도들의 거룩한 삶과 사회적 책임을 강조한다. 칼빈과 칼 바르트의 구원관이 그러하다.

강연에서 나는 기독교 교회 전통의 구원관을 간략하게 정리하고 루터와 칼빈의 구원관에 대해서 말할 것이다. 무엇보다 종교개혁자들과 가톨릭의 구원관의 차이가 무엇인지에 대해 초점을 맞추었다.

---

1 정동섭, 『구원개념 바로잡기』 (서울: 새물결플러스 2015), 85.
2 Ibid., 30-32.

1. 어거스틴의 구원론

1) 펠라기우스 논쟁

초대교회 교부들의 신학이 그러하듯이, 어거스틴의 신학 역시 많은 이단들과 논쟁 속에서 정립되었다. 그중에 구원에 관한 논쟁, 즉 어거스틴과 펠라기우스의 구원론 논쟁이 유명하다. 펠라기우스는 무엇보다 하나님이 창조한 모든 것은 선하고, 그 선한 것은 다른 것에 의해서 파괴될 수 없다고 주장한다. 따라서 인간 역시 선한 자유의지는 죄로 인해서 손상은 되었지만 완전히 오염되지는 않았다. 펠라기우스는 아담의 예를 들어서 설명한다. 아담은 자유의지와 거룩성을 가진 선한 존재로 창조되었다. 그러나 자유의지를 잘못 사용해서 타락하였다. 아담이 선한 존재로 피조되었던 것처럼 모든 인간은 아담처럼 선한 존재로 태어난다. 따라서 아담의 죄나 그의 죄책도 인간들에게 전가되지 않는다. 죄는 반복되는 악한 습관에 의해서 인간 영혼에 선재되어 있는 것처럼 보일 뿐이다. 그러므로 인간은 하나님이 주신 선한 의지를 통해서 자신의 공적을 쌓을 수 있고 구원에 이를 수 있다. 인간 구원에 있어서 하나님의 은총이 절대적 역할을 하는 것은 아니다.[3]

이런 펠라기우스의 구원관을 어거스틴은 반대한다. 인간은 최초에 죄를 범할 능력과 죄를 짓지 않을 능력 모두를 갖도록 창조되었다. 하나님은 창조 이후 계속해서 아담에게 죄를 짓지 않도록 은혜를

---

3 어거스틴과 펠라기우스의 논쟁에 대해서는 R. C. 스프롤/김태곤 역, 『자유의지논쟁』(서울:생명의 말씀사, 2015), 31-82를 참조하기 바란다.

베푸셨다. 그러나 이 은혜는 그의 자유의지를 강제하지 않는다. 따라서 인간은 언제나 죄를 지을 가능성을 갖고 있다. 죄를 지을 가능성과 짓지 않을 가능성, 이 두 가지 가능성 앞에서 인간은 결국 스스로 교만의 길을 선택했다. 어거스틴에 따르면 죄의 원인은 인간의 자발적 교만이다. 스스로 하나님같이 되고자 하는 교만으로 인간은 타락했다. 이것을 교리적으로 창조 이후의 타락(infralapsarian)으로 부르고, 창조 이전 타락(supralapsarian)과 구분한다.

이 원죄의 결과 인간은 자유를 상실하고 악의 노예가 되었다. 죄의 결과 인간의 지성은 어두워져서 진리를 보지 못하게 되었고, 그의 의지는 타락했다. 이런 죄는 아담 당대에 그치지 않는다. 죄의 징벌로 죄는 후손들에게 유전된다. 어거스틴에 따르면 죄는 인간의 본성에 뿌리 내렸다. 그래서 죄책이 없어지지 않고 부모를 통해서 자녀들에게 유전된다. 이런 죄의 유전 역시 타락한 방법, 즉 성적인 관계를 통해서 후대에 전해진다. 성적인 욕구를 통해서 후손을 낳게 되므로 타락한 방법을 통해서 인간의 죄는 유전된다는 것이다.[4] 따라서 어거스틴에 따르면 유아들에게도 아담의 죄가 유전되기에 세례를 받지 않으면 구원에 이를 수 없다. (물론 후기의 어거스틴은 "아이들이 유아세례를 받지 않고도 구원이 가능할 수 있지 않을까"라는 물음에 대해 열어 놓기도 했

---

4 폴 틸리히/송기득 역, 『그리스도교 사상사』 (서울: 한국신학연구소, 1987), 173 이하. 틸리히에 따르면 어거스틴이 아담의 죄는 두 가지 양식으로 유전된다고 주장했다는 것이다. 하나는 우리는 모두 잠재적으로 아담 안에 존재한다. 그것은 곧 아담의 생식력 안에 있다는 것을 말하는데, 이렇게 하여 우리는 그의 자유로운 결단에 참여하고, 그 결과 죄인이 되었다. 물론 이것은 신화이지만, 문제를 안고 있는 신화이다. 그런가 하면 한편 아담에게 있어서는 욕망, 곧 리비도가 성생활의 일부가 되었고, 그것이 유전에 의해서 모든 자손에게 전해졌다. 모든 인간은 성적인 욕구의 악에서 탄생했다. 원죄란 아담에게 있어서나 모든 인간에게 있어서나 본래 정성적인 죄이지만, 동시에 육체적인 죄이기도 하다.

다. 어거스틴에게 있어서 유아세례의 문제는 그 자신에게도 해결하기 어려운 문제였다.)

2) 은총과 예정

어거스틴은 이러한 죄 개념을 토대로 그의 은총론을 전개한다. 어거스틴에 따르면, 인간의 보편적인 죄성으로 인해서 최고선, 즉 하나님이 원하시는 것을 향해 자기를 고양시키는 가능성을 상실하였다. 인간의 의지가 죄와 악의 노예가 되어 버린 것이다. 따라서 인간에게 선물로 주어지는 은총이 없이는 구원에 이를 수 없다. 이것을 어거스틴은 '공로 없이 주어지는 은총'(gratia data)이라고 불렀다.

그렇다면 이 공로 없이 주어지는 은총은 어떻게 인간에게 선물되는가? 구원에 있어서 인간의 노력과 의지를 배제하기 위해서 어거스틴은 예정론을 강조한다. 펠라기우스파나 반(牛)펠라기우스파는 구원의 첫 단계에서부터 인간이 자유의지를 사용하여 하나님을 믿는 믿음에 이를 수 있다고 주장한다. 그러나 어거스틴에 따르면 죄인이 먼저 믿음을 택하고, 그다음에 자유를 경험하는 것이 아니다. 자유하게 하는 믿음 그 자체가 성령의 선물이다. 어거스틴은 믿음이 성령의 선물이라고 선언할 뿐만 아니라 참된 자유도 하나님의 은혜의 선물이라고 말한다. 믿을 수 있는 마음을 하나님께서 예정해 주셨다. 어거스틴은 다음과 같이 말한다.

'원하는 자로 말미암음도 아니요….오직 긍휼히 여기시는 하나님으로 말미암음이니라'(롬 9:16)는 말씀의 올바른 해석은 그 모든 일이 하나님께 달려 있다는 것이다. 그분은 인간의 의지를 의롭게 만드시며, 그 의지를 통해 도우심을 받아들일 준비를 갖추게 하시고 또한 준비가 되었을 때에 도움을 주신다.5

어거스틴 이전에도 예정을 주장한 초대교회 교부들이 있었다. 알렉산드리아의 클레멘스, 오리게네스, 요한 크리소스톰 등이 예정론을 주장했다. 하지만 본격적인 의미에서 예정 교리의 창시자는 어거스틴이다. 그는 자신의 마지막 작품 중 하나인 『성인들의 예정에 대해』(De praedestinatione sanctorum)에서 최종적으로 예정에 관한 교리를 발전시켰다.6

3) 은총과 자유의지

펠라기우스와의 논쟁과 펠라기우스 이후 등장한 반(半)펠라기우스와의 논쟁7에서 어거스틴은 자신의 예정과 은총에 관한 교리를 정립했다. 그렇다면 이 치열한 논쟁 속에서 어거스틴은 인간의 자유의지를 완전히 부정한 것인가? 그렇지 않다. 어거스틴은 구원의 시작 단계에서 인간 스스로가 믿음으로 구원을 얻을 수 있다는 사실을

---

5 R. C. 스프롤, 『자유의지논쟁』, 78.

6 바티스타 몬딘/윤주현 역, 『신학적 인간학』(고양: 카톨릭출판사 2019), 302-303.

7 어거스틴이 펠라기우스와 논쟁을 하고 있을 무렵, 프랑스의 마르세유 지역에서 어거스틴의 견해에 반대하는 사람들이 생겼다. 이들은 어거스틴과 펠라기우스의 견해를 모두 비판하였는데 반펠라기우스주의자들이었다. 그 대표자는 요한 카시아누스였다. 기원후 360년경부터 어거스틴은 『성도의 예정에 대해서』(The Predestination of the Saints)와 『견인의 은사에 관하여』(On the gift of Perseverance)를 저술하여 그들과 논쟁했다.

부정한 것이다. 즉, 하나님의 은총 없이 자유의지를 통해서 구원을 위한 믿음을 얻게 된다는 펠라기우스파와 반펠라기우스파의 견해에 대해서 단호히 반대한 것이다. 어거스틴은 구원의 시작 단계에서는 오로지 하나님의 은총과 예정에 의한 구원의 시작된다고 주장한다. 구원의 시작 단계에서는 하나님의 주도권이 나타난다. 이런 견해를 단독설이라고 한다. 그 이후 인간의 선한 삶을 살려고 노력할 때는 인간의 자유의지와 하나님의 은혜가 협력하여 구원을 완성한다는 신인협력설의 입장에는 반대하지 않는다. 이에 대해서 R. C. 스프로울은 다음과 같이 말했다.

> 단독설과 신인협력설 논쟁에는 혼란이 많다. 어거스틴의 사상을 단독설로 규정할 때는 그가 구원의 전 과정이 아니라 구원의 시작과 관련해서만 단독설을 주장한다는 점을 기억해야 한다. 어거스틴은 모든 신인협력설을 거부하는 것이 아니다. 전 과정을 신인협력적이라고 보는 신인협력설을 거부한 것이다.[8]

이러한 어거스틴의 생각은 그의 저서 『은혜론』에서 분명히 찾아볼 수 있다. 은혜론 3장에서 은혜와 자유의지의 상호 작용에 대해서 말한다. 마음을 돌이켜 거룩하게 되는 데에는 자유의지도 작용하지만, 은혜도 작용한다고 주장한다. 그는 다음과 같이 말한다.

> 명령에 복종하도록 도우심으로써 명령하시는 것을 주시기 때문이 아님

---

8 R. C. 스프롤, 『자유의지논쟁』, 791.

니까? 그러나 우리 속에는 항상 자유의지가 있습니다. 다만 그것은 항상 선한 것이 아닙니다. 우리의 의지는 죄를 섬길 때는 의가 없고 악하며, 의를 섬길 때는 죄가 없고 선합니다. 그러나 하나님의 은혜는 항상 선합니다. 악한 의지를 품었던 사람이 선한 의지를 품게 되는 것은 하나님의 은혜의 덕택입니다. 또 선하게 되기 시작한 의지가 크게 성장해서 하나님의 계명을 행할 수 있게 되는 것도 은혜의 힘입니다. 성경에 '네가 마음만 먹으면 계명을 지킬 수 있으며'(집회서 15:15)라고 말씀하고 있는 것이 이 뜻입니다. 그래서 마음은 먹었지만 행할 수 없는 사람은 자기의 의지가 아직 불충분한 것을 알아서, 강력한 의지를 얻어 넉넉히 계명을 지킬 수 있게 되기를 기도합니다. 또 이렇게 함으로써 명령대로 행할 수 있는 도움을 실지로 받습니다.[9]

따라서 보통 어거스틴의 은혜를 선행 은혜(prevenient grace)와 협동적 은혜(co-poerant grace)로 구분한다. 인간의 구원을 위해서는 선행 은혜가 필연적이다. 그리고 구원의 선물을 받은 선택 받은 사람들은 선을 바라고 추구하도록 이끌어 주신다. 그런 다음 협동적 은혜로 우리의 의지에 역사하신다. 즉, 선행적 은혜로 불을 지피시고, 협동적 은혜로 인간 삶에 동행하시고, 인간은 그 은혜에 참여하고 협력하면서 구원과 성화의 과정을 걷게 된다.[10]

간략히 말하면 칭의의 은혜는 전적으로 하나님으로부터 오는 선물이다. 칭의 이후 성화의 삶을 살아가는 믿음의 사람들에게 성령을

---

9 아우구스티누스/김종흡 역, 『아우구스티누스의 은혜론』(서울: 생명의 말씀사, 1990), 197-198.
10 박영실, "어거스틴의 구원과 성화,"「신학지남」73 (2006), 168.

통해 자유의지는 회복되고 순종하면서, 하나님의 은혜에 합력하면서 구원을 완성시킨다. 어거스틴은 칭의와 성화를 구분하기보다는 통전적인 칭의의 틀에서 시작 단계의 칭의(외부적인 사건)와 과정으로서 성화를 포괄했다. 이러한 통전적인 틀은 가톨릭과 그리고 루터에게 그대로 이어진다.

4) 인간 내면의 삼위일체 흔적

어거스틴에 따르면 인간의 자유의지는 타락 이후 완전히 사라지거나 무능력 상태가 아니다. 하나님의 은총의 빛이 인간 내면에 비치면 인간 내면에 있는 하나님의 흔적 들은 회복되기 시작한다. 어거스틴은 하나님의 형상(Imago Dei)으로 지음 받은 인간이 가장 많은 흔적을 담고 있다고 믿었다. 그래서 어거스틴은 "안으로 들어가라"고 외친다. 그래서 어거스틴은 하나님의 흔적을 찾기 위해서 인간 내면을 깊이 고찰하기 시작한다. 그래서 그의 삼위일체론을 '심리적 삼위일체론'이라고 부르기도 한다.

어거스틴이 주목한 삼위일체의 유비들은 대략 다음과 같다.

> 정신mens-지식notia-사랑amor, 자기기억memoria-지성intelligentia-
> 의지voluntas, 그리고 하나님에 대한 기억memorie-지성intelligentia-
> 사랑amor.[11]

---

11 St. Augustinus, *De Trin*, VIII.

어거스틴에게 있어서 타락 이후 인간은 스스로 구원할 능력을 상실했지만, 하나님의 은총이 주입되면 본래의 모습이 어느 정도 회복되어서 인간의 자유의지가 은총에 협력하여 자신의 구원에 기여할 수 있다고 생각했다. 바로 교회 안에서 선포되는 말씀은 물론이고 성례전을 통해서 은총 주입이 가능하다고 믿었다. [삼위일체 논문에서 미리 언급했으니 반복을 피하기 위해 간략히 요약했다.]

5) 구원과 성화를 위한 제도: 교회와 성사

어거스틴은 의화와 성화 과정에 꼭 필요한 교회와 성례전의 역할에 대해서 강조한다. 특히 교회의 성례전은 보이지 않는 하나님의 은혜를 보이게 만들어주는 표징(sign)으로서 인간의 성화를 돕는 역할을 한다.[12]

먼저 어거스틴에게 있어서 교회 밖에는 구원이 없다. 교회는 어머니로서 하나님에 의해서 예정된 자들을 잉태하고 교육하는 곳이다. 아기가 어머니를 통하지 않고 탄생하고 온전히 자랄 수 없듯이, 성도들의 구원과 성화에서 교회의 역할은 절대적이다. 또한 교회는 성령의 전이면서 성령의 활동의 장이며, 교회에서 성령은 하나님의 백성들의 가슴을 의로 채우며 성화시켜 나가신다. 또한 교회는 하나님의 말씀으로 그리스도와 성도가 소통하는 장이며, 그리스도는 교회를 통해서 죄인들을 거룩한 무리로 만들어 가신다.

무엇보다 어거스틴에게 있어서 교회는 그리스도의 몸이다. 그리

---

12 박영실, "어거스틴의 구원과 성화," 「신학지남」 73 (2006), 172 이하.

스도는 교회의 머리가 되시고, 그리스도인들은 그 지체를 형성한다. 지체들은 머리 되신 그리스도에 대한 신앙고백을 통해서 그리스도와 연합한다. 이런 유기체적인 통일체는 세상 속에서 종말론적인 공동체를 형성한다. 다시 말해서 교회는 믿음, 소망, 사랑을 통해 중보자와 사귀게 되고, 이를 통해서 그리스도와 연합한 사람들이 서로 교제하고 교통하는 가운데 구원의 완성을 고대하고 이루어가는 것이다.

(1) 은혜의 주입통로: 성례전

교회가 하나님의 백성을 구원하기 위한 장소라면, 그 안에서 행해지는 성례전은 하나님의 은혜를 성도들에게 주입하는 주요 통로이다. 어거스틴에게 있어서 성례전은 보이지 않는 하나님의 은혜를 보이게 만들어주는 신성한 표징(divine symbol)이다. 즉, 성례전을 통해서 하나님의 백성들에게 하나님의 은혜가 주입되며, 그 은혜를 통하여 죄인들이 성화되어 간다.

무엇보다 어거스틴에게 있어서 세례는 중요한 의미를 갖는다. 어거스틴에 따르면 자유의지로 행한 공로만으로는 절대로 구원에 이르지 못하며, 오직 교회가 베푸는 성사들, 특히 세례를 통해야 한다고 강조한다. 오직 세례를 받은 이들만 구원될 수 있으며, 비록 자신의 탓이나 부모의 탓이 아니라 하더라도 세례를 받지 못한 어린아이들은 구원받지 못한다. 이는 그들이 구원을 원하지 않아서가 아니라 하나님이 구원을 원하지 않으셨기 때문이라는 것이다.[13]

성도들의 성화를 위해서 성찬 또한 중요하다. 신앙을 가지고 성찬에 참여하는 자들은 누구나 그리스도와 연합되고 동화된다고 믿었다. 즉, 성찬으로 성화가 이루어진다는 것이다. 성찬을 통해서 주님의 은혜가 죄인들에게 주입된다.

또한 어거스틴은 "너희 몸을 하나님이 기뻐하시는 산 제물로 드리라"(롬 12:1)는 말씀에 기초하여 성찬의 희생 제사적 특징을 더욱 확고히 해야 한다고 주장한다. 즉, 성찬에 참여하면서 그리스도가 자기 몸을 드렸듯이 성도들도 그의 몸을 그리스도께 내어드리겠다는 의지적 결단이 중요하다. 그렇게 의지적 결단을 할 때 성찬을 통해서 그리스도와 연합되고, 머리이신 그리스도의 지체가 된다. 이 성찬 참여를 통해서 성도는 머리이신 그리스도와 연합되어 더불어 봉헌되고 성화된 삶으로 나아갈 수 있게 된다.[14]

이상에서 살펴보았듯이 어거스틴에게 있어서 성례전은 단순하게 죄를 씻어주는 기능만 있는 것이 아니다. 성례전은 인간에게 적극적으로 구원의 은혜에 참여하도록 도와주는 기능까지 있다. 성례전을 통해서 주어진 은혜는 사람 안에서 새로운 의지를 창조하는데, 이것이 사랑의 주입(*infusio caritatis*)을 의미한다. 즉, 세상을 향해 있던 악한 의지가 선한 의지인 사랑으로 바뀐다. 이전에 하나님의 창조 시에 인간에게 본래 부여해 주셨던 사랑이 타락 이후에 탐욕(*cupiditas*)으로 바뀌었다면, 이제 탐욕이 사랑으로 되돌아간다. 결과적으로 인간은 전에는 하나님의 명령에 순종할 수 없었으나 이제는 순종할 수 있게 되었다. 따라서 그의 자유, 곧 선을 행할 수 있는 능력이 회복된 것이다.

---

13 바티스타 몬딘, 『신학적 인간학』, 303.
14 박영실, "어거스틴의 구원과 성화," 174.

이렇게 어거스틴은 하나님의 사랑의 주입을 통해서 인간이 성화되어 간다고 믿었다. 그래서 그에게 있어서 인간의 구원 과정은 인간 내면의 의화(Justification)가 되는 것이다.

요약하자면 어거스틴에게 있어서 구원의 시작은 세례를 통한 의롭게 하는 은총—이러한 은총은 루터에게 계승되어 믿음으로 구원을 얻는다는 의인론의 기초가 되었다—을 얻게 되고, 더 나아가 성찬을 통해서 성화의 은총—성화는 칼빈 구원론의 핵심이다—을 입게 된다. 이것이 어거스틴이 말하는 구원의 은총이고, 새로운 피조물이 되는 길이다. 의화와 성화의 모든 과정을 어거스틴은 총체적인 구원으로 보았다.

2. 중세 시대의 구원론: 가톨릭의 구원론(의화 교리, Justification)

1) 토마스 아퀴나스의 구원론

(1) 은총의 주입(*infusio gratiae*)

어거스틴 이후 고대와 중세 시대의 구원론은 어거스틴의 영향이 절대적이었다. 작은 주제에 대해서는 이견이 있었을지라도 큰 틀에서 13세기에 토마스 아퀴나스가 등장하기 전까지 어거스틴의 신학이 중세 시대 전체를 지배했다고 해도 과언이 아니다. 구원론도 예외일 수 없었다.

12세기 이후 발전한 스콜라 신학의 대표적인 신학자는 토마스 아퀴나스(Thomas Aquinas)이다. 토마스는 십자군 전쟁 이후 서로마

제국에서 유행한 아리스토텔레스 철학을 수용하여 신학화하였다. 물론 여기에 아랍 출신의 아리스토텔레스 해석가들이 영향을 무시할 수가 없다.

어거스틴은 펠라기우스와 논쟁을 하면서 인간은 원죄 상태에 있고, 은총이 없으면 윤리적으로 어떠한 선한 행동을 할 수 없다고 주장한 반면, 토마스 아퀴나스는 아리스토텔레스의 인간론의 영향을 받았다. 그래서 타락한 인간에 대해서 어거스틴만큼 부정적이지 않다. 원죄를 인간으로서는 어찌할 도리가 없는 죄의 상태로만 보지 않았다. 그에 따르면, 인간은 자기 이성을 통해서 진리를 알 수 있고, 의지와 더불어 어느 정도 선한 행위를 할 수 있는 능력을 지녔다. 인간 본성이 죄로 인해서 어떤 자연적인 선이 완전히 박탈될 정도로 타락하지는 않았다. 따라서 토마스는 인간은 타락한 본성을 갖고도 부분적으로 선한 행위를 할 수 있다고 주장한다.[15]

물론 죄로 인해서 인간은 하나님을 향해서 살기보다는 자기 자신을 향해서 살게 되었다. 이로 인해서 하나님과 점점 멀어졌다. 이 멀어진 상태를 인간 스스로 돌이킬 수 없다. 하지만 그렇다고 인간 안에 있는 하나님의 모상(Imago Dei)이 완전히 파괴된 것은 아니다. 그 모상만 치유될 수 있으면 구원에 이를 수 있다. 자연적인 길을 통해서도 하나님의 존재에 다가갈 수가 있다. 이것은 자연법이나 자연신학의 근거를 제공한다.

그래서 하나님께서 당신의 유일한 아들이신 예수 그리스도를 보내 주셔서 인간 본래의 모습을 회복하고 영원한 지복에 도달할 수

---

15 바티스타 몬딘, 『신학적 인간학』, 81.

있도록 도와주셨다. 그리스도는 인간을 자신의 죄, 즉 하나님에게서 멀어진 상태에서 해방시켜 주신다. 그리고 하나님과 화해하도록 도와주시고, 그를 새로운 삶을 인도하신다. 즉, 치유된 본성의 상태(status naturae ristanatae)로 이끌어 주신다. 따라서 죄로 인해 약해지고 손상되었으나 완전히 파괴되지 않은 하나님의 모상은 깨끗해지고, 그 능력이 강화되었다. 그래서 한 차원 높은 단계로 상승하게 된다. 이러한 그리스도의 모상 치유를 통해서 인간은 하나님을 실제로 알고 또 사랑할 수 있으며, 더 나아가 하나님을 완전히 알고 사랑할 수 있는 최상의 상태로 변화될 수 있다. 이를 토마스는 그리스도를 통해서 이루어진 모상의 치유로 나타나는 성화 은총(gratia santificans)이라고 불렀다.

여기서 중요한 것은 토마스의 은총 개념에는 아리스토텔레스적인 형상론이 적용되었다는 것이다. 토마스에게 있어서 은총은 일종의 형상(forma) 또는 성질(qualitas)로 규정한다. 따라서 하나님의 은총은 우리 밖에 머무르면서 단순하게 선하게 행동하도록 도우시는 것이 아니다. 즉, 은총은 하나님이 외부에서 인간의 내면을 자극하는 것이 아니다. 은총은 하나님께서 우리 내면에 주입하시고 넣어주셔서 작용하게 하시는 것이다.16

토마스는 아리스토텔레스의 영향을 받아 모든 사물은 형상과 질료로 구성되어 있다고 주장한다. 인간도 예외는 아니다. 인간은 영혼이라는 형상과 물질이라는 질료로 구성되어 있다. 따라서 인간의 영혼과 마음에 변화가 일어나려면 형상을 변화시키는 그 무엇인가

---

16 Ibid., 83.

가 주입되어야 한다. 바로 그것이 은총이라는 형상이다. 인간의 형상
과 만나서 인간이 죄의 상태에서 얻을 수 없는 초본성적 덕, 소위
말하는 대신덕인 믿음, 소망, 사랑을 고양시키고 변모시키게 된다는
것이다. 이렇게 함으로써 영혼은 은총을 통해 신적 성품(*deificatio*)에
참여하게 된다. 그리고 하나님에게서 멀어진 상태인 죄는 근본적으
로 사라지고, 비록 최종적이지는 않지만 하나님을 향한 회심은 인간
존재를 꿰뚫는 자세가 된다.[17]

여기서 아퀴나스는 일차적으로 어거스틴의 선행 은총을 수용한
다. 물론 선행 은총은 이방인들에게도 주어진다. 그러나 선행 은총은
세례를 통해 의로움의 은총으로 나타난다. 이는 루터의 칭의론과
다르지 않다. 그리고 이러한 칭의는 하나님의 은총에 인간의 합력을
요구한다. 회개와 성찬을 통해 인간은 의지를 함양하고 죄로부터
멀리해야 한다. 칭의와 성화의 과정에서 인간의 의지는 대단히 중요
하며, 이러한 의지를 통한 선행과 봉사는 하나님 앞에서 공적이 되
며, 하나님은 이러한 공적에 배상한다. 이런 과정을 거쳐 인간은 최
종적으로 하나님의 성품에 참여하는 신화(*deificatio*)로 나아간다. 칭
의-성화-신화를 아퀴나스는 의로움의 은총(grace of justification)으로
말하지만, 그 내용은 루터가 말하는 칭의론과 다르다. 아퀴나스에게
의로움의 은총이 하나님이 나를 의롭게 만들어 가는 과정을 포함한
다. 그리고 인간의 공적과 업적이 하나님의 은총을 얻는 데 중요한
역할을 한다.

---

17 Ibid., 84.

(2) 은사 주입의 통로: 신앙과 성사

가톨릭의 성례를 통틀어 일곱 성사라고 부른다. 일곱 성사는 12
세기 피터 롬바르트(Peter Lombard)에 의해서 완성되었고, 1215년 제
4차 라테란공의회 때에 정식 교리로 채택되었다. 이어 트렌트공의
회(1545~1563)에서 일곱 가지 성사, 즉 세례, 견진, 성만찬, 고해성사,
임직, 임종 시 베풀어지는 기름 부음 그리고 혼배성사로 확인된다.[18]
이 성례에 관한 신학이 토마스 아퀴나스에 의해서 섬세하게 가다듬
어진다.

토마스 아퀴나스는 형상만 변화되어서는 온전한 변화가 될 수
없다고 생각했다. 질료도 함께 변화되어야 완전한 변화라고 할 수
있다. 즉, 보이지 않는 영적인 은총도 중요하지만, 보이는 은총도
중요하다고 강조한다. 보이지 않는 은총은 우리의 영혼에 영향을
미치고, 보이는 은총은 우리의 육체에 영향을 미친다. 토마스에 따르
면, 부활하신 그리스도는 현재도 우리에게 은총을 주시고 있으신
분이다. 그에 따르면, 그리스도는 두 가지 방식으로 인간의 삶 속에
들어오신다. 신앙을 통해서 영적으로 들어오시고, 성사를 통해서 육
체적으로 들어오신다. 전례는 예식 이상의 것이다. 아퀴나스는 전례
에서 경배의 동작, 물질 그리고 상징 안에 일어나는 육화적 현존을
강조하였다.

특히 아퀴나스는 교회와 성사 안에서 보이는 것들을 강조하였다.
왜냐하면 영적인 것은 먼저 우리의 감각들을 통하여 우리와 접촉하

---

18 Brain Davies, *The Thought of Thomas Aquinas*, 346.

기 때문이다.[19] 복음의 말씀들이 예수 안에서 말씀의 역사적 삶에 대한 증언인 것과 마찬가지로, 전례의 말씀들도 성상과 상징들로 물질 안에 있는 영을 설명하고 지시한다. 아퀴나스에게 있어서 여러 가지 보이는 상징적 활동들은 은총을 표지화(색깔, 물 포도주 빛)하고, 사람들을 거룩하게 만든다. 성사에서의 색깔들과 동작들은 보이지 않는 하나님을 가리키는 예술들이다. 전례는 미학적 양식으로 존재한다. 아퀴나스는 예수의 역사적이 육체적인 삶은 공동체의 상징적 예식들 안에서 활동하는 그의 영을 통해서 계속된다고 주장한다.[20]

(3) 은총 주입을 통한 의지의 변화: 공로 신앙

앞에서 살펴보았듯이 아퀴나스는 은총이 두 가지 통로, 즉 신앙과 성사를 통해서 이루어진다고 믿었다. 이는 영육 모두를 은총으로 변화시키기 위한 통로이다. 그렇다면 이렇게 주입된 은총은 인간의 의지에 어떻게 작용하는가? 아퀴나스는 타락 이후에도 하나님의 모상이 남아 있다고 믿었다. 따라서 인간의 자유의지 또한 소멸되지 않았다. 하나님은 이런 자유의지와 구원을 위한 예정을 조화롭게 만드는 어려움을 겪으실 분이 아니다. 하나님이 예정과 은총을 통해서 인간이 삶에 개입하실 때 인간의 자유의지는 결코 강요되거나 폭행당하지 않는다. 아퀴나스는 변경하는 것과 강요하는 것을 구분

---

19 아리스토텔레스는 모든 인간 인식은 감각에서부터 시작한다고 주장한다. 감각에 근거하지 않는 인식은 실제적이지 않고, 그렇기에 확실한 인식이 될 수 없다고 주장한다. 이런 아리스토텔레스의 영향을 받은 토마스 아퀴나스는 신앙적 인식에서도 감각적인 인식이 중요하다고 주장한다.
20 토마스 오미어러/이재룡 옮김, 『신학자 토마스 아퀴나스』 (서울: 가톨릭 출판사, 2012).

하면서 하나님이 의지를 강요하신다는 것을 배제하였다. 반면에 하나님께서 당신의 은총을 통해서 의지에 영향을 미치시어 이 의지를 더욱 강화하실 수도 있고, 다른 목적들을 향해 이 의지를 방향지어 주실 수 있다고 생각했다.

아퀴나스는 하나님께서 인간이 자유의지를 어떻게 움직이시는 지 더욱 자세하게 설명하려고 노력한다. 그는 다음과 같이 말한다.

> 하나님은 인간의 의지를 두 가지 방식으로 영향을 주셔서 움직이신다. 첫째는 단순히 의지를 움직이면서 영향을 미치신다. 즉, 의지로 하여금 무엇인가를 원하도록 움직이신다. 그러나 의지에 어떤 새로운 양태를 부여하지는 않으신다. 즉, 의지에 어떤 새로운 습성을 부여하지 않으면서 단지 전에는 인간이 원하지 않던 무엇을 원하게 하는 식으로 움직이신다. 둘째, 의지 안에 새로운 양태를 새기면서 의지에 영향을 미치신다. 이렇게 해서 의지는 하나님에게서 받은 본성 자체에 힘입어 무엇인가를 향한 경향으로 흐리게 된다. 마찬가지로 은총이나 덕같은 새로운 양태에 힘입어 궁극적으로 하나님에 의해 다른 무엇, 즉 전에는 본성적인 경향만으로는 움직이지 않던 대상을 행해 움직인다.[21]

다시 말해서 신앙과 성사를 통해서 은총이 주입되면, 처음에 인간의 자유의지는 하나님께 거슬렀던 방향에서 벗어나 하나님이 원하시는 것을 지향하게 된다. 이러한 단계를 의화 은총이라고 부른다. 그리고 의화 은총을 통해서 하나님이 원하시는 것을 향해서 나가고

---

21 ID, *De veritate* 22, 8.

자 원하면 두 번째 단계로 인간의 자유의지에 새로운 양태, 즉 습관을 주입시켜 주신다. 이것을 주입된 습관(habitus *infusus*)이라고 부른다. 이 주입된 습관을 형성하게 만들어 주는 것이 성화 은총이다. 이러한 성화 은총은 인간의 의지에 거룩한 습관을 주입하여서 더욱더 초월적 차원으로 상승하게 만들어 주는데, 하나님이 원하시는 도덕적 행위를 할 수 있도록 도와준다. 이렇게 주입된 은총은 영혼에 남아 영혼이 소유한 특질이 된다.

이렇게 은총에 힘입어서 죄인이었던 인간은 하나님이 원하시는 덕을 쌓을 수 있게 되는 것이다. 그리고 이런 공덕의 궁극적 지향점은 소위 말하는 대신덕, 하나님이 원하시는 가장 큰 믿음의 열매인 믿음, 소망, 사랑을 행할 수 있게 된다는 것이다. 이것이 소위 말하는 공덕 신앙이다. 가톨릭에서는 단순히 믿음만으로 구원에 이르지 못한다. 즉, 칭의만으로는 구원받을 수 없다. 다음 단계인 성화의 단계로 나아가야 한다. 이 성화의 단계에서 공로를 쌓을 때 비로소 구원이 완성된다는 것이다. 이것이 말하는 의화의 전체 과정이다. 가톨릭은 의화는 성화까지 포함한 구원의 전체 과정을 통칭하는 말이다.

2) 트리엔트공의회

종교개혁의 영향력이 유럽 전역에 확산되자 위기감을 느낀 로마 가톨릭교회는 자신들의 신앙과 교리를 확고히 할 필요가 있었다. 특히 "오직 믿음만으로" 구원을 얻을 수 있다는 구호는 천년 여 동안 공들여 확고히 자리매김하게 만든 가톨릭의 구원 신학을 근간부터 흔드는 것이었다. 이런 위기감 속에서 로마교황청은 제5차 라테란공의회(1512~1517)를 소집하였다. 이 공의회에서 교황청은 종교개혁의 여러 신학을 이단적 교리로 정죄하였다. 특히 종교개혁의 구원관은 이단적임을 공포하고, 은총 주입과 성사를 통한 구원 신학을 확고히 하였다. 트렌트공의회의 선언문에는 다음과 같이 성사가 인간의 의로움을 회복시키는 데 성사가 필연적임을 선포하고 있다.

> 지난 회기 중에 모든 교부가 한 마음으로 동의하여 공표한 의화에 관한 구원의 교리를 완성하기 위해서, 교회의 지극히 거룩한 성사들을 다루는 것이 합리적이라고 본다. 온갖 참된 의로움은 성사를 통해서 시작되고, 이미 시작된 것은 성사를 통해서 증진되며, 혹시 그 의로움을 상실한 경우에는 성사를 통해서 회복된다.[22]

여기서 성사란 일곱 가지 성사를 의미한다. 일곱 성사는 12세기 피터 롬바르트(Peter Lombard)에 의해서 완성되었고, 1215년 제4차 라테란공의회 때에 정식 교리로 채택되었다. 이어 트리엔트공의회(1545~1563)에서 일곱 가지 성사, 즉 세례, 견진, 성만찬, 고해성사, 임직, 임종 시 베풀어지는 기름 부음 그리고 혼배성사로 확인되었다.[23] 트리엔트공의회에서는 다음과 같이 일곱 성사를 확정한다.

> 만일 누가 새로운 법의 상사들 모두가 우리 주 예수 그리스도에 의해 설정되지 않았다고 주장하거나 성사들이 세례, 견진, 성체, 고해, 종부, 신

---

22 *Conciliorum Oecumenicorum III*, 김영국·손희승·이경상 옮김, 『보편공의회문헌집 제3권』(서울: 가톨릭출판사, 2012), 684.

23 Brain Davies, *The Thought of Thomas Aquinas*, 346.

품 그리고 혼인, 즉 일곱 가지보다 많거나 적다고 주장하거나 혹은 이 일곱 가지 중에 어떤 것은 참된 본연의 성서가 아니라고 주장한다면, 그는 파문받아야 한다.[24]

그리고 공의회 선언문에서는 일곱 가지 성사가 갖고 있는 의미와 효력에 대해서 자세하게 나열해 놓고 있다. 특별히 공의회 문서는 성사 중에 성체성사, 즉 성만찬에 의한 의화가 증진되고 성화로 나아가는 데 큰 도움이 된다는 사실을 더욱 강조하고 있다. 왜냐하면 가톨릭은 성만찬의 떡과 포도주의 형상이 변화되어 그리스도의 영과 육의 실제적으로 임한다는 화체설을 믿기 때문이다.

지극히 거룩한 성체성사는 다른 성사들과 다음과 같은 공통점을 가지고 있다. 즉, 어떤 거룩한 것의 상징이요, 보이지 않는 은총의 보이는 표징이라는 것이다. 그러나 다른 성사들은 누군가가 그 성사를 아직 사용하기 전에 거룩함의 창조자 자신이 현존하신다는 점에서 탁월함과 독특함이 발견된다.[25]

말하자면 모든 성사가 성도들의 의화와 성화를 위한 것이지만, 그중에서도 성체성사, 즉 성만찬은 그 의미와 효과가 다른 성사에 비해서 탁월하다는 것이다. 그리스도의 실제적인 살과 피로 변한 성체가 인간의 육체에 모셔 들임으로써 인간도 역시 그리스도와 같은 거룩한 존재가 될 수 있다는 탁월한 효과를 담고 있다는 것이다.

---

24 *Conciliorum Oecumenicorum III*, 『보편공의회문헌집 제3권』, 684.
25 Ibid., 695.

3. 개혁 신학의 구원론

1) 안셀름의 만족설(Satisfaction)

니케아-콘스탄티노플 회의에서 아버지와 아들의 관계성 문제가 신학적으로 어느 정도 정리되고, 칼케돈신조를 통해서 인성과 신성의 난제가 해결된 이후 그리스도론 교리에 대한 큰 논쟁거리는 확립된다. 이제 남은 과제는 구속 교리에 관한 것이었다. 즉, 그리스도가 인간 구원을 위해서 어떻게 일하시는가에 대해 신학적으로 정리할 필요가 있었다.

이런 과제를 해결하고자 노력한 신학자가 바로 켄터베리의 주교 안셀름(Anselm of Canterbury, 1033~1109)이다. 그는 자신의 책 『왜 하나님이 인간이 되셨는가?』(*Cur Deus Homo*, 1098)에서 그리스도의 죽음에 대한 고전적 교리를 비판하였다. 안셀름 이전까지 그리스도의 십자가 죽음의 의미가 제대로 정리되지 못하고 있었다. 그런 가운데 그리스도의 죽음은 인간의 죽음을 대신해서 사탄에게 배상한 것이라는 배상설 등과 같은 이단 교리가 등장하기도 했다.[26] 이런 상황에서 안셀름은 그리스도께서 인간이 되신 이유를 설명하면서 십자가의 구속 사역적인 의미를 명쾌하게 해명하려고 노력했다.

안셀름에 따르면, 성육신 사건은 논리적으로 필연성을 갖고 있다. 이 필연성은 하나님께서 모든 것을 온전하게 창조하셨다는 사실에서 출발한다. 하나님은 창조하실 때 우주적 질서만 완벽하게 창조

---

26 사탄배상설은 오리게네스와 이레니우스 등이 주장하였다. 중세 시대에까지 영향을 미쳤다.

하신 것이 아니라 인간의 도덕적 질서도 온전하게 창조하셨다. 즉, 하나님의 선한 목적이 피조물인 인간에게 그대로 반영되었다. 인간은 하나님께 순종하여 하나님의 선한 의지를 삶에서 온전히 반영하게 되어 있었다. 그러나 인간 스스로가 자유의지로 타락하여서 죄와 불순종의 결과를 낳았다. 이는 하나님의 창조 질서에 손상을 입힌 것이고, 결과적으로 하나님의 공의와 명예에 큰 누를 끼치게 되었다. 인간이 하나님께 진 큰 빚으로 남아 있었다. 어떻게든 인간은 하나님에 대해 배상을 해야만 한다. 하지만 타락한 인간은 하나님께 진 빚을 배상할 만한 능력도 상실해 버렸다. 왜냐하면 이 빚을 탕감할 인간의 능력은 죄로 인해서 사라져 버렸으며, 갚아야 할 빚의 규모가 무한하기 때문이다. 손상을 입은 하나님의 명예는 무한한 것이기 때문에 인간의 능력으로는 갚을 수 없다는 것이다. 다시 말해서 인간은 하나님을 만족시킬 수 있는 것을 드려야 할 의무를 가지고 있지만, 그것을 드릴 많은 능력을 갖고 있지 못하다.

그렇다면 이 문제를 어떻게 해결할 수 있는가? 하나님의 은혜와 선물이 없다면 인간의 능력으로는 하나님의 명예 회복이라는 큰 부채를 갚을 수 없다. 하나님의 선물과 은혜가 바로 그리스도의 성육신 사건이다. 따라서 성육신 사건은 필연적이다. 그리스도는 하나님의 속성을 갖고 계심으로 악의 세력을 물리칠 수 있었다. 그리고 한편으로 그리스도는 인성을 갖고 계시기 때문에 원죄의 빚을 대신 갚으실 수 있다. 이렇게 함으로 손상된 하나님의 공의와 명예가 회복되었고, 하나님 스스로가 모든 것들을 만족스럽게 회복시키셨다. 이것이 바로 안셀름의 만족설이다.[27]

안셀름의 만족설은 인간 구원에 있어서 인간의 자유의지와 공로가 완전히 배제되었다. 이런 구원관은 가톨릭의 반펠라기우스적 요소를 비판해야 하는 종교개혁자들, 특히 루터와 칼빈에 의해서 적극적으로 수용되었다.

2) 종교개혁자들의 자유의지 이해: 노예의지와 전적인 타락

(1) 루터의 노예의지론(*de servo arbitrio*)

가톨릭 구원 신학의 중심은 은총 주입이다. 이런 구원관은 타락 이후에도 인간 안에는 여전히 하나님의 모상(*Imago Dei*)이 남아 있다는 전제에서 출발한다. 즉, 타락 이후에도 인간 안에 자유의지가 여전히 살아있다는 것이다. 그리고 믿음을 가지기 전에도 인간의 노력을 통하여 회개하면 하나님은 여기에 적합한 은혜를 베풀어주시고 칭의의 은혜를 얻게 한다. 칭의란 그리스도가 십자가를 통해 우리에게 주신 은총을 말하는데, 이전 인간의 회개의 노력이 강조된다. 물론 칭의 이전에 인간의 업적이 필요한가 아니면, 칭의 이후에 필요한 것인가 하는 것은 토마스 신학의 논란거리가 되지만, 이후 옥캄이나 가브리엘 비엘 등과 같은 유명론자들을 통해 루터 시대에 영향력을 행사하고 있었다. 칭의 이전에 인간의 회개나 선행은 칭의의 은혜를 얻을 수 있는 적합한 공적(congruous merit)을 준다. 그리고 칭의 이후에 하는 선행과 봉사는 하나님으로부터 보상 받는 공적을 얻는다(condign merit).

---

27 윤철호, 『너희는 나를 누구라 하느냐』(서울: 대한기독교서회 2015), 463-467.

종교개혁 진영은 이런 가톨릭의 자유의지론을 거부하고 부정한다. 이는 종교개혁의 포문을 연 루터와 가톨릭 사제이자 인문주의자였던 에라스무스와의 자유의지 논쟁에서 잘 드러난다. 루터는 그의 저서『노예의지론』에서 에라스무스의 자유의지론을 비판한다. 루터에 따르면, 에라스무스의 주장은 성서에 뿌리를 두고 있지 않다. 설사 성서를 인용하더라도 잘못된 해석으로 일관하고 있다. 에라스무스의 자유의지론은 철저하게 성서적 이해가 아닌 철학과 인문학에 근거를 두고 있다.

루터는 성서적 근거로 인간의 자유의지가 얼마나 무력한 것인가를 설명한다. 이집트의 왕 바로가 좋은 예이다. 성경에서는 하나님께서 바로의 마음을 강퍅하게 하셨다고 말씀하셨다. 강퍅하게 하셨다는 표현은 오해를 불러일으킬 수 있다. 이는 마치 악한 여관 주인이 손님의 잔에 독을 탄 것과 같이 하나님께서 바로의 마음에 악한 것을 넣으셨다고 오해할 수 있다.[28] 강퍅하게 하셨다는 것을 달리 표현하면 하나님께서 바로의 마음에 은혜를 베풀지 않으셨다는 것이다. 바로는 아담에게서 받은 타락한 본성대로 행동했다. 하나님의 말씀과 경고에도 불구하고 그는 하나님을 거역했다. 이것이 인간 안에 있는 자유의지의 모습이다. 하나님이 개입하지 않으면 인간은 악한 자유의지밖에는 보여줄 것이 없다.[29] 루터는 이러한 히브리적 표현

---

28 루터는 강퍅하게 하셨다는 표현을 설명하기 위해서 악한 여관 주인 예를 들어서 설명한다. 루터는 다음과 같이 말한다. "하나님이 우리를 강퍅하게 하거나 우리 속에 악을 역사하신다고 할 때, 악하고 성질 고약한 여인숙 주인이 해롭지 않은 그릇에 독약을 붓고 탔지만 그 그릇 자체는 아무 해도 주지 못하며, 단지 독약을 탄 사람의 악한 의지를 수동적으로 받는 수령자 또는 도구일 뿐인 그런 경우를 상상하면서, 하나님이 우리 속에 새로운 악을 만들어 넘으로써 그렇게 하신다고 생각하지 않도록 하라." 마틴 루터/이형기 옮김, "자유의지론,"『루터선집』(파주: 크리스천다이제스트, 2017), 249.

방식에 주목했고, 이것을 이중예정론으로 파악하지 않았다. 하나님은 바로에게 은혜를 베푸셨지만, 바로는 거절하고 마음을 완악하게 가졌다. 바로의 책임성이 강조된다.

루터는 자신의 자유의지론을 쉽게 설명하기 위해서 유명한 마부의 비유를 말한다.

> 인간의 의지에 관하여 말할 때 그것은 하나님과 마귀 사이에 서 있어 짐을 지는 짐승과 같아서 하나님이나 마귀가 그 짐승을 올라타거나 '소유'하거나 '탈' 수 있어서 짐승은 복종하지 않으면 안 된다.

(2) 칼빈의 전적인 타락

칼빈은 루터의 노예의지론에 동의하면서 한 걸음 더 나아가 영혼의 전적인 타락을 주장한다. 칼빈에 따르면, 인간 안에 있는 하나님의 형상은 완전히 사라지지는 않았지만, 심하게 손상되어 본래의 기능을 상실해 버렸다. 칼빈은 인간 영혼을 지성과 의지 그리고 감정으로 구분하는 것에 동의한다. 인간의 지성은 동물과 구별되는 탁월한 점이 남아 있다. 하나님의 자비하심은 이 땅의 것들(정치, 법률, 학문, 과학 등)을 이해할 수 있는 자연적 은사는 남겨두셨다. 칼빈은 다음과 같이 말한다.

> 우리의 본성에 이성이 고유한 특질로 존재한다는 것을 인류 전체에서 볼

---

29 마틴 루터, "자유의지론," 『루터선집』, 250-255.

수 있다. 짐승들이 무생물들과 달리 감각을 지니는 것처럼, 인간은 짐승과는 달리 이성을 지니는 것이다. … 우리에게 남아 있는 재능들이 모두 하나님의 자비하심 덕분임을 알아야 마땅할 것이다.[30]

하나님의 자비하심으로 인간 이성은 본래 창조된 모습이 어느 정도 남아 있지만, 인간의 자유의지는 완전히 타락했다. 칼빈은 자유의지라는 표현을 사용하는 것조차 동의하지 않는다.[31] 인간의 자유의지는 죄로 인해서 완전히 오염되었고, 그 본래의 기능을 상실해 버렸다. 칼빈은 아담의 타락이 초래한 결과로 인해 다음의 두 가지 사실 만큼은 너무도 자명한 것이라고 확신한다.

우리는 다음의 두 가지를 분명히 명심해야 할 것이다. 첫째로 우리의 본성의 각 부분이 다 타락하고 부패하여 있으므로, 이런 크나큰 부패로 말미암아 우리가 하나님 앞에서 당연히 정죄를 받고 유죄를 선고받은 상태에 있으니, 이는 그 하나님에게는 오직 의와 무죄 순결 이외에는 그 어떠한 것도 용납되지 않기 때문이라는 것이다. (중략) 그다음으로 이러한 부패성은 절대로 우리 속에서 사라지지 않고, 마치 불타는 용광로에서 불꽃과 화염이 계속 튀어나오며 샘에서 물이 끊임없이 솟아 나오듯이 계속해서 새로운 열매들을 맺는다는 사실이다.[32]

그리고 이렇게 인간의 의지를 죄 앞에서 무능력하게 만들어버린

---

30 Inst., 333.
31 Inst., II, 2, 6.
32 Inst., II, 1, 8.

원죄는 후손들에게 유전적으로 전가된다.

> 그(아담)에게서 하늘의 형상이 말소된 후에, 아담 혼자만이 형벌—처음
> 에 그에게 주어졌던 지혜와 덕과 거룩함과 진리와 정의가 사라지고, 그
> 대신 지극히 추한 더러움과 몽매함과 무능력과 불결함과 허망함과 불의
> 가 생겨나게 된 사실—을 당한 것이 아니었고, 그 후손들 역시 동일한 비
> 참 속에 얽혀 들어가 거기에 잠기게 된 것이다.[33]

칼빈에게서 자유의지 비판은 어거스틴의 영향을 받았다. 그러나
자연법을 통해 하나님이 세상과 국가와 사회를 경영하고 이끌어가
는 이성을 주셨다는 것은 율법의 제1 기능에 속하는 것으로 파악하
고 루터와 견해를 같이한다. 그러나 율법의 제1 기능이 가톨릭처럼
하나님을 아는 데로 가고 구원을 얻는 자연신학의 길이 아니라, 구원
은 계시와 복음을 통해서 온다고 루터와 칼빈은 말한다.

3) 주입(infusio) 대신 전가(imputatio)

종교개혁가들이 가톨릭의 신앙과 신학에 문제 제기한 핵심적인
주제는 구원론이었다. 가톨릭은 성사를 강조함으로써 구원의 근거
가 하나님의 사랑에서 교회의 권위로 옮겨 놓았다. 또한 은총 주입을
통해서 인간의 죄성이 약화되어 구원받기 위한 공덕을 쌓을 수 있다
는 신학과 신앙은 면죄부를 판매하는 신학적 근거를 제시해 주었다.

---

33 Inst., II, 1, 5.

종교개혁가들은 이러한 가톨릭 신학의 문제점은 은총 주입(*infusio gratiae*)에서 비롯된 것이라고 생각했다. 왜냐하면 앞에서 살펴보았 듯이 인간은 전적으로 타락한 본성을 갖고 있어서 은총이 주입된다 고 해서 거룩하게 될 수 없기 때문이다. 죄인은 거룩하게 될 수 없고, 오로지 죄인은 믿음을 통해서 의인이라고 불릴 뿐이다. 이것이 가톨 릭의 의화 교리를 대항해서 종교개혁가들이 주장한 칭의론(Justifica-tion)이다. 그리고 이런 칭의론 교리를 가능케 한 중요한 토대가 되는 것이 바로 전가 교리이다.

그리스도의 삶과 죽음에 나타난 순종은 하나님께서 죄인을 의롭 다고 칭해 주시는 칭의 교리의 중요한 토대가 된다. 16세기 종교개혁 자 루터와 칼빈이 이것을 주장했고, 그 이후 이것이 개혁주의 신학의 전통이 되어 왔다.[34]

전가(Imputation)란 무엇인가? '전가'라는 단어는 '어떤 사람이 담 당할 것을 짐 지운다, 여기다, 돌리다' 등의 의미를 갖고 있다. 즉, 내가 범죄한 친구에게 나에 대한 책임을 전가한다고 할 때 그 친구는 실제로 죄를 짓지는 않았지만 범죄자처럼 취급받게 된다는 것이다. 따라서 전가는 어떤 사람의 내적인 혹은 주관적인 변화가 일어나지 않고 겉표면적인 변화가 일어난다는 것을 의미한다. 이 전가라는 단어는 법정적이고 선언적인 의미를 갖고 있다. 법정에서 어떤 사람 에게 죄를 선포하면 그 사람이 실제로 죄를 범하였는지 그렇지 않은 지를 떠나서 그 사람은 죄인으로 선포되는 것이다. 반대로 그 사람이 실제로 죄를 지었을지라도 법정에서 무죄하다고 선포하면 그 사람

---

34 신호섭, 『개혁주의 전가교리』 (서울: 지평서원, 2016), 23.

은 표면적으로 무죄한 사람이 되는 것이다. 이것이 전가의 의미이다. 따라서 예수 그리스도의 의가 인간에게 전가되었다는 것은 전가 받은 사람의 내적 본질이 의롭게 되었든지 아니면 여전히 죄인의 상태에 있든지 상관없이 그 사람은 의인으로 여겨지는 것이다.

이 전가의 성경적 근거는 많이 있다. 그중에서도 대표적인 성경 구절이 로마서 4장 3-5절이다.

> 성경이 무엇을 말하느냐 아브라함이 하나님을 믿으매 그것이 그에게 의로 여겨진 바 되었느니라 일하는 자에게는 그 삯이 은혜로 여겨지지 아니하고 보수로 여겨지거니와 일을 아니할지라도 경건하지 아니한 자를 의롭다 하시는 이를 믿는 자에게는 그의 믿음을 의로 여기시나니.

이 말씀에서 "여겨진 바 되었다"는 말이 바로 전가되었다는 뜻이다. 아브라함에게 의가 전가되었다는 것이다. 그런데 그렇게 전가된 이유는 아브라함의 영혼이 거룩하게 되었기 때문이 아니다. 또한 그의 행동이 거룩하기 때문도 아니다. 단지 그의 믿음 때문이다. 이 믿음만이 전가의 유일한 방법이고 수단이다.

그래서 아브라함이 하나님이 옳다고 여기는 일을 하지 않아도, 그의 삶이 경건하지 않아도 그의 믿음 자체만으로 그냥 의로 여기신다는 것이다. 즉, 믿음만으로 의가 아브라함에게 전가되는 것이다.[35]

그런데 여기서 아브라함의 믿음은 하나님의 언약과 약속을 신뢰하는 것을 말한다. 이 전가를 루터는 더 나아가서 그리스도와 믿는

---

35 Ibid., 38.

자들 사이의 '즐거운 교환'(fröhliches Wechsel)으로 발전시킨다. 십자가에서 예수 그리스도께서 죽으신 것은 우리의 죄를 그에게 전가시킨 것이고, 예수 그리스도의 의가 우리의 것이 된 것이다. 그래서 인간의 입장에서 보면 세상에서 가장 즐거운 공짜 교환이다. 인간의 의나 행위와 상관없이 이 즐거운 교환은 오로지 십자가에 달리신 그분이 하나님의 아들임을 믿는 믿음으로만 가능하다. 루터에게 믿음은 세 가지 단계를 포함한다. 하나님이 그리스도를 믿는 우리의 믿음을 외부에서부터(extras nos) 의롭게 여겨주신다. 이러한 믿음에는 나를 위한(pro me) 행복한 교환이 나타나는데, 이것은 영적 사건이며, 신비한 체험을 포함한다. 루터는 『기독교인의 자유』에서 이러한 신비 체험을 행복한 교환에 포함시킨다. 그리고 마지막으로 살아계신 그리스도는 믿음 안에서 임재한다(cum nobis).

다른 한편 칼빈은 전가가 법정적인 선언의 성격을 갖고 있음을 강조한다. 무죄한 사람이 범죄자로 몰렸을 때 그 사람이 무죄함을 인정받으려면 재판관 앞에서 무죄판결을 받아야 한다. 그러나 하나님 앞에서 무죄한 사람은 없다. 모든 인간은 전적으로 타락한 죄인이다. 따라서 그가 의인으로 인정받으려면 하나님의 은혜로 선포되어야 한다. 그 하나님의 은혜란 예수 그리스도에 대한 믿음을 고백한 자에게 의가 전가되는 형식으로 이루어졌다. 따라서 칼빈은 칭의에 대해서 다음과 같이 말한다.

> 그러므로 칭의란 한마디로 말해서 하나님께서 우리를 의인으로 인정하
> 사 그의 사랑 속으로 받아들이시는 것이라고 말할 수 있다. 또한 칭의는
> 죄를 씻기는 일(the remission of sins)과 그리스도의 의를 우리에게 전가

시키는 일(the imputation of Christ's righteousness)에 있다고 말할 수 있다.[36]

하나님이 나를 여겨주신다는 의미는 흔히 한국교회에서 말하는 주관적 체험으로 "믿습니다" 하는 것과는 다르다. 나의 믿음 이전에 하나님이 성령을 통해 나를 의롭게 여겨주시는 사건이 먼저, 즉 객관적으로 존재하고, 이후 나의 믿음은 하나님의 약속과 언약을 순종한다. 이런 점에서 칭의는 하나님이 인정해주신다는 의미를 담고 있다. 내가 아무리 "믿습니다" 하더라도 나의 믿음이 하나님의 약속에 근거되어 있지 않다면 하나님이 나를 의롭게 여겨주시고 인정해주시는지 알 수가 없다. 하나님의 인정은 말씀과 세례와 성만찬으로 오고, 우리는 세례에 상응하는 매일의 회개의 삶을 살고, 성만찬의 은총을 통해 거룩한 삶에 이른다. 그리고 그리스도와의 행복한 교환이 일어나면서 그리스도는 내 안에 거주하신다. 그리스도가 내 안에 거주하면서 끊임없이 믿음을 새롭게 창조해주시는데, 이러한 믿음을 하나님에 대한 신실하심(피두시아)이라고 부른다.

4) 종교개혁자들의 구원론

종교개혁자들의 구원론을 간략하게 정리하기란 쉽지 않다. 왜냐하면 종교개혁가들, 특히 루터와 칼빈의 구원론에 대한 다양한 해석이 있기 때문이다. 그러나 분명한 것은 루터와 칼빈은 가톨릭의 구원

---

36 Inst., III, 11, 2.

론에 많은 문제점이 있음을 지적하고 성서적 구원론을 정립하기 위해 노력했다. 그 일환으로 안셀름의 만족설을 수용한다. 안셀름의 만족설은 인간의 의지적 노력이 구원에 기여할 수 있는 여지를 배제하고 있다. 이러한 만족설에 하나님의 은혜와 성령의 도우심을 강조하면서 각자의 구원론을 정립하였다.

(1) 루터의 구원론(의화론에서 칭의론으로)

앞에서 언급했듯이 루터는 타락 이후 인간의 자유의지는 철저하게 사탄의 노예가 되었다고 주장한다. 인간은 그 노예 상태에서 하나님의 모상을 상실하고 스스로 극복할 수 있는 능력을 상실해 버렸다. 인간은 온통 죄 덩어리(*massa perditionis*)로서, 전적으로 타락하여 스스로 구원에 이를 수 없는 존재가 되어 버렸다. 하르낙에 따르면, 루터는 중세보다도 더 악마와 사탄에 대해서 심각하게 고려했다. 루터는 사탄의 실제 힘을 굳게 믿었으며, 그 사탄의 노예가 된 인간은 항상 하나님을 거역하는 방향으로 갈 수밖에 없다. 이것이 그가 주장하는 노예의지론(*de servo arbitrio*)이다.

루터에 따르면, 사탄이 아무리 권세와 힘이 강하더라도 하나님의 주권 아래에 있는 존재일 수밖에 없다. 사탄은 하나님만큼 권세가 없음에도 불구하고 늘 악한 일을 도모하고, 하나님을 거역하려고 시도한다.[37]

이렇게 타락해서 사탄의 노예 상태에 있는 인간은 언제나 죄인인

---

37 헤이코 오버만, 『루터, 하나님과 악마 사이의 인간』(천안: 한국신학연구소1995), 159 이하.

상태에 있을 수밖에 없다. 따라서 가톨릭교회에서 말하는 의화는 가능하지 않다. 인간은 항상 죄인이다. 그런 인간을 하나님께서는 예수 그리스도의 십자가를 통해서 의롭다고 인정해 주신다. 죄인이 의롭게 될 수 있는 길은 본질적인 변화 때문이 아니라 하나님께서 의롭다고 여겨주시고 선언해 주실 때만 가능하다. 루터는 그의 저서 『로마서 강해』에서 로마서 3장 8절과 로마서 4장 25절[38]의 주석을 통해서 죄인들을 향해서 의롭다고 선언한 하나님의 은혜에 대해서 말한다. 즉, 인간은 가톨릭에서 말하는 것처럼 은혜의 주입에 의해서 의로운 습관이 생겨서 의화될 수 있는 존재가 아니라, 예수 그리스도의 십자가 은혜를 믿는 사람들의 그 믿음을 보시고 하나님께서 의롭다고 선포해 주시는 것이다.

로마서 3장 8절에서 '의롭다 하심을 얻은 것'이라는 표현을 해석하면서 reputare(여기다, 간주하다, 판단하다, 계산하다)의 개념과 imputare(돌리다, 전가하다, ~의 탓으로 돌리다)의 개념을 중요하게 다룬다. 그리고 로마서 4장 25절에 의거해서 '의롭다 하심을 얻은 것'은 imputrare, 즉 예수 그리스도의 의가 전가되었다는 의미가 분명함을 확인한다.

그리고 이것은 유명론의 대표자 윌리암 옥캄에 대한 정반대의 입장에 서 있다. 루터는 1517년 쓴 『스콜라주의 신학에 대한 반박문』 (*Disputation against Sholastic Theology*) 56번째 항목에서 다음처럼 말한다.

---

38 "그러므로 사람이 의롭다 하심을 얻은 것은 율법의 행위에 있지 않고, 믿음으로 되는 줄 우리가 인정되노라"(롬 3:28). "예수는 우리가 범죄하는 것 때문에 내줌이 되고 또한 우리를 의롭다 하시기 위하여 살아나셨느니라"(롬 4:25).

"하나님이 인간을 의롭게 하는 칭의의 은총 없이 인간을 영접할 수 있다는 것은 진리가 아니다. 나는 옥캄에 반대한다."[39]

옥캄은 전가론이 아니라 하나님이 인간의 자유의지와 직접 개입해서 구원한다고 주장하기 때문에 아퀴나스의 성사론을 부정한다. 물론 옥캄의 제자인 가브리엘 비엘에게 루터는 초기 큰 영향을 받지만, 종교개혁 이후 비엘과 옥캄에 대해 대단히 비판적이고, 이는 하이델베르크 논쟁이나 스콜라주의 논쟁에서 잘 나타난다. 특히 하이델베르크 반박문에서 루터는 이전 스콜라주의의 신학을 영광의 신학, 즉 인간의 의지를 찬양하는 신학으로 비판하고, 그의 유명한 십자가 신학을 강조한다. 따라서 우리가 의롭다 인정받을 수 있는 것은 십자가 은혜를 믿는 믿음을 보시고 하나님께서 우리에게 의를 전가시켜 준 것이다.[40] 이것은 루터가 견지하는 십자가 신학이고, 자유의지에 근거된 영광신학에 대립시킨다.

한편 가톨릭교회가 의화-성화-신화에 이르는 구원 과정에 인간의 공로를 강조한 것에 반해서 루터는 믿음을 통한 칭의를 강조하였다. 이는 루터의 구원론에 성화론보다는 칭의론에 강조점을 두게된 계기가 된다. 하지만 루터는 성화의 단계를 무시한 것은 아니다. 루터는 성화의 말씀과 성례전을 통해서 보다 더 성숙한 칭의의 단계, 즉 성화의 단계로 신앙이 발전할 수 있음을 강조했다. 특히 루터에게 있어서 성찬식의 떡과 포도주에 그리스도의 영과 육이 실제로 임한

---

39 *Martin Luther's Basic Teological writings*, 2nd ed. (Timothy Lull), 37.
40 김재진, "루터의 객관적 속죄론과 과정 속에 있는 구원," 한국조직신학회 엮음, 『구원론』 (서울: 대한기독교서회, 2015), 116.

다고 믿었다. 즉, 루터는 공재설을 주장했다. 따라서 성도들이 성만찬에 참여할 때 루터가 강조한 '즐거운 교환'이 일어난다. 그래서 성도는 그리스도의 은혜에 힘입어서 죄인이면서도 의인의 삶을 살려고 노력하고 성화에 이를 수 있다고 말한다.

더 나아가 칭의의 과정을 통해 살아계신 그리스도는 임재하면서 심지어 신화의 과정까지 이르게 한다. 그러나 이러한 신화 개념은 루터에게서 신비주의나 가톨릭의 자유의지를 통해서 오는 것이 아니라 그리스도의 은혜를 통해서 오는데, 행복한 교환을 통해서 우리는 작은 예수처럼 살아간다. 그럼에도 불구하고 '항상 죄인, 항상 의인'이라는 루터의 구원론의 기본 도식이 변하는 것은 아니다.

이런 맥락에서 왜 루터가 야고보서를 지푸라기 서신서라고 혹평하였는지 이해해야 한다. 알다시피 야고보서는 행함이 없는 믿음은 죽은 것이라고 선포한다. 이 행함에 대해서 루터는 만약 이 행함이 인간의 자유의지를 통한 행함이라면 가톨릭의 주장을 뒷받침하는 것이고, 그래서 야고보서는 신약성경에서 제거하여야 한다고 주장했다. 이는 야고보서의 행함이 단지 하나님의 은혜에 의한 행함이 아니라 인간의 의지를 통한 행함을 말한다는 전제가 있다. 루터에 따르면 야고보서에는 그리스도의 은혜가 강조되지 않았다. 그러므로 야고보서는 은혜가 없는 행함을 말하는 것으로 해석하여 야고보서를 평가 절하하였던 것이다.

(2) 칼빈의 구원론: 성령을 통한 신비한 연합

흔히들 칼빈의 구원론은 단계적으로 구원의 순서를 밟아 완성된다고 말한다. 즉, 선택-소명-칭의-성화(성결)-영화(부활)의 단계를 시간적으로 거치는 것으로 설명하는 사람들이 많다. 그러나 이는 17세기 개신교 정통주의가 루터와 칼빈의 구원론을 임의적으로 해석해서 나온 결과이다. 사실 칼빈은 칭의와 성화의 단계를 엄밀하게 구분하지 않았다.[41] 이런 점에서 칼빈은 어거스틴의 틀을 수용한다.

칼빈이 보기에 루터의 구원론이 성화보다는 칭의에 더 강조점을 두었다. 이런 루터 구원론의 문제점을 잘 알고 있던 칼빈은 그의 주저 『기독교강요』에서 구원론을 서술할 때 칭의보다도 성화에 대해서 먼저 말한다. 『기독교강요』 제3권 제3장의 제목을 "믿음에 의한 우리의 중생: 회개"라고 표현했는데, 이것을 개혁파 정통주의의 용어로 바꾸면 "믿음에 의한 우리의 성화(성결)"라는 의미이다.

칼빈이 칭의와 성화의 순서를 바꾼 첫 번째 이유는 루터의 구원론이 칭의에 초점을 맞춘 것에 대해서 성화를 강조하기 위한 것이다. 그리고 두 번째 이유는 가톨릭의 구원론이 의화-성화-신화라는 단계로 설명하는 것을 비판하기 위함이다. 가톨릭은 은혜의 주입 강도와 그 은혜가 인간 의지에 습관으로 자리하는 것을 시간적으로 혹은 단계적으로 구분하려고 하였다. 그러나 칼빈이 보기에 이런 구원관은 추상적이고 성서적이지도 않다.

칼빈에게 있어서 구원은 전적으로 성령의 역사하심이다. 무엇보다 구원에 이르려면 믿음이 중요한데, 이 믿음은 성령께서 우리와 그리스도를 연합시켜 주시기 때문에 가능하다. 칼빈에게 있어서 성령의 본질적 사역은 죄인과 그리스도를 연합시켜 주는 것이다.

---

41 최윤배, "칼뱅의 구원론," 한국조직신학회 엮음, 『구원론』 (서울: 대한기독교서회, 2015), 133.

베드로는 신자들이 '성령의 거룩하게 하심으로 순종하고 예수 그리스도의 피뿌림을 얻기 위하여 택하심을 입었음'을 말하는 것이다(벧전 1:2). 베드로의 이 말에서 우리는 그리스도께서 흘리신 거룩한 피가 헛되지 않도록 하기 위해서 은밀한 가운데 역사하시는 성령의 깨끗이 씻으심으로 말미암아 우리의 영혼이 씻음을 받은 것임을 알 수가 있다. 그렇기 때문에 사도바울은 깨끗이 씻음과 의롭다 하심에 대해서 '우리가 예수 그리스도의 이름과 우리 하나님의 성령 안에서 씻음과 거룩함과 의롭다 하심을 받았느니라'(고전 6:11)고 말하는 것이다. 한마디로 정리하자면 성령은 그리스도께서 우리를 자기 자신과 효과적으로 연합시키시는 끈이시라는 것이다.[42]

칼빈이 고린도전서 6장 11절에서 인용하듯이 성령께서는 씻음과 거룩함과 의롭다 하심을 이루게 하시는 분이다. 따라서 인간의 구원 과정 모두는 성령께서 그리스도와 연합하게 함으로 가능하다. 칼빈은 이것을 '성령을 통한 신비한 연합'이라고 말했다.

칼빈이 구원을 성령의 역사하심으로 묘사함으로써 인간 의지의 개입 가능성을 완전히 배제하였다. 인간의 구원은 의지의 작용이 아니라 전적인 성령의 역사하심이다. 따라서 칭의와 성화 또한 성령께서 이루시는 것이다. 성령께서 충만히 임하시면 그 사람은 칭의의 단계를 뛰어넘어 성화가 될 수 있는 것이고, 그렇지 않으면 칭의의 단계에 머무를 수밖에 없는 것이다. 따라서 칼빈에게 있어서 칭의와 성화는 상호 동일하지 않고, 상호 구별은 되지만, 상호 뗄 수 없는

---

42 Inst., III, 1, 1.

밀접한 관계를 갖고 있다.

따라서 칼빈에게 있어서 칭의와 성화는 이중적 은혜이다. 칭의를 통해서 죄책이 제거되고, 성화 속에서는 죄의 얼룩이 지워진다. 칭의는 새 신분을 수여하는 반면, 성화는 사람 안에 새 성격을 창조한다. 칼빈은 다음과 같이 말한다.

> 하나님의 자비하심으로 말미암아 그리스도를 우리에게 주셨으므로 우리는 믿음으로 그를 깨닫고 소유하는 것이다. 그리고 믿음으로 그를 소유하게 되면 두 가지 은혜를 받게 된다. 곧 첫째는 그리스도의 의로 말미암아 우리가 하나님과 화목됨으로써 하나님께서 재판관이 아니라 자비하신 아버지가 되신 것이요, 둘째는 그리스도의 영으로 말미암아 거룩하게 되어 흠이 없고 순결한 삶을 배양하게 된다는 것이다.[43]

요약해보면 칼빈은 그리스도의 연합에서 칭의와 성화의 은총(이중 은총, duplex *gratia*)이 성령을 통해서 온다고 파악한다. 이것은 루터와는 다른 칼빈의 독특한 입장이다. 성령이 우리에게 믿음을 선물로 주시고 십자가에 달리신 그리스도 안에서 나타난 하나님의 용서와 사랑을 체험할 때 중생은 일어난다. 이러한 중생은 회개와 동반되며 루터처럼 '항상 죄인 항상 의인'의 삶을 살아간다. 나는 새로운 피조물로 변화가 된다. 그런가 하면 성령이 우리에게 오실 때 우리를 거룩하게 하시고, 칭의의 은혜로 인도할 수가 있다.

이러한 이중적 은혜는 성령의 역사 안에서 동시적으로 일어난다.

---

43 Inst., III, 11, 1.

칼 바르트는 이 부분을 대단히 높게 평가하고 루터를 앞지르는 것으로 보았다. 루터 이후 발전에서 루터란들에게서 성화의 부분은 개인주의적인 칭의의 강조로 인해 거의 실종되다시피 했다. 그러나 칼빈에게서 칭의는 나를 변화시키는 성화에 관련되고, 이것은 성령의 역사이다. 그리스도의 연합은 믿음과 성만찬의 참여에서 일어나며, 성령의 역동적인 은혜의 사건에 믿는 자들은 참여하고 그리스도를 증거한다. 그래서 교회는 성도들의 어머니가 된다. 이러한 칼빈의 구원론은 한국의 개혁교회에서 거의 실종되다시피 했다.

한 번 입으로 시인하면 다 구원받는다는 이상한 구원론이 나타나고, 지나치면 몇 년, 몇 월, 몇 시에 구원을 체험했다는 말도 한다. 그래서 죄를 지어도 한 번 얻은 구원은 없어지지 않는다고 주장한다. 이러한 이상한 구원론을 희화한 수년 전 이창동 감독이 만든 영화가 〈밀양〉인데, 과연 이것이 성경이 가르치는 구원인가? 칼빈은 성령의 사람이었고, 그의 구원론은 철저하게 성령의 선물로부터 오는 믿음과 성례전적 약속 그리고 매일의 회개를 동반하는 경건한 삶에 근거된다.

죄는 부메랑으로 돌아온다. "죄의 삯은 사망"이기 때문이다. 이것을 가장 리얼하게 체험한 사람은 다윗이었다. 그러나 믿음 안에서 회개하는 사람을 하나님은 죄를 심판하지만 또한 상처를 감싸주고 회복하게 하신다. 나는 구원을 받았으니 죄짓지 않는다는 사람들이나 아니면 아무리 죄를 지어도 다 용서받는다는 얼치기식의 주장들은 바울과는 전혀 다르다. 바울은 자신을 '곤고한 자'라고 부르고, 자신 안에 있는 잠재적인 죄를 극복할 수 없음을 말한다. 죄를 해결하시는 분은 그리스도밖에 없다. 나는 그리스도 안에서 나타난 하나님의 은총을 믿고 세례를 통해 나의 영적 죽음을 예전적으로 표현한다. 그러나 이러한 영적 죽음인 회개는 한 번에 끝나는 것이 아니라 지속적으로 이어진다.

이것을 칼빈은 매일의 회개로 말한다. 이러한 매일의 회개에서 나를 쳐서 복종시키고 날마다 죄로부터 죽는 삶을 살게 될 것이다. 이런 과정에서 그리스도는 내 안에 살기 시작하고 나는 새로운 피조물이 된다. 거듭난다는 말은 시작이며 또한 지속적으로 이어지는 것을 말한다. 그러나 당대 고린도 교인들이나 발람주의의 영향을 받은 반-율법주의자들에게서 하나님이 주신 구원은 속되게 되어 버리고, 구원과는 아무런 상관이 없는 사람들이 구원을 믿었다고 미혹 당한 채 살고 있었다. 예수님은 회개에 합당한 삶을 살겠다는 삭개오의 믿음을 칭찬했다. 회개는 전환이고, 이전의 삶에서부터 과감하게 돌아서고 새로운 삶을 향한 전진을 말한다. 구원은 소중한 것이며, 그리스도의 희생을 통해 우리에게 주신 하나님의 값비싼 은총이다. 이러한 구원의 은총을 소중하게 여기며 사는 것이 그리스도인으로서의 바른 자세일 것이다.

제2부

칼 바르트,
새로운 출발

K A R L　　　　B A R T H

I. 성만찬과 기억의 정치
: 성령세례와 전진신학

시작하는 글

　바르트는 오늘날 북미의 학계에서 토론의 중심으로 등장한다. 신정통주의란 이름으로 한물간 인사로 취급되기보다는 많은 신학자들이 바르트의 텍스트를 진지하게 취급하고, 그가 주는 통찰을 새롭게 해석한다. 왜 이런 일이 일어나는가? 왜 하필이면 바르트인가? 간단하게 말하면 바르트는 신정통주의자로 매우 심하게 왜곡되었고, 그의 텍스트에 대한 지금까지 행해진 저급한 해석들에 수많은 비판이 주어진다. 강연에서 나는 바르트의 성만찬 신학을 그리스도 임재와 성령세례론과의 연관에서 분석하면서 그의 유아 세례론의 새로운 차원을 논의한다. 바르트가 루터와 칼빈을 어떻게 해석했으며, 더 나아가 21세기 교회일치운동을 위해 어떤 유산을 남겨 주었는지 보도록 하겠다. 특히 바르트의 종말론적 성찰은 현재로 개입해 들어오는 하나님의 영원성이 순진한 희생자들의 삶(*massa perditionis*)과 연관되는 사회 비판적인 차원을 담고 있다. 이것은 '기억과 메시아의 오심'이라는 역사철학(발터 벤야민)과 바르트의 전진신학과 깊은 대화를 요구한다. 성만찬, 예배 그리고 사회 비판은 한국교회에 중요한 시사점을 던져줄 수가 있다. 이런 측면에서 "성만찬과 기억의 정치"는 오늘날 한국교회의 예배 갱신과 사회적 책임성에서 심도 있게 다루어질 필요가 있다.

1. 성만찬은 설교와 더불어 예수 그리스도를 증거한다

바르트는 성령세례론으로 그의 대작인 『교회교의학』을 종결했다. 사후에 화해의 윤리가 편집 출간되었고, 이것은 바르트의 화해론의 사회정치적 차원을 담고 있다.[1]

바르트에게서 성령세례는 기독교인의 삶을 총괄하는 개념이며, 예수 그리스도가 말씀과 성령을 통해 인간을 회심시키며 새로운 존재로 만들어 가는 사건이다. 바르트는 예수 그리스도가 믿음의 시작이며 완성자(히 12:2)라는 측면을 고려하면서, 성령세례의 전진적인 차원을 전개한다. 성령세례는 교회에서 베풀어지는 물세례를 통해서 일회적으로 발생하지만, 바르트는 믿음의 완성자인 그리스도를 향해 칭의-성화-소명의 은혜를 통해 현재 진행형으로 그리고 종말론적으로 파악한다. 이런 점에서 성령세례는 전진(Vorwärts)신학을 의미한다. 기독교인이 된다는 것은 새로운 피조물이 되어가는 것을 의미하며(고후 5:17), 미래와 새로움을 향한 회개와 성장과 전진을 포함한다(KD IV/4:42). 말씀과 성례에 임재하는 그리스도와 성령세례

---

1 Barth, *Das christliche Leben* (1959-1961).

의 역동성은 불가분의 관계를 갖는다.

바르트는 흔히 교의학에서 단편적으로 성만찬 신학에 대한 반성을 남겨 놓았다고 말하지만, 그렇지 않다. 또한 바르트를 신-쯔빙글리주의 관점에서 보려는 학자들은 바르트가 세례나 성만찬을 침례파 정도로 파악했다고 폄하하지만, 전혀 근거 없다. 물론 바르트는 쯔빙글리가 세례를 인간이 수행하는 예전적 차원으로 본 것은 옳다고 보았다(KD IV/4:142).

그러나 바르트에 의하면 인간을 정화하고 갱신하는 것은 그리스도의 죽음 안에서 일어난 사건이며, 성령을 통해 매개된다. 이런 점에서 쯔빙글리가 세례 없이도 인간은 말씀과 성령을 통해 정화되고 회복될 수 있다고 한 것은 옳다. 모든 것은 하나님과 그리스도와 성령의 직접적인 사역이며, 이것이 선택된 자들의 믿음의 근거가 된다. 바르트는 이러한 입장을 원칙적으로 수용하고, 쯔빙글리가 세례를 하나님의 사역과 말씀에 대한 인간의 응답으로 파악한 것은 옳다고 본다.

그러나 바르트에게서 신-쯔빙글리주의는 성서 주석과 함께 쯔빙글리를 루터와 칼빈과 연관지어 보다 더 잘 이해하는 것을 의미하는 것일 뿐, 쯔빙글리나 침례파로 가는 것을 말하지 않는다(KD IV/4: 142). 바르트는 쯔빙글리처럼 세례나 성찬을 하나님의 약속에 대한 단순한 인간적인 행동이나 믿음의 응답으로만 말하지 않았다. 왜냐하면 세례는 하나님의 은혜에 대한 증거로서, 예수 그리스도 안에서 성령을 통하여 일어난 정화와 갱신이 일어나기 때문이다. 세례는 하나님의 명령을 근거로 일어나는 것이며 회개를 말한다(KD IV/4: 145, 147). 바르트에게서 믿음은 단순히 인간적인 행동을 넘어서서 하나님의 약속과 계시에 근거되어 있다. 그리고 세례는 인간의 이름이 아니라 삼위일체의 이름으로 베풀어진다. 바르트의 신학의 진의를 파악하는데 많은 논란이 존재하지만, 특히 그의 성만찬 신학은 거의 무시되거나 오해되어 왔다. 바르트의 성만찬 신학을 분석하고 교회의 삶, 특히 예배의 갱신에 그가 기여할 수 있는 부분을 살펴보려면 먼저 루터와 가톨릭을 넘어서는 바르트의 입장을 볼 필요가 있다. 바르트는 어떻게 믿음과 성만찬을 연관 짓는가?

1) 루터와 가톨릭을 넘어서서

바르트는 믿음을 지식과 동의와 신뢰로 구분 지어 설명한다. 지식은 구원에 필요한 것들을 이해하는 것이며, 동의는 하나님의 말씀으로 전해지는 것을 믿는 것이고, 신뢰는 복음의 약속들을 자신의 삶에 적용시켜 이어 나간다. 믿음이 신뢰(fiducia)란 말은 인간을 의롭게 하는 믿음을 말하는데, 법적인 측면에서 이것은 자산을 신용기관에 위탁하는 것을 의미한다. 신뢰는 믿음의 실제적인 내용이며, 하나님의 약속을 보증하고 승인한다.[2] "말씀을 제거하라. 그러면 신앙은 남지 않을 것이다."[3] 그리스도가 신앙에 임재하며, 신앙의 근거이신 그리스도가 신앙을 참된 신앙으로 또한 현실적인 경험으로 만들어 간다. 신앙(피두시아)은 인간 안에서 하나님이 성령을 통해 만들어 가시는 은혜의 선물이며 사건이다. 이런 관점에서 믿음은 그리스도의 은총의 선물인 성례와 관련된다.

---

2 정승훈, 『칼 바르트 말씀의 신학 해설』, 271-272.
3 Inst., III. 2. 6.

"여러분은 믿음을 통하여 은혜로 구원을 얻었습니다. 이것은 여러분에게서 난 것이 아니요 하나님의 선물입니다"(엡 2:8, 표준새번역).

이미 바르트는 1923년에 루터의 성만찬론에 대해 매우 중요한 글을 남겼다("Luther's Doctrine of the Eucharist"). 바르트는 루터가 성만찬을 순수한 기독교 신앙의 행동으로 파악한 것을 긍정했지만, 바르트의 성만찬 신학은 루터보다 더 루터의 관심(그리스도의 실재적 임재)을 잘 이해하려고 했다. 바르트에 의하면, 루터에게서 그리스도의 실재적 임재는 제정의 말씀("이것은 나의 몸이다")에 근거하지만, 이것은 이후 루터란들이 생각한 것처럼 문자주의나 공재설을 의미하는 것은 아니다.

이른바 루터란의 공재설은 가톨릭의 화체설처럼 성만찬에서 그리스도의 몸과 보혈의 본질(substance)이 육체적으로 임재하는 것을 말하지만, 과연 루터란 정통파들의 주장하는 공재설이 루터 자신의 성만찬 신학과 양립하는지에 대해 많은 논란이 있다. 가톨릭의 화체설에 대한 루터의 비판에 의하면, 성만찬은 하나님의 은혜가 아니라 인간의 업적으로 오해한다는 데 있다. 성만찬에 참여하는 사람이 고해성사를 통해 미사에 방해가 되지 않는 한, 은총은 사제의 행위를 통해 수여된다. 루터는 이 부분을 날카롭게 공격했고, 사제의 행위가 아니라 믿음이 하나님의 선물인 성만찬에 관계된다고 말한다. 믿음과 성례의 상관관계에 대한 루터의 입장은 그가 훗날 재침례파나 신령주의자들과의 대결에서도 매우 분명하게 나타난다.[4]

---

4 P. Chung, *The Spirit of God Transforming Life*, 151.

루터는 그리스도의 약속의 말씀을 통해 떡에 임재하는 그리스도를 보았다. 루터에게서 신앙은 하나님의 약속을 떠나서 존재할 수가 없다. 루터에게서 상징(성만찬의 요소들)과 신적인 실재(약속)는 분리되지 않는데, 바르트는 이것을 루터의 독창적인 요소로 파악한다. 루터는 성만찬에서 그리스도의 용서와 은혜의 약속을 보았다. 이것은 동시에 루터의 성육신과 기독론에 근거한다. 루터에게서 믿음(피두시아)은 성만찬에 담겨 있는 그리스도의 용서의 은총과 떨어질 수가 없고, 살아계신 그리스도는 실제적으로 믿음에 임재한다.

물론 바르트는 루터의 약속과 성만찬의 관계를 높게 평가하지만, 여전히 루터의 기독론(*Communicatio Idiomatum*, 예수 그리스도의 인성과 신성의 속성 교류)과 성만찬론에서 하나님과 인간 사이에 종말론적인 유보가 사라질 수 있는 위험을 본다. 물론 루터가 믿음과 성만찬에서 그리스도의 실재적인 임재를 본 것은 중요하지만, 그리스도의 몸과 떡의 동일화가 발생하는 곳에서 여전히 개혁 교리의 '그러나'가 필요하다.

바르트에 의하면, 루터는 두 속성의 교류로 인해 날카롭게 가톨릭의 화체설이나 이후 루터란들의 공재설로부터 자신의 입장을 충분히 방어하지 못했다. 물론 루터는 화체설을 거절했고, 신앙과 율법을 신중하게 구분했지만, 떡에 실재적으로 임재하는 그리스도의 몸에 지나친 강조점을 두었다. 여기서 그리스도에 의해 약속된 것은 인간의 소유가 되며, 유사한 것은 동일성이 된다.[5]

바르트에 의하면, 루터란들의 두 본성의 교류는 초기 루터의 신

---

5 Barth, "Luther's Doctrine of the Eucharist," *Theology and Church*, 99, 130.

학을 공부했던 포이에르바하의 종교비판을 넘어갈 수가 없다. 이런 점에서 개혁 교리—"유한은 무한을 수용할 수가 없다"(*finitum non capax infiniti*)—는 루터란들에 비해 일정한 진리를 담고 있다. 바르트의 성만찬 신학은 루터란 동일성(Lutheran Est)과 종말론적인 유보를 담고 있는 개혁 교리의 '그러나'(reformed Aber)를 수용하면서 전개된다.

바르트에 의하면, 포이에르바하의 종교비판은 우상의 이미지를 해체하는 한, 보다 성서적이며 신학적이다. 종교는 무한성을 향한 인간의 투사 이론이 되는데, 결국 신학의 비밀은 인간학이 될 수가 있다. 하나님이 그리스도 안에서 인간이 되는 한, 인간은 유적 의식(Gattungsbewusstsein)이 되고, 하나님은 유적 인간의 멤버로서 역사의 과정에서 스스로를 실현해가는 인간성의 구현이 된다. 포이에르바하의 주장은 하나님에서부터 세계와 인간으로 돌아설 것을 말하며, 신앙에서 사랑으로, 하늘에서 땅으로, 육체가 없는 유령과 같은 초자연주의에서 실제적인 삶으로 돌아서는 것이다.

바르트는 포이에르바하의 종교비판을 자유주의 신학에서 드러나는 인간주의화에 비판적으로 적용했다. 전적 타자(*totaliter aliter*)로서 하나님은 계시를 통해 우리에게 다가오며, 이러한 하나님으로부터의 길은 "종교는 인간의 투사"라는 포이에르바하의 비판을 넘어선다. 바르트는 루터의 십자가 신학과 성만찬 이해에서 신성과 인성의 동일화를 통해 인간이 하나님처럼 되어가는 신화의 위험성을 날카롭게 보았다. 만일 예수의 인성과 성만찬의 요소인 떡과 포도주가 동일시되어 버린다면, 자연적인 요소는 예수의 신성과 교류되는 신적 차원으로 고양될 수밖에 없다. 그러면 하나님의 초월성은 사라지고, 성만찬 안에 하나님은 갇히고 만다. 루터란의 약점을 극복하기 위해 바르트는 개혁 교리(*extra Calvinisticum*)—유한자연적인 성만찬의 요소는 무한(신성)을 수용할 수가 없다—를 받아들인다.[6]

2) 바르트는 계시 실증주의자가 아니다

바르트는 『교의학』 1권 "하나님의 말씀론"에서 성만찬과 설교의 관련성을 말한다. 설교는 하나님의 말씀의 세계와의 연관성을 도외시하지 않는다. 이런 점에서 바르트를 반-성례주의자 혹은 계시 실증주의자나 신정통주의자로 파악하는 것은 바르트 신학에 대한 치명적인 오류이다. 계시 실증주의는 바르트가 계시를 인격 안에서 말씀하시는 살아계신 하나님의 말씀 행위로 파악한 것을 전혀 이해하지 못한다. 바르트의 '위로부터' 신학은 '밑으로부터' 사회 물질적인 조건들을 파악하지 않고는 이해될 수가 없다. 위로부터의 관점은 예수 그리스도의 역사가 성령세례를 통해 그분 안에서 해방된 인간의 삶의 새로운 시작과 방향을 말한다. 밑으로부터의 관점에서 볼 때 인간은 인간의 결단을 통해 예수 그리스도 안에서 해방된다. 이 두 가지 차원은 구체적이고 역동적인 사건이며, 인간을 향한 하나님의 전향을 말한다(KD IV/4:25, 79).

『교의학』 1권에서 이미 바르트의 말씀의 행위 신학은 비정규적 차원, 즉 사회, 문화, 세계의 영역을 통해 말씀하시는 하나님의 음성을 구체화하고 정치경제학의 '밑으로부터의 차원'을 그의 말씀의 신

---

6 정승훈, 『동시대성의 신학』, 310-311.

학에 통전시킨다. 바르트에 의하면, "하나님은 우리에게 러시아 공산주의를 통해서도, 플루트 협주곡[모차르트]을 통해서도, 불타오르는 떨기[모세]를 통해서도, 심지어 죽은 개[헤겔이 죽은 후 그의 좌파 그룹들은 헤겔을 죽은 개처럼 취급했다]를 통해서도 말씀하실 수 있다"(CD1/1:55). 이러한 말씀의 신학의 비정규적 차원은 바르트에 대한 계시 실증주의적 혐의나 신정통주의적 이해가 얼마나 무지한 것임을 말해준다.

바르트의 신학은 살아있는 하나님의 말씀의 신학이다. 바르트의 성례론을 다룰 때 중요한 것은 성례에 대한 그의 개념 규정에 있다. "예수 그리스도가 하나님의 계시이며 성례이다." 바르트는 이미 말씀의 삼중적인 개념(설교, 성경, 계시)에서 계시의 우위성을 강조하고, 그리스도의 계시가 교회의 설교와 성경을 하나님의 말씀으로 만들어 가는 근거로 말한다. 그리고 설교와 성경은 살아계신 하나님의 계시에 대한 증거가 된다. 성례전은 설교의 동일한 차원에 속한다. 바르트에 의하면 선포를 선포로 만들고, 이와 더불어 교회를 교회로 만드는 것은 하나님의 말씀인 예수 그리스도이다. 선포되는 말씀 안에서 비로소 교회는 교회가 된다. 바르트에 의하면, 그리스도의 몸으로서 교회의 존재는 설교, 세례와 성만찬이 그리스도를 증거하는 사인(sign)으로 이루어진다(CD 1/2:227).

바르트는 설교의 해방의 차원을 아프리카의 비유에 나오는 소년의 예를 들면서 말한 적이 있다. 소년은 오랫동안 나무로 만든 사자를 가지고 놀았는데, 하루는 진짜로 살아있는 사자가 포효하면서 자기에게 다가오는 것을 보았을 때 겁에 질려버렸다. 바르트에게서 복음은 포효하면서 다가오는 살아 있는 사자와 같다. 우리가 말씀의 양날의 검인 은혜와 심판을 진지하게 취급하지 못할 때, 우리는 그리스도를 섬길 수가 없다(CD IV/3.2:660).

3) 개혁 교리: 성만찬을 통해 새롭게 되어 간다

그리스도의 말씀의 빛에서 선포와 성만찬은 서로 분리되지 않는다. 바르트에 의하면 개혁교회의 성만찬 교리는 그리스도 또는 성령의 능력을 통해 "새롭게 되어 간다"는 의미가 중요하다. 이것은 가톨릭의 화체설이나 루터란의 공제설에 못지않게 실제적이다. 성만찬에서 드러나는 그리스도의 실재적 임재(real presence)와 성령의 역사는 쯔빙글리의 기념설로는 전혀 파악되지 않는다. 더욱이 쯔빙글리는 아남네시스란 기념의 의미도 이해하지 못했다. 아남네시스 기억은 지금 여기서 성령을 통해 재현되고 현실화되는 것을 말하지, 심리주의적 회상을 말하지 않는다.

칼빈은 그리스도와의 연합을 통해 믿는 자들의 삶을 그리스도의 장성한 분량에 이르게 하는 성화의 과정을 포함하고 있다. 바르트에 의하면 칼빈의 성만찬 신학은 '새롭게 되어가는' 변화의 교리를 담고 있다.

가톨릭의 화체설은 사제의 성별을 통해 빵과 포도주의 본질 자체가 그리스도의 몸과 보혈의 본체로 변화한다. 빵과 포도주의 외적이며 우연적인 속성은 변하지 않고 그대로 남는다. 토마스 아퀴나스(1225~1274)는 아리스토텔레스 철학의 개념을 빌어 화체설을 다음처럼 말한다.

"성만찬에서 그리스도의 진정한 몸은 국지적으로 존재하기보다는 떡의 본체를 그리스도의 몸으로 변환시킨 것처럼, 포도주도 그리스도의 피의

전 본체로 변환된다. 이러한 변환은 양식이 아니라 본체의 변환이다. 이
현상은 다양한 자연스런 운동의 법칙들에서는 상상할 수 없고 그래서 그
적합한 이름을 화체(Transubstantiation)라 부른다."7

　성례전의 은총 주입을 통해 은총은 인간의 영혼의 특질(habitus)
로 고양되며, 이러한 영혼 안에 담기는 신적인 은총을 인간의 의지를
통해 실현해야 한다. 은총 주입은 성례전을 통해 객관적으로 오지만
구원을 완성하는 것은 영혼의 특질로 주어진 것(habitus)을 성화의
과정을 통해 이루어가는 인간의 의지에 속한다. 이것이 가톨릭이
말하는 영성 신학인데, 인간의 영혼의 특질에 주어진 것은 인간 소유
가 되고, 인간의 성덕이 구원을 이룬다. 그러나 바르트에게서 영성은
말씀 사건을 통한 성령의 체험에서 가능하다.
　아퀴나스는 말한다. "신약의 성례전들은 은총을 야기한다. 왜냐
하면 그것들은 하나님에 의해 은총을 야기할 목적으로 제정되었기
때문이다."8 트리엔트공의회에서는 성만찬은 그리스도의 십자가에
서 완성된 구원의 행위를 축하하는 것이 아니라, 현재 하나님을 만족
시키고 화해하는 제사임을 강조한다.9
　어거스틴은 실재와 상징의 관계를 조화롭게 보았다. 사인(상징)
은 표현된 실재에 참여한다. 고대 교회의 전통에서 실재론자들은
그리스도의 실재적인 임재를 본 반면, 상징론자들은 그리스도가 영
적으로 임재한다고 보았는데, 이러한 두 가지 견해는 서로 대립적이

---

7 Aquinas, *Summa Theologica III*, Q. 75, art. 4.
8 ST. Q. 62, art 5; Q. 64, art. I, 5; Q. 79, art. 3-8.
9 Schaff, *The Creeds of Christendom*, 2:18-185.

라기보다는 상호 보완적이었다. 그러나 중세의 교회를 거치면서 실재론자들과 상징론자들의 갈등이 나타나기 시작했다. 라드베르투스(Radbertus, 790~860)는 매우 조야한 방식으로 그리스도의 육체적 임재를 가르쳤다. 그러나 투르의 베렝가(Berenger, 1010~1088)는 성만찬에서 그리스도의 몸은 여전히 하늘에 있다고 강조했다. 베렝가의 상징적인 이해에서 그리스도의 몸의 실재는 실종되고 만다. 그러나 조야한 실재론자들의 승리로 그리스도의 임재는 화체설을 주장하기에 이른다. 사제의 기도를 통해 떡과 포도주의 본질은 그리스도의 몸과 본질로 변화한다.

토마스 아퀴나스는 아리스토텔레스의 철학 개념을 통해 떡과 포도주의 외형(accidens)은 그대로 머물지만, 그 본질(forma)이 그리스도의 본질로 변화한다고 개념화한다. 화체설은 제4차 라테란공의회(1215)에서 교리로 선언된다. 성례전 자체가 구원의 은혜를 야기한다. 여기서 말씀의 역할은 찾아보기 어렵다. 중세 후기에 들어오면서 성만찬은 희생 제사로 강조되고, 사제에 의해 미사에서 반복적으로 드려지는 것으로 파악되고, 죽은 사람들을 포함한 죄의 용서로 가르쳐졌다. 인간이 드리는 헌물과 희생이 점차적으로 그리스도의 임재를 대신하기 시작했다. 루터의 반격은 인간의 헌물과 희생이 성만찬을 인간의 업적으로 만들어 버리는 데 있었고, 그리스도의 실재적 임재를 말씀의 약속을 통해 전개했다.

이런 점에서 루터는 마르부르크 회담(1529)에서 쯔빙글리의 성만찬 이해를 거절했다. 쯔빙글리에게 그리스도의 몸은 하늘에 머물고, 성만찬에 올 수가 없으며, 그리스도의 제정의 말씀("이것은 나의 몸")은 단지 심리적인 기억의 의미만 가질 뿐이다. 그러나 루터는 쯔빙글리의 입장에서 네스토리안적인 이단을 감지하고, 바울의 입장을 근거로(고전 10:16) 그리스도의 실재적 임재를 확인했다.[10]

바르트에 의하면, 사제의 기도를 통해 빵과 포도주가 그리스도의 몸과 보혈로 변하는 것이 아니다. 가톨릭의 화체설은 미사에서 집행되는 예전을 통해 성만찬의 효력이 발생하는 것(*ex opere operato*)을 주장하며 또한 고해성사를 통해 참여자들의 주관적인 측면(*ex opere operantis*)을 강화한다.[11]

루터는 가톨릭의 교리—*opus operatum*—에서 사제의 중재기도를 통해 성만찬에 그리스도의 임재가 효율적으로 그리고 자동적으로 이루어진다는 것을 거절했다. 마찬가지로 고해성사를 통해 참여자들이 성만찬에서 기여하는 주관적인 노력이나 일—*opus operantis*—을 거절했다. 루터에게 신앙은 일면적으로 인간의 주관적인 노력이나 결단과는 다르다. 신앙은 하나님으로부터 오는 선물이며 성령이 우리의 마음 가운데서 만들어 가는 사건이다. 신앙이 하나님의 은혜의 약속에 근거되지 않고 나의 주관적인 의지나 결단에 근거될 때, '믿음으로만'이라는 루터의 칭의론은 완전히 오해되고 만다. 그리스도의 약속과 제정의 말씀이 성만찬을 성만찬으로 만든다.

2. 바르트의 성령 이해와 칼빈의 그리스도의 연합

루터는 가톨릭의 미사에서 반복적인 희생 개념을 비판했지만, 희생 개념에 새로운 해석을 했다. 루터에 의하면 십자가에서 유일회

---

10 Chung, *The Spirit of God Transforming Life*, 151.
11 정승훈, 『칼 바르트의 말씀의 신학 해설』, 179.

적으로 희생하신 그리스도가 성만찬을 통해 우리에게 오시며, 우리는 그리스도의 희생에 연합한다. 그렇게 함으로써 우리는 확실한 믿음을 가지고 자신을 그리스도에게 드리며, 그분과의 계약 속에서 살아가게 된다. 그리스도와의 교제 가운데 우리는 찬양과 감사의 제사를 드린다. 이런 의미에서 주의 만찬은 희생이지만, 주의 만찬에서 그리스도는 우리를 위한 희생의 죽음을 반복하지 않는다.

루터에 의하면 빵과 포도주 자체가 아니라 그리스도의 제정의 말씀과 말씀 안에 담긴 용서와 영원한 생명의 은혜가 성만찬을 구원의 방편으로 만든다. 루터에게서 실제적 임재는 바울의 입장에 근거하며(고전 10:16, 11:27, 29), 하나님의 말씀에 대한 순종이 중요하다. 루터는 그리스도의 실제적 임재가 어떻게 인간의 이성에 의해 이해가 되는가 하는 데는 별다른 관심이 없었다. 그리스도가 하나님의 우편에 앉아 계신다면 그것은 하나의 특정한 장소가 아니라 그리스도의 권능을 의미하며, "이것은 나의 몸"이라는 약속에서 실현될 수가 있다.

루터의 말씀의 약속을 수용하면서 바르트는 칼빈으로부터 설교와 성만찬의 연관성을 성령론적으로 발전시켰다. 칼빈은 설교에 대해서 이처럼 말한다. "하나님 자신이 말씀의 수단으로 들어오신다…. 하나님은 이런 수단 안에 임재하시고 인식되신다. 이것은 인간이 실제로 하나님의 성전이 된다는 증거이기도 하다."[12] 이것은 성만찬 안에 성령을 통해 실재적으로 임재하시는 그리스도에 대해서도 마찬가지다. 칼빈의 성만찬 신학은 그리스도와의 연합을 통해 파악

---

12 정승훈, 『칼 바르트의 말씀의 신학해설』, 181.

하지 않으면 영적 기념설이라는 쯔빙글리적인 것이 되고 만다. 이런 점에서 바르트는 칼빈의 그리스도와의 연합과 성만찬을 매우 중요하게 취급했다.

바르트는 칼빈의 그리스도와의 연합(『기독교강요』 3권)을 고려하면서 그리스도의 사역을 다음처럼 말한다.

> "그리스도 은혜의(성례전적) 사건은 우리의 외부에서(*extra nos*), 우리를 위해(*pro nobis*) 그리고 우리 안에서(*in nobis*) 일어난다. 그리스도는 말씀으로 우리에게 오시면서 성령으로 세례를 주신다. 믿음은 카톨릭 교리가 말하는 것처럼 선행(카리스타)을 통해 형성되는 것(*fides caritate formata*)이 아니라 그리스도를 통해(*fides Christo formata*) 형성된다."13

바르트에 의하면, 칼빈의 그리스도와의 연합은 성만찬의 결정적인 주제에 속하며, 이것이 칼빈을 쯔빙글리와 차별화한다. 칼빈의 그리스도와의 연합은 믿는 자들의 성화에 연관되며, 더 나아가 정치적인 책임성과 사회 정의로 이어진다. 이러한 측면이 칼빈을 또한 루터로부터 구분 짓는다. 그리스도가 성만찬을 통해 우리 안에 살아 계신 것처럼 그분은 성령을 통해 우리의 삶과 행동을 이끌어 가신다. 『기독교강요』에서 칼빈은 그리스도와의 연합을 전체 구원론의 핵심으로 파악했고, 이후 개혁교회는 그리스도와의 연합의 관점에서 칭의와 성화, 더 나아가 선택된 자들의 소명으로 파악했다. 이런 점에서 칼빈의 성만찬은 되어감과 변화의 교리에서 중요한 자리를 갖

---

13 Ibid., 126.

는다(CD 4/3. 2:551-554).

칼빈의 성만찬 신학은 매우 탁월하다. 칼빈은 베스트팔(Westphal)과 같은 엄격한 보수파 루터란(Gnesio-Lutheran)과의 논쟁에서 자신은 성만찬에 임재하는 그리스도의 몸의 실재를 결코 부정한 적이 없다고 말했다. 그러나 루터란들이 육체적 임재(떡=그리스도의 몸)의 동일성에서 칼빈은 그리스도의 신성과 피조된 자연적인 요소와의 혼합에 대해 거리를 취한다. 이것은 바르트가 언급하는 개혁 교리의 '그러나'를 말한다. 칼빈에게서 그리스도의 실재적인 임재는 하나님의 신비의 영역에 속하며(『기독교강요』, IV. xvii. 24, 32), 성만찬의 내용은 죽음과 부활의 그리스도이며, 그리스도의 몸의 본질이 성만찬에 주어진다고 말한다. 비둘기는 성령의 임재를 나타내는 상징이지만 그러나 성령 자체가 아니다(요 1:32-33). 이런 점에서 칼빈은 루터란의 동일성(그리스도의 몸=떡, 그리스도의 보혈-포도주)에 비판적인 거리감을 취했다. 그러나 칼빈이 사용하는 본체(substance) 개념은 루터란들이 사용하는 개념과는 다르다. 이것으로 인해 논쟁이 더욱더 심각해진다.

헬무트 골비처는 바젤대학에서 바르트의 지도로 연구한 논문에서 칼빈의 본체 개념을 매우 정교하게 분석했다. 골비처의 분석에 의하면, 1536년 이후 칼빈은 그리스도의 육체적인 본체가 성만찬에 주어진다는 것을 의심하지 않았다. 그리스도 자신이 성만찬의 본체이다. 이것은 그리스도와 연합하는 믿는 자들에게 은혜의 선물로 받아들여진다. 그럼에도 불구하고 이것은 성령을 통해 중재되며, 영적인 사건을 말한다. 골비처에게 동의하면서 저명한 프랑스 칼빈학자인 프랑스와 방델 역시 칼빈이 본체 개념을 부정하지 않지만, 루터란과 다르게 사용했다고 말한다.[14] 루터란들이 그리스도의 몸의 본체를 (물질을 이루는) 본질로 파악한다면, 칼빈의 (성령을 통한) 본질 이해는 루터란과는 다르다.

바르트에게서 성령세례는 예수 그리스도가 말씀과 성령을 통해 인간을 회심시키며 새로운 존재로 만들어 가는 사건이다. 성례로서 성령세례는 기독교적인 삶의 총괄 개념이며, 예수 그리스도가 믿음의 시작이며 완성자임을 말한다(히 12:2). 성령세례는 교회에서 베풀어지는 물세례를 통해서 일회적으로 발생하지만, 칭의-성화-소명의 은혜와 더불어 현재 진행형으로 그리고 종말론적으로 일어난다. 성령세례는 완료형이거나 완성된 것이 아니라 항상 시작이며, 미래를 지적하며 전진한다. 기독교인이 된다는 것은 새로운 피조물이 되어가는 것을 의미하며(고후 5:17), 미래와 새로움을 향한 회개와 성장과 전진을 포함한다(KD IV/4:42). 이런 점에서 기독교인의 물세례는 하나님에 의해 성취되는 행동과 목적에 근거되며, 약속으로서 미래의 성령세례 안에서 그 의미가 성취된다(KD IV/4:78). 따라서 세례의 명령(마 28:19)은 자명한 것이며, 그것은 필요한 계명(necessitate praecepti)이 된다(KD IV/4:75).

1) 성령세례와 유아세례

융엘은 바르트의 세례론을 해명하면서 해석학적인 측면에서 세례와 죄의 용서를 루터의 칭의론을 통해 접근한다.[15] 융엘은 바르트가 성령세례를 배타적으로 하나님과 연관 짓고, 물세례는 인간에게

---

14 Wendel, *Calvin*, 342.
15 Jüngel, *Barth-Studien*, 302, 306.

연관 지음으로써 이러한 바르트의 이분화를 비판적인 성서 주석을 통해, 즉 세례와 죄의 용서에 관련된 칭의론에 의해 극복하려고 한다.16

융엘은 바르트의 세례론을 테스트 케이스로 파악하면서 유아세례를 시행하는 것은 바르트의 예정론과 분리될 수밖에 없고, 그리스도와 인류의 존재론적인 연관성의 관점에서 성령세례를 통해 물세례를 실존적으로 윤리적으로 이해한다.17 이런 점에서 융엘은 유아세례에 대한 바르트의 거절을 하나님의 은총에 대한 인간의 적극적인 참여로 파악한다. 그러므로 '어린아이처럼 되어가는 과정'(마 18:3)은 유아세례를 배제한다.18

나는 이 지점에서 융엘의 해석이 매우 곤혹스럽다. 왜냐하면 융엘과 달리 바르트는 칭의론을 통해 세례를 파악하지 않았다. 바르트는 화해론에서 루터와는 달리 복음과 율법의 관계를 새롭게 규정하고 루터의 칭의론을 상대화했다(KD IV/1:588). 칼빈의 칭의와 성화의 모델을 추종하면서 바르트는 교회가 서거나 쓰러질 수 있는 신앙의 조항은 루터나 융엘처럼 칭의론이 아니라 예수 그리스도에 대한 고백에 있다고 강조한다(KD IV/1:588).

몰트만 역시 유아세례를 부정하고 종교개혁의 성례론을 거칠게 비판하면서 재침례파야말로 믿음으로만 구원을 얻는다는 유일한 종교개혁의 운동이었다고 추켜세운다. 그러나 믿음에 대한 서로 다른 이해와 규정은 여전히 논란거리에 속한다.19

---

16 Ibid., 292, 294.
17 Ibid., 287, 264.
18 Ibid., 261.

융엘이나 몰트만과 달리 바르트에게서 칭의론은 화해론의 중요한 계기에 속하며, 하나님은 그리스도의 화해의 사건을 통해 우리를 의롭게 할 뿐만 아니라 거룩하게 하고 부르신다. 화해론의 폭넓은 스펙트럼 안에는 칭의-성화-소명이 중요한 계기들로 나타나며, 성령세례가 이러한 기독교인의 삶의 전체 과정에 관여한다. 그리고 바르트는 하나님의 예정을 이스라엘과의 연관성에서부터 파악했다. 바르트의 성령세례는 성례론과 더불어 기독교 신앙의 특수성에서부터 시작하지, 몰트만처럼 재 침례파적이거나 만유구원론적인 범재신론과는 상관이 없다.

성령세례의 관점에서 바르트에게서 유아세례는 배타적으로 거절되기보다는 수용된다. 이것은 새로운 대화를 요구한다. 바르트는 칼빈의 유아세례론를 분석하면서 유아세례와 구약의 할례의 연관성에 주목했다(『기독교강요』 IV, 16). 바르트는 "할례가 칼빈적인 의미에서 거듭남의 성례(징표, 봉인, 서약)가 될 수 있지 않은가" 하고 묻는다(KD IV/4:195). 칼빈은 옛 계약과 새 계약 사이에 본질적인 일치를 보았으며, 그리스도를 두 개의 계약과 경륜(할례와 세례)의 주님으로 보았다(『기독교강요』 II, 9-11). 그러나 칼빈은 구약의 할례와 신약의 세례를 직접적으로 연관 짓지 못했다(KD IV/4:196).

이 지점에서 바르트는 유아세례의 새로운 가능성을 열어 놓는다. 오순절 성령강림에서 세례와 죄의 용서와 성령의 선물은 유아를 포함하여 하나님께서 부르신 모든 사람에게 주어진다(행 2:39; KD IV/4:202). '믿음의 창시자'인 예수 그리스도(히 12:2)가 유아를 대변한다면, 그리

---

19 Jürgen Moltmann, *Future Worlds: Moltmann at 90*, trans. by Wyatt Houtz. (See Emory's video recording of this lecture here: https:// vimeo.com/189203093#t=43m15s).

스도의 대리적인 믿음은 유아세례에서 일어날 수가 있다. 칼빈에 의하면 세례에서 유아들의 믿음이 성령을 통해 확증되고, 부모들의 대리 신앙이나 가톨릭의 견진성사를 필요로 하지 않는다면, 적어도 바르트에게서 유아세례는 그의 성령세례의 틀 안에서 온전한 세례로 베풀어질 수가 있다(KD IV/4:207). 유아들은 융엘이나 몰트만처럼 성령의 세례와 선물에서 배제되어야 하나?

바르트는 유아세례에 대한 종교개혁자들의 불충분한 신학적인 논증과 성경 주석을 거절했지만 또한 헌아식으로 유아세례를 대신하는 침례파적인 예식에도 수긍하지 않았다(KD IV/4:213). 할례와 세례에 대한 칼빈의 인식은 바르트에게 새롭게 수용되며, 이런 점에서 바르트가 유아세례를 거칠게 거절했다는 융엘이나 몰트만의 입장은 전혀 맞는 것이 아니다.

> "그분 안에서 여러분도 손으로 행하지 않은 할례, 곧 육신의 몸을 벗어버리는 그리스도의 할례를 받았습니다"(골 2:12).

루터와 칼빈에게서 성례란 예수 그리스도께서 자신이 명하신 세례와 성만찬에 임재하는 사건이다. 이들은 세례와 성찬을 보이는 말씀인 성례로 규정하고, 이것을 구원의 수단 내지 은혜의 방편으로 파악한다. 이런 점에서 입으로 시인하면 구원이 종결되거나 아니면 "한 번 구원이면 끝"(one time basis salvation)이라는 구원론은 거절된다. 예수 그리스도와 성령세례가 먼저 일어나고, 그다음에 교회가 온다. 성령세례는 오순절 성령강림에서 일어났고, 교회는 성령의 능력 안에 거한다. 교회는 회개를 경험한 하나님의 백성들과 더불어 말씀과 성례가 바르게 집행되는 곳에서 일어나는 사건이다. 성령세례는 시작부터 마지막까지 그리스도인의 전인적인 구원을 표현하는 총괄 개념으로 말해진다(KD IV/4, 34, 37). 이것은 성령세례의 폭넓은 스펙트럼을 말한다. 성령의 사역을 통해 성만찬에서 살아계신 하늘의 주님과의 일치가 나타나며, 그분의 몸과 보혈이 우리에게 주어지며 성도의 교제가 이루어진다(CD IV/3.2:761).

3. 바르트의 실재론과 교회일치적 유산

1) 바르트의 성만찬 신학: 실재론

바르트는 성령이 그리스도의 몸과 보혈을 통해 믿는 자들을 양육하며 갱신한다고 말한다. 이것은 바르트가 칼빈의 그리스도의 연합을 수용하는 것이다(CD IV/4:37). 성만찬은 그리스도가 우리를 위해 행하신 구원과 은혜를 증거하며, 우리는 여기에 참여한다. 예배에서 말씀을 경청하고 성찬에 참여하는 것은 기독교의 구원의 삶에서 핵심이 된다. 앞서 언급한 것처럼 바르트에게서 말씀과 성만찬은 필수 불가결한 연관이 있다. 설교가 성령을 통해 하나님의 말씀을 선포하는 능력과 기능을 갖는 것처럼 하나님은 인간의 말씀을 구원과 은혜의 사건을 위해 사용한다(CD IV/3.2:29, 55). 마찬가지로 하나님은 성만찬을 살아계신 하나님을 증거하도록 사용하신다. 가톨릭의 화체설과 달리 바르트는 인간의 말이나 성례의 요소들이 살아계신 하나님을 증거하는 '기능과 가능성'을 갖는다고 말한다. 성만찬은 교회가 주님과의 교제를 확인하며, 그분의 몸과 보혈에 참여하며, 그분의 인격에 결부되는 것을 말한다(CD IV/3.2:737).

바르트는 자신의 입장을 최상의 실재론(supreme realism)으로 부른다. 성만찬은 어제나 오늘이나 내일이나 영원히 살아계신 그리스도에 대한 참여이며, 그분의 실재론은 그분의 현재적 임재와 더불어 과거의 사건에 대한 미래가 된다(CD IV/2:112). 성만찬 안에서 그리스도의 삶의 사건이 재현되고, 그분에 대한 회상 속에서 그리스도와 그의 제자들과의 동일한 친교가 오늘 우리에게 나타난다. 살아계신 그리스도가 우리를 그분의 몸과 보혈로 초대하며, 우리를 위한 영원한 생명의 양식이 되신다. 성만찬에서 나타나는 성도의 교제는 영원한 생명에 대한 확실한 희망과 친교가 된다(CD IV/2:704).

성만찬에서 세례를 받은 자들은 그리스도의 몸과 보혈에 참여함으로써 하나님의 자유로운 은혜를 받으며 복음의 친교와 증언자로 살아간다. 성만찬 안에서 하나님의 보이지 않는 행동—성부와 성자와 성령의 삼위일체론적인 교제—과 더불어 그리스도와 교회의 교제 그리고 더 나아가 세계와 하나님의 화해가 드러난다. 이런 측면에서 세례나 성만찬은 공허한 사인이 아니다. 반대로 성례는 의미와 권능으로 채워진다(CD IV/3.2:901). 바르트에게서 교회는 그리스도의 지상의 역사적인 몸이다. 예수 그리스도가 본질상 몸(소마)이다. 교회 안에서만 떡과 포도주가 나누어지고, 그리스도의 실재적인 임재를 입증하며, 그분과의 친교가 이루어진다. 이러한 친교가 없는 그리스도의 실재적 임재는 존재하지 않는다. 예수 그리스도는 교회의 머리로서 떡에서 보여지는 하나의 몸이 된다. 그리스도의 죽음은 우리의 영적 죽음(세례)을 의미하며, 그분의 부활은 우리의 미래의 부활을 의미한다(CD IV/1:663-664).

이런 점에서 성만찬은 십자가의 죽음의 기억을 넘어서서 몸의 부활과 더불어 새 하늘과 새 땅을 향한 종말론적인 축제의 성격을 갖는다. 동시에 그리스도의 실재적 임재를 통한 그분의 삶을 통해 우리는 사회를 향한 기억의 정치로 나간다. 그것은 사회에서 밀려난 자들과 가난한 자들과의 연대를 말한다.

여기서 성만찬에서 기억은 정치적인 차원을 갖는다. 바르트의 최상의 실재론은 떡과 포도주에 어떻게 그리스도가 임재하는가 하는 오랜 전통적인 논쟁을 종식시킨다. 그리스도가 예배 안에서 말씀과 성만찬에서 실재로 오신다. 그리고 말씀을 우리를 향한 하나님의 음성으로 만들어 가고, 성만찬에서 그리스도가 그분의 약속과 복을 참여하는 회중들에게 이어가신다. 이러한 그리스도의 최상의 임재는 그리스도가 가난한 자들과 연대했고, 교회로 하여금 하나님 나라의 복음에 헌신하게 한다. 기억(아남네시스)은 그리스도의 복음을 향한 투쟁과 가난한 자들과의 연대를 심리적으로 회상하는 것이 아니다. 성령을 통해 지금 우리의 현장에서 현실화가 되는 차원을 지적한다. 성만찬은 기억의 정치가 '지금 여기서'(hic et nunc) 동시 대화가 되는 것에 밀접한 관련을 갖는다.

이런 점에서 바르트의 전진신학은 허버트 스펜서의 사회진화론이나 헤겔-마르크스 변증법에서 나타나는 진보 개념과는 매우 다르다. 골비처가 매우 중요하게 주장하듯이 교회는 진보 사상을 믿는 것(진보 신앙)이 아니라 하나님을 믿기 때문에 진보를 위해 투쟁한다. 이것은 바르트의 전진신학을 매우 잘 표현하는 말이다.

계몽주의와 진보 신앙에 대한 비판은 호르크하이머와 아도르노의 공동 저작인 『계몽의 변증법』에서 잘 나타난다. 발터 벤야민에게서 아남네시스와 희생자와의 연대는 유대적 메시아 관점에서 파악된다. 진리는 역사 안에 존재하는 것이 아니라, 역사가 진리 안에 있어야 한다. 진보와 동일성의 원리는 타자와 다름을 말살하는 자본주의 보편사와 더불어 발전한다.

벤야민은 폴 클리(Paul Klee)의 그림 〈앙겔루스 노보스〉(*Angelus Novos*)에 주목한다. "역사철학에 대한 테제"에서 벤야민은 천사가 역사를 심판하는 천사이며, 마르크스의 역사유물론을 넘어서서 혁명으로 오시는 메시아를 반성한다. 벤야민에게서 진보는 유럽 중심적이며, 파라다이스로부터 폭풍을 몰고 미래를 향한다. 근대성의 역사적 힘을 보면서 동시에 심판의 천사는 눈길을 과거에 준다. 천사는 역사의 발전과 진보 그리고 그 폭력적인 힘에서 역사의 뒤안길로 밀려난 희생자들을 고려한다. 벤야민에게서 아남네시스는 진보로서의 역사가 아니다. 오히려 역사에 묻혀버린 순진한 희생자들과의 연대를 통해 그는 역사에 치고 들어오는 메시아의 혁명을 통해 역사를 재구성하려고 한다. 벤야민은 진보란 미명 아래 자본주의가 일으켜온 역사의 보편사에 긍정하지 않는다. 역사로 들어오는 메시아의 임재는 억압 당한 과거를 위해 오늘 여기서 혁명의 기회를 제공한다. 역사란 랑케처럼 과거 실제로 있던 그대로 서술하는 것이 아니라 정치사회적 위험의 순간에 메시아에 대한 타오르는 기억을 붙잡는 것이다. 역사를 심판하는 천사와 메시아 역사를 통해 벤야민은 사적 유물론을 더 이상 필연적인 역사 진보 이론이 아니라 역사에서 밀려난 순진한 희생자들을 위한 기억의 정치로 재해석해 낸다.[20]

---

20 Paul S. Chung, *Critcal Theory and Political Theology*, 84.

성만찬에서 나타나는 바르트의 최상의 실재론은 벤야민의 역사 철학적 반성과 친화력을 갖는다. 메시아가 성만찬에서 교회와 역사로 개입하신다. 그리고 사회적으로 밀려난 자들과 연대로 교회를 불러낸다.

바르트에 의하면, 가톨릭의 화체설과 달리 빵과 포도주가 그리스도의 실제적인 몸으로 변하는 것이 아니라, 성만찬은 살아계신 그리스도와의 연합과 친교를 확인한다(CD IV/3, 2:29:55). 성령의 사역을 통해 그리스도의 실제적 임재가 성만찬에서 드러나고, 성령세례의 중요한 계기가 된다. 이런 점에서 바르트는 1927년 루터의 성만찬 이해에 대한 비판적인 논문에서 표명한 기본적인 입장을 그의『교회교의학』에서 말씀의 신학의 틀을 통해 종말론적으로 그리고 교회론적으로 보다 정교하게 다룬다.

바르트에 의하면, 그리스도의 미래를 기다리는 기독교인이 중요한 것이 아니다. 그리스도 안에서 계시하신 하나님이 우리의 미래이며, 그분이 우리의 믿음에 희망을 창조한다. 기독교인을 의롭게 하는 것은 신앙이 아니라 그리스도 안에 나타난 하나님의 의로움이다. 우리를 거룩하게 하는 것은 기독교인의 사랑이 아니라 하나님의 거룩하심이다. 우리가 희망하는 것은 하나님의 공의로움과 사랑과 거룩함에 근거해서 가능하게 된다. 그리스도의 부활의 권능과 그리고 성령의 임재와 권능에 의해 교회는 성례전적인 삶을 살아간다(CD IV/3.2:915).

2) 로이엔베르크 합의: 에큐메니칼 일치

헬무트 골비처는 스위스 바젤대학에서 칼 바르트 지도 아래 에큐메니칼 차원에서 루터란과 개혁교회의 성만찬 합의에 대한 박사학위를 제출했다. 이 논문은 루터란과 개혁파의 성만찬 합의를 이끌어 낸 아르놀드 테제의 기초가 된다. 그리고 1973년 로이엔베르크 합의(Leuenberg Agreement)에서 루터란과 개혁교회의 성만찬 합의가 이루어졌다. 이러한 성만찬 합의에서 다음처럼 말한다.

루터란과 개혁교회는 다음의 사실에 동의한다. 주님의 만찬에서 부활의 그리스도는 떡과 포도주에 대한 약속의 말씀을 통해 몸과 보혈 안에서 우리를 위해 자신을 주신다. 이것을 통해 그리스도는 우리에게 죄의 용서를 허락하시며 신앙의 새로운 삶을 위해 우리를 자유롭게 하신다. 그리스도는 우리로 하여금 새롭게 그분의 몸의 지체임을 경험하게 하며, 모든 사람을 위한 봉사로 부르시며 강건하게 하신다.[21]

우리가 주님의 만찬을 축하할 때 우리는 그리스도의 죽음을 선포하며, 그분의 죽음을 통해 하나님은 세계와 화해하셨다고 선포한다. 우리는 우리 안에 거하시는 부활의 그리스도의 임재를 선포한다. 주님이 우리에게 오심을 기뻐하면서 우리는 영광 가운데 오시는 그분의 미래를 기다린다.[22]

---

21 Leuenberg Agreement, II. 2. 15.
22 Leuenberg Agreement, II. 2. 16.

로이엔베르크 합의는 북미에서는 적극적으로 수용되었고, 1992년 미국 장로교(PCUSA)와 복음주의 루터교단(ELCA) 그리고 그리스도 연합교회(UCC)와 미국개혁교회(RCA)가 최종적인 성만찬 합의를 이루었다.[23]

4. 칼빈은 루터와 쯔빙글리의 나누어짐을 극복한다

루터의 성만찬 신학에서 핵심은 그의 기독론에 근거된 두 속성의 교류이며, 그리스도의 약속의 말씀이다("이것은 나의 몸이다", Lutheran Est). 그러나 쯔빙글리는 성만찬이란 과거에 일어난 그리스도의 희생에 대한 심리주의적 기념에 불과하며 구원의 삶에 필요한 것이 아니라고 본다. (물론 후기에 쯔빙글리는 실재적 임재로 전환했다고 전문가들 특히 스위스 바젤대학의 울리히 게블러는 주장한다. 그러나 이런 입장이 역사적 발전에서 사실인지 대단히 의심스럽다.)

쯔빙글리의 입장은 다음처럼 요약된다. 1) "이것은 나의 몸이다"에서 Est는 문자적으로 받아들여질 수가 없고, 모든 육적인 표상은 영적 사건을 가리키는 비유에 불과하다(요 6:63). 2) 예수의 인간적인 몸은 그리스도의 신성과 교류가 되지 않는다(네스토리안 입장). 부활 후 그리스도의 몸은 하늘에 속하기 때문에 그의 몸은 빵과 포도주에 임재할 수가 없다. 3) 성만찬의 중심은 회중이고, 이들의 신앙이 중요하고 회중들의 공동 행사이다. 이런 점에서 쯔빙글리는 에라스무스의 충실한 제자로 남으며 재침례파들에게 지대한 영향을 미쳤다.

---

23 A Formula of Agreement. https://en.wikipedia. org/wiki/ A_Formula_of_ Agreement.

그러나 칼빈은 쯔빙글리와는 전혀 다르다. 또한 칼빈은 루터란들의 몸의 편재설에 거리를 두었다. 칼빈은 1538년과 1541년 사이에 스트라스부르크에 체류했고, 대략 500여 명이 되는 프랑스 피난민들을 위해 목회했다. 이 시기에 칼빈의 예배와 성만찬 신학은 그의 목회 실천을 통해 정점에 달한다. 1541년 그가 제네바로 되돌아왔을 때 쯔빙글리의 영향을 받은 제네바의 행정관으로 인해 자신의 예배 신학을 발전시키지 못했다. 칼빈에게서 주의 만찬은 매주 시행되어야 한다.[24]

칼빈에게서 성례는 외적인 상징을 통해 우리에게 선포되는 하나님의 은혜의 증거이다. 세례를 통해 하나님은 우리의 죄를 용서하며, 성만찬을 통해 우리는 성화의 삶을 살아가며, 그리스도와 신비한 연합의 삶을 산다. 요한에게서(요일 5:6) 물과 피로 오신 그리스도는 세례와 성만찬을 통해 죄를 정화하고 구원하신다(『강요』 IV/14. 22). 성례전은 죄의 용서와 구원이라는 그리스도의 은혜의 사역을 증거하고 보증한다. 말씀과 마찬가지로 성만찬도 성령을 통해 우리에게 구원과 용서를 증거한다. 성만찬을 통해 성령은 우리를 그리스도와 연합하게 한다. 이것을 성령의 실재적 임재로 부른다. 부활의 그리스도는 성령을 통해 성만찬에서 우리에게 실재적으로 임재하신다. 이것이 루터란들의 육체적 임재의 한계를 넘어선다.

칼빈의 성만찬 신학의 진면목은 1540년 스트라스부르크에서 쓴 "우리 주 예수 그리스도의 거룩한 만찬에 대한 소논문"(Short Treatise on the Holy Supper of our Lord Jesus Christ)에 담겨 있다. 멜란히톤의 사

---

24 정승훈, 『종교개혁과 칼빈의 영성』, 240.

위는 루터가 이 소논문을 보고 격찬했다고 보고했다.[25] 안타깝게도 소논문은 칼빈의 성만찬 연구에서 거의 주목을 받지 못했다. 칼빈에 의하면 그리스도가 우리의 영혼을 양육하는 유일한 양식이다. 그리스도의 몸과 보혈에 참여와 연합은 신비한 것이며, 우리로선 이해할 수가 없다. 성만찬은 우리를 구원의 약속으로 초대하며, 그리스도의 죽음과 수난에 참여자로 만든다. 영적인 은혜의 모든 보물은 성만찬에서 주어지며, 복음보다 더 풍부한 은혜를 향유한다. 예수 그리스도가 성만찬의 본체이며, 모든 선함의 근원이다. 그리고 그리스도의 몸과 보혈은 오직 신앙에 의해서만 받아들여진다.[26]

칼빈의 실재적 임재는 성령을 통해 우리에게 주어지지만, 성만찬의 신비한 성격을 강조한다. 에베소서 5장 30-31절을 근거로 그리스도의 임재와 연합을 말한다. 우리는 그리스도의 몸과 뼈의 지체가 된다. 우리는 그분의 본체에 의해 살아간다. 그리스도의 약속을 통해 그분의 몸은 우리의 양식이 되며, 그분의 보혈은 우리의 음료가 되며, 그분 안에서 우리는 영적으로 살아간다.[27] 주님의 만찬에서 영적인 것과 본체적인 것은 그리스도와의 신비한 연합을 통해 주어진다. 이러한 칼빈의 입장은 이후 쯔빙글리의 영향을 강하게 받은 개혁교회의 신앙고백서에 언급되는 영적 기념설과는 차원이 전혀 다르다.

루터의 실재 임재에서 "이것은 나의 몸"이라는 그리스도의 약속이 중심에 서 있고 믿음이 여기에 순종하는 것이라면, 칼빈에게서 성령의 능력을 통한 그리스도의 본질에 참여하는 것은 교회일치를

---

25 Calvin, ed. John Dillenberger, *Selections from His Writings*, 507.

26 Ibid., 510- 515.

27 Calvin, *Sermons on the Epistle to the Ephesians*, 614.

위한 대화에서 매우 중요하다. 이런 점에서 "상호 간의 인정과 권면"(A Formula of Agreement)에서 우리는 다음과 같이 읽는다. "주의 만찬에서 그리스도 자신이 온전히 임재하며 [참여자들에게] 받아들여진다."

이것은 칼빈의 다음의 표현에 근거한다. "예수 그리스도는 주의 만찬에서 우리에게 그분의 몸과 보혈의 적합한 본체를 주신다."[28] "그리스도는 외적인 상징과 성령을 통하여 우리에게 오신다." 우리의 영혼을 그분의 몸과 보혈의 본체로 각성시키신다(『강요』 IV.xvii.24). 루터 자신도 성만찬에서 성령의 사역이 영적인 것이며, 성서가 가르치는 하나의 성례는 그리스도라고 말한다.[29] 오늘날 에큐메니칼 실천과 상호 인정에서 예수 그리스도가 교회일치의 중심으로 들어온다.

1) 칼빈주의 안에 있는 과도한 쯔빙글리주의

안타깝게도 칼빈의 성만찬 이해는 이후 개혁주의 교리사에서 과도한 쯔빙글리적인 영향으로 인해 실종되고 말았다. 벌링거의 주도로 맺은 "취리히 합의서"(Consensus Tigurinus, 1549)를 통해 칼빈의 입장은 쯔빙글리적인 영적 심리주의적 기념설로 파악되고, 이후 칼빈주의의 역사에서 칼빈이 아니라 사실상 쯔빙글리가 성례전 신학을 지배해 왔다. 이로 인해 칼빈주의 안에서 칼빈의 심오한 성령론과

---

28 Calvin, "The Short Treatise on the Holy Supper," *Selections from His Writings*, 513, 516.

29 "Unum solum habent sacrae literae sacramentum, quod est ipse Christus Domunis." WA 6, 86, 7-8.

그리스도와의 신비한 연합, 성만찬 신학은 묻혀 버리고, 쯔빙글리의 영향을 지대하게 받은 청교도주의가 한국의 장로교회에 지대한 영향을 미쳐 왔다. 여기서 예정론은 쯔빙글리적인 선결정론으로, 성만찬은 회중의 기념적인 예식으로, 성령의 이해는 개인주의화 내지 심리주의화가 되고 말았다. 성령세례를 통해 기독교인들이 변화의 삶에 참여하며, 사회적인 영역에서 하나님 나라의 복음의 가치를 실현하며, 사회에서 밀려난 자들과 연대를 추구하는 기억의 정치, 즉 예언자적인 공공신학은 실종되고 말았다.

사상의 원류로 돌아가는 것은 신학의 인식론에서 내재적 비판에 속하며, 우리 시대를 위한 교회 갱신과 신학 운동에 매우 중요하다. 우리가 몸담고 살아가는 사회적인 자리에서 발생하는 문제는 현재적 관심 내지 관점(presentism)에 의해서 해결되는 것이 아니라 성서와 신학의 전통을 통해 논의되어 온 담론들을 사회 비판적으로 검토하고, 시대를 향한 하나님의 말씀을 경청하는 데서부터 시작된다. 성서를 통해, 특히 출애굽의 해방 사건과 예언자들의 사회 정의 그리고 예수 그리스도의 십자가와 부활에서 일어난 하나님의 은혜와 정의, 더 나아가 복음과 가난한 자들과의 연대는 우리 시대의 교회에 자극과 영감을 주는 영향의 역사로 자리매김되며, 동시에 오늘의 교회 실천에 대한 내재적 비판의 원류로 작용해야 한다. 이러한 신학의 태도는 시대의 문제를 하나님 나라의 복음의 빛에서 사실주의적으로 그리고 이데올로기 비판적으로 정치, 경제, 문화의 영역에서 분석하고 교회의 책임을 강화한다.

하나님이 말씀하시고, 교회사의 전통을 통해 성령의 역사를 분별하며, 우리 시대를 향해 말씀하시는 하나님의 음성에 경청하는 것이 교회 갱신의 출발이고 우리의 설교와 예배에 대한 바른 이해의 초석이 될 수가 있다. 히틀러 당시 제국의 교회에서 빚어지는 잘못된 유아세례 이해나 성만찬 이해에 대해 바르트는 성서와 종교개혁의 전통을 통해 비판적으로 묻고 잘못된 교회 실천을 거절한다.

바르트는 항상 새롭게 출발하길 원했다. 그의 신학의 슬로건 역시 "항상 근원(하나님)과 더불어 항상 새롭게 시작하는 것"으로 표현된다. 칼 바르트와 더불어 새로운 출발은 오늘 한국교회 갱신을 위해 매우 중요하다.

바르트는 자신의 시대적 문제를 위해 칼빈의 신비한 연합을 매우 높게 평가했고, 해석학적으로 회복하고, 이러한 관점에서 그는 성만찬 신학을 '그리스도론적으로'(예수 그리스도는 성례) 그리고 '성령론적으로' 발전시켰다. 바르트에게서 예수 그리스도는 일차적인 성례이며, 이러한 관점에서 그리스도가 약속하신 세례와 성만찬은 여기에 상응하는 이차적인 성례전적인 차원을 갖는다.

5. 칼 바르트: 성령세례, 물세례, 유아세례

바르트의 세례론은 매력적이며 논쟁적이다. 그것이 매력적인 이유는 성령세례에 대한 그의 폭넓은 성서적 주석과 신학적인 통찰에 있다. 흔히 성령세례라 하면 방언이나 초자연적인 은사 체험과 동일시하기 쉽지만, 바르트에게서 성령세례는 하나님의 은총의 주도권을 매우 넓은 스펙트럼에서 말한다. 이러한 스펙트럼 안에 은사 체험이나 성령의 열매를 맺는 복된 삶이 들어온다.

바르트는 '기독론적 집중'을 통해 예수 그리스도만이 성례임을 강조한다. 그리스도는 말씀으로 우리에게 오시면서 성령으로 세례를 주신다. 믿음은 가톨릭처럼 카리타스를 통해 형성되는 것(*fides caritate formata*)이 아니라, 그리스도가 우리의 믿음과 거룩한 삶과 소명을 강화한다(*fides Christo formata*). 여기서 바르트는 성령세례를 물세례와 구분 지어 '성례전적으로' 말한다. 성령세례란 예수 그리스도가 말씀과 성령을 통해 인간을 회심(또는 거듭남)시키며, 새로운 존재로 만들어 가는 사건이다. 그리고 성령세례는 교회에서 물세례를 통해 일회적으로 베풀어지지만, 칭의-성화-소명의 은혜와 더불어 현재 진행형으로 그리고 종말론적으로 펼쳐진다. 이런 점에서 성령세례와 물세례는 구분되지만, 분리되는 것이 아니다.

바르트의 성례론에서 가장 중요한 원리는 성례에 대한 그의 규정이다. "예수 그리스도만이 성례이다." 성만찬과 세례 안에 부활의 그리스도는 실제적으로 임재하신다. 이것이 바르트의 최상의 실재론을 말한다. 오순절 날 성령 사건에서 말씀과 세례가 일어났고, 교회는 성령의 능력 안에 거한다. 이런 점에서 교회는 회개를 경험한 하나님의 백성들과 더불어 말씀과 성례가 바르게 집행되는 곳에서 일어나는 사건이다. 그러므로 그리스도를 통해 베풀어지는 성령세례는 물세례를 배제하는 것이 아니라 필요한 것으로 만든다. 그리고 성령세례는 시작에서부터 마지막까지 기독교인의 전인적인 구원을 표현하는 총괄 개념으로 말해진다(KD IV/4:34, 37).

이것은 바르트의 독특한 전진신학을 성격 짓는다. 성령은 교회를 하나님 나라의 전위대로 만들고, 보다 많은 사회 정의와 민주주의 그리고 가난한 자들과의 연대를 향해 전진하게 한다. 이미 부활의 그리스도는 역사 안에서 마지막 새 하늘과 새 땅을 완성하기 위해서 역사하고 계시고, 이러한 예수의 예언자적인 투쟁의 역사로 성령은 교회와 믿음의 사람들을 세례로 채워주시며 참여하게 한다.

오소서, 성령이시여! 항성 성령을 간구하는 기도가 우리에게 필요하며, 성령세례는 평생에 걸쳐 일어난다. 성령은 인간의 삶을 의롭게 하고, 거룩하게 하고, 소명을 가지고 교회와 사회 속에서 책임적으로 살아가게 하며, 성령의 은사와 열매를 통해 성도들의 삶을 복되게 한다.

이것이 성례전적인 의미에서 성령세례의 폭넓은 스펙트럼을 말한다. 여기에 상응하는 인간의 신앙고백과 윤리적 결단이 물세례로 표현된다. 그렇다고 해서 물세례가 단순히 인간의 결단으로 이해되어서도 안 된다. 이미 물세례는 삼위일체 하나님의 이름이 시행되며, 물세례를 성령세례의 중요한 계기로 만들기 때문이다. 이러한 세례를 통하여 기독교인의 삶은 미래를 향해 전진하며, 희망의 그리스도를 바라본다. 그래서 바르트는 세례의 목표를 성령을 통해 그리스도 안에서 나타난 하나님의 화해의 행동으로 본다. 기독교인의 삶은 이러한 "위로부터 근거되는 하나님이 인간을 위한 전향과 성령세례로 표현된다(KD IV/4:79). 이러한 하나님 은혜와 화해의 사건 앞에서 세례는 또한 인간의 신앙고백의 행위로 규정된다. 하나님과 인간의 행위 사이에는 필연적이고 확고한 관계가 존재하며, 인간은 하나님의 은혜스런 전향을 통하여 해방되며, 여기에 상응하고 순종하는 인간의 결단이 있다(KD IV/4:80).

여기서 우리는 바르트에게서 매우 중요한 통찰을 배운다. 칭의의 사건은 교회에서 베풀어지는 성령세례의 부분인 물세례로 시작된다. 여기에는 유아도 마찬가지이다. 물세례는 회개라는 중생의 삶에 상응하면서 동반된다. 성찬에 참여하면서 우리는 사회를 향한 거룩한 삶과 그리스도의 투쟁의 역사에 상응하고 참여한다. 바르트의 상응이론은 참여 모델을 말한다.

바르트의 성례론은 그의 유비론에 근거되어 있다. 즉, 그리스도(*analogans*)는 첫 번째 성례로서(성령세례), 구원이란 그리스도 안에서 일어난 하나님의 은혜의 사건이 오직 성령과 말씀을 통해 오는 것임을 확인한다(루터/칼빈). 그리스도를 통한 성령세례가 물세례를 이에 상응하는 것으로(*analogatum*) 만든다. 여기서 바르트는 세례와 성만찬을 구원의 필요한 조건이나 구원을 야기하는 것으로 보는 가톨릭의 입장을 배제한다(*ex opere operato*).

바르트의 성례 신학은 이미 그의 하나님 말씀론에서 예수 그리스도의 계시가 성서와 설교를 하나님의 말씀으로 만든다는 입장과 다르지 않다(성령의 내적 증거). 세례와 성만찬 안에서도 삼위일체 하나님의 행동과 친교가 교회의 원형(prototype)이 되며, 이러한 하나님의 행동의 오리지널에 대한 유사성을 근거로 세례와 성만찬은 공허한 사인이 아니라 그 의미와 능력으로 채워진다(CD IV. 3.2:901).

칼 바르트는 성만찬 신학에서 부활 이전 유월절 음식을 기념하는 행위는 부활하신 그리스도의 인격적인 임재 안에 있는 유월절의 음식을 이어가는 것으로 본다. 이것은 예수의 십자가 사건을 단순히 회상하는 것으로 그치는 것이 아니라 부활의 사건에서 드러난 그리스도의 자기 계시를 구원의 사건으로 선포하는 것이다. 그리고 성만찬은 부활을 축하하는 음식이 되며, 슬픔이 아니라 기쁨 속에서 거행된다. 이것은 하나님 나라의 메시아적 축제이며, 성만찬은 부활의 빛에서 하나님 나라의 미래를 향한 참여이며, 성화의 삶과 연관된다

(CD, III/2:502).

따라서 세례와 성만찬은 그리스도의 구원의 사건(sacrament)을 감사하고 축하하는 교회의 필수적인 예전에 속한다. 이런 점에서 예수 그리스도와 교회의 성례전 사이에는 'sacramental' 유비가 존재하며, 동시에 교회는 세상을 향해 정치사회적인 책임으로 불린다. 여기서 '성례전적 유비'라는 말은 물세례가 성령세례의 폭넓은 스펙트럼 가운데 물세례의 의미가 쯔빙글리처럼 인간의 순수한 결단이 아니라, 하나님의 약속과 은혜에 근거되어 있다는 것을 의미한다. 바르트에 의하면, "공동체의 믿음이나 수세자의 믿음이나 또는 물세례 행위가 하나님의 은혜의 사건을 선취하거나 수행할 수가 없다"(KD IV/4:81).

이미 1943년 바르트는 그의 저작(*The Teaching of the Church Regarding Baptism*, 2011)에서 교회의 세례를 그리스도의 명령에 대한 필연적인 것(*neccessitas praecepti*, KD IV/4:459)으로 그리고 그리스도의 구원을 모사(Abbild)라는 의미에서 성례로 수용했다. 세례는 하나님에 의해 사용되는 은총의 수단이며 사인이다. 이것을 통해 성령이 우리에게 하나님이 은총을 수여한다.

그리고 이러한 입장은 『교의학』 4/4에서 성령세례와 물세례를 구분하고, 물세례에 윤리적인 차원을 강조한다고 해도 크게 다를 바가 없다. 그리스도의 선교 명령(마 28:19)은 세례의 근거이며, 예수의 요단강 세례와 십자가의 죽음은 이러한 세례를 인간의 순종의 행동으로 만든다. 물세례는 제2의 구원의 사건이 아니라, 은총의 선물로서 믿는 자들이 그리스도의 화해의 사건을 고백하고(기독론적), 미래를 향해 펼쳐지며(종말론적), 그리스도의 은총에 참여한다(목적론적).

부활하신 그리스도의 세례 명령(마 28:19)은 그분의 요단강에서 일어났던 세례에 대한 해명과 선포를 담고 있고, 이러한 예수 세례를 기독교의 '성례'로 설정한다(KD IV/4:57). 여기서 중요한 것은 부활의 콘텍스트이며, 성부와 성자와 성령의 이름으로 베풀어지는 기독교적인 세례이다.

만일 바르트가 세례를 쯔빙글리처럼 그리스도의 은총을 증언하는 순수한 인간의 행동으로 말한다면, 그의 입장은 세례를 성례전적인 측면에서 주장하는 가톨릭, 루터란, 성공회 그리고 개혁교회와 충돌한다. 그러나 바르트에게서 세례는 순수한 인간 행동으로 환원되지 않는다. 물세례 역시 하나님의 은혜로운 전향과 화해의 사건에 근거되며, 하나님이 성령을 통해 역사하신다.

예수의 요단강 세례가 성령세례(인간을 향한 하나님의 전향)와 물세례(인간의 책임적인 결단 내지 신앙고백)를 이어주는 결정적인 지점이고 근거라면, 물세례는 성령세례와 떨어질 수 없는 중요한 계기가 되며, 그리스도의 명령에 대한 순종 안에서 필연적인 것(necessitas praecepti)이 된다(KD IV/4:59). 예수 요단강 세례에서 중요한 것은 그분의 삶과 죽음을 통하여 예수는 이스라엘의 메시아가 되며 또한 세계의 주님으로 드러나시며, '유보 없는 하나님에 대한 순종과 동시에 유보 없는 인간을 향한 연대'(KD IV/4:64) 가운데 서 있음을 보여준다.

이것은 또한 교회와 믿는 자들로 하여금 하나님을 향한 헌신과 죄된 인간과의 온전한 연대감을 향해 해방시켜 나간다. 여기서 예수 요단강 세례는 이스라엘의 상황과 이스라엘 사람들을 '급진적으로 변혁하는 하나님의 행동'을 담고 있다. 그것은 이스라엘을 하나님 나라를 향한 갱신과 회개를 촉구한다(KD IV/4:61, 63). 예수는 자신의 백성들과 더불어 '모든 것을 변혁시키는 새로운 하나님의 행동'을 바라보고, 그들과 더불어 그분의 나라를 수립하며, 모든 자들을 향해 회개를 촉구한다. 하나님 나라를 바라보면서, 하나님의 심판과 용서를 바라보면서 예수가 다른 사람들과 더불어 요르단에서 세례를 받은 것은 이스라엘을 포함한 모든 자를 위한 구원의 역사를 열어 놓는 것이다(KD IV/4:65).

세례론 안에서 바르트는 이스라엘을 포함하는 하나님의 영원하신 예정과 계약이 모든 인류를 향한 그리스도의 계약의 성취와 화해의 복음 안에 들어오는 것으로 본다(KD IV/4:67). 그리스도의 이름으로 베풀어지는 물세례에는 이미 성령의 임재와 역사가 드러난다(행 19:5-6; KD IV/4:69).

더욱이 요단강에서 받은 세례에서 예수는 하나님의 뜻에 순종했고, 자신의 백성 이스라엘과의 구체적인 연대를 하는데, 이것은 바로 물세례를 통해 교회 역시 이스라엘과의 연대로 나갈 것을 함축한다. 여기서 성령이 내리며, 하나님의 인정과 확증이 주어진다. 바르트의 세례론의 아름다움과 매력은 전통적인 세례론을 넘어서서 이스라엘과의 연대와 함께 이러한 예수를 향한 하나님의 인정과 응답을 심오하게 파악하는 데 있다. 이러한 세례 안에 하나님이 긍정, 정당화 그리고 영화로움이 존재하며, 이후 예수의 사역과 십자가의 죽음은 이것을 이어가고 확증한다(KD IV/4:72).

여기서 우리는 유아세례의 문제를 고려할 필요가 있다. 만일 성령이 세례에서 임재하고 역사하신다면, 성령만이 우리의 구원을 매개하신다면 유아세례는 배제될 이유가 없다. 바르트의 유아세례 비판은 물세례 자체에 구원의 보증이 있을 수 없다는 것을 말하지, 유아세례 안에서 활동하는 성령의 역사를 부인하는 것이 아니다. 바르트에게서 성령세례와 물세례는 이분화되는 것이 아니라 상응 관계에 서 있다. 믿음 자체도 바르트에게는 인간의 순수한 행동이나 인간 중심적으로 파악되는 것이 아니라(펠라기안주의, 슐라이에르마허, 불트만의 실존주의) 바로 성령의 선물이다. 성령세례 안에서 회심과 거듭남, 믿음이 주어진다. 그리고 우리는 믿음을 통해 그리스도의 은총의 선물에 언약의 파트너로서 참여한다(*extra nos, pro nobis, cum nobis*). 이러한 스펙트럼 안에서 물세례의 의미가 있다. 만일 물세례가 순수히 주관적인 인간의 응답이고 고백이라면, 왜 삼위일체 이름으로, 왜 말씀을 통해 시행하고, 성령의 오심을 간구하는 기도를 하는가?

바르트 학자들 간의 수많은 논쟁에도 불구하고 바르트 신학의 중심은 그리스도가 우리에게 구원을 수여하시는 '성례'이고, 성령세례의 빛을 통해 물세례의 의미와 정당성을 파악하지 못한 데 있다. 이러한 측면을 간과해버리면 바르트는 유아세례를 거절하고 침례파의 입장을 지지한다고 말해진다. 그렇다면 유아세례를 받았던 바르트는 훗날 재 세례를 받았나? 만일 바르트가 침례파의 입장을 지지한다면 그는 재세례를 받아야 옳지 않은가? 결코 그렇지 않다. 바르트가 거절한 것은 세례 자체가 가톨릭처럼 구원을 일으키고, 이것 없이는 구원에서 배제된다는 교회의 승리주의(ecclesial trimuphalism)를 비판한 데 있다. 교회의 물세례 없이도 그리스도는 성령세례를 통해 구원에서 주도권을 갖지 않으시는가? 유아세례를 받지 못하면 유아는 구원을 받지 못하는가? 그렇다면 히틀러 시대의 제국 교회에서 베풀어지는 유아세례를 받지 않은 아이들은 구원을 받지 못하나?

골비처가 말하듯이 바르트의 성례론에서 복음의 사인과 수단은 서로 대립되거나 이분화되는 것이 아니다. 문제는 교회가 성례를 구원을 일으키는 수단으로 오용하고 예수 그리스도의 자리를 빼앗아버리는 데 있다.

이런 점에서 바르트에게서 세례는 은총의 증거로서 여전히 성령이 역사하시는 구원의 축제이며, '성례전적이며 유비론적 의미'가 포기되지 않는다. 설교 역시 하나님의 말씀으로서 구원의 수단이 되고, 이를 통해 성령이 역사하는 성례전적인 의미가 담겨 있다. 성례는 보이지 않는 하나님의 말씀이다. 말씀과 성례에서 오직 성령만이 구원의 매개자가 된다.

만일 유아세례가 하나님의 백성을 위한 그리스도의 약속과 명령을 좇는 것이라면(마 28:19) 그리스도는 성인들을 위해서만 십자가에서 죽은 것이 아니다. 유아세례에서도 성령이 역사하신다. 루터가 칭의론을 세례와 연관 짓는다면 개혁 신학의 중심 교리에 속하는 하이델베르크 요리문답은 세례에서 그리스도의 보혈과 성령만이 우리의 죄를 용서한다고 한다. 세례가 예수 그리스도(일차적 성례)가 성령을 통하여 일으키는 구원의 사건이라면 세례 예식 자체는 그리스도의 구원 사건을 축하하는 예식으로서 이것을 확증한다.

그러나 융엘은 이 부분에 대해 치명적인 실수를 했다. 바르트의 유아세례는 그의 성령세례론뿐만 아니라 전체 성령론의 빛에서 숙고할 필요가 있고, 더 나아가 종교개혁자들의 유아세례와 심도 있는 대화를 필요로 한다. 그리스도 [성령] 세례와 물세례의 유비적 상응은 바르트의 『교회교의학』 전체 신학적 사고를 관통하는 멜로디에 속한다. 바르트에게서 그리스도와 인류 사이에 존재하는 '존재론적인

연관성' 그리고 인류의 인간성을 입은 '육체의 수납'(*assumptio carnis*)
은 마르크 바르트가 강조하듯이 *signum*으로서 물세례와 *res signi-
ficat*(성령세례)의 관계를 이스라엘론과 더불어 정치사회적인 차원에
서 새롭게 열어 놓는다. 그러나 바르트 연구에서 성례론은 그 진의가
밝혀지기보다는 여전히 논쟁의 요인으로 남아 있다.

에버하르트 융엘에게서 세례론은 교회교의학의 부록이 아니라
테스트-케이스에 속한다. 이것은 유아세례를 행할 것인가 아니면
거절할 것인가 하는 양자택일의 문제가 아니다. 바르트의 유아세례
에 대한 반성에는 전통적인 견해와 더불어 성례론적이며 언약적인
이해 그리고 성례에 대한 교회의 남용에 대해 정당한 비판들을 담고
있다. 융엘은 그의 바르트 세례론 연구에서 중요한 부분들을 해명했
지만, 칼빈의 유아세례에 대한 바르트의 심층적인 대화를 간과했다.
바르트의 성령 신학의 틀 안에서 유아세례는 새로운 의미를 회복할
수가 있다.[30]

트레비스 맥메킨은 프린스턴 신학대학에서 조지 헌싱거의 지도
로 바르트의 유아세례론을 박사학위 논문으로 제출했다. 그리고 그
는 미국에서 헬무트 골비처 신학에 헌신하는 학자이며 실천가이다.
칼빈은 위대한 선교 명령(마 28:18-20)을 '복음의 사인'으로 명명했는
데, 맥메킨은 유아세례를 바르트의 신학에 근거하여 긍정적으로 해
명한다. 물론 맥메켄은 바르트의 유아세례에 대한 비판을 피해 가지
않고, 바르트 신학 안에 담겨 있는 새로운 통찰을 끄집어내어 유아세
례를 복음의 선포와 사인으로 본다. 그러나 맥메켄의 논지는 유아세

---

30 Travis McMaken, *The Sign of the Gospel: Toward and Evangelical Doctrine of Infant
Baptism after Karl Barth*.

례에 관한 칼빈과 바르트 사이에 존재할 수 있는 친화력을 피상적으로 다루고, 유아세례를 바르트의 성령세례의 빛에서 그리고 칭의론적인 관점에서 파악하지 못한다. 그러나 맥메켄은 융엘이나 몰트만보다 바르트의 성례론에 관한 한 훨씬 정교한 입장을 제시한다.

먼저 칼빈의 입장을 살펴보자. 칼빈에게서 성례는 성령을 통해 은총을 일으키는 보증으로 간주되고, 믿음의 강화와 성장을 위한 수단이 된다. 유아세례에 관한 한, 칼빈은 '성령의 숨겨진 사역'을 통해 유아의 영혼에 회개와 믿음의 씨앗을 심어 놓는다고 주장한다. 이런 점에서 세례는 1) 우리를 향한 하나님이 은총에 대한 확증이며 또한 2) 천사와 회중들 앞에서 신앙의 고백으로 드러난다(KD IV/4:191). 칼빈에게 나타나는 세례의 이중적인 규정에 착안하면서 바르트는 다음과 같이 말한다. "세례에는 죄의 용서를 위한 약속이 주었으며, 상징적으로 회중 안에서 공개적으로 베풀어진다." 특별히 칼빈은 유아세례를 구약의 할례와 연관지어 해명했다(KD IV/4:192). 여기서 바르트는 물세례 안에 담긴 하나님의 약속이 유아들에게 허락되는 것을 의도한다.

루터를 넘어서는 칼빈의 통찰은 그가 구약과 신약에서 나타나는 언약들의 형식적인 차이에도 불구하고 본질적인 일치로 보았고, 예수 그리스도를 두 계약의 주님으로 본 것이다. 따라서 구약의 할례와 신약의 세례 사이에는 연관성이 있다(『강요』 II, 9-11). 여기서 칼빈은 반-율법주의나 반-유대주의를 비켜 간다. 칼빈은 자신의 신학 안에 이스라엘을 긍정하는 내용을 담고 있다. 칼빈은 성령세례와 물세례를 바르트처럼 구분하지 않았고, 교회에서 베풀어지는 세례가 칭의론(죄의 용서)과 연관되기 때문에 루터보다 더 강력하게 유아세례를 고수했다.

바르트에 의하면, 성경에는 사실 유아세례를 적극적으로 지지하거나 또는 금지하는 본문도 없다. 유아세례를 받지 않는 아이들은 사고로 죽을 경우 구원 받지 못하나? 히틀러의 제국 교회처럼 유아들을 히틀러 선서 앞에서 세례를 베풀어야 하나? 만일 유아세례 없이 구원받지 못한다고 하면 바르트는 여기에 "아니오"라고 말한다. 그러면 세례는 불필요한가? 여기서도 바르트는 "아니오"라고 한다. 이런 점에서 유아세례는 바르트에게 양자택일의 문제가 아니라 새로운 신학의 문제에 속한다.

바르트의 사고는 일차적으로 물세례를 요단강의 예수 세례를 근거로 어른들의 성화와 윤리적인 결단에 연관 지어 다루었다. 성화는 부활의 그리스도 안에서 나타난 은혜와 거룩한 삶을 향한 인간의 책임적인 응답이다. 여전히 성화에서도 부활의 그리스도와 거룩한 삶 사이의 상응이 존재한다. 그리고 이런 성화의 내적인 계기에는 '항상 죄인, 항상 의인'이라는 칭의론의 죄의 용서가 항상 새롭게 이어진다. 나는 이미 구원 받았으니 거룩한 삶을 통해 상급 받겠다는 스콜라주의적 공적 사상은 바르트에게 존재하지 않는다. 그런가 하면 "한번 구원은 끝"이라는 구원의 확신주의도 불가능하다.

성화의 관점에서 '말씀 선포-믿음-세례'라는 차원이 있지만, 바르트는 또한 죄의 용서와 성령의 부어주심이 유아와 이스라엘을 포함한 인류를 향해 보편적인 의미를 갖는다고 본다(행 2:39). 바르트는 세례 가운데 있는 죄의 용서의 차원을 간과하지 않았다. 만일 우리가 물세례를 지나치게 성화와 윤리적인 결단의 관점에서만 해석한다면, 바르트는 유아세례가 전혀 성서적으로 정당성을 갖지 못하고,

완전히 불필요한 것으로 보았다고 오해하게 된다. 그러나 결코 그렇지 않다. 바르트의 관점은 유아세례를 지지하기 위해 전통적으로 사용되어온 성경 본문들이 충분하지 않다는 것을 비판적으로 분석했고, 이 문제를 새로운 차원으로 열어 놓길 원했다. 이런 점에서 바르트의 유아세례 비판은 정당성을 가질 수 있고 또한 에큐메니칼 대화에서 열린다.

예수 그리스도가 믿음의 창시자요 완성자(히 12:2)라면 그리고 그분이 유아를 대변한다면, 기독교인의 삶이 어른에서부터 시작하는 것이 아니라 유아에서부터 시작된다면 유아는 교회의 삶에서 배제되지 않는다. 그렇다면 성령세례의 틀에서 그리고 칭의론의 관점에서 '온전한' 유아세례가 행해질 수도 있다. 이런 점에서 유아세례 이후 견진성사를 통한 보충은 불필요하다(KD IV/4:204, 207). 대제사장 그리스도가 믿는 자를 대변한다면 유아의 부모들이 이를 대신할 필요가 없다. 이러한 대리 예전(Ersatz-Ritus)은 물 없이 행해지는 침례파들의 유아 헌화식에서도 마찬가지다(KD IV/4:213).

여기서부터 바르트는 유아세례를 부모들의 대리 신앙고백이나 침례파적인 헌화식을 넘어서 새로운 차원을 열어 놓는다. 바르트가 재세례를 거절했다면 그리고 세례에 죄의 용서(칭의론)가 담겨 있고, 말씀과 성령을 통해 그리스도가 임재한다면 유아세례는 바르트의 성령세례의 중요한 계기로 파악될 수 있고, 거절될 이유가 없다. 성례이신 예수 그리스도는 유아를 배제하는 분이 아니라 사랑하시는 분이다. 그리스도는 어린아이들처럼 되지 못하면 하나님의 나라를 상속받지 못한다고 했다. 그러면 유아세례 없이 사고로 죽은 어린아이들에게 그리스도는 그분의 신비한 은총을 베푸실 것이다. 이 부분에서 바르트와 칼빈 사이에 심도 있는 대화를 필요로 한다.

앞서 언급한 것처럼 바르트가 성인의 물세례를 성화와 윤리적인 관점에서 연결 짓는다면, 칼빈은 칭의와 연결 짓는다. 그럼에도 불구하고 바르트는 물세례를, 요한의 세례와는 달리, 그 안에서 하나님에 의해 성취되고 현재 성취되어가는 자체 상 충분한 행동이라고 본다. 인간적인 행동으로서 세례 안에서 우리는 세례가 자체적으로 수행할 수 없고 매개할 수 없는 것을 하나님이 창조적으로 이루어 가시는 거룩한 성취를 발견한다. "물세례는 교회 공동체와 수세자들에게 위탁되고 명령된 약속이다"(KD IV/4:78). 그리고 이것은 미래를 향해 전진하면서 장차 받게 될 성령세례 안에서 그 의미가 성취된다. 여기서 바르트는 유아세례의 가능성을 향해 열어 놓지 않는가. 물세례가 단순한 인간적인 윤리적 결단을 넘어서서 하나님에 의해 성취되어가는 행동과 장차 부어질 성령세례와 연관된다면, 그것은 주님의 명령이며 약속이다. 물세례와 성령세례 사이에는 sacramental 유비가 존재한다. 이런 관점에서 유아세례는 거절되지 않는다.

유아세례가 성령의 세례와 칭의의 관점에서 재해석 된다면 유아 안에 임재하는 성령의 사역을 바르트는 거절하지 않는다. 부모들의 책임이나 대리 행위가 아닌 유아세례 또한 동시에 이후 견진례의 보충을 필요로 하지 않는 '온전한 세례'로서의 유아세례는 새로운 의미를 회복될 수 있다. 물론 바르트는 루터란들이 주장한 유아의 신앙(*fides infantilis*)론—세례를 통해 성령이 이들 가운데 신앙을 심어줄 수 있다—을 근거로 유아세례론을 확증하기가 어렵다고 본다 (KD IV/4:206). 또한 바르트는 칼빈이 유아 신앙론을 넘어서서 성령의 신비한 사역을 통하여 세례에서 유아들을 믿음의 성장으로 장차 안내할 것을 알고 있었다. 그리고 칼빈이 가톨릭의 견진성사를 거절한 것도 말한다. 그러나 동시에 이러한 칼빈의 입장이 루터보다는 진보한 것이지만, 칼빈의 성령을 통한 신앙 씨앗론은 여전히 견진례를 통한 유아세례를 보충하는 측면이 담겨 있고, 교의학적인 문제로 남는다고 진단한다(『강요』, IV, 19, 13).

바르트가 성령의 보편적 부어주심에서 이스라엘과 유아를 포함한다면, 칼빈의 할례-세례의 연관성은 오순절 날 일어난 새 언약(렘 31장)의 빛에서 파악될 수 있다. 이러한 칼빈의 입장은 성서적으로 근거된다.

> "그분 안에서 여러분도 손으로 행하지 않은 할례, 곧 육신의 몸을 벗어버리는 그리스도의 할례를 받았습니다 …. 또 여러분은 죄를 지은 것과 육신의 할례를 받지 않은 것 때문에 죽었으나, 하나님께서는 여러분을 그리스도와 함께 살리시고, 우리의 모두의 죄를 용서하여 주셨습니다"(골 2:11, 13).

그렇다면 바르트의 성령세례는 구약과 신약의 언약을 이어가는 '할례-세례'를 부모들의 대리 신앙이나 견진례나 또는 유아 헌화식의 보충을 넘어서게 한다. 성례이신 그리스도가 성령을 통하여 유아에게 은총을 베풀며, 이들을 대변한다. 그리스도의 세례 안에는 요한의 세례와 달리 성령이 역사하고 임재한다. 우리가 유아세례를 온전한 하나의 세례로 베풀 수 있는 성서적인 근거와 교의학적 반성을 통하여 이스라엘의 할례의 계약을 긍정하는 방향으로 나갈 수 있다면 칼 바르트는 과연 이에 대해 "아니오"라고 할까? 바르트에게 물세례가 값비싼 은총이라면 그렇게 유아세례는 값비싼 은총으로 반성되고 심화될 필요가 있다. 이런 점에서 바르트의 유아 세례론은 에큐메니칼 대화의 중심으로 들어오고, 논지가 매력적이며, 여전히 논쟁을 불러일으키며, 우리를 한층 더 깊은 성서의 세계로 안내한다.

결론: 성만찬 예배에 대한 몇 가지 제언

1. 개혁교회 예배 갱신에서 일차적으로 중요한 것은 성서에 대한 충실성에 있다. 감사의 의미가 중요하다. 그리스도는 떡을 떼고 감사드렸다. 성만찬의 전체 정신은 하나님을 향한 감사에 있다. 이것은 초대교회 예전에서 처음 기원과 축복 기도에서 잘 드러난다.

2. 기념(anamnesis): "나를 기념하라"라는 말은 단순히 과거의 사건에 대한 회상이나 기념을 말하지 않는다. 오히려 이것은 지금 여기서 그리스도의 희생에 대한 현실적인 재현을 말한다. 이런 점에서 아남네시스적인 회상은 역사와 사회에서 밀려난 순진한 희생자들의 삶이 그리스도의 십자가의 삶에서 자리를 가지며, 이들을 위한 연대를 표현한다.

루터는 성만찬의 사회 비판적 차원을 다음처럼 말한다. "여기 성만찬에서 당신의 마음은 사랑 안에서 외부를 향해 나가야 한다. 그리고 이것은 사랑의 성만찬임을 배워야 한다. [그리스도부터] 사랑과 지지가 당신에게 주어질 때, 당신은 그리스도에 대한 사랑과 지지를 가난한 자들에게 줌으로써 답변한다. 당신은 그리스도와 그분의 거룩한 말씀에 행해진 모든 수치스러움을 슬프게 느껴야 한다. 당신은 기독교의 모든 비참함과 억울하게 희생당한 자들의 불의한 고통에 슬픔을 느껴야 한다. 세계 도처에서 이러한 비참함과 불의한 고통이 넘쳐나고 있다. 당신이 더 이상 할 수 없다면, 당신은 저항하고, 일하고, 기도하면서 이러한 사실에 대해 마음속 깊은 동정을 가져야 한다."[31]

칼빈 역시 성만찬에서 그리스도와 연합된 자들은 사회의 영역에서 디아코니아와 가난한 자들에 대한 돌봄의 목회에 관여해야 한다고 주장했다. 칼빈에게서 교회 공동체는 칭의와 성화의 은총을 통해 하나님이 교회를 통해 원하시는 인간성의 회복을 말한다(『강요』 IV, i.3). 인간들 사이에서 사회 경제적인 연대는 하나님이 창조를 통해 제정하신 자연적인 질서에 속한다. 세계를 긍정하는 칼빈의 신학은 복음의 사랑과 연대를 통하여 가난한 자들과 어린아이들과 사회의 약자들을 보호한다. 칼빈은 복음의 빛에서 정치경제적 영역에서 드러나는 불의와 폭력적 구조를 날카롭게 분석했다. 칼빈의 사회 경제적 윤리는 그리스도와의 연합과 성만찬적인 아남네시스적인 연대에 근거가 되어 있고, 교회의 사회적 실천을 강화한다.

트뢸치에 의하면, 칼빈은 정부의 경제 정책과 합력했고, 경제적 진보와 도덕적인 고양을 같이 보았다고 말한다. 칼빈주의 예정과 소명은 자본주의 시스템에 대한 친화력을 보이지만,[32] 그럼에도 불구하고 트뢸치는 칼빈에게서 안티-맘몬주의에 대한 비판과 사회휴머니즘적인 성격을 도외시할 수가 없다고 본다.

---

31 "The Blessed Sacrament of the Holy and True Body and Blood of Christ…"(1519), ed. Lull, *Martin Luther's Basic Theological Weitings*, 247.

32 Troeltsch, *Social Teaching*, 2:643-644.

3. 성령의 간구: 주의 만찬은 그리스도의 죽음의 과거로 끝나는 것이 아니라 부활의 그리스도가 성령을 통해 우리에게 오셔서 우리를 새롭게 해나가신다. 성만찬에서 성령 임재의 기도는 매우 중요하다. 이것은 개혁교회의 예배를 가톨릭이나 루터란들과 차별화한다. 이런 점에서 바르트에게서 "이것은 나의 몸이다"라는 주님의 말씀은 사건 자체를 지적한다고 말한다. 이러한 말씀의 능력은 그리스도 자신으로부터 오며, 신앙을 통해 우리는 이러한 말씀의 사건이 지금 여기서 일어났음을 고백한다. 그러나 떡과 포도주가 주님의 몸과 보혈이 되는 것은 우리의 신앙과 합력함이 없이도 성령의 사건으로 일어난다(CD IV/1:249). 주님에 대한 기념과 회상은 오늘 여기서 일어나는 그리스도의 사건과 동시대적으로 연결되며, 바르트에 의하면, 루터란 'Est'는 성령을 통해 그리스도가 떡과 포도주를 그리스도의 용서와 화해의 사건으로 만들어 가는 것으로 파악한다.

몰트만은 성만찬을 교회에 주어진 은혜의 선물이 아니라 사회에서 밀려 나간 자들과 더불어 모두를 위한 십자가에 달리신 그리스도의 은혜로 파악한다.[33] 성만찬과 사회적인 연대는 중요하지만, 몰트만의 재침례파적인 입장과는 달리 성서 주석의 차원이나 바울의 관점에서 볼 때 주의 만찬이 믿음이 있건 없건 상관없이 아무에게나 다 주어진 것이라고 말하기에는 여전히 많은 토론과 비판을 남긴다.

4. 종말론적인 기대: "너희들은 주님이 다시 오실 때까지 그의 죽음을 기념하고 행하라." 주의 만찬은 그리스도의 죽음에 대한 회

---

33 Moltmann, *A Broad Place*, 163.

상뿐만 아니라 그리스도의 부활에 대한 기쁨을 축하하며 그분의 다시 오심을 기대하며 새 하늘과 새 땅을 바라보는 종말론적인 행위이다. 하나님의 종말론적인 회복을 바라보며 희망 가운데 거하는 예배의 기쁨과 축제적인 성격을 말한다. 예배는 기독교인의 삶의 중심이며, 예배 공동체로서 교회의 의미가 여기에 있다(CD IV/2:640).

5. 양심의 성찰: 고린도 교회에서 이루어진 어이없는 성만찬 예배를 보면서 바울은 경고한다(고전 11:26). 바르트에 의하면, 우리는 성만찬에 참여하면서 스스로를 살핌으로써 하나님의 심판에서 면제된다(CD IV/2:268). 양심의 성찰과 회개는 죄 앞에서 자신의 모습을 진지하게 비추어보고 새롭게 거듭나는 차원을 지적한다. 예배가 축제라는 말은 하나님으로부터 용서받은 자들의 기쁨과 영적 감격을 나타낸다. 디오클레티안 박해 기간 동안 아비티나 순교자들은 다음처럼 부르짖었다. "우리들은 주의 만찬 없이는 생존할 수가 없다." 이러한 외침은 영적 고갈의 시대를 살아가는 오늘 우리에게도 여전히 의미가 있다.

II. 개신교 전통에서 본 구원론 이해
— 칼 바르트에게 배우기

구원이란 무엇인가? 한국교회는 '구원의 확신'이나 "입으로 시인하면 다 구원받는다"는 말을 복음의 핵심이라고 선포한다. 여기에는 지나친 주관주의적인 견해가 나타나고, 우리의 외부에서 하나님이 그리스도 안에서 베풀어주신 구원의 은혜를 간과하는 경향이 있다. 본 강연은 칼 바르트의 화해론의 관점에서 개신교의 구원론을 조망한다. 바르트에게서 구원은 과거에 끝나버린 사건이 아니라 신앙의 시작(죄 사함)에서 영원한 생명인 몸의 부활에 이르는 목적과 방향을 가지며, 성령의 지속적인 사역과 관련된다. 이런 구원의 통전적인 이해에서 루터, 칼빈, 웨슬리의 구원 이해가 새롭게 평가되는 것을 보게 된다. 이런 점에서 구원이란 칭의(믿음), 성화(사랑), 소명(희망)을 통해 드러나며, 예수 그리스도의 화해에서 일어난 구원의 사건은 영원한 생명인 몸의 부활로 완성된다.

시작하는 글

칼 바르트는 화해론에서 구원론을 칭의, 성화 그리고 소명이라는 통전적인 관점에서 전개한다. 칭의론에서 루터의 구원 이해가, 성화에서 칼빈의 입장이 그리고 소명과 부르심에서 웨슬리와 경건주의적인 차원이 해명된다. 바르트의 화해론의 구조와 내용은 예수 그리스도에 대한 인식에 관련된다. (1) 예수 그리스도는 참된 하나님으로서 화해하시는 분이다. (2) 참된 인간으로서 그리스도는 하나님에 의해 화해된 분이다. (3) 화해하시는 하나님과 화해된 인간으로서 예수 그리스도는 우리의 대속에 대한 보증과 증인이 되다. 예수 그리스도에 대한 삼중적 인식은 인간의 세 가지 죄를 포함한다: (1) 교만, (2) 태만, (3) 거짓.

인간의 죄에 대해서 바르트는 (1) 칭의, (2) 성화, (3) 소명을 하나님의 은혜로 발전시킨다. 그리고 성령은 (1) 선택된 자를 모으고, (2) 교회 공동체를 세우고, (3) 교회를 세상으로 파송한다. 그러므로 기독교인이 된다는 것은 (1) 믿음, (2) 사랑, (3) 소망 안에 근거를 둔다(CD IV.1. § 58). 칭의와 성화와 소명은 개인과 더불어 교회 공동체의 의미와 관련된다.

바르트에게서 구원은 과거로 끝나는 것이 아니라 방향과 목적을 가지며, 여전히 미래의 차원을 갖는다. 이런 점에서 구원은 종말론적인 의미가 있다(CD IV.1:10). 화해는 하나님과 인간 사이에 맺어진 계약의 성취다(Ibid., 22). 바르트는 예레미야에게 주신 하나님의 새 계약의 예언(렘 31:31-38)이 에스겔(11:20)에서 확인되는 것에 주목한다. 이러한 새 언약은 이스라엘 계약에서 파기되지 않은 성격을 갖는다

(Ibid., 32). "그때에 내가 그들에게 일치된 마음을 주고 새로운 영을 그들 속에 넣어주겠다"(겔 11:1, 9). 바울에게서 새 언약은 성령을 통해 우리의 마음 판에 심어진다. "하나님께서 우리에게 새 언약의 일꾼이 되는 자격을 주셨습니다. 이 새 언약은 문자로 된 것이 아니라, 영으로 된 것입니다. 문자는 사람을 죽이고 영은 사람을 살립니다"(고후 3:6).

칼빈은 구약의 계약과 신약의 계약을 하나의 계약으로 파악했다(『강요』 ii, 9-11). 바르트는 개혁교회의 계약 신학을 매우 중요하게 수용한다. 그러나 이후 개혁 교리의 역사적 발전에서 그리스도의 제한 속죄론을 비판한다. 왜냐하면 그리스도의 대속은 인류를 위한 것이기 때문이다. 하나님의 은혜는 인간의 죄를 이긴다(CD IV/1:55, 57). 그리스도 안에서 죄의 지배는 객관적으로 일회적으로(once and for all) 제거되며, 하나님의 화해와 평화가 확립된다. 여기에 하나님이 우리를 의롭게 여겨주시는 칭의의 의미가 있다. 바울에게서 화해의 사역은 세상을 향한 하나님의 대속과 용서를 선포한다(Ibid., 77). 예수 그리스도는 이스라엘과 인류를 위한 하나님의 뜻의 종말론적 실현이며 대속을 의미한다(Ibid., 34). 바르트에게서 대속은 에베소서 1장 4-6절을 지적한다. 창세 전에 하나님은 그리스도 안에서 우리를 선택하고 하나님의 자녀로 삼았다. 우리는 사랑 안에서 거룩하고 흠이 없어야 한다. 이런 점에서 바르트는 구원을 예정의 복음에서 고려한다. 예정은 복음의 총괄이며, 율법과 복음의 관계를 주장하는 루터란들과는 달리 예정이 복음이며, 율법에 앞서 온다고 주장한다. 다시 말해 복음과 율법의 관계가 성서적으로 정당한 것으로 본다.

1. 칭의: 믿음과 죄 사함

바르트는 헤겔의 입장—"죄는 창조와 계약에서부터 나온다"—을 비판한다. 죄는 하나님의 창조에서 배제되기 때문이다(Tohu wa-bo-hu). 창조는 죄로부터 해방이며, 부활의 종말과 영원한 생명을 지적한다(CD IV/1:80). 무로부터의 창조(creatio ex nihilo)는 부활의 차원을 지적한다. 공허와 어둠과 깊음은 창조의 계역으로 들어오지 않는다.

하나님은 인간을 의롭게 여기실 때, 여기에 임재하고 관여하신다. 이스라엘은 예정과 계약에서 하나님의 신실하심과 정의를 보았다. 하나님의 의로움은 그분의 은총의 다스림이요, 하나님의 은총은 그분의 공의로움의 다스림이다(Ibid., 538). 바울에 의하면 하나님의 신실하심은 그리스도 안에서 인간의 죄악에도 불구하고 파괴되지 않는다(롬 3:3). 하나님은 우리에게 항상 아멘이 되신다. 칭의는 인간의 죄의 한 가운데서 그리고 죄부터의 사면과 더불어 시작된다. "그들이 신실하지 못했다고 해서 무슨 일이라도 일어납니까? 그들이 신실하지 못하다고 해서 하나님의 신실하심이 없어지겠습니까?"(롬 3:3)

한편에서 인간의 신실하지 못함이 있고, 다른 편에 하나님의 신실하심이 있다. 그리고 하나님의 신실하심은 심판의 근거가 된다. 이런 측면에서 히브리서 6장 4절을 볼 필요가 있다. "한번 빛을 받아서 하늘의 은사를 맛보고 성령을 나누어 받고 하나님의 선한 말씀과 장차 올 세상의 권능을 맛본 사람들이 타락하면 그들을 새롭게 해서 회개에 이르게 할 수가 없다." 이들은 신실한 믿음의 사람들을 말한다. 그러나 타락과 부패로 인해 그리스도를 공개적으로 수치스럽게 한 자들이다. 땅이 농작물을 내면 그 땅은 하나님으로부터 복을 받을 것이다. 그러나 가시덤불과 엉겅퀴를 내면 저주를 받아 불에 타고 만다. 이것은 경고와 권면으로 이해된다. 바르트에게서 칭의는 성화와 밀접한 관계를 맺으며, 믿음의 사람들은 유익한 농작물로 비교된다(CD Ⅳ/2:569). 이들이 신실하지 못했다고 해서 하나님이 신실하심과 공의로운 심판이 없는 것은 아니다. "하나님의 집에서부터 심판을 시작할 때가 되었기 때문입니다…. 의인도 겨우 구원을 받는다면 경건하지 않은 자와 죄인은 어떻게 되겠습니까?"(벧전 4:17-18)

인간에 대한 용서는 이미 그리스도 안에서 일어났다. 바르트에 의하면 로마서 7장에서 나타나는 곤고한 자는 칭의의 시작에서 나타나는 인간 존재를 표현한다. 믿음의 사람은 여전히 곤고한 자로서 육정에 매인 자요, 죄와 죽음의 몸에 붙들려 산다. 비록 하나님의 율법은 거룩하고, 계명도 거룩하고 의롭고 선한 것이지만(롬 7:12), 죄는 율법을 방편으로 해서 우리에게 죽음을 일으키고, 죄를 극대화한다.

인간의 죄의 심연에서 칭의는 시작되며, 죄와 악은 여전히 내 안에 붙어 있다. "나는 속 사람으로 하나님의 법을 즐거워하나, 나의 지체 안에는 다른 법이 있어서 나를 죄의 법의 포로로 만든다"(롬 7:23). 이런 '잠재적 죄'는 결국 우리를 사망으로 가게 하지만, 이러한 죄로부터의 해방은 그리스도 안에서 일어났다. 그리고 우리는 죄와 죽음의 율법이 아니라 은혜, 즉 성령의 법 아래서 살아간다(CD Ⅳ/1:582).

바울은 로마서 7장에서 시편의 회개와 회복을 반성한다. 죄의 심연에서 칭의의 시작과 과정 그리고 (회복) 완성은 루터의 칭의론에서 핵심을 이루는데, 루터는 시편에서부터 로마서로 그리고 갈라디아서와 히브리서를 읽는 방향을 취했다. 시편에서 우리는 하나님의 심판 속에서 하나님의 은혜가 드러나며, 칭의의 역사(죄-사면-회복의 완성)를 본다(CD IV/1:605). "'내가 주님께 거역한 나의 죄를 고백합니다' 하였더니 주님께서 나의 죄를 기꺼이 용서하셨습니다"(시 32:5). "주님께서 베푸시는 구원의 기쁨을 내게 회복시켜주시고, 내가 지탱할수록 내게 자발적인 마음을 주소서"(시 51:12).

하나님의 심판에는 회복하게 하는 은총이 있다. "주님께서 내 통곡을 기쁨의 춤으로 바꾸어주셨습니다. 나에게서 슬픔의 상복을 벗기고 기쁨의 나들이 옷을 갈아입히셨다"(시 30:11). "내가 잠시 너를 버렸으나, 큰 긍휼로 너를 다시 불러들이겠다"(사 54:7). "나는 사람들과 끊임없이 다투지만은 않는다…. 내가 그들과 끊임없이 다투고 한없이 분을 품고 있으면 사람이 어찌 견디겠냐?"(사 57:16) "그것은 우리가 죄에는 죽고 의에는 살게 하시려는 것입니다. 그가 매를 맞아 상함으로 여러분이 나음을 얻었습니다"(벧전 2:24).

인간의 칭의는 믿음으로만 주어진다. 믿음은 성령의 선물이다(고전 12:9). 하나님의 일과 선물에 근거된 믿음은 여전히 인간의 일에 속한다. 왜냐하면 하나님이 믿음을 의롭게 여겨주시기 때문이다. "'아브라함이 하나님을 믿으니 하나님께서 그것을 의로운 일로 여겨주셨다'는 것과 같습니다"(갈 3:6). 믿음은 하나님의 의로우심에 상응하는 인간의 일이다. 믿음으로 의롭게 된다는 것은 칭의론의 주관적 측면을 지적한다. 그리스도 안에 나타난 하나님의 객관적인 죄 사함의 은혜가 성령을 통하여 인간의 믿음 안에서 수용되고 실현된다(CD IV/1:615).

칼빈은 매우 날카롭게 인간의 믿음이 칭의의 은혜에 아무런 기여를 할 수 없다고 말한다. 믿음은 토마스 아퀴나스처럼 인간의 영혼에 주입된 영적인 특질이 아니며, 인간 자신의 덕이거나 업적도 아니다. 우리가 하나님을 믿을 때 우리는 빈손으로 하나님 앞에 선다. 그렇다고 해서 '믿음으로만'이란 표현이 반율법주의나 자유방종주의로 오해될 필요는 없다(CD IV/1:617).

바르트에게서 믿음은 순종의 겸손을 말한다. 이러한 겸손은 교만과 허탄한 자랑과 영광을 제거한다. 믿음 안에서 인간은 자신의 교만과 부패함을 본다. 믿음은 꾸며 낸 경건과 겸손과 다르다(골 2:23). 믿음은 하나님의 말씀에 대한 지식(*notitia*), 마음과 의지를 통한 말씀에 대한 동의(*assensus*) 그리고 마음의 신뢰(*fiducia*)로 이루어진다. 그렇다고 해서 이러한 믿음 안에서 인간이 스스로를 의롭게 하지 않는다(CD IV/1:616). 하나님에 의해 의롭게 여겨지는 믿음은 비록 사랑을 통해 활성화된다고 해도 율법의 요구와는 상관이 없다. "사람이 율법의 행위와는 상관없이 믿음으로 인정을 받는다고 우리는 생각합니다"(롬 3:28).

루터는 로마서 3장 28절에서 '믿음으로'를 '*sola fide*'로 번역했고, 바르트는 루터의 입장이 바울과 다르지 않다고 본다. 바울의 본문에서 *sola fide*는, 표현은 없지만, 루터가 제대로 보았다는 것이다(CD IV/1:622). 어거스틴은 칭의를 사건과 과정으로 파악하고, 인간이 은총의 주입과 믿음을 통해 칭의를 완성하는 것으로 보았다. 트렌트공의회(1545~1563)에서 사태는 악화된다. 칭의의 은혜가 전적으로 인간을 위한 하나님의 은혜라는 바울의 입장은 사라진다. 칭의는 교회의 성례전적인 지배와 권위로 통합되고, 인간은 믿음과 세례로 들어오기 전에 자유로운 의지를 통해 은혜를 얻기 위한 준비 단계(*gratia* *praeveniens*)를 거치고, 하나님의 은혜와 합력해야 한다. 칭의는 선행을 하고 업적을 가져오는 인간의 선행에 의해 완성된다. 칭의의 은혜는 일과 사랑의 업적을 통해 증가된다. 이것은 사제를 통한 죄의 사면과 하나님이 은총으로 회복되는 인간의 배상에 관련된다. 그러나 바울은 갈라디아서 2장 16절에서 이것을 거절한다. "율법을 행하는 의로는 아무도 의롭게 될 수 없기 때문입니다." 바울은 믿음과 소망과 사랑을 말했지만, 칭의에 관한 한, 그는 오직 믿음만을 언급했다. 죄인으로서 인간은 그리스도 안에서 베풀어주신 하나님의 신실하심과 죄 사함의 은혜를 믿고 신뢰한다(CD IV/1:626). 그리고 죄의 용서를 믿는다. 이것을 바울은 복음을 왜곡시키는 '다른 복음'(갈 1:7)에 대해 날카롭게 방어했다. "그러나 우리가 아직 죄인이었을 때 그리스도께서 우리를 위하여 죽으셨습니다. 이리하여 하나님께서는 우리들에 대한 자기의 사랑을 실증하셨습니다"(롬 5:8).

믿음으로 의롭게 됨으로써 우리는 하나님과 평화를 갖는다(롬 5:1). 인간을 의롭게 함으로써 하나님은 자신의 신실하심과 용서의 은혜를 확증함으로써 스스로를 의롭게 하신다. 칭의론에는 하나님이 스스로를 의롭게 여기시는 의미를 담고 있다(CD IV/1:562). "하나님께서는 자기의 아들을 죄된 육신을 지닌 모습으로 보내셔서 죄를 없애시려고 그 육신에다 죄의 선고를 내리셨다"(롬 8:3). 루터와 칼빈의 칭의론은 종교개혁의 핵심에 속한다. 바르트 역시 종교개혁의 칭의론을 구원의 중심으로 파악하고, 이로부터 시작되는 구원의 과정을 칼빈의 성화론을 통해 발전시킨다.

2. 칭의의 완성: 상속자

바르트에 의하면, 인간의 칭의는 인간의 과거에서 시작되고 미래에 완성된다. 죄인으로서 과거의 인간은 여전히 그의 현재이지만, 의로운 자로서 그의 미래 역시 현재가 된다. 하나님의 죄 사면의 약속에서 인간은 미래의 의로운 자를 향해 움직인다. 이러한 미래의 역사는 현재의 인간에게 주어진다. 이러한 하나님의 사면 약속을 받으면서 인간은 장차 의로운 자가 된다. 이것은 칭의의 완성을 말한다. 이것이 '항상 죄인, 항상 의인'이라는 의미이다(CD IV/1:595-6). 하나님의 죄의 사면에 대한 약속은 인간을 하나님의 자녀로서 희망 가운데 거하게 한다. '항상 죄인 항상 의인'이라는 역설적인 신비 안에서 인간은 희망 가운데 하나님의 자녀로서 그리고 하나님의 나라의 유업을 잇는 상속자로서 살아간다. 이러한 상속은 영원한 생명의 현재를 말하며 '항상 죄인, 항상 의인'의 문제를 해결한다. 죄의 용서와 하나님의 자녀가 되는 것은 이러한 영원한 생명의 유산을 소망하고 이것을 향하여 나간다. 이러한 유산에 대한 참여가 칭의의 완성을 말한다(CD IV/1:604). 이런 점에서 루터의 칭의론에서 나타나는 '항상 죄인, 항상 의인'은 중요하지만, 바르트는 하나님 나라의 상속자로서 살아가는 우리가 영원한 생명을 소망하면서 나가길 강조한다. "갓난아기와 같이 순수하고 신령한 젖을 그리워하십시오. 여러분이 그것을 먹고 자라서 구원에 이르게 하려는 것입니다. 여러분은 주님의 인자하심을 맛보았습니다. … 하나님께서 기쁘게 받으실 신령한 제사를 드리는 거룩한 제사장이 되십시오"(벧전 2:2, 5).

하나님의 화해 사건에서 옛것은 사라지고 모든 것이 새로워진다.

그리스도의 죽음에서 우리는 죽고, 그의 부활에서 우리에게 새로운 생명이 부여된다. 우리를 의롭게 하는 믿음은 성령의 선물이며, 하나님을 향해 회개하게 한다.

하나님은 이러한 칭의를 통해(첫 번째 믿음의 형식) 믿음의 사람을 하나님의 방향, 즉 계명과 명령(두 번째 믿음의 형식)을 행하는 사랑으로 옮겨 놓는다. 두 번째 형식 역시 인간의 의지가 아니라 성령의 역사에 속한다. 이것은 성화를 의미한다(CD IV/1:99, 101). 예수 그리스도만이 우리를 의롭게 하고, 거룩하게 한다(고전 1:30). "하나님 아버지께서 당신의 미리 아심을 따라 여러분을 택하여 주시고 성령으로 거룩하게 해주셨으므로, 여러분은 예수 그리스도께 순종하게 되었으며 그의 피로 정결함을 얻게 되었습니다"(벧전 1:2).

믿음은 하나님의 칭의와 죄 사함에 대한 응답이며, 사랑은 하나님의 지침과 계명에 대한 응답이다. 칭의와 성화는 하나님 나라를 향한 하나님의 부르심(소명)이라는 미래의 목적을 갖는다. 소명은 칭의와 성화의 목적이며, 하나님을 섬기면서 믿음의 사람은 영원한 생명과 기쁨과 영광에 참여한다(CD IV/1:113).

그리스도의 대속의 사건에서 바르트는 안셀름의 속죄론을 비판한다. 안셀름에 의하면, 그리스도의 고난은 인간의 죄에 대한 하나님의 분노를 만족시키는 행위다. 하나님은 자비와 긍휼로 인해(*sola misericordia*) 인간의 죄를 용서한 것이 아니라, 하나님의 용서는 하나님의 영광에 해를 입힌 것에 대한 인간의 배상과 만족에 의해 주어진다. 죄 사함을 받기 위해 인간은 하나님으로부터 훔친 것을 배상해야 한다. 하나님은 이것을 인간으로부터 요구하며, 그리스도의 화육은 이러한 하나님의 처벌을 만족시키는 조건이 된다(CD IV/1:487). 바르트에 의하면, 안셀름의 만족설은 신약성서의 대속 개념과는 다르다. 예수의 죽음은 하나님의 심판을 만족시키기 위한 조건이 아니라 하나님 자신의 자유로운 은총의 행동이다. 하나님의 용서는 그분의 자비와 긍휼로 주어진다.

마지막 만찬(고전 11:25; 눅 22:20; 막 14:24; 마 26:28)에서 그리스도의 희생은 죄 사함을 주시는 새 언약의 보혈이며, 우리는 하나님과의 계약을 새롭게 회복한다. 그리스도의 죽음을 통해 우리는 하나님과 화해가 되며 평화를 입었다(CD IV/1:252). 십자가 신학은 칭의론의 근거가 된다. 몰트만에게서 그리스도의 버림과 마지막 절규가(막 15:34) 중심에 서 있다면, 바르트에게서 예수의 마지막 기도(눅 23:46)가 인류에 대한 하나님의 후회(창 6:7)를 넘어선다. 이 기도가 인류에 대한 하나님의 사랑을 향한 예수의 신뢰와 믿음의 중심에 서 있다(CD IV/1:306). 이런 점에서 바르트는 칼빈의 성만찬 신학을 구원의 역동적인 드라마에서 필수적인 것으로 파악한다.

3. 교만: 불신앙

칼빈에 의하면, 인간은 하나님을 바라볼 때 비로소 참된 자기 자신에 대한 지식을 얻게 된다(『강요』 1.1:2-3). 거룩한 타자인 하나님 앞에서 인간은 두려움과 떨림을 갖는다(루돌프 오토; CD IV/1:367). 바르트에 의하면, 예수 그리스도에 대한 지식은 죄의 현실을 알게 한다(Ibid., 407). 불신앙은 하나님의 말씀을 위반하며 모든 죄의 근원이며, 본래적인 형식이다.

창세기 3장에서 뱀의 소리는 하나님에 대한 불순종으로 유혹한다. 이것은 인간의 자율성을 방어하며, 인간의 불순종은 자신이 하나님보다 더 하나님을 잘 이해한다고 생각한다. 이러한 미혹되고 도취된 확실성에서 인간은 자신의 자율성을 근거로 하나님의 뜻을 행한다고 믿는다. 인간은 스스로 하나님이 된다. 죄를 통해 무질서가 하나님의 선한 창조에 들어온다(CD IV/1:421). 너희는 하나님처럼 될 것이다(창 3:5). 뱀의 소리는 거짓이며, 무질서의 사고이며, 파괴적이다. 인간은 자기 운명의 주인이 된다. 선악을 앎으로써 인간은 하나님의 자리를 차지하고 자신이 선한 것을 한다고 생각하지만, 역설적으로 인간은 하나님의 의로움에 대해 거절한다. 아담과 하와는 서로 돕는 자가 아니라 책임 전가를 하는 자가 된다(CD IV/1:450, 466). 불순종이란 하나님의 말씀을 거절하고 뱀의 음성을 듣는 데서 나타나며, 이것이 인간을 교만으로 가게 한다.

인간은 하나님처럼 되려고 하지만, 말씀은 육신이 되었다. 하나님은 불을 훔친 프로메테우스를 코카소스바위에 결박한 제우스와 같은 독재자가 아니다. 오히려 하나님의 전능하신 은혜의 권능은 인간을 자유롭게 한다(Ibid., 467). 교만은 패망의 선봉이다. 교만을 다루면서 바르트는 전통적인 원죄에 대한 입장을 비판적으로 다룬다.

어거스틴에 의하면, 원죄는 유전적으로, 즉 성을 통해 영적 질병처럼 확산되고 이어진다. 인간 안에 있는 죄를 향한 성향(concupicience), 타락한 성의 관계 안에 내재하는 욕망은 유전되고 원죄와 동일시된다. 그러나 바르트에 의하면 어거스틴의 견해는 성서적으로 지지될 수가 없다. 로마서 5장 12절과 시편 51장 5절의 인용이 원죄를 지지하지만, 바울은 성을 통해 아담의 죄가 유전적으로 확산된다고 말하지 않는다(CD IV/1:500). 원죄 안에 있는 인간들을 향해 하나님은 예수 그리스도를 통해 죄 사함과 해방을 말씀하신다. 유전으로서의 원죄는 자연주의적이며, 운명론적인 것이며, 성서적인 것이 아니다. 바르트는 유전으로서의 죄를 거절하고 인간의 책임성과 자유란 측면에서 원죄가 아담과 더불어 모든 인간의 삶에 있음을 말한다. 인간은 아담처럼 자신의 죄에 대해 책임을 진다. 왜냐하면 아담의 죄가 우리에게 유전되거나 나의 삶에 독소를 주는 대표성을 갖지 않기 때문이다. 아담은 동일한 인간으로 죄의 시작을 의미한다(*primus inter pares*; CD IV/1:510). 우리 역시 아담처럼 하나님 앞에서 죄를 지으며 아담 안에 존재한다. 그러나 죄는 오로지 그리스도와의 관계에서만 이해된다. 로마서 5장 14절에서 예수 그리스도는 본래적인 자리에 그리고 아담은 장차 오실 분의 모형으로서 이차적인 자리를 갖는다. "모든 사람이 죄를 지었기 때문에 죽음이 모든 사람에게 이르게 되었습니다…. 그러나 아담 시대로부터 모세 시대에 이르기까지는 아담의 범죄와 같은 죄를 짓지 않은 사람들까지도 죽음의 지배를 받았습니다"(롬 5:12, 14; Ibid., 513). 바르트에게서 인간의 죄가 아담 안에서 유전되는 것이 아니라(*ex genitura*) 하나님이 정하신다는 것(*ex Dei ordinatione*)은 칼빈의 요한복음 3장 5절의 주석에 근거한다(Ibid., 511). 하나님이 아담의 죄를 판단하고 정하신다. 그러나 인간의 타락에도 불구하고 원죄는 하나님의 화해의 은혜에 의해 조건된다(Ibid., 499). 창세기 5장의 아담의 계보는 인간의 죄에도 불구하고 본래적 축복을 이어가시는 하나님의 은혜를 증거한다. 따라서 바르트는 죄를 그리스도론 이전에 다루지 않고 그리스도론 안에서 다룬다. 이것은 교의학적 사유에서 거의 혁명적인 출발을 의미한다. 아담은 하나님의 형상 안에서 창조되었다. 그리고 하나님의 형상은 예수 그리스도이며(골 1:15) 하나님의 본바탕의 본보기(히포스타시스)이다(히 1:3).

4. 루터와 바르트

바르트는 루터의 칭의론을 신중하게 다룬다. 하나님과의 관계에서 인간은 죄인이다(*homo peccator*). 그러나 동시에 인간은 하나님 앞에서 의인이 된다(*homo justus*). 칭의론은 인간에 의해 부서져버린 계약을 하나님이 새롭게 하고 새 계약으로 회복하는 것이다. 교회와 신앙은 하나님의 칭의에 의해 서고 무너진다. 신앙은 예수 그리스도가 수립된 하나님의 화해의 확실성과 현실성에 의해 살아간다(CD IV/1:518). 칭의론은 복음의 말씀이며, 특히 루터에게서 이것은 로마 가톨릭과 모든 분파주의자니 신령주의자에 대항하여 신앙과 교리의 우선권이며 원리가 된다(Ibid., 521).

루터는 칼빈처럼 칭의와 성화를 구분했지만, 분리하지 않았다. 루터에게서 칭의는 이중적인 의미를 갖고, 죄의 사면 후에 거듭남이 일어나고, 이러한 은혜는 그리스도로부터 나온다. 그리스도는 우리를 하나님 앞에 세우고, 그분의 구원의 날개를 펴신다(칭의 – 그리스도의 의로움을 전가한다). 이어서 그리스도는 성령과 더불어 우리로 하여금 하나님의 말씀을 사랑하고 지키도록 양육하고 강건하게 한다(성령의 선물을 통해 새로운 삶을 창조한다; CD IV/1:525). 루터에게서 칭의가 본래적이고, 성화는 이차적이다. 그러나 바르트는 교회가 서고 쓰러지는 것은 칭의론이 아니라 예수 그리스도 자신으로 말한다. 물론 루터 역시 이것을 인정한다. 예수 그리스도가 중심이며, 출발이며, 종결점이다.

바르트는 루터의 칭의론에서 성화와 영광의 참여(신화, deification)가 포함된 것을 알고 있다. 사건으로서 칭의는 우리의 외부에서(extra nos) 그리고 우리를 위해(pro nos) 일어났다. 세례와 성만찬은 죄 사함의 은총을 위해 주어지는 하나님의 구원의 선물이다. 그리고 믿음 안에서 그리스도는 실제적으로 임재한다(cum nobis). 믿음 안에 실제로 임재하는 그리스도가 믿는 자를 성화와 하나님의 성품에 참여하는 삶으로 인도한다. 칭의의 시작 단계에서부터 영광의 참여는 말씀과 성령을 통해 주어지며, 인간의 회개는 지속적으로 필요해진다. 루터에게서 믿음으로 구원받는다는 칭의론은 하나님의 구원의 은혜에 대한 믿음을 말하며, 성령이 내 안에서 믿음을 창조한다(fiducia). 그리고 성례전적인 수단(세례, 성만찬)을 하나님이 주신 약속의 말씀으로 간주한다. 칭의의 완성은 루터에게서 신비한 연합이 된다.

바르트에게서 의롭게 하는 믿음은 부정적인 측면에서 그리스도의 은혜에 대한 겸손의 순종이고, 인간의 모든 합력과 교만을 거절하지만, 긍정적인 측면에서 그것은 무차별한 패배주의가 아니라 그리스도를 따라가는 제자의 삶을 포함한다. 그리스도가 우리의 의로움이다. 또한 그리스도에 대한 믿음으로서 칭의는 '하나님을 본받는 사람'(엡 5:1)을 지적한다. 칭의의 믿음은 부정적인 측면에서 하나님이 그리스도 안에서 행하신 은혜를 받아들이는 빈 그릇과 같지만, 긍정적인 측면에서 그것은 제자직을 지적한다(CD IV/1:634).

5. 성화: 사랑의 일

바르트는 부활의 40일 사역에 주목하는데, 그리스도의 부활 후 사역에서 제자들은 사도들로 안수되고, 교회 사역을 위해 위임되고, 오순절 날 성령 임재의 사건으로 이어진다(CD IV/1:338). 부활 후 40일 사역에서 그리스도는 자신을 소망과 미래로 드러내신다. 이러한 희망이 하나님의 약속을 살아 있게 하고, 인간의 삶 안에 통합된다(Ibid., 117, 119). 이러한 희망은 성령의 사역에 속한다. 바르트에게서 믿음, 소망, 사랑은 성령의 선물이며 사역에 속한다. 장차 오실 예수 그리스도는 이미 말씀과 성령을 통하여 영원히 살아계신 분으로 우리 안에 임재한다. 희망은 미래의 약속을 붙드는 것이며, 믿음의 미래적 표현이다.

예수 그리스도는 우리를 의롭게 하시고(칭의-대제사장), 거룩하게 하시며(성화-왕권), 하나님 나라를 향한 책임과 소명(소명-예언자적 직무)으로 부르신다. 객관적으로 우리 모두는 화해의 사건에서 의롭게 되었고, 거룩하게 되었고, 하나님이 나를 향한 부르심을 받았다. 그러나 주관적으로 화해의 사건은 하나님의 손에 붙들릴 때, 즉 성령의 역사를 통해 믿음 안에서 구체적인 현실이 된다(CD IV/1:147-148). 보편적인 화해의 사건은 항상 구체적인 사건에 관련된다. 믿음을 떠난 모든 것은 죄다(롬 14:23).

바르트에 의하면, 칭의와 성화는 혼동되지 않는다. 부활의 신학은 십자가 신학을 흡수하지도 않고, 그 역도 마찬가지다(CD IV/1:304). 십자가를 통해 하나님이 인류에게 죄 사함의 은총을 허락하시고 의롭게 하신다면, 부활은 그리스도를 의롭게 하시는 하나님의 행동이다(Ibid., 309). 그리스도 안에 있는 자에게서 옛것은 지나가고 새로운 생명의 회복과 성화가 일어난다(고후 5:17; 사 43:18). 부활은 첫 번째 파루시아의 형식이며, 여기에는 40일 사역을 포함하고, 하나님 우편에 계시는 승천으로 끝난다. 우리는 그리스도와 더불어 죽음에서 살려진 자들이고, 그리스도가 내 안에 산다. 그리고 오순절의 성령 임재의 사건은 파루시아의 두 번째 형식이며, 교회의 시작을 알린다. 교회는 세상을 다스리고 잔존하는 악의 권세에 예언자적으로 투쟁하는 그리스도의 역사에 참여한다(하나님의 화해의 선교). 우리는 그리스도의 옷을 입었고(갈 3:27), 그리스도의 이름과 하나님의 영으로 우리는 씻겨졌고, 거룩하게 되었고, 의롭게 되었다(고전 6:11). 우리는 하나님의 자녀가 되었고, 성령이 이것을 증거한다(롬 8:16). 이것은 하나님의 약속이고 선언이며 indicative 형식이다. 이것이 우리에게 이어지려면 imperative 형식이 되어야 하는데, 이것은 인간의 순종과 실천을 요구한다. 그리스도의 복음에 합당하게 살아가라(빌 1:27). 우리가 성령 안에 산다면 성령 안에서 행해야 한다(갈 5:25). 성서의 하나님의 은혜는 순종과 실행을 통해 나의 삶에 동시대적으로 이어진다.

그리스도의 부활로 인해 우리는 새로운 삶으로 거듭난다. 우리는 하나님이 자녀가 되며 상속자가 된다(롬 8:17; 갈 4:7). 우리는 성령 안에서 하나님 나라의 유업의 아라봉(고후 1:22; 5:5; 엡 1:14) 또는 수입에서 오는 선물인 첫 열매를 받는다(아파르케; 롬 8:23). 믿음은 바라는 것들이 실상이 되며 희망 자체가 된다. 하나님의 말씀에 대한 살아있는 믿음이 희망을 만들어 낸다. 본질적으로 희망은 믿음이 신뢰하고 하나님이 약속하신 것을 기대하는 것이다(CD IV/1:332).

칭의의 은혜가 "나는 너희들의 하나님이 될 것이다"를 지적한다면, 성화는 "너희들은 나의 백성이 될 것"을 지적한다. 성화는 중생 또는 삶의 갱신, 회개를 포함한다. 그리고 복음서에서 제자직을 말한다. 회개를 향한 각성은 하나님으로부터 온다. 그리고 회개는 믿음의 결과로서 삶을 갱신하는 운동 가운데 있다. 이것은 거듭난 사람의 새로운 삶이다. 우리는 하나님의 것이다. 회개와 삶의 갱신에서 하나님은 우리에게 아멘이 되고, 우리는 하나님에게 아멘이 된다(CD IV/2:561-563).

"아 하나님, 내 속에 깨끗한 마음을 창조하여주시고 내 속을 견고한 심령으로 새롭게 하여주십시오"(시 51:11). "그리고 내가 너희에게 맑은 물을 뿌려서 너희를 정결하게 하며… 너희에게 새로운 마음을 주고 너희 속에 새로운 영을 넣어주며, 너희 몸에서 돌같은 마음을 없애고 살갗처럼 부드러운 마음을 주시며"(겔 36:25-26). 새 언약의 복음은 오순절 성령 사건에서 성취된다.

회개는 마음의 변화를 넘어서서 우리의 몸을 하나님께서 기뻐하실 거룩한 산 제물로 드린다. 더 나아가 주님 앞에서 살아가며, 주님을 아는 것을 말한다(CD IV/2:564). "우리가 주님을 알자. 애써 주님을 알자. … 내가 바라는 것은 변함없는 사랑이지 제사가 아니다. 불살라 바치는 제사보다는 너희가 나 하나님을 알기를 더 바란다"(호 6:3, 6).

성화는 하나님의 은혜에 속한다. "나는 너희를 거룩하게 한 주다"(레 20:8). 하나님이 이사야를 정화하고 거룩하게 여겨주셔서 소명으로 부른다(사 6:7-8). 그리스도 안에서 나타난 하나님의 화해의 은혜는 칭의와 성화를 둘 다 포함한다. 회개와 삶의 갱신은 인간의 성화의 삶에 적용될 때 중생, 즉 새로운 탄생을 의미한다. 하나님의 나라를 보고 들어가는 것은 하나님에게서 난 사람에게 가능하다. "하나님에게서 난 사람은 누구나 죄를 짓지 않습니다. 하나님의 씨가 그 속에 있기 때문입니다"(요일 3:9). "우리는 죄에서 죽은 사람인데 어떻게 죄 가운데서 그대로 살 수 있겠습니까?"(롬 6:2) "은혜 아래서 사는 사람에게는 죄가 다스릴 수가 없다"(롬 6:14). 하나님에게서 난 사람이 죄를 짓지 않는다는 의미는 죄 사함과 새롭게 하시는 성령의 능력 안에서 이해될 필요가 있다.

개신교 교의학에서 구원의 질서(ordo salutis), 칭의와 성화는 시간적, 단계적으로 구분되고, 내적 소명과 성령의 조명이 앞서 나타나며, 중생에 이어 회개가 나타난다. 이후 신비한 연합과 영화가 나타난다. 그러나 바르트에게서 중요한 것은 이러한 이분법적인 이해보다는 화해의 한 사건 안에서 다른 계기들을 보는 것인데, 즉 그리스도의 십자가에서 인간을 의롭게 여기신 하나님은 부활을 통해 인간을 거룩하게 한다. 칭의와 성화는 하나의 구원의 사건에서 두 가지 다른 측면을 의미한다(CD IV/4:2:503).

칭의는 성화가 아니며, 성화로 환원되지 않는다. 성화 역시 칭의가 아니며, 칭의로 융합되지 않는다. 칼빈이 언급한 것처럼 우리가 그리스도의 은혜에 참여할 때 받는 것은 칭의와 성화의 은혜이다. 칭의는 로마가톨릭처럼 성화의 과정의 한 부분이 아니다. 칭의와 성화는 예수 그리스도의 인성과 신성에서 보는 것처럼 또는 신앙과 순종의 관계처럼 구분(distinctio)되지만 나누어지지 않는다(non separatio). 칼빈은 특히 칭의와 성화의 관계를 매우 명료하게 표현했다. "성화가 없는 칭의는 존재하지 않는다"(『강요』 III. 11.6).

물론 우리가 스스로 거룩해져서 하나님과의 관계로 들어가지 않는다. 하나님의 의로움이 인간을 하나님의 자녀로 만든다. 칭의가 없는 성화는 존재하지 않는다. 심지어 거듭난 자들도 이후 죄 사함과 칭의의 은혜를 절대적으로 필요로 한다. 왜냐하면 회개 자체가 용서

하는 것이 아니기 때문이다. 하나님은 죄 사함을 통해 우리를 의롭게 여기실 뿐만 아니라 그리스도의 의로움을 근거로 우리의 일을 의롭게 여기신다. 죄 사함의 은총을 통해 우리는 죄로부터 날마다 자유롭고 해방된다. 하나님의 여겨주심은 칭의와 성화에 버팀목이 된다.

칼빈은 심지어 칭의에서도 선행을 언급하고 성화에 우선권을 주었다. 이러한 칼빈의 이중의 은혜(*duplex gratia*)와 그리스도의 삶은 노년의 루터에게 낯선 것이 아니다. 예수 그리스도의 십자가와 부활 안에서 일어난 칭의와 성화는 성령에 의해 활성화되며, 동시적으로 일어나는 사건에 속한다. 칭의가 성화와 구분되어 먼저 일어나지 않는다. 성화 역시 칭의와 따로 일어나지 않는다. 그것은 동시적으로 그리고 더불어 일어난다. 죄의 용서와 하나님의 자녀됨은 인간은 회개와 제자직과 성화의 삶으로 불린다. 인간은 하나님에 의해 의롭게 되고 거룩하게 된다. 이러한 사건의 구조와 내용에서 칭의는 성화에 앞서 일어난다. 그러나 살아계신 그리스도의 화해의 사건에서 칭의와 성화(성령의 능력)는 동시에 그리고 더불어 온다. 이런 점에서 성화는 칼빈에게 우선권을 가지며, 바르트는 루터를 칭의의 신학자로, 칼빈을 성화의 신학자로 부른다(CD IV/2:509).

인간의 성화는 그리스도의 거룩함에 참여하며 그리스도의 은혜에 근거한다. "그는 우리에게 하나님으로부터 오는 지혜가 되시며 의와 거룩함과 구원이 되셨습니다"(고전 1:30). 성화는 부활의 그리스도로부터 오는 은혜이며, 우리 안에서 성령이 역사하지만, 여전히 십자가로부터 오는 칭의의 은혜와 분리되는 것이 아니라 필요로 한다. 칭의의 시작과 성화와 더불어 칭의의 완성에서 우리는 하나님 나라의 유업, 곧 생명의 은혜를 이어받는 상속자로서 살아간다(벧전 3:7).

6. 소명: 각성과 조명

칭의(믿음)와 성화(사랑)는 소명의 목표(소망)를 갖는다. 이러한 소망은 영원한 생명에 대한 보증을 말한다. 루터에게서 구원의 목적은 내가 그리스도의 것이 되며, 그분의 나라 아래서 살고 섬긴다. 여기에 영원한 생명에 대한 모든 안식과 기쁨과 찬양과 기도가 있다. 이것은 소명이며, 칭의와 성화의 목적이 된다. 이것은 의롭게 되고 거룩하게 된 사람에게 하나님이 보증하는 영원한 생명의 영광과 존엄이다(CD IV/1:113). 소명은 하나님 나라를 향한 종말론적인 소망으로 움직인다.

세상 창조 이전(엡 1:4; 벧전 1:20)에 모든 사람이 그리스도 안에서 칭의, 성화 그리고 소명으로 선택되었다. 예정은 미래의 소명을 지적하며, 소명은 영원 전 그리스도 안에 일어난 예정을 가리킨다(CD IV/3.2:484).

바르트에게서 성령의 역사와 임재는 예수 그리스도의 파루시아이며, 부활절과 최종적인 오심 사이에 위치한다. 소명과 부르심은 살아계신 그리스도로부터 성령의 능력을 통해 인간에게 온다. 그리스도는 세상의 빛이며 인간을 조명한다. 그리스도가 그분의 빛으로 조명할 때 인간은 불림을 받으며 기독교인이 된다. "우리는 주님의 빛을 받아 환히 열린 미래를 봅니다"(시 36:9). 조명은 그리스도를 아는 지식으로 나가게 한다. 조명은 부르심의 과정에서 나타나며, 하나님에 대한 지식은 직관적인 관상보다는 인간의 모든 것(사고, 의지, 인격)에 걸쳐 나타난다. "밤이 깊고 낮이 가까이 왔습니다. 그러므로 우리는 어둠의 행실을 벗어버리고 빛의 갑옷을 입읍시다"(롬 13:12).

바르트는 조명에 각성의 개념을 병렬시킨다. 각성(롬 13:11; 엡 5:14)은 경건주의와 감리교 전통에서 강조된 것인데, 바르트는 그의 소명론에 통합한다.

웨슬리에 의하면, 구원의 사건과 과정은 선행 은총-깨달음의 은총(율법적 회개와 복음적 회개)-칭의의 은총-중생-완전 성화(기독교 완전)로 파악된다. 선행 은총은 인간을 회개로 인도한다. 회개는 깨달음의 은총인데, 율법적 회개는 신앙의 이전 단계에서 죄의 상태를 깨닫고 뉘우친다. 복음적 회개는 믿음 안에서 나타나는 마음의 변화와 성결의 삶을 말한다. 칭의를 얻기 위해 율법적 회개와 인간의 노력이 필요하다. 칭의는 그리스도가 베풀어준 죄의 용서를 의미한다. "우리는… 하나님의 풍성한 은혜를 따라서 그분의 피로 구속 곧 죄의 용서를 받게 되었습니다"(엡 1:7). 칭의는 신앙에 의해서만 의롭게 되며, 죄 사면의 확신과 체험으로 확인된다. 이러한 체험은 지속적이다. 중생은 마음의 정화와 진정한 변화를 의미하고, 초기 성화로 파악된다. 그러나 구원의 온전성은 아니다. 인간의 남겨져 있는 죄성에 대한 회개를 필요로 한다. 복음적 회개를 필요로 한다. 완전 성화는 성령 충만 또는 기독교의 완전으로 말한다. 그러나 복음적 회개는 여전히 필요하며, 신앙은 절대적이다. 기독교의 완전함은 역동적인 과정을 말하지, 모든 오류와 죄에서부터 완전히 해방된 한 지점을 말하지 않는다.[1]

바르트에게서 성령세례는 믿음의 삶에서 항상 지속적으로 일어나며 종말론적인 역동성을 갖는다. 웨슬리의 선행 은총에서 완전

---

1 정승훈, 『종교개혁과 21세기』, 257-260.

성화에 이르는 믿음의 진보는 성령의 내적 증거와 은사와 열매로 통합된다. 차이가 있다면 바르트에게서 회개는 은혜에 속하며 율법적/복음적 회개로 구분되지 않는다. 성령의 주도권은 인간의 자유로운 결단과 책임성을 통해 살아난다. 그러나 웨슬리의 용서의 확신과 체험은 바르트에게서 성령의 내적 증거로 다루어진다.

바르트에게서 성령세례는 예수 그리스도가 말씀과 성령을 통해 인간을 회심시키며 새로운 존재로 만들어 가는 사건이다. 성례로서 성령세례는 기독교적인 삶의 총괄 개념이며, 예수 그리스도가 믿음의 시작이며 완성자임을 말한다(히 12:2). 성령세례는 교회에서 베풀어지는 물세례를 통해서 일회적으로 발생하지만, 칭의-성화-소명의 은혜와 더불어 현재 진행형으로 그리고 종말론적으로 일어난다. 성령세례는 완료형이거나 완성된 것이 아니라 항상 시작이며, 미래를 지적하며 전진한다. 기독교인이 된다는 것은 새로운 피조물이 되어가는 것을 의미하며(고후 5:17), 미래와 새로움을 향한 회개와 성장과 전진을 포함한다(KD IV/4:42).

최근 북미에서 신-오순절 신학자들(Veli-Matti Karkkainnen, Frank Macchia)은 바르트의 성령세례에 주목하고 새로운 은사론과 성령세례론을 부르심에서 변화의 교리까지 그리스도 중심적으로 발전시킨다. 성령세례는 시작부터 마지막까지 그리스도인의 전인적인 구원을 표현하는 총괄 개념이며(KD IV/4, 34, 37), 신-오순절 신학자들은 성령세례의 폭넓은 스펙트럼을 중요하게 고려한다. 바르트에게서 "Come, Holy Spirit!"는 믿음의 사람들이 쉬지 않고 드리는 기도이다.

바르트에게서 영적 각성은 그리스도의 부르심에서 나타나며, 각성은 부활의 그리스도로부터 오는 조명과 관련된다. 예수 그리스도는 영원히 살아계신 주님으로 성령을 통하여 인간을 부르실 때 인간을 각성시키고, 그리스도의 지식에 대해 빛을 비추어주고 조명한다. "여러분을 부르시는 분은 신실하시니 이 일을 또한 이루실 것입니다"(살전 5:24). 부르심의 과정에서 각성은 하나님의 능력으로서 복음을 깨닫게 하고, 옛사람에서 새로운 삶으로의 전환이 일어난다. 각성은 조명의 역동적 성격을 강조하며, 인간을 기독교인으로 만드는 부르심의 과정에서 드러나는 영적 측면을 강화한다(CD IV/3.2:513).

경건주의 전통에서 조명은 효율적인 계시와 그리스도에 대한 활동적인 지식을 말하며, 진지한 경건의 실천에서 도덕적인 열매를 맺는다. 그러나 소명론에서 바르트는 직접적인 부르심과 간접적인 부르심을 구분하는데, 직접적인 부르심은 하나님이 성령을 통하여 인간을 (인간의 중재[간접적인 부르심]를 거치지 않고) 부르시는 것이다. 신약성서에서 우리는 그리스도와 성령 안에서 하나님의 직접적인 부르심을 만난다. 더 나아가 바르트는 외적인 부르심(설교와 성만찬)과 내적인 부르심(성령)을 구분한다. 살아계신 그리스도는 외적인 부르심과 내적인 부르심에서 역사하지만, 바르트는 내적인 부르심을 교회의 외부에서 일어나는 사건으로 확대시키고 자신의 빛들의 교리에서 발전시킨다(CD IV/3.2:516).

또한 부르심의 사건에는 일회적인 부르심과 지속적인 부르심이 있다. 인간의 각성과 조명에서 하나님의 부름은 일회적으로 구체적인 상황에서 일어난다. 그리고 이러한 일회적 부르심은 완성을 향하여 나간다. 그리고 진정한 기독교인의 삶은 매일의 회개의 삶에서 드러난다. "선한 일을 여러분 가운데서 시작하신 분께서 그리스도의 예수의 날까지 그 일을 완성하시리라고 나는 확신합니다"(빌 1:6). 부르심 안에서 성취되는 새로운 창조(고후 5:17)는 옛것에 대한 취소나 파괴가 아니라 이전 아담의 자녀를 하나님의 새로운 옷으로 입히고 변혁시키는 것이다. 여전히 잠재적인 죄(롬 7장)가 존재하지만, 새로운 자녀는 항상 새롭게 끊임없이 죄(거짓)로부터 자유와 해방을 그리스도로부터 받고 목표를 향해 전진한다. "그리스도[예쉬]께서 나를 사로잡으셨으므로, 나는 그것을 붙들려고 쫓아가고 있습니다"(빌 3:12). "두렵고 떨리는 마음으로 자기의 구원을 이루어 나가십시오"(빌 2:12).

바르트는 소명을 칭의와 성화와 더불어 기독교 신앙의 통전적인 부분으로 수용한다(CD IV/3.2:519). 하나님의 직접적인 부르심은 말씀과 성만찬을 통해(외적으로) 그리고 성령을 통해 교회 외부의 모든 사람에게(내적으로) 일어난다. 이것은 일회적이며, 동시에 목표를 향해 지속된다. 이러한 부르심의 형식을 바르트는 그리스도의 예언자적인 직무에서 파악하며, 더 나아가 그리스도와의 연합을 부르심의 목적으로 전개한다.

7. 부르심의 목적: 그리스도와의 연합

바르트는 칭의의 완성으로서 하나님 나라의 상속자로 말한 적이 있다(벧전 1:4). 죄의 사면과 하나님의 자녀됨을 통해 칭의의 완성은 영원한 생명의 상속자로서 순례와 희망의 삶을 살게 한다. 그러나 바르트는 그의 소명론에서 루터와 칼빈에게서 중요하게 드러나는 그리스도와의 연합에 주목하고, 이러한 신비한 연합을 그리스도의 예언자적인 직무를 통해 해명한다.

그리스도와의 연합은 루터의 '황홀한 교환'과 칼빈의 그리스도와의 신비한 연합에서 시작되고, 그 영적인 차원과 체험적인 측면이 칭의와 성화와 더불어 다루어졌다. 성령의 사역과 선물은 하나님의 말씀과 부르심의 능력을 의미하며, 인간을 그리스도와의 교제로 인도한다. 인간은 성령이 거주하는 하나님의 성전이 되며, 그리스도는 믿음으로 말미암아 우리의 마음속에 머물러 계신다(엡 3:17). 그리스도와의 교제와 연합은 소명, 조명 그리고 각성을 통한 목표가 된다.

칼빈의 그리스도와의 신비한 연합(unio mystica, 『강요』 III, II, 10)을 다루면서 바르트는 신앙의 신비한 체험을 간과하지 않는다. 그러나 그리스도-신비주의를 통해 신비한 연합을 말하려고 하지 않는다. 이것은 믿음 안에서 역사하는 성령을 통해 알려진다. 이러한 연합의 사건은 그리스도의 부활에서 그리고 성령의 임재를 통해 나타나는 그분의 예언자적 사역에 속한다(CD IV/3.2:343).

"내 안에 머물러 있으라. 그리하면 나도 너희 안에 머물러 있겠다. … 너희는 나를 떠나서는 아무것도 할 수 없다"(요 15:4). "여러분은 예수 그리스도께서 여러분 안에 계시다는 것을 알지 못합니까?"(고후 13:5) "내 안에서 말씀하시는 그리스도"는 "여러분 가운데서 능력을 떨치시는 분입니다"(고후 13:3). "나에게는 사는 것이 그리스도시니, 죽는 것도 유익합니다"(빌 1:21). "이 비밀은 여러분 안에 계신 그리스도시요 곧 영광의 소망입니다"(골 1:27). "이제 살고 있는 것은 내가 아닙니다. 그리스도께서 내 안에 살고 계십니다"(갈 2:20).

세례와 구원의 옷을 입은 우리 안에서 그리스도는 끊임없이 말씀하시고, 활동하시고, 다스리며 하나님의 복음을 전하는 제사장의 직무(롬 15:16)를 수행하게 하신다. 그렇게 그리스도는 우리 모두를 택하심을 받은 왕과 같은 제사장으로 그리고 하나님의 소유로 부르시고 하나님의 위대한 사역을 선포하게 한다(벧전 2:9). 주님은 영이시고, 주님의 영이 계신 곳에 자유가 있다. 영이신 주님께서 하시는 일은 우리에게 모든 너울을 벗기시고, 주님의 영광을 바라보고 우리는 주님과 같은 모습으로 변하여 점점 더 큰 영광에 이르게 한다(고후 3:18). "성령을 힘입지 않고서는 아무도 '예수는 주님이시다' 하고 말할 수 없습니다"(고전 12:3). "주님의 이름을 부르는 사람은 다 불의에서 떠나며, 자신을 깨끗하게 하면 주님이 사용하시는 성별된 귀한 그릇이 될 것입니다"(딤후 2:21).

바울에게서 주의 이름을 부르는 자는 구원을 얻을 것이라는 말은 하나님이 예수를 죽은 자 가운데서 살리신 것을 마음으로 성령을 통해 믿는 사람들이고, 의로움에 이르는 자들이며 입으로 고백해서 구원에 이른다(롬 10:9). "… 주님의 이름을 부르는 사람은 다 불의에서 떠나라"(딤후 2:19). 예수-아도나이를 부르는 사람은 칭의와 성화의 은혜 가운데 거하는 자들이고, 이들을 그리스도는 변화시키고 점점 더 큰 영광, 즉 연합의 은혜로 인도한다.

바르트는 바울의 회심(행 26:17)을 근거로 구원의 과정을 정리한 루터란 정통주의 신학자 홀라츠의 구원의 질서를 소개한다: (1) 교회로 부르심, (2) 조명, (3) 회개, (4) 중생, (5) 칭의, (6) 신비한 연합, (7) 성화, (8) 믿음과 거룩함 안에 확증과 보존, (9) 영원한 영광으로 종말론적 이행.

바르트가 홀라츠를 언급한 이유는 루터란 정통주의 마지막 교의학자가 경건주의를 향해 문을 열어 놓은 데 있다. 이러한 교의학이나 경건주의 전통에서 영적 가치는 존중해야 한다. 그러나 바르트는 단순히 심리적 단계론이나 삶의 진화가 아니라 살아계신 그리스도의 총체성에서 은혜는 항상 새로움으로 파악되어야 한다고 말한다 (CD IV/3.2. 507).

바르트는 부르심과 조명을 매개하는 것으로서 각성을 첨부한다. 그리고 중생을 회개에 앞에 위치시킨다. 성령의 특별한 인치심(고후 1:22; 엡 1:13; 4:30)을 믿음과 거룩 안에 확증과 보존 앞에 위치시킨다. 신비한 연합은 바르트적인 의미에서 영원한 영광 이전에 위치시킬 수도 있다. 이러한 시간적 단계를 거절할 필요는 없다(CD IV/3.2:505-506). 그러나 바르트의 관심은 주관적인 구원에 대한 단계적 체험에 앞서 화해의 사건에서 일어난 구원의 은혜를 다양한 계기로 구분하고(분리하지 않은 채) 통전적으로 파악하는 것이다. 바르트의 구원의 질서는 다음처럼 요약될 수 있다: (1) 그리스도의 십자가: 칭의(믿음/죄 사함 – "항상 죄인, 항상 의인"), (2) 그리스도의 부활: 성화(사랑/회개와 제자직); 칭의와 더불어 간다. (3) 성령의 임재: 칭의의 완성(하나님의 자녀/상속자), (4) 성령의 부으심: 소명(하나님의 부르심; 소망) – 각성과 조명, (5) 소명의 완성: 신비한 연합, (6) 몸의 부활과 영원한 생명; 믿음, 소망, 사랑은 성령의 은사로서 구분되지만, 항상 더불어 존재한다.

루터는『갈라디아주석』(1535)에서 이미 신앙 안에 임재하는 그리스도를 이런 연합의 측면에서 파악했고, 바르트와는 달리 칭의의 완성으로 말했다. 기독교인들은 믿음 안에서 그리스도에 의해 붙들리고 또한 그분을 소유한다. 그리스도와 나 사이에 '환희에 찬 교환'이 일어나며, 그리스도의 신령한 것은 나의 것이 된다. 나는 제2의 그리스도처럼 살아간다. 신앙은 그리스도에 대한 역사적인 사실을 아는 것이 아니다. 이러한 정보 지식은 귀신도 또는 믿지 않는 자도 가지고 있다(약 2:19).

믿음(칭의)에 행동(성화)이 따르지 않으면 그것은 죽은 것이다. 정보 지식(notitia)과 교리에 대한 지적 동의(assensus)가 불필요한 것은 아니지만, 우리를 의롭게 하는 믿음은 성령이 내 안에서 만들어 가는 마음의 신뢰(fiducia)이고, 이러한 신뢰는 성화와 불가분의 관계를 갖는다. 루터에게서 그리스도와의 연합에서 믿음의 확신은 구원의 확신이 된다. 칭의를 일으키시는 그리스도 안에서 우리는 그리스도와 연합하며, 이것은 루터의 칭의론의 중심에 속한다. 루터의 '항상 죄인, 항상 의인'과 '믿음으로만'이라는 입장은 죄 사함이 세례, 회개, 성만찬을 통해 지속적으로 성화의 삶에서 이어지는 것이며, 그리스도와의 연합에서 정점에 달한다.

루터와 달리 칼빈은 성만찬에서 성령의 사역과 선물을 그리스도의 연합의 관점에서 파악하고, 여기서부터 칭의와 성화의 은혜가 나오는 것으로 보았다. 쯔빙글리와는 달리 칼빈은 성만찬의 떡과 포도주의 사인 아래서 성령의 능력으로 믿는 자들은 그리스도와의 연합으로 파악한다. 칼빈의 신비한 연합은 그의 다른 신학의 주제들을 포함하고 기독교인의 삶의 콘텍스트로 펼쳐진다. 그리스도는 우리 안에 머물러 계신다. 그리스도는 그분의 선물과 혜택뿐만 아니라 자신을 우리에게 허락하신다. 그분과의 연합에서 주님이 다스리는 성화의 삶이 드러나고 그분의 죄 사함이라는 칭의의 은혜가 온다. 칼빈의 신비한 연합 아래서 그리스도 안에서 나타난 구원의 전체를 포괄한다(CD IV/3.2:551-552). "우리는 그리스도의 몸의 지체가 된다"

(엡 5:30). 그러나 루터나 칼빈의 신비한 연합은 안드레아스 오시안더
(1498~1552)와는 다르다(『강요』 III, 11.10).

초기에 오시안더는 루터에게 동의했지만, 칭의는 그리스도의 인
간성, 즉 십자가를 통해 값없이 전가되기보다는 그리스도의 신성에
의해 영혼에 주입되고 고취된다고 보았다. 루터와 칼빈의 칭의론과
는 달리 오시안더는 영혼에 스며드는 그리스도의 신성을 통해 우리
는 하나님처럼 되어 간다고 주장한다. 하나님의 용서는 우리의 외부
에서 일어나는 은혜가 아니다. 칭의는 우리 안에 거주하는 그리스도
에 의해서 일어난다. 인간의 죄는 대양에 떨어지는 물방울처럼 심각
하지 않고 신성에 의해 삼켜져 버린다. 그리스도의 십자가에서 일어
난 하나님의 죄의 사면은—우리 외부에서(extra nos)— 믿음이 아니
라 영혼에 거하는 그리스도에 대한 신비한 체험으로 대처된다. 칼빈
은 오시안더의 입장을 날카롭게 비판했고, 신비한 연합에 칭의-성
화를 포함시키고, 성례전적인 차원을 중요하게 여겼다.

8. 구원의 완성: 영원화의 은총

바르트에게서 인간의 영혼은 불멸하는 것이 아니라 성령이 몸의
부활에서 나타난다. 하나님의 부르심은 우리를 구원의 신령한 복으
로 인도한다. 성령으로 우리를 거룩하게 하시고, 예수 그리스도의
피로 정결함을 얻게 한다(벧전 1:1). 우리는 썩지 않는 영원하신 하나
님의 말씀으로 거듭나고, 갓난아기와 같이 신령한 젖을 그리워하고
먹으면서 자라 구원에 이르게 한다(벧전 2:2). 상속자로 삼으시고 그
리스도의 연합을 통하여 목회자는 복음의 직무를 맡은 제사장으로

(롬 15:16), 성도들은 세상을 향하여 왕 같은 제사장으로 불린다(벧전 2:5). 이런 사람들에게 몸의 부활이라는 구원의 확신이 주어지고 영혼의 구원을 받은 자가 된다(벧전 1:9).

"하나님이… 코에 생명의 기운을 불어넣으시니 사람이 생명체가 되었다"(창 2:7). 하나님은 숨결을 통해 인간에게 영을 주셨다(사 57:16). 생명체(네페쉬: 혼과 몸)는 신약성서에서 영혼(푸쉬케)으로 표현된다. 베드로전서 1장 9절에서 말하는 영혼 구원은 네페쉬의 구원, 즉 혼과 몸의 구원을 말하는데, 전인 구원을 의미한다. 요한삼서에 이러한 전인 구원의 차원은 영혼이 평안함과 같이 범사의 일이 잘되고 건강해지는 내용을 담는다(요삼 1:2). 하나님의 영은 나의 호흡 안에 있고 (욥 27:3), 영이 없는 몸은 죽은 것이며(약 2:28), 하나님은 우리 속에 살게 하신 그 영을 시기할 정도 그리워하신다(약 4:5). "내 영을 아버지의 손에 맡깁니다"(눅 23:46). "또한 그리스도께서 여러분 안에 살아 계시면, 여러분의 몸은 죄 때문에 죽은 것이지만, 영은 [그리스도의]의 때문에 생명을 얻습니다"(롬 8:10).

바르트는 영혼과 몸(네페쉬)은 죽는다고 말한다. "너는 흙에서 나왔으니 흙으로 돌아갈 것이다"(창 3:19). "죽은 사람은 썩어 없어지질 않을 몸으로 살아나고, 우리는 변화할 겁니다"(고전 15:52). 바울의 변화의 교리는 바르트에게 영혼 불멸설을 거절하고 죽음 이후의 육체의 부활, 즉 하나님의 영원화의 은총으로 파악된다. 바울은 심오한 영의 신학자였다. 우리는 자녀로 삼으시는 영을 받았고, 성령이 우리와 영과 함께 우리가 하나님의 자녀임을 증언한다(롬 8:16). 하나님께서 우리 안에 계신 그분의 영으로 우리의 죽을 몸도 살리실 것이다(롬 8:11). 자연적인 것으로 심어져서 하늘의 속한 그리스도의 형상을 입는다(고전 15:49). 썩을 것은 하나님 나라의 유업을 받지 못한다. 잠드는 것이 아니라 다 변화할 것이다(고전 15:51).

이러한 영원화의 은총은 신약성서의 소망의 내용에 속한다. 우리는 죽을 때 혼자 있는 것이 아니라 죽음을 다스리는 하나님과 함께 있을 것이다(CD III/2:609). 신약성서에서 죽음은 인간의 죄와 죄책에 대한 하나님의 심판의 사인 아래 있다. 죽음은 두려운 것이며, 이것을 나의 형제나 자매로 부르기는 어렵다(CD III/2:597-598).

죽음은 인간에게 하나님의 저주의 귀결이며, 심판으로 온다(창 2:17; 3:19). "맨 마지막으로 멸망 받을 원수는 죽음입니다"(고전 15:26). 예수는 그의 죽음에서 영원한 타락의 고통을 당했고, 이것이 예수의 죽음을 다른 인간의 죽음과 구분 짓는다. 그는 우리를 위해 나무에서 저주를 받았다(갈 3:13). 예수 안에서 하나님은 영원한 형벌을 통하여 인간이 고통 당해야 하는 것을 담당했다(CD III/2:603). 그리스도는 율법의 마지막이며(롬 10:4), 심지어 모세의 율법도 인간을(신약성서가 말하는 것처럼) 급진적으로 심판하지 못한다. 바리새파 시절에 바울도 이 사실을 율법으로부터 배우지 못했다(CD III/2:604).

그러나 하나님의 허락 없이 죽음은 인간에게 어떤 해도 끼칠 수가 없다. 심지어 지옥에서도 인간은 하나님의 손에 있다. 그러나 죽음에서 우리를 기다리는 하나님은 은혜로우신 분이다. 우리는 죽음을 두려워하는 것이 아니라 하나님을 두려워해야 한다. 우리는 죽지만 하나님은 우리를 위해 사신다(CD III:610). 바르트는 구약성서에서 죽음 이후 인간의 삶의 지속성이나 갱신 또는 부활이나 영원한 생명에 대해서 언급하지 않는다고 본다(CD III:618).

물론 이사야 26장 19절―"그러나 주님의 백성들 가운데서 죽은 사람들이 다시 살아날 것이며, 그들의 시체가 다시 일어날 것입니다"
—이나 에스겔 37장 1-14절에서 우리는 이스라엘에 대한 약속의
갱신을 본다. 더욱이 에스겔 37장 12절—"내 백성들아 내가 너희
무덤을 열고 너희로 거기에서 나오게 하고 이스라엘 땅으로 들어가
게 하리라"—은 마지막 심판의 날 메시아를 통해 모든 이스라엘의
일반 부활을 말한다. 그리고 이 본문은 예수의 죽음과 부활에서 일어
난 종말의 사건을 증언하는 마태복음 27장 52절—"무덤들이 열리며
자던 성도의 몸이 많이 일어나되"—에서 성취된다. 예수의 죽음과
부활(아나스타시스)에서 이스라엘의 마지막 때 부활의 희망이 성취되
었고, 새로운 시대(에온)가 열렸다. 그러나 바르트는 에스겔 본문을
죽음에 대한 해결로 간주하지 않는다. 물론 바르트는 다니엘 12장
2절을 예외로 보기도 한다 — "그리고 땅속 티끌 가운데서 잠자는
사람 가운데서도, 많은 사람이 깨어날 것이다. 그들 가운데서 어떤
사람은 영원한 생명을 얻을 것이며, 또 어떤 사람은 수치와 함께 영원
히 모욕을 받을 것이다."

그러나 신약성서에서 죽음을 넘어서서 영원한 생명에 대한 희망
은 구약과는 매우 다르다. "그리스도께서는 죽음을 폐하시고, 복음
으로 생명과 썩지 않음을 환히 보이셨습니다"(딤후 1:10). 예수는 인간
의 원수인 저주로서의 '둘째 사망'을 대신해 우리를 위해 죽으셨다(CD
III:628). 그리스도의 죽음을 통해 인간 존재의 마지막으로서 죽음은
자연스러운 것이 되며, 악이라기보다는 처벌로 파악될 수가 있다.
믿음의 사람들에게 죽음은 저주가 아니라 자연사로서 주어진다. 신
약성서에서 사망과 지옥이 불바다에 던져진다. 이것은 '둘째 사망'이
다. 불바다에 던져진 자들은 생명책에 기록되지 않은 사람들이다(계

20:14-15). 맨 마지막으로 멸망 받을 원수는 죽음이다(고전 15:26). 이것은 자연스럽지 않은 죽음이며, '죽음 가운데 있는 죽음'이며, 하나님의 마지막 심판에 의해 폐해진다(CD III/2:634). 바르트는 계시록의 '둘째 사망'이 첫 번째 사망을 전제하며, 둘째 사망의 파괴적인 비자연스러운 현실과는 다르다고 말한다(KD III/2:777).

이것은 '죽음 가운데 있는 죽음'이다(CD III/2:634). 예수 그리스도 안에서 둘째 사망은 폐해지고, 인간은 여기서부터 해방되며, 자연적인 죽음과 부활의 생명으로 자유롭게 된다(요 5:24; CD III/2:638). "내가 진정으로 진정으로 너희에게 말한다. 내 말을 듣고 또 나를 보내신 분을 믿는 사람은, 영원한 생명을 가지고 있고 심판을 받지 않는다. 그는 죽음에서 생명으로 옮겨졌다"(요 5:24). 아버지는 심판하는 일을 아들에게 맡기지만(요 5:22, 27), 예수는 심판이 아니라 구원하기 위해 오셨고, 예수를 배척하는 자를 심판하는 분은 아버지이다(요 12:47-48). 이런 점에서 바르트는 복음의 능력이 생명책에 기록되지 않는 사람들과 사망과 지옥을 만유구원론적으로 포함한다고 말하지 않는다(CD II/2:417-418; IV/3:477-478, 489, 713).

바르트에게서 죽음 자체는 인간의 피조성에 속하는 자연스러운 것이다. 이것은 죽음의 자연적 측면을 말하는데, 하나님의 선한 창조에 속하는 인간의 제한성, 본래적인 인간의 삶에 주어진 선한 제한성을 말한다. 바르트는 아브라함과 이삭, 특히 에녹과 엘리야에게서 죽음의 자연적인 측면을 본다. 엘리야의 승천에서 심판과 저주로서의 흔적은 찾아볼 수가 없으며, 그의 마지막은 하나님의 선한 창조로서 그분의 질서와 계획에 속한다(왕하 2:12; KD III/2:776).

예수 그리스도는 십자가에서 저주로서의 죽음을 인류를 위해 죽으셨다. "죽음아 너희 승리가 어디 있느냐? 죽음아 너의 독침이 어디 있느냐?"(고전 15:55) "다시는 죽음이 없고 슬픔도 울부짖음도 고통도 없을 것이다"(계 21:4). 신약성서에서 죽음 이후에 대한 희망은 생의 마지막인 죽음에 대한 영원화이다(III/2:624). "내 말을 듣고 또 나를 보내신 분을 믿는 사람은 영원한 생명을 가지고 있고 심판을 받지 않는다. 그는 죽음에서 생명으로 옮겨 갔다"(요 5:24). 이것은 현재적 종말론이며, 새로운 피조물로서 우리의 삶에서 주어진다. 여기서 둘째 사망은 폐해지고, 자연스런 죽음으로 불리고, 영원한 생명으로 해방된다(CD III/2:638).

바르트에게서 육체의 부활은 프로렙시스(prolepsis)처럼 마지막 때 일반 부활에서 구원과 심판을 위해서만 일어나는 것이 아니라 개인의 죽음 이후에도 일어난다. 몰트만과 판넨베르크에게서 하나님의 존재는 미래에만 관련된다. 이들에게서 종말론적인 것과 역사적인 것의 겹치는 동시성은 찾아보기가 어렵다. 물론 우리 모두는 그리스도의 심판대 앞에 서게 될 것이다(고후 5:10; 롬 14:10). 바울은 고린도전서 3장 12절에서 아볼로와 자신의 사역을 언급하면서 심판의 날에 자신의 사역이 예수 그리스도의 토대 위에 세워졌는지 검증될 것으로 말한다. "불이 각 사람의 업적이 어떤 것인가를 검증하여 줄 것입니다"(고전 3:13). "하나님은 태워 없애시는 불이다"(히 12:29). 우리가 소망하는 심판 주로서 그리스도는 이미 부활을 통하여 우리에게 오신 분이고, 성령의 능력을 통하여 우리에게 임재하시는 현재의 그리스도이다. 그분의 심판 또한 공정하며, 급진적이며, 예측할 수 없는 불로 검증될 것이다. 그러나 심판은 그리스도의 은총의 의로움을 말한다(CD IV/3.2:922).

그리스도를 통하여 우리에게 주었던 용서의 은총과 성화의 삶은 몸의 부활을 통하여 그리스도와 더불어 영광의 삶이 될 것이다. 인간의 제한적인 삶은 죽음으로 끝나고 경계를 갖지만, 하나님의 영원하신 삶과 공존한다. 하늘의 시민권자로서(빌 3:20) 바울은 말한다. "…하늘에 있는 영원한 집이 우리에게 있는 줄 압니다…. 죽을 것이 생명에게 삼켜지게 하려는 것입니다"(고후 5:1-4). "여러분이 나아가서 이른 곳은 시온 산 곧 살아계신 하나님의 도성인 하늘의 예루살렘입니다"(히 12:23).

"나는 이 둘 사이에 끼어있습니다. 내가 원하는 것은 세상을 떠나서 그리스도와 함께 있는 것입니다"(빌 1:23). 바울은 여기서 그리스도의 재림에서 부활을 언급하기보다는 죽음 이후 몸의 부활을 말한다. 죽음 이후 부활에 참여한 사람들(빌 1:23; 3:11)은 이미 그리스도의 심판대에 선 사람들이고, 마지막 때 그리스도의 심판에서 면제되지 않는가? 이들은 그리스도와 더불어 첫 번째 부활에 참여한 자들(계 20:4)이다. 요한복음에 의하면 예수에 대한 믿음을 가진 자들은 영원한 생명을 가지고 있고 심판을 받지 않는다(현재적 종말론). "그리스도를 죽은 사람들 가운데서 살리신 분께서 여러분 안에 계신 자기의 영으로 여러분의 죽을 몸도 살리실 것입니다"(롬 8:11).

그러나 믿음을 가진 자들 역시 죽음 이후 그리스도의 심판대 앞에 서고 그분의 자비로운 은혜의 심판을 통하여—"그것은 불로 드러날 것이기 때문입니다. 불이 각 사람의 업적이 어떤 것인가를 검증하여 줄 것입니다"(고전 3:13)— 그리스도와 더불어 영광의 삶을 이루는 몸의 부활을 입을 것이다. 그리고 마지막 때 죽은 사람들이 주님의 음성을 듣는 자들은 살 것이다(그리스도의 재림에서 생겨나는 마지막 때 부활).

선한 일을 한 사람들은 부활하여 생명을 얻고, 악한 일을 한 사람들은 부활하여 심판을 받는다(요 5:29; 마 25장의 최후의 심판).

성서에서 죽음을 잠으로 표현하는 것은 예수의 죽음을 통하여 둘째 사망으로부터 해방된 것을 의미한다. 이들에게 죽음은 자연스러운 것이며, 평화스러운 과정이 된다. 자연스러운 죽음에서도 우리는 인간의 원수인 둘째 사망, 즉 죽음의 죽음으로부터 해방된다. 바르트에게서 죽음을 잠으로 표현하는 신약성서의 언어는 죽음 이후 중간상태에 대한 요청을 필요로 하지 않는다. 죽음은 하나님과 우리가 맺는 영원한 계약이다. 하나님은 삶과 죽음에서 우리에게 신실하신 분이다. 지상에서의 삶이 부활 이후 하늘의 삶으로 이어지지는 않는다. 그렇다고 해서 지상에서의 나의 삶과 하늘에서의 나의 삶 사이에 과격한 분리가 있는 것도 아니다. 바울은 우리가 육체의 몸으로 심어져 신령한 몸으로 살아날 것으로 말한다(고전 15:44). 부활에 참여하는 자들은 죄된 인간성과 육체를 가지고 있는 인간이며, 썩을 것이 썩지 않을 것을 입으며, 죽을 것이 죽지 않을 것을 입는다(고전 15:53). 나의 삶의 역사와 자아는 무로 가는 것이 아니라 하나님의 계약의 역사로 통합된다. 나의 삶의 진정한 지속성과 정체성은 이러한 계약의 역사 안에 존재한다. 마지막에 침묵이 있는 것이 아니라 나는 육체의 부활을 믿는다.[2]

죽음 이후의 중간상태에 관한 교리는 칼빈에게서 발견된다. 그러나 종종 칼빈의 중간상태에 관한 교리는 영혼 불멸설을 지지하는 것으로 오해되었다. 물론 칼빈은 교황 요한 22세(1316~1334)의 영혼

---

2 Lochman, *The Faith We Confess*, 244.

수면설을 비판했다.

가톨릭의 교리에 의하면 사람이 죽은 후 부활에 이르기까지 영혼은 하나님을 보는 지복에 이르지 못한다. 교황 베네딕트 1세(575~579)는 영혼 수면설과 더불어 죽음 이후 즉각적인 심판이라는 교설을 이단으로 간주했다. 여기서 중간상태에서 죽은 자들이 정화의 기간을 거친다는 연옥설이 등장한다. 영원한 사랑의 불이 죽은 자들의 죄를 정화한다. 성도의 교제를 통해 산 자들은 죽은 자들을 위해 기도와 도움을 줄 수가 있다. 죽은 자들을 위한 미사와 면죄부는 죽은 자들의 영적 진보를 위한 큰 도움이 될 수가 있다.3 그러나 성서는 연옥설을 지지하는 진술이나 증거를 가지고 있지 않다. 루터나 칼빈은 연옥설을 공격했고, 특히 칼빈은 연옥은 사탄의 사악한 고안물로 말한다. 왜냐하면 그것은 그리스도의 십자가를 헛된 것으로 만들기 때문이다(『강요』 III. v. 6).

칼빈은 영혼 불멸이 아니라 육체의 부활을 주장한다. 그러나 '하나님과 완전하게 된 의인의 영들'(히 12:23)이 하나님과 더불어 있다면, 우리는 하늘에 등록된 장자들의 집회와 친교 가운데 있다. 칼빈은 영혼의 중간상태에 대한 지나친 호기심을 금한다. 그러나 성서는 이러한 중간상태를 언급한다. 그리스도는 죽은 성도들과 같이 있으며, 이들을 천국으로 인도한다. "너는 오늘 나와 함께 낙원에 있을 것이다"(눅 23:43). 복된 성도들의 영들이 모여 있는 곳을 아브라함의 품(눅 16:22)으로 불린다. 이들은 안식 가운데 있지만, 마지막 그리스도의 재림에서 약속된 영광의 부활을 기다린다(『강요』 III. xxv. 6).

---

3 Moltmann, *The Coming of God*, 97-98.

바울은 육과 영의 모든 더러움에서 떠나서 자신을 깨끗하게 하라고 한다(고후 7:1). 왜냐하면 예수의 생명이 우리의 죽을 육신에 나타나기 때문이다(고후 4:11). 우리 모두는 그리스도의 심판대 앞에서 몸으로 행한 일에 대해 마땅히 보응을 받기 때문이다(고후 5:10). 자연적인 몸으로 심는데, 신령한 몸으로 살아난다. 흙으로 빚은 형상을 입듯이 하늘에 속한 그분의 형상을 입는다. 썩을 몸이 썩지 않을 것을 입어야 하고, 죽을 몸이 죽지 않을 것을 입어야 한다. 바울은 이것을 변화로 말하는데(고전 15:52), 칼빈은 육체의 부활로 말한다. 이러한 사건은 이미 에녹과 엘리야에게 일어났다(『강요』 III. xxv. 7).

몰트만에 의하면, 그리스도 안에서 죽은 성도들은 아직 부활하지 않았고, 오직 그리스도와 더불어 있다. "내가 원하는 것은, 세상을 떠나서 그리스도와 함께 있는 것입니다"(빌 1:23). 죽은 자들은 잠을 자지 않고 그리스도와 함께 있지만 아직 부활하지 않았다.[4] 몰트만에게 중간상태의 시간은 필요한 것이 된다. 이러한 중간상태에서 예수는 죽은 자들에 복음을 전했다(벧전 4:6). 심지어 옥에 있는 영들에게도 복음을 전했다(벧전 3:19).

몰트만과는 달리 바울에 의하면, 살과 피로는 하나님의 나라를 유산으로 받을 수가 없다. 하늘에 속한 그리스도의 형상을 입으려면 썩을 몸이 썩지 않을 것을 입는 몸으로 살아나는 변화 내지 변형을 입어야 하는데, 이것은 몸의 부활이다(고전 15:52-53). 바르트는 바울과 더불어 죽음 이후의 육체의 부활을 진지하게 고려한다. 바르트는 데살로니가전서 4장 16절에서 그리스도 안에서 먼저 죽은 자들이

---

4 Ibid., 105.

살아난다는 것을 고린도전서 15장 52절의 변화로 이해한다. 바르트에게서 인간의 영은 죽지 않는다. 그리스도 안에서 먼저 죽은 자들이 부활한다면 여전히 개인의 죽음 이후 부활의 지복에 도달하지 못한 사람들이 있음을 전제한다. 바르트에 의하면, 예수는 십자가의 죽음을 통하여 믿는 자들을 위하여 지옥의 심연에 자신의 삶을 주었다. 하나님에 의해 거절된 자로서 예수는 저주의 사망을 우리를 위하여 대신 담당했다(CD II/2:496).

"나는 부활이요 생명"이라는 빛에서 신약성서는 죽음의 과정에서 하나님의 평화로 둘러싸여 있는 삶의 징후를 보았다(CD III/2:639). "땅에 있는 우리의 장막 집이 무너지면 하나님께서 지으신 집… 하늘에 있는 영원한 집이 우리에게 있는 줄 압니다. …그리하여 죽을 것이 생명에게 삼켜지게 하려는 것입니다. … 우리는 차라리 몸을 떠나서 주님과 함께 살기를 바랍니다"(고후 5:1-8). 지금 바울은 여기서 몰트만처럼 죽고 중간상태에 있다고 주님의 재림에서 부활할 것을 말하고 있나?

바르트에 의하면, 우리는 예수의 부활의 빛에서부터 영원한 생명의 실제적인 씨앗을 가지고 살기 시작한다. 바울은 성령을 장차 주어질 것, 즉 영원한 생명의 담보와 보증으로 말한다. 하나님은 영원한 삶을 보증하시며, 성령을 통하여 우리의 믿음 안에 주어진다. 이것은 저주로서의 사망이 이길 수가 없다. 우리는 성령을 통해 이미 죽음을 이기신 그리스도의 은총, 즉 영원한 삶을 나의 삶에서 이미 보증으로 받았다. 그리스도 안에 숨겨져 있는 이러한 영원한 생명의 삶은 여기서부터 시작한다.5

9. 몸의 부활과 영원화의 은총

몸과 혼은 죽지만 성령 안에서 몸의 부활은 영원화로 일어난다. 그것은 영원한 삶의 시작이 된다. 육체의 부활의 교리 안에서 몸의 혼으로서 전인에 부활의 희망이 주어진다(CD IV/1:653; II/1:642). "그리하여 나는 어떻게 해서든지 죽은 사람들 가운데서 살아나는 부활에 이르고 싶습니다"(빌 3:11). 부활은 하나님을 직접적으로 보는 것(*visio Dei*)이며(CD III/1:141), 하나님의 영원한 생명에 참여하는 것이다(고후 3:18).

영원한 생명에 참여한다는 것은 하나님의 나라의 상속자로서 새 하늘과 새 땅에 살아가는 지속성을 의미한다. 다시는 저주 받을 일이라곤 없는 예루살렘 도성에서 하나님과 어린 양의 보좌가 있고, 영원한 생명에 참여한 자들이 하나님을 예배하며, 하나님의 얼굴을 보며, 영원히 다스릴 것이다(계 22:3-5). 바르트는 자연주의적인 영혼 불멸설과 죽음 이후의 영혼의 지속성을 날카롭게 비판하지만, 바울의 변화의 교리(고전 15:51)는 하늘의 시민권(빌 3:20)을 전제하며, 우리가 항상 주님과 함께 있는 것을 말한다(살후 4:17). 영원한 삶은 단순히 죽음 이후의 미래가 아니라 지금 여기서 그리스도 안에서 시작된다. 우리는 그리스도와 죽었고, 생명은 하나님 안에 있는 그리스도와 함께 숨겨져 있다. 그리스도는 우리의 생명이다. "여러분은 이미 죽었고 여러분의 생명은 그리스도와 함께 하나님 안에서 감추어져 있습니다"(골 3:3). "이제 여러분은 죄에서 해방을 받고 하나님의 종이

---

5 Barth, *The Faith of the Church*, 163.

되어서 거룩함에 이르는 삶의 열매를 맺고 있습니다. 그 마지막은 영원한 생명입니다"(롬 6:22).

바르트는 죽기 직전 마지막 회람 편지를 친구와 동료 그리고 제자들에게 남겼다.

"내가 쉽게 죽을는지, 어렵게 죽을는지 어떻게 알겠습니까? 내가 오직 아는 것은 죽음이 삶의 일부라는 것입니다…. 이것은 우리 모두에게 운명이며, 경계이며, 끝입니다. 나는 더 이상 존재하지 않을 것입니다. 그러나 확신하기로 나의 모든 '존재'가 [하나님 앞에서] 드러날 것입니다. 그것은 내가 생각하고 말하고 행했던 모든 실제적인 선함과 악과 더불어 드러날 것입니다. 그것은 내가 실제로 고통스러워했던 어려운 것들과 내가 실제로 즐거워했던 모든 아름다웠던 것들과 더불어 드러날 것입니다. … 그다음 은총의 빛 안에서 이제 어두웠던 모든 것은 사해질 것입니다."[6]

---

6 Busch, *Karl Barth*, 499.

III. 성서의 하나님과 삼위일체

시작하는 글

신앙은 나의 주관적인 의지가 아니라 하나님이 어떤 분인지에 의해 결정된다. 칼 바르트의 삼위일체론은 신앙의 정체성과 교회의 삶 그리고 사회적 책임에 근거가 된다. 바르트의 삼위일체론은 미학적 차원을 담고 있다. 하나님은 아름다운 분이시다! 그러나 그의 삼위일체론은 거의 잘못 이해되는 경향이 있었다. 대부분 비판가들은 바르트의 삼위일체론이 말씀의 신학에 관련되고, 성서 주석적으로 그리고 해석학적으로 발전된 것에 주목하지 못했다.

더욱이 이들은 바르트의 삼위일체론이 신론 및 종말론과 더불어 전개되는 것을 보지 못했다. 바르트의 삼위일체론에서 중요한 것은 기독교의 오랜 질병인 반-유대주의(Anti-Semitism)를 극복하는 것이었고, 아우슈비츠 이후 하나님에 대한 신학을 담고 있다는 사실이다. 바르트의 삼위일체론의 중심 내용은 구약의 야훼 아도나이가 그리스도의 성육신(임마누엘 하나님), 십자가 그리고 부활 안에서 어떻게 드러나는가에 있다.

강연에서 나는 바르트의 삼위일체론을 소개하고, 동시에 현대 신학자들의 바르트 비판을 해명하도록 하겠다. 야훼 아도나이가 그리스도 안에서 성령의 능력을 통해 어떻게 인격적인 분으로 나타나는지를 살펴보고, 결론에서 콘스탄티노플신조에 대한 바르트의 해명을 언급하도록 하겠다.

1. 성서는 삼위일체 하나님을 여는 열쇠가 된다

바르트에 의하면, 성서에서 계시는 인간에게 주어진 하나님의 자기 드러냄이다. 이스라엘을 하나님의 백성으로 선택하신 하나님의 계시 행동은 하나님의 이름의 계시다. 이름의 계시―"나는 곧 나다. 너는 이스라엘 자손에게 이르기를 '나'라고 하는 분이 너를 그들에게 보냈다고 하여라"(출 3:14)―는 엄밀한 의미에서 이름 주는 것을 거부한다. "나는 나다"란 말은 '아무도 나의 진정한 이름을 말할 수가 없는 그분'이라는 뜻이다. 계시된 이름은 계시된 하나님의 '숨어 계심'을 회상한다. 신비인 하나님의 이름에서 하나님은 자신의 백성 이스라엘에게 계시하신다.

모세는 하나님의 영광을 보았지만 하나님은 그를 바위틈에 숨겼고, 모세는 하나님의 얼굴이 아니라 뒷모습을 보았다(출 33:21). 예레미야에게서 드러나는 계약은 "나는 그들의 하나님이 되고, 그들은 나의 백성이 될 것"(렘 31:33)이다. 하나님의 이름은 율법 안에 담긴 하나님의 약속과 요구와 더불어 현실화된다. 모든 것이 야훼의 이름을 통해 일어난다. 야훼 이름에 대한 지식을 갖는 것, 야훼 자신에 대한 지식, 그분의 계시에 참여하는 것은 그분의 계약에 파트너가 되는 것이다. 하나님이 이스라엘을 자신의 백성으로 선택하시고, 다스리신다는 것은 신약성서에서 나사렛 예수와 연관된다. 부활의 예수는 '나의 주님, 나의 하나님'으로 고백된다(요 20:28).

신약성서에서 예수는 자기를 보내신 하나님을 단순히 아버지로 부르는 것이 아니라 매우 강조적으로 '나의 아버지'로 부른다. 예수는 아버지의 뜻을 행하고 아버지를 계시한다. 유대인처럼 왜 신약성서에서 주의 기도는 구약의 스타일로 시작하는가? "이름을 거룩하게 하옵시며." 이것은 예수의 기도의 요점이다. 예수의 관심은 어떤 새로운 것이 아니라 아브라함, 이삭과 야곱의 하나님을 증거하는 데 있다. "나라가 임하옵시며, 뜻이 하늘에서 이루어진 것처럼 땅에서도 이루어지다." '그리고 땅에서도'(kain epi ges)는 하나님의 자기 계시 혹은 형식인데, 이스라엘이 구약의 모든 콘텍스트에서 이 사실을 증언한다. 새로운 복음이 아니라 구약에서 선포된 오랜 복음이 이제 유대인과 이방인에게 전해진다. "주님께서는 그 말씀하신 것을 온전히, 그리고 조속히 온 땅에서 이루실 것이다"(롬 9:28). "그리스도는 율법의 끝마침"이 되셨다(롬 10:4). 여기서 바울의 투쟁은 구약성서에 대한 투쟁이 아니라 예수 자신의 투쟁처럼 구약성서를 위한 투쟁이다. 그것은 바로 역사와 시간 안에 봉인된 하나님의 영원하신 계약과 하나님의 완벽한 자기 계시에 대한 인정을 위한 투쟁이다.

바르트에게서 야훼의 이름과 분리된 예수의 이름은 생각할 수가 없다. 삼위일체 교리는 이스라엘의 야훼에 대한 기독교적인 접근이며, 바르트의 탁월한 기여는 이스라엘의 야훼를 긍정하고 그 빛에서 발전시키는 삼위일체론이다. 이런 점에서 삼위일체는 야훼 아도나이에 대한 해석학적 성격을 갖는다. 불트만학파가 복음을 '율법의

끝마침'으로서 파악함으로써 구약성서의 모든 중요한 약속들과 예
언을 개인주의적 복음 이해로 환원시켜 실존주의화한다면, 바르트
에게서 복음은 동시에 율법의 완성과 성취라는 측면에서 구약의 율
법을 복음의 필수적인 형식으로 파악한다. 복음의 사회적 실천과
토라(율법)와의 관계는 루터의 '율법과 복음'의 관계가 아니라, '복음
과 율법'의 관계로 새롭게 설정된다.

이미 하나님을 아버지로 고백하는 것은 이사야에서 드러난다.
"주님께서는 우리의 아버지입니다"(사 63:16). "주님은 우리의 아버지
이십니다. 우리는 진흙이요, 주님은 우리를 빚으신 토기장이십니
다"(사 64:8).

미스코테에 의하면, 바르트에게서 하나님의 은총과 거룩함, 자
비와 공의로움의 일치는 매우 중요하다. 하나님의 거룩함은 세상으
로부터의 완고한 분리가 아니며, 공의로움은 신정 정치에서 드러나
는 독재도 아니다. 이것은 하나님의 지혜의 신비에 속한다. 야훼는
그분의 얼굴을 비추신다. 이것은 단순한 임재가 아니라 인간과 맺으
시는 하나님의 깊은 인격적인 친교를 말한다. 복음으로부터 인간을
위한 하나님의 진정한 동행과 친교가 드러나며, 하나님의 지식에
대한 과정은 항상 특수한 야훼의 주권과 성품과 관련된다. 특수한
지식(복음)에서부터 일반적인 지식(율법)으로 간다.[1]

---

1 Miskotte, *When the Gods are Silent*, 396.

2. 삼위일체론은 하나님이 누구이며, 어떤 분인지를 알려준다

바르트의 삼위일체 교리의 핵심 명제—"하나님은 주님으로 계시하셨다"—는 이후 신론(II/1 §28)에서 "하나님의 존재는 자유 안에서 사랑하시는 분"으로 그리고 "모든 것들을 그리고 모든 것들 안에서 모든 것을 새로운 빛으로 조명하는 것이 아니라 물질적으로 변혁시키는 하나님"으로 드러난다(CD II/1:258).

『영원성과 하나님의 영광』(CD II/1:§31)에서 바르트는 하나님의 영원성은 과거와 현재와 미래를 동시적으로 포괄한다고 말한다. 하나님은 생명을 가지신 분이며, 그분의 생명은 지금 여기라는 현재를 갖는다. "하나님의 생명은 완전히 동시적이며, 온전한 현재성을 갖는다"(Aeternitas est interminiabilis vita tota simul et perfecta possessio, CD II/1:610). 바르트는 전체 중세 신학에 영향을 미친 로마의 보에티우스의 입장을 수용하면서 보에티우스가 어거스틴과 안셀름의 한계를 넘어서서 영원성과 시간의 관계를 깊이 있게 다룬다고 본다. 영원성으로서의 현재(nunc aeternitatis)는 과거, 현재, 미래의 구분에 종속되지 않는다. 이것은 영원성과 시간의 추상적인 이원화라는 바벨론적인 유폐로부터 해방시킨다(CD II/1:611). 하나님의 영원성은 여기서라는 시간성을 갖는데, 페리코레시스와 기원의 관계들에서 질서와 운동 그리고 흐름이 존재한다. 예수 그리스도 안에서 하나님의 영원성은 시간이 된다. "진정한 영원성은 시간의 가능성과 잠재성을 포함한다"(CD II/1:617).

하나님의 영원성은 태초에 존재하며 모든 시작에 앞선다(pre-termporality). 이러한 시간성 안에서 성부와 성자와 성령의 사귐이 존재하며, 영원한 아들을 세계를 위해 예정하신다. "너희의 조상 아브라함은 나의 날을 보리라고 기대하며 즐거워하였고 마침내 보고 기뻐하였다"(요 8:56). "하나님은 세상 창조 전에 그리스도 안에서 우리를 택하시고 사랑해주셔서 하나님 앞에서 거룩하고 흠이 없는 사람이 되게 하셨습니다"(엡 1:4).

하나님의 영원성은 동시적이다(co-temporal). "더없이 높은 곳에서는 하나님께 영광이요, 땅에서는 주님께서 좋아하시는 사람들에게 평화로다"(눅 2:14). 인간의 시간은 하나님의 영원성 가운데 있다. 하나님은 미래, 즉 시간 이후를 갖는다(post-temporal). 하나님은 창조 후 안식하신다. 하나님은 알파와 오메가가 된다. 하나님의 안식은 미래에서 최종의 안식(메누하; 계 21:3-5)에서 드러난다. "그래서 하나님은 만유의 주님이 되실 것입니다"(고전 15:28). 삼중적 시간 이해는 영원성을 말하며 살아계신 하나님과 관련된다(CD II/1:638). 영원성은 살아계신 삼위일체 하나님을 의미하며, 페리코레시스는 영원히 살아계신 하나님을 표현한다. 하나님의 영광은 권능과 더불어 빛으로 드러나며, 하나님의 아름다움을 포함한다. 하나님의 아름다움은 우리를 사랑하는 능력에서 나타나며, 하나님의 아름다움은 그분의 영광 안에서 드러난다. 신학은 하나님의 아름다움에 관련된 학문이며, 모든 학문 가운데 가장 아름다운 학문이다(CD II/1:656). 지성을 추구하는 신앙에는 아름다움(pulchritudo)이 추구되며, 바르트에 의하면 신학의 미학은 "하나님 존재 자체가 그분의 계시 가운데서 드러나는 아름다움을 말한다"(CD II/1:657).

하나님의 삼위일체성이 하나님의 아름다움의 신비이며, 이것이 부정될 때 우리는 빛과 기쁨, (심지어 유머가 없는) 하나님을 만나게 된다. 하나님의 아름다움은 그분의 영광과 권능과 관련되며, 신적인 아름다움은 성육신에서 정점에 달한다. 예수 그리스도 안에서 우리는 하나님의 아름다움을 인식한다. 그리스도의 아름다움이 십자가가 없는 영광의 그리스도에서 찾는다면, 이것은 공허한 것이다. 하나님의 아름다움은 고난받는 그리스도에서 나타난다(CD II/1:665). "… 그에게는 고운 모양도 없고, 훌륭한 풍채도 없으니, 우리가 보기에 흠모할 만한 아름다운 모습이 없다"(사 53:2).

바르트에게서 하나님의 존재는 하나님의 행동임을 말해주며, 인간은 모든 삶의 측면에서 이러한 하나님과 더불어 살아가야 한다. 바르트의 급진적인 하나님 이해는 구약성서의 야훼의 이름을 가리키며, 이 이름이 예수 안에서 자기 계시로 드러난 것을 말한다. 이러한 급진적이고 혁명의 하나님에 상응하여 바르트는 예수를 가난한 자들의 편을 드는 자로 말하며, 땅에서 버려진 죄인들과의 회상적인 (anamnestic) 연대를 강조한다. 복음은 물살을 거슬러 올라간다(CD IV/3.2:581). 사회적으로 밀려난 죄인들(*massa perditionis*)과 더불어 예수는 식탁 공동체의 친교를 나누었고, 이들을 하나님의 편으로 부르시고 하나님 나라의 복음을 선포한다(CD IV/3.2:586-587). 버려진 자들과 예수의 연대는 암하레츠와 오클로스와의 연대와 나눔을 말하며, 이것은 하나님의 자유로운 은총에서 드러난 하나님의 반역, 즉 세상을 향한 하나님의 쿠데타를 의미한다(CD IV/3.2:620, 774). 이런 측면에서 바르트의 삼위일체 하나님에 대한 해명은 형이상학적이거나 추상적인 것과는 아무런 상관이 없다. 전적 타자인 하나님은 인간의 삶과 사회 그리고 세계를 전적으로 다르게 변혁시키는 주님으로 오신다.

바르트에 의하면, 예수는 '유대인의 육체'를 입으신 분이며, 예수 당시 바리새파의 토라 해석에 의해 죄인으로 규정된 하나님의 구원이 거절된 자들(*massa perditionis*), 즉 순전한 희생자들과 세리와 죄인들을 불러내어 하나님의 편에 서게 한다(CD IV/3.2:581, 586-587). 최후의 심판에서 '지극히 보잘것없는 사람'과 예수의 동일성(마 25:31-46)은 하나님 나라의 복음의 중심으로 들어온다. 그럼에도 불구하고 바르트는 '예수=민중'의 동일성 원리를 날카롭게 거절한다. 예수는 새로운 인간성을 대변하며 민중을 하나님 나라의 복음을 향하여 새로운 존재로 창조해 나가실 것이다.

이와 같이 '유대인의 육체'를 입으신 참된 유대인 예수는 마태복음의 상황에서 오클로스에게 회당에서 모세의 자리에 앉은 사람들(율법학자들과 바리새파들)의 토라의 가르침을 준수하고 실행에 옮길 것을 말한다(마 23:10). 신약성서가 증언하는 인류를 위한 예수의 중요성은 이스라엘을 위한 예수의 자리를 고려하지 않고는 충분히 이해될 수가 없다. 구약의 예언자들의 희망과 초대기독교의 그리스도 재림의 기대와 소망은 지상의 삶을 갱신하고 변혁하는 삶으로 관련되었다. 이것은 하늘에서 이루어진 것처럼 땅에서도 이루어지라는 주의 기도에서 드러난다. 이스라엘과의 계약과 약속은 예수 그리스도 안에서 세계를 향한다. "그는 이방사람들에게 공의를 선포할 것이다. ⋯ 정의가 이길 때까지 그는 상한 갈대를 꺾지 않고, 꺼져가는 심지를 쓰지 않을 것이다. 이방 사람이 그 이름에 희망을 걸 것이다"(마 12:18-21; 사 42:1-3). "이는 이방 사람들에게는 계시하시는 빛이요, 주님의 백성 이스라엘에게는 영광입니다"(눅 2:32).

바르트는 신론에서 하나님은 그분의 계시와 영원성 안에 존재하신 분이며, 역사적 계시는 영원하신 삼위일체 하나님의 계시임을 강조한다. 바르트의 유명한 명제—"하나님은 행동 가운데 있다"(Gottes Sein ist in der Tat)—는 역사적 계시의 행동 안에서만 이해된다. 하나님은 영원 전부터 살아계신 분이며, 하나님의 존재는 인격 안에 있는 존재이시다(CD II/1:268). 하나님의 본질은 그분의 이름의 계시에 있고, 바르트는 이러한 이름의 계시를 하나님의 영원하신 존재, 즉 삼위일체의 하나님으로부터 파악하려 한다(CD II/1:275). 역사적인 계시는 하나님의 사랑과 자유로 드러난다. 사랑과 자유가 계시의 행동에서 드러날 때 바르트는 하나님을 인격으로 표현한다. 그리고 인간은 하나님의 사랑을 받고 그분을 사랑할 때 인격이 된다. 인격이 된다는 것은 하나님처럼 되는 것인데, 하나님의 방식으로 사랑하는 것을 말한다(CD II/1:284).

피조물에 대한 사랑과 친교 가운데서 하나님은 진정한 인격이 되며, '인격화하는 인격'이 된다(CD II/1:285). 하나님의 주권은 사랑과 자유 가운데서 이해되며, 역사적인 계시는 하나님의 주권에 근거된다. 하나님의 자존성(aseitas Dei, quo maius cogitari nequit)은 아퀴나스의 '부동의 일자'와는 달리 하나님의 역사적 계시의 행동에서 자유로 드러난다(CD II/1:305). 하나님의 자존성과 자유는 일차적으로 내재적인 삼위일체의 페리코레시스 안에서 드러나며, 이차적으로는 역사적인 그리스도의 계시에서 드러난다. 하나님의 초월성은 하나님의 내재성에서 드러나며, 여전히 하나님은 세계의 신비로 남는다. 이러한 바르트의 신론은 하나님의 자유를 부분적으로 내재화시켜 버리거나 세계와 종합시키는 몰트만의 신플라톤주의적 창조의 유출설이나 만유재신론과는 대립을 이룬다(CD II/1:312).

3. 야훼 아도나이: 자유, 말씀의 역사성, 내러티브

바르트에게서 하나님의 주되심은 자유를 의미한다. "성서적 계시에서 드러나는 주되심은 스스로를 구별하시는 하나님의 자유 안에 근거하며, 하나님과 다를 수가 있지만 동시에 같은 분으로 존재한다. … 하나님이 아들로 계시한다는 사실은 본래적으로 하나님이 스스로를 주님으로 계시한다는 것을 의미한다. 아들 되심은 그분의 계시 안에서 하나님의 주되심을 말한다"(CD I/1:320). 숨어 계신 하나님(*Deus absconditus*)은 계시하신 하나님(*Deus revelatus*)이다. 우리가 이것을 성서적인 의미로 파악할 때, 계시의 진정한 의미를 알 수가 있다. "하나님의 말씀은 하나님이 말씀하심이다. 하나님의 선물은 하나님의 주되심이다. 하나님의 자기 드러내심은 하나님의 주권적인 자유이다"(CD I/1:321). 그러나 "하나님은 항상 신비이다. 계시는 충분한 의미에서 항상 계시로 남는다. 그렇지 않으면 그것은 계시가 아니다"(CD I/1:321).

앞서 살펴본 것처럼 출애굽기 3장에서 주님의 이름의 위대한 계시는 이름 주기를 거절하는 데 근거된다. 그분의 계시 안에서도 숨어 계신 하나님은 경고로 표현된다. "이리로 가까이 오지 말아라. 네가 서 있는 곳은 거룩한 땅이니, 너는 신을 벗으라"(출 3:5). 하나님의 거룩함은 구약성서에서 초월보다는 내재성, 즉 그분의 계시와 이름과 관련되어 나타난다. 구약성서에서 하나님의 자기 계시는 항상 자기 초월과 연관되어 나타난다. "내가 가까운 곳의 하나님이며, 먼 곳의 하나님은 아닌 줄 아느냐?"(렘 23:23)

이사야 6장에서 하나님은 성전을 가득 채우신 거룩하신 분이며 또한 이사야가 접근할 수 없는 높이 들린 보좌에 앉아 계신다(사 6:1). 하나님의 거룩하심은 임마누엘의 하나님과 분리되지 않는다. 하나님은 행동의 하나님일 뿐만 아니라 안식일을 제정하신 분이며, 우리에게 특별한 아름다움을 가지고 말씀하신다. 하나님은 일하실 뿐만 아니라 모든 일에서 쉬신다. 하나님의 행동의 역사는 항상 새롭게 하시는 시작의 역사다. 계시의 전통이 있고 제도화된 예전이 있지만, 이러한 제사장의 전통에 대해 예언자들은 날카로운 대립을 이룬다. 야훼의 신비 앞에서 예언자들은 새롭게 시작한다. 이런 점에서 형상을 만들지 말라는 금지가 있다. 하나님은 오직 활동하시는 하나님으로 보여지고 경청되지만, 그분의 신비와 숨어 계심으로 인해 결코 형상과 같은 수단과 타협되지 않는다.

"계시는 어디에서부터 오는가?" 그리고 "계시는 어디로 가는가?" 성서에서 증언되는 계시는 바빌론의 종교처럼 인간의 영역에서 일어나지 않는다. 성서의 계시는 인간, 즉 특별한 역사의 자리에 있는 특별한 인간을 지향하지, 신화론적인 인간을 지향하지 않는다. 그것은 역사적인 사건이다. '역사적인 것'(historisch)은 반드시 역사적으로 경험과학을 통해 입증될 수 있거나 입증된 것을 의미할 필요가 없다. 고대 근동 수많은 사람이 야훼의 이름을 들었고, 예루살렘 성전을 보았다. 수천의 사람들이 나사렛의 랍비 예수를 보고, 그의 가르침을 들었다. 그리스도의 부활 안에서 역사적인 요소, 다시 말해 빈 무덤은 부활 사건의 객관적인 측면으로 설정될 수 있지만, 이것이 계시는 아니다. 계시는 믿음의 사람들에게 나타나며, 이들에게 은혜의 신비로 남는다. 역사비평이 한계는 성서 안에서 드러나는 살아계신 하나님과 인간의 은총의 만남의 사실을 다룰 수가 없다.

내러티브로 소통되는 성서의 내적 역사는 근대적인 역사 이해와는 전혀 다른 차원을 지적한다. 성서를 역사적으로 읽는 것은 역사를 실증적이나 경험적으로 입증할 수 있는 근대적인 관점이 아니라 바로 살아계신 하나님이 성서 안에서 역사적인 인간들에게 말씀하신다는 역사성과 삶의 조건들에서 읽히는 것이다. 말씀의 역사성은 각각 다른 성서의 특수한 삶의 자리에 관여하며, 성서는 살아계신 하나님의 역사 개입과 은총을 증거한다.

따라서 성서는 고대 근동의 역사를 이미 하나님의 말씀의 빛에서 해석한다. 고대 근동과 세계사에 대한 해석을 성서는 자신의 내적 역사, 즉 특수 역사 안에 통전시킨다. 시리아의 총독 구레뇨는 크리스마스 이야기에서 누락되지 않는다(눅 2:2). 본디오 빌라도는 사도신조에서 역사적인 인물로 누락되지 않는다. 성서가 계시를 해명할 때, 그것은 역사를 내러티브하게 말한다. "성서를 하나님의 계시의 증언으로 듣는 것은 모든 경우에 성서를 통해서 역사를 듣는 것이다"(CD I/2:326). 이런 점에서 성서는 내러티브 안에서 신학적인 내용을 담고 있으며(theologisch), 동시에 역사와 다양한 삶의 자리에서 활동하신 하나님을 증거한다(historisch).

성서의 스토리가 부분적으로 민담(사가, saga)이 되는 것은 성서적 증언의 본질을 공격하지 않는다. 사가(saga)나 전설은 성서의 스토리에 들어오지만, 이것들은 '역사적인' 진리의 일반 개념에 따라 취급될 필요가 없다. 심지어 사가(saga)나 전설은 역사가 될 수 있고, 역사와 소통한다. 성서 스토리의 특수한 역사성은 적어도 부정적으로 판단될 필요가 없다. 예를 들면 함무라비 동해배상법이 토라에 수용된다고 해도 이것은 성서의 내적 역사를 거치면서 느메시스 원리—

"원수를 갚지 않는다"—로 변혁된다.

그러나 신화가 도입될 때 문제는 달라진다. 성서의 스토리가 신화로 이해될 경우, 이것은 성서적 증언의 본질에 대한 공격을 담게 된다. 신화는 역사와 다르다. 신화는 인간 사변의 예비적인 형식이며, 사변은 신화의 드러난 본질이다. 불트만은 그의 『비신화론』에서 신약성서의 세계를 신화론적인 것으로 파악하고, 삼층천의 구조를 갖는 신화적인 세계가 지배하며, 땅은 하늘과 지하의 세계 사이에 존재한다. 하늘은 하나님과 천사들이 거하며, 지하세계는 사탄과 악마적인 세력들이 거주한다. 초자연적인 신성의 능력들이 자연과 인간의 삶에 관여하고 간섭한다. 이 모든 신화론적인 언어들은 유대 묵시문학과 구원의 영지주의 신화에서 온다.[2] 그러나 계몽주의 이해로 자연과학과 과학기술의 영향을 받은 현대인들에게 이러한 신화론적인 성서의 세계는 맞지 않다. 이러한 성서의 신화론적인 언어는 재해석되고 소통되기 위해 '비신화화'되어야 한다.

바르트는 신약성서의 세계관을 신화론적으로 파악하는 것에 제동을 건다. 바르트는 고전적인 명제를 제기한다: "개인은 파악될 수가 없다"(Individuum est ineffabile).[3] 인식론적으로 인간 일반은 파악되지만, 원칙적으로 구체적인 개인은 가능하지 않다. 불트만은 실존성을 말하지, 구체적인 인간을 말하지 않는다. 더욱이 근대적 관점에서 고대의 세계관을 신화론으로 폄하할 수도 없다. 이미 종교에는 합리성이 포함되며, 그 윤리적 태도를 통해 세계의 비주술화 과정을 거치

---

2 Bultmann, *New Testament and Mythology*, 2.

3 이 문장은 훗설과 딜타이가 논쟁하면서 엄밀학을 추구하는 훗설의 현상학에 대해 인간의 삶을 이해하는 데 초점을 맞춘 딜타이가 사용한 말이다.

게 된다. 종교와 합리화 과정에서 나타나는 사회학적 분석은 불트만에게는 완전 탈락되고 만다. 이런 점에서 사회학적 성서해석이나 사회사적 해석은 불트만의 약점을 넘어서고 구체적인 개인을 재구성하려고 한다.

바르트에게 중요한 것은 문화적인 삶의 틀 안에서 하나님을 위해 인간을 말하며 또한 인간을 위하여 하나님을 말하는 것이다. 성서적인 학문과 비판적인 성과가 매개하는 "역사적인 진리는 성서 텍스트 자체의 진정한 의미와 콘텍스트이다"(CD I/2:494). 비판적 방법이나 신학적 해석학은 성서 자체의 진리(veritas scripturae ipsius)와 성서의 삶의 자리를 해명하기 위해 사용되어야 한다. 성서 텍스트는 자체를 위해 연구되어야 하며, 계시는 텍스트의 배후나 위에 있는 것이 아니라 하나님의 말씀, 즉 성서 안에 있는 새로운 세계 안에 있다(CD I/2: 494). 성서 안에 있는 새로운 세계는 우리에게 놀람, 새로움 그리고 영적 각성으로 나타난다.

구약과 신약성서가 동의하는 것은 인간이 스스로를 위하여 계시를 만들 수 없다는 사실이다. 갈멜산에서 바알의 선지자들은 신을 찾는 호소에서 야훼 하나님에게 접근하지 못했다. 구약의 거짓 예언자들 역시 자신들이 만든 계시를 선포했지만, 이러한 계시는 참된 하나님의 계시가 아니었다. 아브라함에게 주신 하나님의 약속은 아브라함과 사라에게 출생의 약속이다(창 17:17). 그러나 이러한 출생은 이들에게 속한 가능성이 아니었다. 반면 야곱-이스라엘은 하나님과 겨룬 승리의 투사이다(창 32:22). 신약성서에서 이것은 사울이 바울로 바뀐 회심을 말한다. 베드로의 진정한 소명도 그의 배신 후에 부활하신 주님과의 만남에서 온다. 소명은 하나님의 선택에서 오며, 예언자들과 사도들은 영웅들로 묘사되지 않는다.

4. 삼위일체 교리의 뿌리는 하나님의 말씀하심(*Deus dixit*)이다

삼위일체 교리의 뿌리는 일반적인 계시 개념이 아니라 성서로부터 취해진 "하나님이 주님으로서 말씀하신다"는 계시에 근거한다. 우리가 계시에 대한 성서의 증언을 바르게 강조한다면, 세 가지 요소가 중요해진다: 드러냄-숨어 계심-소통, 형식-자유-역사성, 부활절-성금요일-성령강림 또는 아들-아버지-성령. 여기서 계시는 삼위일체 교리의 뿌리와 근거로 이해된다.

1) 삼위성 안에 있는 일치

바르트는 삼위일체를 다룰 때 하나님의 일치성, 즉 하나님은 한 분임을 강조한다. 성서의 계시를 근거로 삼위일체 교리의 뿌리를 제시할 때 바르트는 구약과 신약을 포괄하는 야훼-아도나이를 강조한다. 삼위일체 교리는 이러한 야훼-아도나의 이름을 확인하고 해명하는 것이다. 야훼의 이름은 한 분 하나님을 말한다. "주님도 한 분이요, 믿음도 하나요, 세례도 하나요, 하나님도 한 분이십니다"(엡 4:5-6). 삼위일체의 표현—"아버지와 아들과 성령의 이름으로 세례를 주고"(마 28:19)—에서 이름은 세 개의 다른 이름이 아니라 하나이며 동일하다. 이름들이 아니라 하나인 이름에서 세례가 베풀어진다. 아브라함, 이삭, 야곱의 하나님은 세 개의 다른 이름이 아니다. 바르트는 하나님의 주권(다스림)을 하나님의 본질(ousia)로 파악한다. 야훼-

아도나이는 한 하나님을 표현한다. 이러한 한 분 하나님은 인격의 삼위 안에 존재한다. 삼위일체란 표현은 세 가지 방식(trina)을 의미하지, 세 가지 다른 것(triplex)을 말하지 않는다.

아버지와 아들과 성령의 이름은 삼중적인 반복에서 하나님은 한 분임을 말한다. 이러한 삼중적 반복에서 하나님은 한 분이 되며, 아버지와 아들과 성령의 이름에서 우리는 하나님의 세 가지 다른 동일한 방식(alius-alius-alius)으로 드러나지, 세 가지가 서로 다른 방식(aliud-aliud-aliud)으로 계시되는 것을 말하지 않는다. 하나님의 인격은 '영원성 안에서 영원성의 반복'(*repetitio aeternitatis in aeternitate*, 안셀름)이다. 바르트는 인격을 표현하기 위해 안셀름의 반복 개념을 사용한다. 하나님의 인격성은 한 분 하나님의 유니크한 본질에 속하며, 삼위일체 교리는 이러한 하나님의 단순성을 표현하지, 복수성을 표현하지 않는다. 하나님 안에는 세 분의 인격성이 존재하는 것을 말하지 않는다. 이것은 최악의 삼신론에 대한 표현이며, 우리는 이러한 삼신론에 대해 삼위일체 교리를 방어해야 한다. 아버지와 아들과 성령의 본질의 동일성에서 우리는 본질의 동일성, 즉 하나님의 인격성을 이해한다. "본질의 정체성은 인격들의 본질의 동일성을 말한다"(CD I/1:351). 삼위일체는 하나님의 일치성, 즉 유일신론과 인격성을 방어한다.

이 지점에서 몰트만은 바르트를 매우 신랄하게 비판한다. 삼신론은 결코 기독교 신학에 위험시된 적이 없다. 오히려 유일신론은 양태론적인 형식을 통해 위험해지며, 바르트는 여기에 빠지고 말았다. 기독교의 하나님의 이해는 유일신론이 아니다. 바르트에게서 "아버지는 성령 안에 있는 아들을 통하여 항상 역사한다."[4]

몰트만에 의하면, 이것은 바르트에게서 드러나는 군주론적인 삼위일체 개념이며, 바르트는 삼위일체론을 야훼-아도나이, 즉 하나님의 주권으로 시작하기 때문에 한 분 하나님의 일치를 강조할 수밖에 없고, 결국 사벨리안 양태론에 빠지고 만다.5 여기서 아타나시우스-니케아신조의 입장인 내재적 삼위일체와 더불어 나타나는 기원의 관계들, 동일본질 그리고 구약의 야훼 하나님의 우위성은 몰트만에게 군주론적이며 사벨리안 양태론적으로 비난 당한다.

그러나 바르트에 의하면, 몰트만과 달리 교회사 전통에서 삼신론은 성서가 증언하는 한 분 하나님에 대한 최악의 위협에 속하는 것이다. 몰트만처럼 각각 다른 독립적인 세 인격이 페리코레시스적인 일치를 통해 한 분 하나님으로 드러나지 않는다. 바르트에게서 페리코레시스는 한 분 하나님이 아버지와 아들과 성령의 관계 안에서 나타나는 신비한 존재를 표현한다. 삼위(아버지, 아들, 성령)가 독립적으로 먼저 존재하지 않는다. 성서적인 유일신론이 기독교 삼위일체의 근거가 된다. 이 부분이 뒤집어지면 필연적인 삼신론이 나타나고, 기독교 신앙과 은혜의 신학은 '삼신론적인' 소망의 신학으로 해소되고 만다. 더욱이 몰트만처럼 하나님의 페리코레시스가 나에게 체험되고 여기에 참여하는 것이 아니다. 하나님은 인격과 은혜로 나의 믿음 안에서 체험된다.

바르트에게서 야훼-아도나의 이름은 출애굽기 3장 14절에서 "나는 곧 나다"로 드러나지만, 동시에 야훼 이름의 계시는 출애굽기 34장 6-7절에서 증언되는 거룩한 이름의 선포를 떠나선 생각할 수

---

4 Moltmann, *The Spirit of Life*, 290.

5 Moltmann, *The Trinity and the Kingdom*, 139.

가 없다. "주, 나 주는 자비롭고 은혜로우며, 노하기를 더디 하고, 한결같은 사랑과 진실이 풍성한 하나님이다. 수천 대에 이르기까지 한결같은 사랑을 베풀며, 악과 허물과 죄를 용서하는 하나님이다. 그러나 죄를 벌하지 않은 채 그냥 넘기지는 아니한다. 아버지가 죄를 지으면, 본인에게뿐만 아니라, 삼사 대 자손에까지 벌을 내린다."

이러한 야훼-아도나이 이름의 선포는 이스라엘의 역사를 통하여 예레미야의 새 언약으로 구체화된다. "나는 나의 율법을 그들의 가슴속에 넣어주며, 그들의 마음 판에 새겨 기록하여, 나는 그들의 하나님이 되고, 그들은 나의 백성이 될 것이다." 예레미야의 새 언약의 약속은 에스겔에게서 확인되고 이어진다. "그때에 내가 그들에게 일치된 마음을 주고, 새로운 영을 그들 속에 넣어주겠다. 내가 그들의 몸에서 돌 같이 굳은 마음을 없애고, 살 같이 부드러운 마음을 주겠다"(겔 11:19). 이러한 새로운 영의 부어주심은 요엘에게서 다시 확인된다. "내가 모든 사람에게 영을 부어주겠다"(욜 2:28). 새 언약은 요엘에게서 종말론화가 된다.

출애굽기 34장의 야훼-아도나이 이름의 선포가 예레미야와 에스겔 그리고 요엘을 통하여 예수 그리스도의 십자가와 부활에서 그리고 성령강림절에서 성취된다(행 2:17-21). 후손들에게 내리는 저주를 처리한 사건은 바울에게서 기독론적으로, 즉 십자가 사건으로 파악된다. "그리스도께서 우리를 위하여 저주를 받은 사람이 되심으로써, 우리를 율법의 저주에서 속량해주셨습니다"(갈 3:13). 예레미야의 새 언약은 그리스도의 십자가와 부활의 빛에서 또한 그리스도의 대제사장의 개념을 통해 히브리서 8장 8-12절과 10장 16-18절에서 반복되는데, 여기서 특히 새 언약을 통해 희생 제사가 폐해졌음

을 말한다. 성서적인 콘텍스트에서 야훼-아도나이 이름의 삼위일체
는 이러한 하나님의 구원의 경륜과 약속을 그리스도의 화해 사건과
성령의 부어주심을 통하여 확인한다.

바르트는 예레미야의 새 계약을 둘러싼 불트만과의 논쟁에서 이
러한 측면을 간파하고 있었고, 이스라엘 계약의 영구성은 그리스도
안에서 보존된다고 보았다(KD IV/1:32). 간략히 말하면 예수 그리스
도의 역사는 영구적인 이스라엘 계약(렘 31:31-34)을 확인하는 역사이
며 또한 세계사적인 화해를 의미한다(고후 5:19-21). 바르트에 의하면,
복음은 토라가 그 안에서 숨겨지고 포함될 때 복음이 되는 것이다.
갈라디아서 3장 17절에서 율법은 약속을 쫓는다: "내가 말하려고
하는 것은 이것입니다. 하나님께서 이미 맺으신 언약을, 사백삼십년
뒤에 생긴 율법이 이를 무효화하여 그 약속을 폐하지 못합니다." 바
르트에 의하면 바울의 복음은 구약의 언약을 포괄한다. 바울에게서
"복음은 율법의 종언"(롬 10:4)은 율법을 성취하고 완성하는 의미로
해석되어야 한다. 복음은 이미 율법의 영역 안에 존재한다. 바르트는
토라를 약속 안에 있는 계약의 카테고리로 보았고, 율법 폐기론자들
과 날카로운 거리를 취한다.

미스코테에 의하면, 바르트에게서 계약이 창조의 내적 계약이란
표현은 대단히 중요하다. 창조 기사(엘로힘)와 인간 창조 기사(야훼)는
계약의 창조의 내적 근거이며, 창조가 계약의 외적 근거임을 말한다.
야훼는 엘로힘이다! 그러나 이러한 문장은 전도되지 않는다. 야훼의
이름은 일반 이름이 아니다. "너희는 주님이 하나님이심을 알아라"("너
희는 주님이 파악할 수 없는 신성[Godhead]임을 알아라", 시 100:3). 이러한 이
름이 없는 이름은 행동을 통해서 이해되며 그리고 계약을 성취하는

데서 이어진다. 야훼의 완전하심의 성품은 사랑과 자비로 드러난다: 은혜와 신실하심, 공의와 자비, 보응과 용서(출 34:6). 메시아가 오시고, 그분의 구원의 행위가 드러날 때 자비가 심판보다 우위에 있고, 은총은 더 강하다(롬 5:15, 17). 아버지와 아들의 관계에서 삼위일체의 특수성이 추구되어야 한다. 야훼의 이름을 일반화하고 그 특수성을 배제해버리는 전통적인 자연신학은 보다 큰 '자연적인 무신론'으로 갈 수가 있다.[6]

2) 일치 안에 있는 삼위성: 존재 방식

거룩한 삼위일체는 한 분 참된 하나님을 의미하는데, 이것은 숫자 없이도 계시되며 또한 숫자에 의해 파악될 수도 없다. 계시된 하나님의 일치성은 구분(distinction)과 경륜적인 질서(disposition, oeconomia)가 하나님의 본질 안에 있음을 말한다. 이러한 인격들의 구분이나 경륜적인 질서를 바르트는 이제 하나님의 존재 방식(Seinsweise)으로 표현한다. 아버지와 아들과 성령의 존재의 공동의 원리는 무엇인가? 바르트는 이러한 삼위일체 하나님의 공동의 원리를 표현하는데 인격이란 말은 부적합하다고 본다. 터툴리안은 인격(프로소폰)을 삼위로 사용했고, 사벨리안과 논쟁하게 된다. 인격(프로소폰)은 마스크를 말한다. 터툴리안의 표현(*Una Substantia—Tres Personae*, One Substance—Three Persons) 역시 사벨리안적인 생각을 피해 가지 못한다.

동방 교회는 인격을 프로소폰(마스크)이 아니라 휘포스타시스로

---

6 Misotte, *When the Gods are Silent*, 218, 396.

번역했다. 그러나 휘포스타시스는 로마의 교회에는 본체(substantia)나 본질(essential)로 혼동을 주고, 동방 교회가 삼신론적인 경향을 있는 것으로 보았다. 서방 교회의 인격이나 동방 교회의 휘포스타시스는 양측에 아무런 해결을 주지 못했다. 어거스틴은 인격을 언어의 필요성이나 습관으로 간주했고, 적절한 용어가 없다고 보았다.7 하나님의 인격은 세 사람의 인격과는 전혀 다르다. 세 사람의 인격들은 서로 분리되고 연관을 갖지 못하지만, 하나님의 인격은 다르다.

바르트에 의하면, 어거스틴의 인격 개념은 터툴리안의 프로소폰에 대한 동방 교회의 거절을 긍정한다고 본다. 안셀름은 어거스틴의 입장을 추종하고 형언할 수 없는 하나님의 복수성을 말하지만, 그러나 사람의 인격 개념은 하나님의 인격 개념에 적용될 수가 없다고 본다. 아리스토텔레스 영향 아래 중세 신학은 인격 개념에 대한 체계적인 내용을 발전시켰다. 토마스 아퀴나스에게 인격은 개인의 본체(*substantia, hypostasis*)가 된다. 아퀴나스에게서 "인격은 개인의 합리적인 본질"로 번역된다(CD I/1:356). 아퀴나스는 이러한 인격 개념을 하나님의 존재에 적용시켰다. 아퀴나스는 동방 교회의 휘포스타시스 개념이 서방 교회의 페르조나(인격, 마스크)보다 '신적인 본성 안에 있는 존재 방식적인 것'(*res subsistentes in divina natura*)에 더 가깝다고 인정한다. 아퀴나스는 '신적인 본성 안에 있는 본체론적인 것'을 내적인 삼위일체 하나님의 관계 개념으로 파악했고, 바르트는 여기에 수긍한다(CD I/1:357). 아퀴나스에게 인격은 관계 개념이다. 이런 점에서 바르트는 인격 개념을 거절하지 않는다.

---

7 어거스틴, 『삼위일체론』, V, 9; VII, 4.

19세기에서 사용된 인격성은 교부 신학자나 중세신학자들과는 전혀 다르게 사용되었고, 이 개념에 자의식을 첨부했다. 이러한 표현은 삼위일체를 다루는 문제를 매우 복잡하게 만들었다. 가톨릭과 근대 개신교주의에서 삼신론이 등장하기 시작했다. 물론 멜란히톤의 표현에서 그런 경향을 발견한다. "인격은 살아있고, 개인적이며, 인식하는, 그러나 간접적인 존재가 아니다. 인격은 다른 의존적인 존재에 속하지 않는다. 세분의 진정한 본체들은… 서로 구분되며, 개별적으로 인식한다."[8] 아버지와 아들과 성령에 개별적인 개인성의 성품이 부여될 때 삼신론은 피할 수가 없게 된다. 사벨리안주의가 삼신론의 새로운 모습으로 등장한다. 근대의 인격성 개념이 아버지와 아들과 성령에 적용될 때 삼신론에 대한 바르트의 염려는 정당한 것이다.

바르트는 인격 개념에 첨부된 삼신론을 피하기 위하여 '존재 방식'이란 용어를 사용한다. 존재 방식은 τρόποι ὕπαρξεως의 번역이고, 휘포스타시스의 차원을 '존재하는 것'으로 말한다. 이것을 바르트는 상대적으로 인격 개념보다 낫다고 본다. 하나님이 세 가지 존재 방식에서 아버지와 아들과 성령이 된다는 것은 한 분 하나님, 한 분 주님, 한 분 인격적인 하나님을 말한다. 하나님의 존재 방식은 하나님의 인격성을 관계론적으로 새롭게 표현한다. 존재 방식은 τρόπος ὕπαρξεως에 대한 직역인데, 라틴 번역은 관계적 존재의 양식(*modus entitativus*)을 말한다. 동방 교회는 서방 교회의 프로스폰-인격(마스크) 대신에 휘포스타시스를 사용했고, 본체(*substantia*)가 아니라 존

---

8 Melanchthon, *Loci theologici* (1559).

재의 방식(*subsistentia*)으로 파악했다.

히브리서 1장 3절은 그리스도는 "하나님의 영광의 광채시요, 하나님의 본체대로의 모습"으로 말한다. 이미 우리는 토마스 아퀴나스가 '신적인 본성의 존재 방식적인 것'(*res subsistentes in natura divina*)을 보았는데, 바르트는 신적인 본성 안에 있는 '*res*'(사물)라는 단어에 거리감을 취한다. 칼빈의 정의에서 우리는 '하나님의 본질 안에서 존재 방식들'(*subsistentia in Dei essentiat*, 『강요』, I, 13, 6)을 보게 되는데, 이것은 동방 교회의 휘포스타시스와 히브리서 1장 3절로부터 온다. "그는 하나님의 영광의 광채이시요, 하나님의 본체대로의 모습입니다."

하나님의 존재 방식은 관계 개념이며, 아버지와 아들과 성령의 페리코레시스의 내적인 관계와 더불어 세상과 인간과의 관계를 표현한다. 예수의 세례에서 성령은 비둘기의 모습으로—그러나 성령은 아버지나 아들이 아니다—, 하늘에서 들려온 소리는 아버지의 소리로—그러나 아들과 성령의 소리가 아니다— 그리고 요단강에서 세례를 받으신 분은 성육신한 아들인데 성육신 아버지나 성육신 성령이 아니다. 그럼에도 불구하고 아버지의 하늘 소리와 아들의 세례와 성령의 사역은 한 분 하나님의 사역이다. 이것은 관계 안에 존재하는 하나님의 방식이며, 몰트만처럼 사벨리안적인 양태론으로 비난하기가 어렵다. "외부를 향한 삼위일체의 사역은 분리되지 않는다"(*Opera trinitatis ad extra sunt indivisa*, CD I/1:362). 그러나 몰트만의 사회적 삼위일체론은 어거스틴의 규칙과 페리코레시스 삶에서 드러나는 기원의 관계들을 거절한다.

3) 존재 방식과 기원의 관계들

관계 개념인 존재 방식을 통해 바르트는 삼위일체 안에서 기원의
관계들을 반성한다. 아버지는 나신 분이며, 아들은 나으심을 입은
분이며, 성령은 아버지와 아들로부터 발출한다(필리오크베, *filioque*).
기원의 관계들은 터툴리안, 카파도키안 신학자들, 어거스틴 그리고
안셀름에게서도 잘 나타난다. 토마스 아퀴나스 역시 관계 개념을
그의 인격 개념에 도입하고, 삼위일체의 인격이 하나님의 본성 안에
구별적으로 존재하는 것들의 관계로 말한다. 루터와 칼빈 역시 삼위
일체 교리를 기원의 관계들을 통해 파악했다. 아버지 하나님은 아들
과의 관계에서 하나님의 부성(*paternitas*)이 나타난다. 아들 하나님은
아버지와의 관계에서 아들임(*filiatio*)을 드러낸다. 성령 하나님은 아
버지와 아들의 성령으로 발출한다(*processio*). 이러한 기원의 관계들
에서 바르트는 자신의 입장을 다음처럼 표현한다: "아버지와 아들과
성령은 한 분 하나님의 구분되는 존재 방식 안에서 서로에 대한 관계
안에 존재한다"(CD I/1:366).

바르트에게 삼위일체는 신비에 속하며, 삼위일체 교리를 인간의
이성으로 합리화할 수가 없다. "신학은 [삼위일체] 신비에 대한 이성적
인 씨름이다"(CD I/1:368). 믿음에 근거된 이런 이성적인 씨름(이해를
추구하는 믿음)이 진지해질수록 하나님의 신비에 대한 신선하고 진정
한 해석으로 안내된다. 이러한 존재 방식과 기원의 관계들은 바르트
로 하여금 내재적 삼위일체를 경륜적 삼위일체의 존재론적인 근거
로 파악하게 하며, 칼 라너처럼 '내재적 삼위일체=경륜적 삼위일체'
라는 정식을 받아들이지 않는다.

칼 라너는 인격 개념을 하나님이 개별 인격으로 '존재하는 구분되는 방식'(distinct manner of subsisting)으로 제안하고 바르트의 존재 방식보다 자신의 개념이 나은 것으로 판단한다.9 라너의 논지에 의하면, 우리는 하나님을 구원의 경륜에서 경험한다. 구원의 경륜에서 하나님은 스스로를 아버지와 아들과 성령으로 소통하신다. 이러한 세 위격에서 한 분 하나님은 자기 소통을 하시는데, 인간에게 내재적 삼위일체 자체로 드러난다.10 내재적 삼위일체가 은혜의 경험에서 인간에게 실제로 주어진다면, 내재적인 삼위일체와 경륜적 삼위일체의 구분은 필요하지 않다. 만일 우리가 그리스도의 계시에서 은총을 경험한다면, 그것은 내재적 삼위일체, 다시 말해 페리코레시스적인 본질에 대한 경험을 말하는가? "창세 전에 아버지와 함께 누리던 아들의 영광"(요 17:5)을 우리가 은총의 경험을 통해 참여하는가? 설령 라너가 '내재적 삼위일체=경륜적 삼위일체'가 부분적으로 옳다고 말해도 그의 인간학적인 귀결은 하나님의 내적 본질에 참여하는 인간의 존재론적 신성화가 드러난다. 더욱이 종말론적 삼위일체, 즉 구원의 완성은 라너의 삼위일체 교리에서 찾아보기가 어렵다. 라너와 달리 바르트에 의하면, 믿음의 경험에서 우리는 하나님의 은혜에 참여하지, 하나님의 본질에 참여하지 않는다. 이런 경우 피조물인 인간은 신성의 존재로 고양될 수 있다.

---

9 Rahner, *Trinity*, 110.
10 Ibid., 34-35.

5. 삼위일체성(Dreieinigkeit)은 하나님의 존재 방식

삼위일체 교리를 해명할 때 바르트의 관심은 앞서 본 것처럼 일치 안에 있는 삼위성, 삼위성 안에 있는 일치를 성서를 통해서 계시하는 계시자(아버지)-계시(아들)-계시됨(성령)이라는 관점에서 분석한다. 이것이 바르트의 분석적인 해석의 틀이다. 이런 계시의 내용적인 근거는 야훼-아도나이의 이름에 있고, 하나님은 인간에게 말씀하시는 분(Deus dixit)이라는데 있다. 일치성과 삼위성을 파악하기 위하여 바르트는 삼위의 일체성(Triunity; Dreieinigkeit)이란 용어를 신중하게 고려한다. 하나님의 본질은 한 분이며, 기원의 관계들에서 보여지는 성부, 성자, 성령은 삼위일치의 삶 안에서 구분과 친교를 의미한다. "나와 아버지는 하나다"(요 10:30). "아버지께서 내 안에 있고 또 내가 아버지 안에 있다"(요 10:38; 14:10).

성서적 유일신론은 쉐마 이스라엘에 근거되며, 교회의 삼위일체 교리 안에서 확인된다. 삼위일체는 이스라엘의 야훼-아도나이에 대한 기독교적인 해석학으로서 이스라엘의 하나님의 자리는 폐기되지 않는다. 예수가 야훼의 신비를 계시하지, 몰트만이나 융엘이 말한 것처럼 야훼가 예수의 삶으로 해소되거나 흡수되지 않는다. 예수는 쉐마 이스라엘을 존중하고 사랑했다.

바르트의 입장은 라틴 신학의 전통—"한 신적본체(susbtantia)가 삼위의 인격(personae)에 존재한다"(una substantia, tres personae)—과 다르다. 동방 교회는 하나님의 일치성을 인격성과 존재의 관계로 이해한다. 아버지는 하나의 특별한 휘포스타시스로서 신적인 본질(ousia)과 동일하며, 동시에 하나님의 인격성으로 근거된다. 예를 들어 바울과 베드로와 요한은 인간의 본질에서 동일하다는 점에서 하나다. 그러나 각자는 개별 인간으로 존재한다(휘포스타시스).

바르트의 존재 방식은 휘포스타시스에 가깝다. 바르트는 인격이란 말을 하나님의 내적 관계(페리코레시스)의 삶에 사용하길 원하지 않았다. 로마의 보에티우스(477~524)는 네스토리우스(386~450)와 유티체스(380~456)의 입장을 비판했고, 인격이란 말이 희극이나 비극의 드라마에서 사용되는 마스크(*personae*)에서 온다고 보았다. 동방교회는 이러한 마스크를 *prosopa*로 보는데, 그것은 얼굴에 쓰고 신분을 감추는 것이다. 라틴어의 인격(*pesona*)은 그리스 사람들에게 드라마에서 배우들이 쓰는 마스크(*prosopa*)로서 서방 교회의 삼위일체는 사벨리안 양태론으로 보일 수밖에 없다.

1) 페리코레시스와 점유 이론

페리코레시스(perichoresis)는 나지안주스의 그레고리(Gregory of Nazianzus)가 그리스도의 두 본성의 상호 연관성을 표현할 때 처음 사용한 것으로 보인다. 이런 기독론적인 사용은 이후 삼위일체 신학에서 세련되게 발전되었다. 카파도키아 신학자들이 아버지의 군주성 내지 기원성을 내적인 관계로 개념화하면서 페리코레시스 개념은 삼신론과 아리안의 종속주의에 대한 강력한 비판으로 등장했다. 동방 교회의 마지막 교부인 다마스커스의 요한(John of Damascus, 676~749)은 개별적인 신적 인격의 역동적인 성격과 상호내재성과 공동의 내주를 강조했다. 세분의 인격은 공동으로 내주하며, 서로 삶을 주고받는다. 다마스커스의 요한에게서 하나님의 인격들의 페리코레시스(*circumincessio*)는 활동적인 상호 침투를 말했다. 하나님의 존재 방식은 서로 조건 지으며, 온전하게 상호 침투한다. 하나님의 내적인 삶, 즉 페리코레시스를 근거로 하나님은 세 가지 존재 방식의 방해받지 않는 서클로 드러난다. 페리코레시스는 일치 안에 있는 삼위성과 삼위성 안에 있는 일치를 파악한다.

그리스어인 페리코레시스가 라틴어로 번역될 때, 첫 번째 번역은 *circumincessio*인데, '주변에서 움직인다'(*circum-incedere*)는 활동적인 의미를 갖는다. 보나벤투라는 자신의 삼위일체 신학에서 라틴 신학의 인격 개념보다 동방 교회의 활동적인 페리코레시스의 의미를 선호했다. 두 번째 번역은 *circuminsessio*인데, '둘레에 앉아 있다'(*circum-in-sedere*)는 수동적인 의미를 갖는다. 토마스 아퀴나스는 자신의 하나님의 개념인 '부동의 움직이는 자'(unmoved mover)를 근거로 수동적인 의미를 선호했다. 페리코레시스는 공동의 내주와 (혼동이 없는) 상호 침투를 말한다. 페리코레시스는 친교 안에 있는 인격에 대한 역동적인 모델인데, 상호내주와 연관성을 표현한다.[11]

바르트에 의하면, 페리코레시스와 점유(appropriation, 창조주, 구원자, 성별하는 분)는 삼위일체 교리를 논의할 때 사벨리안적인 양태론의 위험을 봉쇄한다. 그리고 삼위 하나님의 구분은 외부를 향한 경륜적 사역(창조-화해-구원)을 점유의 방식을 통해 파악한다. 그러나 점유의 교리는 하나님의 존재 방식의 구분을 말하지만, 동시에 페리코레스적인 일치의 사역을 도외시하지 않는다. 창조의 사역에 아들과 성령은 같이 관여한다. 아들의 화해의 사역은 아버지와 성령은 같이 관여

---

11 LaCugna, *God for Us*, 270-272.

하신다. 그러나 점유의 교리는 하나님의 존재 방식의 정체성을 해석학적으로 분명하게 한다. 아들이 십자가에서 돌아가셨지, 아버지나 성령이 같이 돌아가신 것은 아니다. 아버지가 육체를 입고 인간이 되고 십자가에서 죽고 부활하지 않았다. 아버지가 성령을 통해 모든 육체에 부어지지 않는다. 이러한 존재 방식과 점유 이론은 양태론을 불가능하게 한다.

페리코레시스는 세 분의 존재 방식의 상호 침투를 일방적으로 세 분의 혼용으로 말하지 않는다. 페리코레시스는 아버지와 아들과 성령의 영원한 교제를 말하지만 또한 아버지를 아들과 성령과 혼용시키지 않고, 동시에 아버지의 특수한 존재 방식을 방어한다. 그것은 아들과 성령의 특수한 존재 방식에도 마찬가지다(CD I/1:397-398). 아버지는 나으신 분이고, 아들은 나음을 입은 분이고, 성령은 발출한다. 그리고 아버지는 기원이 없는 기원이다. 이것은 또한 점유(창조-화해-성별)를 의미한다. 그러나 몰트만이나 이를 추종하는 사회적 삼위일체론자들은 점유 이론을 거절한다. 독립적인 세 인격이 하나로 활동하기 때문에 페리코레시스 안에 있는 삼위 하나님이 창조, 화해 그리고 구원의 삶에 참여하고, 더 이상 점유 이론이나 기원의 관계들은 필요하지 않다.

몰트만의 사회적 삼위일체론이 해방신학에서 수용될 때, 하나님은 세 분의 인격으로 연관된 존재가 되며(삼신론), 아들은 아버지와 성령으로 나오며(*patreque*), 성령은 아버지와 아들로부터 나오며(*filioque*), 아버지는 아들과 성령으로 나온다(*spirituque*). 아들과 성령으로부터 나오는 인격을 왜 우리는 아버지라고 불러야 하나? 이것은 내재적 관계들의 기원과 더불어 경륜적 삼위일체에서 드러나는 창

조-화해-구원의 특수한 질서를 결딴내고 만다.[12]

바르트는 성부수난설을 거절했지만, 자신의 페리코레시스와 점유 방식을 통하여 아버지 하나님이 십자가에서 아들의 죽음에 고통을 같이 나누셨다고 말한다. 아버지는 아들의 고난에 다른 방식으로 참여한다(CD IV/1:185). 바르트는 아들의 고난과 나누는 아버지의 공동의 친교를 말한다. 또한 이것은 하나님의 종말의 안식, 다시 말해 만유의 주님(고전 15:28)과 아들의 순종과 종속을 점유의 방식으로 파악하게 해준다. "아들까지도 모든 것을 자기에게 굴복시킨 분에게 굴복하실 것입니다."

바르트는 이것을 성서적인 종속론이라기보다는 점유 방식으로 파악한다. 종말의 사건에서 아들은 모든 통치와 모든 권위와 모든 권력을 폐하실 것이다. 그리스도의 은총의 나라를 하나님 아버지께 넘겨드릴 것이다. 그리스도의 은총의 다스림 이후 맨 마지막으로 멸망 받을 원수는 죽음이다(고전 15:26). 또한 이것은 둘째 사망이다(계 20:14). 영광의 나라에서 성전은 존재하지 않으며, 하나님의 영광(쉐키나)에 쌓여 '전능하신 주 하나님과 어린양'이 예루살렘 도성의 성전이 된다(계 21:22). 그의 백성들이 하나님의 얼굴을 볼 것이다. "그때에는 하나님께서 나를 아신 것같이, 내가 온전히 알게 될 것입니다"(고전 13:12).

마르크바르트는 자신의 삼위일체론에서 하나님의 초월성을 어거스틴의 규칙―"외부를 향한 삼위일체의 사역은 분리되지 않는다"―을 이런 방향으로 재수용하면서 점유의 방식으로 개념화한다. 그

---

12 Boff, *Trinity and Society*, 146.

리스도의 은총의 나라와 삼위 하나님의 영광의 나라 사이에는 아들의 순종이라는 종말론적인 차원의 점유 방식이 있다. 종말의 그리스도는 은총의 왕국과 모든 권력을 폐하신 후 아버지의 영광의 나라로 완성하실 것이다. 순종을 통하여 아들은 자신의 은총의 나라를 아버지의 영광의 나라로 완성한다. 바울은 고린도전서 15장 28절에서 만유 안에 계신 하나님을 종말론적인 유보를 통해 유대적으로 표현한다. 아들은 아버지와 더불어 지배하시지만, 그분의 영광을 위하여 일하신다. 이것은 역사적이며 종말론적인 관점에서 아들의 나라(메시아의 나라)가 아버지의 영원하신 나라로 이어지는 유대적인 견해를 삼위일체론적으로 파악한다. 삼위일체는 유대적인 사유 안에 정당한 자리를 가질 수가 있다.[13]

아버지의 기원과 초월성에서 마르크바르트는 고대 삼위일체 교리가 세 분 인격의 구분보다는 한 분 하나님을 강조한 것이 이스라엘의 하나님과 관련되는 것을 본다. 이것이 아우슈비츠 이후 하나님에 대한 언급에 매우 중요하다. 아우슈비츠 이후의 삼위일체 신학은 사회적 삼위일체론 안에 담긴 인간 의식과 경험의 투사 그리고 반유대주의를 비판적으로 본다.[14]

2) 현대신학에서 존재 방식과 인격성

최근 동방 교회 신학자인 요한 치치우라스(Zizioulas)는 카파도기아 신학자를 근거로 인격성(personhood)이 존재를 구성한다고 말한

---

13 Marquardt, *Was dürften wir hoffen, wenn wir hoffen dürften?*, 231.
14 Marquardt, *Eia wärn wir da*, 160, 563.

다. 그는 카파도기아 신학자들의 휘포스타시스를 본질이 아니라 인격성과 동일시한다. 여기서 인격은 서방 교회의 전통처럼 개별적인 존재가 아니라 타자와의 관계 속에서 열려 있는 친교의 존재를 말한다. 인격성은 자기 초월적이며, 다른 인격적인 존재들과의 관계와 친교를 위한 자유로운 운동에 있다. 이런 점에서 인격은 위격을 의미하며, 이러한 위격성이 존재를 구성한다. 하나님에 대한 이해에서 본질의 일치가 아니라 인격성이 우위를 가지며, 하나님의 궁극적 실재는 자체의 본질이 아니라 관계의 인격성 안에서만 설정된다. 하나님의 신비는 친교 가운데 거하는 인격들의 신비이며, 위격적으로 자유와 엑스타시스(ecstasis) 안에 존재한다. 여기서 엑스타시스란 표현은 아들과의 친교와 관계 안에서 하나님은 아버지가 되기 때문에 존재하는 것을 말한다. 오로지 친교 가운데서만 하나님은 하나님이 될 수 있으며, 예수 그리스도 안에 드러난 하나님의 계시는 이러한 친교와 자유 그리고 엑스타시스의 원리가 된다. 하나님의 존재론은 하나님의 본질의 일치가 아니라 사랑을 통해서만 가능해지며, 사랑은 존재론적인 자유와 동일시된다.[15]

그러나 치치우라스에게서 동방 교회의 교부들의 주장, 즉 아버지 하나님의 군주론은 여기서 포기되지 않는다. 치치우라스는 사회적 삼위일체론자들과는 달리 칼케돈신조의 위격의 언어를 관계 안에 있는 인격성으로 재해석하고 예수 그리스도의 위격, 즉 그분의 인격성이 신성이라면, 그분의 존재 방식은 하나님의 존재 방식과 동일시된다. 예수가 우리에게 인격적으로 오심으로써 아버지 하나님 역시

---

15 Zizioulas, *Being as Comunion*, 46.

우리에게 인격적인 분이 된다. 인격으로서의 예수는 모든 존재론적인 필연성으로부터 자유로우신 분이며, 완전한 자유와 사랑 가운데 존재하신다. 치치우라스의 엑스타시스 개념은 내재적 삼위일체의 기원의 관계를 지적하며, 하나님은 아들을 낳으시고 성령을 발출하심으로써 아버지가 되신다. 인격으로서의 아버지는 페리코레시스의 친교를 원하신다.[16] 치치우라스는 바르트의 존재 방식에 유사한 구조를 갖는다.

몰트만은 페리코레시스를 삼위 인격의 통합적인 일치(Einigkeit, Vereinigung)로 파악한다. 각각의 인격의 독립적인 역할을 강조하고, 하나가 아니라 구별 가운데 있는 일치를 말한다. 페리코리시스는 삼위성을 일치로 환원시키지도 않고, 삼위성 안에 있는 통합적인 일치 내지 친교를 해소하지도 않는다. "페리코레시스적으로 해석한다면, 삼위의 인격들이 신적인 삶의 서클 안에서 이들 자체의 일치를 형성한다." 따라서 점유 방식은 의미가 없다.[17] 그러나 동방 교회 신학의 대변자인 치치라우스조차도 삼위의 인격들이 하나님의 페리코레시스 안에서 자체의 일치를 이룬다고 말하지 않는다.

케더린 라쿠냐(Catherine LaCugna)는 페리코레시스를 회전운동, 즉 댄스(perichoreo) 또는 춤의 동작에 연결 지었다. 그녀는 에베소서 1장 13-14절을 근거로 피조물이 하나님의 댄스에 참여하도록 불림을 받았다고 주장한다. 페리코레시스는 하나님과 인간을 춤의 파트너로 포괄한다.[18] 그녀의 삼위일체의 모델은 네오 플라톤주의의 유

---

16 Ibid., 44.

17 Moltmann, *Trinity and the Kingdom*, 175.

18 LaCugna, *God for Us*, 274.

출(*emanatio*)과 회귀(*reditus*)에 근거되어 있고, 오로지 경륜적 삼위일체(우리를 위한 하나님)가 내재적 삼위일체를 구체적으로 실현한다. 역동적인 경륜적 삼위일체의 운동은 '아버지로부터 아버지에게로' (*a Patre ad Patrem*) 나가는데, 경륜적 삼위일체는 창조에서 계시/화해를 거쳐 종말론적 완성에 이르는 하나님의 거대한 구원의 드라마를 강조한다. 내재적 삼위일체는 구원의 경륜의 신학에 불과하다.[19] 페리코레시스 또는 하나님의 댄스는 하나님과 세계의 상호 의존성으로 급진화되고, 삼위일체의 삶은 인간의 삶이 된다. 결국 하나님의 삶은 인간의 삶에 의존된다.[20] 하지만 성서는 인간을 계약의 파트너로 말하지, 하나님과 춤을 추는 파트너로 말하지 않는다.

라쿠냐가 인용하는 에베소서 1장 13-14절이 우리가 하나님의 페리코레시스적인 춤에 참여하도록 불림을 받은 자로 말하는가?

"여러분도 그리스도 안에서 진리의 말씀 곧 여러분을 구원하는 복음을 듣고서 그리스도를 믿었으므로 약속하신 성령의 날인을 받았습니다. 이 성령은 하나님의 소유인 우리가 완전히 구원받을 때까지 우리의 상속의 담보이시며, 우리로 하여금 하나님의 영광을 찬미하게 합니다."

이 본문은 종말론적인 구원을 향하여 성령의 사역을 말하며, 하나님의 영광을 찬미하게 하는 믿음의 역동적인 과정을 의미하지, 춤추는 삼위일체와는 아무런 관련이 없다. 그리고 페미니스트로서 라쿠냐가 과감하게 아버지의 군주론을 승인하면서 '아버지로부터

---

19 Ibid., 223-224.
20 Ibid., 228.

아버지에게로'의 모델을 사용하는 것은 놀랍다.

칼 라너가 은총의 경험을 통하여 하나님의 본질(페리코레시스)에 참여한다고 말한다면, 바르트는 하나님의 은총에 참여한다고 말한다. 그리고 우리는 여전히 인간의 한계와 죄의 현실 가운데 머문다. 하나님은 은총의 사역에서 자신을 인간에게 주시면서도 자유롭게 머문다(CD I/1:371). 내재적 삼위일체는 창조 이전에 아들과 성령과 함께 나누던 하나님의 영광을 말한다(창 17:5). '아버지의 품속에 있는 외아들'(요 1:18)은 하나님과 함께 계셨던 말씀이고, 그 말씀이 육신이 되어 우리 가운데 사셨다(요 1:14).

내재적 삼위일체는 하나님은 살아계시고, 생명을 가지고 계시고, 구원과 해방의 하나님임을 말한다. "아버지는 자신 안에 생명을 가지고 계신다"(요 5:26). 기원의 관계들은 하나님은 피조물들을 하나님의 댄스의 파트너가 아니라 은혜와 계약의 파트너로 부르신다. 오직 아들과 성령이 아버지의 삶과 페리코레시스적으로 상호 소통하고 침투한다. 성령의 도움 없이는 우리는 하나님을 알 수가 없다. "성령은 모든 것을 살피시니, 곧 하나님의 깊은 경륜까지도 살피십니다"(고전 2:10). 하나님의 삼위일체성, 다시 말해 페리코레시스는 하나님의 은총의 사역에서 직접적으로 우리에게 드러나지 않는다. 하나님에 대한 인간의 지식은 항상 불충분한 것으로 남는다. "하나님의 부유하심은 어찌 그리 크십니까? 하나님의 지혜와 지식은 어찌 그리 깊고 깊으십니까? … 그 어느 누가 하나님의 길을 더듬어 찾아낼 수 있겠습니까?"(고전 11:33)

(보론) 야훼 아도나이 신비와 인격성

야훼-아도나이 이름은 살아계신 분이며, 이스라엘의 계약과 예수 그리스도의 죽음과 부활에서 계시된다. 골비처에 의하면, 이스라엘의 야훼의 이름은 거룩한 이름으로 드러난다. "너희는 주 너희 하나님의 이름을 함부로 부르지 못한다"(출 20:7). 야훼 이름은 아도나이로 대신한다. 불타는 가시덤불에서 모세에게 주어진 야훼의 이름(출 3:14)은 야훼스트(J)의 고안이 아니라 고대 이스라엘의 삶과 역사에서 보편적으로 파악되는 이름이다. 야훼스트는 신명을 히브리어 동사인 hajah, 즉 생명과 활동으로 연관 짓는다. 활동적인 존재, Ehje aser ehje는 70인역에서 '나는 스스로 있는 자'로 번역된다. 이러한 그리스적인 번역은 고대의 형이상학에서 영원한 정체성과 파악될 수 없는 지고의 존재로 발전되고 형이상학적인 신인식의 전제로 수용되었다. 그러나 오늘 성서 연구에서 이러한 신명은 오해로 판명된다. 이스라엘에게서 야훼 이름은 인격의 신비를 확인하지만, 야훼의 본질을 해명하는 이름이 아니다. 하나님은 모세에게 그분의 본질을 포기하지 않았다. 모세에게 하나님은 그분의 행동에서 알려지고, 모세는 그분의 행동을 역사적인 상황에서 보게 될 것이다. 야훼는 여전히 숨어 계신 하나님이다. 바르트에 의하면, 아무도 하나님의 고유한 이름을 말하지 못한다. 그것으로 충분한 의미를 갖는다. 계시된 이름은 그분의 테트라그람(Tetragram, YHWH)에서 여전히 숨어 계심을 말한다(KD I/1:335). 야훼의 이름은 다음처럼 번역될 수가 있다: "때때로 네가 나를 입증할 때, 나는 스스로 있는 자가 될 것이다." 야훼의 이름은 약속이며, 인간에 의해 감사의 이름으로 이해된다. 약속의 하나님과 그분의 신실하심에 인간은 마음의 신뢰를 둔다. "마음을 다하고 뜻을 다하고 힘을 다하여 주 당신들의 하나님을 사랑하십시오"(신 6:5).

장차 있게 될 존재로서 야훼는 너희들을 위하여 아브라함의 하나님, 이삭의 하나님, 야곱의 하나님으로 존재한다. 이분이 모세를 보낸다(출 3:15). 이스라엘을 위하여 야훼의 이름은 토라의 계약을 설정하시기 때문에 매우 소중하다. 그분의 이름은 구약성서의 중심에 서 있다. 루터의 성서 번역에서 구약에서 야훼는 6,700번, 하나님(엘로힘)은 2,500번이 나온다. "내가 야훼임을 알라"라는 표현은 에스겔에서 빈번히 나온다. 야훼의 이름은 단순한 지배나 이름이 아니라 약속으로 채워진 이름이며, 이스라엘에게 계시된다. 야훼의 이름을 부르는 것은 약속을 향한 부름이며, 하나님의 신실하심에 대한 마음의 신뢰를 말한다. 이스라엘의 하나님은 희망의 하나님이며, 고대 근동의 신명과는 질적으로 구분되며 초월한다. "나는 장차 되어가는 분으로 그렇게 존재할 것이다"(마틴 부버). "너희는 나를 찾을 필요가 없다. 내가 너희들과 때때로 같이 있기 때문이다. 나 자신은 나의 현현을 미리 예견하지 않는다. 너희들이 나를 만나는 것을 배울 수가 없다. 내가 너희를 만날 때 너희들은 나를 만날 것이다." 야훼에 대한 미래의 만남의 방식은 신약성서를 위한 구약성서의 개방성을 의미한다. 예수 안에 있는 이스라엘 하나님의 존재 방식을 바르트는 다음처럼 말한다. "구약에서 야훼의 이름은 모든 위로와 구원의 유일한 근거이다. 그분의 이름은 구원의 사건을 통하여 구체적으로 성취되는데, 그 주체는 인간 예수이다"(KD III/2:758). 예수 어록(로기온)에서 "나는 왔다"라는 표현은 구약성서의 "나는 [거기에] 있다"의 현실화로 이해될 수가 있다. "나는 너희들의 하나님이 될 것이다"라는 표현은 "너희들은 나의 백성이 될 것이다"라는 계약으로 표현된다. 계약의 파트너로서 인간에게는 책임성이 요구된다.[21]

6. 삼위일체의 역사 드라마와 점유 이론

바르트에게서 내재적 삼위일체(하나님의 페리코레스 안에서 아버지와 아들과 성령)와 경륜적 삼위일체(계시 안에서 드러난 창조주, 화해자, 구세주)의 구분은 점유의 교리(the doctrine of appropriations)를 통해 파악된다. 토마스 아퀴나스는 점유에 대한 명쾌한 규정을 한다. "점유는 [삼위일체 하나님의] 공동의 사역을 고유한 개별 인격에 연관 짓는 것이다. … [삼위일체 하나님] 자체에 공동적인 것은 다른 것보다 한 인격의 고유한 것에 보다 큰 유사점을 갖는다."

1) 점유의 교리는 삼위일체 하나님의 신비와 역사에서 드러나는 구원의 드라마를 표현한다. 창조로부터 계시와 화해를 통해 구원의 사역에서 아버지와 아들과 성령이 같이 역사하신다. 페리코레시스의 사역은 역사적으로 구원의 드라마를 위해 오직 점유를 통하여(per appropriationem) 일어난다. 바르트의 전적 타자로서 하나님(내재적 삼위일체)은 세계로부터의 초월을 말하지만, 이러한 초월은 하나님의 자유와 주권을 말한다. '내재적 삼위일체=경륜적 삼위일체'의 등식이 주장될 때, 인간은 전적 타자에 대한 하나님에 대해 투사를 할

---

21 Gollwitzer, *Krummes Holz-Aufrechter Gang*, 303-305.

수가 있게 된다. 우리는 하나님의 존재에 대해 상상력과 투사를 통해 하나님을 자기 이미지나 이데올로기로 만들어서는 안 된다. 우리로부터 하나님을 생각하는 것이 아니라 하나님으로부터 하나님을 생각하는 것이 바르트의 삼위일체 교리의 핵심이다.

마르크바르트에 의하면, 유대인들이 선재하는 토라에서 하나님을 만나듯이 기독교인들은 이스라엘의 하나님과 영원하신 아들 안에서 만난다. 유대인들이 토라의 효력 안에서 하나님의 임재를 만나듯이 기독교인들은 말씀과 성령이 사역에서 하나님의 임재를 만난다. 내재적 삼위일체는 종말이 완성에서 경륜적 삼위일체와 한 분으로 드러날 것이다. 내재적 삼위일체는 전적 타자로서의 의미를 가지며, 모든 인간의 투사 이론에 대한 비판적인 기능을 갖는다.[22]

2) 바르트의 내재적 삼위일체론에서 하나님의 존재 방식(Seinsweise)은 하나님의 본질과 페리코레스적인 삼위성을 표현한다. 자유와 자존성 안에 계신 하나님은 신비에 속하며 인격이란 개념으로 표현하기가 어렵다. 그러나 경륜적 삼위일체에서, 즉 하나님의 역사적인 계시 사건에서 하나님은 인격 안에 존재하시는 분으로 계시된다(CD II/1:268). 사랑과 지복 가운데 우리와 친교를 만들어 가시는 하나님은 예정의 은총과 화해를 통해 인격적으로 오신다. 사랑과 자유 안에서 하나님이 인격된다는 것은 하나님이 그분의 방식에 따라 우리를 사랑하는 분임을 말한다(CD II/1:284). 하나님의 존재 방식은 자유 가운데 사랑하시는 인격적인 하나님으로 우리에게 계시된

---

22 Marquardt, *Eia wärn wir da*, 565-566.

다. 이런 측면에서 바르트를 사벨리안적으로 비난하는 것은 전혀 맞지 않다. 존재 방식은 관계 개념으로서 위격(내재적 삼위일체의 관계성)과 인격(경륜적 삼위일체의 관계성)을 포괄한다.

바르트의 사유에는 유대적인 요소가 있다. 우리는 사랑과 친교 가운데 존재하는 하나님을 인격, 즉 당신으로 만난다(CD II/1:285). 마틴 부버는 하나님을 영원하신 당신(Thou)으로 만나지 못할 때, 우리는 하나님을 사물화해버리고 '그것'으로 만들어 버릴 수가 있다고 경고한다. 그런가 하면 레비나스는 하나님을 영원하신 당신, 아버지로 만나는 사람은 동시에 하나님을 그분(Illeity)으로 경외한다고 말한다. 바르트의 삼위일체론에서 하나님의 존재 방식(일차적 대상성)과 인격으로서의 하나님(이차적 대상성: 경륜적 삼위일체)은 하나님을 영원하신 아버지로 그리고 동시에 전적 타자로서 그분에 대한 경외를 포함한다.

이스라엘의 하나님, 기독교적인 유일신론은 몰트만의 비판처럼 군주론적인 것으로 거절되어야 하나? 오히려 구약의 예언자들은 정치적 억압에 저항했고 가난한 자들과 연대하지 않았나? 예수는 쉐마 이스라엘을 기도하지 않았나?(막 12:29) "아버지와 나는 하나다"(요 10:30). 아버지는 아들 안에서 일하며, 아들은 하나님의 말씀이다. 하나님은 몰트만처럼 오직 고난 당하는 사랑인가? 하나님에게 은혜와 심판은 그분의 주권으로 나타나지 않나?

신약성서는 하나님의 복수성을 말하지 않고 한 분 하나님을 말하지 않는가? "주님도 한 분이시요, 믿음도 하나요, 세례도 하나요, 하나님도 한 분이십니다. 하나님은 모든 것의 아버지시요, 모든 것 위에 계시고 모든 것을 통하여 계시고 모든 것 안에 계시는 분입니다"

(엡 4:5-6). "그러나 모든 것이 하나님께 굴복당할 그때에는 아들까지도 모든 것을 자기에게 굴복시키신 분에게 굴복하실 것입니다. 그래서 하나님은 만유의 주님이 되실 것입니다"(고전 15:28). 유대인 바울이 말하는 야훼 아도나이의 주권성은 군주제를 말하지 않는다. 여기에는 사회적 삼위일체론이 들어설 틈이 없다.

캐더린 라쿠냐에 의하면, 파카도키아 신학자들에게서 하나님의 근원(arche)은 관계적이며, 인격적이며, 아들과 성령과 서로 소통한다고 보았다. 하나님의 군주적 지배는 유일신론과 동일시되지만, 삼위일체론적인 표현은 제국의 군주들의 지배를 지지하지 않는다. 기원의 관계들에서 두 개의 근원은 존재하지 않고 아버지만 근원이된다. 그러나 아버지는 이러한 근원의 본질을 아들과 성령과 동일하게 나누신다. 이런 점에서 나지안주스의 그레고리는 정치적인 군주제에 경의를 표하며, 이것은 한 개인 인격에게 제한되는 군주제가아니라 '동일한 본성의 존경, 의지의 존중, 운동의 일치, 여기에 근거된 사람들의 일치를 향한 귀속'으로 설립되어야 한다고 말한다.[23]

이런 측면에서 보면 몰트만의 유일신론 비판과 정치적 군주주의는 초대교회에서 하나님의 일치성과 유일신론에 대한 신학적인 반성으로부터 오는 것이 아니라 오히려 이후 세속적인 정치의 변화에 기인한다. 콘스탄틴 황제의 칙령 이후(325) 가이사랴의 유세비우스(Eusebius of Caesarea)는 이러한 타협과 순응 정치의 대변자였다. 그는 황제를 신적 군주의 이미지로, 로고스-그리스도의 이미지로 보았고, 황제의 지배와 하나님에 대한 그리스도의 역할과 거의 동일시했

---

23 LaCugna, *God for Us*, 390.

다. 여기서 하나님의 아버지 되심은 가부장적인 이해와 연관되고, 카파도키안 신학자들의 신적 군주와 유일신론과는 전혀 다른 방향으로 나갔다. 카파도키안의 하나님 아버지에 대한 이해는 비록 아버지가 근원에 속하지만, 하나님은 관계 안에 거하는 인격적인 존재이며, 동시에 그리스도와 성령과 동일하신 분으로 강조했다. 이들은 부성에 대한 생물학적, 문화적, 정치적 개념을 봉쇄했다.

3) 바르트에 의하면, 예수는 주님이며, 예수는 그가 아바 내지 아버지로 부른 야훼 아도나이로부터 오며, 영원하신 아버지의 아들로 말한다. 이것은 신약성서의 기독론과 초대교회의 입장과 일치한다. 인간의 신화나 신적 이념의 인간화가 아니라 신약성서에서 그리스도의 신성은 "그리스도는 하나님 아버지를 계시한다"는 고백에서 파악된다(CD I/1:406). 신약성서에서 예수가 부른 '아바(Abba) 아버지'는 하나님에 대한 예수의 신앙을 말한다. 예수는 종종 하나님 나라와 어린아이의 연관성을 말한다(막 10:15). 요하킴 예레미야스는 예수의 '아바'는 유례가 없는 것이며, 예수의 가장 숭고한, 바로 그 소리로 말한다. 신약성서에서 예수 그리스도의 아버지는 예수를 십자가에서 살려내신 부활의 하나님을 말한다. 그리고 예수의 아버지는 탕자의 비유에서 집 나간 아들을 기다리는 긍휼과 자비가 넘치는 아버지를 말한다(눅 15:11-32). 이것은 모든 가치의 전도를 의미하며, 하나님의 개념에서 혁명을 말한다.[24]

바울은 아람어의 '아바' 기도를 교회의 기도로 인용한다(롬 8:15;

---

24 Joachim Jereemias, *The Parabe of Jesus*, Lochman, *The Faith We Confess*, 50-54.

갈 4:6). 예수의 '아바'의 신비는 여전히 우리 주 예수 그리스도의 아버지(롬 15:6; 고전 1:3; 고후 11:31; 엡 3:14)란 표현에 담겨 있고, 예수의 주권은 아버지의 주권에 관련되며 또한 아버지의 메시아적인 보내심과 화해와 부활에 연관된다. 메시아 예수의 주권에서 예수의 아버지는 만유의 아버지가 되며(롬 1:7; 갈 1:1; 엡 4:6), 영광의 아버지가 된다(엡 1:17). 예수 그리스도가 선포한 하나님 나라의 지배는 하나님의 근원을 말하며, 야훼 아도나이 이름은 예수의 '아바'의 신비에서 구체화되며, 하나님 나라를 향한 복음은 가부장 지배와는 전혀 상관이 없다. 바울은 이러한 하나님 나라의 복음을 빌레몬과 오네시모와의 관계에서 실천했다. 예수의 '아바' 신비에는 하나님 나라가 임재하고, 가난한 자들과 아이들과 여성들과 사회에서 밀려난 자들에 대한 연대가 표현된다. 바울은 갈라디아서 3장 28-29절에서 메시아적 공동체 안에서 인간의 연대가 드러나며, 지배와 억압으로부터 자유로운 소통이 가능해지는 열린 사회를 말한다. 예수의 '아바' 신비를 아버지 하나님에 대한 계시로 수용한다면 한 분 하나님과 유일신론은 비난 받을 필요가 없다.

7. 영원한 생명: 창조, 해방 그리고 안식

구약성서에서 아버지로서 하나님은 주님으로 해석되며(신 32:6; 말 1:6), 주님은 또한 아버지로 해석된다(사 63:16). 이스라엘은 하나님의 자녀와 백성으로 선택된다(호 11:1). 이사야 53장의 고난 받는 종은 빌립이 에티오피아 내시에게 복음을 전할 때 예수 안에서 확인되고 성취된 것으로 선포된다(행 8:32). 예수가 아버지로 계시한 아버지는 예수의 죽음에서 알려진다. 아버지는 예수를 죽음에서부터 살려낸다. 아버지는 죽음을 통하여 생명을 창조한다. 이것은 영원한 생명이며 새로운 탄생이다. 아버지의 부활의 생명과 더불어 죽음의 죽음, 부정의 부정은 이제 사라진다. 아버지는 또한 우리의 삶을 죽음을 통하여 영원한 생명에 이르기 위하여 죽음을 원한다(CD I/1:388).

생명에서 죽음을 거쳐 영원한 생명에 이르는 길에서 하나님의 나라는 새로운 탄생이 된다. "… 그밖에 어떤 피조물도 우리를 우리 주 예수 그리스도 안에 있는 하나님의 사랑에서 끊을 수가 없습니다"(롬 8:39). 영원한 생명 또는 부활 생명은 지상에서 인간의 삶을 새롭게 각성하는 것이다. "우리는 이 장막을 벗어 버리기를 바라는 것이 아니라, 그 위에 덧입기를 바랍니다"(고후 5:4). 이러한 각성은 또한 마지막 때 하나님으로부터 올 것이다(고전 15:53). 여기서 바르트는 영원한 생명, 즉 부활 생명은 지금 여기서 시작하며 또한 마지막 때 하나님의 은총 사건으로 올 것을 말한다. 현재적 종말론과 다가오는 종말론은 분리되는 것이 아니라, 부활 생명 안에서 서로 동시적으로 상응한다. 지상의 삶에서 부활 생명은 죽음으로 끝나지만, 죽음의 시간에 대한 하나님의 영원화의 은총을 통해 육체의 부활이 나타날 것이다.

바르트에게서 하나님의 주권성은 인간의 죽음과 부활에 관련된다. 죽음조차도 인간의 삶을 지배할 수가 없다. 하나님이 다스리기 때문이다. 이것은 성서의 증언에서 우리가 찾는 내용이며, 예수 안에서 계시된 아버지 하나님의 의미이자 내용이다. 예수는 아버지를 우리에게 창조주로 계시하신다. 하나님의 의지는 골고다에서 예수와 더불어 계셨고, 그의 죽음을 통하여 부활의 생명을 드러내셨다.

"이 약속은 그가 믿은 하나님, 다시 말하면 죽은 사람들을 살리시며 없는 것들을 불러내어 있는 것이 되게 하시는 하나님께서 보장한 것입니다"(롬 4:17).

바르트는 『교의학개요』에서 나치의 전제적인 권력을 비판하면서 다음처럼 말한다. "권력에 취해 있는 사고는 무질서, 즉 tohu wa-bohu이다. 하나님은 창조에서 이러한 무질서를 거절하면서 하늘과 땅을 창조했다. 이러한 힘은 하나님과 적대적이다. … 권력 자체가 명예스럽게 되고, 숭배되고 또한 권위가 되고, 법을 집행을 원하는 곳에서 우리는 '허무주의의 혁명'에 직면하게 된다…. 처음부터 하나님의 힘은 정의의 힘이며, … 예수 그리스도 안에 나타난 그분의 자유로운 사랑의 힘이다."25

1) 바르트에게서 창조는 은총의 계약에서 그 자리를 갖는다. "만물이 그에게서 나고, 그로 말미암아 있고, 그를 위하여 있습니다"(롬 11:36). 창조가 하나님의 사랑의 자유 가운데 있는 영원한 작정과 방향이라면, 이것은 '말씀이 육신이 되신' 사건을 지적하며, 성육신은 창조의 진정한 의미가 된다. 그리스도와 창조에는 존재론적인 연관성이 있다(CD III/1:51). 세계의 보존과 다스림은 하나님의 지속적인 창조에 속하며, 창조는 역사적인 성격을 가지며, 시간을 완성하는 사건이다. 창조는 모든 시간으로 펼쳐지며, 모든 시간 안에 계신 창조주 하나님을 지적한다. 모든 시간을 포함하는 영원성의 성격은 구체적인 역사적인 성격을 갖는다(CD III/1:60).

---

25 Barth, *Dogmatics in Outline*, 48.

바르트에 의하면 창세기 2장의 기사는 원래 하늘과 땅의 계보(*Toledoth*)를 말한다. 우주의 계보는 하나님의 창조의 귀결에서 드러난다. 이후 계보는 인간의 출생에 이어지는 실제적인 계보가 되며, 이스라엘의 역사로 연결된다(창 5:1; 6:9; 10:1). 그리고 이스라엘의 역사는 은총의 계약에서 대변된다. 하늘과 땅의 계보는 창조와 이스라엘의 계약 역사의 연관성을 보여주며, 성육신에서 영원하신 말씀은 유대인의 육체를 입으심으로써 내재적 삼위일체론의 역사적인 성격을 강화한다. 하나님은 창조의 보편사를 위하여 이스라엘 계약의 특수사로부터 시작한다. 무로부터의 창조(*creatio ex nihilo*)는 하나님의 자유로운 행동을 의미하며, 세계와 인류는 생명과 시간을 하나님으로부터 받는다. 이것은 신화론적인 측면에서 하늘과 땅의 계보에서 티아마트(Tiamat)의 태고적인 창조, 즉 세계 실제의 영원한 자기 출생을 말하는 것이 아니다. 하나님이 처음에 무질서와 혼돈(tohu wa-bohu)을 창조하고 여기서부터 세계를 만들었다는 견해는 논쟁거리에 속하며, 오히려 그것은 창조 이전에 있었다(궁켈). 이것은 아비소스(70인역)를 말하며, "땅이 혼돈하고(tohu, 바빌론의 티아마트, 삼상 12:21; 사 41:29; 44:9) 공허하며(bohu, 페니키아와 바빌론 여신 바우, bau) 어두움이 깊음 위에 있었다"(창 1:2).

바르트에 의하면, 이 본문은 창세기 1장의 하늘과 땅의 계보와 관련이 없다. "하나님이 태초에 하늘과 땅을 만드셨을 때, 땅은 혼돈하고 공허하며(a formless void) 어둠이 깊음 위에 있었다"(NRSV). 예레미야 4장 23절에서 이러한 신화론적인 세계에 대한 심판이 언급된다. "땅을 바라보니 온 땅이 혼돈하고 공허하다(tohu wa-bohu). 하늘에도 빛이 전혀 보이지 않는다." 이사야의 심판 예언에서 읽는다.

"주님께서 에돔을 혼돈의 줄(tohu)과 황무의 추(bohu)로 재실 터이니, 에돔을 창조 전처럼 황무하게 하실 것이다"(사 34:11). 최후의 심판의 공포가 표현되는데, 하나님의 창조는 한편에서 혼돈과 공허의 위협으로부터의 해방을 말하며, 이러한 무성의 세계는 하나님의 하늘과 땅의 세계에 대한 무시와 공격을 담고 있다(CD Ⅲ/1:105). 바르트에게서 창조(바라, bara, 창 1:1)는 이스라엘의 하나님을 지적하며, 은총의 계약과 관련된다. 창조는 하나님의 해방 사건이며 종말론적인 개념이다. 특히 무로부터의 창조는 제2 마카베오 7장 28절에 나온다. 유대인 어머니는 아들들의 순교를 보면서 막내아들에게 강조한다. 하나님은 땅과 모든 것을 기존의 것에서부터 만든 것이 아니다. 하나님의 창조는 세계의 가능성의 근거이며 순교자들을 새로운 생명으로 살려내는 데서 무로부터의 창조의 의미가 있다. 무로부터의 창조는 세계의 내적인 힘들과 자기 우상에 대한 날카로운 저항을 담고 있다. 이러한 바르트의 입장은 신플라톤주의적인 창조 유출설이나 카발라의 침춤(하나님의 급진적 자기 제한)과는 전혀 상관이 없다.[26]

창조는 과거에 일어난 일회적 사건으로 끝나는 것이 아니라 역사의 과정을 거치며 마지막 목적, 즉 예수 그리스도의 부활을 향한다. 무로부터의 창조는 예수를 죽은 자로부터 살려낸 하나님의 부활의 행동을 지적한다. 또한 이것은 마지막 종말의 완성에서 새로운 창조를 의미한다. 바르트에 의하면, 무로부터의 창조에 대한 대답은 종말론과 연결되지 않고는 불가능하며, 무성(das Nichtige)은 낡은 것을 말하며, 예수 그리스도의 십자가와 부활의 빛에서 급진적으로 과거

---

26 Gollwitzer, *Krummes Holz-Aufrechter Gang*, 219.

로 머문다. 낡은 것들, 즉 무질서들(창 1:2)은 그리스도 안에서 지나갔다(고후 5:17).

첫 번째 창조는 그리스도 안에서 새 창조와 관련된다(CD III/1:110). 과거의 창조는 하나님의 미래로부터 의미를 받으며 하나님의 새로움에 열려 있다. 창조와 역사, 자연사와 계약 역사의 대립과 반립은 끝나며, 하나님은 세계 전체를 위한 창조주로 또한 그 안에서 창조주로 활동한다(CD III/1:223). 하나님은 진화와 생태학적인 삶의 과정에 임재하며 창조된 시간의 자연사와 역사의 자율성과 자유를 허락한다. 은총의 계약은 자연의 삶과 모든 살아있는 피조물 안에서 준비된다. 시편 8장 7절을 주석하면서 바르트는 동물의 세계에서 인간의 지배로 말하지 않는다. 다니엘 7장 1절에서 하나님은 땅을 인간에게 준 것이 아니라 인간은 동물에 대해 우위권을 갖는다. 모든 살아 있는 피조물들이 주님의 식탁에 초대되었다. 땅의 지배(창 1:26)는 진정한 의미에서 인간에게 허락된 것이 아니다. 땅에 대한 무제한적인 인간의 기술 지배는 거절된다. 땅의 지배는 인류의 문화사의 전체 프로그램이 아니다(CD III/1:205).

바르트의 생태학적인 관심과 모든 피조물의 삶에 대한 반성은 자연의 역사(진화의 현실)를 넘어서 은총의 계약 역사를 지적하며 모든 살아있는 피조물들에 대한 하나님의 생명의 은총을 향해 개방한다. 지속적 창조는 종말론적으로 만유에 거하는 하나님의 안식(고전 15:28)을 지적하며, 하나님은 피조물들과 더불어─그러나 창조주로서 하나님을 그치지 않고─ 하나님의 목적에 도달한다(CD III/3:86). 하나님의 종말론적인 내주와 하나님의 백성들과의 안식은 이미 첫 번째 창조에서 하나님의 안식을 통해 제시된다. 안식은 창조의 정점이며, 하나님은 자신을 세계와 인간의 삶에 일치시키시며, 그분의 초월성에도 불구하고 충분히 내재하길 원하신다(CD III/1:8). 바르트에게서 안식은 하나님의 창조가 아니라 하나님의 본성이며 창조의 완전함을 말한다. 지속적인 창조는 이러한 하나님의 안식, 즉 창조에 대한 다스림과 내재성에 대한 선언 안에서 자리를 갖는다(CD III/3:12).

2) 바르트는 하나님은 세계와 인간에 대한 하나님의 계약의 역사를 통해 항상 관여하신다고 말한다(CD III/3:12). 안식은 세계의 내재성으로서 예수 그리스도의 계시에 대한 기대의 사건이며, 그러므로 창조의 정점이 된다. 그리고 이러한 창조의 정점으로 안식은 마지막 때 종말의 안식(메누하, 히 4:9-10)으로 완성된다. 종말론적인 피조물들은 여전히 피조물들로 존재하지만, 하나님의 마지막 안식에서 만유와 더불어 임재하시는 하나님의 궁극적인 목적의 성취 보게 될 것이다(CD III/3:86). 바르트의 무로부터 창조(creatio ex nihilo)는 은총의 계약을 위한 창조이며, 무성(주인 없는 폭력들)에 대한 저항을 담고 있으며, 그리스도 안에서 해방과 새로움을 위한 창조이다. 그리고 종말론에서 드러난 창조는 낡은 것들과 더불어 창조(ex vetere)가 아니라 무성에 대한 최종적 심판으로서 새로움을 위한 창조(creatio pro novum), 즉 하나님의 최종적인 안식과 세계 내재성이 된다. 이것이 무로부터의 창조를 새 하늘과 새 땅에서 완성한다. 이런 점에서 만유재신론은 바르트에게 종말론적인 가능성으로 남아 있지만(폴킹혼), 몰트만이나 과정신학의 만유재신론과는 전혀 다르다.

고전적인 유신론은 하나님과 세계의 이분법을 말한다. 하나님은 세계로부터 영향을 받을 수가 없다. 하나님과의 관련성은 피조물의 현실이지만, 피조물에 관련성은 하나님의 현실이 아니다(토마스아퀴나스). 고전적인 유신론에 대한 비판은 범신론으로부터 온다. 하나님과 세계는 동일시된다(스피노자: *deus sive natura*, 하나님 또는 자연). 오늘날 많은 신학자들이 중도의 입장을 취하면서 만유재신론을 제시한다. 만유재신론은 전통적인 유신론과 더불어 하나님의 개별적인 인격은 독립적인 것에 동의한다. 그러나 전통적인 범신론과 더불어 하나님은 충분한 현실태(actuality)에서 문자 그대로 모든 것을 포함한다고 말한다. 세계는 하나님 안에 있지만, 그것을 초월한다. 폴킹혼에 의하면, 만유재신론은 현재의 상태가 아니라 종말에서 일어나는 창조의 완성에서 본다.[27]

그러나 화이트헤드의 만유재신론에 의하면, 하나님은 창조 이전이 아니라 창조와 더불어 존재한다. 하나님은 '위대한 동료'로서 인간의 세계의 삶을 이해하고, 동료로서 고통을 나누시는 분이다. 하나님은 세계를 창조하신 분이 아니고 세계의 시인이며 오랜 인내와 세계를 진선미의 비전을 통해 구원한다. 과정신학에서 무로부터의 창조는 '절대적인 무성'으로부터의 창조를 의미한다. 그것은 무질서로부터(tohu wa bohu) 창조를 말한다. 그러나 바르트에게서 희망은 과정신학의 만유재신론과는 전혀 다르다. 하나님의 공의로움은 모든 인간의 희망과 바람과 노력과 기다림에 대한 답변이며 모든 종교의 의미가 된다. 하나님의 공의로움은 희망에 집중되어 있는 모든 인간의 활동에 대한 답변이 된다.[28]

성서가 증언하는 아버지 하나님은 성령을 통하여 부활 생명을

---

27 Polkinghorne, *The Faith of A Physicist*, 64.
28 Ibib., 66, 68, 73.

주시는 하나님이고, 인간적인 아버지와는 전혀 다르다. 성서가 증언하는 창조주 아버지는 더군다나 가부장적인 권위와 억압을 유지하는 억압과도 상관이 없다. 그분은 긍휼을 베푸시며 새롭게 살려내시는 분이다 "어머니가 어찌 제 젖먹이를 잊겠으며, 제 태에서 나온 아들을 어찌 긍휼히 여기지 않겠느냐! 비록 어머니가 자식을 잊는다 하여도, 나는 절대로 너를 잊지 않겠다"(사 49:15). 성서가 하나님을 아버지로 부를 때 그것은 유비적인 표현이며 인간적인 아버지의 표현을 초월한다. "주님께서는 우리의 아버지입니다. … 옛적부터 주님의 이름은 우리의 속량자이십니다"(사 63:16). 이것은 아들 그리스도에 대한 하나님의 아버지 됨에서 나타나는 사랑과 자비와 긍휼로 파악되며, 인격적인 아버지의 부성은 여기서부터 내용과 의미를 부여받는다.

8. 바르트와 니케아-콘스탄티노플신조

니케아-콘스탄티노플신조는 아리안주의에 대항하여 그리스도의 신성의 교리를 확립한다. 이것은 4세기 말엽에 콘스탄티노플(또는 예루살렘) 교회의 세례에서 고백되는 신앙의 조항인데, 니케아회의(325)의 입장을 삼위일체론적인 표현으로 정리하고 채택한다. 330년 콘스탄티 황제는 고대 그리스도 도시인 비잔티움 지역에 새로운 도시 콘스탄티노플을 세웠고, 동로마 제국의 수도로 결정했다. 381년 콘스탄틴 황제는 새로운 로마로 불리던 콘스탄티노플에서 제2차 에큐메니칼 회의를 소집하고, 삼위일체 교리가 공식화되었다. 니케아-콘스탄티노플신조는 565년부터 동방 교회의 예전에서 시행되였고, 1014년부터 서방 교회의 예전에서 받아들여졌다. 또한 니케아-콘스탄티노플신조는 종교개혁의 교회에서 받아들여졌다. 이것은 이전 니케아신조의 대부분을 반복하면서 그리스도의 신성에 대한 교부들의 결론을 제공한다. 동방 교회와 서방 교회의 분열을 고려할 때 이 신조는 에큐메니칼 합의에 기여할 수 있다. 바르트는 자신의 삼위일체 신학을 위해 니케아-콘스탄티노플신조를 집중적으로 분석하고 해명한다.

1) 우리는 한 분 창조주 하나님과 더불어 한 분 주님이신 그리스도를 믿는다(*in unum Dominum Jesum Christum*). '주님'이란 칭호는 먼저 우리를 위한 그리스도의 중요성을 언급한다. 그리스도의 주권은 자체적으로 근거되며 한 분이신 주님을 가리킨다. 그리스도는 하나님과 동일한 분이다. 우리를 위한 그리스도는 만주의 주님이시며(딤전 6:15) 영원 전부터 계신 분이다.

2) 우리는 예수 그리스도를 하나님의 독생자로 믿는다(*filium Dei unigenitum*). '독생자'는 예수 그리스도 안에서 일어난 계시와 화해의 배타성과 독특성을 강조한다. 독생자가 사랑받는 아들(*hyos agape-tos*)로 해석된다면, '기독교 종교의 절대성'이 이러한 고백의 내용이 될 것이다. 그러나 이것은 기독교 종교의 절대성이 아니라 하나님의 계시의 절대성을 지적한다. 독생자는 하나님이다. "아버지의 품속에 계신 외아들이신 하나님께서 하나님을 알려주셨다"(요 1:18). "그 말씀은 육신이 되어 우리 가운데 사셨다. 우리는 그의 영광을 보았다"(요 1:14). 이 영광은 하나님의 영광이요, 그분의 계시 안에 진리와

은혜가 있다. 그리스도의 계시와 화해는 하나님이 영원 전부터 그분 안에 존재하신 것에 상응한다.

3) 우리는 예수 그리스도를 빛에서 나오는 빛, 참된 하나님의 참된 하나님, 피조된 분이 아니라 나으심을 입으신 분으로 믿는다 (*Deum de Deo, lumen de lumine, Deum verum de Deo vero, genitum non factum*). 이것은 그리스도의 신성에 대한 삼위일체론적인 표현이다. 하나님의 본질과 활동 안에서 우리는 빛과 빛, 하나님과 하나님을 구분한다. '아버지와 동일한 분'(*homo-ousios*)인 그리스도는 여전히 하나님 안에 있는 구분을 포함한다. '빛의 빛'으로 예수 그리스도는 아들의 존재 방식으로 아버지의 존재 방식과 관련된다. 그리스도는 "하나님의 영광의 광채시요, 하나님의 본체 대로의 모습입니다"(히 1:3). 그리스도의 영원한 출생(피조되지않고 나으심을 입으신분)은 육체의 수납을 통하여 인간성을 입기 전을 의미한다. 영원하신 아들은 계시자와 화해자가 되기 위해서 인간의 몸을 입었다. 예수 그리스도의 영원하신 출생 또는 되어감은 하나님으로서 그에게 적합하다. 이것은 기원과 의존의 관계이며, 아버지와 관계하는 아들의 존재 방식을 말한다(CD I/1:430).

4) 우리는 예수 그리스도를 아버지와 동일본질(*consubstantialem Patri*)로 믿는다. 교회론적으로 볼 때 바르트는 콘스탄틴 황제가 동일본질(*homoousios*)의 문구를 325년 니케아신조에 삽입시켰다는 것은 수긍하기가 어렵다고 본다. 니케아 회의에 참석한 대부분의 신학자들이 동일본질의 문구를 허락했다. 니케아 회의 이전에도 동일본질

은 이레니우스에 의하면 영지주의자 발렌티누스에 의해 사용되었고, 사벨리안주의나 삼신론에 어떤 논쟁적인 문제를 야기했는지 확실하지 않다. 269년 안디옥회의에서 사모사타 바울(Paul of Samosata)에 저항하면서 그가 양태론적으로 사용한 동일본질은 거절된다. 그리스도의 영원한 신성의 교리에 관해 승리를 얻은 네오-니케아주의자들은 동일본질에 대한 재해석, 즉 '세 분 인격의 구분과 더불어 본질의 일치'를 통해 수용한다. 325년과 381년 사이에 동일본질에 대한 찬반양론 사이에서 세 카파토키아 신학자(바질, 닛사의 나지안주스 그리고 그의 동생 그레고리)는 동일본질의 문구를 한 분 신성의 본질(ousia)과 세 위격으로 표현했다(one ousia in tree hypostases). 서방 교회에서 이러한 표현은 터툴리안에게서 '하나의 본질과 세 분의 인격'(one substance, three persons)으로 정식화되었다.

바르트에게서 아버지와 아들과의 동일본질을 수립하는 것은 필연적이다. 왜냐하면 아들은 아버지로부터 알 수 있는 동질성 안에서 일치되기 때문이다. 그러므로 아들은 아버지와 본질에서 같다. 네오-니케아주의자들에게 동일본질은 결정적인 것이고, 아타나시우스가 별다른 주목을 하지 못한 세 인격의 구별을 통해 강조했다(CD I/1:439).

서방 교회는 이러한 논쟁이 끝난 것으로 간주하고, 이러한 문구를 수용했다. 동일본질(consubstantialis) 교리는 아타나시우스에게서 필요한 것으로 확인된다. 아타나시우스는 328년부터 알렉산드리아 주교로 활동했는데, 이후 유사본질(homoiousios)이란 용어를 수용하기도 했다.

바르트는 자신의 기독론의 핵심 내용을 동정녀 탄생의 교리와 고대 교리인 안히포스타시스/엔히포스타시스(비잔틴의 레온티우스, 490~544)와 연결된다. 이것은 니케아신조(325, 동일본질)와 칼케돈신조(451)의 가독론적인 위격의 연합(inconfusedly, unchangeably, individibly, inseparably)의 혼란스러움을 넘어선다. 예수 그리스도는 진정으로 육신, 즉 인격을 입었다(*enhypostasis*). 그는 참된 인간이다. 그러나 참된 인간으로서 예수 그리스도는 항상 영원하신 신성과 분리되지 않는다(*anhypostasis*). 예수 그리스도는 네스토리안처럼(물과 기름처럼) 분리되는 이름도 아니며, 단성론자들처럼 인성이 실종되는 것이 아니다. 영원하신 로고스가 마리아를 통해 인간의 몸을 입지만, 항상 삼위일체의 두 번째 위격으로 존재한다(요 1:14).

바르트는 히브리서의 대제사장론을 멜기세덱과 관련하여 반성한다. "그에게는 아버지도 없고, 어머니도 없고, 족보도 없고, 생애의 시작도 없고, 생명의 끝도 없습니다"(히 7:3). 바르트는 동정녀 교리에서 마태와 누가복음의 족보를 하나님의 자유로운 은총의 사건으로 말했다. 이것은 히브리 대제사장론의 빛에서 전개되지만, 마태의 삶의 자리에 속하는 얍브네의 유대인 공동체나 이방인의 복음을 위한 누가복음과 사도행전의 케리그마와 분리되지 않는다. 엔히포스타스로서 (영원하신 그리스도와 더불어 존재하는) 예수는 성육신에서 인간적인 아버지가 없다. 왜냐하면 역사적인 성육신에서 동정녀 탄생의 예수는 영원 전 아버지로부터 나으심을 입은 아들과 동일한 분이기 때문이다(CD I/1:192). 동정녀 탄생의 사인은 예수 그리스도의 엔히포스타시스의 신비를 지적한다. 예수는 영원하신 아들 그리스도와 분리되어 존재하지 않는다(안히포스타시스). 여기서 네스토리안 주의가 거절된다. 바르트의 기독론(엔히포스타시스/안히포스타시스)은 히브리서의 대제사장직을 고려하면서 '참된 하나님, 참된 인간'을 동정녀 교리에 역동성을 부여함으로써 로마가톨릭의 마리아론의 약점을 비판적으로 극복된다.

고대 교회의 기독론에서 그리스도의 신성이 예수의 인성에 어떻게 관련되는가 하는 것은 논쟁의 초점이었다. 칼케돈신조(451)는 네스토리안주의(그리스도의 인격의 일치를 신성과 인성으로 분리하는 기독론)와 유티체스의 단성론주의(인성을 신성 안으로 흡수해버리는 기독론) 사이의 중도 입장을 취했다. 그리스도는 신성에 관한 한 아버지와 동일본질이며, 인간성에 관한 한 우리와 같은 참된 인간이다. 예수 그리스도의 인격 안에 있는 신성과 인성은 혼용되지 않으며 분리되지도 않는다. 그러나 두 본성이 구분되지만 어떻게 한 인격 안에서 연합이 되는지 해명하지 않았다. 5차 콘스탄티노플 회의(553)는 칼케돈신조를 확인하고 네스토리안주의를 거절했다. 6세기 비잔틴 제국에서 네오-칼케돈 주의자들의 신학 운동은 카이사랴의 요한과 예루살렘의 레온티우스에 의해 주도되었다. 이들은 칼케돈신조(451)에서 예수 그리스도의 인격 안에 있는 신성과 인성의 위격적인 일치(hypostatic union)가 분명하게 정의되지 않은 것을 문제시했다. 알렉산드리아 시릴의 기독론의 빛에서 이들은 칼케돈의 위격의 일치를 표현하려고 했다. 5세기에 알렉산드리아 시릴은 아타나시우스의 입장을 추종하면서 로고스는 성육신에서 육체, 즉 한 개별 인간이 아니라 인간성 일반을 수납했다고 말했다. 그리고 인간 예수는 항상 로고스와의 일치 가운데 존재한다. 레온티우스는 인간 예수와 하나님의 아들과의 일치를 엔히포스타시스로 표현했는데, 인간 예수는 항상 영원한 로고스 안에 존재한다. 인간 예수는 단순히 피조된 인간성에 근거되지 않고 영원한 로고스의 비인격적인 인간성 안에 근거된다. 예수의 인간성은 처음부터 로고스와의 일치 가운데 존재했다(CD IV/2:49-50; 90-91). 9세기에 요한 그라마티쿠스는 예수의 인성은 단 한 순간도 로고스의 위격에 분리되지 않는다고 표현한다. 이것은 안히포스타시스인데, 로고스의 위격에서 분리되지 않는다는 부정적인 차원을 말한다. 레온티우스는 그리스도의 인간성은 항상 영원하신 로고스와의 연합에서만 존재한다고 긍정적으로 확인했다(엔히포스타시스). 성육신하신 말씀은 항상 선재하는 그리스도이며, 예수는 영원하신 아들과 다른 분이 아니다(안히포스타시스). 네오-칼케돈 기독론은 5차 콘스탄티노플회의(553)에서 수용되었다.

보론: 동정녀 탄생의 교리와 가부장 지배 비판

바르트는 "크리스마스의 기적"(CD I/2:172-202)에서 동정녀 탄생에 대한 깊은 반성을 남긴다. 마태복음 1장 18-25절과 누가복음 1장 26-28절은 이사야의 예언, 즉 임마누엘의 사인(사 7:14)에 관련된다. 마가복음과 요한복음에는 동정녀 탄생에 대한 기사가 언급되지 않는다. 그리고 바울서신에서도 명백하게 나타나지 않는다. 여기서 중심 케리그마는 예수의 십자가와 부활이다. 그럼에도 불구하고 마태복음과 누가복음의 동정녀 탄생의 기사는 예수의 십자가와 부활에 대한 모든 다른 신약성서의 증언의 전제가 된다. 다윗의 후손으로서 예수는 바울과 요한에게 중요하며(롬 1:3; 딤후 2:8; 요 7:42) 또한 공관복음 기자들에게도 중요하다(마 1:1; 12:23; 21:9; 막 10:47).

마태복음 1장 16절과 누가복음 3장 23절에서도 예수는 요셉의 아들이며 다윗의 후손으로 파악된다. 동정녀 탄생의 교리는 이사야의 임마누엘 하나님에 대한 예언의 성취를 지적하며 '참된 하나님, 참된 인간'(*vere Deus et vere homo*)에 역동적인 은총의 사건을 제공한다. 그리스도는 영원 전 참된 하나님이셨으며, 성령의 능력을 통하여 마리아의 몸을 입어 우리와 같은 인간으로 오셨다. 참된 인간으로서 그리스도는 원죄의 현실, 곧 죄와 사망의 현실 아래 제한되지 않는다. 왜냐하면 참된 인간으로서 그리스도는 원죄를 통해 들어온 죄와 사망을, 부활을 통해 승리하신 분이기 때문이다(CD I/1:177).

70인역 유대교가 이사야의 임마누엘 예언(사 7:14)에서 젊은 여인(*almah*)을 동정녀(*parsenos*)로 간주해도 70인역의 약점은 이사야의 예언을 메시아적으로 해석하지 못한다. 일반적으로 초기 유대교는 약속의 메시아를 초자연적인 탄생을 통해 세상에 올 것으로 기대하지 않았다. 이런 점에서 성령으로 마리아의 잉태(마 1:18)는 유대적인 사유에는 절대적인 새로움을 말한다. 하나님은 창조의 질서가 아니라 새로운 것을 창조하는데, 동정녀 탄생은 사인 또는 기적이다(루터). 이사야 7장 14절은 사인을 말한다. 부활에 대한 신약성서의 증언이 빈 무덤과 관련되듯이, 계시의 신비가 그리스도의 동정녀 탄생과 연관된다. 동정녀 탄생의 교리는 인간의 죄된 현실로 치고 들어온 하나님의 은혜의 침투 사건이며 새로움의 시작을 말한다. 그렇다고 해서 동정녀가 죄가 없다는 것을 말하지도 않는다. 마리아는 여전히 죄의 현실 아래 놓여 있다.

1) 바르트에 의하면, 역사는 남성의 불순종의 역사이며 가부장적이다. 물론 역사에는 모성 지배도 있을 수 있지만, 그렇다고 해서

바르트는 동정녀 교리가 모성 지배의 이데올로기를 지지하지도 않는다고 본다. 타락 이후 남자(아담)는 여자의 주인이 되며, 이름을 하와로 지으며(창3:20), 하와는 더 이상 아담을 돕는 배필이 아니라(창2:20) 아담의 지배를 받는다. 남성의 역사가 하나님 앞에서 불순종의 역사라는 점에서 인간 예수에게 아버지가 없다는 것은 남성의 역사는 성육신의 신비에 관여할 수가 없다는 것을 말한다. 남자들은 성의 관계를 통해 여성들을 지배하며 남성의 역사를 만든다. "아들은 혈통에서나 육정에서나 사람의 뜻에서 나지 아니하고 하나님에게서 났다"(요1:13). 동정녀 탄생은 새로운 사회적 조건들을 동반하는 새로운 세계의 사인이며, 자체 상 여성 해방을 포함한다. 남성들의 대변자로서 요셉은 이러한 임마누엘의 사건에서 배제된다.

2) 가부장적인 역사와 삶에 대항하여 성육신은 하나님의 은총의 신비를 말하며, 이것은 남성의 불순종과 지배의 역사를 통해 오는 것이 아니라 성령의 능력 안에서 마리아의 몸을 통해 온다는 것을 말한다. 마태복음 1장에서 요셉의 역할은 동정녀 탄생에 관여하지 않는다. 영원하신 아들의 출생은 남성을 통한 일반적 출생을 배제한다(CD I/1:194). 참된 인간으로서 예수는 어머니 마리아에게 인간적인 기원을 갖지만, 본래 하나님과의 연관성 안에 존재한다. 하나님이 일차적이며, 하나님이 없는 인간 예수는 존재하지 않는다. 마리아의 의미는 그의 찬가에서 고난받는 자들을 위한 기도에서 해방의 상징으로 받아들여진다. 남성주의 지배로 구조화된 세계에서 하나님의 혁명은 남성을 통해 오지 않는다. 창세기 1장에서 무질서와 어둠으로부터 해방시키면서 창조하듯이 성육신 역시 남성주의 지배 체제

로부터 가르면서 해방과 구원의 역사를 지적한다. 성육신, 부활, 승천 그리고 다시 오심은 불트만처럼 신화론적으로 폄하되는 것이 아니라 그 상징적인 의미가 사회 물질적 조건과 변혁 안에서 새롭게 해석된다. 그런 점에서 바르트는 언어학적-해방적 차원을 그의 주석에 담고 있다.

『괴팅겐 교의학』에서 바르트는 그리스도의 성육신에서 요셉의 역할은 주변으로 밀려난다고 말한다. 남성의 제거는 원죄의 제거이다. 아담은 원죄의 담지자이다. 죄인은 죄인만을 낳는다. 그러나 원죄는 인간의 타락을 통해 성적인 것을 통해 이어지지만, 성 자체가 사악한 것은 아니다. 예수 안에서 일어나는 인간성에 대한 회복과 갱신은—타락으로 인해 죄 가운데 있는— 자연적인 성행위를 정당화하거나 거룩하게 하지 않는다. 예수의 안히포스타시스는 로고스 없이는 존재하지 않으며, 그의 엔히포스타시스(로고스 안에 있는 예수)는 죄 없이 나신 성육신을 지적하며, 원죄와 죽음으로부터 해방되는 새로운 인간성을 상징적으로 표현한다. 그러므로 아들의 인격은 새로운 인간성을 위하여 성령을 통해 잉태된다. 그것은 썩을 몸이 썩지 않을 몸을 입고 죽음을 삼키는 새로운 인간성을 말한다(고전 15:54). 동정녀 마리아는 비록 요셉과 마찬가지로 죄 가운데 있지만, 이러한 새로운 인간성을 대변한다(GD, 163-164).

마르크바르트에 의하면, 예수 그리스도가 이스라엘의 역사와 계보에서 나온다면(마 1:1) 예수 그리스도 안에 계신 하나님은 이스라엘의 계약에 영원히 신실하신 분이다.[29] 이런 측면에서 동정녀 탄생

---

29 Marquardt, *Eia wärn wir da*, 555-556.

교리는 유대인으로서 예수의 의미와 이스라엘의 어머니를 위한 마리아에게 적합하다. "야곱은 마리아의 남편 요셉을 낳았고, 마리아의 남편 요셉에게서 그리스도라는 예수가 태어나셨다"(마 1:16; NRSV). 여기서 중요한 것은 예수 이름의 이사야의 예언 임마누엘과 관련되는 것이며, 다윗의 전통에서 왕권을 선포한다. 마리아는 이러한 임마누엘의 은총을 처음으로 경험한 사람이며, 하나님이 이루어가실 구원과 해방의 사역에 희망을 갖는 사람이 된다. 하나님은 영적-신체적인 연관에서, 즉 인간성 전체에 관여함으로써 동정녀 탄생 교리는 신화론적인 오해를 거절한다. 동정녀 탄생은 엘리사벳의 세례요한 출생과 관련되며, 유대인 어머니에 대한 구약성서적인 의미를 갖는다. 마리아는 임마누엘의 은혜를 체험하고 하나님의 해방 사건을 대변하는 어머니로서 우리는 복음적으로 마리아에 대한 기쁨과 존경을 가질 수가 있다.[30]

3) 우리는 만물이 그리스도를 통하여 창조되었음을 믿는다(*per quem omnia facta sunt*). "모든 것은 그로 말미암아 창조되었으니, 그가 없이 창조된 것은 하나도 없다"(요 1:3). "우리에게는 아버지가 되시는 하나님이 한 분이 계실 뿐입니다. 만물은 그분에게서 났고, … 그리고 한 분 주님이신 예수 그리스도가 계십니다. 만물이 그분으로 말미암아 있고, 우리도 그분으로 말미암아 있습니다"(고전 8:6). "우리 주 예수 그리스도의 하나님 아버지"를 믿는다(골 1:3). 그리고 "그 아들은 보이지 않는 하나님의 형상이시요, 모든 피조물보다 먼저 낳으

---

30 Marquardt, *Das christliche Bekenntnis zu Jesus, dem Juden*, 92.

신 분이고, … 만물이 그분 안에서 창조되었다"(골 1:3, 15-16). 이러한 성서의 본문들은 동일본질 교리를 확인한다. 한 분 아버지와 한 분 예수 그리스도는 영원 전부터 아버지와 아들의 관계이며(두분의 존재 방식에서), 신성에서 동일하다. 또한 내재적 삼위일체의 외부를 향한 사역(창조, 화해, 구속)은 분리되지 않는다. 점유의 방식은 아버지를 계시와 화해의 사건에서 배제하지 않는다.

바르트에게서 코스믹 그리스도는 삼위일체론의 관점에서 특히 영원 전부터 계시 그리스도와 창조의 사역 그리고 이후 역사적인 십자가와 부활을 통한 화해의 사건에서 코스믹 그리스도(Pantocrator)로 개념화된다. 그리스도가 아버지의 우편에 계신 것처럼 그분의 성령의 사역을 통하여 우주 안에 임재한다. 여기서 바르트는 칼빈의 성령의 우주적 사역을 자신의 코스믹 그리스도에 연관시킨다. 예수 그리스도의 존재의 세 번째 형식—코스믹 그리스도—은 세계의 사건에서 다스리시는 주님으로 나타난다(CD IV/3.2:756). 바울은 아레오바고 연설에서 그리스도의 부활의 관점에서 창조주 하나님의 보편적인 차원을 말한다. "우리는 하나님 안에서 살고 움직이고 존재하고 있습니다"(행 17:28). 그럼에도 불구하고 바울은 회개를 촉구한다. 계시가 창조로 통합되는 것이 아니라 하나님의 은총이며, 이방인들을 계시와 화해의 사건으로 인도한다.

결론: 우리는 성령 하나님을 믿는다

1) 우리는 주님이신 성령을 믿는다(in Spiritum sanctum Dominum). 성령은 아버지와 아들과의 일치 가운데 계신 주님이시다. 아버지와

아들이 근대적인 의미에서 '인격'으로 불린다고 해도, 성령은 인격으로 불릴 수가 없다. 그분은 인격적인 영이다. 이런 점에서 교회는 성령을 인간의 모습으로 표현하지 않는다. 성령은 아버지와 아들의 공동의 친교로서, 동일본질의 교제이며(어거스틴), '평화의 띠'(엡 4:3), 아버지와 아들의 상호 선물이며, 사랑의 유대이다. 하나님은 영원 전부터 계셨던 분이다. 그리고 역사적 계시에서 임재하신다. 성령은 아버지와 아들의 영으로서 역사적인 계시에 관여한다. 교회사에서 모든 이단은 보혜사 성령이 인격으로 교주 안에 화육했다는 데 기인한다.

2) 우리는 성령을 생명의 수여자로 믿는다. 성령은 아버지와 아들과 더불어 창조의 사역에 관여한다. "하나님의 영은 물 위에 움직이고 계셨다"(창 1:1). 성령은 아들과 더불어 화해자이시다. 구원의 완성은 화해와 밀접한 관계를 갖는다. 생명을 주는 것은 영이다(요 6:63). 영은 사람을 살린다(고후 3:6). "첫 사람 아담은 산 영이 되었지만, 마지막 아담은 생명을 주시는 영이 되었다"(고전 15:45). 인간은 말씀과 성령으로 창조되었다. "주님께서 주님의 영을 불어넣으시면, 그들이 다시 창조됩니다. 주님께서는 땅의 모습을 다시 새롭게 하십니다"(시 104:30).

3) 우리는 성령이 아버지와 아들로부터 발출됨을 믿는다(*qui ex Patre Filioque procedit*). 점유의 방식으로 성령은 아버지와 아들과 구분된다. 바르트는 내재적 삼위일체의 삶에서도 점유의 교리를 채택한다. 발출은 아들의 출생에도 적용되지만, 아들의 출생과 더불어

성령은 고유한 발출을 하나님으로부터 받는다. 발출은 숨결과도 비교할 수 있다. 개혁파 정통주의 입장에서 성령의 신성과 발출은 본질의 생성이 아니라 형언할 수 없는 본질의 교통으로 파악된다.[31] 성령의 발출과 아들의 출생은 형언할 수 없고, 신비에 속한다. 성령은 아들로부터 발출하며(어거스틴), 아들로부터 성령의 발출은 아퀴나스에 의해 세련되게 발전되었다.[32] "성령의 발출은 의지의 방식에 의한 발출이며 인식의 방식에 의한 발출과는 다르다."

그러나 필리오케(아들로부터 성령의 발출, *ex Patre Fillioque*)는 요한복음 15장 26절의 진술과 대비된다: "아버지께서 다른 보혜사를 너희에게 보내셔서." 오시는 진리의 영은 아들로부터 오지 않는다(요 15:26). 그러나 기원의 관계들에서 볼 때 기원으로서의 아버지, 나으심을 입은 아들, 발출로서의 성령은 실제로 논의의 여지가 있는 것이 아니다. 성령의 발출은 아들의 출생과 더불어 아버지와의 공동본질임을 주장한다. 마케도니안들이 성령의 신성을 부정했을 때 이러한 성령의 발출은 중요했다.

서방 교회에서 필리오크베가 공식적인 지지를 얻었지만, 동방 교회는 본래의 신조에 없다는 이유로 이를 거절했다. 물론 동방 교회의 입장이 이단으로 간주되는 것이 아니라 서방 교회의 입장이 보다 나은 것으로 간주되었다. 필리오케에 대한 동방 교회의 날카로운 비판은 9세기 포티우스(Photius)에서부터 시작되었는데, 근대 러시아 정교회 신학자인 카르사빈(L. P. Karsavin)은 필리오케를 마리아의 무염시태(마리아가 죄 없이 그리스도를 낳았다)와 교황 무오설의 원인이

---

31 헤페, 『개혁파 정통교의학』, 192.
32 아퀴나스, 『신학대전』, I. qu. 27. Art. 3/4.

된다고 비난했다. 볼로토브(V. Bolotow)는 필리오크베가 어거스틴의 개인적인 의견에 불과하며 교리의 자리를 가질 수 없다고 말한다. 비록 니케아-콘스탄티노플신조에 '아들로부터'란 문구가 없지만, 어거스틴과 이후 포이티에 힐라리(Hilary of Poitiers)는 성령은 아버지와 아들을 연합하는 상호 간의 사랑으로 보았다. 어거스틴 사후 톨레도 회의(447, 589년)는 필리오크베 조항을 신앙의 조항으로 받아들였다.

아버지의 기원 내지 군주성을 강조하면서 동방 교회는 서방 교회를 세미-사벨리안 주의로 비난했다. 필리오크베는 아버지의 군주성을 약화시킨다.[33] 이후 동방 교회와 서방 교회의 분열은 1054년경 교황 베네딕트 13세가 공식적으로 필리오크베 조항을 니케아-콘스탄티노플신조에 첨부했을 때 일어났다. 플로렌스 회의(1438~1439)는 교부들의 입장을 첨부한다. "아들을 통하여, 아버지로부터." 그러나 이러한 서방 교회의 입장은 동방 교회로부터 거절되었다.[34]

어거스틴은 원칙상 성령은 아버지로부터 오며, 아들은 성령을 아버지로부터 받는다고 말한다. '아들을 통해서, 아들로부터'는 동방 교회와 서방 교회가 분열하기 이전에 공동의 입장이었다. 그러나 분열 이후 동방 교회는 '아버지로부터'를 '오로지 아버지로부터만'(ex mon ou tou patros)으로 해석했다. 그래서 '아들을 통하여 또는 아들에 의하여'란 문구에서 성령이 아들로 발출한다는 것을 차단했다.

20세기 에큐메니칼 신학 논쟁에서 동방 교회의 신학자들은 서구 삼위일체론 신학의 전체 틀에 문제를 제기하고, 하나님의 일치성을

---

33 Lossky, *Mystical Theology*, 58.
34 Heron, *Holy Spirit in the Bible*, 94.

지나치게 주장하는 데서 드러나는 사벨리안적인 경향을 비판한다. 필리오크베는 이러한 사벨리안적인 위험성을 보여주고, 성령은 비인격화되며, 아버지와 아들에 종속되고 만다. 몰트만의 사회적 삼위일체론은 성령을 독립적인 인격으로 파악함으로써 필리오케가 불필요하다고 본다. 성령은 아들의 '아버지로부터' 발출한다. 영원하신 아들의 출생에서 아들은 성령의 발출에 낯설지가 않다.[35]

판넨베르크 역시 몰트만과 더불어 하나님의 급진적인 상호 의존성을 근거로 기원의 관계를 제거한다. 판넨베르크는 하나님의 일치성을 세 분 인격의 상호 관계로 파악한다. 이러한 관계적 일치성은 아들의 영원한 출생이나 성령의 발출을 불필요하게 만든다. 하나님 안에 있는 세 인격은 상호 관계에 전적으로 의존한다.[36]

그럼에도 불구하고 만일 우리가 성령을 부활의 그리스도의 빛에서 볼 때 몰트만이나 판넨베르크와는 달리 성령은 아버지로부터 오며, 예수 그리스도가 보내시며, 그분을 통해서 오신다(요 15:26). "내가 아버지께로부터 너희에게 보낼 보혜사 곧 아버지께로부터 오시는 진리의 영이 오시면 그 영이 나를 위하여 증언하실 것이다."

4) 바르트는 서방 교회의 입장을 좇는다. 아버지와 아들의 영으로서 성령은 경륜적인 사역뿐만 아니라 영원 전부터 아버지와 아들의 영이다. 이것은 역사적인 계시에서도 마찬가지다. 아버지로부터 성령의 발출(요 15:26)은 아들의 영이신 성령으로부터 분리시켜서는 안 된다. 왜냐하면 성령은 아들이 보내시는 것이며, 아들을 위하여

---

35 Moltmann, *Trinity and the Kingdom*, 184.
36 Pannenberg, *Systematic Theology*, I:431.

증언하기 때문이다. 부활의 그리스도의 영으로서 성령은 아버지가 보내지만, 그리스도의 이름으로 오신다.

필리오케에 대한 동방 교회의 거절은 성서의 개별적인 본문(요 15:26)을 다른 본문과 연관 없이 취하는 사변에 기인한다. "아버지께서 내 이름으로 보내실 성령께서 너희에게 모든 것"을 가르친다(요 14:26). "그는 나를 영광되게 하실 것이다. 그가 나의 것을 받아서, 너희에게 알려주시기 때문이다. 아버지께서 가지신 것은 다 나의 것이다"(요 16:14-15). 아버지로부터 오는 성령은 그리스도의 이름으로 보내시는 영이며, 그리스도의 가르침을 기억나게 한다. 이것이 바르트가 의도하는 필리오케의 의미이다.

5) 바르트에게서 필리오케는 동방 교회처럼 성령을 아들에 종속시키는 것이 아니라 아버지와 아들의 친교를 표현한다. 성령은 사랑이며, 아버지와 아들의 존재 방식의 관계의 본질을 말한다. 이것은 또한 경륜적인 사역인 계시 안에서도 하나님과 성령의 은사가 있음을 말한다. 하나님의 영원한 사랑은 성령의 존재 방식에서 드러난다. 성령이 아버지로부터 발출하고 그리스도와는 독립적으로 우리와 관계한다면, 여기서 자연주의적이며 비윤리적인 성격이 드러날 수가 있다. 열광주의가 여기서부터 기인한다. 말씀은 기원의 관계들에서 도외시되고, 성령을 통한 아버지와의 직접적 관계가 일어날 수가 있다(CD I/1:481).

영원하신 아버지는 아들의 계시에서 드러나시며, 성령은 아버지와 아들의 사랑의 영이다. 그렇게 성령은 아버지와 아들로부터 발출한다(CD I/1:483). 영원하신 아들의 출생에서 성령은 아버지와 아들

을 연합시킨다. 하나님은 영원 전부터 사랑으로 존재하신다. 페리코
레시스는 한 분 하나님의 존재 방식의 상호내주와 침투를 말한다.
아들은 아버지와 성령으로부터 나오지 않는다. 아버지 역시 아들과
성령으로부터 나오지 않는다. 성령에 의한 탄생은 인간의 거듭남과
새로운 탄생을 지적한다. 인간은 성령을 통하여 하나님의 자녀로
거듭난다. 하나님의 자녀는 영원하신 하나님의 아들 예수 그리스도
와의 친교 가운데 있다. 성령은 아버지로부터 그리고 아들을 통하여
발출하며, 아들이 보낸다. 필리오크베는 동방 교회가 오해하는 것처
럼 두 개의 기원이 아니라 아버지의 기원으로부터의 발출과 아들이
보내심과 아들에 대한 증언을 말한다.

6) 우리는 예수 그리스도의 죽음과 부활을 통하여 성령을 이해한
다. 오순절의 성령강림은 "성령을 받으라"는 부활의 그리스도의 명
령과 연관된다(요 20:22). 오순절의 성령의 부어주심은 예수의 삶과
죽음과 부활에 대한 케리그마로 이어진다. 설교는 성령의 사역에서
부터 시작된다. 성령강림절의 설교는—성령의 부어주심이 방언과
연결되는 것을 보지 못하면— 사도행전 2장 1-14절에 대한 강해가
될 수가 없다. 그리고 거기에 모여 있던 사람들이 자신들의 지방 언어
로 제자들이 말하는 것을 들었다(행 2:6). 베드로의 설교(행 2:14)는 요
엘의 예언—모든 육체에 성령을 부어주신다는 하나님의 약속—의
성취를 말한다. "그는 아버지로부터 약속하신 성령을 받아서 우리에
게 부어주셨습니다"(행 2:33). 그리고 거기에 모인 사람들은 방언을
한 것이 아니라 베드로의 설교를 듣고 메타노이아를 경험한다. 성령
은 이들의 마음속에 예수의 십자가의 사건이 이들을 위한 구원의

사건으로 만들어 간다.

바울에게서 성령은 우리 안에 거주한다. "하나님의 영이 여러분 안에 살아계시면, 여러분은 육신 안에 있지 않고 성령 안에 있습니다. … 여러분 안에 있는 계신 자기의 영으로 여러분의 죽을 몸도 살리실 것입니다"(롬 8:9). 성령은 첫 열매(*aparke*, 롬 8:23) 또는 보증(*arrabon*, 고후 1:22; 5:5; 엡 1:14)이다. "하나님께서는 또한 우리를 자기의 것이라는 표로 인을 치시고, 그 보증으로 우리 마음에 성령을 주셨습니다"(고후 1:22). "성령은, 하나님의 소유인 우리가 완전히 구원받을 때까지 우리의 상속의 담보이시며, 우리로 하여금 하나님의 영광을 찬미하게 하십니다"(엡 1:14).

성령은 우리의 연약함을 돌보시며, 우리를 대신하여 중보한다. 하나님은 우리의 기도를 들으시며 응답하신다(롬 8:26). 성령을 통하여 하나님의 사랑이 우리의 마음에 넘쳐난다. 우리가 성령을 받을 때 하나님의 성전이 된다(고전 3:16, 6:19; 고후 6:16). 바울의 '성령 안에서'라는 표현은 바울의 '그리스도 안에서'라는 객관적인 차원에 대한 주관적인 관련성을 말한다.

7) "우리 주 예수 그리스도께서 오실 때에 여러분의 영과 혼과 몸을 흠이 없이 완전히 지켜주시기를 빕니다"(살전 5:23). 요한의 보혜사는 바울의 파라클레시스(*paraclesis*) 개념을 상기시킨다. 이 단어는 조언과 위로의 합성어인데, 하나님이 우리에게 이것을 경험하게 한다. "그는 자비로우신 아버지시요, 온갖 위로를 주시는 하나님이시요, 온갖 환난 가운데서 우리를 위로하여주시는 분입니다"(고후 1:3). 요한에게서 성령은 보혜사로서 진리의 영(요 14:17; 15:26; 16:23)이다.

"그러나 그분 곧 진리의 영이 오시면, 그가 너희를 모든 진리 가운데로 인도할 것이다"(요 16:13). 보혜사 성령은 카리스마로 불린다. "여러분은 거룩하신 분에게서 기름 부으심을 받아 모든 것을 알고 있습니다"(요일 2:20). "그가 기름을 부어주신 것이 여러분에게 모든 것을 가르쳐 줍니다"(요일 2:27). 이것은 바울에게서 성령의 인도하심에 따라 살아가는 것을 말한다. "주님의 영으로 인도함을 받는 사람은 누구나 다 하나님의 자녀입니다. … 그래서 우리는 그 영으로 하나님을 '아빠, 아버지'라고 부릅니다"(롬 8:14).

8) 바울은 방언의 은사를 진지하게 취급하고 높이 평가하지만, 동시에 고린도 교인들의 방언 현상을 비판했다. 하나님은 사람의 마음을 꿰뚫어 보시고 성령의 생각이 어떠한지를 안다. 성령께서 하나님의 뜻을 따라 성도를 대신하여 간구하기 때문이다(롬 8:27). 성령의 생각(또는 마음)에 관한 한, 그분은 하나님의 놀라운 일들에 대해 말씀하시는 선물이다. 성령은 '우리를 자유롭게 하시는 주님'이시며, '성령을 받으심으로 우리는 하나님의 자녀'가 된다. 이 두 가지 성서적인 표현은 성령이 예수 그리스도 안에 있는 하나님의 계시와 관련되는 성격을 말한다. 죄인이 하나님의 말씀에 가능해지는 것은 성령의 사역을 통해서이다. 그리스도는 우리를 해방시키고 자유를 누리게 하셨다(갈 5:1). 그리스도가 또는 진리가 우리에게 가져오는 자유는 육체의 욕망을 만족시키는 구실 또는 '악을 행하는 구실'(벧전 2:16)이 아니라 하나님이 종으로 또는 사랑으로 서로 섬기는 것이다(갈 5:13).
이러한 자유는 유대인들과 달리 우리로 하여금 하나님을 향해 전향하게 하는 자유이다. 왜냐하면 유대인들은 성경을 읽어도 하나님의 얼굴이 숨겨져 있기 때문이다. 야고보에게서 '자유의 율법' 또는 자유를 주는 율법(약 1:25; 2:13)은 유대인의 율법과는 대비가 된다. 하나님의 말씀을 듣는 사람은 행하는 사람이다. 인간의 말씀을 듣고 행하는 사람이 신약성서적인 의미에서 자유로운 자이다. 하나님의 자유에 일치하여 인간의 자유는 하나님을 위한 것이며, '하나님의 자녀가 누릴 영광된 자유'를 위한 것이다(롬 8:21).

하나님은 뜻을 정하셔서 진리의 말씀으로 우리를 낳아주셨다(약 1:18). 이러한 사건이 일어날 때, 온갖 좋은 선물과 모든 완전한 은사는 빛들을 지으신 아버지께로부터 내려온다(약 1:17). 하늘로부터 오는 출생(요 3:3)은 자연적인 출생과는 다르며 하나님의 권위 안에 머문다. 이들은 "외국 사람이나 나그네가 아니요 성도들과 함께 시민이며 하나님의 가족"이다(엡 2:19). 우리가 자녀이므로 하나님은 우리의 마음에 성령을 보내주시고 하나님을 아빠 아버지로 부르게 한다(갈 4:6). 성령은 우리를 두려움에 빠뜨리는 종살이로부터 해방시켜 자녀로 삼으시는 영이다(롬 8:15).

성령 안에서 하나님의 자녀로서 우리는 하나님을 '아빠, 아버지'로 부르며, 그때 성령이 우리의 영과 함께 우리가 하나님의 자녀임을 증언한다. 이것은 복음서에서 예수가 겟세마네 기도에서 하나님을 향해 부른 호칭이다(막 14:36). 용서와 화해가 하나님의 아들 안에서 성취되고, 우리는 그분의 속죄의 은혜에 참여한다. 성령을 받는 것은 그리스도 안에서 죽음에서 생명으로 옮겨가는 것이다. 바울이 바라는 것은 그리스도의 죽음과 부활에 연합하는 것이다(롬 6:5). 또한 "그리스도를 알고, 그분의 부활의 능력을 깨닫고, 그분의 고난에 동참하여, 그분의 죽으심을 본받는 것"이며, "죽은 사람들 가운데서 살아나는 부활에 이르고 싶은 것"이다(빌 3:10-11).

바르트적인 의미에서 구원의 확신은 장차 올 구원의 완성, 다시 말해 하나님과 얼굴을 맞대고 보게 될 미래에 대한 믿음의 확신을 말한다. 우리가 구원을 믿음 안에서 갖는 것은 약속 안에서 갖는 것을 말한다. 우리는 우리의 미래의 존재를 믿으며, 죽음의 계곡의 한 가운데서 영원한 생명을 믿는다. 믿음 안에서 갖는 미래의 구원과 영원한 생명은 믿음의 확신이며, 믿음의 확신은 소망의 확신이다(CD I/1:463). "믿음은 바라는 것들의 확신이요, 보이지 않는 것들의 증거입니다"(히 11:1). 바울에게서 우리가 하나님의 자녀이면 상속자이다. 바울은 구원의 시작을 다음처럼 말한다. "범죄로 죽은 우리를 그리스도와 함께 살려주었습니다. 여러분은 은혜로 구원을 얻었습니다. 여러분은 은혜로 구원을 얻었습니다. 여러분은 믿음을 통하여 은혜로 구원을 얻었습니다. 이것은… 하나님의 선물입니다"(엡 2:5, 8). 믿음 안에서 약속하신 성령의 날인을 받았고, "이 성령은 하나님의 소유인 우리가 완전히 구원받을 때까지 우리의 상속의 담보이시며," 하나님의 영광을 찬미하게 한다(엡 1:13-14).

"마음의 영을 새롭게 하여, 하나님의 형상을 따라 참 의로움과 참 거룩함으로 지으심을 받은 새 사람을 입으십시요"(엡 4:23-24). "두렵고 떨리는 마음으로 자기의 구원을 이루어 가십시요"(빌 2:12). "하나님의 성령을 슬프게 하지 마십시요. 여러분은 성령 안에서 구속의 날을 위하여 인치심을 받았습니다"(엡 4:30). 하나님은 예수 그리스도의 부활을 통하여 우리를 새로 태어나게 하셨고, 산 소망을 갖게 하시고, "썩지 않고 더러워지지 않고 낡아 없어지지 않는 유산을 물려받게 했다. 이 유산은 여러분을 위하여 하늘에 간직되어있습니다"(벧전 1:4). "여러분의 생명은 그리스도와 함께 하나님 안에 감추어져 있습니다"(골 3:3). "그리스도께서 나타나시면, 우리도 그와 같이 될 것임을 압니다. 그때에 우리가 그를 참 모습대로 뵙게 될 것이기 때문입니다"(요일 3:2). 성령을 받고 성령으로 채워지는 사람은 종말론적인 것과 관련되며, 이것은 미래에 일어날 하나님의 성취와 완성의 영원한 실제를 말한다. 성령 안에서 "우리는 주님의 빛을 받아 환히 열린 미래를 봅니다"(시 36:9). "하나님은 언제나 든든한 반석이시요, 내가 받을 몫의 전부이십니다"(시 73:26). 은총은 우리가 받은 성령이다. 그러나 우리는 여전히 죄인으로 남는다.

9) 바르트에 의하면 우리가 삼위일체 하나님을 언급할 때, 그것은 철저히 종말론적인 차원을 갖는다. 하나님 자신이 종말론적인 존재이시다. "보이는 것은 잠깐이지만, 보이지 않는 것은 영원하기 때문"이다(고후 4:18). 창조주 성령이여 오시옵소서!(Veni Creator Spritus)

아버지와 아들의 하나 됨은 성령을 통하여 종말론적으로 성취된다. 야훼는 장차 있을 존재다(출 3:14). 그리스도가 나타나실 때 우리 또한 그와 같이 될 것이다. "그때에 우리가 그를 참 모습대로 뵙게 될 것이기 때문입니다"(요일 3:2-3). 아버지와 종말론적으로 하나가 된 아들의 모습을 계시록에서 다음처럼 말한다. "나는 그 안에서 성전을 볼 수가 없었습니다. 그것은 전능하신 주 하나님과 어린양(the Lord God the Almighty and the Lamb)이 그 도성의 성전이기 때문입니다. … 하나님의 영광이 그 도성을 밝혀주며, 어린 양의 그 도성의 등불이시기 때문입니다"(계 21:22-23). 창세 전에 누리던 아들의 영광은 아들을 통하여 종말의 완성, 즉 새 하늘과 새 땅의 영광의 나라에서 성취된다. 아버지와 아들은 성령과 더불어 예배가 되고, 영광이 돌려진다. 그렇게 하나님의 어린 양이신 아들은 전능하신 주 하나님과 하나가 될 것이다. 알파와 오메가로서 아들은 "다 이루었다"(계 21:6). 십자가에서 다 이루신 것(요 19:30)은 종말의 완성에서 성취된다. 또한 "하나님의 집이 사람들 가운데 있다. 하나님이 그들과 함께 계실 것이요, 그들은 하나님의 백성이 될 것이다. … 그들의 눈에서 모든 눈물을 닦아 주실 것이니, 다시는 죽음이 없고, 슬픔도 울부짖음도 고통도 없을 것이다…. 보아라, 내가 모든 것을 새롭게 한다. … 나는 그의 하나님이 되고, 그는 내 자녀가 될 것이다"(계 21:3-7).

10) 구원은 칭의를 통한 시작(*terminum a quo*)과 성화를 통한 진행과 종말의 완성에서 하나님에 대한 봄(*visio Dei*)으로 온전해진다(*terminum a quem*). 루터의 칭의론은 종말론 안에서 적합한 자리를 갖는다. 항상 죄인, 항상 의인은 희망 가운데서 살아간다. 하나님의 지혜(고전 2:5, 7)는 십자가의 말씀이며 영세 전에 하나님의 비밀로 숨겨져 있는 것이다. 하나님의 깊이(고전 2:10)는 십자가에 관련되며, 성령을 통하여 우리에게 주어지며, 십자가의 말씀은 지나간 역사의 사건이 아니라 현재적이며 또한 종말론적인 사건이 된다. 십자가의 말씀의 미래의 차원은 성령의 사건을 통해서 온다. 하나님은 십자가에 달리신 그리스도를 죽은 자 가운데서 살려내심으로 하나님의 능력으로 만들었다(고전 1:18). 미래는 십자가의 말씀 안에서 열린다. 하나님의 경륜의 깊이가 숨겨져 있지만, 그분의 영광 가운데 성령을 통하여 우리가 그것을 보게 될 것이다. 미래의 삶은 하나님의 영광을

보는 것과 관련되고, 하나님을 아는 인식의 사건과 관련된다. "신령한 것을 가지고 신령한 것을 설명"한다(고전 2:13). 그때 나는 하나님이 나를 안 것처럼 온전히 알게 될 것이다(고전 13:12). 우리는 너울을 벗어버리고 주님의 영광을 본다. 믿음은 하나님의 영광을 보는 것과 관련된다. 주님과 같은 모습으로 변하여 점점 더 큰 영광에 이른다. 그리스도의 충만한 경지에 다다른다(엡 4:13).

이러한 바울의 하나님 인식과 봄(visio)은 모세의 경험에서 알 수 있다. 모세의 경험에서 하나님의 얼굴을 본 자는 살 수가 없다. 하나님은 자기 곁에 장소를 지적하고 모세의 생명이 위험하지 않게 하나님의 영광이 지나갔다(출 33:20). 민수기 12장 8절에서 얼굴을 마주 바라보고 말을 했다. 여기서 모세는 하나님과 직접 얼굴을 맞대지 않고 입과 입을 맞대고, 즉 대화를 했다. 하나님과 대화를 하면서 모세는 하나님의 영광을 보았다. 예수는 제자들과의 작별의 시간에 자기를 본 자는 아버지를 보았다고 말한다. "너희는 내 아버지를 알고 있으며, 그분을 이미 보았다"(요 14:7). 하나님의 인식과 봄은 말씀과 믿음 안에서 열린다. 하나님과 인간의 마주 보는 관계는 종말론적으로 열린다. 바울은 성령의 사역 안에서 하나님을 보는 것이 시작되는 것을 본다. 주님은 영이시다. 주님의 영이 있는 곳에 자유가 있다. 이것은 미래가 아니라 현재에 일어나는 사건이다. 성령이 말씀 안에서 자유롭게 하실 때, 영광에서 영광으로 가는 하나님과의 친교가 시작된다(고후 3:17-18). 그때 우리는 그를 참모습대로 볼 것이다(요일 3:2).

마르크바르트에 의하면, 하나님의 미래가 은총으로 주어진다. 하나님을 봄으로써 우리의 인식이 관여된다. 종말론적인 하나님의 봄(*visio Dei*)은 실존적이며 또한 지성적인 사건이다. 사랑은 종말론적인 봄의 기본 구조이며, 하나님을 보고 사랑하는 것이 믿음의 전체가 된다. 믿음 안에는 장차 하나님의 봄이 약속된다(요일 1:1). 하나님을 향한 갈망은 하나님의 얼굴을 보는 것으로 이어진다(시 42:2). 하나님의 봄은 우리의 영원한 삶이다. 하나님의 봄에서 역사와 삶의 의미가 열린다. 하나님의 봄에서 하나님은 주체로 오시며 미래를 향해 하나님의 사랑을 열어 놓으신다. 하나님의 사랑이 우리의 마음에 부어질 때 우리는 마음과 힘과 뜻을 다하여 그분을 사랑하게 된다(신 6:5). 스데반은 순교의 시간에 성령이 충만하여 하나님의 영광과 하나님의 오른편에 서 계신 예수를 보았다(행 7:55-56). 영원한 삶에서 하나님의 영광 가운데서 하나님의 어린양 예수는 보여진다(계 21:22). 종말론적인 봄은 바르트에게서 영원한 삶의 개인적인 특징에 속한다. 우리는 하나님의 영광에 참여한다. 하나님의 나라에서 개인의 부활이 중요하다.[37]

11) 우리는 성령이 "아버지와 아들과 더불어 예배되고 영광이 돌려져야 한다"고 믿는다(*qui cum Patre et Filio simul adoratur et conglorificatur*). 아버지와 아들이 주님이신 것처럼 성령도 주님이시다. 성령은 아버지와 아들과 더불어 예배되고 영광이 돌려져야 한다. 여기서 '더불어'는 아버지와 아들과 곁에서 성령이 마치 아버지와 아들의 단순한 성품이나 관계로 예배되는 것을 포함하지 않는다. '동시에'(*simul*)라는 표현은 성령은 아버지와 아들의 영으로 주님을

---

37 Marquardt, *Was dürften wir hoffen, wenn wir hoffen dürften?*, 483.

말한다. 아버지와 아들과 함께 동시에 성령은 우리의 죄를 용서하고, 거룩한 삶을 살게 하며, 구원의 완성을 향하여 우리를 하나님의 자녀로 만들어 간다.

바르트는 어거스틴의 삼위일체론에 대한 마지막 반성과 기도를 자신의 결론으로 삼는다. "한 분이신 하나님, 당신은 삼위일체의 하나님이십니다. 저는 [삼위일체의 책에서] 창조하시는 당신으로부터 기록했습니다. 이것이 당신에게 참되게 하소서. 만일 제가 하나님에 대하여 저의 방식대로 행했다면, 은혜롭게 그것을 덮어 주소서. 아멘."

IV. 칼빈과 바르트
: 은혜의 선택, 성령, 하나님의 선교

요한 칼빈(1509~1564)은 개혁 신학의 시작을 알리며, 그의 예정론은 이후 개신교의 역사적 발전에서 지대한 영향을 미쳤다. 그러나 그의 예정론을 둘러싼 논쟁에서 예정론이 갖는 성령론적인 차원에 거의 신학적인 주목을 하지 못했다. 예정과 성령의 사역이 갖는 차원은 개혁주의 신학의 핵심에 속하지만, 안타깝게도 그 진의는 실종되어 왔다. 강연에서 나는 칼빈과 바르트의 예정을 둘러싼 논쟁을 살펴보고 막스 베버의 칼빈주의와 자본주의 테제를 분석하도록 하겠다. 그리고 칼빈의 절대 이중예정과 바르트의 은총의 선택을 분석하고 칼빈의 예정론에서 실종되어 버린 성령의 우주적 사역을 통해 바르트와 칼빈이 예정론에서 갈라질 수 있는 것이 아님을 해명하겠다. 바르트가 하나님의 선교 개념을 그의 예정론에 근거한다며, 이 개념이 어떻게 화해의 선교로 발전되는지를 살펴보겠다. 예정이 바르트에게서 복음의 총괄로 파악된다면, 예정론은 교회의 선교적 사명과 사회적 책임성에서 자리매김할 수 있다.

칼빈과 예정론의 문제

　　칼빈의 예정론은 개혁파 정통주의 전통에서 많은 논쟁을 야기했고, 『하이델베르크 요리문답』에서 예정이 은총의 관점에서 이해된다면, 화란의 '도르트 신조'에서는 하나님의 본성, 즉 하나님의 영원 전 결의를 통해 이중적으로 파악된다. 그러나 칼빈 자신은 성령론의 관점에서 예정의 문제를 반성했고, 특히 그리스도와의 연합에서, 다시 말해 은총의 체험을 통하여 하나님의 예정을 해명하려고 했다. 칼빈은 하나님에 의해 선택된 자와 유기된 자가 분리되었다고 생각했다. 이러한 하나님의 영원 전 결의를 인간의 측면에서 알 수가 없다. 물론 믿는 자들에게 드러나는 거룩한 삶이나 성령의 열매를 통해 추론할 수도 있지만, 이것은 충분한 것이 아니다(『강요』 III. xiv. 18-19).

　　이런 점에서 칼빈의 해석학적 원리는 그리스도와의 연합이라는 관점에서 예정론을 파악한다. 칼빈에게서 예정은 예수 그리스도를 지적하지만, 전적으로 예수 그리스도와 일치하지 않는다. 달리 말하면 그는 일관성 있게, 그리스도론적으로 예정을 반성하지 않았다. 칼빈의 예정론은 여러 차례의 수정과 발전 단계를 거치면서(1536, 1539, 1543, 1550년) 최종적으로 1559년에 완결된다. 초기에 칼빈은 예정론에 대한 체계적인 해명을 하지 않았다. 그러나 1551년 제롬 볼섹(Jerome Bolsec) 그리고 1552년 피기우스(Pighius)와의 논쟁을 거치면서 칼빈은 예정에 대한 입장을 발전시킨다. 그러나 여전히 1536년 『기독교강요』에서 칼빈은 예정론을 독립적인 교리로 취급하지 않았다. 1537년 『프랑스 요리 문답』에서 칼빈은 율법과 구원 사이에서 예정론을 다루었다. 1539년과 1554년 『기독교강요』에서 칼빈은 예정론을 교회론과 설교에 관련 지어 다루었다. 1559년 『기독교강요』에서도 칼빈은 예정론을 신론의 관점에서 다루는 것이 적합하지 않다고 말한다(『강요』 I.xv. 8).

그리스도와의 연합의 관점에서 칼빈은 인간의 예정의 근거와 기반은 오로지 그리스도에게 있음을 밝힌다. 우리는 그리스도 안에서 선택되었다. 그러므로 칼빈은 인간의 호기심이나 사변을 통해 예정에 접근하는 것이 대단히 혼란스럽고 위험한 것으로 간주한다. 그리스도 외부에서 예정은 추구될 수가 없다(『강요』 III.xxiv.4). 세상 창조 이전에 하나님은 우리를 그리스도 안에서 선택했고, 인간의 공적과는 상관없이 예정은 그리스도 안에서 일어난다. 하나님의 은총의 예정은 그리스도 안에서 주어진다(『강요』 III.xxii.3). 예정의 은총은 칭의론처럼 우리 외부에서 그리고 그리스도를 통하여 일어나는 하나님의 자유로운 은총의 사건이다. 이런 점에서 칼빈은 예정을 그리스도의 구원론적인 관점에서 파악하고, 은총의 선택으로서 그리스도는 '예정의 거울'이며, 오로지 그리스도 안에서만 예정을 이해한다(『강요』 III.xxiv.5). "하나님은 세상 창조 전에 그리스도 안에서 우리를 택하시고 사랑해주셔서 하나님 앞에서 거룩하고 흠이 없는 사람이 되게 하셨습니다"(엡 1:4).

이런 점에서 칼빈은 훗날 청교도들의 삼단논법(*syllogismus practicus*)을 전개하지 않았다. 물론 칼빈은 믿는 자들에게 드러나는 성화의 열매로서 거룩한 삶이나 선행의 사인(*signa posteriora*, 『강요』 III.xxiv. 4)을 언급했다. 그러나 그가 의도하는 것은 도덕적인 삶이 인간을 예정된 자로 만드는 것이 아니라 은총의 선택인 예정은 그리스도로부터 온다는 것을 확인한다. 청교도들의 주장—예정된 것을 입증하기 위해 선행과 도덕적인 삶을 살아야 하고, 이러한 결과가 인간을 하나님으로부터 예정된 자로 만든다―은 칼빈에게는 낯설다.[1]

칼빈은 그리스도의 예정이란 긍정적인 측면, 즉 은총의 선택 이외에도 유기의 부분을 간과하지 않았다. "예정은 하나님의 영원한 결정으로서⋯ 우리가 모두 동일한 조건에서 창조되지 않았다. 하나님은 누군가를 생명의 소망으로 선택하고, 다른 사람은 영원한 죽음으로 심판한다"(『강요』 III.xxi. 5). 칼빈은 모든 사람을 위한 하나님의 구원의 초대를 그리스도 안에서 개념화했다. 그러나 선교의 현장에서 모두가 다 생명의 복음을 영접하지 않는다. '경험적인 측면'에서 볼 때 복음을 거절하는 자들이 존재한다. 복음을 영접하거나 거절하는 데서 나타나는 이러한 차이는 칼빈으로 하여금 하나님의 영원 전 결의를 추론하게 한다(『강요』 III.xxi, 1).

하나님은 구원과 영생을 모두에게 동일하게 허락하지 않는다. 여기에 인간이 '이해할 수 없는, 그러나 비난할 수 없는' 하나님의 판단이 존재한다(『강요』 III.xxi. 7). 이러한 '이해할 수 없는, 그러나 비난할 수 없는' 하나님은 그리스도 안에 계신 하나님과 동일하신 분인가? 칼빈은 예정의 이중성(선택과 유기)을 성경의 본문들과 경험적 사실에 비추어 지지했다. 그러나 칼빈이 예정의 문제를 세상 창조 이전에, 즉 인간의 현실적인 죄 이전으로(supralapsarian) 설정하고 유기의 문제를 하나님의 영원 전 결의로 파악한 것은 바르트에게 문제가 된다.

어거스틴은 예정을 하나님의 은총으로 이해하지만, 부정적인 측

---

1 Wendel, *Calvin*, 276-277.

면인 유기를 개념화하지 않았다. 구원은 시작부터 마지막까지 은총의 활동이며, 은총의 도움이 없이 인간은 선을 행할 수가 없다. 구원의 선택으로 예정된 사람은 확정되어 있지만, 하나님은 누구를 죄를 짓도록 유기하거나 예정하지 않는다. 인간은 자신의 죄로 인해 스스로 그 상태에 머물게 된다. 은총이 구원을 받을 자 안에 주입되고 (*infusa gratia*), 활동하면 그는 선행할 수 있는 능력이 생기고, 하나님이 은총이 인간과 더불어서 구원한다.[2]

토마스 아퀴나스는 그의 『신학대전』(*Summa theologiae*, 1a.23.5)에서 칼빈처럼 이중예정을 말한다: "누군가가 예정되고 또는 유기되는 이유는 하나님의 선하심 안에서 찾아져야 한다…. 하나님은 그분의 선하심을 예정하신 사람들 안에서 한편에선 자비로, 다른 한편에선 유기로 드러내신다. 이러한 유기는 하나님의 의로움에 근거된다. 이것이 하나님이 누군가는 하나님의 영광을 위해 선택으로 다른 누군가는 유기하는 것이다. … 그러나 왜 하나님이 누군가를 예정으로 다른 누군가를 유기로 결정하시는 지는 그분의 의지를 떠나서는 알 수가 없다." 물론 아퀴나스는 하나님의 섭리와 인간의 의지 사이에 여지를 남긴다(『신학대전』 1a.23.6). "이중예정의 효력이 드러날 때, 자유의지는 파괴되지 않는다." 이중예정은 자유의지에 의존한다. 인간의 행동이 하나님의 섭리의 과정을 이끌어 간다.

루터에게서 하나님의 예정은 하나님의 자유와 연관되며 자신의 영적인 내적 고투와 연결된다. 루터는 예정의 은총을 칭의론에서 파악하고 예정의 긍정적인 부분에 초점을 맞춘다. 어거스틴과 마찬

---

2 후스토 곤잘레스/이형기 · 차종순 옮김, 『기독교사상사 2』 (한국장로교 출판사, 1988), 65.

가지로 루터 역시 유기라는 부정적인 측면을 언급하지 않는다. 에라스무스와의 논쟁을 거치면서 루터는 하나님과 인간의 합력을 중요하게 다룬다. 사도 바울은 새 언약의 일꾼으로서 하나님과 합력했다(고전 3:9). 바울은 하나님의 성령을 말할 때 하나님과 합력했다(고전 12:3). 그럼에도 불구하고 루터는 어거스틴의 은총과 의지의 합력설에서 하나님의 은총에 합력하는 인간의 의지가 구원의 공적을 가져온다는 내용에 비판적인 거리를 취했다. 그리스도 안에서 하나님의 예정은 보편적인 것이며, 선택과 유기는 하나님에게 달린 것이 아니라 인간의 책임에 달린 것이다. 하나님은 우리 모두가 구원에 이르길 원하시기 때문에 선택에서 배제되는 것은 인간의 죄로 인한 것이다. 이것을 칼빈의 이중예정과는 달리 루터의 단일예정(single election)이라고 부르는데, 바르트는 루터의 입장을 코케이우스의 입장에 통합시킨다. 그리스도는 성부와 성자와 더불어 예정에 관여한다. 이런 점에서 그리스도는 선택된 인간이며, 선택하는 하나님이다. 이것을 통해 바르트는 영원 전 결의라는 칼빈주의 이중예정 교리의 약점을 넘어선다(CD II/2:115). 예정이란 처음부터 인간을 거절하는 것이 아니라 영원 전부터 그리스도가 인간의 심판을 대신하며 역사적인 십자가 사건에서 모든 인류를 수용한다.

바르트의 칼빈 비판과 한계

바르트가 문제 삼는 것은 칼빈이 하나님의 영원 전 결의를 경험적인 사실로부터 추론하는 데 있다. 바르트에게서 예정은 '복음의 총괄'이다. 자유 가운데서 사랑하시는 하나님은 인간을 선택한다(CD

II/2:3). 그러나 바르트에 의하면, 칼빈의 예정론의 한계는 경험적 사실로부터, 즉 복음을 영접하거나 거절하는 측면에서부터 하나님의 영원 전 결의를 논리적으로 추론하는 데 있다(CD II/2:40). 경험적 사실을 통해 칼빈이 예정에 대한 절대적인 확실성을 신학적으로 근거 지을 때 그의 예정론은 훗날 실천의 삼단논법 이론으로 왜곡될 수 있는 위험이 있다. 그럴 경우 인간의 선행과 업적은 믿음에 대한 직접적인 확인이 되며 또한 간접적으로 예정에 대한 확증이 된다(CD II/2:113). 인간의 죄를 용서하고 의롭게 하시는 하나님의 칭의는 인간의 선행이나 업적으로 인해 뒷전에 머물게 된다. 우리는 선행이나 도덕적인 열매를 통해 예정을 확신하고 구원을 얻는가?

물론 바르트는 방법론적으로 칼빈이 예정론을 섭리론과 창조론과의 연관성에서 다룬 것을 높게 평가했다. 어거스틴의 입장, 즉 그리스도는 예정의 거울을 진지하게 취급하면서(『강요』 III. 22.1) 바르트는 루터의 예정에 대한 이해를 고려한다(CD II/2:70). 루터는 인간에 대한 하나님의 무서운 유기보다는 그리스도 안에서 인류를 위한 하나님의 영원한 사랑을 지지했다.3 물론 모두가 구원에 이르지 못한다. 이것은 하나님의 숨어 있는 의지에 기인하며, 십자가에 달리신 그리스도에서 하나님의 숨어 있는 의지가 드러난다.

루터의 예정과 십자가 신학의 관계를 수용하면서 바르트는 코케이우스의 예정 신학을 최종적으로 자신의 영원 전 선택 교리를 위해 고려한다. 코케이우스에 의하면, (a) 예정의 결의는 구원의 결의와 동일하다. (b) 구원의 결의는 선교와 예수 그리스도의 백성에 관련

---

3 Iwand, *Luthers Theologie*, 90-93.

된다. (c) 아버지와 성령처럼 아들은 예정의 결의에 참여한다. 아들은 예정하시는 하나님이며, 동시에 예정된 인간이다.

코케이우스에 의하면, 성서는 하나님이 어떤 사람들을 자비하심을 통하여 은혜를 베풀어 자녀로 삼으며 또한 다른 사람들에는 넘치게 오래 참으시는 중에도 그분의 분노를 나타내신다고 한다. 따라서 하나님과의 언약에 실제로 존재하며, 그 언약에 따라 생명의 자손이 선택되고, 나머지는 거부되고 미움의 대상이 된다.4

코케이우스의 입장을 근거로 바르트는 칼빈의 하나님의 이중적인 영원 전 결의를 극복하려고 했다(CD II/2:115). 칼빈의 영원 전 결의는 그리스도 안에 계신 하나님과는 맞지 않는다. 하나님의 이중적인 영원 전 절대 결의(decretum absolutum)는 그리스도와는 상관이 없는 우상적인 하나님의 개념으로 빠질 수가 있다. 바르트에게서 예수 그리스도만이 하나님의 예정의 진정한 주체가 된다(CD II/2:143). 하나님은 인간에게 예정과 구원과 생명을 선택하지만, 그리스도에게는 심판과 유기와 죽음을 허락한다(CD II/2:117, 163). 역사적인 십자가에서 하나님의 영원한 뜻을 성취하는 교환이 일어났다. 예수 그리스도 안에 있는 자들에게 유기와 심판은 없다. 하나님은 영원 전부터 누군가에게 심판과 유기를 하지 않았다. 왜냐하면 예정은 인간을 거절하는 것이 아니기 때문이다(CD II/2:167).

바르트는 삼위일체론적인 틀 안에서 그리스도 중심의 예정을 개념화하고, 한편에서 영원 전 하나님의 이중적인 결의와 다른 한편에서 (인간의 선행으로 예정의 확신을 얻는) 펠라기안주의를 넘어선다. 하나

---

4 헤페, 『개혁파 정통교의학』, 231.

님은 삼위일체의 삶 안에서 예수 그리스도를 영원 전부터 영원히 선택했다(CD II/2:79). 바르트의 은총의 선택은 개혁파 신학에서 말하는 선택을 의미한다.

헤페에 의하면, 예정이 선택과 유기를 포함한다면, 선택은 예정의 긍정적인 부분을 말한다. "선택은 영원한 구원을 통하여 신적 자비의 영광을 드러내려고 일정한 사람들을 예정하는 것이다."[5] "하나님께서 우리를 구원해 주시고 거룩한 부르심으로 불러 주셨습니다. 그것은 우리의 행실을 따라 하신 것이 아니요, 하나님의 계획과 은혜를 따라 하신 것입니다. 이 은혜는 영원 전에 그리스도 예수 안에서 우리에게 주신 것입니다"(딤후 1:9).

예수 그리스도 안에서 하나님은 죄인을 위하여 스스로를 결정했고 또한 스스로를 위하여 죄인을 결정했다. 하나님은 자신에게 인간에 대한 거절을 취하시고 인간을 하나님의 영광의 참여자로 선택했다(CD II/2: §33. 94). 이것은 칼빈의 절대 이중예정과는 달리 바르트의 변증법적 예정을 말한다. 아들은 자발적으로 아버지에게 순종함으로써 하나님의 영원한 예정의 주체가 된다. 바르트에 의하면, 칼빈의 하나님은 여전히 숨어 계신 하나님이지, 계시된 하나님이 아니다(CD II/2:111).

그러나 바르트의 칼빈 비판에서 드러나는 한 가지 문제는 바르트가 칼빈의 예정론을 그리스도와의 연합에서, 즉 성령론의 관점에서 보았는가 하는 것이다. 물론 바르트는 칼빈의 그리스도와의 연합(『강요』 III.xi. 10)을 높이 평가하고, 칼빈의 성만찬 신학의 중심 주제

---

5 헤페, 『개혁파 정통교의학』, 147.

로 보았다. 쯔빙글리의 심리적 기념설과는 달리 칼빈은 성만찬 안에
서 그리스도와의 연합을 통하여 믿는 자들이 그리스도와 하나가 되
고 성장한다고 본다. 그리고 이러한 칼빈의 연합은 루터의 칭의론과
는 달리 성화의 삶으로 인도한다. 그리스도가 우리 안에 살아 계신다
면, 성령을 통하여 그리스도는 우리의 삶을 거룩하게 인도하신다.
16세기와 17세기의 개혁파 신학자들은 칼빈의 그리스도와의 연합
을 근거로 선택된 자들의 소명론을 발전시켰다(CD IV/3.2:551-554).

칼 바르트에 의하면, 칼빈의 그리스도와의 연합은 쯔빙글리와는
전혀 다른 차원을 지적하고, 칼빈의 칭의론과 성만찬 신학에서 핵심
적이다. 칼빈에게 칭의는 성만찬의 교제와 관련되며, 칼빈의 그리스
도와의 연합은 보다 폭넓은 신학의 스펙트럼에서 중요한 역할을 한
다. 그리고 이러한 연합의 신학은 성화론에서 결정적이며, 이것이
칼빈을 루터로부터 구분 짓는다. 칭의의 은총은 그리스도의 연합에
근거되며, 세계의 영역에서 그리스도의 주되심을 확인한다. 16세기
와 17세기의 개혁파 신학자들에게서 칼빈의 그리스도의 연합은 선
택, 칭의 그리고 소명론과 더불어 구원론의 콘텍스트에서 발전되었
다.6

이러한 바르트의 평가는 정당하다. 개혁파 신학자들은 소명을
그리스도와의 연합 또는 그리스도에게 접붙임으로 이해했고, 모든
은혜의 출발점으로 보았다. 넓은 의미에서 소명은 부름(vox)이지만,
좁은 의미에서 그것은 하나님이 설교와 성령의 능력으로 인간을 죄
의 상태에서 은혜의 상태로 부르는 것이다.7

---

6 Barth, *Church Dogmatics*, IV/3.2:551-554.
7 헤페,『개혁파 정통교의학』, 725, 727.

그러나 바르트는 그리스도와의 연합의 측면에서보다는 경험적인 사실을 통해 칼빈이 하나님의 영원한 이중적인 결의를 유보함이 없이 확정 지은 것으로 본다. 이것은 일면적인 해석이다. 칼빈의 말을 들어보자. "하나님은 영원 전부터 그분의 사랑 안에서 껴안길 원하는 자를 정했고, 분노로 처벌할 자를 결정했다고 말해진다. 그러나 하나님은 모든 사람에게 차별 없이 구원을 선포하셨다"(『강요』 3.xxiv. 17). 여기서 칼빈은 하나님이 모든 사람에게 차별 없이 구원을 선포했다고 말하지 않나? 경험적 추론에 앞서 칼빈은 하나님이 모든 사람에게 차별 없는 구원을 주신다는 사실을 확인한다. 더욱이 칼빈의 성령의 우주적 사역은 예정론에서 매우 중요하지만, 거의 개혁 교리 전통에서 주목을 받지 못했다. 칼빈에게서 성령의 신비한 사역은 교회 외부에 있는 자들에게 역사하고, 심지어 유기된 자들도 선택된 자들과 마찬가지로 성령의 영향을 받는다. 그래서 "유기된 자들도 하나님이 자신들에게 은혜로우신 분임을 믿는다"(『강요』 3.ii.11).

칼빈: 영원 전 예정과 타락 후 선택

칼빈에 따르면, 타락 전 예정(supralapsarian)에서 하나님이 영원 전부터 사랑 안에서 구원하기를 원하는 자와 분노와 심판으로 처벌할 자가 결정된다. 그럼에도 불구하고 앞서 본 것처럼 하나님은 모두에게 차별 없이 구원을 선포하셨다. 이런 점에서 구원을 받지 못하는 사람을 하나님의 책임으로 돌릴 수가 없게 된다.

예를 들어 논리적으로 추론해보면 창조와 타락의 가능성을 가진 인간(homo creabilis et labilis)은 아직 존재하는 것이 아니다. 이것은 예정의 첫 번째 차원에 속한다. 그러나 예정의 두 번째 차원에서 보면 창조되고 타락할 인간(*homo creandus et lapsurus*)이 있고, 세 번째 차원에서 보면 창조되어 타락한 인간(*homo creatus et lapsus*), 네 번째 차원에서 보면 선택 받지만 유기된 인간(*homo electus et reprobus*)도 있다. 개혁파 신학에서 보면 예정의 대상에 관한 한, 타락 전 예정보다는 타락 후 예정(infralapsarian)이 대부분의 지지를 얻었다.8

칼빈에 의하면, 하나님은 모든 사람에게 차별 없이 구원을 선포하셨다. 물론 차별 없는 구원이 영원 전에 일어났지만 또한 선택된 자와 유기된 자가 동시에 있다. 선택된 자와 유기된 자를 칼빈은 경험적 사실로 추론하지만, 차별 없는 구원이 영원 전에 일어났고, 타락 이후 성령의 우주적 사역을 통하여 유기된 자들에게도 신비한 자극(*arcana Dei virtus et instinctu*)으로 역사한다. 한편에서 타락 전 예정이 있는가 하면, 다른 한편에서 타락 후 선택이 있고, 창조되어 타락한 인간(*homo creatus et lapsus*)에게 성령의 우주적 사역이 있으며, 그리스도 안에서 선택받은 인간(*homo electus*)과 성령 안에 있는 유기된 인간(*homo reprobus*)이 운명론적으로 분리되지 않는다. 마지막 날까지 성령은 창조와 인간의 삶에 관여하면서 성도들을 견인하며, 하나님의 영광의 무대로서 창조의 세계를 보존하신다(『강요』 I.xiv. 20).

성령의 신비한 사역과 예정이 칼빈에게 연관되기 때문에 영원 전부터 구원받은 자와 저주받은 자를 구분 짓는 것은 위험한 마니교적인 방식에 속한다. 칼빈은 『웨스트민스트 신앙고백』이나 청교도들과는 달리 하나님의 예정을 말할 때 하나님의 전지전능하심에 대

---

8 Ibid., 245.

한 인간의 사변을 통해 추론하지 않는다. 적어도 칼빈은 하나님의 은혜, 복음의 약속, 특수한 구원의 사건을 통해 예정을 말한다. 선택이란 그리스도 안에서 십자가와 부활의 은혜를 경험하고 세례와 성례전 그리고 말씀을 통하여 예배의 삶에 참여하면서 주어지는 믿음의 확신을 통하여 자신이 하나님으로부터 선택되었음을 신앙고백적으로 표현하는 것이다. 이러한 칼빈에게 그리스도는 '예정의 거울'이다. 이것은 칼빈의 은총의 선택을 말한다. 『웨스트민스터 신앙고백』과는 달리, 보다 역사가 깊은 『하이델베르크 교리문답』은 예정을 하나님의 전지전능하심이 아니라 보다 칼빈과 가깝게 은혜론에서 다룬다.

이런 측면에서 1618~1619년 도르트 신조와 1628년 라이덴 총론(Leyden Synopsis)은 칼빈의 예정론의 진의를 충분히 파악하지 못한다. 그런가 하면 칼빈의 일반 정에 기인하여 17세기 프랑스 사무르의 위그노 아카데미를 대변하는 모이제 아미로트(Moyse Amyraut)는 가설적인 보편주의를 지지했다. 복음은 신앙을 필요로 하며 조건적으로 구원한다. 비록 하나님의 구원의 의도는 보편적이지만, 예정의 결과는 조건적이고 신앙에 특수하게 관련된다.

"그러므로 하나님께서는 긍휼히 여기시고자 하는 사람을 긍휼히 여기고, 완악하게 하시고자 하는 사람을 완악하게 하십니다"(롬 9:18). 바울은 이러한 내용을 야곱과 에서 또는 바로에게 연관 지었다. 이것은 영원 전 예정이 아니라 역사 안에서 일어난 하나님의 섭리 사건이다. 그러나 이것은 바울에게서 이중적이 아니다. "하나님께서 진노하심을 보이시고 권능을 알리시기를 원하면서도, 멸망 받게 되어있는 진노의 대상들에 대하여 꾸준히 참으시면서 너그럽게 대해"

주신다(롬 9:22). 그렇게 하나님은 유대인뿐만 아니라 이방인들도 부르셨다. "큰 집에는 금그릇과 은그릇만 있는 것이 아니라, 나무그릇과 질그릇도 있어서, 어떤 것은 귀하게 쓰이고, 어떤 것은 천하게 쓰입니다. 그러므로 누구든지 이러한 것들로부터 자신을 깨끗하게 하면, 그는 주인이 온갖 좋은 일에 요긴하게 쓰는 성별된 귀한 그릇이 될 것입니다"(딤후 2:20).

구약성서에서 "하나님께서 바로의 마음을 완악하게 하셨다"는 표현은 종종 하나님이 예정하신 것으로 오해되었다. 그러나 바로의 완악함은 바로의 고집을 말하는 히브리적인 표현(Hebrew manner of speech)을 말한다. "왜 여러분은 이집트 백성과 이집트의 왕 바로처럼 고집을 부리려고 합니까? 이집트 사람이 이스라엘 사람을 가게 한 것은 주님께서 그들에게 온갖 재앙을 내리신 뒤가 아니었습니까?"(삼상 6:6) "그러므로 하나님께서는 긍휼히 여기시고자 하는 사람을 긍휼히 여기시고 완악하게 하시고자 하는 사람을 완악하게 하십니다"(롬 9:18). 그러나 하나님은 멸망 받게 되어있는 진노의 대상들에 대하여 꾸준히 참으시면서 너그럽게 대해 주신다(롬 9:22). "유대 사람이나 그리스 사람이나 차별이 없습니다. 그는 모든 사람에게 똑같이 주님이 되어 주시고 그를 부르는 모든 사람에게 풍성한 은혜를 내려주십니다. 주님의 이름을 부르는 사람은 누구든지 구원을 얻을 것입니다"(롬 10:12-13).

『괴팅겐 교의학』에서 바르트는 타락 전 예정의 입장을 취하지만, 로마서 9-11장을 근거로 개혁주의 예정론에서 유기된 '어떤 사람들'에 대해 반론을 제기했다. 취리히 개혁파 학자 요한 하이데거(Johann H. Heidegger, 1633~1698)는 유기를 "하나님의 본래적 결정이며, 하나님은 '어떤 사람들'을 타락과 죄 가운데 내버려 둘 것이며, 영원한 심판"으로 응답할 것이다. 이것은 그분의 공의의 영광을 드러내기 위함이다. 그러나 이러한 입장은 바울이 이스라엘과 이방인에 대한 선택과 거절을 고려하는 것과는 다르다.

요한 하이데거는 네덜란드와 취리히에서 신학 교육을 받았다. 이후 취리히에서 교수 생활을 하면서 스위스 합의 문서(1675)를 기안했다. 이전에 스위스 개혁교회는 두 번째 스위스 신앙고백(the Second Helvetic Confession)을 채택했지만, 17세기에 바젤의 게른러(Gernler), 제네바의 투렌틴(F. Turretin) 그리고 취리히의 하이데거는 프랑스 사무르 학파의 예정론에 대항하여 새로운 신조를 원했다.

그러나 바르트는 개혁파 정통주의의 예정 신학을 바울의 신학을 통해 수정하길 원했다. "본래 붙어 있던 이 가지들이 제 나무에 다시 접붙임을 받는 것이야 얼마나 더 쉬운 일이겠습니까?"(롬 11:24) "하나님께서 주시는 고마운 선물과 부르심은 철회되지 않습니다"(롬 11:29). "하나님께서는 모든 사람이 다 구원을 얻고 진리를 알게 되기를 원하십니다"(딤전 2:4). 우리가 죄 가운데 있을 때 하나님은 우리를 우리 마음대로 하도록 내버려 두신다. 이것이 하나님의 거절이다. 죄가 유기의 원인이지 하나님이 아니다(GD, 453, 455,459).

막스 베버 테제의 의미와 한계

막스 베버(1864~1920)는 소명론(구원에 관련된)과 경제 윤리적 삶 사이에 선택적 친화력이 있다고 분석한다. 베버의 사회학은 '이해' 사회학으로 불리는데, 그의 논지는 다음의 경구에서 잘 나타난다.

"케사르를 이해하려면 케사르가 될 필요가 없다." 겉으로 드러나는 케사르의 합목적인 행동을 이해하면 케사르가 어떤 사람인지 알 수가 있기 때문이다. 이러한 이해는 심리주의나 역사주의를 빗겨 나간다. 사람의 합리적인 행동은 항상 사회적으로 의미가 있는 행동으로 드러나며, 이런 의미 있는 행동을 분석하면 사람의 의도나 삶을 쉽게 이해할 수가 있다는 말이다. 물론 베버는 유고로 남겨진 방대한 『경제와 사회』의 한 부분으로 『개신교 윤리와 자본주의 정신』을 계획했지만, 미리 단행본으로 출간되면서 놀라운 논쟁과 반향을 일으켰다.

종교적인 이념과 합리성은 상업적인 활동과 자본 축적에서 드러나는데, 노동 윤리는 칼빈주의적 금욕주의와 관련된다. 그러나 자본주의 정신에 적대적인 것은 경제적 전통주의인데, 그러나 자본주의 정신은 경제적 합리성, 즉 이윤추구를 목표로 삼는다. 베버에 의하면, 자본주의는 "지속적인, 합리적인, 자본주의적 사업을 통해 이윤추구 즉 항상 갱신된 이윤추구"로 정의된다.[9] 기술과 경제 조직에서 합리화의 과정은 근대 부르주아 사회를 결정했다. 사회의 모든 중요한 기능들은 정부 관료들의 지배에 놓이며, 이들은 기술적으로, 상업적으로 그리고 법적으로 훈련된 자들이다. '자유노동에 대한 합리적인 자본주의 조직'은 서구의 근대 사회에서만 나타나는 특징이며, 비서구 사회에서 찾아볼 수가 없다.[10] 합리성은 기술적인 요소들에 대한 산술적인 계산과 자연과학에 의존되며, 이러한 합리적인 실험은 자본주의 이해관계에 적합하다. 자본주의를 노동의 합리적인 조직으로 간주하면서 베버는 종교적 이념이 이러한 경제적인 활동의

---

9 Weber, 『프로테스탄트 윤리와 자본주의 정신』, 17.

10 Ibid., 22.

합리성에 영향을 준 것에 주목한다.

이런 측면에서 베버는 청교도들의 윤리와 금욕적인 생활을 근대 자본주의의 정신을 표현하고 자본주의 발전에 영향을 미친다고 말한다. 칼빈주의 예정 사상과 여기에 관련된 칭의와 구원의 확실성이 이후 청교도들의 경제 윤리와 삶의 태도에서 잘 드러난다. 베버에 의하면 루터의 소명론과 칭의론은 경제적인 전통주의에 속하며, 루터의 고리대금업과 초기 자본주의 경제구조에 대한 비판이 이것을 잘 보여준다. 루터에게서 직업은 하나님의 뜻의 직접적인 드러남이며, 인간은 거기에 순응해야 한다. 칭의론과 세속적인 경제활동 사이에는 새롭고 근본적인 연관성이 없다.[11]

그러나 칼빈의 노동 윤리와 하나님의 영광을 위한 삶은 부르주아 상인 그룹에 영향을 주었고, 세속적인 금욕주의 종교적 토대를 마련해주었다. 베버의 논지는 『웨스트민스터 신앙고백』(1647)에서 표현되는 칼빈의 이중예정 사상이 청교도들의 경제생활과 태도에 결정적인 영향을 주었고, 이러한 사회 계층들의 삶과 직장에서 자본주의적인 합리성이 심어지면서 사회와 문화의 전 영역에서 나타난다고 본다. 어떻게 이런 일이 일어날 수가 있을까?

베버가 사회학적인 개념으로 중요하게 생각한 것은 인간의 삶에서 나타나는 '목적합리성'인데, 이것은 목적에 따라 합리적인 계획을 세우고 이해타산을 고려하는 산술적인 합리성을 말한다. 베버는 목적합리성이 청교도들의 경제 윤리에서 가장 잘 드러나며, 선택적으로 자본주의 정신과 친화력을 갖는다고 본다.

---

11 Ibid., 85.

베버는 1647년 『웨스트민스터 신앙고백』 3장에 나오는 '하나님의 영원한 작정'에 주목하면서 "구원받은 자들과 천사들은 하나님의 영원한 작정에 의해 그분의 영광을 위해 영원한 삶으로 예정되지만, 다른 자들은 영원한 죽음으로 미리 정해졌다"는 논지를 자신의 사회학의 문제틀로 삼는다.12 이렇게 되면 제한 속죄가 추론되는데, 하나님의 이중예정의 영광을 위해 그리스도 역시 선택된 자들만을 위해 십자가에서 죽게 된다.13 선택된 자들은 칭의의 은혜를 입으며 성화를 통해 예정 받은 자의 증거를 자신의 직업과 경제적인 태도에서 드러내야 한다. 경제적인 금욕주의를 통해 부를 축적하고, 이러한 윤리적인 삶이 구원의 소유(*possessio salutis*)와 확실성을 준다. 칼빈주의에서 가톨릭의 유명론의 원리가 드러난다. "하나님은 스스로 돕는 자를 돕는다."14

그래서 베버는 진단하길 청교도들의 '방법적으로 합리화된 경제 윤리적인 행동'은 영적인 귀족주의를 낳고, 칼빈주의 이중예정 사상은 이런 방향으로 정립되고 각인된다고 본다. 칼빈주의는 자본주의 경제와 소유의 개인주의의 씨앗이 된다. 하나님은 선택된 자에게 부의 기회를 허락하며, 하나님의 영광을 위하여 선택된 자들은 이러한 기회를 선용해야 한다. 부에 대한 이러한 태도는 근대의 노동 분업을 적극적으로 평가하고, 부의 획득은 하나님이 주신 복의 징표가 된다. 하나님의 영광을 위한 삶과 자본주의적 삶의 방식은 서로 엮어진다.15

---

12 Ibid., 100.
13 Ibid., 108.
14 Ibid., 115.

베버의 분석에 의하면, 루터란의 칭의론은 윤리적인 합력을 배제하고 경제적인 전통주의를 드러낸다. 여기서 벤자민 프랭클린—"시간은 돈이다"—과 같은 타입은 발견되기 어렵다. 그러나 베버와는 달리 루터는 신앙고백과 칭의론에 경제적인 이슈를 통합시키고 성서적으로 근거된 경제 정의를 고려했다. 베버가 자본주의의 합리성 부분을 강조한다면, 루터는 초기 자본주의의 부정적인 부분, 즉 고리대금업과 가톨릭과 자본가들의 결탁을 통한 타락을 보았다. 이런 점에서 베버가 세계 개혁이라는 점에서 윤리적 원리나 책임성이 루터의 종교적 이념에서 발견되지 않는다는 것은 옳지 않다. 세계는 기존 질서 그대로 수용되어야 하고, 베버는 그것이 루터에게서 종교적인 의무가 된다고 말한다.[16]

알브레히트 리췰과 칼 홀의 분석에 의하면, 루터의 칭의론과 소명론은 자본주의 정신에는 무관심한 것으로 해석되었다. 에른스트 트뢸치에 의하면, 루터는 모든 자연적인 것들과 질서는 하나님에 의해 창조된 것이며, 여기에 순종할 것을 말했다. 루터는 자연법을 십계명에 관련 짓고, 사회질서를 보존하였으며, 전적으로 보수적이었다. 루터란들은 영혼 구원에만 관심했지, 사회질서에 대해서는 현상 유지에 급급했다. 그러므로 루터란들은 정치경제적인 영역에서 자선활동 이상을 넘어간 적이 없다.[17]

그러나 트뢸치의 평가와는 달리 경제학자 파비운케(Fabiunke)는 루터는 중세 봉건주의를 비판하고 중산층 종교개혁 개신교를 시작

---

15 Ibid., 163, 166.

16 Ibid., 160.

17 Troeltsch, *Social Teaching*, II:529, 552, 568.

하였으며 자신의 시대에 초기 자본주의의 문제를 날카롭게 파악했다고 본다. 생산, 분배, 교환, 소비는 루터에게서 사회 경제적 현실로 수용되고, 특히 사회에서 밀려난 자들을 위해 경제적 합리성을 위해 고려 된다고 말한다.[18]

아무튼 루터와는 달리 칼빈의 칭의와 예정과 관련된 구원의 확실성은 청교도들의 경제적인 금욕주의를 통하여 자본주의 합리적 발전에 큰 기여를 했다. 그러나 베버가 『개신교의 윤리와 자본주의 정신』 마지막 장에서 내리는 결론은 절망적이고 암담하기 짝이 없다. 종교개혁을 통해 수도원의 담들이 무너지고 일상의 삶에서 신앙의 개인주의화가 되었다. 개인의 자유는 합리적인 경제활동으로 이어졌지만, 상품과 부에 대한 관심은 리차드 박스터(Richard Baxter)와 같은 청교도 성인의 어깨 위에 가벼운 외투처럼 걸쳐졌다. 그러나 이런 가벼운 외투가 쇠로 만든 새장이 될 줄은 아무도 예견하지 못했다. 청교도 지도자들의 어깨에 가볍게 걸쳐 입은 외투와 같은 부에 대한 관심은 결국 자본주의의 생산과 기술 관료화의 메커니즘에 사로잡혀 버리고 만다. 결국 자본주의 정신의 미래는 어둡다: "정신이 없는 전문가들, 마음이 없는 감각주의자들 ― 이런 텅 빈 공허한 상태는 이전에 도달되어 본 적이 없는 문명의 단계를 상상하게 한다." 세계의 주술화로부터의 해방과 근대 의식의 출현은 인간의 문명에 해방과 진보를 가져오지만, 쇠로 만든 우리에 갇히고 만다. "누가 미래에 이러한 새장에 갇혀 살아가게 될지 아무도 모른다. 아니면 이런 엄청난 발전의 끝에 완전히 새로운 예언들이 일어날지도 모른다. 아니면

---

18 Fabiunke, *Martin Luther als Nationalökonom*, 118-124.

오래된 생각이나 이념들이 강력하게 다시 태어날지도 모른다. 그렇지 않다면 일종의 경련적인 자기 과시로 채색된 기계적인 경화 증세가 있을지도 모른다."[19]

물론 베버의 테제는 마르크스에서도 발견된다. 마르크스에 의하면, 화폐 시스템은 본질적으로 가톨릭적이며, 신용 시스템은 개신교적이다.[20] 마르크스는 중상주의 자본주의에서 스페인 가톨릭의 라틴 아메리카 신민주의 침탈을 역사적으로 자본주의를 가능하게 한 주요 동인으로 파악했다. 이것은 본원적 축적에 속한다. 그리고 이후 산업자본주의는 개신교의 금욕주의(청교도의 세계 내재적 금욕주의)를 통해 절약과 자본 축적의 동인이 되어주었다. 자본가들은 지속적인 자본 축적을 확장시켜 나가며, 마르크스는 자본주의의 기독교적 성격을 매우 신랄하게 비판한다.

그러나 마르크스가 자본주의적 비합리성을 개신교에서 본다면, 베버는 역으로 개신교의 내적 금욕주의에서 자본주의의 합리적 성격을 본다. 이 지점에서 마르크스와 막스 베버는 갈라선다. 막스 베버에 의하면, 근대 자본주의의 관심과 합리적 경영과 행정은 이와 더불어 나타나는 목적합리성과 이해타산의 산술은 노동 과정을 합리적인 기술 지배와 조직 아래 두게 된다. 법적 지배의 합리화와 더불어 관료화는 필연적인 귀결이 된다. 마르크스의 자본주의 생산 양식 분석에서 경제적인 물적 기반이 문화적 상부 구조의 영역을 조건 짓고 결정한다면, 여전히 생산 관계의 합리화 과정과 종교와 문화 그리고 정치의 역할은 상품의 교환가치를 문화적인 가치 형성으로

---

19 Weber, Ibid., 182.
20 Marx, *Capital* III:727.

발전될 수가 있다. 마르크스와 베버의 비판적인 대화와 중재는 하버마스에게서 잘 나타난다.21

베버의 사회학적 테제의 진위를 비판적으로 평가하기보다는 필자의 관심은 루터나 칼빈에게서 칭의와 정치경제적 차원에서 정의는 공유하며, 무제한적인 자본 축적이나 소유적인 시장개인주의 또는 맘몬주의 메커니즘과는 다른 방향을 지적하는 데 있다. 종교개혁자들의 칭의와 경제 정의는 하나님의 오이코노미아에 근거된 하나님의 은혜와 성서적인 정의에 근거된다(이 부분은 에필로그에서 공동의 글에서 칭의론과 정치경제학을 분석하면서 보다 상세하게 다루게 될 것이다).

사회학적으로 평가할 때 베버가 막다른 골목에서 탈출구로 찾는 것은 청교도 경제 윤리나 예정 사상이 아니다. 오히려 그는 이에 대한 혹독한 비판가로 등장하면서 정치 영역에서 정치를 당리당략의 이해타산이 아니라 '소명'으로 여길 줄 아는 민주적인 책임감을 가진 카리스마적인 지도자를 기대한다. 아니면 관료 지배사회에서 민주주의 시스템을 통해 끊임없는 관료주의의 타락을 예방할 수 있는 책임적인 전문가들을 바란다. 더 나아가 청교도들이 양산한 영적 귀족주의와 자본주의의 비인간적인 태도에 연관된 예정 사상과 맘몬주의를 극복할 수 있는 형제애적이며 공동체적인 상호성 혹은 연대의 윤리를 예언자적인 종교 윤리에서 찾는다.22

이런 점에서 나는 베버의 제한성에도 불구하고 수긍할 수가 있다. 청렴하고 합리적인 부의 사상이 청교도들을 통해 이데올로기적

---

21 Habermas, *The Theory of Communicative Action* II:332-342.

22 Weber, "Politics as Vocation," *From Max Weber*, 115; Weber, "Religious Rejections of the World and Their Directions," *From Max Weber*, 330.

으로 확산되었지만, 역사적인 결과로 드러난 노예제도와 인종 차별 그리고 인디안 원주민들에 대한 식민지 전쟁은 참담한 것이다.

베버의 논지에서 우리가 새겨들을 것은 청교도인들의 이중예정 사상과 청부론이 결국에 교회와 사회를 '쇠로 만든 새장'(iron cage)에 가두어 버릴 것임을 역설적으로 표현하는 데 있다. 청교도들의 목적 합리성은 도구화가 되었고, 결국 탈출구가 없는 자본주의 사회의 미래를 예견한다. 물론 흔히 많은 사람들이 비판하듯이 베버가 자본주의 부정적인 측면을 간과한 적도 없다. 베버는 그의 정치사회학에서 자본주의가 해외 정치화되면서 식민주의와 제국주의의 모습을 드러낸다고 비판한다. 이러한 베버의 비판은 마르크스의 비판과 다를 바가 없다. 단지 베버는 방법적으로 자본주의의 합리적 측면을 이념형적으로 파악하기 위해 종교적 담론(이중예정)과 청교도의 경제 윤리 사이에서 선택적 친화력을 분석한 것이다.

간략히 말하면 베버는 사회학자로서 칼빈 자신에게는 관심이 없다. 역사적 발전 과정에서 종교적 이념은 물질적인 이해관계를 통해 사회를 어떻게 이끌어가는지를 분석하는 것이 베버 경제사회학의 초점이다. 이런 점에서 베버는 청교도적 귀족주의나 인종 차별을 예리하게 보았고, 자본주의 경제를 넘어서는 심정의 윤리 내지 연대의 윤리를 세계종교에 대한 연구에서 찾으려고 한다. 베버의 자본주의 정신과 개신교 윤리를 그의 전체 사회학의 틀에서 독해하지 않으면 베버의 경제사회학의 진의는 실종되고 만다. 베버에 의하면, 청교도들에게서 하나님은 삶의 모든 영역에서 구원받은 자들을 인도하고, 돈을 축적하게 하며, 하나님의 섭리는 이제 개인의 경제적인 수익을 위한 기회로 받아들여진다. 소위 미국 판 기복신앙 혹은 '번영 신앙'은 이런 유형에서 나온다.

칼빈: 칼빈주의에 대한 내재적 비판

사회학자로서의 베버의 진단은 경제적인 측면에서 칼빈의 예정 사상을 재고하게 만든다. 베버는 목적합리성을 청교도 칼빈주의에서 드러나는 세계 내적인 금욕주의에서 보았고, 이러한 종교 윤리적인 이념이 역사 발전 과정에서 자본주의 정신과 선택적인 친화력을 통하여 서구 문명의 합리화 과정에 지대한 영향을 미쳤다고 본다. 물론 베버는 신학자가 아니고, 앞서 본 것처럼 칼빈 자신에 대한 전문적인 분석이 그의 사회학적인 관심도 아니다.

그러나 칼빈주의의 원류로서 칼빈은 베버가 분석한 서구의 합리화 과정에서 원인 제공자라기보다는 이후 역사적으로 발전된 칼빈주의의 한계와 문제에 대해 내재적 비판가로 등장한다. 칼빈은 『기독교강요』에서 하나님은 영원한 작정을 통하여 구원받을 자와 유기될 자를 말하지만, 이것은 하나님의 주권성에 대해 인간이 침해할 수 없는 차원을 말한다. 구원은 우리가 하는 것이 아니라 하나님의 은혜의 신비에 속한다. 칭의가 그리스도의 십자가의 용서의 은혜로부터 오는 것처럼(세례) 성화 역시 그리스도의 부활의 은혜로부터 오는 것이다(성만찬). 우리는 칭의와 성화를 통해 경건하고 거룩한 삶을 말씀과 성령의 능력 안에서 살아가지만, 나의 선행은 청교도들에게서 나타나는 예정의 삼단논법과 경제 윤리와는 다르다. 율법의 제3 기능에 속하는 율법의 복음적 차원은 성도들을 무기력한 자들이 아니라 사회 안에서 활동적이며, 그리스도의 복음을 전하며, 사회

정의에 헌신하는 자들로 만들어 간다.

이런 칼빈의 그리스도의 연합과 예정은 청교도에서 찾아보기가 어렵다. 사실 청교도 사상은 식민주의 시대에 선교사들을 통해 기독교의 복음을 전수 받은 아시아나 아프리카에서는 가히 신줏단지처럼 여겨진다. 청교도 사상가들 가운데는 공동체적이며 건전한 이념의 전통을 미국 사회 안에 세워준 사람들도 있다. 그러나 칼빈의 이중예정론을 근거로 극단적인 신앙의 개인주의화와 인종 차별을 양산하기도 했다. 초기 미국의 역사를 들추어보면 청교도들이 미국 인디언들에 대한 인종 차별과 흑인 노예제도 옹호자였다는 것은 하나의 상식에 속한다. 매사추세츠 식민 지역은 행정 수반이었던 존 윈트롭프(John Winthrop)가 '언덕 위에 세워진 도시'로 불렸고, 청교도의 원리에 의해 다스렸다. 그러나 현실은 이 도시가 마치 예루살렘 언덕 위에 세워진 하나님의 도시였다기보다는 뉴잉글랜드에서 처음으로 노예제도를 옹호한 도시로 비판을 당한다. 여기서 칼빈주의 예정 사상은 흑인들은 저주받고 구원에서 유기된 자로 보는 데 이용되었다.[23] 더욱이 매사추세츠의 세일럼에서 1692년 2월과 1693년 5월에 벌어진 마녀사냥 재판은 청교도들이 벌인 어이없는 촌극이었고, 잔인한 살인 행위로 판명되기도 했다.[24]

결국 '언덕 위에 세워진 도시'는 자기와 신앙이 다른 그룹은 언제든지 없애버려도 되고, 자신들의 이익을 위해 부리는 노예제도는 옹호될 수가 있고, 타 인종들에 대해서는 배타주의와 차별로 점철된 언덕 위에 세워진 '새장에 갇힌 창살'과도 같은 것이었다.

---

23 Greene, *The Negro in Colonial New England* (1620-1776), 16.
24 Gonzalez, *The History of Christianity*, II, 282-283.

그러나 예정이 칼빈에게서 칭의와 성화를 통해 그리스도와의 연합을 통해 주어지는 은혜의 사건이라면, 청교도들의 세계 내적인 금욕주의나 귀족주의적 태도와는 다르다. 루터가 혹독하게 고리대금을 비판하고 자본주의의 무질서와 비인간성을 비판했다면 칼빈역시 그 비판의 강도에서 떨어지지 않는다. 단 차이가 있다면 칼빈이살았던 제네바의 초기 자본주의 사회가 수도승의 경험을 가지고 있던 루터와는 많이 달랐다. 프랑스의 난민의 유입은 제네바의 경제적인 상황을 개선하기 위해 생산과 사업을 위한 이자를 허용하지만, 고리대금은 금지 시켰다. 이자율은 법적으로 규정되고 필요한 상황에 맞게 시행되었다.

칼빈에게서 칭의는 개인주의적으로 머물지 않는다. 교회 공동체는 칭의와 성화의 은총을 통해 하나님이 교회를 통해 원하시는 인간성의 회복을 말한다(『강요』 IV.i.3). 인간들 사이에서 사회 경제적인 연대는 하나님이 창조를 통해 제정하신 자연적인 질서에 속한다. 세계를 긍정하는 칼빈의 신학은 복음의 사랑과 연대를 통하여 가난한 자들과 어린아이들과 사회의 약자들을 보호한다. 칼빈은 복음의 빛에서 정치경제적 영역에서 드러나는 불의와 폭력적 구조를 날카롭게 분석했다. 칼빈의 사회 경제적 윤리는 칭의에 근거가 되어있으며 또한 율법의 삼중적 기능(도덕적 실천)과 교회의 사회적 실천을 강화한다. 인간의 노동은 하나님에 의해 할당된 것이며 선물이다. 비록 노동이 인간을 억압하고 괴로움을 주지만, 여전히 노동에는 적극적인 의미와 기쁨이 있다.[25]

---

25 Graham, *The Constructive Revolutionary*, 80.

바르트가 표현한 것처럼 칼빈은 성경을 한 손에 그리고 다른 손에는 신문을 들고 시대적인 상황과 사회 경제적인 문제에 깊이 몰두한 사람이었다. 그래서 그는 제네바의 경제적인 삶이 성경의 예언자적인 정의와 구약의 희년 경제와 나눔에 근거되길 바랐고, 정당한 부의 축적과 더불어 사회적인 디아코니아를 통해 부의 분배를 고려했다. "많이 거둔 사람도 남지 아니하고, 적게 거둔 사람도 모자라지 아니하였다"(고후 8:15). 이를 위해 칼빈은 자본주의 시장의 무질서를 통제하기 위해 때론 국가 통제 개입을 권장하기도 했다. 이것은 유럽의 복지사회나 사회적인 휴머니즘에 지대한 영향을 미쳤지, 미국 청교도들의 세계 내적인 금욕주의와 자본주의 정신과는 너무도 다르다.

더욱이 칼빈의 신학을 규정하는 것은 성령의 인격과 사역이다. 삼위일체 한 분 하나님으로서 성령은 말씀과 성례를 통해 교회를 이끌어가지만, 동시에 생명의 영으로서 성령은 세상에서 신비하게 활동한다. 칼빈은 율법의 제1 기능, 즉 자연법 사상을 무시한 사람이 아니라 성령의 사역 안에서 타 종교와 문화들 가운데 사는 사람들에 대한 인정을 표현한다. 만일 우리가 성령을 통해 하나님에게 불리고 예정된 자들이라면, 타 종교나 문화에 속하는 사람들 역시 이들 가운데 신비하게 역사하는 성령의 능력을 통해 하나님의 선택과 예정의 은혜로 불릴 것이다. 결국 예정 가운데 선택된 자들은 남을 심판하고 정죄하는 배타주의자들이 아니라 타자를 향해 그들의 문화를 존중하면서 복음을 흠 없이 전하는 '성령의 선교'에 참여자가 된다. 이런 점에서 칼빈은 복음 전파를 위해 라틴 아메리카 선교를 중요하게 여겼고, 선교사들을 훈련 시키기도 했다.[26] 칼빈은 타자를 향해 개방적인 태도를 가진 복음의 특수주의자였지, 완고한 배타주의자가 아니다.

디모데전서 2장 4절에 대한 주석에서 칼빈은 말한다. "세계에는 구원에서 배제된 사람도 직책에 있는 사람도 없다. 왜냐하면 하나님은 예외 없이 복음을 모두에게 선포하길 원하시기 때문이다."[27] 비록 칼빈은 복음의 포괄주의와 성령의 우주적 사역을 그의 예정론에서 체계화시키지 않았지만, 새로운 가능성으로 열어 놓았다. 칼빈의 예정론은 성령론의 심오한 표현이며 기독교 선교의 근거가 된다.

바르트 역시 초기에 칼빈의 예정론을 비판한 적이 있지만, 말년에 칼빈에게서 창조에 대한 성령의 교리, 즉 성령의 우주적 사역에 대한 칼빈의 특수 교리를 재발견한다(CDIV/3. 2:756). 이런 점에서 바르트의 칼빈 예정론 비판은 수정될 필요가 있다.

바르트: 예정과 하나님의 선교

바르트에 의하면, 하나님의 영원한 결의는 보편적이며 그리스도 안에서 드러난다. 그럼에도 불구하고 바르트는 보편 구원을 말하지 않는다. 교회는 보편 구원에 대해 선포하지 않지만 또한 예수 그리스도의 무능한 은혜나 인간의 악함을 선포하지도 않는다. 교회는 하나님의 은총의 넘치는 능력과 더불어 이러한 능력 앞에서 인간의 악함의 무력함을 선포한다(CD II/2:477).

『괴팅겐 교의학』에서 바르트는 슐라이에르마허처럼 은총의 예정에 만유구원론을 첨부하여 모든 자들의 예정이 하나님의 목적이

---

26 McNeil, *History and Character of Calvinism*, 331.

27 Calvin, *Commentaries on I and II Timothy*, 54-55.

라고 말하는 것은 부적합하다고 비판한다. 만유구원론은 하나님에 대한 지식으로부터 추론될 수가 없다. 이것을 넘어서는 것은 광신적인 형이상학일 수가 있다(GD, 475).

바르트는 하나님의 선교 개념을 예정론에 근거 지었다. 바르트의 『교회교의학』에서 선교 신학은 매우 중심적인 자리를 차지한다. 바르트는 에딘버러 세계선교(1910) 이후 나타나는 교회지상주의와 서구 문명의 낙관주의에 날카로운 거리를 취했다. 바르트는 이미 자펜빌에서 목회 활동과 더불어 로마서 주석을 기술하던 시절, 아들 블룸하르트(1842~1919)와 중국 선교사로 활동하던 그의 사위 리차드 빌헬름(1873~1930)과의 서신 교환을 알고 있었다. 1899년 빌헬름이 독일 선교사로 칭다오에 도착했을 때 검투사 폭동(The Boxer Rebellion)이 유럽의 식민주의에 대항하여 일어났고, 당시 블룸하르트는 비텐베르크 의회 사회민주당 의원으로 활동하고 있었다. 가난한 자들에 대한 하나님의 연대를 블룸하르트가 독일에서 사회민주당의 활동에서 보았듯이 빌헬름은 유럽의 식민주의에 저항하는 중국의 민중들의 삶에서 보았다. 선교는 중국을 유럽화시키거나 기독교화시키는 것이 아니라 복음과 생명 그리고 화해를 실천하는 일이 된다. 화해의 빛에서 타 종교와 문화가 존중되며 선교는 디아코니아와 사회정의에 관여한다. 이러한 입장은 바르트의 하나님의 선교론에 결정적인 영향을 미친다.

1932년 바르트는 브란덴부르크 선교 회의에서 발표한 논문("Die Theologie und die Mission," *Zwischen den Zeiten* 10:3)에서 선교란 하나님이 그리스도를 세상에 보내신 예정의 은총에 근거되어야 한다고 강조한다. 바르트의 삼위일체론적인 선교 구조는 일차적으로 하나님이 그리스도와 성령을 보내시고 세계와 인류를 위해 하신 일에 초점이 맞추어져야 한다. 교회 선교는 오직 자유로운 하나님의 은총에 순종해야 한다. 선교의 주체는 교회가 아니라 하나님이고, 그리스도 안에서 인류를 예정하신 은총에 근거되어야 한다. 선교(missio)는 삼위일체론의 표현에 근거되며, 하나님의 주도적인 활동으로서 선교는 아들과 성령을 보내신 아버지 하나님의 주권에 기인된다. 물론 이런 표현은 어거스틴에서부터 유래한다. 하나님의 선교는 복음의 총괄인 예정의 은총에서 시작되며, 교회의 선교는 역사적인 그리스도의 화해의 사건을 세상에 선포한다.

더 나아가 화해론에서 바르트는 그의 선교 신학을 "성령과 교회의 파송"(CD 4/3.2. §72)에서 다룬다. 그리스도 안에 나타난 하나님의 화해의 은총이 교회의 선교적 성격을 규정한다. 여기서 바울의 화해의 신학과 교회 선교는 중심으로 들어온다. 바르트는 칼빈의 교회 규정, 즉 "교회는 모든 신자의 어머니"를 수용하면서 하나인 거룩한 보편적인 사도적 교회는 선교하는 교회임을 강조한다(CD 4/1:668). 하나님의 선교는 서구의 '문명 선교적인' 프로파간다나 정치경제 이데올로기, 교파이기주의를 넘어서야 한다고 주장한다. 무엇보다 더 식민주의적인 잔재에 하나님의 선교는 저항한다(CD IV/3. 2:875).

바르트에게서 예정은 성령의 역사와 화해론과 깊은 관계를 갖는다. 예수 그리스도는 선택된 인간이며 또한 (삼위일체론의 틀에서 볼 때) 선택하는 하나님이다. 하나님의 유기는 개별적인 인간이 아니라 인간 예수에게 일어났고, 이런 점에서 이중 예정은 인간에 대한 거절을 의미하지 않는다(CD II/2:167). 하나님은 스스로를 창조주, 화해자 그리고 구세주로 결정하시고, 한 인격이신 예수 그리스도가 태초부터 하나님과 함께 계셨고, 예정은 바로 이것을 말한다(CD II/2:157). 그리스도 안에 계신 하나님의 은혜는 모든 인류를 위한 것이다.

바르트는 그리스도의 영원 전 은총의 선택을 통해 창조 이전에 하나님의 영원 전 결의를 통해 유기라는 입장을 비판한다. 창조되어 타락한 [현실적인] 인간(*homo creatus et lapsus*)에게(infralapsarian) 그리스도의 화해의 사역이 있으며 또한 창조되고 타락할 인간(*homo crea-bilis et labilis*)을(supralapsarian) 위한 영원 전 그리스도의 선택이 존재한다. 그리스도 안에서 하나님의 은혜는 인간에 대한 거절을 십자가에서 수용하고, 인간에게는 하나님의 영광에 참여하도록 결정하신다(CD II/2:94). 모든 인류는 객관적으로 그리스도 안에서 화해되었다. 예수 그리스도의 예정은 본래적으로 모든 인류를 포괄하는 예정이다(CD II/2:117).

"하나님은 세상 창조 전에 그리스도 안에서 우리를 택하시고 사랑해주셔서 하나님 앞에서 거룩하고 흠이 없는 사람이 되게 하셨습니다"(엡 1:4). "하나님께서 우리를 구원해주시고, 거룩한 부르심으로 불러 주셨습니다. … 이 은혜는 영원 전에 그리스도 예수 안에서 우리에게 주신 것인데 이제는 우리 구주 그리스도 예수께서 나타나심으로 환히 드러났습니다"(딤후 1:9-10). "이 그리스도께서는 세상이 창조되기 전에 예정되고 이 마지막 때에 여러분을 위하여 나타나셨습니다"(벧전 1:20).

예수 그리스도의 화해의 사건은 인간을 해방시키고 기독교인의 삶을 새로운 피조물로 불러내는 시작과 근거가 된다. 해방된 인간은 계약의 파트너로서 하나님을 향한 구체적이며 역동적인 관계를 갖는다. 이러한 관계론적인 신학은 바르트의 성령세례론에서 잘 나타나는데, 바르트는 성령의 역사 안에서 그리스도의 부활을 통해 모든 인류에게 드러난 하나님의 역사가 바로 구원사로서 현재화된다고 말한다(KD IV/4:30).

바르트의 전진신학은 성령세례와 부활의 그리스도의 예언자적 사역에 근거되며, 이미 우리의 역사에 메시아 그리스도는 임재하신다. 전진신학은 모든 기독교인의 삶에 나타난 하나님의 전향과 은혜의 사건을 총괄하는 개념이며, 믿음의 창시자이며 완성자이신 그리스도(히 12:2)를 향해 성장해나가는 것을 말한다. 이런 점에서 성령세례는 예수 그리스도 안에서 일어난 전인적인 구원, 즉, 칭의, 성화, 소명을 역동적으로 파악한다(KD IV/4:37). 그리고 전진신학은 화해의 선교로 구체화된다.

하나님의 선교는 바르트의 소명론에서 정치사회적으로 구체화된다. 성령의 사역에서 칭의와 성화와 더불어 결정적이다. "살아계신 예수 그리스도의 말씀은 창조적인 부르심이며 이러한 부르심을 통해 그리스도는 인간을 진리에 대한 활동적인 인식으로 각성시키신다. 인간은 교회의 새로운 세움, 즉 그리스도와의 특별한 친교로 영접되며, 인간을 그리스도의 예언자적 사역의 봉사의 증거자로 이끌어 가신다"(CD IV.3.2:481).

인간의 영혼에 불을 질러 각성시키는 성령의 힘을 통해 기독교는 화해의 계약의 파트너로 불린다. 그리고 정치적 책임성은 하나님의 선교를 유럽 중심주의나 교회 승리주의가 아니라 복음 전파와 섬김, 예언자적인 정의를 향해 서게 한다. 타 문화나 종교의 사람들은 배타적으로 취급되는 것이 아니라 하나님의 화해의 현실에서 파악되며, 이들에게 여전히 성령의 역사가 신비하게 임재한다. 선교하는 교회는 영적인 가난과 겸손을 가지고 임하며, 그리스도 안에 나타난 하나님의 화해의 복음을 선포할 것이다.

바르트에게서 부활은 성령론의 관점에서 종말론적으로 설정된다. 우리는 예수 그리스도의 투쟁과 승리의 역사를 위해 계약의 파트너로 불렀다. 하나님 나라의 오심은 예수 그리스도 안에서 일어났고 하나님의 역사 개입은 급진적으로 새로운 것을 창출한다. 이것은 '하나님의 쿠데타'이며 예수 그리스도 안에서 시작된 하나님의 혁명, 따라서 주인 없는 폭력(Herrenlosen Gewalten)과 불의와 맘몬의 지배에 저항한다. 예수는 승리자이다(CD IV/2:544). 이것이 바르트의 전진신학이 갖는 하나님의 선교, 즉 화해의 선교의 사회적 책임성을 특징 짓는다.

하나님의 존재는 역사적인 오심을 통해 하나님이 없는 권력의 현실에 도전하며 세상의 상태는 변혁된다(*status mundi renovabitur*). 시간의 주인으로 예수 그리스도의 존재는 미래의 존재이며, 동시에 오시는 분이다. 종말론은 특히—교회와 인류를 향한 성령의 기름 부음을 통해— 화해론의 부록이 아니라, 화해의 윤리를 '전진'(Vorwärts) 신학으로 만들어 간다. 그렇게 하나님의 선교, 즉 화해의 선교는 복음적 전진신학의 통전적 부분이 된다.

나가는 글

바르트가 삼위일체 교리의 틀에서 그리스도 중심론적으로 은총의 예정을 파악한다면, 이러한 예정은 성령론의 틀에서 칭의와 성화와 소명으로 전개되며, 그의 성령세례론 안에 전진신학으로 통전된다. 이런 바르트의 체계적인 틀을 고려할 때 필자가 보기에 칼빈은 성령의 숨겨진 사역(유기된 자들을 위한)과 그리스도와의 연합(은혜에 근거한 믿는 자들의 예정의 확신)을 예정의 통전적인 부분으로 파악할 수 있는 가능성을 열어준다. 그리고 예정은 사회 경제적 정의와 연대 그리고 타 문화에서 역사하는 성령의 신비한 자극과 사역을 보면서 성령의 선교로 전개될 수가 있다. 칼빈의 성령의 선교와 바르트의 하나님의 선교를 어떻게 목회 현장에서 실천할 것인지 개혁교회 남겨진 과제에 속한다.

만일 칼빈이 내재적인 삼위일체의 틀에서 성령론의 관점에서 하나님의 영원한 결의를 그리스도를 통해 전개했다면, 바르트의 칼빈 비판은 필요하지 않았을 것이다. 물론 칼빈은 경륜적인 의미에서 성령을 창조의 영 그리고 유기된 자들 안에서도 신비한 자극으로 역사하는 활동으로 파악한다. 성령의 우주적 사역은 숨겨져 있으며 우리에게 신비로 남는다. 칼빈에게서 '성령의 신비한 자극'은 보편적이며, 유기된 자들도 때때로 선택된 자들처럼 동일한 감정으로 움직인다고 본다. 유기된 자들도 하나님이 자신들을 향해 자비로우신 분으로 말한다(『강요』 III.ii.11). 비록 일반 예정이 구원의 특수 예정과 일치하지는 않지만, 이것은 성령의 빛에서 볼 때 특수 예정이 일어나는 공간을 제공한다. 그리고 개인의 특수 예정은 일반 예정과 대립이 아니라, 여기에 성령을 통하여 관여한다. 가난한 자들이나 사회에서 밀려난 그룹들이 유기가 된 자로 여겨져서는 안 된다. 예정은 칼빈이나 바르트에게서 선교 신학의 통전적 부분이 된다.

이런 점에서 볼 때 절대 이중예정인가 아니면 은총의 선택인가 하는 양자택일은 별다른 의미를 갖지 못하지 않는가? 절대 이중예정의 잣대를 가지고 타자를 인종 차별하거나 말살하는 기독교 근본주의는 칼빈의 예정론과는 상관이 없고, 더욱이 성서에서 표현되는 하나님의 자비와 은혜의 선택과도 맞지 않는다. 문화를 긍정하고 타자의 가치를 인정해주면서 살아계신 하나님을 증거하는 것이 칼빈이나 바르트가 말하려는 예정론의 골자이다.

칼 바르트 신학에 대한 북미의 논쟁

북미에서 바르트 신학은 세계와의 관련성이란 측면에서 삼위일체와 예정을 둘러싼 논쟁으로 번지고 있다. 강연에서 북미의 바르트 논쟁을 비판적으로 요약하고, 결론에서 이 논쟁에서 충분히 다루어지지 않은 바르트의 통찰을 보충하도록 하겠다.

1. 북미의 논쟁에서 양자택일의 문제는 다음과 같다. 하나님의 자유와 선재성이 먼저인가 아니면 인류의 선택을 위한 하나님의 자기결정이 먼저인가? 하나님의 선재성과 자존성(Aseity)을 주장하는 사람은 바르트는 예정에 앞서 삼위일체론을 먼저 다루었고, 세상을 향한 자기 결정으로서 은혜의 예정론은 이후에 온다고 말한다. 그러나 프린스턴의 부르스 매코맥 교수는 이러한 입장을 전통주의적인 것으로 비판하고 바르트 신학을 왜곡한다고 말한다.

매코맥은 그의 논쟁적인 논문 "은총과 존재"[28]에서 바르트의 예정론의 핵심 표현—"예정하시는 하나님과 예정된 인간"—을 숙고하

---

28 "Grace and Being," ed. Webster, *The Cambridge Companion to Karl Barth*, 92-110.

면서 전통주의자들처럼 로고스 아사르코스(*Logos asarkos*: 예수 육체 외부에 존재하는 로고스, 칼빈)와 로고스 엔사르코스(*Logos ensarkos*: 예수 육체 내부 안에 포함된 로고스, 루터)를 구분 지을 필요가 없다고 본다. 매코맥에 의하면, 바르트의 기독론적 집중과 여기에 상응하는 actualism (하나님은 자신의 존재를 역사에서 현실화시킨다)은 바르트의 신학에 규범적이다. 이런 점에서 예정론은 단순히 복음의 총괄을 넘어서 신론 자체에 속해야 한다. 하나님은 영원 전부터 완전하신 분이 아니라 역사를 향해 그리고 계시를 선취하는 분으로, 그런 점에서 되어가는 존재가 된다. 이것이 매코맥이 말하는 되어가는 하나님의 존재의 actualism인데, 여기서 우리는 에버하르트 융엘의 신학적 존재론— "하나님의 존재의 되어감"(Gottes Sein ist im Werden)—의 영향을 볼 수 있다.

2. 그러나 폴 몰나나 조지 헌싱거는 매코맥의 이러한 수정주의 주장에 강력한 제동을 건다. 이들에 의하면, 전적 타자로서 하나님은 바르트의 전체 신학에 주요 원리로 등장하며, 수정주의자가 말하는 존재론의 역사적 귀결로 환원되지 않는다. 헌싱거는 심지어 융엘의 다음의 문장을 인용하면서 매코맥을 역비판한다. "바르트의 교의학은 존재론적인 진술을 여러 곳에서 하지만, 그러나 교의학이 존재론은 아니다."[29]

3. 하나님의 존재론적인 논쟁을 보면서 나는 바르트의 점유 이론(Appropriation)을 통해 비판적으로 매개하고 보충하길 원한다. 역사 안에 나타나는 점유 이론(창조주-구원주-성별자)을 통해 바르트는 어거

---

29 Jüngel, *God's Being Is in Becoming*, 76; Hunsinger, *Reading Barth with Charity*, 4.

스틴의 신앙의 규칙—"외부를 향한 삼위일체 사역은 내재적 삼위일체와 나누어지지 않는다"(*opera trinitatis ad extra sunt indivisa*)—을 견지한다. 페리코레시스를 통해 표현되는 하나님의 삼위성(Dreieinigkeit)은 바르트의 점유 이론에 결정적이다. 이런 점에서 바르트는 헤겔을 비판한다. 헤겔에 의하면, 하나님은 절대정신의 과정의 표현으로 드러나며 영원 전부터 자신 안에 존재하지만, 동시에 자신으로부터 영원히 발출한다. 바르트에 의하면, 헤겔의 자기의식의 운동이나 절대정신의 운동은 하나님의 영원성을 제대로 포착하지 못한다(CD II/1:270). 내재적 삼위일체는 인간의 사유나 경험 또는 철학적 상상력에 포로가 되지 않는다. "왜냐하면 내재적 하나님은 영원하신 분이며 성부와 성자와 성령으로 존재하며, 그분의 역사적인 일과 행위로 해소되지 않기 때문이다"(CD I/2:878-879; CD II/1:281).[30]

4. 그러나 매코맥은 예수 그리스도를 예정의 대상으로 간주하면서 역사적인 계시 사건을 통해 하나님의 자기 존재가 성취된다고 본다. 만일 매코맥처럼 외부를 향한 하나님의 사역이 내재적 삼위일체의 존재를 규정된다면, 헤겔적인 의미에서 신적 존재론이 역사화되거나 그 운동의 귀결로 드러난다. 융엘은 그의 책 『하나님의 존재는 되어간다』(*Gottes Sein ist im werden*)에서 헤겔의 역사 철학과 상응의 원리를 통해 바르트의 삼위일체론을 해명한다. 만일 삼위일체 하나님이 계시의 사건을 구성하고, 계시가 하나님의 자기 해석으로서 상응된다면, 하나님은 스스로에 대해 상응하는 존재가 된다. 이것이 바르트의 삼위일체를 여는 융엘의 해석학적 열쇠가 되는 하나님

---

30 Molnar, *Divine Freedom and the Doctrine of the Immanent Trinity in Dialogue with Karl Barth and Contemporary Theology*, x.

의 '존재론적인 상응 원리'이다. 융엘은 하나님이 스스로에 대한 상응 혹은 반복을 계시의 본래적인 내용으로 파악하며, 이러한 상응 원리를 '관계의 유비'로 부른다. 이런 점에서 융엘은 관계의 유비를 점유 이론과 동일시한다(Ibid., 38. 119).

5. 여기서 심각한 문제가 발생한다. 왜냐하면 바르트는 융엘과는 달리 그의 관계의 유비를 점유 이론(하나님의 상응 원리)과 동일시하지 않기 때문이다. 바르트의 말을 들어보자. "하나님 자신과 세계와의 하나님의 관련성은 명백한 대칭(proportion)이 존재한다. 그래서 아버지 하나님은 창조주로 명시되며, 역으로 이것은 점유 이론(per appropriationem)을 통해 가능하다(CD III/1:49). 바르트는 점유 이론을 관계의 유비로 말하지 않는다."

마르크바르트에 따르면, 융엘이 하나님을 '존재론적으로 자리매김하는 시도'는 특별히 바르트의 이스라엘론이나 신론에는 부적절해 보인다. 왜냐하면 하나님의 존재는 이스라엘의 하나님이며, 종말론적으로 오시는 분이며, 사회와 인간의 삶을 변혁시키는 분이기 때문이다.[31]

6. 바르트의 관계 신학을 현실화하기 위해 존재의 유비와 점유 이론에 대한 비판적인 주석이 필요하다. 융엘의 해석에서 하나님의 상응은 이중 구조를 갖는다. 첫째는 내재적인 삼위일체의 삶에 대한 상응이며, 둘째는 계시 사건을 향한 상응이다. 역사적인 계시 사건은 내재적 삼위일체의 존재론적인 능력이 되며, 계시는 하나님의 자기 해석이 된다. 이러한 하나님의 내적인 자기 연관성을 '신적인 상응'

---

31 F. W. Marquardt, *Theologie und Sozialismus*, 232.

으로 파악하고, '관계의 유비'로 말한다.32

7. 그렇다면 바르트는 자신의 관계의 유비를 어떻게 말하는가? 관계의 유비는 서로 다른 것의 상응을 말한다. 예수의 인간성은 하나님의 형상으로서 오직 '비간접적으로' 하나님의 페리코레시스적인 본질에 일치한다. 아버지와 아들은 육신을 입은 인간 예수 안에서 반영되는데, 이것을 바르트는 '관계의 유비'로 말한다(CD III/2:221). 따라서 그리스도의 계시에서 "예수의 인간성은 하나님의 본질의 내적 영역에 속하지 않으며, 오히려 하나님의 사역의 외적인 영역에 속한다"(CD III/2:219). 물론 예수 그리스도는 분리되는 것이 아니라 온전하신 한 분 하나님의 아들이다. 바르트의 관계의 유비는 삼위일체론을 존재론적인 귀결 또는 역사 철학으로 환원시키지 않는다. 육신을 입은 나사렛 예수와 삼위일체의 페리코레시스적인 삶 사이에는 여전히 구분과 간접적인 관계가 존재하기 때문이다.

8. 다시 매코맥의 수정주의 존재론을 검토해보자. 매코맥에 의하면, 하나님의 영원하신 존재는 시간 속에서 화육에 의해 선취 또는 예견하면서 형성된다(By way of anticipation by the incarnation of God in time).33 그렇다면 하나님은 영원 전부터 스스로 존재하시는 분이 아니라 역사적으로 되어 가야만 하는 필연적인 존재가 된다. 그리고 관계 유비를 통해 바르트가 '육신을 입은' 나사렛 예수와 삼위일체 하나님의 구분은 실종되고 만다. 바르트에 의하면, 역사적 계시가 내재적 삼위일체를 규정하는 것이 아니라 영원하신 하나님의 존재가 자유로운 은혜의 결정을 통하여 그리스도 안에서 역사적인 계시

---

32 Jüngel, *God's Being Is in Becoming*, 119.

33 McCormack, *Orthodox and Modern*, 30, Footnote 28.

를 통해 우리에게 오신다(CD I/1:371). 이러한 바르트의 입장은 매코맥의 과정신학적인 경향과는 정반대에 서 있다. 매코맥에게 안셀름의 하나님 개념이나 전적 타자는 되어가는 과정의 하나님으로 실종된다.

9. 수정주의자들의 논리는 로고스 아사르코스와 로고스 엔사르코스에 초점을 맞춘다. 매코맥은 영원 전부터 선재하는 하나님에 대해 이의를 제기하고, 이것을 숨어 계시는 하나님으로 비판한다. 그러나 바르트는 하나님의 의지와 예수 그리스도의 의지를 따로 구별하지 않았다. 하나님이 예정하시는 하나님과 나누어지면 더 이상 하나님이 되지 않는다. 이런 점에서 바르트는 하나님의 삼위일체 존재 안에서 성부-성자-성령의 관계에는 위와 아래, 먼저와 나중, 우위와 순종이 있다고 말한다(CD II/2:115.77; CD IV/1:200-201). 물론 이것은 바르트가 페리코레시스 안에서 관계들의 기원(origin of relations)의 교리를 수용하는 것을 말한다.

그러나 이러한 문장을 보면서 매코맥과 같은 수정주의자들은 바르트의 의도와는 달리 하나님은 항상 화육을 위해서 존재하고, 예수의 순종이 하나님의 삼위일체 존재를 형성한다고 말한다. 이러한 수정주의 주장에서 칼케돈신조—참된 하나님, 참된 인간 그리고 관계들의 기원—는 거절되고 성육신한 예수의 인간적인 삶이 그분의 신성을 형성한다. 예정이 '필연적'이며, 삼위일체론은 '우발적'이다. 따라서 매코맥에 의하면, 예정론은 교회교의학에서 삼위일체론에 앞서 다루어져야지, 신론 이후에 다루어질 필요가 없다(CD II/1).[34]

---

34 McCormack, "Grace and Being," 103.

과연 예수 인간성이 신성을 형성하는가? 그리스도의 신성이 예수 인간성을 형성하지 않는가?

10. 매코맥과는 달리 바르트는 예정론을 신론의 통전적이며 구성적인 부분으로 다루었다. 예수 그리스도의 예정은 삼위일체론의 틀 안에서 설정된다. 바르트의 말을 들어보자. "하나님의 삼위일체의 삶이… 그분의 영원한 결의와 외부를 향한 사역의 근거가 된다. 삼위일체 하나님이 인간을 예정하고 그분의 계약으로 불러내는 근거다"(CD IV/2:345). 삼위일체 없이는 예정도 없다! 그래서 바르트는 말한다. "우리는 계시가 삼위일체의 근거라고 말하지 않는다. 마치 하나님이 그분의 계시에서만 그리고 계시를 위해서만 삼위일체적인 존재가 되는 것처럼…"(CD I/1:312).

11. 그러나 매코맥은 하나님의 예정이 삼위일체론의 근거가 되며 하나님의 내적 본질을 규정한다고 주장한다. 물론 이런 주장은 바르트와는 전혀 상관이 없다. 수정주의자들은 결국 바르트가 반대했던 가톨릭의 교리인 필연적 존재(ens necessarium)로 떨어지고 만다. 바르트는 이러한 가톨릭의 필연적 존재 교리에서 하나님의 자존성과 자유는 역사를 위한 필연적인 존재 영역으로 환원된다고 비판했다(CD II/1:307). 이것은 전형적인 헤겔 우파를 향한 길이며 포이에르바하의 투사 이론을 넘어가지 못한다. 전적 타자로서 하나님은 내재적 삼위일체 안에 근거되며 자유 가운데 사랑하는 분으로 존재한다. 이러한 자유와 사랑 안에서 하나님의 영원 전 예정은 복음의 총괄로 바르트는 파악했다.

12. 바르트는 매코맥이 주장하는 것처럼 일관성이 없는 것이 아니라 오히려 일관적이다. 삼위일체는 예정의 근거로서 먼저 다루어

지며 성육신하신 로고스 인간 예수(나사렛 예수)는 이미 하나님의 페리코레시스 안에 포괄된다(CD III/2:65-66). 이것은 선재하는 인간 예수의 존재를 말하며 요한복음 서설에서 입증된다. 바르트는 칼빈의 로고스 아사르코스(네스토리안 경향)나 루터의 로고스 엔사르코스(단성론적인 경향)가 아니라 온전한 이름 '예수 그리스도'를 통하여 그의 기독론을 발전시켰다. 더 나아가 바르트는 페리코레시스 안에 계신 영원하신 '선재의 예수 그리스도'를 육체를 입은 인간 예수와 구별 지었고, 이것을 융엘이나 매코맥처럼 존재론이 아니라 점유 이론과 관계의 유비를 통해 해명했다. 페리코레시스의 삶에 참여하는 선재의 예수 그리스도가 육체를 입은 진정한 인간성의 근거가 되며, 영원하신 로고스는 로고스 아사르코스(육체의 외부에 존재하는 로고스)도, 로고스 엔사로코스(육체 안에 존재하는 로고스)도 아니라 처음부터 하나님과 함께 계신 '예수 그리스도'다. 예수의 대제사장적 기도(요 17장)에서 예수는 하나님의 페리코레시스적인 삶을 계시하셨고, 십자가의 죽음은 내재적 삼위일체 안에 근거되어 있다(CD III/2:66; CD IV/2:33).

물론 매코맥은 바르트에게서 로고스 아사르코스 개념을 로고스 인카르난두스(*logos incarnandus*, 영원 전부터 성육신을 위해서만 존재하는 로고스)로 수정해야 한다고 말한다. 그러나 바르트는 처음부터 성육신하신 그리스도는 우리를 위해 '선재하는 예수 그리스도'이며, 예수와 그리스도를 분리하지 않았다. 분리가 될 경우 로고스 아사르코스는 숨어 계신 하나님에 대한 사변을 열어 놓게 된다(CD IV/1:52).

13. 매코맥과는 달리 헌싱거는 그의 바르트 해석에서 여전히 로고스 아사르코스 개념을 견지한다. 로고스 아사르코스는 성육신에서 남김없이 해소되지 않는다.[35] 이것은 나에게 수수께끼와 같은 주

장에 속한다. 헌싱거에 의하면, 바르트는 여전히 extra Calvinisticum 을 위한 여지를 가지며, 바르트 자신의 로고스 아사르코스 개념을 분석하는 데 주력한다. 영원 전 로고스는 성육신하신 예수 그리스도 에 참여하지만, 여전히 초월해 있다. 물론 바르트는 로고스 아사르코 스 개념을 삼위일체의 두 번째 인격으로 간주하고, 기독론과 삼위일 체론적인 반성에 필요한 것으로 언급했다. 그럼에도 불구하고 그것 은 추상적인 개념이다. 왜냐하면 영원하신 아들 로고스는 십자가에 서 죽고 부활하신 분이기 때문이다. 바르트의 로고스 아사르코스 개념은 창조론에서 견지되지만, 화해론의 콘텍스트에서 전혀 다른 방향을 갖는다. 바르트의 말을 들어 보자. "하나님의 내적 본질과 삼위일체의 두 번째 인격으로 되돌아가는 것[즉, 로고스 아사르코스]은 허용할 수 없으며 요점을 빗나간다"(CD IV/1:52). 영원하신 로고스가 계시와 역사적인 행동에서 떨어져서 추상적인 개념으로 파악되면 공허한 개념이 되고 만다. 비록 헌싱거는 바르트의 로고스 아사르코 스 개념을 비판적으로 분석하면서 페리코레시스 안에 포함된 '선재 의 예수 그리스도'를 알지만, 그는 여전히 온전한 이름 예수 그리스 도의 신비를 통해 바르트의 기독론을 해명하지 못한다.

14. 앞서 본 것처럼 바르트의 관계의 유비론에서 육체를 입은 인간 예수는 영원하신 아들과 분리되지 않지만, 페리코레시스와는 신중하게 구분된다. 이런 점에서 바르트는 공동 본질의 합일(*unio coessentialis*)을 거절한다(CD II/2:52). 바르트의 관계 신학은 유비론적 이며, 헌싱거처럼 하나님의 영원성에 국한되거나 수정주의자들처

---

35 Hunsinger, *Reading Barth with Charity*, 19.

럼 존재론적인 귀결로 나가지 않는다. 바르트의 신학의 모토는 중요하다. "신학의 위험은 일반화에서부터 나타난다"(latet periculum in generalibus, CD II/2:48).

15. 바르트는 예수 그리스도 안에서 하나님의 인간성을 어떻게 파악하는가? 바르트의 온전한 이름 예수 그리스도 신비는 하나님의 인간성을 이해하는 데 중요한 역할을 한다. 수정주의자들처럼 육신을 입은 인간 예수가 아니라 그분의 신성이 인간성을 규정한다. 바르트의 말을 들어보자. "[인간 예쉬는 전적으로 또는 구체적으로 그분을 보내신 아버지의 의지로부터 온다. 아들은 아버지와 성령의 사귐 안에서 순종했다. 예수 그리스도는 이러한 삼위일체 하나님의 의지와 행동에서 도출된다"(CD IV/2:90).

여기서 바르트의 은총의 교리(*communicatio gratiae*)와 활동의 교류(*communicatio operationum*)는 결정적이다. 바르트는 루터란의 두 속성의 교리(*communicatio idiomatum*)와 이에 연관된 하나님의 주권성의 양태(*genus majestaticum* ― 성만찬에 몸으로 오는 편재설)에 날카로운 거리를 취했다. 이것은 바르트에게 미친 헤겔 좌파의 영향, 특히 포이에르바하를 통해서 온다. 루터란 입장에서 그리스도의 인간 본성은 성육신에서도 여전히 신성의 주권성을 보존한다(*genus majestaticum*). 그러나 그리스도는 스스로의 의지를 통해 포기하신다(*kenosis*). 그러나 바르트가 보기에 이런 루터란 입장은 나사렛 예수 '인간성'을 단성론주의처럼 신격화시킨다. 루터란의 입장을 비판하면서 바르트는 또한 19세기 루터란의 케노시스 이론(*genus tapeinoticum*)이 나사렛 예수의 인간성 안에 있는 로고스의 신성을 '부분적으로' 인간화해버린다고 본다(CD IV/2:77-78; CD IV/1:182).

그러나 바르트에게서 하나님의 인간성은 루터란적인 의미에서 하나님의 인간성과는 다르다. 화해하시는 하나님과 화해된 인간에서 바르트는 하나님의 아들의 인간 본질은 비록 그분의 신성과 연합된다고 해도 항상 인간 본질로 남는다. 하나님 우편에 거하시며 성령에 의해 인도함을 받고 채워지면서 예수의 인간성은 삼위일체 하나님과 온전한 교제를 갖는다. 이것이 바르트가 말하는 '은총의 교류'를 통한 하나님의 인간성이다(CD IV/2:72). 부활하신 그리스도의 인간성은 은총의 교류를 통해 하나님과 관계를 맺는 것이 바르트가 말하는 관계의 유비이다. 그러나 그리스도의 인간성은 페리코레시스에 간접적으로 관계한다.

16. 이런 측면에서 바르트는 십자가에서 아버지 하나님의 공동의 고난을 수용한다(CD IV/2:357). 그리스도의 수난과 십자가에서 아버지의 공동의 고난은 죽음이 그리스도를 이기지 못하게 한다. 예수 그리스도의 죽음의 경험은 신성과 인간성의 경험인데, 그러나 몰트만처럼 무력한 자의 죽음, 즉 케노시스 기독론으로 보지 않는다. 그리스도의 죽음에 연대하면서 아버지 하나님은 성령의 능력 안에서 부활의 주님으로 존재한다. 이러한 죽음의 수치와 낮아지심 안에서 여전히 하나님은 주권적으로 살아계시며, 그분의 영원하신 아들의 수난에서 하나님의 신성과 영원한 생명이 드러난다(CD IV/1:247). 십자가의 낮아지심과 부활의 고양을 통해 바르트는 그의 화해론의 기독론적 구조를 세련되게 발전시켰다. "계시는 화해 안에서 그리고 화해와 더불어 일어난다…. 계시는 바로 화해의 계시로 일어난다"(CD IV/3.1:8).

17. 예수 그리스도 — 예정하시는 하나님과 예정된 인간은 '화해

하시는' 하나님과 '화해된' 인간의 관점(하나님의 인간성)을 떠나 취급될 수가 없다. 물론 바르트는 칼케돈의 기독론적인 교리를 규범적인 것으로 수용하지만, 그의 강조점은 성육신 사건에서도 여전히 영원하신 예수 그리스도의 은총의 주도권에 있다. 성육신의 사건에서 아버지와 성령이 그리스도의 인성에 점유론적으로(per assumptionem) 관여한다. 바르트는 점유를 통해 육체의 수납에 관여하는 삼위일체론적인 구조를 말한다(CD IV/2:70).

18. 바르트의 관계 신학을 해명하기 위해 우리는 바르트가 어거스틴적인 시간 이해를 어떻게 비판했는지 주목해야 한다. 바르트에게서 하나님의 영원성은 모든 시간의 근원이며 동시성을 말한다. 시작과 연속성 그리고 종말에서 하나님은 주님으로 활동하신다. 하나님의 영원성을 모든 시간의 근원과 동시성으로 파악함으로써 바르트는 어거스틴과 안셈름에게 나타나는 추상적인 영원성의 이해를 바벨론적인 포로 상태로 비판한다. 이들에게서 영원성과 시간은 대립적이며 이분법적이다(CD II/1:610, 611).

19. 니케아 칼케돈 존재론에서 영원하신 로고스는 성육신하신 예수 그리스도와 분리된다. 인간 예수의 본성은 그리스도의 신성에 교류되지 않는다. 예수는 인간으로서 고난을 받고 십자가에서 죽었다. 그분의 신성은 이러한 고난과 죽음에서부터 면제된다. 이러한 고대 교리의 존재론은 어거스틴에게서 다시 나타난다. 여기서 신적인 절대성이나 영원한 선재성 또는 전적 타자는 세계와의 관련성을 갖지 못하고 추상적으로만 머문다. 어거스틴은 신플라톤주의 형이상학의 영향을 받으면서 하나님이 세계와의 관계는 무시간적으로 말한다. 창조 이전에 시간은 존재하지 않는다. 하나님은 시간 안에서

창조한 것이 아니라 시간과 더불어 창조했다.

20. 그러나 바르트는 여기서 어거스틴과 갈라선다. 하나님은 창조주로서 말씀하시며 하나님의 영원성은 영원 전 선재성(antecedence)이 아니라 동시성과 미래에서 나타난다. 하나님의 영원 전 예정은 종말의 완성에서 회복된다. "세상의 창조는 시간과 더불어 그러나 시간 안에서 행해진다"(*Mundus factus cum tempore, ergo in tempore*, CD III/1:70-71). 삼위일체의 내재적 존재는 바로 모든 역사의 시간의 근거가 되며, 하나님의 영원성은 '시작, 중간 그리고 완성의 마지막'을 의미한다(CD III/2:558). 영원하신 하나님은 시간 없이 존재하지 않는다. 이런 점에서 바르트의 하나님의 선재성(God's antecedence) 개념은 형이상학적이거나 칼케돈의 존재론을 넘어선다. 하나님의 내재적 삼위일체는 이미 하나님의 경륜적 삼위일체 안에 들어와 있고, 인간의 삶으로 들어오시면서 모든 것을 새롭게 변화시켜나간다. 이러한 바르트의 종말론적인 관점은 북미의 바르트 논쟁에서 하나님의 영원 전 선재성인가 아니면 예정을 통한 세계와의 관계성인가 하는 양자택일적인 물음이 지극히 추상적이고 일면적인 것임을 보여준다.

21. 바르트의 육체의 수납에서 안히포스티시스/엔히포스타시스 기독론은 중요하다. 칼빈주의 성육신 교리에서 로고스 아사르코스는 출발점이 되며, 로고스 엔사르코스는 목표가 된다. 바르트는 로고스 아사르코스 개념에서 그리스도에 대한 이중적 개념의 위험을 보았다. 물론 바르트는 개혁 신학자로서 하나님의 주권성을 성육신에서 보존하길 원했고 안히포스티타시스/엔히포스타시스 교리를 통해 "참된 하나님 그리고 참된 인간"을 보존한다. 안히포스타시스

(*anhypostasis*)는 인간 나사렛 예수는 영원하신 로고스와 별개로 떨어져 독립적인 존재 양식으로 취하지 않는다. 엔히포스타시스(*enhypostasis*)란 예수의 인간성은 오직 영원하신 로고스 안에 그리고 로고스를 통해 근거된 것임을 말한다.

이러한 고대 교리를 통해 바르트는 말씀이 육신이 되었다는 요한복음 서설(요 1:14)을 해석했다. 삼위일체의 두 번째 인격은 완전한 '사건'으로 육신이 되었다. 이러한 바르트의 입장은 루터란이 성육신을 '완전한' 사건으로 본 것을 넘어선다. 개혁 교리에서 완전한 '사건'은 역동적이며 인식론적인 관심을 보여주는데, extra Calvinisticum에는 네스토리안적인 혐의가 있다(CD I/2:161-162, 170-171).

22. 루터란의 단성론적인 경향과 개혁 교리의 네스토리안 약점을 넘어서면서 바르트는 육체의 수납(*assumptio carnis*)을 삼위일체론적인 점유 이론으로 파악하고 은총의 교류로 발전시킨다. 은총의 교류를 통해 바르트는 루터란의 두 속성 교류의 약점을 피하면서 그것이 말하려는 본래적 관심(신성의 수난)을 하나님의 인간성의 빛에서 표현한다. 그리스도의 신성의 일은 온전하게 인간 예수의 본성에 교류되며, 이러한 활동의 교류(*communicatio operationum*)는 그리스도의 신성의 은총의 주도권을 통해서 온다(CD IV/2:104,81). 이런 점에서 바르트의 기독론은 '위로부터 아래로'(하나님의 아들의 겸비) 그리고 '밑에서부터 위로'(부활을 통한 인간 예수의 고양)라는 변증법적인 구조를 갖는다(CD IV/2:62-63). 예수 그리스도 안에서 신성과 인성의 연합, 즉 "참된 하나님 그리고 참된 인간"은 절대적으로 하나님의 행동 속에서 아들의 신성을 통해 성취된다. 따라서 바르트는 그의 기독론의 보편적인 연관성을 강조한다. 만일 예수 그리스도가 인류를 위해

십자가에서 죽으셨다면, 예수 그리스도 안에는 단순한 개인 인간이 아니라 모든 인간의 인간성(humanum of all men)이 하나님과의 일치로 불려진다(CD IV/2:49).

23. 여기서 바르트는 칼케돈 교리를 넘어선다. 아들의 십자가에서 드러난 '성부의 친교적이며 공동적인 고난'은 동시에 몰트만적인 케노시스 기독론이나 아버지와 아들과의 버림의 관계로 파악하지 않는다. 그리고 육체의 수납에서 바르트는 개인 인간성을 보편 인간성과 구분 짓고, 예수는 고난받은 인류를 대변하는 유적존재(Gattungwesen)로 이해한다. 이러한 해명은 F. W. 마르크바르트의 공헌에 속한다. 육체의 수납에서 인류의 인간성의 수납을 통해 예수 그리스도는 "가난한 자들 가운데 가장 가난한 자", 가난한 자들을 편드는 분 또는 땅에서 버림받은 자들(massa perdionis)을 위한 혁명가가 된다(CD IV/2:167; CD IV/2:180).

결론에 대신하여: 바르트와 새로운 출발을 위한 전망

앞서 살펴본 것처럼 북미의 바르트 논쟁에서 융엘의 삼위일체론 해명이 매코맥에게 수정주의 존재론으로 전개가 되는가 하면, 이에 반하여 힌싱거는 하나님의 영원하신 자존성을 강조한다. 그러나 이러한 논쟁이 종말론과 성령론을 다루지 못한 채 하나님 나라와 사회적 연관성을 간과해버릴 때, 바르트의 삼위일체론과 예정 신학은 매우 추상적인 것으로 머물고 만다. 결론에서 바르트의 관계 신학을 새로운 연구 과제로 발전시키기 위해 몇 가지 중요한 바르트 신학의 통찰을 언급하도록 하겠다.

1. 하나님의 존재는 종말론적인 오심에서 만유를 변혁하는 현실로 오신다. 자유 안에서 사랑하시는 하나님은 모든 것 안에서 모든 것을 변혁하는 사실(Alles in allem real veränderdnde Tatsache)이 되신다(KD II/1:289; CD II/1:258).[36] "하나님은 항상 무조건적으로 그리고 열정적으로… 특권자들에게 대항하고 비천한 자들을 위해 존재한다. 권리와 특권을 향유하는 자들에 대항하여, 그러나 권리가 거절되고 박탈당한 자들을 위하여 하나님은 그렇게 존재하신다"(CD II/1:38). 삼위일체론과 예정론에서 하나님의 존재는 종말론적인 오심 속에서 인간의 삶을 변화시키는 분이다. 바르트의 상응 이론에서 하나님의 영원성과 역사적 시간성 그리고 종말의 완성에서 예수 그리스도의 예언자적 직무는 삼중적인 파루시아에서 파악된다: 부활/성령의 부으심/최종적 파루시아(CD IV/3.1:294).

2. 이러한 상응은 하나님의 말씀의 삼중적인 형식에 연관되며, 삼위일체 해명에 연관될 뿐만 아니라 종말의 파루시아 또한 삼위일체의 형식에 상응한다(una substantia in tribus personis, tres personae in una substantiae, CD IV/3.1:294). 삼위일체-기독론적인 구조는 영원성과 시간 그리고 종말의 완성을 해석하는 데 결정적이다. 이미 바르트는 매코맥에게서 나타나는 고가르텐(또는 칼라너)의 입장—"내재적 삼위일체는 경륜적 삼위일체"—을 날카롭게 거절했다(CD I/1:170-171). 바르트의 삼위일체 신학과 관계의 유비론은 창조와 계약의 관계성(창조는 계약의 외적 근거/계약은 창조의 내적 근거)에서, 그런가 하면 종말론의 영역에서 세계와의 관계성이란 측면에서 전개된다.

---

36 See *Theological Audacities: Friedrich-Wilhelm Marquardt*, eds. Pangritz and Chung.

3. 바르트의 새로운 관계 신학을 위하여 종말론과 성령 신학은 필수적이다. 바르트에게서 부활절은 종말론적으로 설정되어 있다. 그리고 우리는 예수 그리스도의 투쟁과 승리의 역사를 위해 계약의 파트너로 불렸다. 하나님 나라의 오심은 예수 그리스도 안에서 일어났고, 하나님의 역사 개입은 급진적으로 새로운 것을 창출한다. 이것은 '하나님의 쿠데타'이며, 예수 그리스도 안에서 시작된 하나님의 혁명, 따라서 주인 없는 폭력(Herrenlose Gewalten)과 불의와 맘몬의 지배에 저항한다. 예수는 승리자이다(CD IV/2:544). 하나님의 존재는 역사적 오심을 통해 하나님이 없는 권력의 현실에 도전하며, 세상의 상태는 변혁된다(*status mundi renovabitur*). 시간의 주인으로 예수 그리스도의 존재는 미래의 존재이며 동시에 오시는 분이다. 종말론은 ―교회와 인류를 향한 성령의 기름 부음을 통해― 화해론의 부록이 아니라 화해의 윤리를 '전진'(Vorwärts)신학으로 만들어 간다.

4. 바르트의 관계 신학을 위하여 성령을 통한 구원의 사역은 대단히 중요하다. 물론 바르트는 성령론을 일차적으로 삼위일체론에서 다루고(CD 1/1), 이어 그의 전체 화해론에서 교회론과 기독교인의 삶에 포괄적으로 연관 짓는다. 성령은 아버지와 아들의 사랑의 영이며, 주님이시며, 영원 전부터 계시는 분이다. 생명을 주시는 분으로서 성령은 점유의 방식으로(*per appropriationem*) 아버지와 아들의 사역에 관련된다. 아버지와 아들의 영으로서 필리오케는 아버지와 아들의 교제와 사랑을 입증한다. 한 분 하나님에 대한 바르트의 강조(*unitas in trinitate*)는 동방 교회의 삼신론적인 위험(*trinitas in unitate*)과 중재자 그리스도를 비켜 가는 성령과 피조물의 직접적이며 자연주의적인 신비한 연합을 비판한다(CD 1/1:481, 483). 바르트는 페리코

레시스를 동일본질 안에서 관계들의 기원(아들의 아버지로부터 나심, 성령의 발출)을 통하여 파악하고, 점유론적 방식으로 그리고 세상과의 관계에서는 유비론적으로 파악한다. 바르트의 입장은 페리코레시스를 세 분 인격의 동일성으로 파악하고 관계들의 기원과 점유의 방식을 거절하는 몰트만 류의 사회적 삼위체론과는 다르다. 보혜사로서 성령은 진리의 영이며 또한 카리스마로 불리는데(CD 1/1:454), 성령에 대한 체험과 진술은 종말론적으로 개방된다(CD 1/1:464).

5. 특히 교의학 4/4 "성령세례론"에서 성령은 '우리 외부에서'(ex-tra nos) 일어난 하나님의 은혜의 사건을 '우리를 위하여'(pro nobis) 그리고 '우리 안에서'(in nobis) 활성화시킨다(KD IV/4:23). 예수 그리스도의 화해의 사건(위로부터의 관점)은 인간을 해방시키고 기독교인의 삶을 새로운 피조물로 불러내는 시작과 근거가 된다. 해방된 인간(밑으로부터의 관점)은 계약의 파트너로서 하나님을 향한 구체적이며 역동적인 관계를 갖는다. 이러한 관계 신학은 바르트의 성령세례론에서 잘 나타나는데, 바르트는 성령의 역사 안에서 그리스도의 부활을 통해 모든 인류에게 드러난 하나님의 역사가 바로 구원사로서 현재화된다고 말한다(KD IV/4:30). 성령세례는 모든 기독교인의 삶에 나타난 하나님의 전향과 은혜의 사건을 총괄하는 개념이며, 믿음의 창시자이며 완성자이신 그리스도(히 12:2)를 향해 성장해나가는 것을 말한다. 이런 점에서 성령세례는 예수 그리스도 안에서 일어난 전인적인 구원, 즉 칭의, 성화, 소명을 역동적으로 만들어 가는 '성례전적 사건'이다(KD IV/4:37). 이에 대한 인간의 응답으로서 매일의 회개와 감사, 동료 인간성이 나타나며, 성령의 은사와 열매가 넘치는 교회 공동체가 가능하게 한다. 시작으로서 성령세례는 일회적으로

끝난 것이 아니라 현재 진행형으로 되어가는 새로운 피조물을 말하며 미래를 향한 새로움을 지적한다. 다가오는 미래 안에서 주어지는 새로움은 전진(Vorwärts)한다. 그러므로 성령은 항상 새롭게 시작과 더불어 시작한다(KD IV/4:42-43).

5. 바르트의 성령 신학은 그의 새로운 관계 신학을 위하여 특히 소명론과 연관되어 다루어질 필요가 있다. "살아계신 예수 그리스도의 말씀은 창조적인 부르심이며, 이러한 부르심을 통해 그리스도는 인간을 진리에 대한 활동적인 인식으로 각성시키신다. 인간은 교회의 새로운 세움, 즉 그리스도와의 특별한 친교로 영접되며, 인간을 그리스도의 예언자적 사역의 봉사의 증거자로 이끌어 가신다"(CD IV.3.2:481). 그리스도의 특수한 그리고 놀라운 해방의 은총을 경험한 자들은 은총의 수여자이며, 유비(analogatum)로서 이러한 은혜를 가능하게 하는 그리스도(analogans)를 증거하며 나간다(CD IV/3.2:674). 성령의 각성의 힘을 통해 불리는 기독교인은 예언자적인 존재로서 사회적 실천과 행동을 향해 나가며, 이것이 미래를 향한 희망의 성격을 특징 짓는다.

6. 여기서 우리는 바르트가 "교회 공동체와 시민 공동체"(1948)를 하나님 나라의 빛에서 숙고하면서 보다 많은 민주주의와 사회 정의를 향한 운동을 하나님의 나라의 유비(analogatum)로 파악한 것에 주목할 필요가 있다. 이것은 초기 "탐바하 강연"(1919)에서 시도되고, 암스테르담 강연인 "교회와 문화"(1926)에서 문화의 영역을 숙고하면서 예언자적-윤리적 방향을 지적한다. 더욱이 바르트는 말년에 버하르트 베트게의 『본회퍼 자서전』에 대한 서평에서 다시 한번 자신의 관계 신학이 구체적으로 사회정치적 영역에 관여된다고 밝힌

적이 있다: "윤리-동료 인간성-봉사의 교회-그리스도의 제자직-민주적 사회주의-그리고 무엇보다도 정치적 책임성."[37] 바르트의 유비론은 새로운 관계 신학 정립을 위하여 필수적인 분야이다.

7. 바르트는 융엘처럼 하나님의 존재를 헤겔적인 '되어감의 개념'으로 파악하지 않았다. 융엘의 해명에서 종말론은 실종된다. 더욱이 하나님의 혁명론은 찾아보기가 어렵다. 그리고 바르트는 몰트만이나 판넨베르크처럼 미래를 우위에 두지도 않았다. 과거의 시간 속에서 억울한 희생자들을 향한 교회의 책임성은 간과되지 않는다. 십자군, 홀로코스트(쇼아), 서구 식민주의, 여전히 기승을 부리는 유럽 중심주의 등의 역사적 과오를 미래의 우위성을 통해 희석시켜서는 안 된다. 바르트는 모든 것을 희망 내지 미래의 빛에서 범종말론적으로 파악하는 것을 꿈꾸는 사변으로(paneschatological dream) 비판한다(CD IV/3.2:912). 바르트의 신학은 과거 서구의 역사와 교회의 죄악에 면죄부를 주면서 미래를 꿈꾸는 사변의 신학과는 전혀 상관이 없다. 메타노이아와 더불어 우리는 성령과 더불어 전진한다.

물론 "하나님은 만유 안에서 존재하실 것이다"(고전 15:28). 그러나 이것은 모든 피조물이 하나님과의 차이를 끝내고 하나님과 같아지는 것을 말하지 않는다. 또한 이것은 만유재신론을 의미하지 않는다. 바르트는 만유재신론에 대해 날카로운 비판의 신학자였다. 오히려 피조물은 마지막 그리스도의 계시에서 하나님을 볼 것이며, 피조물들과 더불어 만유 안에서 하나님의 궁극적 목적인 새 하늘과 새 땅의 실현을 보게 될 것이다(CD III/3:86).

---

37 Barth, *Briefe 1916-1968*, eds. Fangmeier and Stoevesandt, 404.

8. 바르트의 내재적 삼위일체론에서 하나님의 존재 방식(Seinswe-ise)은 하나님의 본질과 페레코레스적인 삼위성을 표현한다. 이것은 내재적 삼위일체에서 하나님의 일차적 대상성(God's primary objectivity)을 표현될 때 사용된다. 자유와 자존성 안에 계신 하나님은 신비에 속하며, 인격이란 개념으로 표현하기가 어렵다. 하나님은 '필요 이상'이며 존재론적인 귀결주의로 가지 않는다. 그러나 경륜적 삼위일체에서 하나님의 이차적이며 역사적인 계시 사건(하나님의 이차적 대상성)에서 하나님은 인격 안에 존재하시는 분으로 계시된다(CD II/1:268). 사랑과 지복 가운데 우리와 친교를 만들어 가시는 하나님은 예정의 은총과 화해를 통해 인격적으로 오신다. 성령은 인격적인 영이며 아버지와 아들의 사랑과 친교를 인간에게 매개한다. 그러나 성령은 인간의 모습으로 오지 않는다. 사랑과 자유 안에서 하나님이 인격된다는 것은 하나님이 그분의 방식에 따라 우리를 사랑하는 분임을 말한다(CD II/1:284). 내재적으로 하나님의 존재 방식은 자유 가운데 사랑하시는 인격적인 분으로 세계를 변혁하면서 오신다.

바르트의 삼위일체론에서 하나님의 존재 방식(일차적 대상성)과 인격으로서의 하나님(이차적 대상성: 경륜적 삼위일체)은 하나님을 영원하신 아버지로 그리고 동시에 전적 타자로서 그분에 대한 경외와 순종을 포함한다. 이런 점에서 바르트의 내재적 삼위일체는 '하나님으로부터 하나님을 생각'(Gott aus Gott zu denken)하며, '인간의 경험으로부터' 하나님을 생각하는 투사 이론이나 경륜적 삼위일체를 통해 내재적 삼위일체를 제거해버리는 시도에 대해 날카로운 비판적 기능을 갖는다.[38]

9. 바르트의 관계 신학은 하나님의 인격성과 친교를 포함하며

성령의 부어주심을 통해 하나님은 종말에 이스라엘에게 은총의 자리를 허락하신다. 이스라엘과 교회가 예정되었으며 인류의 인간성의 수납을 통해 모두가 그리스도 안에서 선택된다. 성령의 부어주심을 통하여 '전적으로 다르신' 하나님은 '전적으로 완전하게 변혁시키는 분'으로 오신다(ganz und gar Ändernde, KD IV/4:161). 바르트의 관계 신학은 모든 사회의 불의와 하나님 없는 폭력과 특권에 저항하는 '전진' 신학이다. 그렇게 삼위일체 하나님은 가난한 자들과 연대하며 오클로스(*massa perditonis*)를 위해 편드시는 분으로 오신다. 사회적으로 밀려난 자들(*massa perditionis*), 즉 세리와 공적인 죄인들을 향한 예수의 친교와 연대는 그들을 하나님의 나라의 은혜로 부른다. 여기서 암 하레츠와 오클로스(am ha'aretz and ochlos)와 더불어 하나님의 자유의 해방의 은총은 바로 구원의 반란으로 파악된다(CD IV/3.2:620, 774).

10. 마지막으로 나는 바르트의 매우 중요한 개념인 파레시아(*parrhesia*)를 담론 윤리적인 차원에서 포스콜로얼 신학과의 대화를 위해 개방한다. 바르트에 의하면 하나님의 진리에 참여함으로써 인간의 언어는 하나님 자신의 언어가 된다. 여기서 인간의 복음의 증언은 파레시아가 된다. 이것이 설교를 단순한 하나님에 대한 언급으로부터 구분 짓는다(CD II/1:231-232). 파레시아에서 우리는 기독교인으로 그리고 세상을 향한 복음의 증언자로 살아간다. 그리고 비인간성과 거짓과 착취와 억압의 구조가 지배하는 사회 안에서 기독교인들의 파레시아는 이데올로기적으로 왜곡된 불의와 비인간적인 체제

---

38 F. W. Marquardt, *Eia wärn wir da — eine theologische Utopie*, 565-566.

에 저항한다(CD IV/2:442). 이런 점에서 바르트는 항상 교회는 사회질
서에서 밀려난 희생자들의 편에 서야 하며, 사회의 무질서에 내재적
인 비판과 저항을 할 수 있어야 한다고 말한다(CD III/4:545).

　미셸 푸코는 버클리대학 강연에서 파레시아를 아첨과 정부의 지
배 방식(governmentality)에 대항하여 담론 윤리적으로 숙고했다. 진
리의 카이로스는 오직 파레시아 안에서만 주어진다. 담론의 비판적
인 활동으로서 파레시아는 지배 방식과 자기 이해 추구와 냉혈한
이기주의와 아첨의 언어에 저항한다.39 기독교 전통에 대한 날카로
운 비판에도 불구하고 푸코는 기독교의 파레시아 전통에 마지막 자
신의 희망을 피력했다. 오늘날 푸코의 영향을 받은 포스트콜로니얼
신학은 바르트 신학에 담겨 있는 예언자적인 전통과 만날 수 있고,
배울 수가 있다.

---

39 Foucault, *Fearless Speech*, 19-20.

정치경제학의 전망에서 칭의론 보기

임창세 · 정승훈

우리는 칼 바르트와 새로운 출발을 화두로 바르트로부터 배울 수 있는 새로운 전망들을 돌출하려고 시도했다. 교의학은 성서에 대한 해석이며 또한 성서 주석과 같이한다. 더 나아가 교리는 '오늘의 신학의 실존'이 처해 있는 사회 물질적 조건과 지배 체제를 분석하고 성서의 담론을 비판적으로 매개한다. 종교개혁적 사유에는 사회 경제적 비판이 대단히 중요한 흐름에 속하지만 충분한 해명이 주어지지 않았다. 결론에 대신하여 우리는 에필로그에서 루터, 칼빈 그리고 바르트에게서 칭의론과 정치경제적 전망이 어떻게 신학화되고 교리적 체계로 구성되는지 살펴보도록 하겠다.

루터: 하나님인가 맘몬인가?

루터의 칭의론은 하나님에 대한 신앙고백에 근거된다. 십계명

1조항에 대한 루터의 반성을 고려하지 않고 그의 칭의론을 이해하기가 어렵다. 그리스도만을 신뢰하는 믿음과 은혜로 얻게 되는 루터의 칭의론(롬 5:1)은 중세 말엽의 경건과 억압의 틀에서 볼 때 성서에 대한 적합하고 해방적인 해석을 의미한다. 이러한 칭의론은 초기 자본주의에서 나타나는 이자와 고리 대금업에 저항한다. 이러한 사회사적 상황에서 은총에 의한 죄의 용서, 악의 세력으로부터의 구원, 영원한 생명의 약속은 단순한 영적인 자유가 아니라 화해를 위한 자유와 이웃에 대한 윤리적 책임을 담고 있다.[40]

루터는 칭의론을 경제적 이슈에 관련지었고 맘몬의 지배와 구조가 생명의 하나님과 대립적인 관계에 있음을 보았다. 그는 모든 것을 '삼켜버리는 자본'의 시스템에서 밀려난 자들과 가난한 자들의 권익을 위해 투쟁했다. 돈과 재산에 몰두하는 자들은 맘몬을 하나님으로 섬기며, 이들은 모든 뜻과 마음을 돈과 재산에 둔다. "이것은 지상에서 가장 공동적인 우상이다."[41] 하나님에 대한 우리의 관계는 경제적 현실에 의존되며, 불의한 경제적 조건은 하나님에 대한 참된 예배를 무너뜨린다.

루터에게서 토라는 말씀과 행동의 일치를 말하는 다바르(*dabar*)를 의미하며, 다바르는 말씀을 행하는 것(*verbum facere*)을 말한다. 라틴어에서 토라는 계명과 약속을 포함하는 가르침이나 교리를 의미하는데, 히브리 성서의 의미에서 그것은 율법보다는 하나님의 거룩한 가르침으로 이해된다. 토라는 율법/복음, 계명/약속, 심판/은총을 포함하며, 이러한 상관관계에서 하나님의 일치를 말한다. 루터

---

40 *Radicalizing Reformation*, eds. Bloomquist et al., 24.
41 *Large Catechism*, BC, 387.

는 믿음을 십계명의 첫 번째 계명에 연관 짓고, 칭의는 일차적으로 하나님께 정의와 공의로움을 드리는 것(*Deum justificare*)으로 말한다. 우리가 하나님의 약속에 대한 신뢰 안에서 활동하고, 하나님의 용서를 받아들일 때 우리는 하나님께 공의로움을 돌려 드리는데, 이것이 하나님을 정당화(justification of God)한다.[42]

루터에게 토라는 죄를 고발하는 율법 이상의 의미를 가지며, 계약의 말씀과 구원의 약속은 그리스도 안에서 계시된 말씀과 같은 것이다. 루터에게서 히브리성서는 "약속과 은총의 말씀을 포함하며, 거룩한 믿음의 아버지들과 예언자들은 토라 아래서 지켜지고, 우리처럼 그리스도에 대한 믿음을 가지고 있었다."[43]

탁상 담화에서 루터는 말한다. "히브리인들은 근원에서 물을 마시고, 그리스인들은 근원에서 흘러나오는 물을 마시며, 라틴 사람들은 도랑에서 물을 마신다"(WA Tr 525). 루터는 콜부르크(Colburg)에 머물던 당시 유스 투스 요나스(Justus Jonas)에게 편지를 썼는데(1530. 6. 30.), 십계명은 복음의 변증법이라고 말한다. 그리고 복음은 십계명의 수사(rhetoric)이다. 그러므로 우리는 그리스도 안에서 모세의 모든 것을 갖는다. 그러나 모세 안에서 우리는 그리스도의 모든 것을 갖지 않는다. 루터는 십계명의 제자가 되었다고 말한다(WA Br 5, 409, 26-29).

루터는 토라의 핵심인 십계명을 진지하게 고려했고, 토라의 사회

---

42 Iwand, *The Righteousness of Faith According to Luther*, ed. Thomson, trans. Lundell, 21.

43 "Preface to the Old Testament," (1523, rev. 1545) eds. Lull and Russel, *Martin Luther's Basic Theological Writings*, 114.

정의는 루터의 칭의론을 급진화시켰다. 하나님과 맘몬의 대결은 『대요리문답』(1529)에서 볼 수 있다. 여기서 루터는 남의 것을 훔치지 말라는 계명의 빛에서 하나님과 맘몬에 대해서 숙고한다. 하나님의 오이코노미아는 하나님의 경제질서와 정의를 의미하는데, 이것은 토라에서 희년과 가난한 자들과 외국인들에 대한 배려에서 잘 드러난다. 초기 자본주의 시스템을 직시하면서 루터는 고리대금업과 상행위와 거래의 타락으로 인해 가난한 자들이 일상의 삶에서 강요된 높은 가격과 경제적 부담으로 인한 고통을 보았다.[44] 루터는 맘몬을 초기 자본주의 현실의 총체적인 시스템으로 간주했고, 인간은 탐욕을 통하여 맘몬의 세계에서 신으로 등극하려고 한다고 말한다. 모든 것을 삼키는 자본의 증식과 총체적 지배는 하나님의 말씀에 대한 믿음과 용서의 은혜와는 거리가 멀다. 이들은 대도이며, 안락의자에 앉아 위대한 주인 행세를 하며 명예롭고 존경스러운 시민으로 대접받는다. 법의 옷을 입고 법의 비호 아래 시장은 강도의 소굴이 되고 만다.[45]

루터는 가톨릭 신학자 요한 엑크(John Eck, 1486~1543)와의 논쟁에서 그를 부를 축적하는 전문가(plutologian)로 공격하고, 로마가톨릭에 대해서 다음처럼 말한다. "기본적으로 교회 전체의 영적 지배는 돈, 돈, 돈 이외에 다른 것이 아니다. 모든 것이 돈을 증식하기 위해서 가동된다."[46] 루터에게 중요한 것은 개별 자본가들에 대한 비난이 아니라 모든 것을 자본의 강요와 지배를 통해 궁핍화를 초래하는

---

44 *Large Catechism*, BC, 417-418.

45 Ibid., BC, 418.

46 Marquardt, "Gott oder Mammon," *Einwürfe I*, 193.

맘몬 체제의 우상과 권력들이다. 루터에게서 맘몬은 자본 축적의 과정에서 드러나는 구조적인 부정의를 의미한다. 이것은 모든 것을 삼켜버리는 자본을 통하여 사회와 역사를 지배하며, 부단한 자본증대와 발전을 영구화한다. 자기 증식의 자본 운동과 모든 것을 삼켜버리는 기능은 초기 자본주의 생산의 맹목적인 강요로 드러나며, 세계는 거대 상인들이 소자본의 상인들을 먹어버리는 각축장이 된다. 루터는 목회자들에게 고리대금을 비판하고 자본의 축적 과정에서 드러나는 기독교적인 성격을 폭로한다. 루터는 인간의 탐욕이 얼마나 기술적으로 경건한 자처럼 꾸미고 나타나지만, 이들은 불한당들이고 거짓말쟁이들이라고 폭로한다(LW 21:183). 중상주의 체제에서 독점자본과 식민주의 경제는 스페인 가톨릭의 이데올로기이며, 국내에서 모든 것을 삼켜버리는 자본의 시스템이 삶의 구석까지 침투해 들어간다. 루터의 경제 비판은 단순히 전통적인 자비의 행위와는 다르며 그 한계를 넘어선다.47

루터는 초기 자본주의의 기독교적인 성격에 주목했고 남미에 대한 스페인의 식민주의 정책이 초기 자본주의와 엮여 있음을 보았다. 고리대금과 투기와 축적에서 초기 자본주의의 위험과 불합리성을 보았고 중세기 가톨릭교회와 찰스 5세 그리고 자본가 푸거 가문(the Fuggers)의 결탁을 직시했다. 국제적인 관계에서 드러나는 독점 무역과 상행위 그리고 은행 자본가들(푸커와 웨슬러 가문)에 대한 폭리와 부의 축적은 루터의 칭의론과 신앙고백에 중요한 자리를 차지한다.

울리히 두크로프는 루터에게서 신앙고백과 경제 정의를 매우 중

---

47 Lindbeck, *Beyond Charity.*

요하게 발전시켰고, 신자유주의 경제체제에 대한 비판의 원류를 루터로부터 가져올 것을 주장한다. 마르크스가 자본주의 사회를 물신숭배로 파악하고 왜곡된 종교성을 공격했다면, 이것은 종교는 아편이라는 종교비판의 카테고리에 들어간다. 그러나 종교가 억압받는 피조물들의 한숨을 대변하고 사회의 비참함에 대한 도전을 담는다면 종교는 해방적인 기능을 담당한다. 이러한 해방적인 기능에 루터의 경제 비판이 해당된다.[48]

이미 마르크스는 본원적 축적을 분석하면서 자본의 기독교적 성격을 날카롭게 비판했다. 그리고 루터의 저작을 높게 평가하고 인용한다. 루터는 "고리대금에 대한 설교"(1519/1520), "상업과 고리대금"(1524), "고리 대금비판의 설교를 위한 목회자들에게 조언"(1540)에서 그의 경제적인 입장을 밝힌다. 마르크스는 "고리대금 비판의 설교를 위한 목회자들에게 조언"을 적극적으로 인용했다. 마르크스는 1503년 콜럼버스의 편지를 인용하기도 한다. "금은 놀라운 것이다! 금의 소유자는 그가 원하는 모든 것의 지배자이다. 금은 심지어 영혼들을 천국으로 들어가게 한다."[49] 라틴 아메리카에 대한 스페인의 식민주의는 역사적으로 자본의 본원적 축적이 된다. 이러한 식민주의화에서 얻어지는 막대한 수익과 잉여가치는 동시에 본국의 자본주의 생산 과정에서 지속적인 자본 축적과 연관된다. 네덜란드 식민주의 행정의 역사는 지상에서 가장 파렴치한 기독교 인종의 야만성, '사기, 뇌물, 대학살, 공격성'이라는 가장 비상한 관계를 말한다.[50]

---

48 Ulrich Duchrow and Fransz Hinkelmmaert, *Transcending Greedy Money*, 165.
49 Marx, *Capital I*, 229.
50 Ibid., 916.

칭의의 삼중적 모델

적어도 루터는 자본 축적의 기독교적인 성격을 알고 있었고, 이를 『대요리 문답서』에서 하나님과 맘몬의 대결로 분석했다. 루터에게서 칭의는 믿음을 통하여 우리가 얻는 그리스도의 낯섦은 의로움이다. 그것은 우리의 외부에서 죄를 용서하시는 하나님의 자유로운 은총의 행동을 말한다. 믿음이 우리를 의롭게 하는 것은 주관적인 의지가 아니라 성령을 통하여 그리스도의 임재를 붙들기 때문이다. 이러한 믿음 안에 있는 그리스도의 임재가 인간의 갱신과 성화의 근거가 된다. 믿음은 사랑 안에서 활성화된다(갈 5:6). 루터에게 법정론적인 차원과 효율적이고 변혁적인 차원은 그의 칭의론 이해에 통전된다.

루터의 '믿음으로만'(sola fidei)은 '그리스도로만'(solus Christo)과 밀접히 연관된다. 우리의 외부에서(extra nos) 일어나는 은총의 사건으로 칭의(하나님의 호의, favor Dei)는 과정으로서의 삶(하나님의 선물, donum Dei)에 관련되며, 그리스도와의 환희에 찬 교환(fröhliche Wechsel)은 루터의 칭의론에서 삶의 변혁적인 차원을 지적한다. 성령과 말씀을 통하여 우리는 그리스도의 것이 된다.

이것은 루터에게서 믿음의 세 번째 혜택, 즉 믿음이 우리의 영혼을 그리스도와 연합하게 하는 것을 지적한다. 『기독교인의 자유』에서 에베소서 5장 31-32절을 근거로 루터는 그리스도와 믿는 자들의 영적 결혼의 신비를 해명했다. 이러한 환희에 찬 교환을 통하여 그리스도는 우리에게 속한 죄와 사망과 저주를 나누시며, 인간의 영혼에 은총과 생명과 구원을 허락하신다.[51]

우리의 내적인 사람은 항상 매일 갱신되고 새로워져야 한다. 인간은 자기 자신에게 구부러진 왜곡된 존재(*homo incurvatus in se*)이며, 우리의 겉 사람은 속사람에 상응한다. 루터에게서 칭의론의 성만찬적인 차원은 살아계신 그리스도와의 연합이며 공공영역에서 궁핍한 자들에 대한 디아코니아를 포함한다. 예수에 대한 아남네스시적인 회상과 억울한 희생자들과의 연대는 루터의 칭의론에서 분리되지 않는다. 그리스도에 대한 믿음만이 우리를 의롭게 한다. 우리가 용서함의 은총을 얻을 때 이웃들을 돌보고 사랑하는 활동적인 삶으로 나간다.[52] 사랑 안에서 활성화가 되는 믿음(갈 5:6)은 공공영역에서 하나님의 동역자로서(God's collaborators) 사회 정의와 예언자적 디아코니아에 관여한다.

루터의 『마리아찬가』(1520~1521)에서 우리는 하나님의 은혜의 사건이 마리아에게 어떻게 나타나는지 읽는다. 루터는 마리아를 궁핍한 자들 가운데 한 사람으로서 칭의의 은총의 대표로 파악한다. 마리아는 권력을 가진 자들의 가부장적인 문화에 대항하고, 하나님의 은총의 주도권을 말하며, 위계질서와 제도화된 지배에 도전한다(LW 21:328-329). 루터는 프레데릭 제후에게 보낸 편지에서 자신의 정치 신학을 다음처럼 쓴다(1522. 3. 7.). "[로마 교황청의] 영적인 독재는 약화되었습니다. 이것은 나의 저술들을 통해 시도했던 것입니다. 이제 나는 하나님이 예루살렘과 두 지배의 영역에서 활동하시는 한, 하나님이 더 많이 두 영역에 관여하는 것을 봅니다. 최근에 내가 배우는 것은 영적인 것만 아니라 세속의 권력도 복음에 복종해야 하는

---

51 *Martin Luther's Basic Theological Writings*, 603-604.
52 Gollwitzer, *Krummes Holz — Aufrechter Gang*, 313.

것입니다…. 이것은 성서의 이야기에서 분명하게 드러납니다."

물론 우리는 농민전쟁(1524) 당시 루터의 다음과 같은 표현을 용인할 필요가 없다. "고난 고난, 십자가 십자가 ― 이것이 기독교인의 권리이다. 다른 것은 없다." 그러나 농민전쟁에서 국가폭력에 대한 루터의 날카로운 비판 역시 간과될 필요도 없다.

그러나 멜랑히톤은 루터와는 달리 외부로부터 그리스도의 의로움의 전가를 법정론적으로 파악했고 "믿음을 통해 그리스도를 위하여 은총으로부터"란 말로 표현했다.[53] 『협화신조』에서 성화 혹은 다시 사는 생명(vivification)은 성령과 성례전을 통해 믿음 안에서 시작되고 진보된다. 그러나 여기서 믿음 안에 내주하시는 그리스도는 칭의는 성화를 다루는 데서 언급되지 않는다(BC 571-572). 이후 루터란 역사에서 법정론적인 칭의론은 규범적으로 역할을 했지만, 루터의 칭의론에 이중적인 차원과 더불어 사회적 실천이 간과되었다.

루터의 그리스도와의 연합은 물론 안드레아스 오시안더(Andreas Osiander, 1496~1552)와는 다르다. 오시안더는 뉘른베르크 종교개혁 운동의 지도자였다. 인간의 영혼에 내주하는 그리스도가 인간을 성화시키고 온전하게 하며 신성화로 나가게 한다. 칭의는 그리스도의 내주하심의 귀결이 되며 점점 더 그리스도처럼 됨으로써 이러한 것이 우리를 하나님 앞에서 의롭게 한다. 여기서 죄의 문제는 대양의 물 한 방울처럼 하찮은 것이 되고 만다. 여기서 '항상 죄인, 항상 의인'이라는 루터의 입장은 실종된다. 오시안더를 비판하면서 『협화신조』는 칭의를 중생(성화, 삶의 갱신)으로부터 날카롭게 구별했다. 오시안

---

53 "The Augsburg Confession," BC 39-40.

더와는 달리 중생이 칭의의 귀결로부터 온다. 우리가 칭의의 은혜를 입으면 성령이 우리를 새롭게 하고 성화시킨다. 선행의 열매는 이러한 성화나 중생으로부터 온다(BC 569). 루터가 선행을 칭의(사건과 과정의 통합으로서)로부터 오는 것으로 보았다면, 『협화신조』는 선행의 성화의 귀결로 보았다.

칼빈: 그리스도와의 연합과 칭의

칼빈은 그리스도의 연합을 통해 칭의, 성화 그리고 예정을 반성했다. 루터와 마찬가지로 칼빈은 칭의를 우리의 외부에서 하나님의 은총의 주도권으로 파악한다. 그러나 성화의 과정에서 인간의 의지와 실천을 중요하게 보았고, 율법의 삼중적 기능을 통해(도덕적인 율법의 실행) 외부에서 일어난 칭의는 성화로 이어진다. 그러나 우리의 의로움은 그리스도 안에 있지, 우리의 의지나 선행에 있지 않다(『강요』 III.xi.23). 성령이 그리스도의 의로움과 용서의 은총을 우리에게 말씀을 통해 매개한다. 이러한 객관적인 은총의 관점에서 칼빈은 그리스도와의 연합을 고려한다. 이러한 연합은 머리와 지체의 결합과 같은 것이며 '우리 마음에 내주하시는 그리스도' 또는 '신비한 연합'으로 부른다. 성령을 통하여 그리스도는 우리와 더불어 그분의 은총과 혜택을 나누어주시는 분이 된다(『강요』 III.xi.10). 우리는 그리스도의 몸에 접붙임을 당한다. 우리가 믿음을 통해 그리스도를 영접할 때 거룩한 교제(sacra unitas)가 나타나며, 그것은 합리성과 이해의 차원을 넘어 신비의 영역을 지적한다. 이것은 우리의 외부의 그리스도가 우리 안에 내주하실 때 은총의 선물로 오지, 오시안더처럼 존재론적인 신비주의를 말하지 않는다.

앞서 언급한 것처럼 오시안더는 멜란히톤의 법정론적인 칭의론에 도전하고 그리스도 신성의 내주하심에서 칭의의 은총을 파악했다. 그리스도의 신성의 내주하심을 통해 믿는 자들의 내적인 삶이 변화되며 그리스도의 의로움은 십자가에서 일어난 용서의 사건보다는 우리 안에 거하는 그리스도의 신성의 능력에 의존된다. 그리스도의 신성은 인성보다 더 중요하다. 오시안더에게 그리스도의 신성을 통하여 인간 존재가 신성에 흡수된다고 말하고, 이것을 본래적인 믿음이라고 말했다. 그러나 칼빈은 이러한 오시안더의 본래적인 믿음과 신성에 흡수되는 존재론적인 혼용을 비판했다(『강요』 III.xi.5-12).

칼빈의 출발점은 십자가의 그리스도이며 부활의 그리스도는 성령을 통하여 우리의 믿음 안에 내주한다. 그리고 그리스도와 우리는 은총의 연합과 선물에도 불구하고 여전히 구분된다. 칼빈에게서 그리스도와의 연합은 성례전적인 의미를 가지며, 특히 주의 만찬에서 칼빈은 그리스도의 몸에 접붙이는 은총을 입는다고 말한다(『강요』 IV.xvii.33). 그러므로 믿음은 성령의 주요한 사역이며, 성령의 신비한 사역을 통하여 우리는 그리스도와 그분의 모든 은총의 혜택을 누린다(『강요』 III.i.1). 신앙의 확실성은 이러한 그리스도와의 연합에 근거한다.

칼 바르트는 칼빈의 그리스도와의 연합을 그의 칭의론과 성만찬 신학에서 핵심적인 것으로 보고 쯔빙글리와 전혀 다르다고 말한다. 칼빈에게 칭의는 성만찬의 교제와 관련되며 칼빈의 그리스도와의 연합은 보다 폭넓은 신학의 스펙트럼에서 중요한 역할을 한다. 그리고 이러한 연합의 신학은 성화론에서 결정적이며, 이것이 칼빈을 루터로부터 구분 짓는다. 칭의의 은총은 그리스도의 연합에 근거되며 세계의 영역에서 그리스도의 주되심을 확인한다. 16세기와 17세기의 개혁파 신학자들은 칼빈의 그리스도의 연합을 매우 소중하게 여겼고, 선택, 칭의 그리고 소명론을 이러한 구원론의 콘텍스트에서 발전시키기도 했다.[54]

칭의와 사회 경제 비판

그리스도의 연합은 칼빈을 경제 윤리에 대한 명민한 관심을 가지게 한다. 칼빈의 상황은 제네바로 유입해 들어오는 피난민 문제에 관련되어 있었고, 이들의 비즈니스에서 재정적인 도움을 주기 위해 생산적인 신용 이자를 허용했다. 그러나 칼빈은 고리대금업 이자는 엄격히 금지했고, 이자율은 조절되고, 필요한 상황에 따라 법적으로 규제되었다. 에스겔 18장 7-8절 주석에서 생명에 대한 선한 관리는 상호적인 것이며, 하나님은 누구에게도 남을 억압하라고 하지 않는다고 말한다. 하나님은 인간을 사회의 유대로 묶으며, 우리는 서로를 위하여 선한 행정과 삶을 영위할 수가 있어야 한다.[55] "사람을 학대하지 않으며, 빚진 사람의 전당물을 돌려주며, 아무것도 강제로 빼앗지 않으며, 굶주린 사람에게 먹을 것을 주며, 헐벗은 사람에게 옷을 입혀주며, 돈놀이를 하지 않으며, 이자를 받지 않으며 흉악한 일에서 손을 떼며 사람과 사람 사이에서 공정한 판결을 내리는 자는… 의로운 사람이니 반드시 살 것이다"(겔 18:7-9).

---

54 Barth, *Church Dogmatics*, IV/3.2:551-554.
55 Calvin, *Commentaries on Ezekiel*, II:224.

인간의 노동과 일은 그리스도의 복음 안에서 억압과 고통을 위한 조건이 되어서는 안 된다. 그것은 하나님의 은혜에 근거된 창조적이며 해방적이어야 한다. 가난한 자들의 노동을 착취하고, 이들의 고혈을 빨고 정당한 급료를 지불하지 않고 궁핍한 자로 되돌려보내는 것은 이들을 죽이는 폭력보다 더 잔인한 짓이다(렘 22:13). 신명기 24장 14-18절에 대한 설교에서 칼빈은 부자들에 의해 가난한 자들의 급료가 착취되고, 가난한 자들에게 이러한 사실이 알려지지 못한다고 질타한다. 급료는 하나님의 은총으로부터 오는 것이지만, 자기 이해관계와 욕망으로 인해 고용주는 고용인을 착취한다. 부당한 대우와 차별을 막기 위해 정당한 임금 계약이 체결되어야 하고, 고용인들은 언제든지 필요한 경우 불복종을 통하여 자신들의 입장을 표현할 수가 있어야 한다. 비폭력적인 저항과 스트라이크는 고용인들의 권리에 속하며, 야고보는 가난한 자들의 절규가 하나님의 귀에 도달한다고 말한다. 가난한 자들에 대한 착취와 푸대접은 처벌되지 않고 넘어가서는 안 된다. 사실 제네바에서 부자들의 삶의 태도인 사치와 향락과 타락은 위험한 것으로 간주되었다.[56] 이것은 청교들에게서 드러나는 세계 내적인 금욕과 자본주의의 합리적 정신보다는 초기 자본주의 안에 각인된 비합리적이고 위험한 정신을 비판한다.

하나님의 말씀의 빛에서 칼빈은 정치경제적 상황을 분석하고, 복음은 교회로 하여금 빈곤한 자들과 친교와 연대를 나누도록 한다. 경제적 상품과 사회적 노동은 이웃들과 공동체의 유익을 위해 사용되어야 한다. 루터와 마찬가지로 칼빈은 비합법적인 자본 축적과

---

56 Bieler, *The Social Humanism of Calvin*, 49, 58.

투기와 독점을 비판했고, 특히 교회 안에서 부족한 사람들은 평형을 이루도록 해야 한다고 주장했다. "지금 여러분의 넉넉한 살림이 그들의 궁핍을 채워주면, 그들의 살림이 넉넉해질 때에, 그들이 여러분의 궁핍을 채워줄 수도 있을 것입니다. 이렇게 하여 평형이 이루어지는 것입니다"(고후 8:14).

이것은 바울에게서 만나의 경제학(고후 8:15)인데, 칼빈은 모세-바울의 전통에서 만나의 경제학을 매우 중요하게 고려한다. "많이 거둔 사람도 남지 않고, 적게 거둔 사람도 모자라지 않는" 원리는 부와 상품의 분배에서 사회의 경제적 평형을 유지하며 아무도 궁핍 가운데 고생을 해서도 안 되고 남을 착취해서도 안 된다.[57] 부자는 가난한 자들에 대한 목회자이며, 가난한 자들은 하나님의 영접자이며 그리스도의 대변자이다.[58] 칼빈의 사회휴머니즘은 부자들이 사회의 공공의 이익을 위하여 부의 탐욕에서부터 벗어나 가난한 자들과 연대할 것을 강조한다. 그리고 가난한 자들은 일거리가 없이 빈둥거리거나 구호를 받는 자들이 아니라 정당한 노동을 통해 하나님이 주신 권리를 추구해야 한다. 부자와의 연대는 가난한 자를 무기력과 노예근성에서부터 해방시킨다. 칼빈의 입장은 소유적인 시장 개인주의나 청교도적인 세계 내적인 금욕주의와는 전혀 다르다.

칼빈은 하나님의 경륜과 경제질서(오이코노미아)인 희년 사상을 진지하게 언급하고, 땅에 대한 주기적인 분배와 이자로부터의 해방을 유지해야 하며, 재산은 축적이나 투기나 독점을 통한 사회적 억압과 불평등의 근거가 되어서는 안 된다고 말한다. 이러한 희년 사상에

---

57 Calvin, *Commentary on Corinthians*, 294, 297.
58 Bieler, *La Pensée économique et Sociale de Calvin*, 327.

기초를 둔 칼빈의 만나의 경제적 관심은 다음의 표현에서 잘 나타난다: "각자의 능력에서부터 각자의 필요로". 이러한 사회 휴머니즘은 국가로 하여금 경제적 이슈에 간섭하게 한다. 시민 정부의 과제는 "사람들이 숨을 쉬고, 먹고 마시는 일을 고려하고, … 이들의 재산을 안전하고 건전하게 지키며 정직과 적절함이 사람들 사이에서 유지되게 한다"(『강요』 IV.xx.13).

이러한 칼빈의 사회 경제 비판은 칼빈의 예정을 다시 검토하게 한다. 우리는 그리스도 안에서 선택된다. 하나님은 세상 창조 이전에 그리스도 안에서 우리를 선택했다(엡 1:4;『강요』 III.xxii.3). 그리스도 외부에서 선택의 근거는 존재하지 않는다. 이러한 예정의 은총을 확신하는 것은 믿음을 통한 칭의의 은혜에서이다. 그리스도는 은총의 거울이다. 이런 점에서 칼빈에게 청교도에게서 나타나고 베버가 자본주의 정신으로 분석한 예정론 안에 담겨 있는 실천의 삼단논법(*syllogismus practicus*)은 무의미하다. 물론 선택과 칭의의 은혜를 통해 삶의 열매가 징표로 드러나지만(*signa posteriora*,『강요』 III.xxiv.4), 이것은 노동 윤리를 통해 예정과 칭의를 드러내는 표식과는 상관이 없다.

칼빈에게서 칭의는 개인주의적으로 머물지 않는다. 교회 공동체는 칭의와 성화의 은총을 통해 하나님이 교회를 통해 원하시는 인간성의 회복을 말한다(『강요』 IV.i.3). 인간들 사이에서 사회 경제적인 연대는 하나님이 창조를 통해 제정하신 자연적인 질서에 속한다. 세계를 긍정하는 칼빈의 신학은 복음의 사랑과 연대를 통하여 가난한 자들과 어린아이들과 사회의 약자들을 보호한다. 칼빈은 복음의 빛에서 정치경제적 영역에서 드러나는 불의와 폭력적 구조를 날카롭게 분석했다. 칼빈의 사회 경제적 윤리는 칭의에 근거되어 있으며 율법의 삼중적 기능(도덕적 실천)과 교회의 사회적 실천을 강화한다. 인간의 노동은 하나님에 의해 할당된 것이며 선물이다. 비록 노동이 인간을 억압하고 괴로움을 주지만, 여전히 노동에는 적극적인 의미와 기쁨이 있다.[59]

칼빈의 상황은 루터와 다르다. 제네바 의회와 교회의 당회의 많은 기록에서 우리는 칼빈이 고리대금업과 가난한 자들에 대한 경제적 착취에 대한 논쟁을 하고 경제적 약자들을 위한 연대를 결성한 것을 충분히 볼 수가 있다. 칼빈의 사회휴머니즘은 부자들로 하여금 사회의 공공의 이익을 위하여 부의 탐욕에서부터 해방시키고 가난한 자들과 연대하게 하며, 가난한 자들은 일거리가 없이 빈둥거리거나 구호를 받는 자들이 아니라 정당한 노동을 통해 하나님으로부터 오는 권리를 추구해야 한다.

그리스도는 교회와 세상의 주님이다. 그리스도가 계신 곳에 성령이 더불어 역사한다. 그렇다면 설령 영원 전 결의를 통해 유기가 되었다고 해도 창조 이후 타락할 수 있는 사람들을 위해 성령은 신비한 자극으로 역사한다. 그리고 그리스도와 연합에서 예정되고, 칭의와 성화는 성령의 역사로 주어지며, 더 이상 예정은 이후 청교도주의에서 나타나는 귀족주의적 배타주의와는 관련이 없다. 칼빈은 우리는 하나님이 영원 전 결의를 통해 어떻게 선택하고 유기했는지 알 수가 없다고 말한다. 그러나 그에 따르면 경험적 사실을 통해 복음을 거절하는 자를 보면서 추론할 수도 있다. 하지만 만일 성령의 우주적 사역

---

59 Graham, *The Constructive Revolutionary*, 80.

이 신비한 자극으로 남아 있다면 칼빈은 이러한 경험적 추론보다 성령의 사역에 맡기는 것이 성서적으로 더 정당하지 않았을까?

그럼에도 불구하고 칼빈은 가난한 자들과의 연대하고 사회 경제적인 정의를 위해 투쟁했다. 여기서 더 이상 가난한 자들은 유기되거나 버림을 받은 자들이 아니라 그의 칭의론의 중심으로 들어온다. 그렇다면 칼빈은 이들의 삶 속에서 성령의 신비한 사역을 보지 않았을까? 칼빈의 풍부한 성령론은 그의 교리적 체계를 다시 해명하게 하지만 그것은 칼빈이 남겨 놓은 과제에 속한다.

저항권과 민주주의

칼빈은 그의 말년을 제네바에서 프랑스 피난민들과 더불어 사회 경제적 문제와 정치와 종교의 갈등에 몰두하고 있었다. 칼빈은 프랑스에서 벌어지는 박해 상황을 보면서 교회와 국가에 대한 관계를 저항권 이론으로 발전시킨다. 정치적 영역에서 칼빈은 국가와 교회의 두 영역에서 그리스도의 주권을 강조하고(『강요』II.15.5), 프랑스 칼빈주의자들의 전쟁(1562)을 보면서 『기독교강요』에서 전개한 정치 윤리를 한층 더 심화시켰다. 그의 『니코데미안과의 투쟁』은 매우 중요한 정치적 저작에 속한다. 1515년 프랑시스 1세는 종교적 관용이 아니라 정치적 전략으로 칼빈주의자들에 대한 완화된 입장을 취하고 있었다. 야콥 사돌레(Jacob Sadolet, 1477~1547)는 프랑시스 1세의 정치적인 전략으로 인해 프랑스의 가톨릭의 관용의 정책을 십분 활용하고 개신 교인들을 회유한다. 사돌레는 종교개혁적 입장에 대해 관대하면서 자신의 교구에서 박해 받는 발데시안 형제들을 회유하고 남프랑스에서 가톨릭교회의 주교로 활동했다. 사돌레가 제네바에 회유 편지를 보냈을 때 칼빈은 스트라스부르에 체류하고 있었지만, 제네바는 칼빈에게 답신을 보낼 것을 요청했다. 칼빈의 편지는 매우 단호했다.

칼빈이 니코데미안으로 부른 사람들은 프랑스에서 칼빈을 추종했지만, 사회적 정치적 특권을 누리던 귀족층이었다. 또한 이들은 가톨릭과 제휴한 개혁파 신학자들이었으며, 특히 쉬밍(Du Chemin)과 로셀(G. Roussel)이 있다. 그리고 초기 인문주의자들과 상업에 종사하는 사람들이 속해 있었다. 니코데미안들과의 벌인 논쟁에서 칼빈은 이들의 위선적인 태도를 비판하고 교황제의 미신과 하나님에 대한 개혁적인 예배 사이에서 머뭇거리는 자들은 진정한 신앙고백을 찾아볼 수가 없다고 말한다. 칼빈의 말을 들어보자. "신앙고백과 고난이 없는 기독교는 유령에 불과하다. 만일 당신들이 허망한 육적인 생각을 버리고 이것을 받아들일 때 우리는 곧 하나가 될 수 있다".60

박해 기간 동안 프랑스의 개혁 공동체는 정치와 종교적인 문제에 관한 한 칼빈의 조언을 구했고 그를 신뢰했다. 프랑스의 암울한 상황을 바라보면서 칼빈은 귀족과 국민을 대변하는 의회가 공적인 이익을 위해 저항할 때 국민들은 이들의 저항에 지지하고 연대해야 한다고 말한다. 프와투(Poitou) 형제들에게 보낸 편지(1554. 9.)에서 칼빈은 폭력 사용은 거절하지만, '차분하고 신중한 시민불복종'을 언급한다.61

칼빈은 『기독교강요』(IV. 20.30-31)의 입장을 재확인했지만, 그는

---

60 Scholl, *Reformation und Politik*, 71.
61 Wallace, *Calvin, Geneva, and the Reformation*, 162, 164.

비상사태 시 국민의 공개적 저항권을 열어 놓았다. 프랑스의 종교전쟁을 거치면서 칼빈의 정치 신학은 민주적인 저항과 혁명에 대한 이념을 백성들의 마음속에서 장차 예측하기 어려운 씨앗을 심어주었다.[62]

프랑스와 스코틀랜드에서 칼빈의 정치 이념은 저항권 이론과 정치적 영역에서 혁명의 씨앗을 뿌려 놓았다. 칼빈의 사후(1564) 프랑스 칼빈주의자들은 바르톨로메대학살(1572.8.24.) 이후 급진적인 방향으로 치닫는다. 포트만(Hotman, 1524~1590), 베자(Beza, 1519~1605) 그리고 모네이(Mornay, 1549~1623)가 저항권 이론을 대변했다. 그리고 2세대에 속하는 알트지우스(Johannes Althusius, 1563~1638)는 국민 주권과 저항권에 대한 이론적인 기여를 통해 장자크 루소(1712~1778)의 사상을 선취하기도 했다.

루소는『사회계약론』2권 7장에서 이렇게 말한다: 국민은 법률의 장본인이지만, 입법 제정과 같은 위대한 일을 할 수가 없다. 국민은 입법의 제정자를 필요로 하며, 이러한 제정자는 천재적인 재능을 소유해야 한다.

이러한 입법 제정자가 있다면 루소는 제네바의 칼빈으로 본다. "그는 우리들의 정치제도를 확립했고, 흔들릴 수 없는 토대를 마련해주었다." "칼빈을 오로지 신학자로 보는 사람들은 그의 천재성을 이해하지 못한다. 우리들의 현명한 정치적 칙령들을 고안하는 데 중요한 역할을 한 칼빈은 그의『기독교강요』만큼이나 정치적으로 존경받아야 한다. 우리의 문화에 혁명의 시간이 무엇을 초래할지는

---

62 Stankiewicz, *Politics and Religion in Seventeenth Centuey France*, 17.

모르지만, 조국과 자유에 대한 사랑의 불길이 우리 안에서 사라지지 않는 한, 이 위대한 사람 칼빈에 대한 기억의 축복은 끊이지 않을 것이다."[63]

결론적 평가

칼빈과 바르트가 처한 시대가 다르다고 해도 이들에게서 나타나는 하나님의 은총인 예정, 칭의 성화 그리고 소명은 역동적으로 사회를 향한 교회의 책임성과 더불어 전개된다. 그리고 이런 관점은 칼빈주의 역사에서 발전되어온 정치적 민주주의와 저항권에서도 반향을 갖는다. 예를 들어 스코틀랜드에서 발전되는 민주주의 발전을 위한 칼빈의 공헌(『강요』 IV.xx.30-31)과 경제적 정의에 대한 사회 휴머니즘은 프랑스 혁명으로 이어지는 흐름을 갖는다. 칼빈의 그리스도의 왕국은 어거스틴의 두 왕국론 혹은 두 도성론을 수용하면서 기독론적으로 발전시킨다. 영적 왕국(교회)과 정치적 왕국(세계)은 하나님의 나라에서 종말론적인 완성을 본다(『강요』 III. 19.15). 예수 그리스도는 역사의 주님으로서, 아버지는 그리스도를 통하여 그분의 주권을 행사하신다(『강요』 II.15.5). 그리스도의 주권을 통한 칼빈의 민주적인 사고는 프랑스 칼빈주의의 저항권과 스코틀랜드와 미국에서 번져나갔다. 그리스도의 왕국에 관한 복음에 대한 신실함과 순종은 세계의 권력들과의 저항과 긴장 속에 서 있다. 모든 삶의 영역의 가치와 업적들은 그리스도의 왕국에 관한 복음의 빛에서 평가되어야 한다.

---

63 Rousseau, *On the Social Contract*, 68-69.

바르트의 평가에 의하면, 칼빈은 '서구의 자유 민주주의의 정치와 경제적 이념에 기초를 놓은 아버지'로 불릴 수 있다.[64] 바르트는 "교회 공동체와 시민 공동체"(1948)에서 보다 많은 민주주의와 사회 정의를 향한 운동을 하나님의 나라의 유비(*analogatum*)로 파악하기도 했다. 여기서 루소의 정치이론은 바르트에게서 중요하게 수용된다.

바르트에게서도 칭의는 그리스도 안에 계시된 하나님의 은총과 심판에 대한 신앙고백과 관련된다. 이런 점에서 바르트는 루터의 칭의론을 수용한다. 그런가 하면 바르트에게서 율법은 복음의 필요한 형식에 속하며 칼빈의 성화와 정치경제학적 입장을 높게 평가한다.

루터에 의하면, 하나님으로부터 용서의 은총을 경험한 자들은 사회적 디아코니아와 정의로운 삶을 위해 기여한다. 칼빈에게서 칭의는 그리스도와의 연합으로부터 오며, 칭의론은 우리가 신앙고백하는 하나님과 관련된다. 비록 칼빈은 칭의를 성화와 구분하지만, 그에게서 칭의, 예정, 성화는 성령의 능력 안에서 통전적으로 전개된다. 칼 바르트는 칭의를 그리스도의 십자가와 부활에서 나타난 하나님의 은총에서 파악하며, 루터의 칭의론과 칼빈의 성화론을 하나님에 대한 신앙고백, 즉 '모든 것을 변혁하는 사실로서 하나님'의 복음의 빛에서 칭의, 성화 소명을 통전적으로 발전시킨다. 이것은 기독교 구원의 종말론적 차원을 지적하며 사회적 삶의 책임과 소명을 강조한다.

이런 점에서 칭의론은 인간의 죄를 용서하고 새롭게 하시는 하나님의 회복의 정의(restorative justice)이며 화해의 복음의 핵심이다. 그

---

64 Barth, *Theology of John Calvin*, 202, 204.

리고 용서를 경험한 자들은 공론장에서 하나님 나라를 향하여 보다 많은 민주주의와 보다 많은 사회 정의를 향하여 전진한다.

헬무트 골비처에 의하면, 마르크스의 비판이 기독교에 주는 의미는 자본 축적과 식민주의의 기독교적 성격에 대한 폭로 때문이다.[65] 그리고 자본주의가 일으킨 혁명은 이러한 자본 축적의 기독교적인 성격이 지나간 과거의 유물이 아니라 오늘날 신식민주의와 제국주의의 확장을 통해 글로벌한 차원에서 전개된다. 교회는 이러한 정치 경제학적인 현실을 분석하고, 이로부터 돌아서는 메타노이아 운동에 관여해야 한다. 예수의 복음의 중심에 하나님의 나라는 시작되었고, '세리와 죄인들'을 위한 그리고 모든 인류를 위한 기쁜 소식으로 선포되었다. 하나님의 나라는 죽음의 문화를 거절하고 생명의 문화를 지향한다. 이것은 복음의 사회 변혁적인 성격을 말한다.[66]

종교개혁의 신앙고백과 칭의론에서 화해와 용서의 복음은 하나님 나라와의 관련 속에서 다루어진다. 용서의 은혜는 "나라가 임하옵시며"라는 주의 기도에서 공론장에서 하나님의 정의를 통해 구체화되어야 한다. 바르트는 『기독교 공동체와 시민사회』에서 하나님의 행동은 인간의 행동과 배타적인 경쟁이나 대립되는 것이 아니라 인간의 행동과 사유와 말들을 통해 실현된다고 본다. 죄의 회개와 용서 그리고 화해의 제자직은 다가오는 하나님 나라에 상응한다. 이것은 바르트에게서 하나님의 나라를 향한 방향과 노선(Richtung und Linie)을 지적한다. 이러한 방향과 노선은 하나님 나라를 향한 유비와 상응으로 파악되고 보다 많은 민주주의와 사회 정의 그리고

---

65 Marx, *Capital I*, 917.

66 Gollwitzer, *Die Kapitalistiche Revolution*, 109, 111-112.

보다 많은 평화를 향해 전진하는 것을 말한다. 그리고 이것은 공론장에서 주인 없는 폭력들에 저항하며 그리스도의 복음을 향한 교회의 신앙고백과 예언자적인 책임성을 강화한다. 주인 없는 폭력들은 사회 안에서 인간을 굴욕처럼 만들어 버리고, 모든 것을 맘몬의 질서와 지배를 통해 삼켜버리고, 인간을 파렴치한 본질로 만들어 버리는 모든 정치경제적 관계들로 각인되고 구조화된다.

하나님의 값비싼 용서의 은혜를 표현하는 칭의론은 히틀러와의 투쟁 기간 동안 디트리히 본회퍼의 예언자적인 표현—루터로부터 오는—에서도 잘 읽을 수 있다. "무신론자들의 절규는 하나님의 귀에 경건한 자들의 할렐루야보다 더 소중하게 들릴 수가 있다."[67] 바르트는 이러한 표현에 동의했다. 예수는 타자를 위한 존재이기 때문이다. 종교개혁의 칭의론은 이런 점에서 하나님이 없는 자들과의 연대에서 구체화된다. 칭의의 은총은 그리스도 안에서 계시하신 하나님의 회복의 정의로부터 오며 또한 칭의의 은총은 우리로 하여금 하나님 나라로부터 오는 하나님의 정의와 평화와 해방을 공론장에서 실현하게 하며 나가게 한다.

---

67 Bonhoeffer, *Ethics*, 104.

제3부

칼 바르트와
공공신학

KARL BARTH

I. 공공신학의 새로운 시도
: 도덕과 정의의 문제

민중신학과 해방신학이 사회과학적 토대로 삼았던 사회주의 사상은 인간과 사회를 이해할 때 도덕적 요소와 그 중요성에 대해서 엄밀하게 검토하지 못했다. 왜냐하면 두 사상은 인간과 사회를 분석할 때 철저하게 아래로부터의 방법론(bottom-up)을 사용했기 때문이다. 즉, 유물론적인 인과관계만을 그 인식론적 틀로 삼았고, 그로 인해 인간 삶에 중요한 요소인 도덕과 정의의 문제를 중요하게 생각하지 않았다. 그 결과 사회주의 국가에서 심각한 도덕적 해이와 부정부패가 만연했고, 그것이 사회주의 붕괴의 주요한 원인 중 하나로 작용했다. 사회주의 체제에서 이 문제를 심각하게 느낀 고르바초프(Mikhail Gorbachev)는 페레스트로이카(Perestroika)를 제안했다. 페레스트로이카란 '재건 혹은 재편'이라는 뜻을 가진 러시아어이며, '스핑크스의 얼굴을 가진 사회주의에서 인간의 얼굴을 가진 사회주의로의 전환'을 표방했다. 즉, 도덕과 정의를 계급투쟁에 예속시킨 레닌-스탈린주의에서 벗어나 본래의 사회주의, 즉 마르크스주의를 재검토하여 발전된 사회주의로 나아가자는 이데올로기적 운동을 전개한 것이다. 특히 사회주의 시스템에서 도덕성 회복의 중요성을 깨달은 페레스트로이카는 러시아 정교회에 손을 내밀었다. 하지만 기존의 레닌-스탈린적 사회주의와 종교는 쉽게 융합될 수 없었다. 오히려 종교적 자유를 강조한 결과, 이슬람과 불교의 전통을 갖고 있던 소수민족의 민족종교를 되살려 놓았고, 그것이 민족주의의 부활을 촉진시켰으며, 이로 인해 소비에트 연방의 붕괴를 초래하는 빌미를 제공했다.

막스 베버(Max Weber)는 이런 사회주의 이데올로기의 문제점을 미리 내다보았다. 베버는 인간사회를 분석할 때 '아래로부터의 방법'(Bottom-Up Method)과 함께 '위로부터의 방법'(Top-Down Method)의 중요성을 강조했다. 베버는 사회역사적 현상에 대해 종합적으로 분석하는 자신의 방법을 '현실 과학 혹은 현실 탐구 과학'이라고 정의하고, 유물론적 경제적 토대를 근거로 사회역사적 실제를 파악하는 마르크스주의 방법을 '법칙 과학'이라고 규정한다.

이 두 사회과학의 거장은 자본주의를 주요한 인식 대상으로 삼았다는 점에서 공통점을 가진다. 그러나 다른 한편 베버와 마르크스는 그 접근 방법에서 근본적인 차이점이 있다. 먼저 베버는 다양한 자본주의—예컨대 농업자본주의, 상업자본주의, 약탈자본주의, 전쟁자본주의 등—와 그 구조적 특성이나 역사적 형성 조건 및 발달 과정에 관심을 가진다. 이 모든 유형의 자본주의는 나름의 구조 원리와 발전 논리 그리고 합리성과 문화 의의를 갖는 역사적 개체이다. 근대 자본주의, 즉 시민 계층적 자본주의도 다양한 역사적 개체 가운데 하나일 뿐이다. 이에 반해 마르크스의 궁극적 관심은 자본주의 본질을 통해 근대 사회의 경제적 운동법칙을 밝혀내는 것이다. 이 운동법칙은 마르크스에 따르면 일종의 '자연법칙'이요 '자연사적 과정'이다. 즉, 자연과학적 보편성을 가진다. 다시 말해서 베버는 자본주의 현실 과학을 추구한 반면, 마르크스는 자본주의의 법칙 과학을 지향한다.

공공신학은 막스 베버의 사회과학적 방법론을 수용한다. 하지만 공공신학은 막스 베버의 방법론에 얽매이지 않는다. 베버 이후 다양한 사회과학이 등장했으며, 공공신학은 그 다양한 방법론을 사회와 인간 이해를 위한 도구들로 포괄적으로 수용한다. 그와 함께 공공신학의 주요 관심은 위로부터의 방법을 발전시키는 것이다. 특히 사회적 토대와 합리성을 위해 가장 중요한 도덕과 정의에 대한 논의는 공공신학에서 매우 중요한 부분을 차지하고 있다. 이러한 지점에서 마르크스의 본래적 사유가 레닌-스탈린주의와는 다르게 재평가된다.

정의와 도덕의 문제

최근에 마이클 샌델(Michael Sandel)의 『정의란 무엇인가』라는 책은 베스트 셀러가 되었고, 그의 강의는 한국에서 가장 인기 있는 강좌 중 하나였다. 왜 한국에서 최근 정의 문제에 대한 사람들의 관심이 급증하였을까? 그것은 전 세계적으로 확산하고 있는 신자유주의 문제와 긴밀하게 관련되어 있다. 사회주의가 몰락한 이후 자본주의 이데올로기를 위한 브레이크가 파열되어 버렸다. 세계적으로 빈익빈 부익부가 심화·확산되고, 한국사회도 예외는 아니다. 한국에서는 경제적 불평등의 심화와 함께 가진 자의 갑질 문화에 대한 비판 여론이 높아졌다. 이 시점에 사람들이 정의의 문제에 관심을 갖는 것은 당연한 일일지 모른다. 그러나 마이클 샌델의 정의론은 정의의 문제에 대한 사회적 관심을 불러일으키는 데 공헌했지만, 근본적인 해결책을 제시하는 데 한계점을 드러내고 있다.

　따라서 정승훈 박사는 그의 책 『공공신학과 학제 간의 소통』에서 아리스토텔레스의 전통을 따르는 마이클 샌델의 정의론보다는 존 롤스(John Lawls, 1921~2002)의 정의에 대한 이론에 주목하며 헤겔-마르크스 전통을 재해석하면서 공공신학을 위한 대화를 마련한다. 존 롤스는 1921년 미국 볼티모어의 가난한 집 안에서 태어났다. 어린 시절 전염병으로 두 동생을 잃는 아픔을 겪었으며, 미국의 대공황 속에서 극빈의 삶을 경험했고, 2차 세계대전에 참전해서 전쟁의 비참함과 인간의 비극을 체험했다. 그의 이런 삶의 경험과 정의의 문제를 깊이 연구한 그의 학문적 여정은 깊은 관계를 갖고 있을 것이다. 그는 1950년 프린스턴에서 박사학위를 받고 코넬대학과 MIT공대 교수를 거쳐 1962년 하버드대학교 교수가 되었다. 그의 주된 연구 주제는 정의 문제였다. 1958년 "공정으로서의 정의"라는 논문을 발표한 이후 정의에 관한 여러 논문과 저서를 발표하였고, 1971년 『정의론』을 발표함으로써 그의 연구의 큰 결실을 맺는다. 그가 "공정으로서의 정의"라는 논문을 발표할 당시만 해도 윤리학은 학문으로서의 위상을 의심받고 있었다. 즉, 논리실증주의가 학문적 패러다임을 지배하면서 귀납적 증명이 가능하지 않는 학문들을 인정하지 않으려는 분위기였다. 논리실증주의자들에게 도덕과 윤리 그리고 정의 문제는 주관적 가치판단의 범주에 속한 것으로 검증 가능한 주제들이 아니었다. 그러나 롤스의 정의에 대한 꾸준한 연구와 제안은 윤리학을 사회 정의를 위해 필요한 학문으로 인식하게 만들었다. 그리고 더 나아가 그의 정의론은 학문적 기여뿐만 아니라 현실 정치에도 반영되었다. 빌 클린턴이 대통령으로 재임했을 때 그는 존 롤스와 정기적인 식사 모임을 가졌으며, 롤스의 이론을 현실 정치와 민주당의 정책에 반영하려고 노력했다는 것은 널리 알려진 사실이다.

존 롤스의 무지의 베일(Veil of Ignorance)

존 롤스의 주저인 『정의론』에서는 우선 공리주의의 문제점을 지적한다. 알다시피 공리주의의 모토는 "최대 다수의 최대 행복"이다. 즉, 다수가 행복한 기준으로 도덕과 정의의 기준을 삼으면 그 사회는 정의롭고 도덕적이며 문제를 최소화할 수 있다는 것이다. 그러나 공리주의의 문제점은 소수의 행복, 특히 다수에서 밀려난 빈곤층과 소외 계층의 행복이 무시된다는 것이다. 소수의 행복을 보장하면서도 다수가 함께 행복할 수 있는 그런 도덕과 정의의 기준은 없을까? 존 롤스는 공리주의의 대안으로 '무지의 베일'(Veil of Ignorance)이라는 개념을 제안한다.

'무지의 베일'이란 모든 것들을 원초적인 상태로 돌려놓고 생각해 보자는 것이다. 현재 빈부격차가 심한 자본주의 사회에서 태어나는 것 자체가 모험이고 도박이다. 어떤 사람은 흑인의 슬럼가에 있는 극빈층의 가정에서 태어날 수도 있고, 어떤 사람은 베벌리힐스의 부잣집에서 태어날 수 있다. 이런 상황이면 인생의 출발점 자체가 불공평하다. 출발점이 불공정하면 경쟁 자체가 불공평하고, 따라서 그런 사회는 정의롭지 못한 사회이다. 즉, 태어날 때부터 자유와 기회가 불공정하게 분배되어 있다.

따라서 공정한 사회가 되기 위해서는 사회구성원들이 모두 태어나기 전의 상태, 어떤 가정에서 태어날지 모르는 상태로 돌아가서 생각해 보자는 것이다. 이것이 무지의 베일이다. 아무것도 전제되어 있지 않은 백지의 상태에서, 즉 원초적 입장에서 어떻게 해야 모든 사람에게 공정한 자유와 기회를 제공할 수 있는지 공론장에서 합리적 토론을 거쳐 합의점을 찾아보자는 것이다. 존 롤스는 이런 토론을 위한 다음과 같은 정의의 두 가지 원칙을 제안한다.

첫째, 각자는 다른 사람의 유사한 자유의 체계와 양립할 수 있는 평등한 기본적인 자유의 가장 광범위한 체계에 대해 평등한 권리를 가져야 한다.

둘째, 사회적, 경제적 불평등은 a) 모든 사람에게 이득이 될 것이라고 합당하게 기대할 수 있도록 그리고 b) 모든 사람에게 개방된 지위와 직책에 귀속될 수 있도록 배정되어야 한다.

좀 더 구체적인 예를 들어 쉽게 설명하자면 다음과 같다. 정의의 제1 원칙에 의해 요구되는 평등한 기본적인 자유로는 정치적 자유, 언론의 자유, 결사의 자유, 양심의 자유, 사상의 자유, 인신의 자유, 사유재산을 소유할 권리 그리고 임의적인 체포와 구금으로부터의 자유 등이 있다.

그리고 정의의 제2 원칙은 소득과 부의 분배, 권한과 책임에 따라 차이 날 수밖에 없는 조직을 고안하는 데 적용된다. 부와 소득이 모두에게 균등하게 분배될 필요는 없다. 그러나 그 분배는 모든 사람에게 이익이 되는 방향으로 이루어져야 한다. 동시에 어떤 권한과 책임을 갖게 되는 직위는 누구나 접근할 수 있어야 한다. 이러한 조건이 갖추어져야 비로소 모든 사람에게 이익이 되는 방향으로 사회적, 경제적 불평등이 편성된다. 이것은 오늘날 미국의 민주당에서 시도되는 공공선 거버넌스의 토대가 되기도 한다.

　필자가 보기에 존 롤스의 정의론은 많은 신학적 담론을 함축하고 있다. 무엇보다 롤스가 제안한 '무지의 베일'이라는 개념은 성경의 희년 사상과 많이 닮아 있다. 무지의 베일은 모든 사람이 소유 이전의 원초적 상태로 돌아가서 생각해 보자는 것이다. 희년 역시 50년마다 모든 소유가 본래의 상태로 돌아간다. 그렇다고 하나님께서 개인소유나 부의 축적을 금지한 것은 아니다. 레위기 25장에서 부자와 가난한 자에 대한 언급은 하나님께서도 빈부격차를 어느 정도 허락하셨다는 것을 의미한다. 특히 성내에 있는 가옥은 1년이 지나면 영구히 개인소유가 될 수 있었다(레 25:29ff). 또 돈을 빌려주고 이자를 받는 행위는 이스라엘 공동체 안에서만 금지되었던 반면, 외국인에게는 돈을 빌려주고 이자를 받아서 부를 축적하는 일이 허용되었다. 그리고 고용주와 임노동자의 관계도 인정하면서도 임노동자의 인권보장을 위해 노력할 것을 당부하셨다. 하지만 인간 삶의 가장 기본적인 토지의 소유에서만큼은 철저하게 기본 생존권이 보장되었다. 근본적으로 토지의 개인소유는 금지되었다. 모든 소유는 하나님의 것이다(레 25:23). 단지 이스라엘 백성에게는 점유권만을 인정하셨다. 그리고 희년이 되면 예외 없이 본래의 토지 소유자에게 돌아가야만 했다(레 25:28). 따라서 성경의 희년 사상은 개인의 소유를 인정하고 부의 축적이 허용되지만, 가장 기본적인 인간 삶의 토대인 토지의 분배만큼은 엄격한 공정성을 법으로 규정하고 있다.

존 롤스 정의론의 뿌리: 칸트의 정언명령(Kategorische Imperativ)과 신 존재의 요청

존 롤스의 정의론은 임마누엘 칸트의 의무론에 뿌리를 두고 있다. 의무론은 행위의 의지나 동기를 중시하고, 결과보다는 주어진 원칙을 따를 것을 강조한다. 칸트의 도덕적 이상은 인간의 순수이성에 따라 행동하는 것이다. 칸트는 그 자체가 가치를 지니고 있어 무조건적으로 마땅히 해야 할 정언명령에 의해 "보편적 법칙에 부합하게 행동할 것"을 제시했다. 하지만 칸트는 보편적 법칙의 내용이 무엇인지는 자세히 언급하지 않았다. 롤스는 그 법칙의 내용을 채워보려고 시도했다. 처음으로 사회를 구성하기 위해 모인 원시적 인간들이 자신의 능력과 결함들을 전혀 모르는 '무지의 베일' 뒤에서 어떤 정책과 제도를 자발적으로 선택했을까를 상상해 보았다. 그 가상에서 롤스는 사람들이 일반적으로 성공의 욕심보다는 위험에 대한 두려움이 더 강하기 때문에 모두가 위험을 피하고자 소위 최약자-최혜 분배 원리에 동의할 것이라고 보았다.

존 롤스가 주장하는 이러한 정의의 원칙은 칸트가 주장한 정언명령과 유사하다. 그리고 롤스가 주장하는 원초적 입장은 칸트가 말하는 자율성과 정언명령을 경험적으로 해석한 것이라고 말할 수 있다.[1]

존 롤스의 정의론이 칸트의 도덕철학에 기반을 두고 있다면 공공신학과의 대화는 더욱 폭넓게 이루어질 수 있다. 왜냐하면 칸트의

---

1 홍성우, 『존 롤스 정의론 읽기』 (세창미디어, 2015), 140-142.

도덕철학은 분명한 신학적 동기에서 출발했기 때문이다.

칸트의 주요 저서는 다음의 세 개의 비판서이다:『순수이성비판』, 『실천이성비판』그리고『판단력비판』. 첫 번째 작품이자 가장 중요한 비판서인『순수이성비판』의 후반부에서 칸트는 토마스 아퀴나스의 자연신학에 대한 비판, 특히 신 존재 증명에 대한 비판을 위해 많은 부분을 할애하고 있다. 토마스 아퀴나스는 비록 인간의 이성이 신에 대해서 완벽하게 이해할 수는 없지만, 인간의 이성으로 신 존재를 어느 정도 추론할 수 있다고 주장한다. 예를 들어 이 세상이 존재하려면 제일 원인이 있어야 한다. 그 제일 원인이 하나님 이외의 다른 존재라고 상상할 수 없다. 따라서 신은 존재한다. 또 이 우주는 운동하고 변화하고 있다. 그 변화와 운동의 제일 운동인이 존재해야만 한다. 이 제일 운동인 역시 하나님 이외의 다른 존재는 상상할 수 없다. 따라서 신은 존재한다.

칸트는 묻는다. 이런 인과론적 추론에 의한 신 존재 증명은 과연 타당한 것인가? 즉, 인간의 이성과 오성을 통한 신 존재에 대한 추론은 과연 정당한 것인가? 칸트에 따르면 인과론적 추론으로 신 존재를 증명하는 것은 이성과 오성의 인식 능력을 너무 과신하는 것이다. 인간의 이성과 오성 안에서는 인식 오류가 빈번히 발생한다. 따라서 이런 불완전한 것은 신 존재 증명으로 도구로 사용될 수 없다고 주장한다. 특히 인간의 이성과 오성은 모든 사물과 운동을 자의적으로 해석하여 인식하려는 경향이 있다. 우리에게 관찰되는 세계는 과연 관찰되는 그 모습으로 진짜 존재하고 있는가? 우리가 보는 색깔이나 모양 그리고 운동성은 과연 있는 그 자체로 사실일까? 즉, 인식론적인 사실이 존재론적 사실과 일치할까? 칸트에 따르면, 그렇지 않다.

그에 따르면, 사물과 인식의 기본적인 두 가지 틀인 시간과 공간조차도 사람에 따라 다양하게 인식된다. 같은 한 시간도 때에 따라 짧게 느껴지기도 하고 길게 느껴지기도 한다. 같은 공간도 크게 보일 때가 있고 작게 보일 때가 있다. 더욱이 사람의 주관에 따라서 같은 사물과 사건이 헤아릴 수 없이 다양하게 해석된다. 따라서 이렇게 가변적이고 주관적 해석이 강한 이성과 오성을 이용해서 증명되는 신 존재는 보편타당성이나 객관성이 결여되어 있다. 칸트는 이런 인식의 주관성은 인식의 가장 중요한 부분인 오성(Vertand)이 범주적(kategorisch)으로 구성되어 있기 때문이라고 말한다. 즉, 오성 안에는 시간과 공간, 질과 양 그리고 색깔, 원인과 결과 등과 같은 범주 틀이 선험적으로 내재해 있어 그 범주 틀을 통해서만 사물과 존재를 인식하기 때문에 사물 자체(Ding an sich)의 객관적인 모습을 인식하는 것은 불가능하다고 결론 내린다. 따라서 토마스 아퀴나스가 주장하는 신 존재 증명은 객관성이 결여되어 있다. 즉, 이성과 오성을 통한 신 존재 증명은 타당하지 않다.

그렇다면 칸트는 인간이 신 존재를 부정하거나 인간이 인식할 수 없다고 주장하는 것인가? 그렇지 않다. 칸트는 인간의 내면 안에 보편적으로 내재한 도덕성과 자율을 통해서 신 존재에 접근할 수 있다고 주장한다. 칸트는 자신의 두 번째 비판서인 『실천이성비판』에서 인간 내면 안에 도덕률이 선험적으로 존재한다고 주장한다. 그것은 마치 모든 인간에게 명령처럼 선험적으로 주어져 있다. "살인하지 말라", "도둑질하지 말라" 등과 같은 도덕적 명령은 공간과 시간을 넘어서서 모든 인간에게 보편적으로 지켜져야 할 명령처럼 이미 존재한다는 것이다. 칸트는 이 도덕적 명령을 크게 가언명령

(Hypothetische Imperativ)과 정언명령(Kategorische Imperativ)으로 구분한다. 가언명령이란 조건부가 전제된 명령이다. "행복한 삶을 살려면 화내지 말아야 한다" 혹은 "성공하려면 열심히 일해야 한다" 등과 같이 조건을 수용하는 사람에게 타당한 도덕성으로 수용되는 명령을 말한다. 그리고 또 다른 도덕적 명령은 정언명령이다. 이 명령은 무조건적으로 지켜야 할 보편적 명령이다. "살인하지 말라", "도적질하지 말라" 등과 같이 인간이면 행복을 위해서 누구나 조건 없이 지켜야 할 명령을 말한다. 칸트는 특별히 이 정언명령의 선험성에 대해서 강조한다. 즉, 이 정언명령은 인간에게 후천적으로 교육을 통해서 익혀지거나 사회적 합의에 의해서 수용된 것이 아니다. 즉, 선험적 명령이라는 것이다. 이 선험적 명령을 자율적으로 따를 때 인간에게 기본적인 행복이 보장되고 사회의 기초적인 정의가 실현될 수 있다.

그러나 이 정언명령이 인간에게 최고선을 향해 가도록 동기를 부여하지는 못한다. 인간 내면 안에 내재한 자율성이 어느 정도 정언명령에 귀를 기울이게 하고 도덕적 삶의 동기를 부여할 수는 있지만, 최고선으로 나아가게 하지는 못한다. 따라서 칸트는 『실천이성비판』의 결론부에서 인간의 도덕성이 최고선을 향해 나아가기 위해서는 두 가지가 요청된다고 말한다. 바로 영혼 불멸과 신의 존재이다.

칸트는 이러한 요청을 진리라고 주장한다. 불멸하는 영혼과 신은 이론적인 차원에서는 진리라고 판단할 수 없다. 이것은 초험적인 문제이다. 하지만 실천적인 차원에서는 진리이다. 그리고 칸트에 따르면 불멸하는 영혼과 신의 존재는 가능한 직관을 통해서는 증명될 수 없지만, 도덕법칙의 현실성에 의해서 증명된다.

영혼 불멸과 신 존재의 요청을 주장하는 칸트의 도덕적 실천철학은 당연히 신학과의 많은 접촉점을 갖는다. 19, 20세기의 많은 신학자들은 칸트 철학과 접목하고 수용하여 자신의 신학을 발전시켰다. 공공신학 역시 이런 칸트 철학의 도덕 이론을 적극 수용한다. 특히 정승훈 박사는 칸트의 도덕 이론이 계몽주의 시대에 공공성과 도덕의 보편성의 중요한 토대가 되었다고 말한다. 정박사는 그의 저서 『공공신학과 학제 간의 대화』에서 다음과 같이 말한다.

> "칸트의 도덕적 의무론은 계몽주의를 논의할 때, '이성의 공공 사용'이 핵심이 된다. 공공의 영역에서 인간의 이성은 제한과 외적인 강요에 제한되거나 굴절되어선 안 된다. 오직 이성만이 도덕성의 최고 원리이며 도덕의 보편성에 확고한 토대를 놓는다."

칸트 도덕철학의 뿌리: 경건주의

칸트는 왜 최고선을 위해서 영혼 불멸과 신 존재의 요청을 주장했을까? 금세기 칸트 연구의 최고 권위자인 존 롤스에 따르면 신앙적 실천 동기 때문이다. 롤스는 칸트의 도덕철학을 이해하려면 다음의 세 가지 논제를 필히 검토해야 한다: 도덕법칙, 이성의 사실 그리고 실천적 신앙.[2]

칸트 철학을 이해하기 위해서 필히 검토해야 할 세 번째 요소, 즉 "실천적 신앙이 구체적으로 무엇을 의미하는가?"는 칸트의 생애를 살펴보면 쉽게 이해할 수 있다. 칸트는 태어나서 한 번도 고향을

---

2 존 롤스/김은희 옮김, 『도덕철학사강의』 (이학사, 2020), 235.

떠나지 않았다. 그의 고향 쾨니히스베르크(Königsberg)는 독일의 할레(Halle)와 함께 경건주의의 고장이었다. 그리고 칸트의 부모 역시 독실한 경건주의 신앙인들이었다. 칸트 스스로가 회고하듯이 어머니 안나(Anna Regina)는 정직하고 경건한 삶의 모범을 보여주었고, 아버지 요한 게오르그 칸트(Johann Georg Kant)는 비록 가난한 수공업자였지만 성실하고 신앙적 덕망을 갖춘 사람이었다. 무엇보다 칸트가 입학한 김나지움에서 받은 경건주의 교육과 훈련은 그의 평생의 삶과 철학에 지대한 영향을 미쳤다. 쾨니히스베르크에는 프리데이치아눔(Collegium Fridericianum)이라는 김나지움이 있었는데, 이 기숙학교는 경건주의의 합숙소(Prietisten Herberge)라고 불렀다. 당시 이 학교의 교장인 프리드리히 슐츠(Friedrich Albert Schultz)는 유명한 교육자이자 신학자였다. 슐츠의 후원과 추천으로 칸트는 프리데치아눔에서 입학하여 교육을 받았다. 이러한 칸트의 어린 시절의 배경과 교육 환경은 칸트 철학에 많은 영향을 주었다.

존 롤스에 따르면, 이런 경건주의적인 배경이 그의 도덕철학 저변에 강하게 깔려 있다. 칸트는 인간에게 도덕적으로 행동하려는 강한 욕구가 있다고 생각한다. 칸트에 따르면, 그 욕구는 이성적 존재에게 속한 욕구이고, 우리가 자유로운 이론이성과 실천이성 덕분에 자율적인 존재일 수 있다는 관점에서 표현될 어떤 이상에 따라 행동하려는 욕구이다. 존 롤스는 이런 칸트의 주장은 경건주의적 배경에서 나온 것이라고 말한다.

"이것과 관련해서 첨언하자면 칸트의 경건주의 신앙의 배경을 고려해 볼 때 그는 동기의 순수성을 점검하기 위해 이성적으로 사용될 수 있는 도덕적 반성의 형태를 추구할 수도 있다는 점이다."[3]

존 롤스가 주장하는 칸트에게 강한 영향을 준 경건주의란 17세기부터 시작된 독일 경건주의를 말한다. 이 독일 경건주의의 창시자는 필립 야콥 스페너(Pillip Jakob Spener, 1635~1705)이다. 스페너는 루터파 목사였다. 그러나 그는 칼빈주의 영향이 강한 스트라스부르그 대학에서 신학을 공부했다. 그리고 대학 졸업 이후 제네바와 바젤 그리고 네덜란드 등에서 많은 칼빈주의 개혁교회 신학자들과 만나 깊은 신학적 연구를 한 후 다시 스트라스부르그로 돌아와 요한계시록을 연구하여 신학 박사가 되었다. 비록 루터파 목사였지만, 그의 학문적 내용과 신학적 내용은 칼빈주의 신학에 많은 영향을 받았다. 그에 따르면 종교개혁은 교회 시스템의 개혁만 성공했다. 근본적인 신앙적 종교개혁이 필요하다. 그래서 루터가 칭의를 강조한 반면, 스페너는 내면적 신앙 체험을 강조한다. 그리고 그 체험을 바탕으로 한 성화의 삶, 즉 경건으로 열매 맺어야 한다고 생각했다. 그리고 이러한 신앙 노선은 루터보다는 칼빈의 경건과 성화론에 뿌리를 두고 있다.

독일 경건주의의 신학적 뿌리: 칼빈의 경건

칼빈의 『기독교강요』의 서문은 당시 프랑스 왕인 프란시스 1세에게 바치는 헌사로 시작한다. 프랑스에서 박해 받고 있는 성도들의

---

3 존 롤스, 『도덕철학』, 239.

억울함을 호소하고 자신들이 올바른 신앙의 길을 걷고 있음을 설득하기 위한 헌사이다. 이 헌사의 첫머리에서 『기독교강요』를 쓴 목적을 다음과 같이 밝힌다.

"지극히 영광스러운 왕이시여, 제가 처음 이 저술에 손을 댔을 때 폐하에게 바쳐질 어떤 것을 쓴다는 것은 꿈도 꾸지 않았던 일이었습니다. 나의 목적은 단지 어떤 기초적인 사실들을 전달함으로 그것에 의해 종교에 열심을 가진 사람들이 참된 경건에 도달하게 하는 것이었습니다"(『기독교강요 I』, 헌사).

칼빈은 『기독교강요』를 쓴 목적이 성도들을 경건으로 이끄는 것이라고 말한다. 따라서 『기독교강요』 속에 담긴 칼빈의 신학은 경건의 신학이라고 할 수 있다. 즉, 칼빈의 신학은 경건을 배우고, 훈련하고, 소망하는 신학이다.

그리고 이 경건에 이르기 위해서는 무엇보다 하나님을 아는 지식에서 출발해야 한다. 하나님은 창조자 하나님일 뿐만 아니라 죄에 대해서 심판하시고 당신을 믿는 자녀를 구속하시는 하나님이다. 그리고 그 하나님이 자연과 역사 속에서 그리고 성경을 통해서 자신을 우리에게 알려 주셨다. 이러한 하나님의 속성에 대해서 알게 되면 하나님에 대한 두려움과 경외감 그리고 하나님에 대한 사랑을 깨닫게 된다. 이렇게 하나님을 아는 것이 경건의 시작점이다.

이런 하나님의 영광과 거룩함 앞에 선 인간은 비로소 자신에 대한 참된 지식을 갖게 된다. 즉, *Coram Deo*의 인간이 된다. 하나님 앞에서 인간은 내면적 반성을 시작하게 되며 참된 자신에 대한 것을 알게 된다. 자신이 안에 죄가 가득하며 스스로의 능력으로는 도저히 그 죄의 굴레에서 벗어날 수 없는 연약하고 비천한 존재임을 깨닫게 된다. 그래서 하나님의 사랑과 은혜를 갈구하게 된다. 그러므로 경건은 이렇게 하나님의 은혜를 깨달아 앎으로 시작되는 것이며, 그 은혜 안에서 철저하게 자신에 대해서 앎으로 하나님에 대해서 경외하며 사랑하는 경건의 필요를 느끼게 된다. 그러므로 경건한 사람은 하나님 앞에선 자신의 자화상을 통하여 내적인 두려움으로 하나님의 사랑을 갈구하게 된다(『기독교강요 I』, 1-5).

무엇보다 타락한 인간은 그리스도의 구원을 알게 되면서 하나님에 대한 깊은 사랑을 체험하게 된다. 그리고 그리스도의 모습 속에서 하나님의 본래의 형상(*Imago Dei*)을 발견하게 되며, 이 형상의 회복을 소망하게 된다. 즉, 이성을 가진 인간이라면 죄에 대한 심판에 대한 두려움과 그리스도 안에 나타난 하나님의 사랑을 알게 되면서 당연히 그의 영혼은 완전한 본질을 향하여 나아가려고 하며 완전한 형상에로의 회복을 소망한다. 이 소망은 우리를 자연스럽게 칭의와 성화라는 믿음의 단계로 인도한다.

칼빈의 구원론: 칭의와 성화

흔히들 칼빈의 구원론은 단계적으로 구원의 순서를 밟아 완성된다고 말한다. 즉, 선택-소명-칭의-성화(성결)-영화(부활)의 단계를 시간적으로 거치는 것으로 설명하는 사람들이 많다. 그러나 이는 17세기 개신교 정통주의가 루터와 칼빈의 구원론을 임의적으로 해석해서 나온 결과이다. 사실 칼빈은 칭의와 성화의 단계를 엄밀하게 구분하지 않았다.

칼빈이 보기에 루터의 구원론이 성화보다는 칭의에 더 강조점을 두었다. 이런 루터 구원론의 문제점을 잘 알고 있던 칼빈은 그의 주저 『기독교강요』에서 구원론을 서술할 때 칭의보다도 성화에 대해서 먼저 말한다. 『기독교강요』 제3권 제3장의 제목을 "믿음에 의한 우리의 중생: 회개"라고 표현했는데, 이것을 개혁파 정통주의의 용어로 바꾸면 "믿음에 의한 우리의 성화(성결)"라는 의미이다.

칼빈이 칭의와 성화의 순서를 바꾼 첫 번째 이유는 루터의 구원론이 칭의에 초점을 맞춘 것에 대해서 성화를 강조하기 위한 것이다. 그리고 두 번째 이유는 가톨릭의 구원론이 의화-성화-신화라는 단계로 설명하는 것을 비판하기 위함이다. 가톨릭은 은혜의 주입 강도와 그 은혜가 인간 의지에 습관으로 자리하는 것을 시간적으로 혹은 단계적으로 구분하려고 하였다. 그러나 칼빈이 보기에 이런 구원관은 추상적이고 성서적이지도 않다.

칼빈에게 있어서 구원은 전적으로 성령의 역사하심이다. 무엇보다 구원에 이르려면 믿음이 중요한데, 이 믿음은 성령께서 우리와 그리스도를 연합시켜 주시기 때문에 가능하다. 칼빈에게 있어서 성령의 본질적 사역은 죄인과 그리스도를 연합시켜 주는 것이다.

"베드로는 신자들이 '성령의 거룩하게 하심으로 순종하고 예수 그리스도의 피 뿌림을 얻기 위하여 택하심을 입었음'을 말하는 것이다(벧전 1:2). 베드로의 이 말에서 우리는 그리스도께서 흘리신 거룩한 피가 헛되지 않도록 하기 위해서 은밀한 가운데 역사하시는 성령의 깨끗이 씻으심으로 말미암아 우리의 영혼이 씻음을 받은 것임을 알 수가 있다. 그렇기 때문에 사도바울은 깨끗이 씻음과 의롭다 하심에 대해서 '우리가 예수 그리스도의 이름과 우리 하나님의 성령 안에서 씻음과 거룩함과 의롭다 하심을 받았느니라'(고전 6:11)고 말하는 것이다. 한마디로 정리하자면 성령은 그리스도께서 우리를 자기 자신과 효과적으로 연합시키시는 끈 이라는 것이다"(『기독교강요』 III, 1.1).

칼빈이 고린도전서 6장 11절에서 인용하듯이, 성령께서는 씻음 과 거룩함과 의롭다 하심을 이루게 하시는 분이다. 따라서 인간의 구원 과정 모두는 성령께서 그리스도와 연합하게 함으로 가능하다. 칼빈은 이것을 '성령을 통한 신비한 연합'이라고 말했다.

칼빈이 구원을 성령의 역사하심으로 묘사함으로써 인간 의지의 개입 가능성을 완전히 배제하였다. 인간의 구원은 의지의 작용이 아니라 전적인 성령의 역사하심이다. 따라서 칭의와 성화 또한 성령 께서 이루시는 것이다. 성령께서 충만히 임하시면 그 사람은 칭의의 단계를 뛰어넘어 성화가 될 수 있는 것이고, 그렇지 않으면 칭의의 단계에 머무를 수밖에 없는 것이다. 따라서 칼빈에게 있어서 칭의와 성화는 상호 동일하지 않고 상호 구별되지만, 상호 뗄 수 없는 밀접한 관계를 갖고 있다.

따라서 칼빈에게 있어서 칭의와 성화는 이중적 은혜이다. 칭의를 통해서 죄책이 제거되고, 성화 속에서는 죄의 얼룩이 지워진다. 칭의 는 새 신분을 수여하는 반면, 성화는 사람 안에 새 성격을 창조한다. 칼빈은 다음과 같이 말한다.

"하나님의 자비하심으로 말미암아 그리스도를 우리에게 주셨으므로,

우리는 믿음으로 그를 깨닫고 소유하는 것이다. 그리고 믿음으로 그를 소유하게 되면 두 가지 은혜를 받게 된다. 곧 첫째는 그리스도의 의로 말미암아 우리가 하나님과 화목됨으로써 하나님께서 재판관이 아니라 자비하신 아버지가 되신 것이요, 둘째는 그리스도의 영으로 말미암아 거룩하게 되어 흠이 없고 순결한 삶을 배양하게 된다는 것이다"(『기독교강요』 III.11.1).

칼빈의 최종 목적: 경건의 도시 제네바

칼빈이 강조한 경건의 삶은 이렇게 그리스도와의 신비한 연합을 통해서 칭의와 성화의 과정을 거쳐서 완성되어 간다. 그런데 칼빈은 이 경건이 단지 개인적인 신앙의 만족이나 교회 생활을 위한 것이 아니다. 칼빈은 이 경건의 능력과 힘이 제네바를 하나님의 도성으로 만들 수 있다고 믿었다. 제네바가 칼빈의 영향력과 지도 아래에 있게 되면서 칼빈은 경건의 법제화 및 정치화 그리고 교육 제도화를 시도한다. 칼빈의 이러한 시도를 '신정 정치'(theocracy) 혹은 '목사 정치'(clerocracy), '성경에 의한 정치'(Bibliocracy)라고 불렀다.

칼빈의 새로운 법령을 만들고 공표하는 데 깊숙이 관여하였으며, 정치인들이나 관원들은 하나님의 사역자로서 일하기를 거듭 강조했다. 이를 위해서 칼빈은 관원들과 시의회 의원들에게 정기적으로 설교를 했다.

또한 칼빈이 제네바의 스승이 되기 전에 제네바는 매춘과 간통죄에 관대하였고 범죄자들에 대한 처벌이 느슨한 편이었다. 칼빈은 이러한 제네바를 더욱 엄격한 법 적용을 통해서 신성하며 도덕적인 도시로 변화하기를 원했다. 이를 위해서 폭력범이나 성적인 범죄 그리고 형사적인 범죄에 대해서 가혹할 정도의 처벌과 징계를 내리기도 했다.

칼빈이 제네바에 적용한 각종 법률과 규제는 지나칠 정도로 엄격하였다. 그렇다고 칼빈이 독재자의 위치에서 강압적으로 이것들을 관철시킨 것은 아니다. 칼빈은 평생 제네바에서 어떤 정치적 지위나 역할을 맡지 않았다. 칼빈은 무장한 군인들에 의해 경호 받지도 않았으며 검소하고 과시하지도 않았다. 그는 평생 많은 사람의 조언을 겸손히 경청하였으며 말씀을 위임받은 목사라는 것 이외의 어떤 권위도 주장하지 않았다. 왜냐하면 스스로가 경건의 지도력을 보여주기 원했기 때문이다.[4]

칼빈이 이렇게 제네바를 경건의 도시로 만들려고 시도한 것에 대해서 다양한 평가와 오해들이 있다. 특히 그가 이단자들과 범죄자들에 대해서 가혹하게 처벌한 것을 두고 다양한 이견들이 존재한다. 그러나 우리는 이런 것들을 칼빈이 처한 시대적 상황에서 이해할 필요가 있으며, 공공신학에 주는 영감은 매우 크다.

공공신학적 전망

막스 베버는 자신의 사회학을 문화과학이라고 정의했다. 즉, 마르크스주의처럼 유물론적 관점이 아닌 종합적인 문화 현상적 의미를 파악하여 사회를 분석해야 한다는 것이다. 베버에게 있어서 문화

---

4 존 맥닐/양낙흥 옮김, 『칼빈주의 역사와 성격』 (크리스챤 다이제스트, 1996), 204ff.

과학이란 두 종류의 행위, 즉 역사적인 인간 집단들의 다양한 문화 행위—정치적, 경제적, 종교적, 예술적, 에로스적 등—와 문화과학 자의 과학적(학문적) 문화 행위 사이의 상호 작용이요, 변증법적 관계 라는 것이다. 그리고 베버에 따르면 이런 문화 행위에서 종교는 핵심 적인 역할을 해 왔다. 특히 종교적 합리성과 도덕성의 함양이 다양한 문화권에서 사회의 발전을 위해 필연적 요소였음을 인정하고 있다.

무엇보다 지금까지 도덕철학과 윤리학 분야에서 절대적 영향력 을 갖고 있는 칸트의 도덕철학에서 인간의 궁극적인 선의 추구를 위해서 영혼 불멸과 신의 존재를 요청하고 있다. 이는 기독교 교회가 한국사회의 도덕성과 정의를 회복시키는 데 많은 역할을 할 수 있다 는 의미이기도 하다. 따라서 공공신학은 다음의 세 가지 차원의 전망 을 제시한다.

첫 번째로 공공신학은 한국교회의 도덕성과 공공성 회복을 돕고 자 한다. 한국교회가 대사회적인 영향력을 상실한 이유는 바로 도덕 성과 합리성의 결여 때문이다. 따라서 한국교회는 칼빈의 경건 신학 과 신앙을 회복하는 운동을 진지하게 고민해야 한다. 그동안의 성장 과 부흥을 위한 목회 방향에서 탈피해야 한다. 이를 위해서 교회의 설교와 목회 방향은 구원과 축복 중심에서 벗어나 성화와 경건이 강조되어야 한다. 이를 위해서 공공신학은 한국교회의 목회자들이 칼빈의 경건과 성화론을 더욱 깊이 연구할 수 있도록 도우며, 더 나아 가 이 신학이 교회의 성경 공부와 제자 훈련을 통해서 구체적으로 구현되도록 돕는다.

두 번째로 공공신학은 칸트의 도덕철학을 기반으로 학제 간의 대화를 통해서 도덕적 의무론이 다양한 영역에서 논의될 수 있도록 돕고자 한다. 지금까지 도덕철학의 입장은 공리주의, 의무론 그리고 목적론으로 나눌 수 있다. 공리주의는 많은 사람의 행복을 추구하지만, 소외된 자들에 대한 고려가 부족하다는 단점을 갖고 있다. 목적론적 입장은 각자의 행복 추구라는 목적을 위해서 도덕적 삶을 추구해야 한다는 것이다. 그러나 이런 목적론적 도덕 추구는 사회계층에서 밀려난 자들의 안전망과 경제 정의를 도외시하는 단점을 갖고 있다. 따라서 공공신학은 기독교적 윤리론과 가장 가까운 칸트의 의무론을 지지한다. 무엇보다 더 칸트는 인간의 도덕적 삶, 그것도 최고선을 지향하는 삶을 위해서는 영혼 불멸과 자유 그리고 신의 존재를 요청하고 있다. 이는 신앙과 종교가 인간의 도덕적 삶에 필요한 요소라는 것을 인정하는 것이다. 이런 칸트 철학을 바탕으로 학제 간의 대화 속에서 신학적 윤리학의 토대를 확고히 마련하며 칸트의 의무론을 지지하여 윤리학과 도덕철학의 중심축을 이룰 수 있도록 돕는다.

세 번째로 공공신학은 무지의 베일 개념을 교회와 시민사회의 공론장에서 토론하도록 도와 사회의 기본적인 생존권 마련과 경제 정의 실현에 기여하고자 한다. 롤스가 제의한 무지의 베일이라는 개념은 이미 선진국에서 기본소득, 최저생계비, 복지정책 등에 반영되어 있다. 이런 정책 실례를 바탕으로 교회와 교단 그리고 지역의 시민사회에서 한국 사회에서 더욱 나은 기본권 보장과 경제 정의를 위해 토론할 수 있도록 이론적 근거를 제시하는데 기여한다.

이상에서 살펴본 공공신학적 전망은 아직 구체적이지 못하다는 것을 인정한다. 더 세부적인 학문 작업과 교회 현장과의 토론 속에서 구체적인 방향과 노선을 마련할 수 있으리라 기대한다.

그리고 위의 공공신학적 전망과 가장 부합하는 신학적 구도는 칼 바르트의 화해론이다. 칼 바르트의 화해론은 그의 신학의 핵심이자 총화이다. 바르트의 화해론은 예수 그리스도의 삼중직, 구원론, 죄론 그리고 교회론과 선교적 전망까지를 아우르는 하나의 신학적 시스템을 제공한다. 공공신학은 이런 바르트 신학의 화해론을 신학적 틀로 삼으며 막스 베버와 하버마스의 사회학을 사회과학적 방법으로 사용하여 새로운 신학적 전망을 제시하려고 한다. 특히 바르트의 화해론에서 전진신학의 핵심 키워드인 소명과 막스 베버의 사회학에서 도덕적 덕목인 소명을 관계지어 공공신학의 플랫폼을 마련하게 될 것이다.

II. 개혁교회의 소명론과 막스 베버

들어가는 말

포스트 코로나 시대에 한국교회는 지금까지 경험하지 못한 위기에 직면해 있다. 코로나와 함께 한국교회의 사회적 신뢰 상실과 맞물려 예배 참석 인원이 급감하고 전도와 선교에 큰 어려움을 겪고 있다. 이를 극복하기 위해서 교회의 내적 개혁과 선교 패러다임을 전환해야 한다는 목소리가 높다. 교회 내부에서는 다양한 예배 및 모임 플랫폼을 구축해야 하고, 교회 외적으로는 지역사회와의 소통과 연대가 강조되고 있다.

지역사회와의 연대와 소통을 지향하는 대표적인 사례가 '마을목회'이다. 마을 목회는 지역 공동체 안에서 하나님 나라의 비전을 발견하고, 그것을 실천하는 목회를 말한다. 그동안 한국교회는 교회 성장과 교회 내적인 교육은 성공적으로 이루어 왔다. 그러나 지역 선교와 봉사를 소홀히 함으로 사회적 신뢰를 상실했다. 이를 극복하기 위한 노력이 마을 목회이다.

또한 한국사회의 현실이 마을 목회를 필요로 하고 있다. 그 이유는 다음과 같다. 첫 번째로 한국사회가 솔로 사피엔스 시대로 접어들었다는 것이다. 즉, 독거 세대가 급격하게 증가하고 있다. 이를 극복하지 못하면 사회적 병리 현상이 많이 나타나게 될 것이다. 두 번째는 급격한 산업화로 마을 공동체가 파괴되었다. 아파트 문화의 확산으로 이웃 간의 물리적 거리는 가까워졌지만, 심리적 거리는 더 멀어졌다. 이런 왜곡된 마을 문화는 행복감과 안전감이 현저하게 줄어들게 만든다. 세 번째는 새로운 경제 이데올로기인 신자유주의의 확산이다. 이를 통해서 협동보다는 경쟁 문화가 확산되고, 빈익빈 부익부의 확대를 의미하며, 상대적 빈곤감에 시달리는 사람이 증가하게 된다. 이는 상생과 공생을 강조하는 창조 질서에 위배되는 것이다. 네 번째는 인구 감소로 인한 마을 공동체가 파괴되고 있다는 것이다. 농촌과 소도시의 마을 감소는 지역교회와 농촌교회의 감소로 이어질 수밖에 없다.[1]

이러한 문제들을 극복하기 위해서 한국교회의 선교 전략이 대폭 수정되어야 한다. 우선 해외 선교와 특정 지역에 한정되었던 선교 영역이 교회가 몸담고 있는 지역사회 우선으로 전환되어야 한다. 또한 지역사회와 교회가 활발한 교류를 통해서 지역사회 주민과의 친교를 확대하고, 지역의 문제를 함께 고민하고 해결책을 찾는 운동을 전개해 나가야 한다. 이를 위해서 목회자는 성도들에게 지역 선교를 위한 비전을 심어주고 훈련시키면서, 한편으로는 지역사회의 리더로 자리매김해야 한다.[2]

---

1 조용훈, "마을공동체와 교회공동체," 노영상 외, 『마을목회개론』 (용인: 킹덤북스, 2020), 105-109.
2 한국일, "선교적교회와 마을목회," 노영상 외, 『마을목회개론』, 167-176.

이러한 선교 전략을 수립하기 위해서는 가장 우선되어야 하는 것이 목회자의 도덕성과 사회과학적 훈련이다. 목회자가 공공 지성인으로서 지역의 신뢰받는 시민운동의 리더로 자리매김하지 못하면 마을 목회는 힘들어진다. 목회자는 지역사회의 문제를 전체 사회적 구조 및 정부 정책과의 관계 속에서 파악할 수 있어야 한다. 즉, 마을 목회가 성공적으로 이루어지기 위해서는 목회자와 교회의 리더들이 공공 지성인으로 자리매김해야 한다. 공공신학은 목회자를 공공 지성인으로 훈련시키고 사회과학적인 인식의 지평을 넓히기 위해 필요한 신학적 훈련이다.

필자가 생각하기에 공공신학과 마을 목회를 위해서는 가장 우선적으로 기독교의 소명론이 올바로 정립되어야 한다. 왜냐하면 칼빈과 루터에게 있어서 소명은 그리스도인과 사회를 연결하는 중요한 고리 역할을 하기 때문이다. 칼빈과 루터는 가톨릭이 옹호한 하이라키(Hierachy)의 사회 시스템, 즉 신분제 사회와 계층 체계를 비판하고 기독교인의 올바른 신앙과 사회적 삶을 위해서 소명론을 강조했다. 루터는 만인사제설과 함께 모든 직업이 신성하다는 직업 소명론을 주장했고, 칼빈은 예정론에 근거로 사회적 소명론을 주장했다. 특히 칼빈이 소명론은 구원으로의 부름과 교회 내적인 소명을 넘어서서 세상에 대한 봉사와 사회개혁을 위한 소명을 강조했다.

그러나 최근 한국교회와 신학은 이러한 소명의 사회적 차원을 상실하였다. 언젠가부터 한국교회에서 소명은 그저 구원을 위한 부름(calling)으로 축소되었다. 결과적으로 이러한 소명의 상실은 한국교회와 성도들이 사회적 봉사와 사회개혁을 위한 헌신을 약화시켰고, 이것이 교회에 대한 사회적 신뢰의 상실로 이어졌다. 그 원인은 칼빈의 소명론이 왜곡되어 전달되었기 때문이다. 한국교회와 신학계에 본래 칼빈주의에서 벗어난 화란계 개혁 신학자들의 영향력이 커지면서 본래의 소명론이 개인 구원의 차원으로 축소되고 왜곡되었다.

이를 극복하기 위해서 필자는 칼 바르트의 소명론에 주목하였다. 바르트의 소명론은 칼빈의 소명론을 계승·발전시켰을 뿐만 아니라 그리스도인들의 사회적 책임과 사명을 강조하고 있다. 특히 이러한 바르트의 소명론은 베버의 사회과학과 많은 연결고리를 가지고 있다.

주지하다시피 막스 베버는 현대 사회과학의 모태이다. 마르크스주의 사회과학이 쇠퇴한 이후 베버는 강력한 대안적 사회과학으로 부상하였다. 그리고 이러한 베버의 사회학에서 기독교적 소명론은 매우 중요한 개념으로 자리하고 있다. 그에게 있어서 소명(Berufhung)은 자본주의를 탄생한 시대적 윤리이고 또 한편으로는 자본주의의 모순인 쇠 우리(iron-cage)를 극복하는 윤리적 토대이기도 하다. 따라서 공공신학에서 막스 베버는 중요한 사회과학적 이론을 제공한다. 또한 이런 베버를 수용하여 현대적 시민사회에 적용한 사상가가 하버마스이다. 하버마스는 의사소통이론을 통해서 베버의 한계를 넘어서려고 했지만, 윤리적 담론의 부재로 인해서 한계를 드러낸다. 필자는 이런 하버마스의 한계를 바르트의 소명론이 극복할 수 있다고 믿는다. 하버마스의 소통 이론과 바르트의 소명론이 만나면 생활세계의 공론장에서 토론 민주주의가 더욱 깊이 뿌리내릴 수 있다고 생각한다. 따라서 필자는 바르트의 신학과 베버의 사회과학 그리고 하버마스의 소통 이론이 공공신학의 중요한 플랫폼이 될 수 있다고 생각한다.

이 글에서 개혁주의 소명론의 개념을 비판적으로 검토하고, 막스 베버의 소명 이해와 하버마스의 소통 이론을 소개하고, 바르트의 소명론 통해서 공공신학의 중요한 매개점을 서술하려고 한다.

칼빈 이전의 직업관과 소명

1) 중세 가톨릭의 직업관과 소명

종교개혁 이전 중세 스콜라 시대의 가치관과 세계관에서 아리스토텔레스의 영향력은 지대하다. 아리스토텔레스는 노예제를 근거로 한 공동체적 국가관을 가지고 있었다. 따라서 아리스토텔레스는 직업을 단순하게 생계 수단이나 부의 축적으로 생각하는 것에 대해서 비판적이었다. 그에 따르면 1차 산업인 목축업이나 농업은 건전하고 떳떳한 부의 획득 직업으로 생각했다. 그러나 서비스업이나 수공업 등과 같이 육체적인 노동을 제공하고 임금을 받는 직업에 대해서는 부정적이었다. 왜냐하면 직업은 사회적 공동체를 위해 존재하는 것이지, 개인의 부의 축적이나 생계 수단으로 이용되어서는 안 된다고 생각했기 때문이다.[3]

노예제 사회였던 고대 그리스에서 노예 노동은 중요한 경제적 토대였다. 아리스토텔레스는 이런 노예제를 근간으로 하는 그리스 공동체의 덕목을 구현하고자 했다. 따라서 노예든 자유인이든 자신이 직업에 탁월성을 배양하고 사회에 기여하는 것이 중요하다. 통치

---

3 이연희, "아리스토텔레스의 직업관에 관한 연구," 윤리문화학회, 「윤리문화연구」 제10호 (2014): 56-85.

자이든 군인이든 혹은 의사이든 제화공이든 다양한 신분과 직업 및 업종에 상관없이 탁월함과 덕(arete)을 배양하는 것이 중요하다. 이러한 탁월함과 덕은 선천적으로 혹은 본성적으로 주어지는 것이 아니라 평생에 걸친 지속적인 교육과 훈련 그리고 실천을 통해서 습관화되고 완성되어야 한다. 이렇게 탁월함과 덕을 통해서 직업에 종사하는 것이 행복이고 개인이 공공선에 기여할 수 있는 가장 도덕적인 행위이다.

이러한 아리스토텔레스의 직업관은 중세 시대에도 그대로 반영되었다. 중세 사회의 노동과 직업 개념은 당시의 고정된 사회계급과 별도로 이해되기 어려웠다. 그 계급이란 성직자, 귀족과 기사, 농민과 장인 그리고 노예로 구성되어 있으며, 모든 사람은 자신의 계급과 조건에 머물러야 한다는 것, 즉 사회계급과 직업은 사회의 신성하고 불변하는 형식이며, 이것은 노동과 직업 이전에 이미 존재하는 것이었다.[4]

더욱이 토마스 아퀴나스에게 있어서 노동은 개인과 공동체 생활을 유지하기 위한 자연의 이치(naturali ratione)일 뿐이지, 노동 자체가 목적이 아니다. 그래서 가톨릭에서는 성직을 제외한 일반 직업에는 소명이라는 개념을 적용하지 않았다. 농부, 제화공, 수선공 등은 그저 하나님께서 신분에 따라서 부여한 직업과 그에 따른 노동에 지나지 않는다. 세속적인 노동은 아무리 하나님이 부여하신 것이라도 피조물에 속한 것이라고 보았고, 마치 먹고 마시는 것처럼 도덕과는 무관한 신앙 생활을 위한 자연적인 토대로 보았다.

---

4 이오갑, 『칼뱅, 자본주의의 고삐를 잡다』 (시흥: 한동네, 2019), 226-227.

이런 이유로 중세 가톨릭에 따르면 노동하지 않고도 자신의 소유로 살 수 있는 사람은 굳이 노동을 할 필요가 없다. 오히려 육체적인 노동을 하지 않고 하나님 나라를 위해서 영적인 일을 하는 것, 즉 묵상과 영성 훈련이 더 높은 수준의 노동으로 인식되었다. 수도사들의 기도와 찬송을 통한 봉사는 교회의 보화, 즉 인간의 영적 재산을 늘리는 노동이기 때문에 육체적인 노동이나 직업보다도 더 탁월한 노동이다.[5]

어거스틴부터 아퀴나스에 이르기까지 모두 농부와 기술자와 상인의 일을 칭송했지만, 항상 관조적인 삶(*vita contemplativa*)을 활동적인 삶(*via activa*)보다 상위에 놓았다. 활동적인 삶은 필요 때문에 해야 하는 이 등급의 삶으로 묘사되었으며, 관조적인 삶은 자유로 결정되는 일 등급의 삶으로 그려졌다. 아퀴나스는 관조의 삶이 한마디로 활동하는 삶보다 더 낫다고 썼다. 오늘날에도 가톨릭계에서는 소명에 응답하는 것을 사제나 수녀가 되는 것으로 생각하는 경향이 강하다.[6]

이런 태도의 근본적인 원인은 중세 시대에 세상에 대해서 부정적이고 경멸하는 시각이 뚜렷했기 때문이다. 그 실례를 토마스 아 켐피스(Thomas a Kempis, 1380~1471)의 책 『그리스도를 본받아』(*De imitatione Christi*)에서도 볼 수 있다. 소위 공동체 형제단(Devotio Moderna)으로 알려진 운동과 관련된 유명한 책이다. 그런데 이 책의 전체 제목은, 영어로 번역해서, 『그리스도를 본받음과 세상을 경멸함에 관하

---

5 막스 베버/박문재 옮김, 『프로테스탄트 윤리와 자본주의 정신』(파주: 현대지성, 2020), 326.
6 Os Guinness/홍병룡 옮김, 『소명』(IVP, 2019), 104.

여』(*On the Imitation of Christ and Comtempt for the World*)이다. 즉, 그리스도를 본받는 행동은 세상을 경멸하는 것과 상응한다는 것이다. 아 켐피스에게 있어서 세상을 향한 분리된 또 부정적인 태도를 기르는 것이 곧 영적인 성숙의 표로 인식된 것이다.[7]

2) 루터의 직업관과 소명

중세 시대의 세상에 대한 경멸과 부정적인 태도는 종교개혁 시대에 획기적으로 변화되었다. 맥그라스에 따르면, 종교개혁자들의 신학은 세상에 대한 그리스도인의 태도를 변화시켰다. 특히 두 가지 측면에서 두드러진 변화를 가져왔다.

첫 번째는 창조와 구속 교리에 대한 새로운 강조이다. 칼빈은 세상과 하나님은 "구분되나 분리되지 않는다"고 주장한다. 세상은 하나님께서 창조하셨기 때문에 세상을 아는 지식과 하나님을 아는 지식은 분리될 수 없다. 또한 하나님이 세상을 창조하셨기 때문에 세상이 악하거나 경멸될 수 없다. 왜냐하면 세상은 타락했을지언정 악하지 않기 때문이다. 그리스도인들은 구속받은 자들이기 때문에 하나님께 충성하며 순종해야 한다. 따라서 그리스도인은 하나님이 창조한 세상을 구원하기 위해서 헌신하고 봉사해야 한다.

두 번째는 그리스도인의 소명 사상이 회복되었다. 수도원적 소명 사상은 세상 뒤로 물러서는 것을 수반했다. 그리스도인들은 세상에서 탈출하도록 부름을 받았다. 종교개혁자들은 이런 소명 사상은

---

7 Alister E. McGrath/최재건 · 조호영 역, 『종교개혁사상』 (서울: CLS, 2017), 427.

단호히 거부했다. 각 사람은 그리스도인으로 부름 받았을 뿐만 아니라 세상 속에서 매우 분명한 활동 영역 안에서 믿음으로 살도록 부름 받았다. 따라서 소명은 세상적 활동이나 경력을 뜻하는 의미로 확대되었다. 이것이 만인제사장설의 핵심적인 내용이다. 영적인 것과 현세적인 것 사이에는 진정한 계급의 차이가 없다. 모든 그리스도인은 사제로 부름 받았으며, 동시에 그 소명은 일상생활 속으로 확산된다. 루터는 이 점을 고린도전서 13장 13절을 주해하면서 다음과 같이 간결하게 기술했다.

> "세속적인 일이라도 보이는 것이 실제로는 하나님께 드리는 찬양이며 그를 크게 기쁘시게 하는 순종을 나타낸다."[8]

따라서 루터는 소명이라는 단어를 수도사나 성직자들을 넘어서 교회 및 사회 구성원 전체에 적용시켰다. 즉, 루터는 소명을 나타내는 'Beruf'라는 단어를 세속적인 직업에 적용하기 시작했다. 베버에 따르면 루터 이전에는 Beruf라는 단어는 전혀 세속적인 의미로 사용되지 않았다.[9] 루터가 외경 중의 하나인 집회서 21장 20-21절을 번역하면서 Beruf는 우리가 사용하는 현대적인 의미로 사용되기 시작했다.[10] 그리고 루터가 신구약 성경을 번역하면서 본격적으로

---

8 Ibid., 428-430.

9 루터의 성경 번역 이전에는 독일어 Beruf, 네덜란드어 beroep, 영어 calling, 덴마크어 kald, 스웨덴어 kallelse 등이 현재와 같은 세속적인 의미로는 사용되지 않았다. Beruf와 같은 발음의 중세 고지 독일어, 중세 저지 독일어, 중세 네덜란드어 등은 모두 오늘날 독일어 Ruf와 같은 뜻이었으며, 특히 중세 성직 수여자가 한 후보자를 성직에 임명한다는 뜻도 포함하고 있지만, 이는 특수한 경우로서 스칸디나비아어의 사전에도 특히 잘 드러난다.

Beruf라는 말은 세속적인 직업을 나타내는 단어가 되었다. 소명
(Beruf)이라는 말이 프로테스탄티즘에서 세속적인 의미를 갖게 되었
다는 것은 매우 중요하다. 왜냐하면 그것은 일상생활이 세속적인
일들을 포괄적인 의미의 종교적 영향권 속으로 편입시키는 것이기
때문이다.

이러한 사실은 루터가 고린도전서 7장 20절을 번역하면서 더욱
분명해졌다. 여기서 부르심을 의미하는 희랍어 κλῆσις를 루터는 라
틴어 *vocatio*와 같은 의미로 번역하였다. *vocatio*는 하나님의 자녀
로 부름을 받았다는 의미와 함께 우리 각자가 농부로서, 장인으로서
혹은 한 직업인으로 부름을 받는다는 뜻도 포함하고 있다. 루터는
κλῆσις를 독일어 Beruf로 번역함으로써 소명이라는 단어의 의미가
직업 혹은 사회적 신분과 관계된 것임을 분명히 했다.[11]

더 나아가 루터가 종교개혁의 모토인 "오직 믿음으로"(*sola fide*)라
는 사상이 지닌 의미를 전면적으로 철저하게 관철시켜 나가게 되자
가톨릭의 수도원 지향적 신앙과의 충돌이 점점 더 심해졌다.[12] 왜냐
하면 앞에서 언급했듯이 중세 가톨릭에서는 수도원적인 삶을 사는
것만이 소명 받은 것으로 생각했기 때문이다. 루터는 그의 논문 "수
도원의 맹세에 관하여"(De votis monasticis)에서 이러한 충돌이 더욱
분명히 드러난다. 그는 수도원의 맹세가 믿음과 자유 그리고 하나님
의 명령과 사랑과 이성에 반대된 것이라고 주장했다. 따라서 수도원

---

10 Max Weber, 『프로테스탄트 윤리와 자본주의 정신』, 116-120.

11 Gustaf Wingren, "The Christian's Calling : Luther on Vocation," trans by Carl C. Ras-
   mussen, *OLIVER AND BODY* (1958): 1-2.

12 Max Weber, 『프로테스탄트 윤리와 자본주의 정신』, 116-120.

의 맹세는 악한 것이며 마귀가 명령한 것이다.[13]

루터의 관점에서 볼 때, 이제 수도원적인 생활 양식은 하나님 앞에서 의롭다 함을 얻는 수단으로서는 완전히 쓸모없는 것일 뿐만 아니라 각 사람에게 주어진 세속적인 의무들을 회피하고서 철저하게 이기적이고 냉정하게 살아가는 삶일 뿐이다. 반면에 세속적인 직업을 갖고 성실하게 일하는 것은 기독교적인 신앙에서 요구하는 최고의 계명인 이웃 사랑을 실천하는 것으로 여겨졌다.

더욱이 루터에게 있어서 노동과 직업은 하나님의 창조 사역을 연장하는 활동이다. 루터는 1525년의 한 설교에서 양털의 예를 든다. 하나님께서 양과 양털을 주셨지만, 일하지 않고는 양털을 얻을 수 없다. 그냥 양에 붙어 있는 상태에서는 옷을 만들 수 없다. 옷을 만들기 위해서는 빗질을 해야 하고 양털을 깎아서 손질해야 한다. 따라서 양털을 옷으로 만드는 일은 천직인 것이며 하나님의 창조 사역을 계속함으로 이웃들에게 봉사하는 것이다. 그러므로 어부들 혹은 농부들과 같이 하나님의 피조물을 다루는 사람들은 굳이 봉사를 목적으로 일하지 않더라도 그들의 이웃들에게 하나님의 은총을 전달하고 있다. 하나님의 창조 사역과 직업 혹은 직책을 통해서 일하시는 것은 매우 밀접한 관계를 갖고 있다. 땅속에 있는 은이나 금 혹은 모든 광물 그리고 숲속에서 성장하고 있는 모든 것, 토양의 비옥함과 풍요로움, 이 모든 것은 하나님께서 창조하신 것이지만, 인간이 노동을 통해서 하나님은 당신의 창조 사역을 더욱 풍요롭게 하시는 것이다. 뿐만 아니라 루터에게 있어서 가족 구성원으로 일하는 것도

---

13 Gustaf Wingren, *The Christian's Calling : Luther on Vocation*, 3.

하나님이 창조 사역에 동참하는 것이다. 하나님께서는 어머니의 몸에 아기를 선물로 주신다. 그 아기는 인간의 노력을 통해서 하나님의 더 큰 선물로 성장한다. 즉, 아버지와 어머니의 노동을 통해서 어린 아이들은 성장하며, 이 모든 일은 하나님 창조 사역의 일환이다.[14]

이렇게 루터가 소명과 직업을 하나님의 창조 사역에 참여하는 것으로 이해했을지라도 그에 따르면, 직업과 그에 따른 소명은 지상에서 한정된 사역에 지나지 않는다. 루터에게 있어서 구원의 조건은 믿음이지 행위가 아니다. 따라서 직업과 소명은 구원을 얻고 하나님 자녀로서 신분을 확고하게 만드는 역할을 하지는 못한다. 소명은 하늘에서, 즉 하나님 앞에서 선행으로 인정받을 만큼의 그런 가치는 없다. 선행과 마찬가지로 소명도 땅에서 이웃들을 위해서 봉사하는 것으로 만족해야 한다. 하나님께서는 이웃들을 위한 선행을 필요로 하지 않으신다. 이것을 필요로 하는 것은 오로지 우리의 이웃들이다. 하나님께서 원하시는 것은 오직 신앙과 믿음뿐이다.

이러한 루터의 생각은 그의 유명한 두 왕국론(duo regna)과 밀접한 관계를 갖고 있다. 루터에게 있어서 하나님 나라는 복음과 믿음의 세계이며, 지상의 세계는 법과 사랑이 실천되는 곳이다. 지상이 영역에서 인간은 자신의 직책과 직업에 충실해야 한다. 왜냐하면 인간은 지상에서 하나님의 뜻을 이루는 도구이기 때문이다. 따라서 소명은 지상에서 적용되는 것이지 하늘에서는 아무 의미가 없다. 그리고 이러한 소명은 순수하게 이행되어야 한다.[15]

베버에 따르면, 이러한 루터의 소명과 직업에 대한 이해는 세속

---

14 Ibid., 8-9.
15 Ibid., 10-13.

적인 윤리를 경시하지 않고 오히려 세속적인 의무에 대해서 충실할 것을 요구한다. 루터는 세속적인 직업 노동 자체에 큰 의미를 부여함으로써 인간노동과 직업윤리에 깊은 의의가 있음을 강조했다. 그러나 루터는 직업 노동을 현실 속에서 적극적으로 생활하는 것으로 파악하지 않았으며, 그저 사회 구성원의 한 일원으로 순응해야 하는 것으로 이해하였다. 직업과 소명은 하나님이 주신 것으로 그 명령에 대해 무조건적인 복종을 강조하였고, 이에 따라서 환경에 대해 무조건적으로 순응할 것을 주장하였다. 이런 점에서 루터는 전통주의에서 완전히 자유롭지 못했다.

베버는 루터가 세속적인 의무를 강조한 것을 높이 평가하지만, "오직 믿음만으로", 즉 오직 신앙에 의해서만 구원된다는 내면적 구원을 강조하였기 때문에 신앙을 현실적인 삶과 멀어지게 만들었다고 비판한다. 다시 말해서 루터는 주어진 사회적 지위에의 순응과 세속적인 권력에의 복종을 강조하였기 때문에 적극적인 직업윤리와 그에 따른 소명 개념을 발전시키지 못했다는 것이다.[16]

베버에 따르면, 이러한 루터의 직업과 소명에 대한 생각은 가톨릭 전통주의에 머물러 있는 것이다. 즉, 루터는 인간 생활 하나하나의 과정에서도 하나님의 섭리를 강조하였다. 직업도 마찬가지이다. 직업에 열심히 종사하는 것은 하나님의 섭리와 계획에 순응하는 것이다. 이러한 루터주의는 섭리와 신앙에 기초하여 하나님에 대한 무조건적인 복종과 주어진 환경에 대한 무조건적인 순응을 동일시하기에 이르렀다. 그래서 루터는 결국 신앙적 원리와 근본적으로

---

16 Max Weber, 『프로테스탄트 윤리와 자본주의 정신』, 126-131.

새롭게 결합시키지 못하였다. 루터에게 있어서 그리스도인은 '직업을 통해서'(per vocation) 하나님께 봉사하는 것이 아니라 '직업 안에서'(in vocation) 봉사일 뿐이다.[17]

또한 이윤추구에 대한 생각도 루터는 전통주의에 머물러 있었다. 루터에 따르면, 모든 사람은 그 직업이나 신분에 차별받지 않고 구원받을 수 있고, 인생이란 그저 천국으로 가는 여정에 지나지 않는다. 따라서 세상에서 어떤 직업에 종사하는 것인가는 중요하지 않다. 그렇기 때문에 자신의 필요 이상으로 이윤을 추구하는 것은 하나님의 은혜 가운데 있지 않다는 증거가 될 수 있다. 개인적인 이윤을 추구하는 것은 욕심을 추구하는 것이고, 이것은 죄인들의 특징이다. 따라서 남들을 위해서 헌신하거나 희생하지 않고 자신의 이익을 추구하는 것은 비난을 받아 마땅한 일이다. 베버에 따르면, 이러한 루터의 생각은 토마스 아퀴나스와 크게 다르지 않다. 토마스 아퀴나스는 그의 『신학대전』에서 다음과 같이 말했다.

"인간은 자신의 처지에 따라 삶을 영위하는 데 꼭 필요한 것들이 있기 때문에… 외적인 재물을 추구하며 살아가는 것은 어쩔 수 없는 일이다. 하지만 바로 거기에서 인간의 선악이 결정된다. 왜냐하면 바로 그것이야말로 선의 조건이고 선악의 기준이기 때문이다. 이 조건을 어기고 이 기준을 넘어서는 순간 죄가 발생한다. 즉, 어떤 사람이 이 조건과 기준에 의해 정해진 한계를 넘어 재물을 얻고 소유하고자 하게 되면, 그것은 탐욕이고 죄이다."[18]

---

17 Ibid., 143.
18 ST, 제2부, 제2편, 118문, 1; Max Weber, 『프로테스탄트 윤리와 자본주의 정신』, 145

칼빈의 직업 이해와 소명론

1) 칼빈 신학의 사회적 영향력

막스 베버는 칼빈의 신학이 서구 사회를 탈주술화시키고 사회적 합리성을 이루는 데 크게 기여했다고 평가했다. 그뿐만 아니라 자본주의와의 선택적 친화력을 갖고 있어서 자본주의 형성에 중요한 토대를 마련했다고 주장했다.

또한 근현대 사회철학의 기초를 놓은 장자크 루소(Jean Jacques Rousseae)는 칼빈을 신학자로서 존경했을 뿐만 아니라 서구 사회의 입법과 민주주의의 터를 닦은 입법자 혹은 정치가로서 높이 평가하였다. 루소는 제네바 출신이다. 칼빈 시대의 제네바와 자신이 직접 경험한 제네바 사회에 미친 칼빈의 영향력에 대해서 그의 유명한 저서 『사회계약론』에서 다음과 같이 평가한다.

> "칼빈을 오직 신학자로 보는 사람들은 그의 천재성을 이해하지 못한 것이다. 우리들의 현명한 정치적 칙령들을 고안하는 데 중요한 역할을 한 칼빈은 그의 저서 『기독교강요』만큼이나 정치적으로 존경받을 만하다. 우리의 문화에 혁명의 시간이 무엇을 초래할는지 모르지만, 조국과 자유에 대한 사랑의 불길이 우리 안에서 사라지지 않는 한, 이 위대한 사람 칼빈에 대한 기억의 축복이 끊이지 않을 것이다."[19]

재인용.

[19] J. J. Rouseau, *On the Social Contract*, 68-69; 정승훈, 『종교개혁과 21세기』 (기독교서회, 2002), 168-169 재인용.

이렇게 근대와 현대의 최고의 사회학자들이 칼빈의 영향력에 대해서 높게 평가한 이유는 어디에 있는가? 칼빈의 신학과 사상이 교회뿐만 아니라 사회 전반에 걸쳐 큰 영향력을 미친 이유가 어디에 있는가? 존 맥닐(John T. Macneill)은 그 이유를 칼빈이 제네바 사회에서 실현하려고 했던 '성경에 의한 정치'(Bibliocracy)에 있다고 주장한다. 맥닐에 따르면, 칼빈의 제네바 정치는 사람들이 말하는 신정 정치(theocacy) 혹은 성직자 정치(hierocarcy)와는 분명히 구분되어야 한다. 칼빈은 제네바에서 아무 정치적 지위나 위치를 갖지 않았다. 칼빈은 수행원이나 경호원을 대동하며 다니지도 않았다. 단지 많은 사람에게 조언했으며, 말씀을 위임받은 목사로서 자신의 지위를 유지했다.

칼빈은 설교자로서 그리고 선생으로서 관원들과 사회 구성원들에게 하나님이 맡겨주신 책임에 대해서 강조했다. 교회 지도자이든 사회의 관원이든 하나님의 뜻을 효과적으로 이루는 도구에 지나지 않는다. 특히 제네바의 관원들이나 지도자들이 하나님의 사자로서 그들 자신의 영역을 갖고 역할을 하기를 당부했으며, 그 자신이 그러했듯이 소명에 대해서 특히 강조했다. 무엇보다 자기 자신이 교회와 사회에 대한 도구로서의 소명에 충실했기 때문에 제네바의 모든 권한을 행사할 수 있는 위치에까지 이르게 되었다.[20]

그리고 이러한 칼빈의 신학적 경향성은 제네바를 넘어서서 유럽 사회와 북미에 확산되고 후대의 계승자들에게 이어져서 현대 정치 사상과 사회 사상에 많은 영향과 풍성한 성장을 이루는 기초가 되었

---

20 John T. Macneill/양낙흥 옮김, 『칼빈주의 역사와 성격』 (파주: 크리스챤 다이제스트, 1996), 211-214.

다. 그 계승자들은 대의정치를 선호하였으며 정치사회적 활동에 적극 참여하였다. 그래서 정치 사상과 사회 사상에 칼빈주의 저술가들은 상당한 몫으로 기여하였으며 서구 사회를 변혁하는 일에 크게 기여하였다. 맥닐에 따르면, 이러한 칼빈주의의 영향력은 칼빈 신학에 내재한 소명의 신학이 갖고 있는 성격과 무관하지 않다.[21]

2) 칼빈의 구원론과 소명론

칼빈에게 있어서 구원의 과정, 즉 믿음, 칭의 그리고 성화의 과정은 구분은 되지만, 분리되지 않는다. 칼빈은 그의 주저 『기독교강요』에서 구원론을 서술할 때 칭의보다도 성화에 대해서 먼저 말하고, 예정에 관한 논의를 다음 순서에 놓는다. 『기독교강요』 제3권 3장의 제목을 "믿음에 의한 우리의 중생: 회개"라고 표현했는데, 이것을 개혁파 정통주의의 용어로 바꾸면 "믿음에 의한 우리의 성화(성결)"라는 의미이다. 그리고 제3권 7장에서는 자기 부인에 대해서 말하고, 11장부터는 칭의에 대해서 언급한다. 다시 말해서 칭의와 성화의 순서를 바꾸어 놓았다.

칼빈이 이렇게 칭의와 성화의 순서를 바꾼 첫 번째 이유는 루터의 구원론이 칭의에 초점을 맞춘 것에 대해서 성화를 강조하기 위한 것이다. 그리고 두 번째 이유는 가톨릭의 구원론이 의화-성화-신화라는 단계로 설명하는 것을 비판하기 위함이다. 가톨릭은 은혜의 주입 강도와 그 은혜가 인간 의지에 습관으로 자리하는 것을 시간적

---

21 Ibid., 468 이하.

으로 혹은 단계적으로 구분하려고 하였다. 그러나 칼빈이 보기에 이런 구원관은 추상적이고 성서적이지도 않다. 칼빈에게 있어서 구원은 성령의 신비한 연합에 의해서 이루어진다. 즉, 구원을 성령의 역사하심으로 이해함으로써 인간 의지의 개입 가능성을 완전히 배제하였다. 인간의 구원은 의지의 작용이 아니라 전적인 성령의 역사하심이다. 따라서 칭의와 성화 또한 성령께서 이루시는 것이다. 성령께서 충만히 임하시면 그 사람은 칭의의 단계를 뛰어넘어 성화될 수 있는 것이고, 그렇지 않으면 칭의의 단계에 머무를 수밖에 없는 것이다. 따라서 칼빈에게 있어서 칭의와 성화는 상호 동일하지 않고 상호 구별은 되지만, 상호 뗄 수 없는 밀접한 관계를 갖고 있다. 즉, 칼빈은 칭의는 선행의 동기를 자극하고 열심을 내도록 하기 때문에 자연스럽게 죄로부터 멀어지게 된다는 것이다.[22]

이렇게 예정과 칭의 그리고 성화의 과정이 통전적으로 이루어져 하나님의 형상을 회복하는 신앙적 성숙을 이루어가는 과정을 칼빈은 경건이라고 표현하고 있다. 칼빈은『기독교강요』를 시작하면서 "헌사"에서 강요의 저술 목적이 모든 그리스도인을 경건에 이르게 하는 것이라고 밝히고 있다.[23] 여기서 강조한 경건의 삶은 그리스도와의 신비한 연합을 통해서 칭의와 성화의 과정을 거쳐서 완성되어 간다.

그런데 칼빈에 따르면, 이 경건이 단지 개인적인 신앙의 성숙이나 교회 생활을 위한 것만이 아니다. 칼빈은 이 경건의 능력과 힘이 제네바를 하나님의 도성으로 만들 수 있다고 믿었다. 따라서 칼빈에

---

22 Inst., 3.16.2. 이하.
23 Inst., I, "헌사".

게 있어서 경건은 소명과 다른 말이 아니다. 경건이 개인적인 신앙적 성숙을 의미한다면, 경건이 외적으로 표현된 신앙 행태가 소명이다. 교회 내적인 경건은 직분의 소명을 통해서 표현되며, 사회적 경건은 직업과 사회적 소명을 통해서 표현된다. 칼빈이 경건과 소명을 같은 의미로 사용했다는 사실을 그의 저술 여러 곳에서 발견할 수 있다. 특히 그의 주저인 『기독교강요』에서 고대 수도원 제도를 비판하면서 다음과 같이 말했다.

> "(수도사들이) 모든 소유를 버리고 이 땅의 걱정거리에서 벗어난다는 것은 매우 아름다운 일이다. 그러나 하나님께서는 가정을 경건하게 다스리는 것을, 곧 경건한 가장이 모든 탐욕과 야망과 기타 육체의 정욕들에서 깨끗이 벗어나 하나님을 섬기고자 하는 목적을 일정한 직업 가운데서 늘 지켜나가는 것을 더 가치 있게 보신다."[24]

여기서 칼빈은 가장의 경건함이 직업에까지 이어져야 한다고 권면한다. 가정의 경건과 직업의 소명을 같은 차원으로 이해하고 있다. 심지어 칼빈은 당시 농업이나 목축업에 비해 천한 직업으로 여겨졌던 상업적 직업조차도 경건한 행위라고 말한다. 그의 마태복음 주석에서 다음과 같이 말한다.

> "하나님께서 맡기신 것을, 이들을 얻기 위해 활용하는 자들은 장사를 하고 있는 자들이라고 말할 수 있다. 경건한 자들의 생활이 사업과 경영에

---

24 Inst., IV, 13, 16.

비교된 것은 적절하다. 왜냐하면 경건한 자들은 자기들끼리 유대를 지속하기 위하여 피차 관계를 맺고 각자에게 맡겨진 업무를 수행하는 근면과 각자가 하고 있는 일, 그리고 바르게 행동하기 위한 능력과 다른 재능들이 모두 상품으로 인정될 수가 있으며, 이런 것들의 목적과 활용은 사람들 상호 간의 교통이기 때문이다."[25]

칼빈에 따르면 상업이 자신의 이익을 추구하는 것이 아니라 상호 간에 소통하고 상호 유익을 주는 것이라면 얼마든지 경건한 삶이 될 수 있고, 이런 상업적인 일도 하나님께서 맡기신 소명이라고 말한다. 따라서 칼빈에게 있어서 직업적 소명에 충실한 것과 경건한 삶은 다른 것이 아니다.

칼빈은 그의 신학 저서 전반에 걸쳐서 소명을 세 가지 차원에서 언급하였다. 그런데 이 소명론은 구원론과 매우 밀접한 관계를 갖고 있다. 첫 번째는 예정론과 구원론 차원의 소명이다. 이는 하나님의 전적인 은혜로 선택된 자들이 구원의 부르심에 응답하는 소명을 말한다. 두 번째는 교회 직분에 대한 소명이다. 칼빈은 설교자로 혹은 사역자로 부름 받은 자들이 가져야 할 소명 의식에 대해서 자주 언급한다. 세 번째는 삶의 모든 자리에서의 소명이 있다. 칼빈은 자신의 노동과 직업에서 소명을 가져야 한다고 강조한다.[26] 두 번째와 세 번째 차원의 소명은 성화된 삶 혹은 경건한 삶과 밀접한 관계가 있다.

즉, 칼빈의 구원론의 과정이 구분되지만 나누어지지 않듯이, 그의 소명론도 마찬가지이다. 칼빈의 세 가지 소명은 통전적으로 이해

---

25 Com., Mt. 25:20.
26 김선권, "칼뱅의 소명론," 「한국조직신학논총」 제52집 (2018): 88-89.

되어야 한다. 칼빈에게 있어서 하나님은 그리스도인들을 부르실 뿐만 아니라 세상을 창조하고 피조 세계와 지속적이며 현재적인 관계를 갖고 있는, 활동하시는 하나님이다. 즉, 섭리를 통해서 하나님은 활동하시고, 그 섭리를 위해서 하나님은 사람을 부르시고, 소명을 주신다. 성도로 부르시고, 직분자로 부르시고 또한 직업으로 부르신다.[27]

3) 칼빈의 직업소명론

(1) 칼빈의 노동관

루터는 인간은 노동을 통해서 하나님의 섭리와 창조에 참여한다고 생각했다. 칼빈도 이런 루터의 생각과 크게 다르지 않다. 칼빈에게 있어서 인간은 기본적으로 노동하는 존재이다. 하나님께서 피조 세계를 돌보고 가꾸는 일에 참여하도록 인간을 창조하셨다. 하나님은 인간을 창조 세계를 위해 일하고 노동하는 존재로 창조하셨다.

그리고 더 나아가 칼빈에게 있어서 노동은 하나님의 창조 섭리에 참여하는 것이다. 하나님은 세상을 계속 창조하시고 섭리하신다. 그 하나님은 인간을 부르시고, 노동을 통해서 일하신다. 하나님은 세상을 이루어가는 과정에서 사람들의 경작이나 제조, 건설 등의 노동을 활용하신다.[28] 따라서 비엘레는 칼빈에게 있어서 인간의 노동은 하나님의 노동이라고 정의했다.

---

27 Ibid., 123.
28 이오섭, 『칼뱅, 자본주의의 고삐를 잡다』(한동네, 2019), 231-235.

"인간의 노동, 즉 한 인간이 발휘할 수 있는 노동력, 그것은 그의 피조물의 삶에 필요한 것을 제공해 주는 하나님의 노동과 똑같은 노동이다. 그것은 하나님의 노동이다. 한 인간으로서 올바르게 행동하는 것, 그것은 모든 것에 있어서 하나님의 행동을 따르는 것이다. 인간의 노동은 한 의미를 가진다. 왜냐하면 그것이 올바르게 완성된다면 그것은 피조물들의 삶을 유지시키는 하나님의 행위와 같은 것이기 때문이다."29

비엘레는 이런 칼빈의 노동 이해에 대한 근거를 창세기 48장 46절의 주석에서 발견한다. 칼빈에 따르면 요셉이 젊은 나이, 즉 30세의 나이에 총리가 된 것은 전적인 하나님의 섭리이다. 왜냐하면 고대 이집트 문명에서는 경륜과 경험을 중요시 여겼는데, 요셉은 나이 그 이상으로 존경받고 위엄을 갖고 있었기 때문이다. 또한 요셉은 온갖 시련과 고난 속에서도 인내하면서 성실하게 일하였다. 이집트의 가뭄과 기근을 예견하고, 이집트 전역을 돌면서 수확한 것을 최대한 저장하도록 독려하였다. 이는 하급 관리나 하는 일이었다. 요셉이 이렇게 자신이 일에 최선을 다한 이유를 칼빈은 직업과 위치에 대한 소명을 알았기 때문이라고 설명한다. 칼빈은 다음과 같이 말한다.

"요셉은 그 일을 하급 관리에게 시키거나 짐스럽게 여기지 않았다. 왜냐하면 요셉은 하나님의 소명을 받았다는 사실을 알았기 때문이다."30

---

29 A. Bieler, *L' Humanisme Social de Calvin*, 56; 이오섭, 『칼뱅, 자본주의의 고삐를 잡다』, 233 재인용.
30 Com., Gen. 41:46.

이렇게 칼빈 신학은 노동을 사회적 품위를 낮추는 것으로 그리고 사회적 열등자들이나 하는 것으로 보았던 과거의 관점을 바꾸는 데 크게 기여하였다. 칼빈은 노동은 창조 세계 안에서 그리고 이 세계를 통해서 하나님을 찬양하고 확인하며, 나아가 창조 세계에 행복을 더하는 고귀하고 영광스러운 수단으로 보도록 만들어 주었다.[31]

(2) 칼빈의 직업관

위에서 살펴본 칼빈의 노동관은 직업관으로 이어졌다. 중세에는 사회적 계층에 따라서 직업이 귀천이 나누어졌고, 농업 같은 생산 분야에 가까울수록 고귀하게 생각했다. 이러한 관점은 루터 같은 종교개혁자들도 크게 다르지 않았다. 루터는 농업과 목축업에 큰 가치를 두었다. 그러나 칼빈에게는 이런 직업적 선입관을 찾아볼 수 없다. 비엘레는 오직 칼빈만이 농업노동과 같은 존엄성을 공업에까지 부여하였다. 그리고 더 나아가 상업에까지 같은 혹은 그 이상의 가치를 부여하였다.[32] 이렇게 칼빈이 상업 혹은 공업을 생업의 근간이 되는 농업과 같은 가치로 평가한 이유는 바로 그의 주요 무대인 제네바가 상공업 중심의 도시였기 때문이다.

중세 시대에는 상업에 대한 이미지가 좋지 못했다. 땅과 식물을 통해서 성실하게 일함으로 하나님의 창조 사역에 직접 참여하는 농민들과는 달리, 사람들은 다른 사람을 이용해서 이득을 취하는 집단으로 이해되었다. 셰익스피어의 베니스 상인에서 그런 중세 시대의

---

31 Alister E, McGrath, 『종교개혁사상』, 432.
32 이오섭, 『칼뱅, 자본주의의 고삐를 잡다』, 288.

상인 이미지에 대한 흔적을 발견할 수 있다. 비엘레에 따르면, 칼빈은 중세 사회에 평판이 좋지 못했던 상업을 재평가한 사람이다. 사람들은 한 가지 일밖에 할 수 없기 때문에 다른 사람들의 생산물을 필요로 하고 서로 의존하면서 살아갈 수밖에 없다. 즉, 농민은 곡식을 생산하지만, 목축업자가 없으면 고기를 공급받을 수 없다. 따라서 직업과 노동의 분업은 각자의 독립성과 전문성을 보장해 주지만, 타인의 의존성은 더욱 심화시킨다. 그러므로 분업은 필연적으로 노동과 직업의 상호성과 연대성을 수반한다. 상업적인 교환이야말로 그런 상호성과 연대성을 잘 이루어지게 만드는 방법이고 통로이다. 그래서 상업적 교환은 조화로운 질서를 위해서 필수 불가결한 것이다.[33]

더욱이 칼빈은 직업을 포함한 모든 직업을 자아실현의 도구나 혹은 단순한 생계 수단으로 생각하지 않고 소명이라는 관점에서 이해하였다. 즉, 직업은 무엇보다도 인간이 태어나면서 가진 의무이자 하나님의 섭리를 이뤄가는 하나님의 부르심으로 이해하였다. 고린도서 7장 20절—"각 사람이 부르심을 받은 그 부르심 그대로 지내라"—의 주석에서 칼빈이 말하는 직업 소명론의 의미를 분명히 드러난다. 칼빈은 먼저 이 구절이 중세의 신분적 직업 제도를 정당화해주는 것이 아님을 강조한다. 즉, 재단사는 자신이 원하면 언제든지 다른 양복점에서 일할 수 있다. 또 상인은 본인이 원하면 농업으로 직업을 바꿀 수 있다. 그러나 경솔하게 직업을 옮기는 일은 삼가야 한다. 성경적 원리로 직업에 대한 소명은 합리적인 것이다. 모든 사람은

---

33 Ibid., 274-281.

자신의 직업에 고집을 부리면서 무리하게 계속 머물러 있을 필요는 없다. 그러나 자신의 일에 대한 소명에 만족하며 다른 것에 마음을 유혹당하지 않도록 해야 한다. 왜냐하면 우리를 실제로 부르신 하나님이 주신 일이기 때문이다.[34]

그렇다고 칼빈이 직업에 대해서 맹목적인 입장을 취한 것은 아니다. 루터가 직업을 변경하는 것에 대해 부정적인 입장을 취한 반면, 칼빈은 직업 선택의 자유를 보장한다. 그러나 직업은 하나님의 주신 소명이기 때문에 평생 한 직업에 머물러 자기를 개발하는 것이 마땅하다. 그래서 칼빈은 직업을 군인이 평생 지켜야 할 초소에 비유한다.

> "주님은 우리 각자가 인생의 온갖 활동을 하는 가운데 우리 각자의 소명을 기억하고 존중할 것을 명하신다. 인간의 마음이 얼마나 안절부절하며 끓어오르고, 변덕스럽게 이랬다저랬다 하며, 단번에 이것저것을 다 잡으려는 야망이 얼마나 강한지를 하나님은 잘 알고 계신다. 그러므로 우리의 어리석음과 경솔함으로 인해서 모든 일이 혼란에 빠지는 일이 없도록 하기 위해서, 하나님은 각자 자기에게 주어진 삶 속에서 실행할 분명한 의무를 지정해 주셨다. 그리고 사람마다 자기에게 주어진 적절한 한계를 벗어나지 않도록 하기 위해서, 하나님은 각자 자기에게 주어진 삶 속에서 실행할 분명한 의무들을 지정해 주셨다. 그리고 사람마다 자기에게 주어진 적절한 한계를 벗어나지 않도록 하기 위해서, 하나님은 이처럼 각기 다른 삶의 양태를 '소명'이라 이름하셨다. 그러므로 개개인에게 주어진 삶의 양태는 주님이 지정해 주신 일종의 초소(硝所)와 같아서, 아

---

34 Com., 1Cor. 7:20.

무렇게나 마음 내키는 대로 거기서 벗어나서 이리저리 방황할 수 없는 것이다."[35]

칼빈에 따르면 이렇게 각자의 일에 충실해야 하는 이유는 하나님께서 은사에 따라서 직업을 주셨기 때문이다. 하나님께서는 자신의 섭리를 이루어가시는 데 사람들을 부르는 것에 그치지 않고, 그 일을 각자의 재능과 역량에 따라서 수행할 수 있는 은사들을 부여하신다. 칼빈은 그 유명한 달란트 비유를 주석하면서 다음과 같이 말했다.

"여기서(본문에서) 그리스도께서는 하나님의 은사들과 육적 자질을 구별하지 않는다. 왜냐하면 하나님에 의하지 않은 재능과 기술이란 있을 수 없기 때문이다. 그러므로 자기 재능이 하나님으로 말미암은 것으로 인정하는 자는 자기 자신에 의한 것이 전혀 없다고 간주할 것이다. 그렇다면 종의 주인이 그 종들의 재능에 따라서 각자에게 많은 것과 적은 것을 맡겼다는 말씀은 무슨 의미인가? 그 의미는 단순하다. 하나님은 당신의 의향대로 각 사람에게 육적 재능들을 주신 것과 같이 각자에게 이런 책임 혹은 저런 책임을 맡기시며 어떤 일을 하시고 어떤 기능을 발휘하게 하시며 어떤 일을 위하여 뛰어난 재능을 주시고 기회도 주신다는 것이다."[36]

이상에서 살펴본 칼빈의 소명에 대한 이해는 신앙과 세상의 삶, 교회와 사회를 이어주는 주요한 연결고리가 된다. 즉, 그리스도인의

---

35 Inst., III, 11. 6.
36 Com,. Mt. 25:15.

신앙적 소명은 자연스럽게 사회적 소명으로 이어진다. 앞에서 언급했듯이 칼빈에게 있어서 경건은 성령의 신비한 연합을 통한 통전적 구원의 삶을 의미한다. 즉, 예정과 부르심 그리고 칭의와 성화는 구분되지만, 나누어지지 않는다. 마찬가지로 신앙적 삶과 사회적 삶은 소명을 통해서 구분되지만, 나누어지지 않는다. 예정되어서 부름을 받은 성도는 교회 내적인 직분에 충성할 뿐만 아니라 당연히 자신에게 주어진 사회적 삶과 직업 속에서도 경건을 실천해야 한다. 왜냐하면 직업과 사회적 지위 역시 하나님께서 은사에 따라서 부르신 것이고, 그것을 통해서 하나님께 영광을 돌리기 원하시기 때문이다. 그리고 그 모든 사회적 소명은 귀천이 없고 모두 동등한 것이다.

Max Weber: 소명론과 자본주의 그리고 쇠창살(iron-cage)

1) 청교도적 예정론의 확산과 그 결과

주지하다시피 막스 베버는 칼빈의 구원론과 소명론이 칼빈의 후예인 청교도들에게 이어져서 자본주의를 탄생시켰다고 주장한다. 칼빈 신학에서 예정론이 차지하는 위치는 논란의 대상이다. 왜냐하면 칼빈의 저술에서 예정론은 각각 다르게 위치하고 있기 때문이다.[37] 베버는 이러한 사실을 인지하고 있음에도 불구하고 칼빈 신학의 두드러진 특징을 예정론으로 보았다.[38] 특히 도르트레히트 종교

---

37 칼빈은 그의 예정론을 『기독교강요』 초판에서는 교회론에서 다루다가 1539년 이후의 저작에서는 섭리론 속에서 예정론을 저술했다. 그리고 1559년 『기독교강요』 최종판에서는 구원론의 한 부분으로 다루었다.

회의와 웨스트민스터 종교회의에서는 당시에 거세게 불고 있던 문예 부흥 혹은 문화 투쟁을 분쇄하기 위해서 예정론이 더욱 강조되었다.[39] 그리고 베버에 따르면, 예정론은 하나님의 절대성과 초월성이 더욱 강조하는 결과를 낳았다. 베버는 칼빈의 예정론을 다음과 같이 정의한다.

"예정론에 의하면, 하나님이 사람들을 위해 존재하는 것이 아니라 사람들이 하나님을 위해 존재하는 것이고, 칼뱅이 철석같이 믿었던 교리, 즉 오직 소수만이 구원으로 예정되었다는 것을 포함해서 이 세계에서 일어나는 모든 일은 오직 하나님의 존엄이 칭송을 받게 하고자 하는 단 하나의 목적을 위한 것이다. 세상적인 정의의 잣대로 하나님의 절대적인 섭리를 판단하는 것은 무의미하고 하나님의 존엄성을 손상시키는 것이다. 하나님은, 아니 오직 하나님만이 자유롭고 그 어떤 법에도 속박되지 않기 때문이고, 하나님이 작정한 일들은 우리 스스로는 이해할 수 없고 오직 하나님이 우리에게 계시한 만큼만 알 수 있기 때문이다. 따라서 우리는 영원한 진리의 단편만을 알 수 있을 뿐이고, 개개인의 운명을 비롯한 모든 것들은 어두운 신비로 감싸져 있어서, 우리가 그것들을 알거나 이해하거나 추측하는 것은 불가능하다."[40]

이런 예정론의 강조는 하나님의 초월성의 강조로 이어졌다. 인간은 예정된 하나님의 뜻을 알 수 없기에 연약한 존재이고, 하나님은

---

38 Max Weber, 『프로테스탄트 윤리와 자본주의 정신』, 162.
39 Ibid., 171.
40 Ibid., 172.

그 인간을 알 수 없는 신비한 방법으로 구원하신다. 따라서 인간에게 있어서 하나님은 전적인 타자이고 초월적 존재이다. 그러므로 인간의 구원을 향한 하나님의 뜻은 전혀 알 수 없다.

이러한 청교도의 구원과 하나님 이해는 성경의 메시지와 거리가 있다. 잃어버린 양의 비유나 잃어버린 드라크마의 비유에서 볼 수 있듯이 하나님은 한 사람을 구원하기 위해서 노력하시고, 그 영혼이 구원될 때 기뻐하시는 인격적인 하나님이시다. 즉, 하나님은 인간의 구원하기 위해서 먼저 다가오시고 십자가에 달리셨다.

그러나 베버에 따르면, 청교도적 예정론을 통해서 전해지는 하나님은 그런 하나님과 거리가 멀다. 청교도적 예정론에서 말하는 하나님은 영원 전에 인간이 절대로 알 수 없는 어떤 작정을 통해서 모든 개개인의 운명을 이미 결정해 놓고서 우주에서 일어나는 아주 미세한 일들까지도 주관하시는 하나님이시다. 즉, 청교도적인 예정론은 하늘에 계신 아버지로 묘사한 아버지 하나님을 인간이 절대로 이해할 수 없는 초월적인 존재로 탈바꿈시킨 것이다.[41]

따라서 청교도적인 예정론에서는 한 개인의 구원을 위해서 옆에서 도와줄 방편이 아무것도 없게 된다. 성직자도 성도들을 도울 수 없고 칼빈이 구원과 은혜를 체험하기 위해 강조한 성례전조차도 그저 하나님의 은혜를 알기 위한 '외적인 보조 수단'(externa subsidia)에 불과하다. 심지어 독실한 청교도들은 장례식조차도 그 어떤 애곡하는 노래나 예식도 없이 가족이나 사랑하는 사람들을 매장해 버렸다. 그것은 오로지 사람들로 하여금 종교의식이나 성례전이 마치 구원

---

41 Ibid., 173.

을 가져다 줄 수 없다는 것을 확신했기 때문이다.[42] 이런 입장은 칼빈보다는 쯔빙글리에 가깝다.

이런 신앙은 오로지 하나님만을 신뢰하는 신앙의 극단적인 형태로 나타난다. 17세기의 영국의 청교도 문헌들을 보면, "다른 사람들의 도움이나 인간적인 우정은 믿으면 안 된다"는 경고가 눈에 띄게 많아지며 반복적으로 강조되고 있다. 한국에서도 대표적인 청교도 지도자로 알려진 리차드 백스터나 루이스 베일리의 저술에서도 이런 생각이 자주 발견된다. 청교도의 온건파에 속하는 백스터(Richard Baxter, 1615~1691)조차도 "신자들은 아무도 깊이 믿어서는 안 된다"고 충고했고, 베일리(Lewis Bayly)는 "아무도 믿지 말고 누구에게도 그 사람의 명예를 실추시키는 말을 하지 말라"고 노골적으로 권면한다. 왜냐하면 인간은 오직 하나님만을 믿고 신뢰해야 하기 때문이다.[43]

무엇보다도 대중적으로 잘 알려진 존 버니언의 천로역정에서 이와 같은 사상이 뚜렷하게 나타난다. 이 책의 주인공인 크리스챤은 자기가 멸망의 도성에서 살고 있음을 자각하고 천국 도성으로 순례의 길을 떠날 때, 그의 아내와 자녀들이 붙잡는데도 귀를 틀어막고서 "생명, 영원한 생명"이라고 외치면서 달려간다. 이는 가족조차도 구원을 위해서 도움을 되지 않을 때는 떠날 수 있다는 극단적인 신앙 형태를 보여주고 있다.

그렇다면 이러한 신앙 형태는 이웃 사랑을 가장 중요한 덕목 중 하나로 여겼던 기독교 신앙과 모순되는 것은 아닌가? 그리고 칼빈주

---

42 Ibid., 176.
43 Ibid., 179.

의가 제네바에서 보여준 잘 짜여진 사회적 연대와 조직과 배치되지 않는가? 베버에 따르면, 청교도적인 칼빈주의가 기존의 이웃 사랑 개념을 새롭게 해석함으로써 다른 차원의 사회적 연대로 이어졌다. 베버는 다음과 같이 말한다.

> "청교도적 칼빈주의가 개개인의 정신적 고독을 강조함으로써 전통적인 의미에서 벗어나게 된 기독교의 이웃 사랑이라는 개념이 새롭게 획득한 의미와 구체적인 지향성으로부터 생겨난 것이었다."[44]

그러한 지향성은 무엇보다도 먼저 교리로부터 생겨났다. 세계는 하나님에게 영광을 돌리기 위한 목적으로 존재하고, 오직 그 일만을 하도록 정해져 있다. 그리고 택함 받은 기독교인들은 자신들에게 주어진 자리에서 하나님이 명령한 것들을 행함으로써 이 세계에서 하나님의 영광을 높이기 위해 존재하고, 오직 그것만을 위해 존재한다. 그런데 하나님은 기독교인들이 사회 속에서 활동하면서 하나님의 명령들을 수행하는 것을 통해서 하나님의 영광을 높이기를 원한다. 따라서 칼뱅주의자들이 세계에서 행하는 사회적인 성격을 띠는 노동들은 결국 '하나님의 영광을 더 높이기 위한'(*in majorem gloriam Dei*) 노동일 뿐이었고, 직업 노동이 사람들이 모여 사는 사회 전체의 현실적인 삶을 위한 것이라고 할지라도 거기에서 결코 예외가 될 수 없었다.[45]

이렇게 청교도에 의해서 재해석된 이웃 사랑의 개념과 직업 노동

---

44 Ibid., 183.
45 Ibid., 184.

에 대한 가치관은 당시에 발전하기 시작한 무역과 상업 그리고 산업 발전과 잘 조화를 이루었다. 즉, 이웃에 대한 동정 대신에 비인격적인 직업 노동을 통해서 사회적으로 기여하는 것이 하나님의 영광을 위한 것이라는 인식이 확산되었고, 이는 영주와 농민의 봉건적 관계에서 자본과 임노동의 관계로 변화된 자본주의 맹아가 싹트기 시작한 사회 경제적 상황과 잘 어우러지는 결과를 낳았다. 이를 통해 상업적 관계와 고용주와 임노동자의 관계가 더욱 확고하게 자리하는 데 기여하였고 자본주의 발전을 촉진시켰다.

2) 세속적 금욕주의 그리고 탈주술화

청교도적 예정론의 확산은 노동과 이웃과의 관계에 대한 생각의 변화를 초래했을 뿐만 아니라 구원에 대한 또 다른 물음과 해답을 찾는 결과로 이어졌다. 즉, 베버에 따르면 칼빈의 후계자인 베자(Beza, 1519~1605)에서부터 예정을 통해서 선택받은 자라는 증거와 징표에 대한 물음이 서서히 제기되었다. 그 이후 17세기에 들어서 본격적으로 청교도 운동이 전개되면서 백스터(Richard Baxter, 1615~1691), 베일리(Lewis Bayly, 1573~1631) 등과 같은 청교도 지도자들이 구원의 확신과 증거에 대해 목회적 차원에서 권면하였다. 이들은 예정론과 관계해서 두 가지 유형의 권면을 목회 현장에서 강조했다.

첫 번째는 성도들이 자신이 선택받은 자라는 것을 믿어야 하고, 그것이 의심될 때에 찾아오는 사탄의 시험을 반드시 물리쳐야 한다는 것은 절대적 의무라는 것을 강조했다. 그리고 두 번째는 하나님이 각 개인을 부르신 자리인 개개인의 직업에서 자신에게 맡겨진 일들을 부지런히 성실하게 행하는 것이야말로 자기가 택함을 받은 자들에게 속해 있다는 자기 확신을 가질 수 있는 최고의 수단이라고 권면한 것이다. 즉, 직업적인 노동에 매진할 때만 구원에 대한 의심은 사라지고 자신이 구원받은 자들의 한 사람이라는 것을 확신할 수 있게 된다는 것이다.[46]

이는 또한 칼빈 신학이 대전제인 "유한은 무한을 담을 수 없다"(*finitum non est capax infiniti*)에 따라서 하나님과 하나님에 의해서 택함을 받은 자들의 교통은 오직 하나님만이 그들 안에 작용하고, 그 작용을 인식하는 방식으로만 알 수 있다. 그러므로 택함 받은 자에게 있어서 모든 행위는 믿음으로 된 것이고, 그 믿음은 하나님의 은혜로 말미암아 선물로 주어진 것이다. 따라서 독실한 성도들은 자신이 하나님의 능력을 담는 그릇이라고 느끼거나 혹은 하나님의 능력을 드러내는 도구가 될 때 자신이 은혜로 구원받았다는 확신을 갖게 된다. 자신이 하나님의 능력을 담는 그릇이라고 생각하는 경향은 신비주의적 성향이 강한 루터교 교인들에게서 많이 볼 수 있고, 자신들을 하나님께 쓰임 받는 도구라고 생각하는 사람은 청교도적 칼빈주의를 따르는 사람에게서 많이 찾아볼 수 있다.[47]

그렇다면 자신이 하나님께서 택정하셔서 쓰임 받는 도구가 되었다는 증거는 무엇인가? 루터교에서는 신비주의적인 문화를 지향하고 성도 개개인의 내면적인 확신을 중요하게 여긴 반면, 청교도적 칼빈주의는 외적인 증거를 요구하였다. 즉, 청교도적인 칼빈주의는 감정이나 기분은 겉으로 보기에는 여전히 의심스러운 것이기 때문

---

46 Ibid., 195-197.
47 Ibid., 201.

에 구원의 확실성(*certitudo salutis*)을 보장해 주는 토대가 될 수 있는 참된 믿음이 되려면, 그 믿음이 만들어 내는 행위들을 통해서 참된 믿음인지가 객관적으로 증명되어야 한다.[48]

그러나 전통적인 칼빈주의에서는 선행적 행위나 도덕은 구원의 조건이 될 수 없다. 가톨릭의 공덕 신앙을 맹렬하게 비판한 칼빈에게 있어서 믿음의 조건은 선행이 아니라 오로지 하나님의 은혜와 그 은혜를 입은 자들의 믿음이다. 칼빈에 따르면, 인간의 어떤 선행도 하나님을 만족시킬 수 없다. 그럼에도 불구하고 청교도적인 칼빈주의에서는 예정되고 선택 받은 자들임을 보여주는 징표가 필요하다고 생각했다. 베버에 따르면, 청교도적 칼빈주의자들에게는 선행은 구원을 얻기 위한 보조 수단이 아니라 이미 구원받았음을 확인해 주고 구원 여부를 둘러싸고 벌어지는 불안을 잠재우는 수단이다. 그런 의미에서 사람들은 선행을 종종 공개적으로 구원에 필수불가결한 것으로 말하기도 하고, 구원의 획득(*possessio salutis*)과 직접 결부시키기도 한다.[49] 베버에 따르면, 이런 청교도적 믿음은 세속적 금욕주의로 이어질 수밖에 없다.

물론 세속적 금욕주의는 전통적인 가톨릭교회에서도 찾아볼 수 있다. 가톨릭의 구원론에서 죄로 인해서 손상된 하나님의 형상(*Imago Dei*)은 성례전과 말씀을 통해서 치유될 수 있고, 회복된 형상은 그리스도인으로 하여금 공덕을 쌓을 수 있도록 돕는다고 생각했다. 그런 공덕 신앙은 수도원 운동이나 세속적 금욕주의로 표현될 수 있었다.

그러나 베버에 따르면, 이런 가톨릭의 선행과 세속적 금욕주의는

48 Ibid., 202.
49 Ibid., 206.

개인적이고 그때그때 즉흥적인 삶으로 표현되었다. 가톨릭교도들은 자신들에게 주어진 양심적으로 충실한 삶을 살려고 노력했지만, 그것은 개별적이고 단편적인 행위들뿐이고 조직화된 생활 양식으로 나타나지는 않았다. 그들이 하는 선행들이나 금욕적인 행위들은 자신 들이 저지른 죄에 대한 보속적인 행위들이거나 죽을 때가 가까웠을 때 자신의 사후의 운명에 대한 일종의 보험금으로서 행하는 행위들이었다.[50]

또한 가톨릭교회는 교육과 말씀 훈련을 통해서 성도들을 변화시키는 것을 이상적인 교회상으로 삼고 있었고, 이러한 교육과 훈련은 교회가 성도들을 통제하는 수단이 되기도 했다. 그러나 역설적으로 가톨릭교회가 강조한 고해성사는 그런 교회의 통제권을 약화시키는 결과를 초래했다. 교육과 훈련을 통한 삶의 변화가 선행이 아니라 고해성사만으로도 구원의 길이 열려 있다고 믿었기 때문이다.[51]

또한 유대교나 기독교가 신앙에 미신적인 요소를 제거하고 합리적인 신앙 체계를 지향하는 탈주술화를 위해서 노력한 반면, 가톨릭의 화체설에 입각한 성만찬은 그렇지 못했다. 예수의 진짜 살과 피로 변한 떡과 포도주는 천국으로 들어가는 신비한 능력을 가진 것처럼 오해되었다. 이에 대해서 베버는 다음과 같이 말한다.

"사제는 성찬이라는 성례전에서 떡과 포도주를 그리스도의 살과 피로 바꾸어 놓은 화체의 이적을 행하고 천국에 들어가는 문을 열 수 있는 열쇠를 쥐고 있는 주술사였다."[52]

---

50 Ibid., 208.
51 Ibid., 212.

이렇게 가톨릭의 금욕주의가 즉흥적이고 개별적인 성격을 갖고 있는 반면, 청교도적인 칼빈주의는 조직적이고 체계적인 선행들을 추구하였다. 베버에 따르면, 청교도의 삶에서는 주술적인 요소는 아예 존재하지 않았다. 죄에 빠졌다가 회개하고 보속을 행하여 마음의 평안을 다시 회복한다는 진정으로 인간적인 순환에 대한 가톨릭적 해법은 청교도에서는 아예 존재하지 않았다. 더욱이 교회가 준비한 성례전이라는 수단을 통해서 혹은 고해성사를 통해서 현세에서 지은 죄에 대한 죄 사함을 얻을 수 있다는 생각은 청교도에서는 아예 존재하지 않았다.

청교도적인 칼빈주의에 있어서 인간을 '자연 상태(status *naturae*)에서 은혜 상태(status *gratiae*)'로 변화시키는 하나님의 은혜의 작용이 어느 특정한 개인에게서 일어나고 있느냐를 증명해 줄 수 있는 유일한 길은 오직 그 개인의 사회적 삶의 모습, 특히 이웃들과 어떤 관계 속에서 조직적으로 일관되게 흘러나오는 행위들뿐이고, 그랬을 때에만 그 개인 자신도 구원의 확실성을 가질 수 있었다.[53]

이러한 신앙의 추구는 자연스럽게 경건 훈련을 추구하게 되고 인간관계의 존중과 합리성을 지향하는 삶으로 이어질 수밖에 없었다. 이러한 태도는 오늘날에도 영국과 미국의 신사들의 삶의 태도를 가장 잘 표현해주는 절제를 존중하는 삶으로 발전되었다. 즉, 신앙적 경건성이 신앙적 합리성과 더 나아가 신앙 관계의 합리성으로 이어졌다는 것이다.

베버에 따르면, 이러한 합리성은 웨슬리가 일으킨 감리교에서도

---

52 Ibid., 213.
53 Ibid., 215.

강하게 나타나서 감리교가 지배하던 지역에서도 역시 조직적인 금욕주의가 발전하게 되었다. 심지어는 정통신앙에서 벗어난 재세례파에서도 성찬과 세례를 철저하게 배격함으로써 탈 주술화가 뚜렷하게 나타났다.

이렇게 유럽 사회 전역에서 탈주술화가 이루어졌을 때, 그것은 결국 내적으로 세속적인 금욕주의 외에 다른 길로 발전할 수 없었다. 그러나 청교도적인 칼빈주의든 감리교도이든 간에 외적으로는 정치권력이나 세속적인 조직화에 관심이 없었다. 그들의 관심은 오로지 개인의 구원과 관련된 신앙적 조직 공동체에 머물렀고, 이런 공동체들의 특성으로 인해 직업 노동과 관련된 금욕주의로 발전할 수밖에 없었다.[54] 베버는 이에 대해서 다음과 같이 요약한다.

"개인 신자들의 이러한 금욕적인 생활 양식은 현세에서의 개개인의 존재 전체를 하나님의 뜻을 중심으로 합리적으로 조직하는 것을 의미하는 것이었기 때문에, 카톨릭에서처럼 오직 소수만이 가능한 '잉여 공로'를 쌓는 것이 아니라, 자신의 구원의 확실성을 확증하고자 하는 모든 신자에게 요구되는 삶이었다. 따라서 종교적 신앙이 요구하는 자연인의 삶과 구별되는 성도들의 특별한 삶은 이제 세속으로부터 단절되고 고립된 수도원 공동체가 아니라 세속과 그 질서 안에서 이루어지게 되었는데, 이것이 대단히 중요한 것이었다. 이렇게 냉철하게 내세를 지향하면서도 현세적이고 세속적인 생활 양식을 합리적으로 조직한 것은 금욕주의적인 개신교의 직업 개념으로부터 생겨난 결과물이었다."[55]

---

54 Ibid., 293.
55 Ibid., 300.

그리고 이러한 조직적인 직업 개념은 자본주의의 탄생에 중요한 기반인 합리적인 노동 분업이 시작되는 사회 경제적 환경에 편승하게 되었다. 베버는 청교도들의 조직적인 직업관이 노동과 직업의 분업의 주요 원인이 되었다고 분명하게 언급하지는 않았다. 그러나 적어도 조직적인 직업관이 노동 분업과 협업에 매우 중요한 역할을 했다고 말한다. 그에 따르면, 청교도들은 노동 분업과 직업 분업에 있어서 하나님의 섭리를 믿었고, 이런 믿음은 사회 경제적인 노동 분업을 합리적으로 발전시키는 데 중요한 역할을 했다. 베버에 따르면, 청교도의 대표적인 리더인 백스터 등이 노동의 전문성과 분업에 대해서 강조했는데, 이런 논점은 노동 분업을 찬양한 애덤 스미스를 떠올린다고 말했다.56

3) 청교도적 금욕주의와 자본주의의 선택적 친화력

중세의 가톨릭은 물질적인 부를 축적하는 것에 대해서 부정적이었다. 그러나 칼빈은 이러한 생각을 획기적으로 바꾸어 놓았다. 칼빈에 따르면, 외형적인 물질을 이용해서 무절제하게 방조한 삶을 사는 것은 분명히 죄이다. 그러나 반대로 물질에 대해서 지나치게 절제할 것을 강요하는 것은 자제해야 한다. 이는 사람의 양심에 족쇄를 채우는 것과 같다. 칼빈에 따르면, 하나님께서 인간에게 주신 세속적인 물질은 생활을 위한 필수품이기도 하지만 또한 인간을 즐겁게 만들어 주시려는 하나님의 배려이기도 하다. 하나님께서는 에덴동산의

---

56 Ibid., 319.

많은 것들을 단지 아담과 하와의 생필품으로만 이용하는 것이 아니라 그것을 즐기고 향유하도록 하셨다(창 2:9). 또한 금이나 은 또는 상아와 대리석과 같이 귀중한 것을 창조하셔서 인간으로 하여금 즐길 수 있도록 하셨다.57 칼빈은 정당한 방법으로 재산을 축적하는 한 그리고 재물 때문에 하나님을 저버리는 일이 없는 한, 사유재산과 그 재산의 축적에 대해서 긍정적이었다.

베버에 따르면, 이러한 칼빈의 생각은 청교도들에게 반영되었다. 우선 청교도들은 물질적인 부가 그들의 세속적 금욕주의에 걸림돌이 되는 것에 대해서 철저하게 경계하였다. 백스터를 비롯한 청교도들의 많은 설교집과 저작들을 보면 물질적인 부에 안주하고, 그 부를 누리면서 육체적인 욕망을 채우는 것에 대해서 죄악으로 규정하고, 거룩한 삶을 추구하는 것과는 거리가 먼 것으로 경계하였다.

그러나 정당한 노동과 직업 활동을 통한 이윤 축적에 대해서는 긍정적이었다. 베버는 청교도들의 신앙적 직업윤리를 통한 이윤에 대한 태도를 다음과 같이 세 가지로 정리한다. "첫 번째로는 도덕적인 관점에서 평가되었고, 두 번째로는 그 직업이 생산해 내는 재화가 사회 전체에서 지니는 중요성의 정도에 의거해서 평가되었으며, 세 번째로는 개인 경제적 이해관계와 관련해서 개인의 경제적인 '이윤'의 정도에 의해 평가되었는데, 이 중에서 실천적인 관점에서 가장 중요한 것은 세 번째였다."58

청교도들은 하나님이 어느 신자에게 이윤을 획득할 기회를 주셨다면 거기에는 반드시 하나님의 뜻이 있을 것이고, 따라서 독실한

---

57 Inst., III, 10. 2.
58 Max Weber, 『프로테스탄트 윤리와 자본주의 정신』, 323.

신자라면 당연히 그런 기회를 사용해서 이윤을 획득하여 하나님의 뜻을 이루어야 한다고 생각했다. 그리고 이러한 이윤추구는 성경 말씀, 특히 달란트 비유를 통해서 신앙적인 정당성을 얻었다.

이렇게 직업윤리를 통한 이윤추구의 정당화로 인해서 기업가들의 이윤추구 또한 신앙적인 정당성을 얻게 되었다. 일정한 직업을 갖는 것이 지니는 금욕주의적 의미를 강조한 것이 근대적 전문직 노동자들이 윤리적으로 칭송을 받게 하는 결과를 가져다주었듯이, 이윤 창출의 기회를 하나님의 섭리라는 관점에서 해석한 것은 기업가들이 윤리적으로 칭송을 받게 하는 결과를 초래하게 되었다. 봉건 귀족들의 나태함과 졸부들의 천박한 과시욕에 대해서는 경멸했던 청교도들은 자기 절제와 성실성으로 자수성가한 시민계급의 기업가들에게는 윤리적인 찬사를 보냈다. 하나님의 섭리에 의해서 이윤 창출에 성공하고 부자가 된 성도들은 사람들로부터 "하나님께서 그의 사업에 복을 주셨다"는 칭찬을 들었다.[59]

한편 청교도들은 유대교적인 투기적 부의 축적과는 분명히 구분하였다. 청교도들은 유대인들에 대한 신앙적 선입견을 갖고 있었고, 특히 당시 유대인들은 전시 물자와 국가에 필요한 물자의 공급, 국가의 독점 사업들, 특히 투기적인 기업, 군주들에 의한 건축과 금융투기를 통해서 부를 축적했다. 청교도들이 보기에 유대인들은 천박한 자본주의를 추구하는 것이었고, 이런 성향의 부 축적을 혐오하였다. 청교도들은 유대교적인 자본주의는 투기적인 천민자본주의인 반면, 청교도적인 자본주의는 시민 계층에 의한 노동의 조직화를 기반

---

59 Ibid., 328.

으로 한 자본주의로 생각했다.

베버는 금욕주의에서 출발한 정당한 이윤을 추구한 청교도들 태도는 근대적 자본주의 형성에 중요한 정신적 토대가 되었고, 그렇기 때문에 청교도적 윤리와 자본주의 정신과는 선택적인 친화력을 갖고 있다고 주장한다. 베버는 다음과 같이 말한다.

"이 금욕주의는 항상 선을 원하지만 항상 악을 낳는 힘(여기서 악은 부를 소유하고자 하는 유혹에 빠지는 것을 가리킨다)이었는데, 그 이유는 한편으로는 이 금욕주의는 구약성경에 나오는 '선행'에 대한 윤리적인 평가와 아주 비슷하게 부 자체를 추구하는 것을 가장 비난받아 마땅한 일로 보았으면서도, 동시에 직업적인 노동의 결과로 주어진 부의 획득을 하나님이 내려준 복으로 보았기 때문이지만, 다른 한편으로는 세속의 직업 노동을 조직적으로 꾸준히 일관되게 해 나가는 것을 금욕주의적인 삶을 유지해 나가는 최고의 수단으로 여겼으면서도, 그 사람이 거듭나서 택함받았다는 것과 그 사람의 믿음이 참되다는 것을 증명해 주는 가장 확실한 증거로 여겼기 때문이다. 청교도적인 세속적인 금욕주의가 선과 악을 동시에 낳는 힘이라는 이 명제가 옳다는 것을 보여주는 두 가지 이유 중에서 우리의 논의에서 한층 더 중요한 의미를 갖는 것은 후자이다. 왜냐하면 세속적 직업 노동을 중심으로 한 금욕주의적인 삶에 대한 그러한 종교적이고 신앙적인 평가는 우리의 논의에서 자본주의 정신이라고 부르는 생활 양식이 발전하고 확장하는 데 가장 강력한 지렛대로서의 역할을 했을 것임에 틀림없기 때문이다."[60]

---

60 Ibid., 354.

4) 자본주의의 모순: 쇠 우리와 마지막 인간

베버는 청교도적 금욕주의가 탈주술화를 거치면서 어떻게 자본주의와 선택적 친화력을 갖게 되었는지에 대해서 해명하였다. 즉, 청교도적인 인생관이 근대적 자본주의에 필요한 경제적 인간을 탄생시킨 것이다. 청교도적인 인생관이 영향을 미친 곳에서는 시민계층의 합리적인 경제적 생활 양식을 발전시키는 데 촉진제의 역할을 했다. 그리고 이런 인생관은 근대적인 '경제적 인간'(Wirtschaftmenschen)의 요람이 되었다. 베버에게 있어서 경제적 인간이란 경제활동을 지향하는 사람들을 의미하며, 근대 사회에서 경제활동이 삶의 중심이 되는 사람들이 독보적인 지위를 차지하면서 등장하였다. 이는 역사에서 유래를 찾아볼 수 없는 것이다.61

그러나 청교도적인 삶이 경제적 인간으로 변화하면서 신앙적인 측면서 심각한 문제가 발생하기 시작했다. 존 웨슬리는 이런 변화의 심각성을 일찍 감지하고 그에 대해서 우려를 나타냈다. 웨슬리는 다음과 같이 말한다.

> "내가 우려하는 것은 부가 증가하는 곳에서는 거기에 비례해서 신앙의 중요한 핵심은 감소했다는 것이다. 그래서 나는 참된 신앙의 부흥이 오래도록 지속될 수 있게 하기 위해서는 어떻게 해야 하는지를 알지 못하겠다. 왜냐하면 신앙은 근면과 검소와 절약을 낳을 수밖에 없고, 그런 미덕들은 부를 낳을 수밖에 없지만, 부가 증가하면 거기에 비례해서 온갖 형

---

61 Ibid., 360.

태의 교만과 정욕과 세상에 대한 집착이 증가하기 때문이다. 그렇다면 지금 푸르른 나무처럼 번성하고 있는 심령의 종교인 감리교가 계속해서 이런 상태에 머물러 있게 하려면, 어떻게 하는가? 감리교도들은 어디에서나 근면 성실하게 일하고 검소하게 절약하며 살아가고 있고, 그 결과 그들이 소유하게 된 재산도 점점 늘어간다. 하지만 거기에 비례해서 그들의 교만과 정욕, 곧 육체의 욕망과 안목의 정욕과 삶의 교만도 늘어간다. 이렇게 해서 신앙의 껍데기는 여전히 남아 있지만, 신앙의 정신은 빠르게 사라지고 있다."62

물론 웨슬리는 청교도가 아니지만, 이러한 인생관의 변화는 조직적인 직업 활동과 분업을 통해서 구원의 증거를 찾으려던 청교도적인 가치관에도 큰 위기를 초래하였다. 즉, 신앙적인 핵심적인 내용이 사라진 조직에서는 점점 형제애에 입각한 공동체 정신이나 분업 관계가 사라지기 시작한 것이다. 순수했던 종교적 열정이 정점에 도달한 후에 점점 기울어지기 시작해서 하나님 나라를 향한 열정적인 소망과 기대가 점점 사라지기 시작했다. 그리고 그 자리에 합리적으로 조직된 직업 노동의 토대가 되었던 종교적 뿌리가 시들어 말라죽고, 그 자리에 철저하고 냉철한 공리주의가 굳건하게 자리 잡는 일이 벌어진 것이다. 베버는 이런 현상을 다우든(Dowden)의 표현을 빌려 이렇게 말한다.

"그것은 정신적으로 홀로 고독하게 된 상태에서 허영의 시장을 통과하

---

62 Ibid., 362.

여 천국으로 향하는 길로 내닫던 존 번연의 순례자가 사람들의 내면에서 사라지고, 그 자리에 이제는 선교 활동이 부차적으로 되어 버린 개별적인 경제적 인간인 '로빈슨 크루소'가 자리를 잡게 되었다."[63]

베버에 따르면, 청교도적인 가치관이 자본주의를 가속화시킨 이유는 부에 대한 가치관의 변화 때문이다. 중세 시대에는 "부자가 하나님 나라에 들어가는 것은 낙타가 바늘귀에 들어가는 것보다 더어렵다"는 성경 구절에 근거해서 "상인이 하나님을 기쁘게 해 드리는 것은 너무나 어렵다"(Deo placere vix potese)는 명제가 사람들의 사고 속에 깊이 남아 있었다. 그러나 17세기에 접어들면서 청교도적인 가치관은 부의 축적이 굉장히 양심적인 행위로 규정하였다. 즉, 시민계층의 사업가들은 자신의 행실에 도덕적인 결함이 없다면 부의 축적이 비난받을 일이 아니며, 오히려 하나님의 충만한 은혜로 생각하였다. 그리고 더 나아가 부의 축복이 종교적 의무를 다하는 것이라고 생각하게 되었다. 이러한 기업가들의 변화된 소명 의식과 종교적 금욕주의에 입각한 노동이 하나님의 명령이라고 믿었던 노동자들이 노동생산성을 향상시킴으로써 자본주의의 발전을 가속화시켰다. 기업가의 소명 의식과 노동자의 소명 의식이 교묘하게 결합되어 자본주의의 모태가 된 것이다. 그리고 이렇게 상반된 소명 의식의 중첩은 노동력 착취의 근거를 마련해 주었다.[64]

무엇보다도 베버는 벤자민 프랭클린의 글 속에서 신앙적 단어들과 내용이 사라진 것에 주목한다. 벤자민 프랭클린은 18세기 미국의

---

63 Ibid., 366.
64 Ibid., 369.

자본주의 사상을 대표하는 인물이다. 그의 글 속에서 청교도적인 용어가 사라지기 시작했고 상인들 간의 '신용 혹은 정직이 최고의 정책'이라는 표현이 자주 등장한다. 베버에 따르면, 이는 서구의 이념과 사고 속에서 신앙적 토대가 서서히 사라지고 있다는 것을 의미한다. 이렇게 청교도적인 정신과 소명이 사라지면서 물질과 부가 가치관에 더 큰 우위를 차지하게 되었다. 그리고 베버는 청교도의 지도자 백스터의 말을 인용하면서 다음과 같이 말한다.

> "백스터는 성도들에게 재화에 대한 관심은 '언제라도 벗어 버릴 수 있게 가볍게 걸치고 있는 외투'와 같은 것이어야 한다고 말했지만, 역사적 운명은 재화에 대한 관심이 가벼운 외투가 아니라 강철로 만든 쇠 우리(iron cage)가 되게 하였다. 금욕주의가 이 세계를 변화시키고 계속해서 영향을 미치면서, 재화는 점점 더 강력한 힘으로 인간을 지배하게 되었고, 결국에 인간이 그 힘에서 벗어나는 것은 불가능하게 되어 버렸는데, 이것은 이전의 역사에서 유례가 없는 일이다."[65]

그리고 더 나아가 베버는 이런 물질의 쇠 우리가 니체(F.W. Nietzsche)가 말하는 '마지막 인간'(Letzter Mensch)을 만들어 낼 것임을 예언한다. 존재의 자기 변혁을 외치는 짜라투스트라를 향해서 야유와 비난을 보냈던 관중, 현실에 도전하고 변혁하면서 삶의 의미를 찾는 인간이 아니라 물질을 향유하면서 심장이 없이 향락을 추구하는 자들이 바로 마지막 인간이다. 그러면서도 이런 무가치한 인간 군상들은

---

65 Ibid., 375.

자신들이 인류가 지금까지 도달한 적이 없는 수준까지 도달했다고 착각하면서 살아간다.[66] 이렇게 베버는 기술 문명으로 자만하고 물질의 풍요 속에서 심장 없이 삶을 즐기려는 21세기의 인간의 모습을 정확하게 예측하였다.

5) 쇠 우리와 가치다원론에 대한 베버의 처방: 소명의 인간(심정윤리와 책임윤리)

베버가 주장하는 선택적 친화력은 칼빈 윤리와 자본주의 사이에서만 존재하는 것이 아니다. 정치적 영역과 사회 모든 영역에서 선택적 친화력은 존재한다. 아니, 존재해야만 한다. 정치 영역과 모든 사회영역의 전문가들에게 칼빈주의의 윤리가 관철되어야 도덕적 사회가 될 수 있다. 그리고 그 전문가 중에서도 특히 두 그룹이 중요하다. 하나는 정치인들이고, 다른 하나는 학자들이다. 이 두 그룹이 소명 의식을 갖고 자신의 전문성을 이행한다면 사회 발전에 크게 기여할 수 있다. 그래서 베버는 두 전문가를 위한 지침서『소명으로서의 정치』와『소명으로서의 학문』을 저술한다.

『소명으로서의 정치』에서는 정치인들이 가져야 할 두 가지 윤리적 의식에 대해서 말한다. 베버가 주장하는 이상적 정치인, 즉 카리스마적 정치인도 프로테스탄트적 윤리에 상응하는 정치적 소명 의식을 갖지 않으면 안 된다.

하나는 내면적 신념 혹은 내면적 심정윤리의 원천으로서의 소명

---

66 Ibid., 371.

의식이다. 소명 의식에서는 내면적이라는 말이 무엇보다 중요하다. 외부로부터 어떤 목적의식이 주어지는 것이 아니라 신앙 또는 심정을 통해 갖게 된 스스로의 내면적 믿음이 그로 하여금 어떤 외부적 보상이나 제재가 아니더라도 무조건적으로 마땅히 그가 해야 할 의무감을 갖게 한다는 점에서 윤리적 도덕적 기초인 것이다.

다른 하나는 그의 신념을 현실 속에서 이행해야 할 책무, 즉 텍스트에서 말하는 책임윤리의 도덕적 원천으로서 소명 의식이다. 한 사람의 행위자가, 그의 상인이든 정치인이든, 신앙을 통해 획득한 내면적 신념을 세속적 현실 세계에서 아무리 힘들더라도 이루어내는 것을 자신의 의무라고 생각하는 책임윤리의 개념과 칼빈주의는 깊은 연관성을 갖는다.[67]

베버에 따르면, 이 두 가지 윤리를 겸비한 정치인이 카리스마적 정치인이다. 이런 카리스마적 정치인이 대중을 설득하여 정치적 지도자가 될 때, 도덕성을 갖춘 사회적 발전을 이룰 수 있다.

베버에 따르면, 책임윤리와 심정윤리는 학문의 영역에서도 중요하다. 베버는 『소명으로서의 학문』에서 처음부터 이 두 가지를 강조한다. 베버는 여기서 학문을 단순히 하나의 직업이 아니라 천직으로 수행하고자 하는 자가 갖추어야 할 내적인 심정윤리와 학문을 수행하는 외적인 조건과 능력 그리고 책임성, 즉 책임윤리에 대해서 먼저 다루고 있다.

베버 당시 학문을 수행하는 자의 경제적, 사회적 여건은 열악했다. 베버는 당시 독일 대학의 교수 제도의 열악함에 대해서 개탄한

---

67 최장집, "정치가는 누구인가?", 박상훈 옮김, 『소명으로서의 정치』 (서울: 후마니타스, 2019), 38.

다. 독일 대학은 미국 대학처럼 기업적 경영 능력도 결여되어 있고, 프랑스의 학술원 제도처럼 국가적 지원 시스템을 갖추고 있지 못하다. 따라서 학자들에게 더욱 소명 의식과 책임윤리가 필요하다. 베버는 이렇게 말한다.

> "학문에 문외한인 모든 사람으로부터는 조롱을 당하는 저 기이한 도취, 저 열정, '네가 태어나기까지는 수천 년이 경과할 수밖에 없으며', 네가 그 판독을 성공할 지를 '또 다른 수천 년이 침묵하면서 기다리고 있다'고 생각할 수 없는 사람은 학문에 대한 소명이 없는 것이니 다른 어떤 일을 하시오. 왜냐하면 열정으로 가지고 할 수 있는 일이 진정으로 가치 있는 일이기 때문입니다."[68]

베버에 따르면, 이러한 소명을 가진 학자들이 학문의 세계뿐만 아니라 사회 전체의 탈주술화를 이루는 과학(Wissenschaft)을 발전시킬 수 있으며, 이를 통해서 합리성이 사회에 관철되는 데 기여할 수 있다. 그러나 베버는 사실판단만을 중요시하는 자연과학적 방법론의 위험성을 지적한다. 과학적 연구 성과만을 집착한다면 오히려 과학이라는 주술로 사회는 재주술화될 수 있다. 따라서 과학에는 가치판단이 중요하다. 학자들은 신정윤리와 책임윤리를 바탕으로 사실판단과 가치판단의 균형을 이루는 것이 중요하다. 그리고 베버가 주장하는 이러한 윤리와 가치들은 칼빈주의에 뿌리를 두고 있는 것은 당연하다.

---

68 막스 베버/전성우 옮김, 『직업으로서의 학문』(파주: 나남, 2017), 38.

정승훈에 따르면, 베버는 청교도에서 출발한 자본주의와 근대성의 문제점인 쇠 우리 창살의 문제를 윤리적 정치와 학문으로 해결해 보려고 노력한다. 심정윤리와 책임윤리를 가진 정치인들과 학자들에 의해서 자본의 폭력을 방지하고 도덕적 사회로 발전할 수 있다는 것이다. 이를 위해서 베버는 비교종교학을 통해서 다양한 사회를 분석하고 연구한다. 정승훈은 다음과 같이 말한다.

> "그럼에도 불구하고 베버에게서 대안 근대성의 착상은 이미 세계종교 윤리 연구에서 암담한 쇠 우리 창살에 갇혀 버린 청교도의 귀족주의적 윤리를 극복하는 데서 나타난다. 여기서 그의 심정윤리는 카리스마적-예언자적 윤곽을 띤다."[69]

베버에게 있어서 쇠창살은 단지 물질의 정신 지배라는 문제만 일으키는 것이 아니다. 가치다원론을 통한 재주술화의 문제도 심각하게 부각된다. 탈주술화로 인해서 신앙적 합리성이 자리하게 되었지만, 자연과학과 인문과학이 발전함에 따라서 신앙적 합리성은 점점 힘을 잃고 과학적 기술 합리성이 부각되기 시작했다. 그리고 과학과 인문학이 발전되었을 때, 이성적 합리성이 신앙적 합리성의 자리를 차지하게 되었다. 그러나 다양한 자연과학과 인문과학의 발전은 통일된 윤리적 가치관을 상실하는 결과를 초래했다. 각자의 다양한 세계관이 진리임을 주장하는 가치다원주의가 자리하게 된 것이다.

베버에 따르면 탈주술화는 일상생활의 모든 구석을 빠짐없이 주

---

69 정승훈, 『공공신학과 신체정치학』, 182.

관하는 총체적 목적론의 등장, 즉 개신교 윤리에서 그 정점에 달했다. 그러나 이 역사적 정점이 탈주술화 과정의 대단원은 아니었다. 탈주술화가 두 번째 그리고 후기 단계에 접어들면 일원론적 종교를 비합리 영역으로 밀쳐내면서 세속적 근대 세계에서 종교의 정당성은 해체된다. 처음으로 종교적 목적론의 효과적 대용물로 환영받은 근대 과학도 탈주술화의 희생양이 된다. 과학마저도 그 정당성을 잃어감에 따라 각각 독립적인 의미와 가치 체계를 갖춘 다양한 가치 영역들이 등장한다. 즉, 가치다원론이 등장하는 것이다. 이 가치다원론의 시대에는 서로의 가치관을 차지하기 위해서 투쟁하게 된다. 그러나 소용없는 일이다. 결과적으로는 통합된 세계관을 제시할 수 있는 어떤 목적론적 정당화도 인식론적으로 불가능해지고, 이에 따라 공존이 불가능한 가치 영역으로의 파편화는 멈출 수 없이 계속된다. 인간의 판단과 행동은 통합된 원칙이 없는 분절적이고도 임의적인 준칙들이 지배하게 된다. 근대는 마치 헬레니즘의 다신론과 같은 시대로 되돌아가는 꼴이 되었다. 신앙적 합리성(칼빈주의)이 인간 사고의 탈주술화를 선물했지만, 가치다신론은 다시 재주술화되었다는 것이다.

그리고 이러한 가치다신론은 도덕에 대한 객관적인 인식 기반을 철저히 무너뜨리고, 그 결과 자아 안에 깊숙이 자리한 죄 의식을 해결하지 못하며 정신적 무력감에 시달리게 된다. 그래서 현실에 안주하고 물질적인 쾌락을 이상 가치로 삼는 '마지막 인간'의 출현을 재촉하게 된다.[70]

---

70 김성호, "양심과 의무, 그리고 중용: 막스 베버에 있어서 정치적 판단의 문제," 최사용 외, 『민족주의, 평화, 중용』 (서울: 까치글방, 2007), 293-295.

베버는 이 근대적 인간이 마주친 두 가지 딜레마, 즉 쇠 우리와 가치다신론으로 인한 재주술화의 문제 역시 심정윤리와 책임윤리의 정립을 통해서 해결책을 찾는다. 김성호[71]는 이러한 막스 베버의 노력을 다음과 같이 평가한다.

"신헬레니즘적 다신주의(polytheism)와 출구 없는 쇠 우리(iron cage)의 대안만을 강요하는 근대의 조건하에서 인간의 자기소외, 허위의식 그리고 무력감은 깊어만 갈 뿐이다. (막스 베버의) 후기 저작에 와서 비로소 정점을 이루는 이러한 문제의식은 베버의 종교사회학, 방법론 그리고 각종 정치적 저작들을 관통하는 하나의 축을 제공한다. 또한 이에 대한 그의 처방 역시 일관성 있게 견지되는데, 그것은 주관적 가치와 객관적 합리성의 초월에 기반한 '소명의 인간'의 복귀라는 처방이었다.

베버에 따르면, 이 주객의 균형이 기울 때 윤리는 도덕적 자기 방종이나 저열한 공리주의로, 정치는 헛된 권력 숭배나 소아병적 낭만주의로 그리고 과학은 자기 만족적 독백이나 자기 반성을 결여하는 실증주의의 길로 전락하게 된다. 각각의 가치 영역이 각기 서로 다른 형태의 아포리아를 제시하지만, 베버가 '소명의 인간'에게 요구하는 것은 자아 내부의 심연으로부터 형성된 흔들리지 않는 신념을 가진 인격체, 냉철한 안목으로 객관적 현실을 직시하고 의무에 따라 일상에 유기적 통일성을 부여하는 인간이다. 이러한 '소명의 인간'의 복귀라는 베버의 기획의 기저에는 분열된 주객의 저편을 확보하고자 하는 절박하고도 영웅적인 시도가 있었

---

71 김성호는 연세대학교 외교정치학과 교수이다. 그의 영문 저서 *Max Weber's Politics of Civil Society*는 영국 케임브리지대학교 출판부에서 출간했으며, 세계적인 막스 베버 전문가이다.

다. 그리고 이 시도의 성공 여부를 평가하기에 앞서, 루소가 이상화한 양심과 칸트가 추구한 양심과 행위로서의 의무를 불가능하게 만드는 근대의 아포리아 사이에서 발생하는 고뇌와 갈등의 자의식적 결정에서 우리는 베버의 사상적 의미와 현실적 적실성을 발견하게 된다."[72]

6) Max Weber의 오해: 실천적 삼단논법

베버에 따르면, 청교도적 칼빈주의와 자본주의 사이에는 선택적 친화력이 있었다. 그 뿌리에는 청교도들의 예정된 구원에 대한 증거를 확인하고자 하는 열망이 있었다. 즉, 예정된 자들은 그 삶과 신앙 속에서 다른 사람과 구분되는 신앙적 증거들이 있어야 한다는 것이다. 루터교도들이나 경건주의자들은 그 신앙적 증거를 성도들의 내면적 확신이나 믿음 속에서 찾았다. 그러나 칼빈주의에서는 성도들이 믿음을 담는 그릇이어야 할 뿐만 아니라 하나님의 도구로써 쓰임을 받아야 한다고 믿었다. 다시 말해서 예정된 자들의 내적인 증거뿐만 아니라 삶과 생활에서 표현되는 구원의 증거들이 발견되어야 한다. 청교도들은 그 증거를 금욕주의적 삶과 직업 소명에서 찾으려고 했다.

베버는 이 용어를 직접 사용하지 않았지만, 이러한 청교도적인 신앙 내용을 실천적 삼단논법이라고 말한다. 실천적 삼단논법은 다음과 같은 신앙적 논리를 말한다.

---

72 Ibid., 312-313.

1. 하나님의 예정은 그의 섭리의 표지이다.
2. 신앙은 하나님의 선택의 표지이다.
3. 선행은 신앙의 표지이다.

이러한 실천적 삼단논법을 칼빈이 주장했느냐의 문제는 오랜 논쟁거리에 속한다. 프랑수와 방델과 같은 신학자는 칼빈의 사상에 이미 실천적 삼단논법의 기본적인 요소들이 내재하고 있으며, 이후 개혁 신학자들과 연속적인 관계를 맺고 있다고 주장한다.[73] 많은 신학자들은 개혁교회에 실천적 삼단논법은 츠빙글리에서 시작되었다고 평가한다. 그의 실천적 삼단논법은 하나님의 섭리에 근거하여 선택, 신앙, 선행의 논리적 연관성을 명확히 언급하고 있다. 그에 의하면, "신앙은 마치 열매를 맺는 나무처럼 그의 행위를 통하여 그리고 하나님 안에서 충만한 영적 존재"[74]라는 사실을 증거한다. 이를 통하여 신앙인의 행위가 신앙의 증거이며, 신앙은 하나님의 증거라는 논리로 귀결된다.

츠빙글리 사후에 스위스의 종교개혁은 츠빙글리의 충실한 후계자인 블링거(H. Bullinger)에 의해서 주도되었다. 블링거는 스위스의 종교개혁을 통합하기 위해서 여러 차례 칼빈과 협상하였고, 그 결과 제1차와 제2차 스위스 신앙고백서가 선포되었다. 이 과정에서 츠빙글리적인 요소들이 칼빈 신학에 흡수 · 통합되었다.[75]

---

73 리처드 멀러/김병운 옮김, 『칼빈과 개혁전통』 (서울: 지평서원, 2017), 419.
74 "sermonis de providentia dei anamnema." Z(츠빙글리 전집), IV/III, 186; 조영석, "츠빙글리와 칼빈의 실천적 삼단논법연구," 「한국교회사학지」 제30집 (2011), 38 재인용.
75 John T. Macneill, 『칼빈주의 역사와 성격』, 83 이하.

칼빈의 신학에 실천적 삼단논법의 근거가 있는가에 대한 문제는 논란거리 중 하나이다. 그리고 그에 대한 논쟁 중 하나가 칼 바르트와 니젤(W. Niesel)의 논쟁이다. 니젤은 칼빈이 결코 실천적 삼단논법 같은 것을 가르치지 않았으며, 구원의 확신을 갖는 데 어떤 인간적인 요소도 긍정하지 않았다고 주장했다. 하인츠 오텐(H. Otten)도 이런 니젤의 입장을 지지했지만, 바르트는 이런 니젤과 오텐에 반론을 제기했다. 구체적으로 말하면 니젤은 칼빈의 선택의 표지를 그리스도와 상관없는 것으로 여겼다고 이해할 만한 의미 있는 증거가 전혀 없다고 주장하였다. 그러나 바르트는 더욱 세밀하게 독해한 칼빈의 것을 토대로 칼빈이 실천적 삼단논법을 불가피하면서도 보조적인 논증으로 흐름에 따라 제시했다고 주장하였다.[76] 이에 대해서 칼 바르트는 교회교의학에서 다음과 같이 분명히 언급한다.

"나는 오텐과 니젤과 같은 사람들이 후에 '실천적 삼단논법'(Syllogismus practicus)이라고 부른 것이 칼빈의 신학적 요소 안에 이미 포함되어 있다는 사실을 부인한다는 것은 불가능하다."[77]

그렇다고 바르트가 칼빈이 행위를 믿음의 증거로 보았다고 주장하는 것은 아니다. 바르트에 따르면, 칼빈은 분명 선택과 구원의 증거는 그리스도의 증언 혹은 성령의 증언을 통해서만 가능하다. 칼빈에게 있어서 행위나 선행은 단지 선택과 구원을 위한 하위의 보조적인 수단(adminiculum inferius)에 지나지 않았다.[78] 이러한 칼빈의 의

---

76 리처드 멀러, 『칼빈과 개혁전통』, 416.
77 KD. II. 369.

도를 무시하면 심각한 결과를 초래할 수 있다.

바르트에 따르면, 청교도 신앙에서 이런 오류들이 실제로 발견되는데, 그 오류를 세 가지로 나누어 설명하고 있다. 1) 행위의 증거가 구원과 선택의 첫 번째가 되어서는 안 된다. 2) 열매가 나무로부터 분리되어서 설명될 수 없는 것처럼 믿음과 선행은 분리해서 설명할 수 없다. 3) 행위의 증거는 객관적인 하나님의 말씀과 떨어져서 그 자체로 신비로운 능력이 있는 것처럼 여겨지고 하나님의 결정과는 별개로 인간의 경건과 도덕이 선택과 구원의 통로가 된다고 생각하면 안 된다. 그런데 불행하게도 베자(Th. von Beza)에게서 그리고 청교도들의 신앙고백서인 '도르트레히트 신조'에서 이런 신앙적 오류가 발견된다.79

또한 최고의 칼빈학자 중 한 명인 프랑수아 방델(Francois Wendel)에 따르면, 청교도들이 실천적 삼단논법은 칼빈 신학에서 출발한다는 근거들이 없지는 않다. 예를 들면 칼빈은 『기독교강요』에서 다음과 같이 말한다.

"만일 하나님께서 우리에게 들려주신 모든 은사가, 주의 얼굴의 빛에서 나오는 광선처럼, 그분의 선하며 존엄한 빛에 관한 우리의 명상을 밝게 하여 준다는 점을 우리가 상기한다면, 그만큼 더욱 확실하게 우리는 그분께서 우리에게 행하신 선한 역사들을 통하여 양자의 영이 우리에게 오셨음을 알게 될 것이다."80

---

78 KD. II, 369.
79 KD. II, 370.
80 Inst., III, 14, 18.

그러나 방델에 따르면, 선한 행위가 구원의 증거라고 표현된 곳은 많지 않고 낮은 수준의 표징만을 인정한 것이다. 오히려 칼빈이 행위가 구원의 증거가 아니라고 확실하게 그리고 자주 언급하였다. 칼빈은 인간이 행위를 자신의 구원의 증거로 내세운다면 그 행위의 불완전성으로 인해서 하나님의 심판을 받을 수 있음을 경고한다.[81]

그러므로 칼빈에게 있어서 우리의 예정과 선택에 관한 보장은 첫째, 그리스도에 대한 믿음과 그리스도의 연합이며, 둘째, 하나님께서 우리를 성화시키려고 주시는 은사들이다. 칼빈의 몇몇 제자들은 행위의 증거에 관하여 보다 확정적인 태도를 취하였고, 상당수의 영적 후계자들의 경우에도 우리의 행위의 풍성함과 성공이 우리가 선택과 구원에 관한 명백한 증거를 제공해 준다고 생각하였다. 그러나 이러한 생각은 순수한 칼빈주의자의 생각과는 대립되는 점을 분명히 알아야 한다.[82]

지금까지 필자는 막스 베버 사상의 핵심적 내용을 정리하였다. 그에 따르면 청교도적인 금욕주의와 자본주의 사이에는 선택적 친화력을 갖고 있다. 처음에 백스터 등과 같은 청교도 지도자들은 굳건한 신앙을 갖고 있으면 물질에 대한 욕심의 옷은 쉽게 벗어 던질 수 있다고 생각했다. 그러나 물질적인 부가 축적되자 청교도들은 신앙의 옷은 쉽게 벗어 버리고 물질의 쇠 우리 안에 갇혀 버렸다. 그래서 현실에 안주하며 향락을 즐기는 마지막 인간들이 되어 버렸다는 것이다.

---

81 Inst., III, 14, 19.
82 프랑수아 방델/김재성 옮김, 『칼빈』(고양: 크리스챤 다이제스트, 1999), 332-333.

또한 베버는 자본주의와 함께 발달한 과학과 학문 분야들이 통합되지 못하고 상대화됨으로써 가치다원화가 형성되고, 이로 인해서 가치다신론이라는 재주술화를 염려하였다. 거기에 복잡해진 노동 분업과 노동자들을 관리할 필요에 따라서 관료제의 문제까지 부각되었다.

이런 다차원의 문제들을 어떻게 극복할 수 있을까? 막스 베버는 심정윤리와 책임윤리로 돌아가는 수밖에 없음을 역설한다. 특히 정치인과 학자들이 심정윤리와 책임윤리를 가진 소명의 인간으로 돌아가 사회를 선도해 나아갈 때, 자본주의의 모순을 최소화할 수 있으며 관료제와 가치다신론의 문제에 대한 해법을 찾을 수 있다고 생각했다.

그러나 하버마스는 베버의 해법이 시민사회의 공론장이 형성된 서구 민주주의 사회에 적용하기에 역부족이라고 생각한다. 그는 베버 이론의 기본 틀을 수용하면서도 마르크스와 호크하이머 그리고 아도르노의 이론을 접목시켜 소통 이론으로 발전시킨다.

위르겐 하버마스의 소통 이론

하버마스는 그의 주저 『의사소통행위이론』에서 막스 베버의 합리성 논의에 대한 존경심을 이렇게 표현한다. "막스 베버는 고전 사회학자들 가운데 역사 철학적 사유와 전제 및 진화론의 기본 가정과 결별하면서도 또한 구 유럽 사회의 근대화를 어떤 보편사적 합리화 과정의 결과로 파악하고자 했던 유일한 사람이다. 막스 베버는 합리화 과정의 제 양상에 대해 포괄적인 경험적 연구를 할 수 있는 길을 열었다."83 막스 베버는 합리성의 논의를 통해서 고전 철학 및 사회학과 구분 짓고 근대 합리적 사고의 뿌리와 기초를 놓았다는 것이다.

하버마스에게 있어서 베버의 사상은 세 가지 의미를 갖고 있다. 첫 번째로 베버는 전통적인 근대화를 헤겔처럼 역사철학에 의존하지 않았고, 보편 역사의 합리화 과정의 결과로서 인식한 최초의 사회 이론가이다. 두 번째로 베버는 루카치, 호크하이머, 아도르노와 같은 탁월한 마르크스주의적 이론가들이 자신들의 이론을 발전시킬 수 있었던 근거를 마련해 주었다. 세 번째로는 베버의 합리성 이론은 근대성과 사회적 합리화의 대안적 이론이 발달할 수 있는 중심점이다. 이러한 점에서 하버마스는 베버를 높이 평가하고, 그를 자신의 이론의 출발점으로 삼는 것과 동시에 넘어서야 할 사상가로 대결 구도를 형성한다.84

처음에 하버마스는 루카치 이후의 헤겔 마르크스를 반성하는 틀 안에서 칸트의 사유를 결합하여 자신의 이론을 전개해 나갔지만, 점차 헤겔 마르크스와 결별하고 베버를 수용하였다. 동시에 베버의 개념들과 논쟁을 하면서 베버를 넘어서고자 한다.

무엇보다 하버마스가 놓여 있는 시대적 상황은 베버와 달랐다. 하버마스가 자신의 사상을 전개할 당시의 시대 상황은 의회 민주주의가 지속적으로 발전하고 있었고, 사회 보장이 상당히 진전되었으며, 노동운동은 체제에 순응하여 갔다. 특히 60년대에는 여성, 환경, 교육 운동 등 기존의 노동운동과는 다른 새로운 사회운동이 출현하였다. 이런 상황에서 하버마스는 근대성의 성과를 무조건 거부하지

---

83 위르겐 하버마스/장춘익 옮김, 『의사소통행위이론 I』 (파주: 나남, 2019), 239.
84 릭 로데릭/김문조 역, 『하버마스의 사회사상』 (서울: 탐구당, 1992), 153.

않고 일정하게 수용하면서도 새로운 저항의 잠재력을 설명할 수 있는 이론 모델을 제시하려 했다.[85]

또한 하버마스의 사상에서 언어철학의 영향을 빼놓을 수 없다. 버트런드 러셀과 비트겐슈타인의 등장 이후 서구 사상계에 미친 언어 분석 철학의 영향력은 지대한 것이었다. 하버마스는 이러한 언어철학을 수용하여서 의사소통에 관한 이론을 정리하는 데 사용했다. 특히 하버마스는 영국의 언어철학자들, 오스틴, 설 그리고 크레켈을 수용하였다.[86]

목적합리성에서 소통합리성으로

19세기 이전에는 철학에서 인간의 삶과 사회에 대해서 연구했지만, 막스 베버가 접한 사회적 상황은 달랐다. 근대화가 이루어지면서 자본주의가 발달하고, 그에 따라서 도시화가 급속히 이루어지면서 사회가 더욱 다양화되고 복잡해지기 시작했다. 다시 말해 이전과는 전혀 다른 사회라는 실체를 접하게 된 것이다. 그리고 이런 인간사회를 연구하는 방법론과 인식론이 부족한 상태였다. 이런 상황에서 베버가 사회학 연구의 방법론으로 채택한 것이 바로 가치중립성(Wertfreiheit)과 이념형(Idealtypus)이다. 사회를 연구함에 있어서 주관에 치우치지 않고 객관적인 태도를 유지하려는 노력이 가치중립성이고, 이런 태도를 견지하면서 가장 추상적으로 사회를 바라보는 방법론이 바로 이념형(Idealtypus)이다. 이념형의 방법론으로 인간사

---

85 박정호, "사물화 — 루카치에서 하버마스까지,"「대동철학」제6집 (1999), 34.
86 위르겐 하버마스, 『의사소통행위이론 I』, 468 이하.

회를 관찰하여 합리성(Rationalität)이라는 핵심 개념을 추론했다. 즉, 인간사회의 발전은 합리성으로 설명할 수 있고, 그 합리성의 정도에 따라 발전한다는 것이다. 베버는 사회적 행위와 관련된 합리성을 네 가지로 구분하였다: 목적합리성, 가치합리성, 정서적 합리성, 전통적 합리성.

1) 서구 사회의 합리화

하버마스는 이런 베버의 합리성에 대한 정의를 자신의 의사소통의 합리성을 통해서 베버를 넘어서려고 한다. 그러기 위해서 우선 베버의 합리성 이해에 대한 재해석을 시도한다. 이를 위해서 하버마스는 우선 합리성에 대한 베버의 근본적인 질문에서 논의를 시작한다. 베버의 질문은 이것이다. 왜 유럽 밖에서는 "과학, 예술, 국가, 경제가 모두 서구에 고유한 합리화의 궤도에 따라 변하지 않는가?"[87]

하버마스는 이 질문에 대답하기 위해서 탈콧 파슨스의 방식을 차용한다. 파슨스에 따르면 합리화의 발전은 그 척도가 되는 세 가지 항목을 나누어 살펴보아야 한다: (1) 사회 (2) 문화 (3) 인성.[88]

(1) 사회: 베버에 따르면, 서구 사회가 자본주의적 경제와 근대 국가의 모습이 가장 합리적으로 발전하였다. 기계화의 노동 분업을 통해서 자본주의적 기업이 발전하였다. 그리고 국가는 중앙집권화되어서 조세제도와 법 제정을 통해서 공권력 사용을 정당화하고 국가를 관리하는 관료제가 발전하였다.

---

87 Ibid., 257.
88 Ibid., 258-269.

(2) 문화: 베버에 따르면, 서구에서 과학기술이 발전하였으며 개신교 윤리를 통해서 탈주술화되어서 문화적 합리화가 발전되었다. 또한 교회의 예배 의식을 통해서 다양한 예술 활동(교회 장식물, 교회 음악, 서사시 등)이 발전되었고 궁정과 예술 후원자 등을 통해서 자율적인 예술 발전이 이루어져서 고유한 가치관이 발전되었다.

(3) 인성: 문화적 합리화에 상응해서 인성과 관계된 조직적 생활방식이 발전하였다. 위에서 살펴보았듯이 베버는 청교도적 윤리가 개인의 삶과 인성을 탈주술화시켰으며 루터파의 직업윤리가 세상과 사회에 뿌리내리게 하는 데 기여하였다. 그리고 원칙 중심적인, 자기 통제적인, 자율적인 생활 방식이 철저하게 조직화되어서 윤리적 삶이 모든 생활영역에 파고들었다. 하버마스 다음과 같은 표로 서구 사회의 합리화 현상을 설명하고 있다.

2) 형식적 합리성과 실천적 합리성

베버는 합리성을 형식적 합리성과 실천적 합리성으로 구분한다. 형식적 합리성이란 개념적인 차원의 합리성을 말한다. 즉, 어떤 행위가 기술적으로 가능한가 그리고 그 행위가 실제적으로 적용 가능한가를 계산하는 것이다. 그에 반해서 실천적 합리성이란 윤리, 정치 그리고 신분적인 차원에서 가치합리적으로 그리고 실질적으로 검사하는 것을 의미한다.

베버에 따르면, 서구의 철학과 학문은 그동안 실질적으로 검증되지 않은 형식적인 합리주의에 머물렀다. 즉, 철학과 종교가 실질적인 차원의 합리성을 이끌어 내지 못했다. 아니, 서구 철학뿐만 아니라 동양이나 다른 대륙의 종교나 철학도 실천적 합리성을 담지하고 있지는 못했다. 그러나 청교도적인 칼빈주의만은 달랐다. 칼빈주의는 형식적 합리주의를 넘어서서 실천적 합리주의를 포함하고 있으며, 이를 통해서 서구 사회의 합리성을 발전시켰다. 하버마스는 베버의 『경제와 사회』의 한 부분을 인용한다.

"현세적 직업윤리와 종교적 구원에 대한 확신 사이의 원칙적이고 체계적이며 단절 없는 통일은 전 세계에서 오직 금욕적인 개신교 직업 윤리에서만 이루어졌다. 바로 여기에서만, 피조물로서 타락한 것일 뿐인 이 세계가—단적으로 초현세적인 신의 의지에 따라— 합리적 행위를 통해 의무를 충족시키는 대상으로서 오직 종교적으로만 의미를 갖는 일이 일어난다. 행위가 합리적이고 냉철하며 세상에 몰입되지 않은 목적을 가지고 행해지며 또 성공을 이루는 것은 신의 은총이 거기에 자리하고 있다는 징표이다. 승려처럼 동정(童貞)은 아니지만 모든 성애의 쾌락을 배척하는 것, 가난은 아니지만 모든 이자 놀이나 봉건적이고 낙천적인 부의 과시를 배척하는 것, 수도원의 금욕적인 고행은 아니지만 각성되고 합리적으로 통제된 생활 방식을 가지며, 세상의 미나 예술 혹은 자신의 정서나 감정에 탐닉하는 것을 모두 배척하는 것이 요구 사항이다. 규율되고 조직적인 생활 방식이 명백한 목적이며, '직업 인간'이 대표적인 유형이다. 사회 관계를 합리적이고 객관적인 질서로 편성하는 것은 세계의 다른 모든 종교에 반하는, 서구의 현세적 금욕주의의 특수한 결과이다."[89]

---

89 Ibid., 279.

이러한 청교도적인 칼빈주의가 실천적 합리성으로 시행될 수 있었던 이유는 그 안에 있는 가치합리성과 목적합리성이 잘 결합되어 있었기 때문이다. 즉, 청교도적인 금욕주의라는 가치합리성과 직업을 통한 부의 축적이라는 목적합리성이 잘 결합되어서 실천적 합리성에 관철될 수 있었다는 것이다. 그리고 이런 실천적 합리성이 조직적인 합리적인 생활 방식으로 이어져서 자본주의와 선택적 친화력을 갖게 되었다는 것이다.

3) 베버에 대한 편향적 해석: 목적합리성

베버에게 있어서 가치 합리성과 목적합리성이 유기적으로 결합된 실천적 합리성의 결과가 부정적으로 나타난다. 결국 청교도적인 실천적 합리성이 만들어 낸 결과가 바로 '쇠 우리'(iron cage)였다. 하버마스는 이 쇠 우리를 자유 상실로 표현한다. 왜냐하면 쇠 우리는 결국 마지막 인간을 탄생시켰고, 베버가 이것을 자유를 상실한 인간으로 표현하고 있다. 하버마스는 베버의 『프로테스탄트 윤리와 자본주의 정신』의 마지막 구절을 인용한다.

> "그렇게 되면 이러한 문화발달의 최후의 인간들(마지막 인간들)에게 다음의 단어가 진실이 될 수 있을 것이다. '정신을 상실한 전문가, 마음을 상실한 향락가', 이 하찮은 존재가 이제까지 이룩하지 못한 인류문명의 단계에 올랐다는 망상을 하게 된다."[90]

---

90 Ibid., 375.

그런데 하버마스는 실천적 합리성, 즉 가치합리성과 목적합리성이 유기적으로 결합되어 형성된 서구 자본주의의 윤리가 배타적인 목적합리성의 체계로 변질되었다는 베버의 어두운 전망에 하버마스는 동의하지 않는다. 그에 따르면, 베버의 문제는 자본주의 정신을 형성하는 서구 근대 정신으로서 합리성을 목적합리성이 관철되어 가는 과정으로만 해석하고 있다는 것이다. 베버는 초기 자본주의 정신의 탄생과 관련해 가치합리성과 목적합리성이 유기적으로 연결된 심정윤리를 강조했지만, 이후 자본주의의 자기 성장 과정에서 목적합리성이 지배적인 원리로 되었다는 평가를 내리고 있다.[91]

이렇게 베버가 목적합리성을 지배적인 원리로 해석한다는 것은 근대자본주의의 외적 형식인 법(法)에 대한 이해에서도 분명히 나타난다고 하버마스는 말한다. 19세기 후반 서유럽 자본주의의 위기는 자본과 국가의 불가피한 협력 관계, 나아가 국가에 의한 자본의 지배로 돌파구를 마련하였다. 서구의 국가는 광범위하고 조밀한 관료제 행정 체계의 구축으로 자본주의의 요구에 적절히 대응해 나갔다. 본질적으로 관료행정에서 결정 과정과 절차, 권한과 책임은 법률적 형식에 의해 명확하게 규정되고 작동되었고, 그 위에서 국가적 지배의 정당성이 도출되었다. 그 속에서 인격, 윤리, 도덕, 자의성 배려와 같은 인간적 요소는 철저하게 배제되어야 하고, 오직 정해진 법률적 규칙의 기준만이 적용되어야 했다. 하버마스에 따르면, 베버가 서구 근대 자본주의와 법률-행정 체계의 합리성을 목적합리성의 차원으로만 해석했다는 것이다.[92]

---

91 하상복, 『하버마스의 의사소통행위이론 읽기』 (서울: 세창미디어, 2022), 73.
92 Ibid., 75.

이렇게 베버가 근대 서구 사회의 합리성을 목적합리적인 것으로 해석하는 이유는 근본적으로 그의 행위 이론에 문제가 있기 때문이라고 하버마스는 주장한다. 앞에서 언급했듯이 베버는 이념형, 즉 사회적 행위를 목적합리적 행위, 가치합리적 행위, 감정합리적 행위, 전통적인 행위로 유형화하였다. 그런데 이 이념형을 분석해 보면 베버의 논리는 목적합리성에 대한 편향으로 기울어질 수밖에 없다는 것이다.

하버마스는 이 네 가지의 합리성에 대해서 다음과 같이 수정하고 정의한다: ① 목적합리적 행위: 외부 세계 대상들과 다른 사람들의 반응을 예상하고, 이러한 예상을 자신이 합리적으로 계산하고 성사시키고자 하는 목적을 위한 조건 혹은 수단으로 이용함. ② 가치합리적 행위: 윤리적, 미학적, 종교적 가치, 혹은 어떤 다른 방식으로 이해되어야 하는 가치이든 간에 순수하게 어떤 행동 자체의 무조건적 고유가치에 대한 의식적 믿음에서 그리고 성과와 무관하게 행해지는 행위, ③ 감정적, 특히 정서적 행위: 실제 감정과 정서 상태에 따라 이루어지는 행위, ④ 전통적 행위: 익숙한 습관에 따른 행위.[93]

위의 정의에서 볼 수 있듯이 하버마스에게 있어서 감정적 행위와 전통적 행위는 합리적 행위의 범주에 들어가지 않는다. 감정적 행위는 합리적이지 않고, 전통적 행위는 맹목적이기 때문이다.

그리고 하버마스는 베버의 사회적 행위 이론을 분석하기 위해서 슐루흐터의 이론을 사용한다. 슐루흐터에 따르면, 인간의 행위는 행위자의 주관 속에서 네 가지 요소가 작동될 때 합리적인 행위라고

---

93 위르겐 하버마스, 『의사소통행위이론 I』, 418.

말한다. 네 가지 요소란 행위의 '목적' 그리고 그 목적으로 이루기
위한 '수단' 그리고 그 목적과 수단이 옳은 것인지를 판단하는 가치
그리고 앞의 세 가지 요소로 인한 행위의 '결과'이다.[94] 하버마스는
베버가 말하는 네 가지 사회적 행위를 슐루흐터의 이론에 적용해서
다음과 같은 표를 만들었다.[95]

베버의 행위 유형 분류

합리성 감소의 정도에 따른 행위 유형	주관적 의미가 다음 요소들에까지 미친다			
	수단	목적	가치	결과
목적합리적	+	+	+	+
가치합리적	+	+	+	-
감정적	+	+	-	-
전통적	+	-	-	-

　이 행위 분류법에 따르면 목적합리적 행위는 분명하게 구별되는
가치 지평에서 목적을 선택하고 나타날 수 있는 여타의 결과를 고려
하면서 적절한 수단을 조직한다.[96] 예를 들어서 한 학생은 자신의
미래가 사회에서 성공적이기를 원한다. 이것은 분명하게 구별된 가
치 지평에서 목적을 선택한 것이다. 이것을 이루기 위해서 공부를
잘해야 한다는 결과를 고려하면서 적절한 수단, 즉 공부를 잘하는
방법을 체계적으로 생각하고 실행하는 것이다. 그리고 그 결과에
대해서도 누가 합리적으로 동감하며 추론할 수 있다.
　그에 비해 가치합리적 행위의 경우 행위자의 의식은 행위가 산출

---

94 Ibid., 419 이하.
95 위르겐 하버마스, 『의사소통행위이론 I』, 419.
96 하상복, 『하버마스의 의사소통행위이론 읽기』, 82.

하는 결과에 대해서는 합리적 원칙을 적용하지 않는다. 목적과 가치에 합리적인 의미를 부여하고, 그 수단의 선택 또한 합리적인 계산을 통해서 조직하려 하지만, 그 결과에 대해서는 합리적 의식이 관여하지 않는다. 예를 들어서 한 크리스찬이 좋은 신앙인이 되기 위해서 주일날 장사를 하지 않고 교회에 가서 예배를 드리기로 결심했다. 이 행위에서 좋은 신앙인이 된다는 것은 적어도 신앙적인 면에 있어서는 합리적 목적이다. 그리고 예배를 드려야 한다는 가치판단 역시 합리적이다. 주일날이라는 시간적 수단을 장사가 아닌 교회에 가는 것으로 결정한 것도 합리적이다. 그러나 그 결과가 다른 사람에게 혹은 사회 통념적으로 합리적인지에 대해서는 고려하지 않았다.

또 감정적 행위는 추구하는 목적과 수단을 합리적으로 선택하지만, 가치와 결과에 대해서는 합리적 의식이 관여하지 않는다. 예를 들어서 누군가에게 폭력을 당한 사람이 복수를 결심했다. 그래서 같은 방법으로 복수했다. 이때 목적과 수단은 합리적일 수 있다. 왜냐하면 자신이 당한 폭력에 복수하는 것은 자기 정당성을 얻을 수 있고 또 똑같은 방법으로 폭력을 사용하는 것도 자기 합리성을 확보할 수 있다. 그러나 그것이 사회 통념적으로 혹은 다른 사람에게 올바른 것인지에 대한 가치판단과 그 결과가 합리적인지에 대해서는 의식하지 않고 있다.

마지막으로 전통적인 행위는 수단적 차원만을 제외하고 목적과 가치와 결과에 대해서는 의식적으로 고려하지 않는다. 예를 들어 한 무슬림 여인이 히잡을 착용할 때, 히잡이라는 수단은 이슬람 전통에서는 합리성을 가질 수 있다. 그러나 그 목적과 가치 그리고 그 히잡을 착용함으로 인한 결과, 즉 생활상의 불편함이나 혹은 통념적인 합리성을 의식하지 않았다.

위에서 살펴보았듯이 베버가 말하는 행위들은 점점 자기의식 안에서만 합리적인 주관적 합리성에 갇혀 있다. 따라서 하버마스가 볼 때 이러한 베버의 행위 이론은 크게 두 가지 전제를 갖고 있다.

첫째, 베버의 행위자는 타자와의 의사소통을 수행하지 않는, 오직 자기의식 내부에서만 합리성을 고려하고 판단하는 존재이다. 그는 마치 상대 죄수와의 어떤 소통도 가능하지 않은 고립된 독방에서 자신의 죄를 고백해야 하는가 혹은 하지 않아야 하는가를 고민하는 죄수와 같다. 그는 상대 죄수가 어떤 선택을 할 것인가를 고민하면서 자신의 선택 가능성들을 합리적으로 따져 보지만 실제로 상대와 의사소통을 수행할 수가 없다.[97]

둘째, 베버가 말하는 합리적 행위들은 사회적 행위의 경계를 벗어나는 경우가 많다는 것이다. 대표적으로 감정적인 행위는 사회적으로 합리적인 범주의 경계를 넘어서는 경우가 많으며, 전통적인 행위는 아마도 반복적으로 발생해 자동화된 습관으로 행위의 거의 모든 과정을 수행한다는 점에서 합리적 의식과 멀리 떨어져 있다. 따라서 감정적인 행위나 전통적인 행위는 사회적 행위의 모델로 수용되기가 쉽지 않다.

결국 핵심적인 문제는 가장 합리적이라고 평가되는 목적합리적인 행위와 가치합리적인 행위에 집중된다. 그런데 하버마스에 따르면, 합리적인 의식이라는 차원에서 베버는 목적합리적 행위와 가치합리적 행위를 동등한 무게로 고찰하지 않았다. 위의 표에서 말해주

---

97 Ibid., 83.

듯이 가치합리적 행위는 나타날 결과에 대한 합리적 고려 없이 행위를 수행하기 때문이다. 베버에게 있어서 행위의 모든 과정에서 합리적 사고로 관철되는 목적합리적 행위가 합리적 행위의 긍정적 또는 완결적 모델이 된다.[98]

그리고 하버마스는 베버가 데카르트로부터 시작된 의식 주관적 철학의 범주를 벗어나지 못하고 있다고 비판한다. "나는 생각한다. 고로 존재한다"는 데카르트의 명제로 시작된 의식 철학은 칸트의 순수이성비판과 도덕철학을 거쳐 헤겔에 이르기까지 의식 철학의 범주에 머무르고 있다. 이런 한계는 베버를 수용한 루카치에서부터 아도르노에 이르기까지 비판이론 전반에서 발견된다. 하버마스는 『의사소통행위이론』 1권 마지막에 다음과 같이 말한다.

> "루카치에서 아도르노에 이르는 베버의 합리화의 수용에서 분명히 드러나듯이, 사회 합리화는 계속 의식의 물화로 파악되었다. 그러나 이런 파악이 봉착하게 하는 역설들이 이 주제를 의식 철학의 개념적 수단으로는 만족스럽게 다룰 수 없다는 것을 보여준다."[99]

4) 베버의 이념형을 넘어서: 의사소통의 합리성

베버와 비판이론이 넘어서지 못한 의식 철학의 한계를 하버마스는 의사소통이론으로 넘어서려고 한다. 이러한 하버마스의 사상적 의도는 프랑크푸르트대학교 교수 취임 강연인 "인식과 관심"(1965)

---

98 Ibid., 86.
99 위르겐 하버마스, 『의사소통행위이론 I』, 579.

에서 드러나기 시작해서 1968년 발표된 논문인 "노동과 상호작용"에서 더욱 구체화되었다.[100]

하버마스는 먼저 근대적인 주체를 타자와의 의사소통 상호작용을 통한 사회화의 산물로 설명함으로써 근대적 주체의 자립성과 근원성을 해체하는 동시에 이를 통해 새로운 방식으로 주체를 재구성해 내고자 한다. 하버마스에 따르면, 근대적 주체의 자기 관계란 결국 타자와의 의사소통이 내면화된 산물이며, 그런 한에 이미 타자에 대한 인정과 소통을 전제하고 있다는 것이다.

(1) 근대적 주체 개념의 재구성: 언어적인 그리고 실천적인 상호주관성

하버마스는 초기 논문인 "노동과 상호작용"에서 헤겔의 자기의식에 대한 개념에 주목한다. 헤겔이 등장하기 전 근대 철학의 중심 주제는 자기의식이었다. 특히 칸트는 선험적인 자아를 분석하는데, 그에게 있어서 자아는 세계를 구성하는 주체이며, 인식론적인 그리고 실천적인 입법자이다. 이런 칸트적인 자기의식을 극복하는 계기로 하버마스는 헤겔의 관계의 변증법에 주목한다. 헤겔에게 있어서 자기의식은 칸트처럼 선험적으로 존재하는 것이 아니라 주체와 주체의 상호작용의 경험으로 발생한다는 사실을 강조한다. 다른 주체와의 상호작용 속에서 나는 다른 주체의 눈으로 나 스스로를 보는 방법을 배운다. 나 자신에 대한 의식, 즉 자기의식은 관점을 교차시킴으로써 발생하는 파생물이다. 결국 헤겔은 상호 인정과 상호작용

---

100 김원식, 『하버마스 읽기』 (서울: 새창미디어, 2015), 75.

이라는 토대에 기초해서만이 자기의식이 형성될 수 있다고 주장한다.[101]

하버마스는 헤겔의 입장에서 더 나아가 나와 너의 상호작용을 통해서 근대적 주체와 자기 관계가 가지는 자립성을 해체하는 것은 물론, 동시에 이를 통해서 자아, 주체의 자기 관계를 새롭게 재구성해 내고자 한다. 이를 위해서 하버마스가 취하는 일차적인 전략은 자기의식이라는 개념의 자립성, 근원성을 해체하는 작업이다. 즉, 자기의식이라는 현상은 모든 인식의 전제로서, 근거로서 주어진 그 자체로 확실한 기점이 아니라는 것이다. 하버마스는 주체의 자기의식의 발생적인 측면과 구조적인 측면 모두에서 타자와의 상호작용에 의존한다는 점을 밝히고자 한다.

자기의식은 생각하는 나의 자기 관계를 통해서 성립된다. 자기의식은 생각하는 나와 생각되는 나의 관계를 의미하며, 그런 한에서 구별 가능한 두 항이 언제나 동시에 요구된다. 이러한 나의 이항적인 분리와 분리된 양쪽 항의 관계 맺음은 주체의 자기 관계가 성립되는 조건이다.[102]

이를 위해서 하버마스는 상징적 상호작용론의 창시자인 미국 사회심리학자 미드(Gerge Herbert Mead, 1963~1931)의 이론을 수용한다. 미드는 나의 자기 관계에서 나타나는 이러한 두 항, 즉 생각하는 나와 생각되는 나를 주격의 나(I)와 목적격의 나(me)로 표현하고 있다. 나는 목적격 나를 주격 나의 관점에서 번성할 수 있으며, 이러한 반성적 의식을 우리는 자기의식이라고 부른다. 이러한 관계를 통해서 비로

---

101 Ibid., 76.
102 Ibid., 80.

소 우리는 우리 자신을 나로서, 즉 주체로서 파악되게 된다. 만일 내가 나를 객관화하여 포착하지 못하면 나는 단지 즉자적이고 본능적인 존재에 머물고 말 것이다.

사실 우리의 사회 경험을 통해서 주어지는 자아는 언제나 목적격 나로서 주어질 뿐이다. 왜냐하면 우리의 의식에 포착되는 순간 자아는 이미 대상화된 존재로서, 목적격 나로서 드러날 뿐이기 때문이다. 우리의 의식적인 경험에 드러나는 자아는 언제나 기억 속에 고착된, 이미 지나간 나의 모습이다. 그리고 이러한 목적격으로서의 나는 상대방이 나에 대해 가지는 관점들을 통해서 구성된다. 반성 속에서 나에게 떠오르는 나의 모습은 타인들이 나에 대해서 가지고 있는 관점과 해석을 통해서 구성된다. 나는 언제나 사회적 맥락 내에 존재하는 누군가의 부모이고, 자녀이고, 동료이다. 이와 같이 반성의 대상이 되는 나의 모습은 언제나 타자와의 관계를 통해서 구성된다. 자신에게 대상이 될 수 있는 자아는 본질적으로 사회적인 구조를 가지고 있으며, 사회적 경험에서 발생한다.[103]

그러므로 자기의식을 구성하는 한 계기로서, 자아를 구성하는 중요한 축으로서의 목적격 나는 언제나 사회적으로 구성된다. 그러한 한에서 자아는 언제나 타자 관계를 전제로 성립될 수 있다. 이것은 반성 속에서 나를 대상화한다는 것을 의미한다. 내가 나를 타인을 바라보듯이 바라본다는 것을, 즉 타인의 관점에서 나를 바라본다는 것을 의미한다. 그리고 하버마스에 따르면, 목적격 나에 대한 반성은 타자의 관점을 수용함으로써 가능하다. 반성적 자기 관계가 가능하

---

103 Ibid., 81.

기 위해서는 타인과의 상호작용을 통해서 타인들이 나를 바라보는 관점을 나 자신이 내면화할 수 있어야 한다. 결국 자기 관계는 타자 관계를 매개로 타자의 관점을 내면화하여 수용할 때에만 비로소 가능하다는 것이다.

여기서 의사소통 과정은 특히 중요한 의미를 지니게 된다. 왜냐하면 언어적인 의사소통 과정을 통해서 나는 나의 언표 자체에 대해 비로소 반성적으로 관계하기 때문이다. 우리가 '의사소통'이라고 부르는 것이 중요한 이유는 그것이 개인이 스스로에게 대상이 될 수 있는 행위의 형식을 제공하기 때문이다. 그러므로 언어의 습득 과정은 매우 중요하다. 언어를 습득하는 사회화 과정은 너의 시선을 내면화하여 나를 대상화하기 위한 필수적인 전제조건이라고 할 수 있다.[104]

이렇게 언어적인 상호작용을 통해서 그리고 반성에 의해서 포착된 대상, 나아가 목적격 나는 더 이상 단순한 대상으로 고착되지 않는다. 주체의 자기 관계는 타자 의존적이며, 이때의 타자 관계로 언어적 의사소통을 의미한다. 그리고 이 언어적 상호작용은 대상에 대한 도구화의 기제로 환원될 수 없는 고유한 의사소통의 구조를 가지고 있다. 그 때문에 의식 철학이 강요하는 타자에 대한 일방적인 대상화라는 틀은 이제 더 이상 유효하지 않게 된다. 오히려 근원적인 것은 나와 너의 언어적 상호작용이며, 그러한 한에서 나는 세계에 대한 소통적 관계의 풍부성을 회복하게 된다. 그리고 의사소통 행위 속에서 나는 너를 나와 구별되지만 동등한 권리를 가진 주체로 인정해야

---

104 Ibid., 85.

만 한다. 그렇지 않다면 온전한 언어적 상호작용은 불필요하거나 불가능한 것이다.

이런 상호주관성은 단지 의사소통에만 적용되는 것이 아니라 실천적 차원에서도 적용된다. 근대 철학의 실천적 자율성은 주체의 자율성으로 파악되었다. 특히 칸트에서 실천이성은 타자와의 관계와 무관하게 선험적 도덕률에 따라서 작용한다. 이는 근본적으로 비사회적인 것으로 설정하고 있다는 점에서 그 한계를 갖는다. 헤겔은 칸트의 도덕철학은 너무 좁다고 비판한다. 그 이유는 칸트가 사회세계나 특수한 공동체의 성원으로서 우리가 가정하는 우리 자신의 특징을 고려하지 않았기 때문이다. 헤겔에게 있어서 실천적 자아는 시민사회 그리고 국가라는 사회에서 보편이성을 지향하고 인륜성을 강조한다. 그러나 여전히 헤겔에게 있어서 실천적 자아는 의사소통을 통해서 형성되는 것이 아니라 자기 규정적이다. 즉, 인간 안에 있는 자유의지는 그 무한한 자기 욕구와 충동을 타자 혹은 공동체와의 관계 속에서 제한하고 통제한다.[105]

그렇기 때문에 하버마스는 자기의식을 비판적으로 재구성했던 동일한 전략에 따라서 실천적 자율성이 가지는 자립성 역시 해체해 나가고자 한다. 주체가 도덕적 주체로서 성립하는 것은 이론적 자기의식의 경우와 마찬가지로 타자와의 관계에 의존한다는 것이다. 내가 나 자신에게 규범적인 태도를 취하는 것은 근본적으로 타인들이 가지는 나의 역할에 대한 기대를 내면화함으로써만 가능하기 때문이다. 이번에는 나의 역할에 대한 타인의 기대가 목적격 나를 구성한

---

105 존 롤스, 『도덕철학사강의』 (서울: 이학사, 2020), 513.

다. 그리고 이러한 목적격 나는 규범적 판단의 기초로 작동한다. 사회적인 규범의 내면화를 통해서 목적격으로서의 나가 구성된다. 나아가서 목적격 나는 주격 나의 충동에 대한 통제자 역할을 한다. 그렇지만 여기서 주체가 단지 타인들이 나에게 요구하는 역할을 따르는 수동적인 존재로만 해석되는 것은 아니다. 왜냐하면 실천적 자기관계에서 주격 나는 언제나 목적격 나로부터 일탈하여 새로운 규범을 창출할 가능성을 가지고 있기 때문이다. 주격 나는 타인들의 기대가 내면화된 결과라고 할 수 있는 목적격 나의 명령을 수용하거나 거부할 수 있는 긍정적 능동성이다.[106]

여기서 주격인 내가 긍정적 능동성을 가졌다는 것은 나는 단순히 특정한 문화적 관습에, 즉 목적격 나에 제약되어 있는 존재가 아니라는 것을 의미한다. 주체는 주어진 제약을 비판적으로 넘어서서 보편적 규범을 창출할 수 있는 능력을 가지고 있다. 주체는 사회적으로 구성된 규범적 요구 전체에 대항하여 합리적 논거에 따라 비판하고 판단할 수 있는 자율적인 주체로 이해되어야 한다.[107]

지금까지 필자는 하버마스가 어떻게 근대적 의식 철학을 재구성하였는지 살펴보았다. 이는 자신의 의사소통 행위이론을 전개하기 위한 중요한 발판을 마련한 것이다. 하버마스에게 있어서 언어적인 그리고 실천적인 상호주관성이 없는 근대 철학의 자기의식은 폐쇄적인 것이다. 하버마스는 이런 근대 철학의 자기의식의 폐쇄성을 비판하고, 동시에 자기 주관성을 새롭게 구성하고 있다. 이를 통해서 그는 자신이 지향하고 정립하고자 하는 의사소통적 자기의식을 구

---

106 김원식, 『하버마스 읽기』, 91.
107 Ibid., 92.

성하는 토대를 마련하고 있다.

(2) 노동과 상호작용

하버마스는 의사소통 행위이론의 출발점을 헤겔 철학에서 찾았다. 특히 그의 초기 저작『노동과 상호작용』에서 그의 사상의 초석을 다졌다. 다수의 하바마스 전문가들은 헤겔의 '인정' 혹은 '상호주관성'이라는 개념이 의사소통 행위 개념으로 발전했다는 사실에 동의한다.[108]

하버마스는『노동과 상호작용』에서 예나 시기 헤겔 정신 철학에 대한 분석을 통해서 헤겔이 말한 '정신의 형성 과정'에 대한 나름대로의 해석을 시도하고 있다. 하버마스의 논의를 충실하게 따라가기 위해서는 우선 그가 '의식의 세 가지 실존 유형들'에 대해서 살펴보아야 한다.

헤겔은 의식의 현존하는 매체(실존 유형들)로 '언어(Sprache)와 도구(Werkzeug) 그리고 가산(Familiengut)'을 말하고, 정신이란 이 세 가지의 유기적 조합으로 설명한다. 하버마스는 이 세 가지를 각각 '언어', '노동' 그리고 '가족'으로 재해석한다. 다시 말해서 의식은 언어와 노동을 통해서 타자 혹은 자연물과 관계를 맺으며, 이 두 가지는 가정이라는 가장 기본적인 삶의 토대에서 우선적으로 사용된다는 것이다. 따라서 삶의 가장 기본적인 요소는 언어와 노동 그리고 가정의 유기적 조합에 의해서 가능하다.

---

108 서정혁, "헤겔의 인정개념에 대한 이해와 오해,"「철학」제83집, 168.

먼저 이 시기 헤겔에게 있어서 언어는 정신이 사물을 기억하는 주요한 표식이다. 언어적 차원에서 보면 '사물에 이름 붙이는 행위'에서 언어와 기억은 동일한 사태의 양면이다. 즉, 정신은 사물에 이름을 붙임으로 그것을 기억하고 주관적으로 파악한다. 하버마스는 이러한 헤겔이 언어의 상호주관적 성격을 파악하지 못했다고 비판한다. 언어가 의식과 의식의 상호성을 지녔음에도 불구하고 헤겔은 언어를 자연과 대면하여 사물에 이름을 부여하는 고독한 개인의 상징 작용의 의미로만 파악했다는 것이다. 헤겔에게 있어서 도구(노동) 또한 의식을 현존케 하는 매체이다. 노동의 차원에서 보면 객체에 대해 주체인 노동자의 경험이 축적된 결과물인 도구가 주-객을 매개하는 중간자가 된다.

하버마스는 이 두 측면, 즉 언어적 차원과 도구적 차원에서 나타나는 의식을 '이름 붙이는 의식'과 '교활한 의식'이라고 부르며, 이 두 측면의 성격을 구분한다. 이름 붙이는 의식이 표상의 차원에서 주-객을 매개할 때 언어로서의 기호는 사유하는 의식을 지배하면서 그것을 능가하는 객관적인 힘을 지닌다. 이와 반대로 노동에서는 자연이라는 객체에 의식이 자신을 투영하는 결과가 다시 의식 자신에게 '물화된 상태'로 되돌아오는데, 이 결과물이 바로 '도구'이다. 이름 붙이는 의식과는 달리 교활한 의식은 도구를 가지고 자연 과정을 보다 철저하게 지배하며 자신의 주관적인 자유를 확장한다. 이와 같은 언어와 도구의 두 가지 측면은 이후에 하버마스가 의사소통적 행위와는 대비하여 제시하는 합목적적 행위 유형으로서 '도구적 행위'나 '전략적 행위'로 표현된다. 언어와 노동은 합목적적 행위로 한 축으로 묶고 의사소통적 행위와 대조를 이루는 개념으로 설정된다.

이렇게 언어와 노동을 한 축으로 묶은 다음 하버마스는 세 번째 실존 유형인 가족에 대해서 분석한다. 하버마스에 따르면, 헤겔은 가산(家産), 즉 가족에서 나타나는 상호작용을 실존 매체로 생각한다. 이 점에서 헤겔은 칸트처럼 '자아'(Ich)를 고립된 자아의 자기 자신에 대한 반성으로 생각하지 않고 대립적 주체들이 의사소통적으로 합의해 나가는 과정, 즉 상호주관적 관점에서 주체들이라고 할 수 있는 정신이 형성되어 가는 과정으로 생각했다. 이러한 헤겔의 논리를 근거로 하버마스는 자신이 이후에 이론적으로 정형화하는 '의사소통적 행위'를 헤겔이 이미 예나 시기부터 구상했다고 해석한다. 하버마스는 자신이 합목적적 행위 유형으로 간주하는 언어와 노동과는 달리, 상호작용의 기초가 되는 가족 내에서의 사랑을 의사소통적 행위의 전형으로 해석하고 있다.[109]

이어서 하버마스는 언어와 노동을 합목적적 행위로 간주하여 이 둘을 노동이라는 개념으로 통합하고 상호작용적 행위와 구별한다. 하버마스에 따르면, 노동을 통해 우리는 객체를 대상화하고, 그것을 나의 욕구에 따라 이용할 수밖에 없지만, 상호 작용에서 나와 만나는 너는 결코 그러한 대상으로 환원될 수 없다. 왜냐하면 너는 나라는 주체가 성립하기 위한 조건이요, 나와 동등한 권리를 가진 다른 주체이기 때문이다. 그렇기 때문에 노동과 상호작용 양자는 근본적으로 구조가 다른 인간적 행위의 고유한 양식이다. 따라서 상호작용을 노동으로 환원하거나 노동을 상호작용으로부터 끌어내는 것은 불가능하다. 노동을 통해서 주체가 객체를 동일화하고 그것을 지배하

109 Ibid., 170-172.

려고 하는 반면, 상호작용 속에서 주체는 다른 주체를 인정하고 그와 화해하고자 한다.[110]

한편 하버마스는 자신의 작업과 마르크스의 작업을 비교하기도 한다. 노동과 상호작용의 관계를 통해서 마르크스의 변증법적 유물론의 기초 개념인 생산력과 생산관계의 모순을 새롭게 해석한다. 마르크스는 노동과 상호작용을 생산력과 생산관계를 대비시킨다. 하버마스에 따르면, 마르크스가 생산력과 생산관계라는 개념을 통해서 노동과 상호작용의 계기를 구별하고, 그 두 계기 사이의 변증법적 관계를 탐구했다는 사실에 대해서 긍정적으로 평가한다. 생산력과 생산관계라는 개념을 축으로 진행되는 마르크스의 사적 유물론이 양자의 차이와 관계를 동시에 강조하는 노동과 상호작용의 변증법을 함축하고 있다는 것이다.

그렇지만 하버마스에 따르면, 마르크스는 노동과 상호작용이라는 두 행위 유형을 철저하게 구별하지 못했다. 그는 마르크스가 상호작용을 결국 노동이라는 개념으로 환원시킴으로써 두 행위 유형 사이의 구별을 망각했다고 비판한다. 마르크스는 결국 모든 행위를 도구적 행위로 환원함으로써 생산력과 생산관계의 변증법 역시 생산의 자기운동으로 해소해 버렸다는 것이다. 이러한 하버마스의 평가에 따르면 결국 헤겔도, 마르크스도 노동과 상호작용 양자의 관계를 적절히 해명하지 못했다. 그리고 그 이유는 이들이 궁극적으로 노동과 상호작용이라는 두 행위의 유형을 엄밀하게 구별하고, 그러한 구별을 끝까지 유지해 나가지 못했기 때문이다. 헤겔은 절대정신

---

110 김원식, 『하버마스 읽기』, 101.

의 자기 실현이라는 발상 때문에, 마르크스는 생산의 자기운동이라는 개념 때문에 결국 양자의 구별을 부정하게 되었으며, 그 때문에 하버마스는 이 두 가지 행위 유형을 다시 한번 분명하게 구별하려고 노력했다.111

이렇게 하버마스가 헤겔 철학을 재구성함으로써 근대 철학의 한계를 극복하려고 노력하였다. 자기의식이라는 폐쇄성을 상호주관성이라는 틀로 재수정하고 노동과 상호 작용을 구별 지음으로써 헤겔과 마르크스가 보지 못한 의사소통적 행위의 개념을 정초하고자 했다. 무엇보다도 하버마스는 이러한 개념적 재구성을 통해서 근대 사회과학의 주요한 인식론적 방법론인 베버의 이념형의 한계를 극복하고자 했다.

(3) 의사소통적 행위

하버마스는 근대의 주체 의식을 상호작용 중심적 행위 의식으로 대체하려고 노력한다. 따라서 개별적 행위자의 의도나 계획 그리고 개별적 행위자와 세계 사이의 관계는 더 이상 분석의 중심 대상이 아니다. 오히려 이제는 개별적 행위자들 사이의 상호작용과 거기서 이루어지는 개별적 행위 계획들 사이의 조정이라는 문제가 논의의 중심 대상이 되어야 한다. 그렇기 때문에 개별 주체의 행위 자체가 가지는 구조보다는 주체들 사이에 이루어지는 행위 조정의 구조가 더욱 중요한 의미를 가지게 된다.112

---

111 Ibid., 105.
112 Ibid., 107.

이렇게 상호작용과 행위 조정의 구조로 전환하기 위해서 하버마스는 베버의 이념형을 비판적으로 검토하였다. 근대 사회과학의 중요한 방법론인 베버의 이념형은 목적합리성의 차원에서만 합리성을 이해하려고 했기 때문에 주체와 주체 사이에서 작동하는 합리성에 대해서는 전혀 고려하지 못했다. 그러한 문제의식에서 하버마스는 합리성의 또 다른 차원을 이해하기 위해서 대안적 행위 분류를 시도하고 있다. 이에 대해서 하버마스는 다음과 같이 말한다.

> "나는 베버의 공식적 행위 이론이 놓치고 있는 행위의 합리화 가능한 측면들을 화행 이론에 의지해서 새로운 행위 이론의 개념적 토대 위에서 파악하고자 한다. 나는 이런 방식으로 베버가 그의 문화분석에서 사용한 복합적 합리성 개념을 행위 이론의 차원에서 회복할 수 있기를 바란다."[113]

하버마스가 베버의 행위 이론을 보완하고자 할 때, 그 핵심은 고립적인 주체의 합리적 모델과 사회적 관계 속에서의 합리적 행위 모델을 구분하는 것이다. 행위 합리성은 홀로 생각하는 주체의 사고와 판단 영역에서 운동하기는 하지만, 자신과 타자의 사회적 관계 속에서 작동하기도 한다는 말이다. 여기서 하버마스는 사회적 관계 이해를 '이해관계'로 묶인 사회적 관계와 '규범적 동의'로 연결된 사회적 관계로 나눈다. 그리하여 다음과 같은 도표를 도출하게 된다.[114]

---

113 위르겐 하버마스, 『의사소통행위이론 I』, 422.
114 Ibid., 423.

행위 유형

행위 태도 \ 행위 상황	성공 지향적	이해 지향적
비사회적	도구적 행위	–
사회적	전략적 행위	의사소통적 행위

여기서 하버마스가 행위 유형을 구별하는 기준은 크게 두 가지이다. 우선 행위자의 입장에서 각각 행위가 무엇을 지향하느냐에 따라서 성공 지향적 행위와 상호 이해 지향적 행위로 구별된다. 가령 어떤 여행자가 스페인의 유명한 산티아고의 순례길을 걸을 때 끝까지 완주하여 마지막 목적지에 도달하려고 한다면 그것은 성공 지향적 행위에 속한다. 그러나 여행자가 끝까지 완주하는 것이 목표가 아니라 여행객들과 소통하고 대화하면서 삶을 나누는 것이 중요한 이유라면 그 행위는 상호 이해 지향적 행위에 속한다.

다음으로 그 행위가 이루어지는 상황이 사회적인지 비사회적인지에 따라 행위 유형이 구별된다. 여기서 사회적 상황이란 그 행위 상대방으로서 말하고 행위하는 주체가 고려되어야 함을 의미한다. 전략적 행위나 의사소통 행위는 적어도 한 사람 이상의 다른 주체와 관련되기 때문에 사회적 행위 유형이다. 가령 많은 사람들이 산티아고 순례길을 걷고 싶어 하기 때문에 여행사가 여행객들에게 싼 가격을 제공하고 여행객들을 모집하기 위해서 광고하는 행위는 전략적 행위이다. 그리고 그 여행사의 광고를 보고 한 대학의 동기 모임에서 함께 산티아고 여행을 가기로 결정했다면 그것은 의사소통적 행위이다. 그리고 여행객들 각자가 순례길을 잘 걷기 위해서 좋은 등산화를 사고 각종 장비를 준비하는 행위는 비사회적 행위에 속한다. 그것을 가리켜 하버마스는 도구적 행위라고 부른다. 이런 비사회적 행위에서는 상호 이해를 지향하는 행위가 등장할 수 없기 때문에 위의 도표에서 비어 있다.

이 세 가지 행위, 즉 도구적 행위, 전략적 행위 그리고 의사소통적 행위 중에서 도구적 행위는 하버마스의 관심 대상이 아니다. 이 도구적 행위 혹은 목적합리적 행위는 베버를 비롯한 근대 철학에서 많이 언급하였고, 하버마스는 그 한계에 대해서 여러 차례 지적했다. 하버마스가 의식 철학과 목적합리성의 편협함을 극복하기 위해서 제시한 상호주관성의 개념과 상응하는 사회적 행위는 전략적 행위와 의사소통적 행위이다. 그리고 하버마스가 이 사회적 행위를 전략적 행위와 의사소통적 행위로 구별한 이유는 뒤에서 살펴보게 될 그의 이층위적 사회이론(생활세계와 체계)이 성립되기 위한 핵심적 근거이기도 하다. 하버마스는 행위 유형에 대한 구별과 관련하여 체계와 생활세계라는 개념을 도입하고, 이를 통해 사회에 대한 이층위적 분석을 시도한다.115

생활세계와 체계: 생활세계의 식민지화

하버마스는 『의사소통행위이론』을 마치면서 마지막 결론부 제목을 "파슨스에서 베버를 거쳐 마르크스로"라고 했다. 이 제목에서 알 수 있듯이 하버마스는 베버와 비판이론 1세대 그리고 칼 마르크스가 언급한 사회적 모순과 그 해법을 넘어서고자 한다. 베버는 청교

---

115 김원식, 『하버마스 읽기』, 113.

도적인 칼빈주의가 사회적 합리성을 발전시키고, 더 나아가 자본주의 탄생의 중요한 정신적 윤리적 토대가 되었지만, 신앙의 옷을 벗어버리고 물질의 '쇠 우리'(iron cage)에 갇히게 되었다고 주장한다. 그리고 과학의 발전은 사회적 탈주술화를 성취한 것 같지만 다시 가치다신론이라는 재주술화의 모순에 빠지게 되었다. 베버는 이 문제를 해결하기 위해서 심정윤리와 책임윤리를 갖춘 소명의 인간, 특히 소명의 정치인과 소명의 학자들이 등장하여야 한다고 주장했다. 또 호크하이머와 아도르노는 계몽의 과정을 거쳐서 이성이 신화의 세계로부터 탈출했지만, 다시 전제국가와 이데올로기라는 신화의 도구가 되었다고 지적한다. 근대의 심각한 문제는 도구적 이성을 부각시켰다. 따라서 이성은 자신과 체계를 항상 비판적으로 파악하고 탈출을 위해서 노력해야 한다. 그리고 마르크스는 자본주의가 생산력이 발달할수록 생산관계의 모순이 극대화되고 빈익빈 부익부가 심화되어 사회적 경제적 계급 분화가 심각해진다는 사실을 주장했다. 이러한 모순은 계급투쟁을 통해서 해결될 수 있다고 보았다. 그리고 게오르그 루카치는 사회의 사물화에 대해서 지적하고 사회주의적 해법을 지향했다.

그러나 이들이 생각한 모순과 해법은 역사적 검증에 의해서 한계가 여실히 드러났다. 베버가 기대한 소명의 인간은 소수에 지나지 않았고, 시대적 모순과 문제를 해결하기에는 역부족이었다. 그리고 아도르노와 호크하이머에게서는 현실적 대안을 찾아보기 어렵고, 사회주의는 마르크스가 본래 의도한 것과는 전혀 다른 모습이 되었다. 프롤레타리아를 해방하기보다는 권력과 폭력으로 인간을 더욱 이데올로기의 도구로 전락시켜 버렸다. 이런 상황에서 하버마스가 제시한 해결책은 마르크스와 베버 모두를 수용하고 또한 1세대 비판이론도 포괄하는 새로운 해결책, 즉 의사소통적 해법을 찾는 것이다. 이에 대해서 하버마스는 이렇게 말한다.

"나는 사회합리화의 역설에 대한 베버의 생각을, '생활세계의 부속화'라는 핵심어 아래 우선 전반적으로 개진했었다. 이제 나는 베버의 그러한 생각을 파슨스의 사회이론과 전개 과정을 비판적으로 검토해본 후 좀 더 분명한 형태로 만들 수 있게 가설에 비추어 살펴보고자 한다. 그렇지만 서구 맑스주의의 정신에 기초하는 이 두 번째 베버 수용의 시도는(그 사이 뒤르켐과 미드에 의거해 전개된) 의사소통적 이성의 개념에 의해 고무된 것이고, 그런 한에서 맑스주의 전통 자체에 대해서도 비판적이다. 서구의 선진 국가들에서 보면 바로 계급 갈등을 제한하는 복지국가적 조치들이 의사소통적으로 구조화된 행위 영역들의 물화를 유발한다. 이 물화는 여전히 자본주의의 구조에서 비롯된 것이지만, 그러나 점점 계급에 무관하게 영향을 미친다. 맑스주의의 기본 가정을 비판적으로 계승함으로써 우리는 오늘날 눈에 띄는 사회근대화의 난제들에 대한 시야를 열 수 있다. 마지막으로 나는 비판적 사회이론이 경쟁 관계에 있는 다른 접근법과 자신을 견주어 볼 때 시금석으로 삼아야 할 과제들을 서술할 것이다."116

---

116 위르겐 하버마스, 『의사소통행위이론 II』, 471.

1) 생활세계와 체계

생활세계라는 개념은 본래 현상학 전통에서 우리의 삶을 의미하는 구체적인 맥락을 지시하는 개념, 즉 일종의 문화적 해석 지평 전체를 지시하는 개념으로 사용되어 왔다.[117] 이 개념은 훗설에 의해서 본격적으로 논의의 대상이 되었다. 훗설에게 있어서 생활세계란 선소여된 세계(vorgegebene Welt)이다. 즉, 경험 이전에 이미 주어진 세계이고, 친숙한 세계이고, 사상과 생각의 배경이 되는 세계이다.[118] 예를 들어 한 마을이 생활세계라면 그곳에서 태어난 사람은 이미 주어진 세계를 경험하는 것(선소여된 세계)이고, 그 마을의 사람들이나 문화가 친숙해지면서 사상과 생각의 배경이 되는 세계가 된다.

이러한 기존의 훗설이나 비트겐슈타인의 생활세계 개념을 수용하지만, 하버마스의 초점은 바로 언어적 소통에 강조점을 두고 재해석하고 전개하려고 한다. 하버마스는 다음과 같이 말한다.

> "나는 지금까지 분석된 의사소통 행위의 개념을 바탕으로 삼고자 하며, 의사소통 행위자가 '항상 이미' 그 안에서 움직이는 지평인 생활세계가 어떻게 사회 전체의 구조 변동에 의해 제약되고 변화되는지의 문제를 살펴보고자 한다.
>
> 생활세계의 개념을 나는 임시적으로, 그것도 재구성적 연구의 시각에서 도입하였다. 의사소통 행위에 대한 상보 개념으로서 말이다. 형식 화용

---

117 김원식, 『하버마스 읽기』, 175.
118 박인철, "생활세계와 의사소통: 훗설과 하버마스의 비교를 중심으로," 「철학과 현상학 연구」 제31집, 4.

론적 분석은, 후기 훗설의 현상학적 생활세계 분석이나 혹은 후기 비트겐슈타인의 생활형식 분석과 유사하게, 특수한 생활세계와 생활 양식의 역사적 특징들에 대하여 불변적인 것으로 상정하는 구조를 목표로 한다."119

하버마스는 이러한 생활세계 개념을 확대하여 문화, 규범, 인성을 포괄하는 사회학적 개념으로 사용하고 있다. 여기서 문화는 의사소통 참여자들이 세계 안의 어떤 것에 대해 상호 이해를 도모할 때 여러 해석을 전달하는 자원의 역할을 하는 비축된 지식을 의미한다. 또 규범은 의사소통 참여자들이 사회집단에 소속감을 갖도록 규제하고, 그럼으로써 연대를 확립할 때 의지하는 정당한 질서를 말한다. 그리고 인성이란 한 주체를 언어와 행위 능력이 있게 만드는 능력, 즉 상호 이해 과정에 참여하고, 이때 자신의 정체성을 주장할 수 있는 능력을 의미한다. 이러한 세 요소를 바탕으로 문화가 재생산되고 사회통합과 사회화라는 공동체의 질서 유지가 산출되는 곳이 바로 생활세계이다.

특별히 하버마스는 자신의 의사소통 행위가 수행되는 장소로서의 생활세계를 자신만의 관점 위에서 새롭게 재구성하고자 한다. 그는 자신의 생활세계를 의사소통이론적 생활세계라고 정의하면서 현상학적인 생활세계와 구별하고자 한다. 하버마스에게 있어서 사회적 관계와 행위의 부인될 수 없는 배후 또는 맥락으로 자리 잡고 있는 현상학적 생활세계는 본질적으로 행위자들을 둘러싸고 있는,

119 위르겐 하버마스, 『의사소통행위이론 II』, 196.

행위자들이 벗어날 수 없는 구조로 나타난다. 이때 구조란 행위자들을 둘러싸고 있는 외적 조건이다. 그것이 의미하는 바는 결국 행위자는 자명하게 존재하는 생활세계의 의미와 가치의 준거에 따라 행위하게 된다는 사실이다. 여기서 생활세계는 일면적으로만 파악된다.

반면 하버마스의 생활세계와 그 속의 행위자들은 입체적으로 연결되어 있다. 우선적으로 행위자들은 의미와 규범의 무대로서 생활세계 안에서 자신의 행위를 의미화하고 사회적 관계를 맺으며 사회적 가치를 체화하지만, 자신이 살아가고 있는 상징적 규범적 배경으로서 생활세계를 언제나 수동적으로 수용하는 것이 아니다. 생활세계는 오히려 행위자들의 의사소통 과정 속에서 자신의 존재 조건을 확인받기도 한다.

여기서 하버마스는 생활세계 내 행위자의 '참여'와 '이야기'를 구분한다. 참여란 생활세계의 상징적, 규범적 형식의 구조를 수동적으로 따르는 행위 과정이고, 이야기는 자신들을 둘러싸고 있는 생활세계의 의미와 규범에 대한 행위자들의 상호적 의견 교환 과정이다. 하버마스에 따르면, 행위자들은 생활세계라는 무대를 벗어나지 못하면서도 그 생활세계의 의미와 규범 원리를 일방적으로 수용하고 재생산하기보다는 상호 이해 과정을 통해 주체적으로 해석하고 의미화하면서 그것을 체현한다. 하버마스에 따르면, 행위자들은 문화적 지식을 바탕으로 상호 이해를 도모하고, 또 상호 이해 작업의 성과를 통하여 문화적 지식을 재생산하는 동안 그들은 동시에 집합체에 대한 소속감과 자신들의 정체성을 재생산하는 공간이다.[120]

---

120 하상복, 『하버마스의 의사소통행위이론 읽기』, 179.

반면에 체계는 주로 경제나 행정 그리고 국가기관과 같은 영역의 기능적 질서를 의미한다. 하버마스에 따르면, 본래 생활세계와 체계는 분리되지 않았다. 부족 사회에서는 친족 체계를 중심으로 구성되어 있고, 집합적으로 공유된 동질적 생활세계이다. 이 사회는 일종의 제식 공동체로 존재하는데, 거대한 종교 질서에 입각한 사회이다.[121] 그리고 물물교환이라는 경제 시스템은 생활세계로부터 독립하지 못하고 그 속에 함께 공존하고 있었다. 또한 부족 사회의 정치권력은 조직화된 수준으로 진화되지 못하고 계보 출신의 고귀함 등에 뒷받침되는 명령을 지닌 지배적인 혈통 집단에 의해 행사되는 수준에 머물러 있었다.

전근대적 사회에서도 관료제적인 행정의 분업과 효율이 관철되는 체계로 진화하지 못했고, 경제 역시 국가 주도적인 시스템적인 구조로 발전하지 못했다. 즉, 하버마스의 표현에 따르면 체계의 메커니즘이 사회통합의 역할을 하는 제도들로부터 아직 분리되지 않고 있었다.[122]

생활세계와 체계의 분리를 근대 국가에서부터 시작된다. 하버마스에 따르면, 전통사회에서 국가는 사회 전체로서 집합체의 행위 능력이 집중된 조직인 반면에 근대 사회는 조절 기능을 단 하나의 조직의 틀 안에 집적하는 것을 단념했다. 전체 사회의 중요한 기능들은 여러 행위 체계로 배분된다. 행정, 군사, 사법과 함께 국가 기구는 구속력이 있는 결정을 통하여 결합적 목표를 실현하는 일에 전문화된다.[123]

---

121 위르겐 하버마스, 『의사소통행위이론 II』, 248-250.
122 하상복, 『하버마스의 의사소통행위이론 읽기』, 189.

다음으로 하버마스는 근대 사회에서 화폐와 시장원리라는 자율적 조절 메커니즘을 지닌 자본주의 경제의 등장에 주목한다. 하버마스에 따르면, 국가는 전체 사회의 경제를 조절하는 중상주의라는 이념 위에 구축된, 정치권력과 밀접한 결합 관계로부터 떨어져 나와 스스로 자립적인 영역으로 전환되었다. 요약하면 근대적 국가행정 그리고 자본주의의 경제 등장과 상황 속에서 사회적 통합 질서의 궁극적 원리로 기능해 온 전통적 생활세계와는 다른 새로운 통합과 질서의 원리를 갖는 영역 체계가 생활세계와 분리되어 만들어졌다는 것이다.

2) 체계에 의한 생활세계의 식민지화

하버마스는 체계의 작동 원리로 권력과 화폐를 말한다. 권력과 화폐는 의사소통 행위로 합의된 생활세계의 원리와는 다르게 작동된다. 언어적 합의나 동의와는 상관없이 계산과 일반화된 원리로 모든 것이 처리된다. 즉, 의사소통 행위가 최소화되고 손해와 보상으로 대체되는 현상이 나타난다는 것이다. 하버마스는 다음과 같이 말한다.

> "화폐나 권력 같은 매체들은 경험적 동기에 따른 구속에서 시작한다. 화폐와 권력은 언어적 합의 형성 과정을 회피한 채, 계산 가능한 가치의 크기에 따라 목적합리적으로 처신하도록 행위를 코드화하고, 다른 상호작

---

123 위르겐 하버마스, 『의사소통행위이론 II』, 290.

용 참여자들의 결정에 대해 일반화된 전략적 방식에 따라 영향력을 행사하는 것을 가능하게 한다. 그것들은 언어적 의사소통을 단순화할 뿐만 아니라, 손해와 보상의 상징적 일반화를 통해 대체한다."[124]

다시 말해서 화폐와 권력 또는 시장과 행정은 생활세계의 원리인 도덕규범이나 관습에서 벗어나 있고, 화폐와 권력이 지배하는 체계 안에서 행위자는 더 많은 이윤을 획득하고, 권력을 통해서 더 효율적인 행정 시스템을 실현하려는 것이 궁극적 목표가 된다. 그리고 그것을 달성하기 위해서 상호적 의사소통 행위보다는 전략적 사고와 언어 그리고 실천이 지배하게 된다.[125]

그리고 하버마스에 따르면, 이렇게 근대 사회에서 행정과 경제의 지배력이 점점 더 커지면서 생활세계가 자신의 독자성과 체계에 대한 도덕적 정당화의 근거를 상실해 가는 국면이 만들어진다. 여기서 하버마스는 "체계의 복잡성이 커질수록 생활세계가 더욱더 변방으로 밀려난다" 혹은 "분화된 사회체계에서 생활세계가 하나의 하부체계로 위축된다"라고 진단한다.

근대 사회에서 체계가 생활세계로부터 떨어져 나와 자기 고유한 통합과 질서의 논리를 따라 운동하면서 실증적이고 형식적인 법률에 지배되는 행위가 합리적인 것으로 일반화된다. 자본주의 경제체계는 사법이 관할하고 통제하는 행위를 합리적인 것으로 따르게 되며, 국가행정은 공법이 지배하는 행위가 합리적인 것으로 인식된다. 여기서 중요한 것은 전통적으로 생활세계 속에서 도덕과 분리되지

---

124 위르겐 하버마스, 『의사소통행위이론 II』, 287.
125 하상복, 『하버마스의 의사소통행위이론 읽기』, 193.

않았던 법이 이제 도덕적 속성을 탈피하면서 행위의 도덕적, 윤리적 동기를 더 이상 묻지 않는다는 점이다. 체계의 법률은 오직 행위가 법률의 문서적으로 합치되는지만을 묻는다.126

19세기 이후 서구 근대화가 더욱 진행되면서 국가와 자본이 밀접하게 결합하고, 행정이 복지의 이름으로 개개인들의 일상에 깊숙이 개입하고, 삶의 여러 영역이 효율성과 이윤의 논리를 따라 변형되어 가는 후기자본주의 현상이 나타난다. 이렇게 국가행정과 자본주의 경제원리가 생활세계에 광범위하게 침투하는 것은 궁극적으로 생활세계의 고유한 합리성이 체계 합리성에 의해 대체되는 것을 의미하며, 그것은 곧 체계의 존재 근거와 정당성의 원칙으로서 생활세계의 위상이 위협받는다는 것을 뜻한다. 하버마스는 이러한 역전현상을 '생활세계의 부속화'(Mediatisierung der Lebenswelt)라고 부른다.127 그리고 도덕 규범 창출을 통해 사회통합의 토대를 만들어 내는 생활세계의 합리성이 체계 합리성에 의해 대체될 때 하버마스는 그것을 '생활세계의 식민화'(Kolonialsierung der Lebenswelt)라고 표현했다.128

하버마스의 이러한 접근은 마르크스주의 전통에서 유래한 물화 비판을 새로운 형태로 제시하는 것이다. 이미 마르크스는 자본주의 상품경제의 성립으로 인해 노동력이 상품화되고, 상품과 자본은 그것이 출현하게 된 사회적 흔적을 말소한 채 자립화·물신화된다는 데에 주목한 바 있다. 이러한 마르크스의 물화 비판 양식은 자본주의 상품경제가 물화의 중요한 원천이라는 사실을 최초로 해명해 주었

---

126 Ibid., 195.
127 위르겐 하버마스, 『의사소통행위이론 II』, 292.
128 Ibid., 307.

다는 데 의의가 있다. 그리고 이러한 물화 현상을 해소하는 방법으로 노동해방과 계급혁명이라는 방향을 제시했지만, 성과를 거두지 못했다. 그리고 1세대 비판이론가들은 '이성의 도구화'라는 사실을 규명하는 데까지는 성공했지만, 지나치게 추상적으로 규정하게 되면서 결국 물화 비판 자체를 불가능하게 만드는 역설적인 상황에 봉착하게 되었다.[129]

하버마스는 이와 같은 기존의 물화 비판 양식들이 가지는 문제점들을 극복하는 방향에서 그의 생활세계 식민지화 테제를 통해 새로운 형태의 물화 비판을 제시하고 있다. 그는 물화 현상의 원인을 자본주의 시장 경제와 근대 관료주의 국가체제가 생활세계 질서를 침식하는 데서 찾고 있다. 시장과 국가행정의 작동 매체인 화폐와 권력이 상호 이해와 합의를 통해 유지하는 생활세계 질서를 대체하고 침식하는 데 현대사회 물화의 원인이 있다는 것이다.

나아가서 그는 의사소통 행위와 생활세계 개념을 통해서 물화 비판의 가능 근거를 제시하였다. 타인의 자율성을 인정하고 상호 이해를 도모하는 소통 행위의 개념을 통해서 재생산되는 생활세계의 질서를 화폐와 권력이라는 매체를 통해 지배되는 체계 논리와 구별함으로써 하버마스는 물화 비판의 규범적 기초와 실천적 저항의 가능성을 확보하였다.[130]

129 김원식, 『하버마스 읽기』, 187.
130 Ibid., 188.

하버마스의 대안: 토론민주주의

　서구에서는 1960년대 이후 케인스주의에 입각한 개입주의 국가의 등장을 통해서 자본주의 경제에 내재하는 위기 상황이 통제되었고, 복지국가의 타협은 노동자의 사회적 지위를 제도화하고 사회복지 체계를 구축함으로써 계급 갈등을 완화하는 효과를 발휘하였다. 그러나 이러한 복지국가는 이중적인 측면을 갖고 있다. 이것을 하버마스는 '자유 보장과 자유 박탈의 양가성'이라고 부른다.[131] 복지국가가 계급 불평등을 완화하고, 나아가서 사회권 보장을 통해서 자유권과 참정권을 행사할 수 있도록 도와주지만, 동시에 복지국가의 등장은 생활세계의 자율성과 고유성을 침해하는 결과를 낳을 수 있다. 복지국가의 확대는 수혜자들의 자율성을 침해하고, 소통 행위를 통해서 유지되는 생활세계의 고유 논리를 침해하는 부정적 결과를 초래할 수 있다. 복지 확대를 명분으로 시민들의 삶에 행정적인 그리고 법적인 통제와 감시를 더욱 강화할 수 있게 된다.

　하버마스의 과제는 이러한 체계의 생활세계 침탈을 방지하는 것이다. 그에 따르면 체계 논리의 확장과 침투를 제어할 수 있도록 생활세계의 저항을 강화하고, 이를 통해 체계 논리의 확산을 제어할 수 있다는 것이다. 하버마스는 그의 토의민주주의(deliberative *Democratie*) 이론을 통해서 이러한 실천적 관제를 민주주의 정치이론 차원에서 집중적으로 해명하고 있다.[132]

　하버마스가 제시한 대안의 핵심은 체계 논리가 생활세계를 침식

---

131 위르겐 하버마스, 『의사소통행위이론 II』, 555.
132 김원식, 『하버마스 읽기』, 192.

함으로써 발생하는 사회적 병리 현상들을 해소하는 것이며, 이는 계급혁명이 아니라 민주주의 급진화와 활성화를 통해서만 가능하다는 것이다. 이런 점에서 하버마스의 토의민주주의 이론은 복지국가 체제하에서 민주주의의 심화를 통해 생활세계 식민화를 극복하고 체계와 생활세계 사이의 균형을 회복하고자 하는 기획이라고 정의할 수 있다.[133]

구체적으로 말해서 하버마스의 토의민주주의 이론은 우선 법에 대한 그의 탐구와 밀접히 관련되어 있다. 그의 정치이론에서 이와 같이 법의 문제가 논의의 중심이 되는 이유는 무엇보다도 생활세계가 체계의 간섭과 침투를 제어할 수 있는 유일한 통로, 언어가 곧 법이기 때문이다. 이 문제에 대해서 그의 후기 저서인 『사실성과 타당성』에서 집중적으로 다루고 있다. 제목에서도 알 수 있듯이 법은 체계를 제어하는 특수한 기능적 제도인 동시에 규범적 정당성의 원천이기도 하다. 그렇기 때문에 법은 생활세계와 체계 전반을 관통하는 사회통합의 중심 매체로 등장하게 된다. 법은 한편으로 생활세계의 규범에 기초한 시민들의 민주적 요구를 수용하는 동시에 그러한 요구를 시장과 행정 권력에 전달한다.

하버마스에 따르면, 이러한 법의 이중성에 기초하여 민주적 토론과 제도에 입각한 의사소통 권력이 행정 권력으로 전환될 수 있을 때에만 체계의 논리에 대한 실질적 영향력 행사도 가능해진다. 시민적 공론에 반응하는 의회의 입법행위를 통해 행정부에 대한 적극적 통제가 이루어져야만 한다는 것이다.[134]

---

133 Ibid., 196.
134 Ibid., 201.

이를 위해서 토의민주주의는 시민사회 공론장에서 진행되는 다양한 토의를 기초로 하는 입법부의 심의와 그 결과인 입법행위를 통해 국민주권의 이념을 실현하고, 이를 통해서 체계 논리에 의한 생활세계의 침식을 제어하고자 하는 기획이라고 말할 수 있다.

그렇기 때문에 토의민주주의는 이중적인 정치라고 할 수 있다. 이때 이중성이란 먼저 토의 공간의 이중성, 즉 시민사회 공론장과 입법을 위한 의회의 관계를 중심으로 우리는 이 이중성을 이해해야 한다. 시민사회 공론장과 의회는 상이한 토의 공간이며, 동시에 민주주의가 구현되는 장소들이라고 할 수 있다.

먼저 공론장은 시민사회 내부에서 작동하는 의사소통의 네트워크라고 할 수 있다. 여기서 시민사회는 자본주의적 경제 체계나 국가 영역으로부터 자율성을 가지는 사회 공간을 의미한다. 시민사회 공론의 형태는 언론, 텔레비전의 공론, 문학적 공론, 정치적 공론, 학술적 공론 등 매우 다양한 형태로 존재한다. 그리고 다양한 형태로 존재하는 이러한 공론장들은 생활세계의 문제와 훼손들에 민감하고도 신속하게 반응한다는 장점을 가지고 있다. 이러한 문제 제기들은 자유로운 의사소통의 네트워크 속에서 하나의 주제나 문제 제기로 집중되고, 이를 통해 사회적, 정치적 이슈가 형성된다. 그리고 이러한 형성된 시민들의 의사는 입법부의 의사결정 과정에 적극적으로 반영되어야 한다.[135]

---

135 Ibid., 203.

의사소통 행위이론의 문제점: 윤리적 토대에 대한 담론 결여

기존의 사회과학과 사회철학이 갖고 있는 문제점들을 넘어서서 소통행위 이론을 정립한 하버마스의 공로는 매우 크다. 그리고 현존하는 사회과학 중에 그 영향력이 가장 크다고 해도 과언은 아니다. 그러나 하버마스의 이론에 대한 주요한 한계들도 지적되고 있다. 무엇보다 현대사회의 복잡한 문제 중에는 체계와 생활세계로 환원될 수 없는 것들이 많다. 그리고 그의 시대 진단은 생활세계의 세부적인 문제들을 간과하고 있으며, 체계 내부 기제로 인해 발생하는 문제들을 무시하고 있다는 점도 지적되고 있다.[136]

특히 생활세계의 세부적인 문제에서 윤리적 담론이 부족하다. 생활세계에서는 법과 질서보다는 도덕적 정서가 매우 중요하다. 그러나 하버마스가 제시하는 윤리적 기획은 담론 윤리의 과제를 규범의 합리적인 정초 가능성에 머무르고 있다. 즉, 토론과 합의를 통해서 윤리 규범이 정해질 수 있다는 것이다. 그러나 반대의 경우가 더 많다. 도덕적 소양을 갖춘 시민들에 의해서 올바른 토론 문화가 형성될 수 있다. 즉, 시민의 덕을 어떻게 배양할 것인지에 대한 문제가 배제되어 있다. 베버가 다원주의 안에서 시민들의 윤리와 덕을 함양시키려 노력하였다면, 하버마스에게는 그런 기획을 찾아볼 수 없다.

그런데 종교에 대해서 관심이 없거나 비판적이었던 하버마스는 2001년에 『신앙과 지식』이라는 소책자를 출판하면서 종교에 대한 생각에 변화가 찾아왔음을 사람들에게 알렸다. 그리고 2004년에는

---

136 김원식, 『하버마스 읽기』, 244.

후에 교황으로 추대되었던 라칭거 추기경과의 대화를 통해서 그의 종교에 대한 관심을 본격적으로 드러냈다. 그리고 이 일로 유럽의 지식인들에게 다시 한번 종교에 대한 진지한 관심을 이끌어 냈다.

하버마스가 종교에 관심을 기울인 이유를 크게 두 가지로 요약할 수 있다. 첫 번째는 『신앙과 지식』에서 드러낸 관심인데, 현대 사회의 삶에 대한 몰가치성을 극복하기 위한 대안으로 종교에 관심을 갖기 시작했다. 세속화가 진행되면서 삶의 의미에 대한 원천이 계속 메말라가는 경향을 나타냈었다. 가치중립성이라는 합리성의 추구가 인간사회와 자연의 세계에 대한 비밀을 풀어내는 데는 많은 기여를 했지만, 다른 한편에서는 삶의 의미에 대한 해답을 주지는 못했다. 오히려 삶의 의미와 가치관에 대한 많은 문제들이 과거보다 더 부각되고 있다. 이에 대해서 하버마스는 다음과 같이 말한다.

> "세계에 대해서 수많은 환상에 사로잡히기도 하는 상식은 과학에 의해서 계몽되어야 한다. 그러나 생활세계로 침윤하는 과학적 이론들은 말하고 행위하는 인격체에까지 영향을 미칠 수는 없다. 뇌 연구는 우리에게 생리학에 대해 일깨워주지만, 그렇다고 해서 우리의 모든 행위를 수반하는 자주성과 책임성에 대한 저 직관적 의식도 함께 변한다고 할 수는 없다."[137]

다른 한편 하버마스는 라칭거 추기경과의 대화에서 세속화 과정이 윤리적 문제에 대한 대안을 제시하지 못했음을 시인하였다. 특히

---

137 하버마스/장은주 역, 『인간이라는 자연의 미래』(서울: 나남, 2003), 173.

체계에 의해서 생활세계가 침탈 당하고, 그 속에서 인간이 도구화되는 현대의 삶 속에서 그리고 합리성에 대한 강조와 세속화 과정 속에서 윤리적인 문제, 즉 좋은 삶이라는 가치의 문제에 대해서는 소홀해지고 있음을 심각한 문제로 지적한다.[138] 그리고 인간 상호에 대한 존중과 인정이 기독교에서 시작되어 세상에 확산되었음을 확인해주고 있다. 하버마스는 다음과 같이 말한다.

> "인간이 신의 모습을 본떠 창조되었다는 것을 모든 인간이 무조건적으로 동등하게 존중되어야 할 존엄성을 지니고 있는 것으로 번역하고 해석하는 것이 이러한 구체적 해석의 좋은 사례일 것입니다. 이러한 해석은 특정한 종교 공동체를 초월한 종교를 믿지 않거나 다른 신앙을 가진 일반 대중도 성경적 개념에 접근할 수 있도록 만들어주었습니다."[139]

특별히 하버마스는 최근의 사회를 '포스트 세속사회'로 정의한다. 그리고 이 포스트 세속사회의 특징 중 하나인 종교 문제가 새롭게 부각되는 것이다. 여기서 '포스트'라는 말은 시대적 구분을 의미하는 단어가 아니다. 그리고 세속 이후의 시대나 세속주의에서 벗어난 사회를 의미하는 단어도 아니다. 이 단어는 새로운 가치와 새로운 의미를 추구하는 시대로 가야 함을 의미한다. 즉, 세속화 시대에 부작용으로 나타난 것들과 미처 사유하지 못한 사항들을 수정하여 새로운 가치관과 세계관으로 나아가야 한다는 것을 의미한다. 포스트

---

138 하버마스/윤정석 옮김, 『대화: 하버마스 대 라칭거 추기경』 (서울: 새물결출판사, 2009), 49.
139 Ibid., 50.

세속사회는 종교가 다양한 형태로 사람들에게 영향력을 행사하고 있음을 인정하고, 신앙을 가진 사람들과 비신앙인 사이의 정치적 교류와 관련한 중요한 규범이 마련되어야 한다는 사실을 강조하고 있다.140

특별히 하버마스는 칸트와 존 롤스의 입장을 수용할 뜻을 비치고 있다. 칸트와 존 롤스는 이성의 한계를 지적하면서 인간의 정신과 이성의 깊숙한 곳에 도덕적 규범과 모듈이 선험적으로 내재하고 있으며, 이것이 인간의 도덕적 삶의 원천이라고 주장하였다. 하버마스는 이러한 선험적 도덕적 규범이 사회의 보편적 법질서와 평등한 사회도덕을 구축하는 데 기여할 수 있다고 말한다.

> "오히려 보편적 법질서와 평등한 사회도덕은 내재적으로 하나가 다른 하나로부터 긴밀하게 맞물려 나오는 식으로 종교 공동체의 에토스와 연결되어야 한다. 이러한 '깊숙이 자리 잡은 것'을 설명하기 위해 존 롤스(John Rawls)는 모듈(도덕적 모듈 _ 필자 주)이라는 이미지를 사용하였다. 비록 세속적 정의의 이 모듈은 세계관적이라는 측면에서 중립적인 토대들의 도움으로 구성된 것이지만 각기 그때마다 정통적인 논증의 연관 관계들에도 들어맞아야 한다는 것이다."141

지금까지 살펴보았듯이 하버마스는 종교의 윤리적 역할에 대해서 부정적이었던 자신의 기존 입장이 변화되었음을 알리고 있다. 인간 상호 간의 합리적 담론이나 동의를 통해서 도덕과 윤리가 정립

---

140 Ibid., 52.
141 Ibid., 54.

될 수 있다는 생각에 한계가 있음을 시인한 것이다. 그리고 소통 행위를 통한 합리적 사회로 나아가는 데 반드시 도덕과 윤리가 전제되어야 하는데, 종교와 신앙이 이러한 윤리적 모티브를 제공할 수 있음을 시인하고 있다.

필자는 하버마스의 이러한 종교에 대한 입장에서 한 걸음 더 나아가 하버마스의 소통행위 이론과 베버가 주장하는 책임윤리와 심정윤리를 갖춘 소명의 인간이 접목되어야 한다고 생각한다. 베버가 주장한 대로 심정윤리와 책임윤리를 갖춘 소명의 인간이 소통 행위를 통해서 생활세계의 공론장에서 체계의 문제를 해결할 수 있다면 체계의 침탈과 폭력에서 생활세계를 방어하고 건전한 모습으로 재건하는 데 크게 기여할 수 있다고 생각한다.

이런 맥락에서 칼 바르트의 화해론이 새롭게 조명되어야 한다. 바르트는 화해론에서 새로운 구원론을 제시하고 있다. 기존 신학의 구원론은 소명을 단지 Calling으로 이해하는 경우가 많았다. 언제부터인가 칼빈이 말한 Vocation의 소명은 구원론의 주제에서 소홀히 다루어졌다. 그러나 바르트에게 있어서 칭의와 성화를 경험한 기독교인들은 자연스럽게 세상 속에서 소명의 삶을 살아야 한다.

그리고 베버에게 있어서 정치 지도자들과 학자들의 소명이 사회적 문제를 해결하는 데 매우 중요하다. 그 이유는 베버가 처한 시대적 상황과 맞물려 있다. 아직 관료제 사회를 벗어나지 못한 독일과 서구 유럽에서 정치 리더들의 영향력은 매우 컸으며, 학자들은 존경받았고 사회적 영향력이 컸다. 따라서 그들의 영향력만으로도 사회정치적 변화가 어느 정도 가능했다.

그러나 현대는 하버마스의 주장처럼 시민사회와 의회의 역할이 확대되었다. 그리고 정치인들은 시민들에 의해서 선출되면 모든 정책은 의회에서 법제화를 통해서 이루어진다. 따라서 소명의 인간이 많을수록 생활세계와 시민사회의 공론장은 더욱 건전하게 발전할 수 있다.

칼 바르트는 특정한 리더들만의 책임윤리와 심정윤리를 강조하지 않았다. 모든 그리스도인은 하나님과의 화해를 경험하면 칭의와 성화를 체험하고, 하나님이 부여하신 소망을 붙잡고 소명의 삶을 살아야 한다. 따라서 공공신학은 막스 베버와 하버마스의 사회학적 방법론과 칼 바르트의 소명론을 결합하여 교회와 그리스도인들이 나아가야 할 사회개혁의 방향을 제시하고자 한다.

칼 바르트의 소명론

칼 바르트의 화해론의 특징과 독특성은 화해 사건의 객관성을 강조했다는 것이다. 기존의 화해론의 주관적 성격과 대비된다. 기존의 화해론에서는 예수 그리스도의 십자가 사건을 인간이 수용하고 믿는 그 순간부터 유효한 것으로 이해했다. 이런 주관적 성격은 불트만에게서 잘 나타난다. 불트만의 신학에서 무엇보다 화해 사건에서 중요한 것은 화해 사건을 수용하는 인간의 실존적 결단이다. 그러나 바르트는 이런 불트만 신학과 비판적으로 논쟁한다. 바르트에 따르면, 하나님의 화해 사건은 인간의 수용이나 믿음 여부에 달려 있는 것이 아니다. 화해 사건의 주체는 그것은 수용하거나 믿는 인간이 아니라 하나님이시다. 하나님이 예수 그리스도의 십자가 사건을 통해서 화해의 손길을 내미는 그 순간 전체 인류를 향한 화해의 사건은 인간의 주관적인 결단과는 상관없이 성취되고 이루어진 것이다.

바르트는 그의 『교회교의학』 IV/1을 시작하면서 복음의 중심이 화해론임을 강조한다. 화해론의 핵심적 내용은 예수 그리스도의 이름, 즉 임마누엘 속에 이미 내포되어 있다. '우리와 함께 하시는 하나님'이시다.[142] 바르트에 따르면, 화해론은 기독교 복음의 중심이며 교회교의학의 대상, 근원 그리고 내용 모두는 그 중심과 관계된다. 원형 그래프(Umkreis)로 설명하자면 화해론이 가장 중심에 있고 그 바깥 원에 창조론과 종말론이 있다. 그리고 그 창조와 종말론의 중심은 바로 화해 안에서 성취된 계약이다.[143] 창조와 종말 그리고 화해, 이 세 교리는 기독교 교리 중 가장 중요한 것들이다. 그런데 바르트에 따르면, 이 세 가지 교리 중에서 가장 중요한 교리는 바로 화해론이고, 이 화해론을 중심으로 창조와 종말을 보아야 올바른 교리적 진리에 접근할 수 있다. 그만큼 화해론이 중요하다는 것이다.

1) 화해론의 전체적인 개관(übersicht)

바르트는 화해론에 대한 논의를 시작하면서 자신의 독특한 화해론의 전체적인 구도를 간략하게 정리하고 있다.[144] 화해론을 이해할 때 무엇보다 예수 그리스도에 대한 인식이 중요하다: (1) 예수 그리스도는 자기를 낮추심으로 화해하시는 하나님이시다. (2) 또한 그분은 하나님에 의해 높여지심으로서 화해된 참 인간이시다. 그리고

---

142 KD IV/1, 2.
143 KD IV/1, 1.
144 KD IV/1, 83.

이를 통해서 하나님과 인간이 하나 된 분이시다. (3) 그래서 그분은 우리를 위한 화해 사건의 보증인이 되시고, 증언자가 되신다.

예수 그리스도에 대한 이러한 세 가지 인식을 통해서 우리는 죄에 대해서 논할 수 있다: 인간의 죄는 (1) 화해 사건을 수용하지 않는 교만이다. 그리고 (2) 예수 그리스도를 따르지 않는 태만이요, (3) 화해 사건을 자기 멋대로 혹은 이기적으로 해석하는 기만이다.

그런데 예수 그리스도를 통해서 이루어진 화해 사건은 우리 안에서 실현되는 사건이다: (1) 화해 사건이 우리 안에 실현될 때 무엇보다 우리는 의롭다 인정받게 된다(칭의). 그리고 (2) 예수 그리스도를 따르는 성화의 삶을 살게 되며, (3) 그러므로 우리는 세상을 변화시키는 소명의 삶을 살아야 한다.

화해 사건은 또한 예수 그리스도의 영, 즉 성령의 사역을 인지하고 그 부르심에 응답하게 하신다. 이는 교회 공동체 안에 (1) 모이게 되고, (2) 교회로 세워지게 되며, (3) 그리스도의 파송에 응답하게 된다. 또한 성령께서는 교회를 통해서 우리에게 (1) 믿음을 주시며, (2) 서로 사랑 안에 거하게 하시고, (3) 세상의 변화를 위한 소망을 갖게 하신다. 이러한 화해론의 전체 구도는 아래와 같은 도표로 확인할 수 있다.

	그리스도론	죄론	구원론	성령론 (교회론)	개인 신앙론
IV/1	§ 59 낮아지신 하나님	§ 60 인간의 오만	§ 61 칭의	§ 62 공동체의 모음	§ 63 믿음
IV/2	§ 64 높여진 인간	§ 65 인간의 태만	§ 66 성화	§ 67 공동체의 건립	§ 68 사랑
IV/3	§ 69 화해의 증인	§ 70 인간의 기만	§ 71 소명	§ 72 공동체의 파송	§ 73 희망

2) 그리스도 안의 새로운 인간

바르트에 따르면, 그리스도 안에서 화해된 인간은 새로운 존재가 된다. 그리고 이 새로운 존재는 인격 안에서 세 가지의 명확한 양상들(Aspekte)이 나타난다. 그것은 바로 믿음, 사랑 그리고 소망이다. 이러한 세 가지 양상들은 예수 그리스도의 인격과 사역 그리고 파송 안에 뿌리를 두고 있는 것이며, 드러내지 않고 감추어져 있던 것들이지만, 그리스도의 화해 사건을 통해서 새로운 인간 존재를 통해서 드러나고 나타난다. 다시 말해서 그리스도인들의 믿음과 소망과 사랑 안에서 그리스도 안에서 숨겨져 있던 것들(Verborgene)과 감추어져 보전되었던 것들이 그리스도인들에게 전달되어 고백되고 드러나게 되는 것이다. 그리고 이러한 모든 일들은 성령 안에서 이루어지는 것이다.[145]

3) 기존의 구원론: 믿음-칭의, 사랑-성화

(1) 우선 그리스도를 통해 화해된 새로운 인간에게 나타나는 첫 번째 양상은 믿음이다. 그리스도를 믿는 믿음 안에서 인간은 하나님의 판결(Urteil Gottes)을 인식하고 승인하고 수용한다. 이것이 인간의 하나님을 향한 돌이킴(Umkehrung)이다. 그리고 이러한 수용과 순종은 성령의 사역이며, 이러한 성령의 사역이 그리스도인을 만든다.

인간을 향한 하나님의 판결은 부정적인 것과 긍정적인 것, 즉 양

---

145 KD IV/1, 99.

면성으로 나타난다. 먼저 인간을 향한 하나님의 부정적인 판결이란 본래 범죄자, 죄인, 계약의 파기자인 인간이 더 이상 그런 존재가 아니라는 판정이다. 이것을 바르트는 박탈하고(aberkennend) 빼앗는 (absprechend) 판결이라고 부른다. 그것은 옛사람은 죽었고, 제거되었고, 세상에서 말소되었다는 판결이다. 왜냐하면 그리스도께서 인간의 그러한 자리에서 행악자들이 당해야 할 죽음을 대신 겪었기 때문이다. 죄인에 대한 판결은 인간의 자리를 대신 서신 예수 그리스도의 십자가 죽음 이후에 다시는 반복될 필요가 없어졌다. 계약의 파기자로서의 인간은 골고다 십자가 죽임을 당한 그분 안에서 그분과 함께 장사지냈고, 소멸되었고, 사라져 버렸다.146

다음으로 인간을 향한 하나님의 판결은 긍정적인 의미와 내용을 담고 있다. 이때 판결은 승인해주고(zuerkennend) 취득하는(zusprechend) 판결이다. 그 판결에서 하나님은 인간을 수용하셨다고 선언하신다. 이제 인간은 자신을 하나님의 신실한 종으로, 하나님의 친구로 그리고 그분의 사랑하는 자녀로 인식할 수 있게 된다. 이는 인간의 자유를 창조하기 위한 판결이다. 예수 그리스도께서 그 자유한 자로서 인간의 자리에 서셨다. 예수 그리스도께서는 하나님의 계약의 파트너 자리에 서셨고, 그렇게 하여 하나님을 기쁘시게 하셨다. 그분은 모든 인간의 죄를 대신 짊어지시고 죽음을 겪으셨으며 자신을 희생제물로 바치셨다. 이 점에서 그분은 순종적이었으며 의로운 자였다. 그리고 그러한 분이 모든 사람의 자리에 서심으로써 하나님께서는 그분 안에서 모든 사람을 순종하는 의로운 자로 여기셨다. 모든 인간을

---

146 KD IV/1, 100.

의롭다고 선언하는 긍정적 측면에서 하나님의 심판은 더 이상 철회되거나 번복될 수 없다. 이러한 내용을 흔히들 칭의(Rechtfertigung)라고 부른다.147

이러한 칭의의 사건에 새로운 존재에게 나타나는 양상은 바로 믿음이다. 다시 말해서 하나님과의 관계에서 우리가 불의한 자 혹은 버림받은 자가 아니라 오히려 의로운 자가 된 것은 오직 믿음에 의해서이며 사랑이나 희망에 의해서가 아니다. 믿음은 순종의 행위이며, 인간에 대한 하나님의 긍정적 부정적 판결에 대한 승인이며, 이를 통해서 나타난 하나님의 명예와 의로우심을 승인하는 것이다. 따라서 그리스도교적 믿음은 믿음을 의롭게 만드는 그 판결을 붙들어야 한다. 믿음은 그 판결을 신뢰하고 의지하는 것이다. 그렇게 순종하는 인간은 자신의 옛 존재에 단호하게 등을 돌리며 또 단호하게 예수 그리스도 안에 있는 새 존재를 향해 나아가야 한다.148 바르트는 그리스도의 화해 사건 속에 나타나는 첫 번째 양상인 칭의와 믿음의 관계는 분리된 것이 아니라 하나로 연결된 것임을 설명하고 있다.

(2) 그리스도를 통해 화해된 새로운 인간에게 나타나는 두 번째 양상은 사랑이다. 예수 그리스도 안에서 일어난 하나님을 향한 인간의 돌이킴(Umkerung)은 믿음 외에 사랑이라는 두 번째 양상(Gestalt)을 갖는다. 돌이킨 인간은 하나님의 인도하심(Weisung) 아래에 있게 된다. 하나님과 화해된 새로운 인간 존재는 하나님의 인도하심을 즐겨 따른다. 이 또한 인간을 그리스도인으로 만드는 성령의 사역이

---

147 KD IV/1, 102.
148 KD IV/1, 103.

다.149

하나님의 의롭게 여기시는 판결은 하나님의 전적인 권능적 결정이다. 하나님의 권능에 의해서 인간은 순종하는 종 그리고 하나님의 친구와 자녀가 되었다. 마찬가지로 하나님의 인도하심도 그분의 권능의 결정이며 통치 행위이다. 그러나 이런 통치는 인간의 자유를 배제한 통치가 아니다. 하나님의 권능은 모든 다른 힘이나 권력과는 다르다. 하나님의 인도하심은 당신의 자녀들을 자유 안에 서게 하시고 자리를 마련해 주신다. 그 자유는 바로 예수 그리스도 안에서만 가능하다.150

따라서 하나님의 인도하심은 강권이나 강요가 아니라 '권면(Mahnung) 혹은 윙크(Winks)'라고 말할 수 있다. 중요한 것은 이미 하나님의 집에 거하는 자녀들을 그 집 안에서 잘 살 수 있도록 부드럽고 친숙하게 깨우쳐 주시고 가르쳐 주신다는 것이다. 이것이 하나님의 권능이시다. 새로운 인간은 하나님의 권능 속에 있지만, 동시에 자유로운 존재이다. 하나님의 인도하심은 인간을 자유로운 자리로 인도하신다. 하나님께서는 우리의 이기심의 노예나 자기 유익의 감옥에서 자유롭게 하시며 진정한 성령 안에서의 자유로운 삶이 무엇인지를 깨우쳐 주신다.

이렇게 하나님이 부여하신 자유 안에서 새로운 인간은 사랑의 존재가 되며, 이것을 가리켜 '성화'(Heiligung)라고 말한다. 성화는 모든 그리스도교 윤리의 근본 전제이다. 성화는 인간의 삶, 존재, 행위가 하나님의 의지로 채워지도록 만드는 총체적인 하나님의 요청이

---

149 KD IV/1, 106.
150 KD IV/1, 107.

다. 인간의 성화는 하나님의 인도하심을 따르는 것이며, 화해의 한 형태이며, 인간과 하나님의 화해로 인해서 발생하는 인간적 행동의 한 구성 요소가 된다.[151]

그리고 이러한 사랑은 두 가지 방향으로 나타난다. 첫 번째로는 하나님을 찾는 사랑이다. 화해된 인간은 감사의 열매를 맺으며, 이 감사 안에서 인간은 하나님의 행동에 인간적으로 응답한다. 그 응답은 예수 그리스도 안에 나타난 하나님의 행동을 모방하는 것이며, 이는 하나님이 인간을 사랑하셨기에 그 사랑을 모방하여 인간도 하나님을 찾고 사랑하게 되는 것이다. 그래서 그는 하나님을 찾는 자(Gottes Suchender)로서 살아가게 된다. 그는 자유로운 은총 안에서 온 마음과 정성과 이성과 그리고 자신의 능력을 다해서 하나님을 찾게 되는 것이다(막 12:29).[152]

그리스도교적 사랑은 하나님을 찾는 첫 번째 차원과 연결되어서 구분되지 않고 두 번째 차원으로 들어서게 된다. 하나님의 사랑은 예수 그리스도 안에서 모든 사람과 결합된다. 그 결과 하나님의 사랑은 인간들 사이의 결합으로 나타난다. 즉, 모든 사람과의 연대성(Solidalität)으로 드러난다. 그리스도교적 사랑은 수평적 차원에서 그리스도교적 이웃 사랑 및 형제 사랑이다. 이 사랑은 수직적 차원인 하나님의 사랑으로부터 반드시 구분되어야 한다. 그러나 수평적 차원의 사랑은 하나님께 대한 수직적 사랑이 없이는 발생할 수 없다. 이웃 사랑과 형제 사랑은 오직 하나님 사랑을 뒤따를 뿐이다.[153] 이

---

151 KD IV/1, 110.
152 KD IV/1, 112.
153 KD IV/1, 114.

렇게 바르트는 성화는 하나님을 향한 사랑과 아웃을 향한 사랑의 형태로 나타난다고 말한다.

4) 잊혀진 구원론의 회복: 희망 ─ 소명

그리스도 안에서 하나님을 향한 돌이킴(Umkehrung)은 하나님의 판결에 대한 믿음을 의미하며, 죄인이었던 우리를 의인으로 판결하신 것을 믿는 것이다. 이것이 칭의이다. 그리고 그 하나님을 향한 돌이킴은 하나님의 인도하심으로 하나님과 이웃에 대한 사랑으로 이어진다. 이것이 성화이다. 바르트에 따르면 종교개혁 이후 교의학적 구원론은 칭의와 성화의 범주 안에서만 사고해 왔다. 이 두 개념은 전통주의 루터교의 구원론에서 핵심적인 것이다. 그리고 칼빈도 이 칭의와 성화의 변증법에 머무는 경향이 있었다. 더욱이 칼빈을 따르는 개혁주의 구원론에서도 이 두 가지가 구원의 질서의 핵심을 이루고 있다.154

그러나 바르트는 신약성경의 증거를 주목해 보면 칭의와 성화를 넘어서는 세 번째 차원을 간과할 수 없게 된다. 그것은 바로 예수 그리스도 안에 주어진 약속을 통해 갖게 되는 그리스도교적 희망이다. 그 희망은 칭의와 성화와 함께 우리를 그분의 부르심에 응답하게 한다. 그것이 바로 소명(Berufung)이다. 물론 개신교 진영에서 소명에 대해서 서술하기는 했다. 그러나 그 소명은 단지 구원의 주관적 수용으로만 이해되었으며 칭의와 성화의 영역으로 인도하는 도입

---

154 KD IV/1, 117.

부에 지나지 않은 것을 이해하였다. 바르트에 따르면 이러한 소명 이해는 성서적 소명의 핵심적인 내용을 놓친 것이다.

다행히 칼빈은 그리스도 안에서 하나님께로 돌아온 인간 존재가 목적론적인 결단(Bestimmung)과 지향성(Ausrichtung)을 아주 명확하게 언급하였다. 특별히 그는 하나님의 약속에 대한 믿음, 즉 희망을 신앙의 본질적인 요소로 파악하였다. 그러나 칼빈은 이 희망을 그저 믿음의 활력을 넣는 요소로만 파악했다. 바르트에 따르면, 신약성서에서 희망은 그 이상의 것이다. 그리고 신약성서에서 말하는 하나님의 부르심, 즉 소명은 그동안 개신교 교의학에서 다루던 그런 차원에 그치지 않는다. 오히려 신약성서에서 예수 그리스도 안에 있는 인간 존재는 그 자체로 약속 안에 있고 약속과 함께 있는 존재이다. 그 존재는 목적론적으로 설정된 종말론적인 존재이다. 신약성서에서 '부르심'은 앞으로 향하는 결단, 인간의 미래로서의 하나님을 향한 결단이다. 그동안 개신교의 전통은 이러한 신약성서의 내용을 약화시켰다. 그리스도 안의 인간 존재를 그저 이 세상적이고 인간 내면적인 것이나 소시민적인 특징들만 부각시켰다. 이는 신약성경 안에 있는 종말론적인 희망을 약화시킨 것이다. 이제 개신교 교의학은 이것을 넘어서야 한다. 하나님은 인간 존재가 미래를 향해 돌이키기를 원하신다. 그리스도를 향한 돌이킴은 곧 미래를 향한 돌이킴이다. 이제 개신교 교의학은 칭의와 성화를 소홀히 하지 않으면서도 '소명'에 대해서도 강하게 말해야만 한다. 그 소명은 그리스도 예수 안에서 하나님의 화해된 인간 존재의 예언자적 요소(das prophetische Element)이다.155

바르트에 따르면, 그리스도 안에 있는 화해 사건은 그 자체로 완전한 것이다. 화해는 하나님과 인간 사이의 계약이 회복되고, 갱신되고, 성취된 것이다. 이러한 화해는 자체로 완전하다. 그것은 하나님의 처음 창조가 완전한 것과 같은 차원에서 완전한 것이다. 그러나 완전하다고 해서 모든 것이 끝난 것은 아니다. 이제 시작이다. 화해가 목적이 아니다. 화해는 새로운 시작을 향해 있다. 다시 말해서 화해 사건을 통한 인간의 칭의와 성화는 그 자체로 끝난 것이 아니라 새로운 방향(Wohin)과 목표(Wozu)를 가지고 있다. 그 인간 존재는 하나님과 인간 사이의 현재적 연합 이상의 새로운 종말론적인 존재이다. 다시 말해서 칭와와 성화가 특정한 방향과 목표를 갖는다는 것은 하나님과 화해된 인간 존재에게 미래, 곧 하나님의 목적이 선물로 주어진다.156

미래적 선물이란 바로 약속을 의미한다. 그렇다면 약속이란 무엇인가? 그것은 인간 존재가 결단과 전망으로 얻고 방향을 갖는다는 것을 의미한다. 그것은 인간의 칭의와 성화의 목적이기도 하며, 믿음과 사랑의 목적이기도 하다. 인간은 그 목적으로 스스로 가질 수 없다. 그러나 하나님께서 예수 그리스도 안에서 인간을 하나님 자신과 화해시킴으로써 하나님이 주시는 목적이다. 하나님께서는 인간에게 확실한 약속을 주신다. 화해의 계약이 성취됨으로서 인간은 그 확실한 약속을 수용하며 앞으로(Vorwärt) 나아가게 된다.157

그렇다면 그 약속은 구체적으로 무엇인가? 신약성경에 따르면 영원한 생명이다(요 3:16 등). 영원한 생명이 미래에 우리에게 열어주

---

155 KD IV/1, 118.
156 KD IV/1, 119.
157 KD IV/1, 120.

는 것은 바로 하나님과의 깊은 연합이다. 하나님만이 영원한 생명을 사실 수 있다. 그때 하나님께서는 그 영원한 삶을 인간과 함께 살기 원하신다.

그렇다면 이 영원한 삶이 의미하는 것은 무엇인가? 그것은 바로 인간의 미래에 주어지는 안식이며, 하나님이 주시는 최고의 기쁨과 희열에 참여하는 것을 말한다. 여기서 우리는 이교도적인 상상에 대해 조심해야 한다. 하나님은 무시간적이고 부동의 동자나 무역사적인 분이 아니다.158 따라서 그분이 주시는 영원한 생명도 무시간적인, 무역사적인 안식과 향유가 아니다. 성서에 따르면 하나님께서는 이미 자신 안에서 역사적이시며(geschichtlich), 현실과 관계해서는 더욱 그러하시다. 역사의 하나님께서는 역사 속에서 결정을 내리시고 행동하시고 다스리시며, 선한 것을 행하고 도와주고, 평화를 창조하시고 또한 심판하시지만, 동시에 기쁨을 주시는 분이시다. 하나님은 자신의 의지와 행동에 의해서 자기 나라를 다스리는 살아계신 통치자이시다. 하나님께서는 당신의 나라를 우주 안에서 단순하게 정태적으로 소유하시는 것이 아니라 시작과 중간 단계 그리고 목적을 갖는 역사적 진행 과정 안에서 그 나라를 일으키시고 세우신다. 이것은 그 나라가 하늘로부터 땅으로 도래한다는 것을 의미한다. 하나님께서는 예수 그리스도 안에서 그렇게 자신을 계시하셨다. 하나님은 역사에 임하시며, 행동하는 통치자로서 활동하시며, 세계의 죄와 비참과 투쟁하면서 한 분 예수 그리스도 안에서 화해의 사역을 통하여 그 세계를 하나님 자신으로 돌이키게 만드시는 분이시다.

---

158 KD IV/1, 121.

이러한 미래의 약속이 인간에 주어진다.159

여기서 미래의 약속과 희망에 대한 중요한 통찰이 필요하다. 그리스도교적인 희망은 미래적인 약속 안에서, 그 약속과 함께 그리고 그 약속으로부터 살아가는 현재적 삶이다. 따라서 약속에는 큰 희망과 동시에 작은 희망이 존재한다. 희망은 시간 안에서 영원한 생명을 기대하지만 동시에 그 기대는 시간 안에서 지속적으로 머무르는 것이다. 그 희망은 하나님께 대한 영원하고 완전한 봉사를 미리 기뻐하지만, 동시에 현재의 기쁨과 자발성이기도 하다. 따라서 하나님의 약속과 그에 응답하는 인간의 소명은 두 가지 차원을 갖는다. 그 약속은 전적으로 종말과 궁극적인 것과 관계되지만, 동시에 종말 이전과 잠정적인 것에도 관계된다. 전적으로 종말론적 전체에 관계되지만, 동시에 구체적이고 개별적인 것에도 관계된다.

이것을 칼 바르트는 큰 희망과 작은 희망으로 표현한다.160 희망이 미래적인 것의 약속을 붙잡을 때, 나아가 그것에 의해 붙잡힘을 당할 때, 그것은 큰 희망이다. 큰 희망은 영원한 생명에 대한 기대이며, 모든 것들의 종말과 새로운 시작을 위해서 오시는 예수 그리스도에 대한 믿음이며, 그분 안에서 보증된 존재인 인간의 기쁨이다. 또한 희망은 오늘과 내일을 위한 작은 희망도 있다. 그것은 시간적인 것이며, 잠정적인 것이며, 개별적인 것들이다. 이러한 작은 희망들이 가까운 미래에 이루어질 수 있다고 믿고 헌신하고 봉사하게 된다. 이 작은 희망은 큰 희망에 뿌리를 두고 있다. 따라서 작은 희망들은 오직 큰 희망을 위해서 그리고 큰 희망으로부터 존재한다. 작은 희망

---

159 KD IV/1, 112.
160 KD IV/1, 132.

은 오로지 큰 희망에 기초와 근거를 두고 있다. 작은 희망은 상대적이고 제한적이며, 그래서 오류에 빠질 수도 있다. 그래서 수정될 수 있고 한계 안에 있는 희망이다. 그리스도인이 참으로 저 큰 희망 안에서 살아간다는 것은 또한 많은 작은 희망들 안에서 하루하루를 살아간다는 것을 뜻한다.

이렇게 바르트는 개혁교회의 구원론을 새로운 차원으로 발전시키고 있다. 그동안 개혁교회의 구원론은 칭의와 성화의 관계를 규명하는 데 초점이 맞추어져 있었다. 그 속에서 소명은 그저 하나님이 자녀로 부르시는 Calling만을 언급하였다. 그래서 소명은 주관적이고 내면적인 차원으로 축소되었다. 비록 칼빈이 약속에 근거를 둔 그리스도인들의 삶의 목표와 방향에 대해서 언급하고 사회적인 소명인 Vocation을 말하지만, 그도 역시 소명을 구원론의 차원으로 발전시키지는 못했다. 바르트는 이렇게 화해론 개관에서 간략하게 소명에 대해서 언급하고『교회교의학』IV/3에서 기독교적 소명에 대해서 상당한 분량으로 상세하게 다루고 있다. 그만큼 바르트의 구원론에서 소명론이 차지하고 있는 비중이 크다.

필자는 이러한 바르트의 소명론이 그의『로마서 주석』1판의 중요한 주제인 하나님 나라의 혁명과 매우 밀접한 관계를 갖고 있다고 생각한다. 혹자는 바르트의 전기와 후기의 신학적 사고에 많은 차이와 구별이 있다고 주장한다. 전기 바르트에서 사회주의적 성격이 농후하다면 후기 바르트에서는 하나님 말씀이 강조되었다는 것이다. 그러나 바르트의 소명론은 전후기 구분을 무색하게 만든다. 바르트는 소명론에서 역사적 하나님 나라에 기독교인이 참여하는 것을 소명이라고 말한다. 세상의 죄와 부조리에 하나님의 의를 세우는 일이 소명인 것이다. 따라서 이러한 바르트의 소명론은 그의 신학 속에 큰 흐름으로 자리하고 있는 사회 변혁적 요소를 잘 보여주는 것이다. 그리고 이러한 바르트 신학은 공공신학과 잘 어울린다.

5) 칼 바르트와 막스 베버의 공명

(1) 칼 바르트와 사회주의운동

칼 바르트의 신학은 그의 『로마서 주석』 2판에서 큰 전환점을 볼 수 있다. 그 이전 바르트는 자펜빌에서의 목회 활동을 기점으로 사회주의와 노동자의 문제에 큰 관심을 표명하였으며 노동조합과 스위스 사민당의 정당 활동에 적극적으로 참여하였다. 바르트는 학생 시절부터 사회주의에 대한 관심을 갖고 있었지만, 자펜빌에서 그는 처음으로 실제적인 사회문제와 마주쳤고 계급투쟁을 목전에서 체험했다고 술회했다. 이러한 사회적 현실이 바르트로 하여금 노동문제와 노동법에 몰두하게 만들었고 신학의 사회정치적 요소에 대해서 집중적으로 연구하기 시작했다. 그리고 스위스의 사민당에 가입하면서 더욱더 사회주의자로서의 행보가 뚜렷하게 나타났다.[161] 이후 바르트의 여러 연설을 통해서 그가 마르크스에서 카우츠키 그리고 레닌에 이르기까지 사회주의자들의 저술들을 탐독했다는 사실을 확인할 수 있다.

그러나 1922년 발간된 『로마서 주석』 2판에서 바르트의 신학적

---

161 정승훈, 『칼바르트의 동시대성의 신학』(서울: 대한기독교서회, 2006), 90.

사고의 큰 변화가 찾아오기 시작했다. 그 이유는 사회주의 진영과 노동자 운동의 과도한 분열과 대치 때문이다. 제3차에 걸친 '국제노동자연합', 즉 인터내셔널에 참여하면서 그 안에서 경험한 극한의 대립과 반목에 크게 실망하였고 또한 러시아 혁명에서 보여준 폭력과 테러는 바르트에게 큰 실망감을 안겨 주었다. 이 일로 인해서 바르트에게는 센세이셔널하게 반혁명적인 전환이 이루어진다.[162]

특별히 바르트는 『로마서 주석』 2판에서부터 키에르케고르의 변증법을 적극적으로 수용하였다. 키에르케고르는 하나님의 초월성 강조한다. 하나님은 세상을 초월해 계신 분이다. 하나님의 자연과 정신, 몸과 영혼 그리고 유한과 무한의 이분법을 초월해 계신 분이다. 하나님에 대한 지식은 오로지 하나님 안에서만 가능하다. 그렇다고 초월적 하나님을 우리가 인식할 수 없는 것은 아니다. 그분은 전적인 타자로서 오로지 하나님 자신을 통해서만 알려질 수 있다. 하나님의 인식과 신앙은 오로지 하나님 안에서만 가능하다. 따라서 성경과 예수 그리스도 안에서만 가능하다.

또한 이러한 신학적 전향에 블룸하르트의 영향을 빼놓을 수 없다. 블룸하르트는 사회주의적 색채를 가졌음에도 철저하게 종말론적인 신앙으로 변혁을 외쳤다. 그는 "예수는 승리자"라는 구호 아래에 하나님이 섭리하시는 종말론적인 신앙으로 사회주의를 실현할 수 있다고 믿었다.

특별히 『로마서 주석』 2판에서부터 바르트의 종말론에 큰 변화가 있었다. 『로마서 주석』 1판에서 내재적, 유기적인 종말론이 2판

---

162 Ibid., 236.

에서는 초월적인 종말론으로 그 강조점이 이동한다. 이에 대해서 바르트는 다음과 같이 말한다.

"내가 체계를 가지고 있다면, 그것은 키에르케고르가 시간과 영원의 무한한 질적인 차이라고 부르는 것을 말한다. … 하나님은 하늘에, 인간은 땅에 있다. 이러한 하나님과 이러한 인간의 관계 또한 이러한 인간과 이러한 하나님의 관계는 나에게 성서의 주제와 철학의 개요가 동일한 것임을 말한다. 철학자들은 이러한 인간 지식의 위기를 근원이라고 부른다. 성서는 동시에 예수 그리스도의 갈림길을 본다."

그렇다고 『로마서 주석』 2판에서 바르트의 종말론이 결코 사회와 역사의 문제를 거절하는 것은 아니다. 오히려 이러한 문제는 하나님 나라의 종말론의 빛에서 더욱 철저하게 현실화된다. 바르트는 1920년 3월 아리우 학생연합회 강연에서 다음과 같이 말한다.

"우리는 하나님의 인식 안에 있다. 이것은 성서가 말하는 마지막에 대한 인식을 말한다. 이것이 우리가 유래하는 전제이다. 그러나 모든 사람이 이것, 즉 그들의 근원을 망각했다. 십자가에서 일어난 죽음의 죽음에서, 즉 죽음으로부터 생명이 나온다! 여기서부터 하나님에 대한 지식이 나오는데, 그것은 하나님이 아버지 하나님이 근원이며, 하늘과 땅의 창조주라는 것이다."163

---

163 Karl Barth, "Biblische Frage, Einsichten und Ausblicke," *Das Wort Gottes und die Theologie*, 71, 89; 정승훈, 『칼바르트의 동시대성의 신학』, 239 재인용.

다시 말해서 『로마서 주석』 1판에서 언급한 하나님의 혁명에서 '혁명'에 강조점이 있었다면, 2판부터는 '하나님'에 강조점을 두고 있다는 것이다. 혁명과 모든 변화는 하나님에서 시작되는 것이고, 전적으로 하나님에 의한 것이다. 이것에 대해서 마르크 바르트는 적절하게 평가하였다. 『로마서 주석』 1판에서 바르트가 하나님을 혁명의 관점에서 파악했다면, 이제 『로마서 주석』 2판에서 바르트는 혁명을 하나님의 관점에서 고려한다.[164] 그리고 이후 바르트의 신학은 안셀름 연구를 통해서 더욱더 말씀과 신앙의 유비 중심의 신학으로 나아간다.

이러한 바르트 신학의 변화는 개혁과 혁명의 방법론에서도 찾아볼 수 있다. 바르트는 사회주의 혁명적 방법이 아닌 제3의 길을 고민하고 모색하고 있음을 발견할 수 있다. 『로마서 주석』 2판에서 바르트는 혁명에 대한 비판을 통해서 혁명적 독재의 길이 아니라 개혁의 길로 돌입해야 한다고 주장한다. 혁명가들은 오히려 보수적인 부르주아 인간들보다 훨씬 더 위험하게 되었다. 물론 혁명가들의 실천이 부르주아들보다 훨씬 덜 위험한 것이 사실이지만, 혁명의 비극을 간과할 수는 없다. 그러므로 그리스도인들은 혁명의 무질서와 폭력에서 길을 잃지 않고 다가오는 하나님 나라의 질서와 부합하려면 우리는 하나님의 영광을 위한 위대한 시위를 고려해야 한다.

그리고 바르트에 따르면, 이 하나님의 영광을 위한 시위는 필연적으로 윤리적 성격을 확보해야 한다고 주장한다. 하나님의 영광을 위한 정치적 시위 행위에서 숨어 계신 하나님의 형이상학적 이분법

---

164 정승훈, 『칼바르트의 동시대성의 신학』, 53.

의 원리가 아니라 변증법적으로 증거되는 하나님이다. 바르트 사유에서 변증법은 하나님과 인간의 지평적 관계와 더불어 하나님의 수평적, 즉 기독론적인 측면을 통해 나타난다. 하나님은 인간에게 오기 위하여 자신의 은폐성을 거두어 내셨다. 그러므로 바르트의 계시의 변증법은 사회 역사적 사건을 포함한다. 이러한 자기 계시의 하나님을 위한 시위와 동일성 원리에 대한 저항의 정치는 이제 적극적으로 윤리적 성격을 가져야 한다. 바르트의 표현을 빌리자면, "하나님은 하나님이시다. 이것이 윤리의 전제이다."[165]

(2) 베버와 마르크스

이 시점에서 필자는 다음과 같은 질문을 던지지 않을 수 없다. 과연 바르트가 하나님의 영광을 위한 시위를 위해서 찾아야 했던 사회개혁의 방법론은 무엇이었을까? 그것도 윤리적인 전제를 담지한 사회개혁의 방법론은 무엇인가? 이 질문에 대한 해답을 찾다 보면 자연스럽게 막스 베버를 주목하게 된다. 왜냐하면 사회과학과 사회철학에서 마르크스와 베버는 항상 비교 연구의 대상이었기 때문이다. 사회과학계에서는 오래전부터 마르크스와 베버를 비교하는 것이 일종의 전통이 되었다. 이 전통은 무엇보다도 마르크스와 베버를 합쳐서 '마르크스 베버'(Marx Weber)라고 표현하는 데서 가장 압축적이고 상징적으로 나타난다. 또한 베버를 '부르주아 마르크스'라고 부르는가 하면, '베버적 마르크스주의'에 대해서도 말하기도

---

165 Ibid., 260-261.

하는데, 이 역시 그러한 전통을 잘 드러낸다. 그리고 그 밖에도 베버를 마르크스의 대항마 또는 마르크스의 유일한 대안으로 보거나 마르크스냐 베버냐 또는 베버냐 마르크스냐의 양자택일적 관점에서 대비시키는데, 여기서도 그러한 전통이 작동하고 있음을 읽을 수 있다.166

특히 1905년 베버의『프로테스탄트즘의 윤리와 자본주의 정신』이 출판되면서 마르크스의『자본』과 비교 대상이 되었다. 이 두 저술의 비교는 단골 메뉴 중에서도 단골 메뉴이다. 사실 이는 근대의 문화적 삶에서 자본주의가 차지하는 중차대한 의미를 감안하면 그리고 이 두 거장이 자본주의 연구에서 불멸의 업적을 남겼다는 사실을 감안하면 어렵지 않게 이해할 수 있는 대목이다. 흔히들『프로테스탄트즘의 윤리와 자본주의 정신』은『자본』에서 제시한 유물론적 자본주의를 비판하고 극복하기 위한 시도로 간주된다. 자본주의의 물적, 경제적 측면과 요소를 강조한 마르크스에 대항해 베버는 자본주의의 종교적 이념적 요소를 강조했다는 기본 가정 아래 이 두 거장을 대비하는 것이 일반적인 경향이다. 심지어 베버를 관념론자 또는 유심론자로 보는 경우도 있다. 베버가 1905년 4월 2일 하인리히 리케르트에게 보낸 다음과 같은 편지 내용도 이러한 경향을 뒷받침해 주는 듯이 보인다. 이 글에서 베버는 자신의 저술『프로테스탄트즘의 윤리와 자본주의 정신』이 근대 직업 문화의 토대로서의 금욕적 프로테스탄티즘을 다루었고, 이 글은 근대 경제에 대한 일종의 '유심론적' 구성임을 분명히 밝힌다. 이 편지에서 리케르트가 관심을 가진

---

166 김덕영,『막스 베버』(서울: 도서출판 길, 2014), 560.

구절은 무엇보다도 '유심론'이라는 단어일 것이다. 유심론은 유물론과 대립적인 관계에 있는 개념이다. 그런데 리케르트는 신칸트학파의 대표하는 철학자 가운데 한 명이다.

신칸트학파는 본래 인간의 이념과 정신을 단순한 경제적 물적인 토대의 반영으로 보는 유물론에 대해 반기로 일어난 철학 운동이다. 그때 이 학파가 내세운 기치는 "칸트로 돌아가자"였다. 바로 그 기치 아래 신칸트학파 철학자들은 '이성의 사실에서' 다시 말하면 "인간의 정신 및 삶, 행위와 문화에서 이성의 확실한 지분을 가진다"는 그리고 한 걸음 더 나아가 "이성이 그 토대가 된다"는 기본 가정에서 출발했다. 그 후 신칸트학파는 점차 유물론과 마찬가지로 경험적, 물질적 세계와 이념적, 정신적 세계의 구분을 반대하는 다른 철학적 또는 과학적 이론과 경향으로 그 전선을 확장해갔다. 이를테면 경험주의적, 실증주의적, 생리학적, 민족심리학적, 환경론적, 사회학적, 실용주의적 또는 심리학적 이론과 경향 등이 그것이었다.[167]

물론 베버가 리케르트에게 보낸 편지의 내용이 전부는 아니다. 베버가 리케르트에게 보낸 편지에서 어떤 의미로 유심론적, 즉 반유물론적이라는 말을 사용하고 있는지는 따져 보아야 한다. 프로테스탄티즘 윤리와 자본주의 정신에 관한 베버의 연구는 일방적인 유물론을 역시 일방적인 유심론으로 대체한다는 의미에서가 아니라 유물론적 역사관의 한계를 지적하는 한에서 유심론적이다. 유물론과 유심론은 독단적이지 않다면 둘 다 가능하고 유용한 문화과학적, 사화과학적 인식 수단이자 틀이다. 베버는 『프로테스탄트즘의 윤리

---

167 Ibid., 588.

와 자본주의 정신』을 마치면서 이 점에 대해서 분명하게 밝히고 있다.

> "개신교의 금욕주의의 형성 과정과 그 특성이 당시 사회의 문화적 조건
> 들, 특히 경제적 조건에 의해 어떤 영향을 받았는가 하는 것도 해명되어
> 야 한다. 왜냐하면 오늘날의 사람들은 한편으로는 아무런 최선을 다해
> 인식하려고 해도, 개신교가 형성되던 시기에 살았던 사람들이 종교적이
> 고 신앙적인 인식 내용이 그들이 생활 양식과 문화와 국민성에 실제로
> 어마어마한 의미를 가졌고 너무나 엄청난 영향을 미쳤다는 사실을 올바
> 르게 인식하는 것은 거의 불가능하고, 다른 한편으로는 그렇다고 해서
> 문화와 역사의 여러 인과관계에 대해서 일방적으로 '유물론적 해석'을
> 완전히 배제하고서 일방적으로 '관념론적인(유심론적 _ 필자 주) 해석'
> 을 관철시키고자 하는 것도 불가능하기 때문이다. 이 두 가지 해석 방법
> 은 둘 다 똑같이 가능하다. 하지만 어느 해석 방법으로 연구했든, 그 연구
> 를 최종적인 연구를 위한 예비 작업이 아니라 최종적인 결론으로 받아들
> 이게 되는 경우에는, 그 연구는 둘 다 똑같이 역사적 진리와는 거리가 멀
> 게 될 것이다."[168]

(3) 베버와 칼 바르트의 만남: 그 많은 가능성

앞에서 살펴보았듯이 베버는 자본주의를 연구함에 있어서 마르
크스의 유물론적인 방법론의 한계를 지적하면서 문화과학적인 요
인을 함께 고려해야 한다고 강조하고 있다. 특히 청교도적인 칼빈주
의의 윤리적 요인이 자본주의 형성에 큰 영향을 미쳤음을 지적하였

---

168 막스 베버, 『프로테스탄트즘의 윤리와 자본주의 정신』, 379.

다. 한편 칼 바르트는 3차에 걸친 인터내셔널의 극단적인 분열상과 러시아 혁명의 폭력성을 목격하면서 그 한계를 극복하고 보완해 줄 수 있는 종말론적인 사회변혁을 위한 윤리적 방법론을 찾고 있었다. 이러한 바르트의 시야에 베버의 방법론이 벗어날 가능성은 매우 적다.

우선 베버의 『프로테스탄트즘의 윤리와 자본주의 정신』은 1905년에 출판되어 독일어권뿐만 아니라 유럽 전역에 널리 알려지게 되었다. 이 시기에 바르트는 신학 대학교에 재학하던 시절이었다. 학구열에 넘쳤던 바르트가 그 책을 읽지 않았을 가능성은 매우 적다. 그리고 베버가 『소명으로서의 정치』를 발표했던 1919년에 칼 바르트는 "탐바하 강연"이 이루어졌다. 이 강연은 보통 바르트가 종교사회주의 운동과 완전히 결별한 문서로 평가된다. 라가츠가 이 강연을 보고 종교사회주의를 약화시켰다고 비판할 정도였다.

그러나 라가츠의 오해와는 달리 바르트는 이 강연을 통해서 러시아 혁명과 종교 사회주의의 한계를 넘어서려고 하고 있었다. 이제 바르트는 하나님 안에서 테제와 안티테제의 종합을 추구하려고 한다. 바르트의 변증법적 운동은 러시아 혁명에서 테제와 안티테제의 동일성을 찾는 공산주의자들의 입장에 수긍하지 않는다. 오히려 그것은 역동적으로 하나님의 혁명을 가동화되어야 하며, 이것을 바르트는 레닌주의 이상으로 또는 리버럴 종교사회주의 운동을 넘어서는 것으로 파악하고 있었다. 레닌의 혁명과 라가츠의 리버럴 종교사회주의를 보면서 바르트는 사회주의와 하나님 나라의 동일성이 역사적 콘텍스트에서 추구되는 곳에서—이제 "탐바하 강연"을 통해—하나님 나라의 유비 개념을 부각시키면서 혁명의 보수화 과정(교조주의화 과정 _ 필자 주)을 비판하려고 한다.[169]

이렇게 종교사회주의와 레닌 혁명을 극복하고자 했던 바르트에게 그리고 새로운 종말론적인 개혁을 위한 윤리적 방법론을 찾고 있던 바르트에게 기독교적 소명을 강조한 베버가 그의 관심 밖에 있을 확률은 매우 적다. 정승훈 역시 미발행 논문에서 베버의『소명으로서의 정치』, 바르트의 "탐바하 강연"에 공명할 점이 많이 있음을 주장하였다.

더군다나 제 1차 세계대전과 빌헬름 2세의 정치 그리고 비스마르크의 독재에 대해 베버와 칼 바르트 모두 비판적이었고, 이 둘 사이에는 프리드리히 나우만(Friedrich Naumann)이라는 인물이 있었다. 나우만은 막스 베버와 아주 절친한 사이였고, 바르트는 제1차 세계대전을 지지한 나우만을 날카롭게 비판하였다. 그리고 나우만은 빌헬름 2세와 비스마르크를 비판한 베버의 영향을 받아서 정치적 자유주의와 사회주의를 접합하여 종교사회주의 운동을 시도한 적도 있다. 베버는 또한 신학자 트뢸치와 매우 가까운 사이였다. 이렇게 베버와 바르트는 사상과 인물에 있어서 많은 접촉점을 갖고 있다.

무엇보다 바르트의 전성기인 1930년부터는 베버의 사회학이 후진들에 의해서 다양하게 연구되었다. 특히 베버의 제자인 루카치의『역사와 계급의식』이 1923년 출판되었다. 루카치는 베버의 방법론을 수용하고 마르크스를 헤겔과 접목시켜서 새로운 혁명 이론을 제시했다. 그리고 이런 루카치의 사상은 독일 비판이론에 많은 영향을 미쳤다. 1930년대부터는 호크하이머와 아도르노와 같은 비판이론가들이 베버의 사상을 바탕으로 활발한 사상적 저술 활동을 전개하

169 정승훈,『칼바르트의 동시대성의 신학』, 227.

였다.

　이러한 역사적 사상적 배경 속에서 바르트는 그의 주저 『교회교의학』을 집필하였다. 불행하게도 바르트는 그의 저서에서 베버에 대해 거의 언급하지 않았다. 그러나 바르트가 베버의 사상을 모르거나 거리를 두었다고 보기는 어렵다.

　특히 칼 바르트는 그의 화해론에서 기독교 구원론에서 종교개혁 이후 소홀히 여겼던 "소명"이라는 주제를 비중 있게 다루고 있다. 그의 『교회교의학』 IV/3-2 전체에서 소명에 대해서 상세하게 서술하고 있다. 기독교인들이 칭의와 성화를 체험하면 반드시 소명으로 삶을 살아야 한다는 것이다. 그리고 이 소명은 바르트에게 있어서 하나님 나라를 실현하기 위해서 세상을 개혁하는 데 중요한 윤리적 덕목이다.

　필자는 이러한 바르트의 소명의 발견과 강조는 베버의 윤리적 담론에 많은 영향을 받았다고 생각한다. 베버가 처한 시대는 관료제 사회였다. 그래서 베버에게 있어서 특히 관료인 정치인들과 그 정치에 많은 사상적인 영향력을 가졌던 학자들의 심정윤리와 책임윤리가 강조되었다. 그러나 바르트에게 있어서 이러한 윤리 담론은 단지 특정한 계층이나 전문가들의 전유물이 되어서는 안 된다. 모든 크리스찬이 종말론적 소망을 갖고 하나님 나라를 향한 개혁에 참여해야 한다. 그래야 바르트가 꿈꾸던 하나님의 혁명이 이 땅에서 실현되어 갈 수 있다. 그러므로 필자는 바르트가 종교사회주의와 레닌의 혁명에서 찾지 못한 윤리적 방법론을 베버에게 찾았고, 그의 화해론에 소명이라는 주제로 반영되었다고 생각한다.

나가는 말: 공공 목회(Public Ministry)를 제안하며

필자는 서론에서 현재 한국교회의 새로운 흐름인 마을 목회에 대해서 언급했다. 마을 목회는 분명 공공성과 사회적 신뢰를 회복하려는 중요한 교회 운동이라는 사실을 믿어 의심치 않는다. 분명히 교회는 지역사회 공동체의 문제에 적극적으로 참여하여야 하며, 생활세계의 공론장에서 중요한 역할을 감당하고, 무엇보다 중요한 생활세계의 윤리적 토대를 위해서 기여해야 한다. 그것을 위해서 마을 목회는 다양한 사회복지사업과 지역사업을 계획하고 추진하고 있다.

그러나 마을 목회의 논의들을 검토하면 되도록 정치적 활동이나 이슈와 거리를 두려는 노력이 분명히 보인다. 하지만 그 어떤 마을 활동이나 지역사회 활동도 정치적 이슈에서 자유로울 수 없다. 특히 지역사회의 공론장에서 빼놓을 수 없는 것이 바로 시민사회운동과 지역 정치 활동이다. 이미 지방자치제 시대에 접어든 한국의 지역사회에서 군 단위나 읍 단위 그리고 구청 단위의 지방의회의 역할과 비중은 점점 확대되고 있다. 이렇게 지방자치제가 굳건히 자리하고 확대될수록 지방의회의 역할은 더욱 커질 것이다. 하지만 현재 한국사회에는 이러한 지방의회와 지방자치단체를 보완하고 감시해야 할 시민사회단체의 활동이 매우 미비하다. 특히 마을 단위의 시민단체 활동은 매우 부족하다.

필자는 한국의 지역교회들이 지방의회와 자치단체를 견제하는 시민사회단체를 육성하는 일에 크게 기여할 수 있다고 생각한다. 특히 목회자들이 시민사회단체의 리더로서 자리할 수 있다면 더욱 지역사회 주민들과 밀접한 관계를 가지면서 지역사회의 신뢰를 구축할 수 있을 것이다.

이를 위해서 목회자들은 윤리적 소양뿐만 아니라 사회과학적 소양도 함께 함양하고 갖추어야 한다. 특히 지역사회의 변화와 생활세계의 윤리적 토대를 위해 소명의 목회자와 교인들이 많아져야 한다. 그래서 생활세계에서 올바른 토론민주주의가 자리할 수 있다고 생각한다. 하버마스에 따르면 생활세계의 토론민주주의를 통해서 체계의 침탈과 식민지화에 대처해 나갈 수 있다.

따라서 필자는 마을 목회를 기반으로 해서 한 걸음 더 생활세계 공론장에 토론민주주의를 정착하여 도울 수 있는 공공 목회를 제안한다. 공공 목회는 공공신학을 기반으로 한다. 그리고 마을 목회를 위한 목회자들과 교인들이 소명 신앙에 기여하고 한다. 더 나아가서 목회자들과 교인들이 사회과학적인 사고를 갖는 데 도움을 주고, 민주적 토론 문화를 위한 소양을 갖추는 데 밑거름이 되고자 한다. 한국사회는 아직 생활세계 안에 토론민주주의가 정착하지 못했다. 아니 정착하기 힘든 사회이다. 왜냐하면 대부분의 인구가 도시에 살고 있기 때문이다. 도시의 삶은 이웃에 대해서 무관심하고 지역사회 문제에 대한 관심이 부족하다. 설령 이웃과의 관계가 이루어지더라도 취미나 레포츠 차원의 소통이지 토론민주주의를 정착시킬만한 분위기가 아니다.

이런 한국사회에서 교회가 중요한 대안적 단체가 될 수 있다. 대도시들에 위치한 교회들은 교인 중 지역주민의 숫자가 상대적으로 적을 수 있지만, 중소도시나 소도시, 특히 농촌 지역은 대부분의 교인들이 지역주민들이다. 특히 농촌 지역이 생활세계의 식민지화가 심각하다. 70년대부터 본격적으로 시행된 새마을 운동은 농촌을 현대화한다는 미명하에 농촌의 도시화를 추진하고, 결과적으로 농촌 인구의 탈출을 가속화시켰다. 이로 인해서 농촌 인구의 고령화는 심각한 수준이고, 농촌 지역사회는 토론 문화나 개방적 자세보다는 집단이기주의적인 모습까지 보이고 있다. 그래서 더욱 농촌 인구의 유입이 차단되고 인구 감소와 노령화가 가속화되고 있다.

그런데 지역사회의 단체 중 교회만큼 집중적으로 모임을 갖고 자체 내의 논의 구조를 갖는 곳도 많지 않다. 그러므로 교회는 생활세계 회복을 위한 좋은 대안이 될 수 있다. 이를 위해서 우선 교회의 구원론을 재정비해야 한다. 그동안 강조되었던 구원과 칭의 중심적 구원론으로 인해서 교회가 게토화되는 경향이 있었다. 이제 교회의 구원론에 소명이 회복되어야 한다. 교인들 각자의 삶 속에서 직업 소명과 함께 하나님 나라의 소망과 관계된 소명이 설교되고 교육되어야 한다. 그리고 더 나아가 권위적인 교회 문화를 개선하여 토론민주주의가 교회 안에서 정착될 수 있도록 목회자와 교인들이 함께 훈련되어야 한다. 그리고 토론의 주제는 교회 내적인 사역이나 선교를 넘어서서 지역사회의 문제로 확산한다면 한국교회는 한국 사회를 변화시키고, 체계의 식민지화를 방어하고, 생활세계를 회복하는 일에 크게 기여할 수 있다고 믿는다.

III. 칼 바르트와 막스 베버
: 공공신학의 플랫폼

역사적 배경

칼 바르트의 신학은 1, 2차 세계대전 상황에서 형성되고 발전되었다. 초기 변증법적 신학은 독일제국의 전쟁 정책에 저항하는 사회운동에 관여되고, 이후 『교회교의학』에서 전개되는 말씀의 신학에서 바르트는 독일의 해방을 위해 쓴다고 말한다. 이것은 1930년 파시즘의 발흥에 관련된다.

바르트의 초기 변증법적 신학은 당대 시민사회와 사회운동과 더불어 1차 세계대전을 지지한 93명의 독일 지식인들의 명단에 포함된 자신의 신학의 스승들로부터 전환을 의미한다. 특별히 이 시기 바르트의 활동은 막스 베버의 정치이론과 간접적으로 관련되어 있다. '간접적'인 이유는 바르트가 베버와 직접적으로 친분 관계를 맺었거나 영향을 받은 것은 아니기 때문이다. 동시대를 살았던 두 사람 사이에 독일 정치 문제에 대한 공명하면서도 차이를 드러냈고, 그 틈에서 새로운 전망이 나타났다.

바르트는 이미 『로마서 주석』 1판(*Der Römerbrief*, 1919)에서 "종교 사회주의가 아니라 사회 민주적으로" 또는 사회 민주주의 안에서 "극좌파 입장으로"라는 표현을 썼다. 이것은 바르트의 "레닌주의 이상으로"라는 정치 슬로건을 지적한다. 이러한 정치적 입장은 바르트가 독일 독립사회민주당에 친화력을 가지고 있었음을 말한다.

독일의 사민당은 1914년 전시 국공채 발행이 지지를 받자 이에 대한 반발로 사회민주주의자들이 독립하여 만든 정당이었다. 바르트는 당시 친구였던 프립츠 립이 3차 인터내셔널을 지지하자 자신은 스위스 사회민주주의자 로버트 그림의 2.5 인터내셔널의 입장을 대변한다고 말한 적도 있다. 바르트는 1918년 11월 로버트 그림이 주도한 스위스 총파업을 지지했다.

바르트의 "탐바하 강연"(Tambach Lecture)은 시기적으로 볼 때 베버가 1919년 1월 뮌헨대학에서 행한 '소명으로서의 정치'와 공명된다. 당시 유대인 출신이자 독립사회주의당 지도자 쿠르트 아이스너가 1918년 10월 뮌헨 혁명을 성공하고 바바리아 사회주의 공화국을 설립했다. 베버는 책임과 카리스마라는 범주를 통해 당대 독일혁명을 분석했고, 비록 바이에른 사회주의 공화국의 수상인 쿠르트 아이스너(Kurt Eisner)가 자신의 라이벌이었지만, 그에 대해 카리스마적 리더십을 인정하는 데 인색하지 않았다.

그러나 베버는 바르트가 전쟁 지지로 인해 날카롭게 비판한 프리드리히 나우만(Friedrich Naumann)과 막역한 친구였다. 나우만은 독일의 종교사회주의 지도급적 인사였고, 이후 베버와의 친교를 통해 자유민주주의와 사회주의를 결합하고, 독일 민주당을 창설하고, 독일 제국의회의 회원으로 활동했다. 나우만은 빌헬름 2세 정치와 비스마르크에 대한 베버의 날카로운 비판에 영향을 받았고, 정치적 자유주의와 사회주의의 접합을 통해 종교 사회주의 운동을 시도했다.

이런 역사적 배경을 살펴보면 같은 시기에 행해진 바르트의 "탐바하 강연"과 베버의 『정치로서의 소명』에는 차이에도 불구하고 공명하는 지점이 있다. 그러나 필자는 바르트와 베버를 정치경제학 비판과 관료제 분석을 소명론과 연결 짓고, 특히 유대교에 대한 접근에서 공공신학의 플랫폼으로 삼길 원한다.

공공신학: 새로운 인식론적 구성과 시민정치

공공신학은 시민사회를 배경으로 하며 다차적인 공론장에서 드러나는 정치, 사회, 종교 문화적 이슈들을 민주주의와 공공선의 거버넌스의 측면에서 파악하는 새로운 신학의 모델이다. 이런 점에서 공공신학은 사회과학을 대화의 파트너로 삼고 국가와 시민사회의 관계 그리고 민주주의 방향에 초점을 맞춘다. 그리고 정치 주체로서 시민과 하위 계급의 연대에 주목한다.

그리고 비교종교 연구를 통해 종교가 갖는 사회적 역할과 구성을 검토하고 종교의 심정윤리를 사회 안전망에서 밀려난 자들과의 연대를 말한다. 이런 측면에서 베버의 비교종교 사회학은 다원화된 민주주의 사회에서 공공신학이 비켜 갈 수가 없다. 공공신학은 종교 간의 대화나 다원주의 신학보다는 비교신학(프란시스 클루니)을 기초로 사회학적으로 종교 연구를 진척시킨다.

물론 이외에도 공론장에서 논의되는 환경이나 기후 변화나 유전공학 그리고 진화론 등이 제기하는 도전을 고려하고 신학을 자연과학과의 대화를 통해 구성적인 신학의 모델로 발전시킨다. 이런 점에서 미디어 공론장은 공공신학에 매우 중요한 실천의 장으로 등장한다.

칼 바르트의 신학은 대양처럼 풍부하다

바르트의 전체 저작을 살펴보면 담고 있는 내용이 마치 대양처럼 풍부하고, 그의 표현주의적인 언어 스타일은 때로는 독자를 아찔하게 만든다. '변증법'이라는 단어가 어려운 용어이고, 여기에 헤겔-마르크스 그리고 키에르케고르적인 지평들까지 융합되어 있다.

더불어 1931년 안셀름 연구(이해를 추구하는 믿음)를 통해서 바르트는 유비론을 발전시키고, 가톨릭의 존재 유비(*analogia entis*) 그리고 자연신학과도 논쟁을 벌였다. 그러나 바르트의 변증법은 부정과 더불어 긍정으로 종합하고, 이러한 종합은 하나님의 은혜로 채워진다. 이런 점에서 바르트는 헤겔적이지만 동시에 키에르케고르적인 전적 타자 개념까지 하나님의 자유와 주권 그리고 세계 변혁이란 주제를 통해 포괄한다.

전적 타자인 하나님과 변증법의 매개와 종합 그리고 하나님과 세계와 인간에 대한 유비론적인 이해는 신학적으로는 종교개혁의 전통과 더불어 서구 교회의 교리사 전체를 아우르면서 에큐메니컬 차원에서 다루어진다.

바르트는 루터와 칼빈의 사유를 비판적으로 수용하고 자신의 말씀과 은총의 신학 안에서 전개한다. 더 나아가 율법을 복음의 필요한 형식으로 파악하며 칼빈의 성화를 높게 평가한다. 특히 칼빈은 바르트에게 성서와 신문을 같이 읽은 공공신학자에 속한다. 물론 바르트는 칭의와 성화와 함께 소명의 문제를 자신의 구원론의 핵심으로 파악하고 내적인 소명의 영적 차원과 함께 사회를 향한 책임의 소명을 해방의 차원으로 부각시킨다. 이러한 신학적 내용과 구조가 바르트의 신학을 파시즘이나 여기에 결부된 자연신학에 급진적인 제동을 걸게 한다.

바르트는 파시즘에 저항한다

바르트는 바르멘 선언 1조항에서 성서가 증언하는 예수 그리스도는 우리가 사나 죽으나 신뢰하고 순종해야 하는 하나님의 말씀임을 천명하며 시작한다. 침범할 수 없는 복음적 교회의 토대는 예수 그리스도이다. 예수 그리스도는 우리의 죄를 용서하시는 하나님의 선물이며 또한 우리의 모든 삶의 영역에서 주님이 되신다.

바르멘 고백에서 바르트는 말한다. '아직 구원되지 않는 세계'(5조항) 안에 교회가 존재하며 하나님 나라와 계명과 의로움은 국가나 교회 그리고 시민들의 책임에 속한다. 그러므로 교회는 하나님 나라의 복음의 빛에서 그리고 그리스도의 주권을 통해 전제주의적 국가의 지배와 정치이데올로기에 저항해야 한다. 교회는 믿음과 소망과 사랑 안에서 일치를 이루며 교회의 정치적 소명과 결단에서 이러한 신학적인 원리를 고수해야 한다.[1]

1933년 1월 30일 히틀러는 제국의 수상이 되고, 그해 4월 3~5일 사이에 '독일 그리스도인들'은 베를린에서 첫 번째 회의를 열고 민족

---

1 Cochrane, *The Church's Confession Under Hitler*, 237-242.

사회주의에 충성을 서약했다. 1934년 힌덴베르크 대통령이 사망한 후 히틀러는 제국의 수상과 지도자로 부상하고, 군대와 정부 그리고 종교로부터 충성 서약을 명령했다. 히틀러는 1933년 4월 루드비히 뮐러를 제국교회의 주교로 임명했다.

1933년 9월 21일 마틴 니뮐러는 목회자 긴급 동맹을 결성하고 모든 독일교회의 목사들에게 회람 편지를 발송했다. 이 편지에서 사악한 아리안 조항을 받아들인 루드비히 뮐러의 제국교회를 비난하고 성서와 종교개혁의 신앙고백으로 돌아갈 것을 촉구했다.

반유대주의는 이미 바르트가 괴팅겐대학의 교수 자리로 옮겼을 때, 1922년 유대인 출신 사회민주당원인 발터 라테나우의 암살에서도 나타난다. 당대 괴팅겐대학의 교수들의 반유대적인 태도는 암살 사건을 용인했다.

1934년 1월 7,000명 이상의 목회자들이 니뮐러의 목회자 긴급 동맹에 서명하자 '독일 그리스도인들'은 베를린 운동장에서 대형집회를 열고 니뮐러를 공격했다. 라인홀드 클라우제는 20,000여 명이 운집한 베를린 운동장에서 "종교개혁의 시작은 루터에게서 그리고 그 완성은 제국의 교회가 하며 구약성서를 폐기하라"는 연설을 했다. 그리고 바울에게서 드러나는 구약적인 배경과 내용 역시 제거해야 한다고 했다. 빌헬름 슈타펠의 원리, "하나님의 법은 독일 민족의 법과 동일하다"는 원리를 기치로 내세웠다. 고가르텐이 이 원리를 수용했을 때 바르트는 복음의 배신 행위로 여겼고, 1933년 자신의 변증법적 신학의 주요 잡지 「시대들 사이에서」(*Zwischen den Zeiten*)와 결별했다.

1934년 5월 29~31일 바르멘 노회를 위한 신학위원회에 바르트는 루터란 신학자 한스 아스무센과 토마스 브라이트와 더불어 위촉된다. 이들과 함께 바르트는 바르멘 선언으로 알려진 〈독일 복음주의 개신교의 현재 상황에 대한 신학 선언서〉를 작성했다. 이제 고백교회는 히틀러의 자서전이자 선전물인 『나의 투쟁』을 재단의 성경 곁에 놓아서는 안 된다. 나치 휘장이 십자가의 중심에 장식되어서도 안 된다. 바르트는 이미 브룬너의 『자연과 은총』(1934)이 나치 기독교인들에게 보물 광맥처럼 받아들여진 것을 매우 위험스럽게 보고 있었다.

바르멘 선언의 제5 조항은 여전히 '아직 구원되지 않는 세계'의 현실을 직시하고, 국가는 율법의 제1 기능의 빛에서 정의와 평화를 수행하고 악의 현실과 위협을 심판하는 과제를 갖는다고 말한다. 그러나 국가만이 유일하고 전제적인 질서를 가지며, 교회의 소명을 성취하는 파시즘 국가 이론은 거절된다. 이러한 바르트의 국가론은 『기독교 공동체와 시민 공동체』(1946)에서 루소의 시민사회 국가론과 더불어 한층 더 인정 정치와 경제적 분배 정의 그리고 보편 인권을 통해 개념화한다.

바르트는 종교개혁 전통에서 자연신학의 기초로 받아들여진 율법의 제1 기능을 거절하지 않았다. 그리고 심지어 루소의 자연법에 기초한 사회계약론을 적극적으로 수용하고 자신의 그리스도론적인 국가론으로 전개했다. 국가는 인간의 합리성과 정치제도에 속하기 전에 하나님의 창조 질서에 속한다.

바르트에게 정치사회적인 이슈는 신학의 주제로 들어오며, '신학의 주제에 대한 말씀'과 '사회적 상황에 대한 말씀'은 바르트가 히틀러 투쟁에서 표현한 '오늘의 신학의 실존'(1933)에서도 잘 드러난다.

'독일 그리스도인들'이 미리 주어진 히틀러의 파시즘에 하나님의 말씀을 '순응'시켰다면, 바르트는 하나님 나라의 복음의 빛에서 히틀러의 파시즘과 비판적인 대결을 하고, 이러한 사회적 상황에 대한 예언자적이며 해방의 말씀을 부각시켰다. 이것은 오늘, '지금 여기서' 행동하고 참여하는 신학의 실존을 말한다.

말씀의 신학에는 비정규적 지평이 존재한다

하나님의 말씀에 대한 주석과 해석학은 사회적 삶의 자리에서 유리되지 않는다. 초기 자펜빌에서 목회하면서 바르트는 성서와 신문의 유기적 관련성을 주장한 적이 있다. 10여 년간 시골교회의 목회를 마치고 바르트는 그의 『로마서 주석』 1판의 유명세로 인해 괴팅겐대학의 교수로 초빙되었다. 이후 뮌스터대학을 거치면서 그는 가톨릭 신학에 대한 토론에 관여하고 안셀름의 스콜라주의에 특별한 관심을 가졌다. 바르트는 전적 타자인 하나님을 안셀름의 유비 신학에 관련시켰다.

1931년 안셀름에 대한 바르트의 연구에서 중요한 것은 '우리가 생각하는 것 이상으로 크신 하나님' 개념인데, 이것은 언어의 유비론적 차원을 통해서 접근되며 그의 초기 변증법적 신학의 키에르케고르적 사유에서 탈피한다는 것을 뜻한다. 특히 바르트에게서 안셀름은 하나님의 빛에서 교회를 넘어서서 당대 세상과의 연대를 한 신학자였다.

이런 이유에서 바르트는 초기 『그리스도교 교의학』(1927)을 수정하고 『교회교의학』(1931)으로 전향한다. 이러한 전향에서 안셀름의 연구는 매우 중요하게 자리하며 바르트의 해석학적인 차원을 보게 한다. 그러나 바르트의 해석학은 하이데거와는 전혀 달리 언어가 존재의 집이 아니라 언어는 하나님의 살아계심을 완전히 담을 수 없는 그릇과도 같다. 진리는 드러나는 것이 아니라 진리를 드러나게 하는 하나님이 인간의 언어로 비슷하지만 매우 다르게 표현될 수밖에 없다. 진리의 드러남이란 알레테이아가 아니라 진리를 드러내는 하나님 자신의 말씀-행동에 있다.

바르트의 『교회교의학』은 하나님의 신비와 자유 그리고 혁명을 담아내는 완성이 아니라 여전히 미완성으로 남아 있고 후학들에게 새로운 보충과 비판적 발전을 요구한다. 이런 점에서 바르트는 비정규 교의학의 차원을 담고 있다. 바르트는 안셀름의 유비론적 차원을 말씀-행위 신학 안에 통섭하고, 하나님은 세상의 사건들과 문화를 통해 말씀하신다고 한다. 에밀 브루너가 자연신학과 접촉점을 위해 아리스토텔레스나 아퀴나스의 존재 유비에 기초했다면, 바르트는 안셀름에 기초하여 하나님의 말씀 행위로부터 세상과의 연대를 개념화했다.

바르트의 비정규적 신학은 『교의학』 1권에서 매우 명료하게 나타난다. "하나님은 멜기세덱을 통해 아브라함에게 즐겨 복을 베푸신다. 이방 선지자 발람이나 고레스를 통해서도 기꺼이 도우신다"(CD 1/1:54). "하나님은 러시아 공산주의를 통해서도, 플루트 콘서트(모차르트)를 통해서도, 만개한 관목을 통해서도(모세의 토라), 심지어 죽은 개를 통해서도(좌파들에 의해 죽은 개처럼 취급당한 헤겔) 우리에게 말씀하실 수가 있다"(Ibid., 55).

비정규 신학은 자연신학을 새롭게 검토한다

바르트는 신앙과 관계의 유비를 개념화하고 매우 도발적으로 가톨릭 신학자 고트리프 죙엔의 존재 유비를 수용한다. "신앙의 유비는 존재의 유비를 예수 그리스도를 통해 치유하고 고양시킨다"(KD II/1:89). 바르트에 의하면, "만일 이것이 로마 가톨릭의 존재의 유비라면 나는 이전의 문장—존재의 유비는 반-그리스도인의 고안물—을 철회할 것이다"(KD II/1:90).

이 지점에서 바르트는 자신을 배타주의자요 반가톨릭적으로 오독하는 사람들에게 반문한다. 에버하르트 부쉬는 제2차 바티칸공의회에 대한 바르트의 비상한 관심을 보도했다. 바르트는 1966년 9월 22일부터 29일까지 바티칸을 방문했고, 교회일치운동은 인류와 세계를 향한 하나님의 말씀의 자유로운 은총에 기초되어야 한다고 말했다.

바르트는 바티칸 문서 "우리 시대"(nostra aetate, 1965)를 매우 신중하게 연구했는데, 이 문서는 가톨릭교회와 타 종교와의 관계를 매우 적극적으로 규명한 문서이며, 바르트는 여기에 동감했다.[2] 그럼에도 불구하고 바르트에게 구약은 복음의 본래적 계시에 속하며, 십자군 당시 이슬람과 홀로코스트에 대한 회개를 가톨릭교회에 촉구하기도 했다. 바르트의 세계종교에 대한 관심과 연구는 간과될 수 없으며, 여기서 베버의 비교종교 사회학의 만남을 예비할 수 있다.

화해론의 빛들의 교리에서 바르트는 심지어 치명적인 근대의 표

---

2 Barth, *Ad Limina Apostolorum: An Appraisal of Vatican II.*

현들, 예를 들어 창조 계시나 원 계시를 보편적 화해와 말씀-행위 사건들을 통해 수용했다(KD IV/3.1:155). 한스 큉은 이 지점에서 바르트가 빛들의 교회에서 자연신학과 존재 유비에 대한 공격을 철회하지만, 어거스틴처럼 공개적으로 자신의 과오를 인정하지 않는다고 비판했다.3

그러나 나는 큉의 비판을 이해할 수 없다. 바르트는 이미 브루너의 존재론적 자연신학과 접촉점 논쟁에서부터 비정규 신학, 즉 말씀-행위의 신학을 화해의 복음에서 숙고했고, 심지어 일본의 정토진종, 특히 신란의 급진적 은총에 상당한 깊은 이해를 보이기도 했다. 바르트의 정토진종 연구는 공공신학에서 비교종교의 차원을 열어준다. 그리고 하버드대학의 프란시스 클루니는 비교신학의 주도적 역할을 하는 학자인데, 바르트의 정토진종의 이해를 높게 평가한다. 바르트는 자신을 신정통주의 신학자로 부르는 것을 코미디 같은 일이라고 했다.

파시즘 정치는 혈통과 대지에 기초한다

바르트는 1930년 3월 본대학으로 교수 자리를 옮겼다. 독일의 실업률은 급증했고 히틀러의 민족사회주의당이 선거에서 우세했다. 히틀러 돌격대들은 길거리서 공산주의자들과 사회주의자들 그리고 유대인들에 대해 가차 없는 폭력을 행사했다. 1931년 5월 바르트는 파시즘에 대한 항거의 표시로 사회민주당에 가입했다.

---

3 Kueng, *Does God Exist?*, 527.

독일의 파시즘은 이탈리아의 파시즘과는 결이 좀 다르다. 무솔리니는 초기 사회주의 운동에 가담했고, 프랑스 사회주의자 조지 소렐의 생디칼리즘(syndicalism)과 폭력에 경도되었다. 소렐은 무솔리니의 파시즘에 관련이 있다. 그러나 히틀러의 경우 그의 투쟁은 독일 인종 공동체를 중심으로 한 지도자의 독재와 전제 지배를 구축하는 것이다. 이러한 사회주의는 혈통과 조국의 대지에 뿌리박고 있고 생디칼리즘이나 여타의 유토피아적인 사회주의와는 상관이 없다. 인종 차별이 부각되고 국가 통제 안에 모든 시민의 삶을 획일적으로 지배하는 정치 시스템이다. 인종민족주의와 애국주의가 융합되며 친구와 적을 배타적으로 나누는 진영 논리가 부각된다.

나치의 법학자인 칼 슈미트의 『정치신학』은 이런 배경에서 나왔고, 이것은 토마스 홉스의 '리바이어던'을 파시즘적으로 해석한 나쁜 실례에 속한다. 왜냐하면 토마스 홉스의 『리바이어던』은 근대 국가의 자유주의와 사회계약론에 기초하지, 인종 파시즘과는 상관이 없기 때문이다. 하여튼 파시즘은 전통과 민족 신화에 낭만적인 복귀를 강조하고, 선동과 포퓰리즘 정치를 주도한다.

'리바이어던'과 같은 전제 국가가 인종민족주의를 기초로 출현하며, 노조 활동과 노동당을 공격하고, 외국의 자본가들에 대한 혐오를 조장한다. 독일에서 자본주의 파시즘의 형태는 유대인 자본가들의 재산을 몰수한다. 나치의 주도 경제 모델은 개별적인 자본가들을 국가정책에 예속시키고 자본주의 경제에서 나타나는 경제 침체와 상대적 생산력의 저하, 대량 실업들과 같은 대립과 갈등 요소들을 제거하려고 한다.

독점자본은 국가의 권위적인 메커니즘에 흡수되고 국가가 모든 경제 부문에서 지원과 보호를 한다. 자본이 소수의 지배에 집중되고 중심화가 되는데, 이것은 국가와 독점자본의 형식적인 결합으로 볼 수가 있다.[4]

1933년 5월 1일 바르트는 히틀러의 템펠호프 연설을 라디오 중계로 들으면서 독일 노동자들이 히틀러의 열렬한 지지자들이며 결국 파시즘은 이들을 전쟁으로 내몰 것을 예견하고 있었다.

이스라엘론은 말씀의 신학의 중심에 놓여 있다

1933년 겨울 본대학의 캐슬교회에서 바르트는 다음과 같은 설교를 했다. "그리스도는 이스라엘 백성에게 속해 있다. … 예수 그리스도는 유대인이었다. … 유대인의 구원이 우리에게 왔다." 1934년 8월 힌덴부르크 대통령이 죽었을 때 히틀러는 제국의 수상 겸 총통이 된다. 모든 공직자에게 충성 서약서가 요구되었다. 그해 11월 26일 본대학에서 히틀러에 대한 충성 서약을 거절로 인해 바르트에게 공개 강연이 금지되고, 제국 문화상으로부터 바르트는 교수 정직을 당했다.

그러나 스위스 바젤대학의 초청으로 그는 자신의 조국으로 돌아가게 된다. 이 시기에 바르트의 관심은 이스라엘에 대한 이해와 함께 신학과 정치경제적 이슈의 적합성을 검토하는 것이었다. 바르트의 동지였던 한스 요하킴 이반트는 바르트의 『교회교의학』은 이스라엘론을 이해하지 않고서는 불가능할 정도라고 평을 했다. 바르트의

---

4 Sweezy, *The Theory of Capitalist Development*, 340.

이스라엘론에 대한 저명한 연구는 본 대학에서 헬무트 골비처와 이반트의 지도로 프리델 마르크바르트의 박사 논문인데, 이 학위 논문로 인해 마르크바르트는 로젠츠바이크상을 받을 정도로 학문적 능력을 인정받기도 했다.

이른바 칼 바르트의 좌파 그룹으로 알려진 베를린대학의 연구는 바르트의 이스라엘 신학에서 출발한다. 마르크바르트가 그의 교수 자격 논문인 "신학과 사회주의"를 출간하고 13년 논쟁을 보고했다. 여기서 그는 자신의 박사 논문인 "바르트의 이스라엘론"을 이해하지 않고는 바르트와 사회주의 연구의 진의는 파악하기가 어렵다고 했다.

바르트와 베버: 사적 유물론

바르트의 파시즘에 저항하는 입장과 이스라엘 신학은 그의 정치 경제학 비판에 맞물려 있다. 바르트는 〈다름슈타트 성명〉(1946)에서 복음을 사회 경제적인 이론과 연관 지어 반성했다. 마르크스의 비판 이론은 사회 경제에 대한 비판이론으로서, 성서적 진리의 중요한 요소(육체의 부활)를 새롭게 해명해주는 데 도움이 된다. 다시 말해 그것은 하나님 나라의 빛에서 가난한 자들의 문제를 교회의 중심 문제로 만들어야 한다.5

바르트의 신학에서 복음과 정치경제적인 함의는 그가 자본주의가 일으킨 혁명을 분석하는 데서 잘 드러난다. 마르크스의 이론은 과학적 사회주의에 연관된 비판이론이며 여전히 역사적인 한계가

---

5 정승훈, 『동시대성의 신학』, 344.

있다. 그것은 우리가 믿어야 할 세계관이 아니다. "그것은 오로지 우발적인 것이며(per accidens), 본질적인 것이 아니다(per essentiam)" (CD III/2:387). 바르트는 정치와 문화 그리고 사회 경제의 영역을 다룰 때 마르크스 이론을 필연적인 결정론적인 법칙이 아니라 우발적인 것으로 간주했지만, 이러한 비판이론을 악한 열매로 볼 필요가 없다고 말한다.

바르트의 판단에 의하면 a) 마르크스 비판이론은 전체 인류사가 그 핵심에 있어서 인류의 경제사로 확증한다. 그 외의 모든 것들, 예를 들어 문명의 성취, 과학, 예술, 국가, 도덕 그리고 종교는 오로지 이러한 경제적 실제의 현상에 동반된다. 이런 것들은 경제적 힘들의 관계를 표현한다. 경제는 진정한 역사적인 실재가 된다.

b) 마르크스의 비판이론은 사회 경제적인 관점에서 인간의 역사를 파악한다. 경제사는 한 사회 안에서 경제적으로 특권층과 소외된 층, 즉 계급 간의 투쟁의 역사이다. 이러한 투쟁에서 노동자들은 자본의 지배 아래 항상 수탈과 패배를 당한다.

c) 마르크스 이론은 인류사의 미래의 진행 과정을 예견한다. 자본의 지배와 더불어 가진 자들의 지배는 생산과 소비의 새로운 위기로 몰아가며 전쟁과 혁명적인 재난을 초래한다. 이것은 내적인 필연성으로서 마지막 파국으로 치닫는데, 대중의 프롤레타리아트화는 점점 더 첨예화되며 중산층에 점점 더 큰 영향을 미친다.

결국 혁명을 통하여 수탈자가 수탈당한다. 혁명은 착취가 없는 경제질서와 복지사회 국가를 건설하며 모든 사회적 질병이 사라진다. 이러한 비판이론은 마르크스가 그의 추종자들에게 준 지고의 선이며, 이러한 길을 향한 희망을 주며, 세속화된 종말론에 속한다

(CD III/2:388).

d) 마르크스 비판이론은 모든 사람이나 중산층이 아니라 끊임없이 급증하는 프롤레타리아트를 향한다. 이것은 필연적으로 혁명의 목적에 접근하는 믿음을 강조하고 노동운동을 위한 연대를 호소한다. 이것은 현재 계급의 관계를 점차적으로 해체하고 계급 없는 새로운 사회 건설을 준비한다. 이러한 비판이론은 동시대적인 시간과 상황, 특별한 정치, 경제, 이데올로기 상황들을 신중하고 유연하게 고려한다(CD III/2:389).

이런 점에서 바르트는 마르크스의 비판이론이 자연과학적이거나 세계관이 아니라 역사적이며, 인간의 삶에 대한 사회 경제적 관점을 포함하며, 이론과 실천적인 귀결을 갖는다고 본다. 그러나 바르트는 마르크스 이론의 한계와 약점을 구소련이나 동구권의 사회를 보면서 매우 날카롭게 지적하기도 했다.

베버 역시 사회주의 이론에 주목하고 공산당 선언을 당대 사민당의 수정 이론(칼 카우츠키)과 관련하여 매우 심도 있게 분석했다. 집단적 경제 이론은 국가 개입주의를 옹호하지만, 평화 시기에 이것은 모든 산업 부문에 자본 집중과 카르텔화를 가져오고 독점이 된다. 이것은 국가에 의한 산업이나 금융자본의 통제가 아니라 역으로 산업과 금융자본에 의한 국가 통제로 갈 수가 있다. 국가의 관리들이 공장의 매니저들과 함께 정책 결정에 관여한다. 그러나 후자들은 산업 지식이나 상업 부문 그리고 경제에 대한 전문 경험과 교육 수준에서 볼 때 관리들과는 비교가 되지 않을 정도로 우월하다.

물론 당대 사민당은 경제 부문에 대한 국가 개입주의를 거절했다. 이러한 집단 경제 요소가 카르텔로 갈 수 있었기 때문이다. 베버는 〈공산당선언〉에 주장되는 내용을 일방적으로 거절하지 않았다. 오히려 예언자적인 문서로 긍정적으로 보고, 이후 사민당의 수정주의 이론을 통해 사회학적인 관점에서 평가했다. 자본주의 사회는 자본가들 사이에 극심한 경쟁으로 인해 길거리로 내몰린 산업 예비군들에 의해 붕괴되고, 잠정적으로 인민 독재에 의해 대체되며, 결국 자유로운 개인들의 결사를 통해서 인간에 대한 인간의 지배가 철폐될 것이다. 그러나 노동자들의 극심한 빈곤과 자본주의 붕괴는 〈공산당선언〉 70주년 기념일에 칼 카우츠키에 의해 수정되고 혁명이 아니라 의회주의를 통한 평화적인 길이 부각되었다.[6]

만일 사회 위기가 자본주의 과도 생산에서 온다면, 마르크스는 주기적인 경제 사이클과 이를 지배하는 과학적인 법칙을 통해 경제 위기론에 혁명적 분위기와 희망을 표현했다. 그러나 베버에 의하면, 이러한 위기론은 경쟁을 제거하고 가격과 판매를 규제하는 금융자본의 카르텔, 특히 독일 국가은행을 통해 완화되었다.[7] 경제적 약자들은 혁명보다는 당대 독일제국의 금융자본에 기초한 카르텔과 트러스트에 예속되었다.

이 지점에서 베버는 사민당의 정책에서도 인민 독재가 아니라 여전히 금융자본의 독재를 본다. 사회화되는 과정에서 국가에 의한 독점자본이 출현하며 개인 자본가의 자리에 대신하여 주식회사와 매니저들이 나타난다. 이러한 전문 관료들이 증대되고 전문 기술을 가진 노동자들과 더불어 반-숙련공들(semi-skilled workers)이 단순 육체노동자들 위에서 계층화된다. 은퇴한 국민들은 연금과 주식 배당

---

6 "Socialism," *Weber Selections in Translation*, 257-261.
7 Ibid., 259.

금으로 살아가는 국가사회주의가 된다. 결국 사회주의 경제에서 지배그룹은 관리들의 독재이지, 인민들의 독재가 아니다.[8]

이러한 사민당의 진화론적인 접근, 즉 수정주의는 마르크스의 묵시론적인 혁명 이론을 대신해 버리고 노조와 사회주의 활동가들에게서 나타난다. 베버에 의하면, 사민당은 실천적인 정치를 고려해야 하고 자유민주주의당과의 연정을 통해 의회 민주주의에 대한 정치적 책임에 동참해야 한다.

이것이 현재 노동자들의 삶의 조건을 개선할 수 있고, 경제는 이러한 정치 활동의 합리화 과정에서 자유 기업 시스템을 공적으로 규제하면서 생산 수단의 사적 소유를 변화시켜 나갈 수 있다. 문제는 이러한 새로운 경제질서를 누가 통제하고 지도하는가 하는 데 있게 된다.[9]

물론 베버의 한계는 루돌프 힐퍼딩의 『금융자본』에 대한 분석과 여기서 논의되는 연대 정치를 고려하지 못한 데 있다. 그러나 비판적 자유주의자로서 베버는 사회민주당과 연정하길 원하고 자유 기업의 시스템을 의회 민주주의와 민중들의 삶을 위해 개선하길 원했다.

여러 가지 점에서 베버는 바르트에 공명할 수 있다. 물론 바르트는 자본주의 질서와 국가사회주의를 화해의 합리성과 공공선의 거버넌스를 기초로 시민사회 국가를 지향한다. 그리고 지배계급의 첨병 역할을 한 교회에 대해 매우 날카로운 비판을 한다. 사회 경제적인 관점에서 교회는 '자본주의의 유물'로 그리고 항상 지배계급의 편에 선 종교로 비판 당했다. 바르트는 묻는다. "교회는 죽은 자의 부활을

---

8 Ibid., 260.
9 Ibid., 262.

통하여 사회를 향하여 하나님의 나라의 복음을 증거하기보다는 영혼 불멸의 교리를 가르쳐오지 않았나?"(CD III/2:389)

바르트와 베버: 화해의 합리성과 자본주의 합리성

위르겐 하버마스는 베버의 이념과 이해관계에 대한 접근에서 마르크스의 사적 유물론과 친화력에 주목한다. 베버에게서 인간의 행동을 직접적으로 지배하는 것은 단순한 이념이 아니라 물질과 관련된 이념적인 이해관계를 말한다. 이념에 의해 만들어진 세계의 이미지는 기차의 선로를 결정하지만, 이러한 선로를 따라 인간의 행동을 이끌어가는 것은 바로 물질적 이해의 역동성이다.10

하버마스는 마르크스 이론을 다루면서 바르트와 베버를 매개해 준다. 하버마스가 서 있는 비판이론의 전통은 루카치에 의해 마르크스의 물신 숭배가 베버의 합리화 분석을 통해 사물화로 개념화되었다. 호르크하이마와 아도르노의 『계몽의 변증법』에서 이러한 연관성은 중심의 자리로 들어온다. 루카치가 체코의 프라하대학에서 열린 기독교와 마르크스주의 대화 모임에 관여하면서 바르트의 신학을 높이 평가한 것은 잘 알려진 사실이다.

바르트는 자본주의가 일으킨 혁명을 날카롭게 분석하고 하나님의 화해 사건을 통해 드러난 계약의 합리성을 대립시켰다. 화해의 복음 안에서 드러난 합리성과 지성은 자본주의 합리성과 일치되지 않는다. 자본이 지배하는 곳에서 인간은 사물이 되고 만다. 하나님의

---

10 Habermas, *The Theory of Communication*, 1:193.

이성(*ratio*)과 진리는 자본의 지배와 이에 귀결되는 관료화에 대립된다.

바르트에게 하나님의 화해와 계약이 합리성을 판단하는 기준이 되며 세계의 비주술화를 통해 진행되는 과학적 합리화에 대해 내재적 비판으로 설정된다. 여전히 합리화 과정에서 드러나는 주인 없는 폭력들이 소외와 집단 이기주의, 계급투쟁 그리고 관료 지배를 통해 나타난다.

그러나 바르트와는 달리 베버는 자본주의의 합리성을 긍정적으로 평가했고 세상을 주술과 마법의 힘으로부터 해방시키는 동력으로 보았다. 그럼에도 불구하고 베버는 그의 지배 사회학에서 관료제의 문제와 함께 해외 식민지에서 나타나는 제국주의 자본주의를 비판적으로 직시하고 있었다.

베버의 비판적 초점은 비스마르크의 현실 정치와 절대 관료주의 그리고 대토지 소유 귀족(융커)과 산업경제와 카르텔의 부상에 있었다. 비스마르크는 자유경제를 억압하고 금융 카르텔과 아프리카 식민지 그리고 독점 경제를 통해 권위적인 정치를 하지만, 오히려 반사이익은 1890년 마르크스의 영향을 받은 사회민주당이었고, 1912년 투표에서 34.8%를 얻어 의회 민주주의의 가능성을 열어 놓았다.

저명한 루돌프 힐퍼딩의 『금융경제』는 당대 독일 경제의 발전과 독점자본주의를 분석한 고전에 속한다. 1890년 비스마르크 사임 이후 1914년에 이르는 시기에 산업경제의 급격한 부상은 영국을 위협할 정도였다. 프러시아 주와 융커 계급 그리고 군사 엘리트들과 금융 자본가들 그리고 국가 관료들은 민주주의를 원하지 않았고 1차 세계대전에서 이전 비스마르크 정책을 답습하려고 했다.

베버의 사회학적인 문제틀은 이러한 역사적 배경에 기인한다.

베버에 의하면, 제국주의적 유형의 자본주의는 민족의 위신과 국가의 식민지 지배 방식에 기초되어 있고 정치가 민족의 위신과 신분의 독점을 위해 경제를 이끌어가기도 하지만, 때론 국가의 이익과 정치적 목적을 위해 경제발전을 제어하기도 한다. 이것은 제국주의적 자본주의 유형이며 단순히 경제적 모티브가 아니라 정치적 동인이 같이 작용한다.[11]

예를 들어 비스마르크의 주도 아래 아프리카 분할 식민지 정책에서 나타나는 제국주의는 열강의 금융 자본가들이 국내의 과소비로 인해 해외시장에서 투자 수익을 올리기 위한 것이 아니었다. 오히려 비스마르크는 식민 지배가 많은 예산 지출에 비해 수익이 떨어지고 복잡한 외교 관계를 동반해서 기피했다.

베버는 자본주의를 유형론적으로 파악하고 적합성에 주목하기 때문에 합리적 자본주의와 정치적 자본주의의 식민 지배 유형을 구분 짓고 자본주의 합리성을 목적합리성으로 파악한다. 이런 목적합리성은 그의 유명한 『개신교 윤리와 자본주의 정신』에서 분석된다.

베버가 분석하는 이념형적 자본주의는 서구의 합리화 과정을 거치면서 정치와 사회 그리고 경제 영역에서 나타나는 패러다임의 변화에 주목한다. 수익을 취득하는 행위나 상업 자본, 과학기술의 발전이나 합리성 또는 식민지 유형의 자본주의 등은 모든 다양한 역사와 나라들에서 나타난다.

그러나 자유로운 개인의 노동을 기초로 발전된 합리적인 조직이 신분 그룹인 부르주아지를 통해 시장경제에서 교환 과정과 수익 창

---

11 "Structures of Power," *From Max Weber*, 165.

출은 서구 경제 발전에서 독특한 요소이다. 이것은 일체의 정치권력을 등에 업은 강요나 독점 또는 착취와는 상관이 없다. 결국 서구의 경제발전에서 정치 주체로서 등장한 시민이 합리적인 자본주의를 가능하게 한 정치적 근거가 된다. 이들은 법의 영역에서 전문적으로 훈련된 법률가 신분으로 출현하고, 책임적이고 합리적인 행정에 관여한다. 자연과학과 기술 지식이 합리적인 방식으로 노동 분업과 시장경제에 적용된다.

이런 측면에서 베버는 대은행과 개인 투기가들의 이기적인 이익을 위해 증권 거래에서 행해지는 주가 조작과 투기 그리고 도박적인 무질서를 강하게 비난했다. 특히 가짜 증권 정보의 정치적인 뉴스가 제조업자들의 생산에 바람직하지 않으며, 이를 규제해야 한다고 말한다. 베버의 합리적인 자본주의 관점에서 증권거래에 대한 규제는 국제법과 협정을 준수하는 차원에서 이루어져야 한다.[12]

베버의 정의에 의하면, 지속적인 경제 행위를 통해 합리적인 방식으로 수익을 증대하고 갱신하는 방식이 자본주의 정신이며, 이것은 투기나 도박적인 증권거래와는 상관이 없다. 합리적인 자본주의 정신에 선택적 친화력을 갖는 것은 칼빈주의 세계 내적인 윤리이다.[13]

베버가 분석하는 이념형은 서구의 합리화 과정을 거치면서 나타난 산업자본주의 기원인데, 이것은 프랑스 경제사회학자 페르낭 브로델이 언급하는 자유로운 시장경제를 의미한다. 세계시장경제 안

---

12 "The Stock Exchange," *Weber Selections in Translation*, 374-377.

13 "The Origins of Industrial Capitalism in Europe," *Weber Selections in Translation*, 333.

에는 공급과 수요 그리고 가격을 자율적으로 결정하는 경제활동과 다양한 시장들의 소통과 지평적인 교류망으로 엮어져 있다.14

베버와는 달리 브로델은 국가와 독점자본이 융합되는 상부 구조를 자본주의로 규정하고, 금융자본이 루돌프 힐퍼딩처럼 1차 세계대전에 즈음하여 출현하는 새로운 것이 아니라 이미 15세기 제노바나 16세기에 암스테르담에서 무역을 통한 자본 축적에서 형성된다고 말한다.

베버는 이런 유형을 제국주의적 자본주의로 특징 짓고, 어느 시대나 나라들에서 상업과 무역의 독점 형태로 존재한다고 말한다. 그러나 베버는 산업자본의 축적을 근거로 영국에서 발전하는 금융자본과 국가의 융합을 제대로 파악하지 못했다. 이것은 산업자본과 금융자본의 결합을 통해 군비 증강과 해외시장 착취로 나타나는 영국의 자유무역에 기초한 제국주의 유형을 말한다. 이것은 힐퍼딩이 분석한 독일의 국가 독점자본—융커와 산업자본가들을 위해 자유무역을 제한한—과는 전혀 다른 형태를 갖는다.

어쨌든 베버는 자본주의 이념형에서 역설적으로 청교도의 비형제적인 귀족주의 윤리가 사회 문화적인 삶을 도구화시키고 개인의 자유와 의미의 상실이 나타난다고 진단한다. 정신이 없는 전문가들과 마음이 없는 감각주의자들이 출현하고, 결국 자본주의 사회는 참담한 쇠창살에 갇힌다. 이것은 베버의 니체적인 역설이며, 동시에 그의 미국의 정치와 경제 분석에 관련될 수가 있다. 이와는 달리 루카치는 마르크스의 물신 숭배 사회를 베버의 합리화 과정에 접합시켜

---

14 Braudel, *The Wheels of Commerce*, 229-230.

사물화 현상으로 재해석했다. 이것은 비판이론의 전통에서 도구적 이성비판으로 이어진다.

관료주의와 비인간화

바르트는 자본주의 합리성을 소외와 사물화 현상으로 특징 짓고 화해되지 못한 사회 현실 반영으로 본다(KD IV/2:770-771). 사물화는 포괄적인 관료화의 귀결로 드러나며, 인간의 삶은 사회적인 기제들과 설비들에 의해 의존되며, 자본주의 사회에서 물화 과정은 인간의 전체 영역을 통합한다(KD IV/3.2:764).

바르트는 특히 인간성의 기본 형식을 다룰 때 관료주의를 언급한다. 관료주의는 동료 인간들의 만남과 참여에서 이루어지는 것이 아니라 기계처럼 맹목적으로 이루어진다. 여기서 인간들은 맹목적으로 취급된다. 관료 체제는 사람들이 일정한 계급으로 그룹화하고, 특별 계획과 원리 그리고 규제를 통해 사람들을 다루고 해고한다.

실행에 옮기는 자와 이러한 실행에 영향을 받는 자들 사이에는 보이지 않고 투명하지도 않다. 비록 타인을 돕기 위한 의도를 갖는다고 해도 관료 체제는 인간을 비인간적으로 취급하며, 이러한 과정에서 실제 인간은 보이지 않는다. 관료 체제에서 일하는 자들은 인간이라기보다 관리들인데, 이들은 항상 비인간적이다(CD III/2:252).

결국 인간들은 주인 없는 폭력에 봉사하는 노예의 처지로 전락하고, 사물들의 질서(자본, 제도, 국가 등)는 우상으로 나타난다. 물화된 인간의 사고와 행동은 개인적인 이해관계를 은닉한 이데올로기로 표현되며, 자본주의 사회와 (구소련의) 국가사회주의 안에서 동료 인간들에 대한 적대관계, 억압과 착취 그리고 폭력을 향한 내재적인 경향성이 드러난다(KD IV/2:491, 498).

바르트는 『교회교의학』 III/4 §55 "삶을 위한 자유"에서 인간노동의 가치와 의미를 분석한다. 노동이 자본에 포섭당하는 과정에서 인간은 악하고, 매정하고, 매우 애매한 우상에게 봉사하게 된다(CD III/4:532). 인간의 노동은 공존과 협력에서 행해져야 하는데—인간성의 기준— 실제로 그것은 소외와 상호 대립에서 행해진다. "노동 세계의 현실은 비밀리에, 그러나 지나치게 공개스러운 생존 투쟁이 된다"(CD III/4:536).

자본을 얻기 위한 투쟁은 생존 투쟁으로 전환되며, 부의 축적은 자본의 본질을 규정하며, 이것은 자본주의 사회의 목적 원리로 등장한다. 자본주의 경제는 항상 사적 경제로 조직되며, 생산 수단의 사유화는 이러한 사회의 견고한 원리가 된다. '공허하고 무절제한 욕망의 혁명'이 발생한다. 이러한 자본주의 혁명은 주인 없는 폭력에 대한 봉사와 무성의 과잉에서 넘쳐나는 지나친 풍부함에 대한 갈망이다.

바르트에 의하면, 자본주의는 공허하고 무절제한 욕망의 혁명으로 나타나는데, 욕망과 충족의 변화 체계(헤겔)는 동료 인간의 삶을 관료 지배에 구속하고 비인격성의 문화를 드러낸다. 국가가 이런 관료 지배에 기초할 때, 형식적인 짝퉁 민주주의를 양산하게 된다. 이런 점에서 바르트는 관료 지배와 비인간화를 경제 시스템에서 발생론적으로 접근하고, 이것을 사물화 현상과 소외 그리고 전쟁 가능성으로 파악한다.

그러나 베버는 지배사회학, 즉 국가권력을 통해 관료제에 접근한다. 일차적으로 베버의 관료제 비판은 비스마르크에게 주어지며, 이것은 독일 군주제에서 실권을 가진 수상의 독재 아래 캐비닛 정치를 행하고, 미래의 독일 정치의 민주주의를 봉쇄했다. 베버는 관료제 절대주의에 저항했다.[15]

베버: 관료제와 케사르주의

『소명으로서의 정치』에서 베버는 근대의 주권국가 형성에서 나타나는 행정적인 메커니즘을 고려한다. "국가는 주어진 영토 안에서 물리력을 정당하게 사용하는 독점을 요구"한다. 정치는 권력 분배에 영향을 주며, 근대 국가는 행정과 입법 질서, 입법적 규제에 일치하여 공적인 비즈니스를 수행하는 행정 기제를 포함한다. 그리고 모든 시민을 사법적으로 구속하는 권위를 가지며 합법적인 정부로서 강제와 물리력의 적합한 사용을 한다.[16] 요약하면 법적 질서와 관료제, 강제적 법 집행이 근대 국가의 본질적인 특징에 속한다.

무엇보다 더 국가 공권력이 행사되는 지점은 관료 행정이다. 정치 지도력과 행정 부문에서 관료 지배는 민주주의와 시민사회의 공공선 거버넌스와는 대립이 된다. 관료제는 법적 권위를 기초로 권력의 사회적 관계를 유지하는 일차적인 정치 행정기구이다. 여기에 전문적인 자질과 능력을 가진 관리들이 고용된다. 그러나 관료제는 법적 지배 아래서 마치 음료수를 자동적으로 제공하는 자동 기계처럼 할당된 과제를 산출할 수밖에 없다. 정부 관료제에서 정책 결정에 대한 계산과 목표는 전형적인 자본주의 합리성과 비인격적인 성격

---

15 Bendix, *Max Weber*, 451.
16 Bendix, "Politics as a Vocation," *From Max Weber*, 78.

을 드러낸다.

이런 비인격적인 지배에서 인간에 대한 동정이나 존중 또는 감사는 찾아보기가 어렵다. 근대의 문화는 감정과는 무관한 객관적으로 할당된 과제를 수행하는 전문가를 필요로 한다. 과제와 목표를 수행하기 위한 목적과 수단을 산출하는 규칙이나 기술 합리성은 인격에 대한 고려나 덕목을 필요로 하지 않는다. 기계와 같이 작동하는 전문가들이 정부 행정을 수행한다. 목적합리성과 관련된 쇠 우리 창살의 문화는 여기서 드러난다.17

관료제의 집중에서 권력은 대통령이나 수상에게 돌아간다. 베버에 의하면, 이러한 비인격적 지배는 행정 수단을 집중화하고, 마르크스가 이미 자본주의 발전에서 이 사실에 주목했다고 말한다. 그리고 관료제는 정부 조직들과 군대, 정당 그리고 교육기관을 지배한다. 관료제는 사회의 부문을 지배하는 국가의 지배 방식이며 자본주의 합리성에 기초된다.

전문가들의 지배 방식에서 관료제는 합리적인 생활 방식과 경제적인 이득, 교육과 학위 증서가 필요한 공공 사무실에서 취업의 특권으로 나타난다. 일상의 삶은 자본주의 사회든지, 사회주의 사회든지 국가권력의 집중되는 곳에서 비인격적인 관료주의가 나타난다. 권력의 엘리트들의 관료 지배는 시민참여의 민주주의와는 대립된다. 그러나 이것은 국가권력과 경제 시스템의 합리적 조직과 기능적 분화와 전 문화에 혜택을 주기도 한다.

베버에 따르면, 군주제 정부에서 비스마르크는 관료제와 캐비닛

---

17 Bendix, "Bureaucracy," *From Marx Weber*, 215.

시스템으로 의회 민주주의 정당성을 봉쇄했다고 비판한다. 비스마르크의 민족주의와 융커 계급의 지배 그리고 일정한 사회주의 정책은 훗날 히틀러의 파시즘에서도 이어진다. 비스마르크는 '민족경제 카운실'을 의회에 대항하는 권력 수단으로 악용했고, 영국과는 달리 의회의 조사권을 거부하고 반대 의사를 표시하는 다수 의원들을 비난했다.[18]

베버의 정치사회학은 의회 민주주의의 효율성을 정치적 소명을 통해 강화하는 데 있으며, 민중 선동지배와 군주제 관료 지배 방식에 저항한다. 물론 베버는 의회 민주주의에서 나타나는 케사르주의의 위험성을 잘 알고 있다. 로마의 공화제 민주주의에서 율리우스 케사르가 민중 선동을 통해 독재자로 출현했다. 역사적으로 케사르를 살해한 사람들은 이후 로마의 황제 지배에 굴복했다.

이러한 역설적인 정치 현상은 여전히 의회 민주주의 안에서 카리스마적 지도자와 갈등으로 나타난다. 세계의 주술화로부터 합리성의 해방은 결국 무덤으로부터 비인격적인 세력들의 출현을 초래했다. 역사적 인물 케사르의 비극에서 여전히 우리는 이후 정치 지배에서 케사르주의를 반복해서 만난다. 이것은 니체의 영원회귀에 대한 베버의 정치사회학적 해석일 수가 있다.

카리스마적 대중 정치와 선동 민주주의는 보통선거를 통해 잠재적으로 전제 지배적인 케사르주의 요소를 갖는다. 권위적인 포퓰리즘은 보통선거를 통해 대중의 승인에 기초하며 전제적인 국가주의나 파시즘을 지향한다. 민주주의 자체는 관료 지배와 대립하지만,

---

18 Ibid., 239.

그럼에도 불구하고 의도하지 않는 관료제를 불가피하게 초래한다. 근대적인 의미에서 사회의 민주화는 관료화를 선호하는 기반이 된다.[19]

그러나 베버는 관료 절대주의와 민중 선동 정치를 넘어서기 위해 다당제에 기초한 의회 민주주의의 리더십을 정치가의 책임/심정윤리를 통해 강조한다. 베버의 분석에서 문제가 되는 것은 자본주의 국가를 합법적 폭력의 독점으로 이해하고 국가권력의 중심주의를 정당화하는 데 있다. 이것은 사법적 정당성을 통해 관료 지배로 나타난다.

베버의 의회 민주주의 모델은 시민사회의 참여 민주적인 차원을 그의 국가권력 이론으로 인해 도외시하는 경향이 있다. 물론 비판적 자유주의자로서 베버는 의회 민주주의를 영국 의회제도와 위원회의 책임적인 수행 그리고 시민의 주체적 참여를 고려했다. 여기서 위원회의 보고와 시민들의 비판적인 의견은 민중 선동과 관료제를 넘어서는 길로 고려된다. 이것은 베버가 가장 중요하게 여긴 독일 시민들을 위한 정치 교육에 속한다.[20]

비교신학: 베버의 유대교 연구와 바르트의 이스라엘

나는 공공신학의 새로운 모델로 바르트와 베버를 플랫폼으로 삼고 시작한다. 관료제와 자본주의 합리성에 대한 비판적 논의와 더불어 유대교에 대한 비교신학의 가능성을 중요하게 취급한다. 바르트

---

19 Ibid., 231.
20 Bendix, "Politics as a Vocation," 107.

가 성서적 이스라엘을 예수 그리스도의 자연적 환경으로 파악하고 이스라엘을 향한 하나님의 신실하심을 쇼아(홀로코스트)에서 강조한 다면, 베버는 유대교 연구를 통해 토라의 윤리를 칼빈주의 세계 내적 금욕주의와 구분 짓는다. 시대적인 자료의 제한에도 불구하고 베버 의 유대교 연구는 파시즘이나 반유대주의와는 상관이 없다. 그렇다 고 베버가 유대교를 맹목적으로 지지하지도 않았다.

베버에 따르면, 유대인들은 서구의 역사에서 주변부로 밀려난 백성이고 반유대주의가 존재한다. 성서적 바리새파 정신과 예루살 렘 멸망 이후 발전된 랍비 유대교 정신은 서구의 역사에서 주변부로 밀려난 유대 백성의 삶의 방식에 이어지고, 이들의 삶을 특징 짓는 다.21 베버에 의하면, 중세기의 반유대주의는 상업과 교역 경쟁에서 나타나고, 십자군전쟁에서 반유대주의 첫 번째 물결이 유럽에 넘쳐 났다. 상업 계급의 경쟁과 갈등이 원인으로 꼽힌다.22

베버는 선택적 친화력을 그의 사회학에서 발전시킨다. 유대교의 어떤 이념이 경제적 이해관계에 친화력을 가지며, 어떤 신분 그룹에 의해 사회화되고 권력의 관계와 계층화로 나타나는가에 주목한다. 그러나 내가 보기에 베버의 약점은 괴테의 소설로부터 빌려온 선택 적 친화력 개념에서 이념의 역사적 전개 과정에 내재적 비판의 차원 이 있음을 간과해버린다. 예를 들어 그의 대표작인『개신교 윤리와 자본주의 정신』에서 청교도의 귀족적 윤리와 세계 내적 금욕주의가 수익 추구 중심의 자본주의를 양산하고, 결국 쇠창살에 갇혀버리는 병리 현상으로 진단한다. 그러나 베버는 칼빈 자신의 예정론과 사회

---

21 Weber, *Ancient Judaism*, 424.
22 Ibid., xxvi.

휴머니즘이 청교도와는 다르다는 내재적 비판을 하지 못했다.

물론 베버는 신학자가 아니라 사회학자로서 칼빈주의 이중예정의 역사적인 과정에서 드러나는 사회학적 기능에 관심했다. 그러나 괴테의 선택적 친화력의 개념에서 내재적 비판의 지평을 열어 준 사람은 발터 벤야민이고, 나는 그의 해석에 공감한다.

아무튼 베버는 마르크스와 니체로부터 상당한 중요한 것을 배웠지만, 이들처럼 반유대적인 입장을 취하지 않았다. 베버에게서 유대인들은 세계사적 의미를 가지며, 당대 시온주의를 하나님의 약속의 빛에서 보았고, 시온주의 진정한 문제는 유대 국가의 존엄성에 기초된다고 말한다. 이것은 단순히 정치적인 팔레스타인 이주 정책이기보다는 문화적이며 종교적인 성격을 갖는다.

바르트가 괴팅겐대학 교수 시절 유대인 라텐나우의 암살에 경악했듯이, 만일 베버가 살아서 이 광경을 목격했다면 히브리 민족은 여전히 세계사적으로 중요한 백성들이며 모든 악이 이들에게 들이닥치지만, 그럼에도 불구하고 이들의 정의를 위한 모든 노력을 막을 수는 없을 것이라고 말했을 것이다.23

베버는 당대 저명한 고대 근동 연구가인 에드워드 마이어나 구약학자 율리우스 벨하우젠과 같은 구약학자들의 역사비평을 수용했지만, 이들의 결론을 추종하지 않았다. 베버는 유대교의 역사에 대한 진화론적 접근보다는 유대인을 사회적으로 계층화된 농민들이며 가축을 치는 사람들로 파악한다. 토라에 기초한 삶에서 고대 바빌론의 함무라비 법전의 영향을 받은 문화적인 백성으로 본다.

---

23 Ibid., xv-xvi.

베버의 관심은 야훼주의와 이스라엘과의 계약의 관계에서 나타나는 사회 변동을 팔레스티나 상황에서, 특히 제사 문서인 레위기와 이후 예언자들의 메시아주의에 관련짓는다. 야훼주의 안에서 종말론적 차원을 검토한다. 여기서 마술이나 미신적인 것들에 대한 비판과 더불어 토라에 대한 윤리적 해석이 두드러진다.

예언자들은 왕권에 도전하고 경제적으로 착취 받는 계층을 대변하면서 사회적으로 차별받는 농민들을 보호했다. 예언자의 관심은 고대 그리스의 물음—어떻게 하면 인간은 좋은 시민이 될 수 있는가?—에 있지 않고 오히려 토라에 기초된 종교적이며 야훼의 계명의 성취에 있었다.[24]

베버의 예언자에 대한 이해는 칼 카우츠키처럼 정치적이거나 계급투쟁에 기초하지 않고 종교적이며 토라에 근거 짓는다. 왜냐하면 예언자들은 정치나 사회운동을 조직하지 않았기 때문이다. 토라 중심의 사회학적 접근에서 종교적 이념과 물질 이해 사이에서 드러나는 선택적 친화력이 부각된다. 그리고 예언자의 카리스마가 여기에 기초된다.

흥미로운 것은 바리새파는 마카베오 시대에서 상당한 영향력을 행사했는데, 이들은 이전 헬레니즘 문화에 투쟁했던 경건한 자들이었다. 시편에서 하시딤으로 불리는 이들은 조상들의 가르침을 준수했고 유대 마카베오의 추종자들이었다. 바리새파는 정결하지 못한 것으로부터 스스로 구별하고 레위기의 정결 예전을 준수하면서 제사장의 권위에 도전했다.

---

24 Ibid., 275.

예레미야의 기준(렘 23:9, 16)은 랍비적 토라 해석에서 권위를 행사하며, 모든 예언은 영지주의적-신비주의가 아니라 토라와 윤리적 계명에 기초된다. 여기서 빗나가는 해석은 거짓 예언자들로 폭로된다.[25]

베버는 바리새파와 암 하레츠의 갈등을 검토하는데, 후자는 율법을 모르거나 아니면 준수한 사람들이 아니었다. 바리새파는 암 하레츠나 이방인들과 교제하지 않았고 예수와 바리새파의 논쟁은 이러한 사례를 보여준다. 바리새파의 형제애는 사랑의 음식에서 볼 수 있는데, 이후 기독교의 성만찬과 거의 흡사하다. 이들은 회당을 설립하고 후대 유대교의 디아스포라들의 중심적인 종교 기관이 되었다. 그러나 70년 예루살렘 멸망 이전에도 바리새파는 심지어 희생 제사나 제사장의 권위에 가치를 부여하지 않았다.

베버에 따르면, 바리새파의 윤리적 합리성이 당대 민중 계층의 삶의 방식에 영향을 미쳤다. 메시아적 희망과 죽은 자들의 부활 그리고 하나님의 나라는 멍에를 나누어지는 자들, 즉 계명을 준수하는 자들에게 주어진다고 보았다. 할례와 안식일 준수가 결정적이지만 베버는 613개 미츠보(계명)를 지키는 삶은 농촌이 아니라 도시의 삶에서, 특히 탈무드 교육을 통해 나타난다고 진단한다.

이런 점에서 예루살렘 멸망 후 랍비들은 토라 교육을 통해 지배력을 가지게 되고, 시골 출신인 암 하아레츠나 비-바리새파 유대인들과는 거리를 두었다. "나사렛에서 무슨 선한 것이 나오겠는가?"라는 표현에는 이미 토라 교육을 받지 못해 엄격한 준수를 하지 못하는

---

25 Ibid., 395.

자들에 대한 경멸을 담고 있다. 베버는 예수가 바리새파와 충돌한 것을 암 하아레츠적인 관점에서 파악한다.

베버의 바리새파 이해에서 바울 역시 힐렐과 샤마이 학파의 영향에 서 있다고 본다. "일하지 않는 자는 먹지 말라"는 바울의 표현에서 바리새파의 가르침은 여전히 스며들어 있고, 이것은 칼빈주의처럼 세계 내적 금욕주의와 구분된다. 세계 내적 금욕주의가 자본주의의 합리적 유형과 귀족주의 윤리로 나타난다면, 바리새파 유대교는 귀족주의가 아니라 형제애를 기초로 하며 이웃 형제들에 대한 경제적 착취를 금한다.

이것은 윤리적 계명에 기초하며, 특히 구약의 희년법에서 고리대금업에 대한 금지, 안식일 준수, 노예해방, 빚의 사면 등은 바리새파의 소시민적인 삶에서 결정적이다. 이것은 절대 이중예정을 기초로한 귀족주의 윤리나 천박한 자본주의와는 다르다.

베버가 바리새파 유대교에서 주목하는 것은 형제애로 가득 찬 '무우주적 사랑', 즉 심정윤리의 작동이다. 부유한 자들은 가난한 자들을 비밀리에 도와야 하고, 이런 사회 기부금은 탈무드에 의하면 모든 유대인의 도시에 설립되어야 한다. 이러한 탈무드의 카리타스는 "빈곤으로 인해 아무도 수치스럽게 하지 말라"는 가르침에 근거한다. 심지어 베버는 예수의 가르침―"왼손이 하는 것을 오른손이 모르게 하라"―에도 이러한 정신이 스며 있다고 말한다.[26]

베버는 랍비 예수의 가르침에서 바리새파적 연속성을 보는 데 인색하지가 않다. 초대 기독교에 많은 영향을 준 에세네파의 종교적

---

26 Ibid., 409.

실천(세례, 사랑의 만찬)과 무우주적 사랑의 공산주의와 같은 심정윤리가 바리새파 유대교에 여전히 담겨 있다.[27]

암 하아레츠와 예수

베버의 유대교적 접근과 해석에서 칼 바르트의 이스라엘론 사이에 공명이 있다. 특히 열왕기하에서 나타나는 암 하아레츠를 논의할 때, 베버는 땅의 백성에 착안하는 데 두 가지 측면이 있음을 본다. 하나는 민중 계층으로 군사적으로 훈련되어 왕을 지키는 수비대인데, 이들은 바벨론에 저항했고, 심지어 예레미야의 예언—"애굽을 거절하고 바빌론에 승복하라"—을 거절했다. 이들의 지도자들은 느부갓네살의 임명한 유대 지도자 그달리야를 죽인 사람들이다(왕하 25:25).

그러나 이들은 예루살렘에 남겨져 포도원을 경작하는 비천한 농부들과는 다르다(왕하 25:12). 농부들은 느부갓네살에 의해 예루살렘이 멸망하고 왕과 정치 지도자들과 군인들과 백성들을 포로로 잡혀갈 때 땅에 남은 비천한 자, 즉 민중 암 하아레츠를 의미한다(왕하 24:14). 이들은 이후 바빌론 포로기에서 돌아온 엄격한 토라 준수의 야훼이스트 그룹에 저항한 자들이다.[28]

베버는 이런 분석에서 예수 시대에 바리새파와 암 하아레츠의 갈등에 주목하고 예수와 바리새파 논쟁을 사회학적 긴장에서 파악한다. 더 나아가 예수의 인자 개념을 다니엘서와 함께 암 하아레츠와

---

27 Ibid., 410.
28 Ibid., 26.

의 연대에서 돌출한다.[29]

여기서 베버의 해석은 바르트의 입장에 접합될 수 있다. 바르트는 예수와 함 하아레츠의 관계를 오클로스(공적 죄인과 세리)와 연결 지어 예수를 가난한 자들을 당파적으로 편드는 분으로 말한다. 바르트의 은총은 시류를 거슬러 올라가는 혁명적 성격을 담고 있고 공적 죄인과 세리들과 예수가 가진 식탁 공동체에서 잘 드러난다. 예수는 땅에서 저주받은 자들(*massa perditionis*)을 바리새파의 공격으로부터 방어했다. 하나님은 이들과 연대하며, 이것이 예수 안에 나타난 하나님의 은혜의 쿠데타적인 성격을 특징 짓는다(CD IV/3.2:620).

바리새파들은 이러한 암 하아레츠의 행동과 도전을 책임적으로 인정할 수가 없었고, 이들을 천박하고 저주받은 자로 경멸했다(CD 4/3.2:274). 바르트에게서 중요한 것은 이들과 연대하여 파레시아를 말하는 것이다. 파레시아는 하나님의 진리에 참여하며 인간의 언어가 하나님 자신의 말씀으로 되는 계기를 포함한다. 파레시아의 태도에서 우리는 기독교인으로서 하나님의 정의와 은혜를 사회 안에서 증거하며 살아간다. 파레시아는 이데올로기적인 왜곡과 착취에 저항한다(CD 2/1:231-232).

바르트는 다음처럼 말한다. "수많은 어려움과 재난을 통해 기적적으로 보존된 유대 인들은 믿지 않는 유대인들이다! 그들은 오늘날까지 하나님의 사랑과 신실하심의 자연사적인 계기를 말한다. … 이들은 구약성서의 살아있는 주석으로서 유일하고 확신에 찬 외적 증거이다"(KD IV/3.2:1005-1006). 유대인 선교 개념은 불가능하다. "회

---

29 Ibid., 398.

당과 관련하여 선교라는 실제적인 질문은 있을 수가 없다"(CD IV/3.2: 877).

바르트는 쇼아에서 유대인들이 땅에서 저주받은 자가 되었지만, 이들을 향한 하나님의 신실하심을 거절하지 않는다고 말한다. 예수는 고난받는 유대인의 육체를 입고 세상으로 오셨고, 하나님은 이스라엘 백성을 총체적으로 변화시키고 갱신한다. 예수는 그렇게 세상에서 비천한 자들을 편드시는 하나님과 더불어 서 있다(CD 4/2:248-249).

바르트와 베버가 공명하는 것은 예수의 암 하아레츠와의 연대가 단지 계급투쟁이 아니라 토라 중심에 기초하며 예수를 반유대적으로 규정하지 않는 데 있다. 토라는 해방과 희망의 꽃봉오리이며 은혜나 카리스마의 신학은 사회에서 밀려난 하위 계급과의 인정과 연대를 추구한다. 이것은 베버가 비교종교 연구에서 추구하는 예언자적인 심정윤리이며 바리새파에서도 작동되는 것을 본다. 이것은 동시에 오늘날 팔레스티나에서 빗어지는 국가 이스라엘의 폭력 정치에 강력한 비판을 담는다.

바르트와 베버의 비판적 보충

바르트는 하나님의 화해의 합리성에서 가난한 자들과의 인정정치를 옹호하고 관료제와 사물화 과정을 포괄적으로 자본주의 시스템에서 접근했다. 동료 인간과의 관계는 관료적으로 취급되고, 추상적이며 익명의 관계로 전락한다. 사물의 질서가 인간의 사회적 삶을 지배하고 음식과 상품과 생활 자료, 예술 그리고 과학기술을 제공한다. 이러한 사회적 기제들과 시설들에 대해 인간의 삶은 총체적으로 의존되며 자본주의 사회 안에서 삶의 사물화 과정은 인간의 전 영역을 통합시킨다(KD IV/ 3.2:764).

사물들의 세계(자본, 사회제도, 국가)에서 인간은 노예의 처지로 떨어지고, 사물화는 우상으로 등장한다. 이것은 바르트의 시스템적 사고를 지적한다. 자본주의 사회 안에서 사물의 체계가 필연적인 강제의 물적 연관으로 드러나는데, 이것은 서방의 자본주의 사회든지, 국가사회주의든지 별다른 차이가 없다.

경쟁 투쟁이 벌어지는 곳에서 계급투쟁이 일어난다. 여기서 노동자들은 동료 인간성을 망각하고 전쟁과 갈등의 징조 아래 서 있다. 서구 자본주의 사회에서 해외 정책과 군비 산업과 서로 밀접히 연관되어 있다. "인간이 아니라 이윤을 제공하는 자본이 목적이 될 때─이러한 목적을 유지하고 증대하는 것은 정치 질서의 의미와 목적인데─ 사회의 기제 장치는 이미 이러한 목적을 가동화하며, 언제든지 사람들을 죽이고, 죽임을 당하는 전쟁터로 보낼 것이다"(CD III/4:459).

바르트에게서 계급투쟁은 위로부터의 지배계급의 헤게모니에서 온다. 그리고 시스템의 복잡성을 변증법적으로 고려하고 상호 간의 인정과 해방을 추구한다. 바르트의 이러한 시스템적 접근은 인정 투쟁의 포괄적 스펙트럼을 가지며 베버의 국가권력을 기초로 한 관료제와 법적 지배를 보충해 줄 수가 있다.

그러나 바르트의 자본주의 분석은 서구 사회 중심적이며 자본주의 혁명이 초래하는 해외시장의 독점과 식민 지배 그리고 제국주의로 출현하는 메커니즘을 충분히 해명하지 못한다. 여기서 베버의 정치적 자본주의와 제국주의에 대한 분석은 도움이 된다.

베버의 의하면, 자본주의가 국가와 융합될 경우 이러한 '국가자본주의' 유형은 고대 로마나 세계의 다른 지역에서도 볼 수 있다. 고대 로마의 경우 제국주의적 유형의 자본주의 성격을 드러낸다. 고대 도시들은 관료주의적으로 조직된 세계제국에 흡수되며 자체 상 정치적 자본주의 성격을 상실했다.

그러나 중세 말엽과 근세 초기에 베니스와 제노아와 같은 이탈리아 도시 국가들은 상업과 무역을 통해 유동자본을 얻기 위해 투쟁했다. 이러한 도시국가들은 세계제국에 흡수되지 않았고 근세 초기에 근대의 자본주의를 형성하는 결정적인 기회를 제공했다. 스페인의 해외 식민지 이전에 이미 새로운 세계경제체제가 존재했다.[30]

상업 세계체제에서 유동자본은 이미 은행업과 금융자본을 발전시키고 자본 축적이 일어난다. 산업혁명 이전에 이미 상업자본은 국가 간의 경쟁을 통해 해외 무역을 통해 자본 축적의 사이클을 드러내면서 세계경제체제로 자리 잡았다. 그리고 제국주의적 유형의 자본주의는 열강의 팽창을 통해 식민지에서 보호조약이나 독점으로 나타난다.

16세기 남미 대농장에서 스페인의 식민 지배나 화란의 인도네시아 지배 또는 영국의 인도나 미국 지배 등에서 해외시장을 통해 벌어들이는 수익은 엄청났다. 이것은 독점 무역과 예속민들의 값싼 노동력 착취에 기초했으며 자유무역을 통해 얻는 수익과는 비교될 수 없을 정도였다. 이러한 식민지 전리품 자본주의는 모든 시대와 지역에서 열강의 경쟁과 지배 또는 전쟁에서 볼 수 있다.[31]

식민지 전리품 자본주의가 성공할 경우 국가의 위신이 강화되며

---

30 Weber, *General Economic History*, 247-249.
31 Weber, "Structures of Power," *From Max Weber*, 167-168.

국내 정치에서 계급, 신분 그룹 그리고 정당에 영향을 미친다. 국내 경기가 부양되며 산업 분야에 호황을 가져온다. 베버는 계급투쟁을 경제적 영역에 국한시키지만, 정치의 지배 방식을 통해 해외시장에서 나타나는 독점 무역과 제국주의에 관련하여 헤게모니 차원을 정치적으로 확대시킨다. 국가의 권력과 민족의 위신이 해외 정책과 식민지 경쟁 투쟁에서 전쟁으로 나타나며 자본 축적의 사이클을 기초로 세계체제 안에서 군비 산업과 신용 제도 그리고 금융자본의 지배가 공고해진다.

이러한 베버의 제국주의 이론은 마르크스가 이미 제노아나 베니스에서 상업자본의 세계체제적 성격에 주목하고 근대 초기 자본주의로 파악한 것과 다르지 않다. 이것을 마르크스는 『자본』 1권의 본원적 축적론에서 중상주의 식민지 비판으로 다루기도 했다.

자본 축적의 사이클은 열강 간의 채무 관계와 경제협력의 네트워크에서 국제 신용 제도를 발전시키고 세계경제체제로 확장되면서 자본주의는 국가 헤게모니와 더불어 확고하게 자리 잡는다. 18세기 초엽 화란은 무역과 산업을 넘어서서 영국과 경쟁하면서 기본사업이 자본 수출과 금융시장에 관련된다. 열강의 팽창과 유동자본을 얻기 위한 국가 간의 경쟁과 투쟁은 세계적인 규모에서 제국주의 정치구조로 나타나며, 이러한 국가 헤게모니에 기초된 세계체제가 자본 축적의 사회, 경제, 문화적 환경을 제공하며 자본주의 장기 지속을 가능하게 한다.32

제국주의는 독점과 금융자본과 그리고 국가 해외 정책에 기초되

---

32 Arrighi, *The Long Twentieth Century*, 14.

며, 중심부에서 민주주의가 확대되고, 노조의 법적 정당성이 강화되며, 노동자들은 중산층으로 진입한다. 사회주의 혁명은 가장 선진적인 영국이 아니라 낙후한 러시아에서 일어난다.

베버의 제국주의론은 홉슨-레닌의 제국주의론과는 다르다. 금융 자본가들이 국가권력을 통제하고, 해외 식민지에서 자본투자를 통해 무역을 독점하고 수익을 얻는 것이 아니다. 베버의 입장은 1884~1885년 비스마르크의 주도로 열린 베를린 컨퍼런스에서 정당성을 갖는다.

독일제국은 아프리카 분할을 위해 열강 간의 협정에서 결정적인 역할을 했고 영국과 프랑스 다음으로 아프리카를 식민지화했다. 그러나 1889년 서남아프리카를 영국에 양도하려고 했다. 비스마르크 해외 식민지 정책에서 금융자본가가 주도한 것이 아니라 오히려 해외 무역 경쟁에서 열강들로부터 입을 수 있는 경제적 손실을 막는 국가정책에 근거한다.

베를린 회담에서 서구 열강들의 자유무역을 위해 벨기에의 레오폴드 2세에게 콩고를 할당해주었다(1885~1908). 당대 열강에 끼지도 못한 벨기에의 국왕이 고무와 상아 채집을 위해 강제 노동을 국제법에 기초하고 관료 행정으로 통제했다. 부족 지도자들의 도움과 민병대를 통해 감시하면서 식민 기간 동안 2천만 명의 콩고 주민들이 살해되는 정책으로 막을 내렸다. 식민지에서 드러난 국가폭력과 신체정치학을 여실히 보여준다.

바르트와 주인 없는 폭력 시스템

바르트의 사후에 출간된『화해론의 윤리』§78. 2 "주인 없는 폭력들"에서 주인 없는 폭력의 현실을 다음처럼 분석한다. a) 정치적 절대주의: 제국의 이념은 정치적인 것을 악마화한다(히틀러 민족사회주의와 스탈린주의).

b) 맘몬주의: 이제 상품과 돈의 물신 숭배적 성격은 우상으로 드러난다. 바르트의 시스템적 사고는 베버처럼 사회학의 유형론이 아니라 관계의 총체성이라는 변증법적 접근을 보인다. 이러한 시스템적 사고는 바르트에게 자본주의를 공허한 욕망에 기초된 포괄적 혁명으로 파악하고, 여기에 하나님 나라의 혁명과 화해의 합리성을 대립시킨다.

바르트에 의하면, 노동은 사회적 활동이며 동료들과의 결사와 동료애에 관련한다. 그것은 인간성의 기준에 따라 측정되어야 한다. 그러나 노동에 대한 사려 깊지 못함은 인간을 경쟁 관계로 몰아가며 경쟁은 보상에 관련된다.

"노동과정을 조절하는 경쟁에서 보상은 적어도 여기에 관련된 사람들에게는 필수불가결하다. … 현안이 되는 것은 더 이상 능력에 대한 단순한 비교가 아니다. 수단이 목적이 되어서는 안 된다"(CD III/4:539-540). 노동과 생산 과정에서 자본의 획득과 축적을 향한 방향 설정은 "재정의 산출(또는 오류의 산출)에서 표현되는 소유의 축적과 배가에 있다." "자본은 상대적으로 소수자들의 손에 놓여 있으며, 모든 것들의 배후를 조정한다"(CD III/4:531-532).

c) 이데올로기: 정치선전을 통해 정치 절대주의와 맘몬주의가

사회 전체로 펼쳐 나간다. 정치선전은 인민 독재를 기초로 국가사회주의나 아니면 포퓰리즘의 의회 민주주의 안에서도 작동된다. 정치 슬로건과 선동을 통해 인간은 이데올로기적인 동물로 전락하며, 이념주의에 갇히고 만다.

이데올로기에 대한 바르트의 시스템적 접근은 당시 소련과 동구의 사회주의가 인간의 소외를 종식시켰는지 그리고 더 이상 계급투쟁이 존재하지 않는지에 대해 의심한다.

"비록 마르크스주의 프로그램의 강령이 더 이상 착취자와 피착취자가 없으며, … 더 이상 생산수단의 사적 소유권이나 자유로운 사적 기업이 없다고 하고, 노동과정이 국가의 수중으로 전이되었다고 하더라도… 여전히 의심스럽다"(CD III/4:544).

국가사회주의 안에서도 억압과 착취의 새로운 형식들이 존재하며, 새로운 권력 엘리트들이 고용주의 자리를 대신하며, 막강한 권력을 휘두르는 당과 경찰과 프로파간다가 중심 기능을 갖는다. 노동운동 대신에 노동운동의 탁월한 지도자가 당을 장악하며, 국가의 권력과 기능을 흡수하며 새로운 계급 체제를 설정한다(CD III/4:539-540).

그런가 하면 바르트는 자유 노동계약의 법적인 형식을 분석하면서, 이것은 외관상 자유의 협정으로 비판한다. 고용주는 자유 노동계약을 자신의 이해관계와 이익에 맞게 함으로써 고용인들을 향한 지배와 엄청난 이익을 행사한다(CD III/4:542).

d) 생태학의 파괴: 자연에 대한 자본의 지배와 종속을 통해 생태파괴적인 힘들이 나타난다. 과학기술의 발전을 통해 우주의 생에 위협이 나타난다. 과학기술에 대한 물신 숭배적 태도가 생태파괴와 더불어 교통과 여행 수단을 통해 수많은 인명을 앗아가는 참사로

나타나기도 한다. 패션의 상품화, 과열된 스포츠 현상, 쾌락 추구는 생태 파괴적 힘과 연결된 기술 진보에 관련된다.[33]

주인 없는 폭력들에 대한 분석에서 바르트는 막스 베버와 비판적 대화의 출구를 열어 놓는다.

베버: 비인격적 세력과 심정윤리

베버는 1917년 뮌헨대학에서 행한 그의 강연 "소명으로서의 학문"에서 기술화와 합리화 그리고 세속화를 통해 나타나는 귀결은 세상 주술로부터의 해방이 아니라 무덤에서 다시 출현하는 가치다원성으로 말한다. 세속화의 과정에서도 여전히 신들의 출현과 투쟁을 말한다. 인류를 지배하는 것은 과학이 아니라 운명이며, 이런 점에서 베버는 니체의 허무주의 테제를 수용한다.

그러나 니체와는 달리 그는 소명으로서의 책임윤리를 통해 카리스마적인 지도자에서 해방의 출구를 찾으려 했다. 물론 이러한 책임정치는 심정윤리와 분리되지 않는다. 베버의 『소명으로서의 정치』는 당대 독일 정치에 대한 그의 풍부한 경험을 담고 있다. 1918년 10월 뮌헨혁명은 독립 사회민주당 쿠르트 아이스너에 의해 시도되었고, 베버는 비록 자신이 비판적 자유주의 입장에 서 있었지만 사민당과 연대했다.

베버의 정치로서의 소명은 이러한 독일혁명의 배경에서 독해될 필요가 있다. 여기서 베버는 칼 슈미트와는 전혀 다르게 케사르주의

---

33 Barth, *Christian Life*, 213-233.

에 기초된 대중 선동주의(plebiscitariam)를 인종/민족의 동질성을 부각시켜주는 유일하게 진정한 민주주의 형태로 말하지 않았다.

베버에 의하면, 국민 전체를 동원하는 정치 기구—또는 선거 기계로도 부르는데—를 지배하는 자가 결국 보통선거를 장악하고 의회 민주주의의 의원들을 컨트롤 한다. 이러한 선거 정치 기구의 지도자가 정당 지도자보다 더 큰 역할을 하는데, 이런 정치 기계를 창출하는 것은 바로 민중 선동 민주주의의 도래를 알린다.[34]

반-파시즘 정치이론과 역사의 아이러니

베버는 의회 민주주의의 위험성이 파시즘적 경향에 노출될 수 있고 당대 사민당 내부에서도 관료제와 민중 선동으로 인해 문제점을 직시하고 있었다. 의회주의와 민주화는 역설적으로 상호 관련적이라기보다는 종종 대립적이다.[35]

계보학적으로 볼 때 평민투표에 기초된 입법 제도(plebiscite)는 로마 공화제에서 평민들의 찬반 투표에서 볼 수 있다. 이것은 평민대표인 호민관에 의해 승인되었지만, 평민의 이름으로 포퓰리즘으로 남용되기도 했다. 더욱이 쥴리우스 케사르는 포퓰리즘 정책과 중앙 관료제를 통해 독재자의 길을 구축했다. 케사르의 암살자들은 자신들의 행동을 정당화하기 위해 그에게 신적 군주라는 호칭을 붙이기도 했다. 이러한 선동주의는 민주적인 정당성이나 정치 대변 제도나 책임성을 제거하고 시민 참여를 박탈한다.

---

34 Weber, "Politics as a Vocation," 103.

35 Max Weber, *Wirtschaft und Gesellschaft*, 857.

프랑스의 역사에서 케사르주의를 자신의 쿠데타 통치와 동일시한 사람은 율리우스 케사르의 숭배자였던 나폴레옹 보나파르트였다. 그리고 그의 조카인 나폴 레옹 3세 역시 제2 공화국의 대통령직에 있다가(1848~1852) 1851년 쿠데타에 성공해 1870년까지 황제의 자리에 등극했다. 그는 자신의 통치를 사회적 케사르주의로 부르기도 했다.

베버는 나폴레옹 3세를 포퓰리즘 정치의 대변가로 비판했고 독일 파시즘이나 공산주의 독재에서도 선동 카리스마가 나타난다. 그러나 이것은 베버가 의미하는 다당제를 기초로 한 민주주의에서 정치가의 책임윤리에 근거한 카리스마와는 다르다.[36]

오히려 베버가 추구한 것은 영국의 의회주의와 시민사회 그리고 정치가의 도덕/심정윤리를 바탕으로 하는 사법적 민주주의였다. 1912년 베버는 사회민주당원들과 자유주의자들을 결합한 좌파 민주주의 정당을 시도했지만 실패했다. 1차 세계대전이 발발하자 베버는 하이델베르크 야전 병원에서 예비역으로 1년간 근무했지만, 프랑크푸르트 신문에 카이저 2세의 전쟁정책과 군 지휘관을 향해 공격하고 독일제국의 정치가 비스마르크적인 관료주의에 기초되어 있다고 비난했다. 그는 경험이 없는 정치적으로 무능한 사회주의자들의 전쟁 지지 태도에도 실망했다.

베버는 1914년 1차 세계대전의 시발이 된 독일과 벨기에의 병합에 반대하고, 여기에 찬성한 93명의 지식인의 전쟁 지지 성명과는 전혀 다르다. 그는 해군의 잠수함 전쟁 정책을 비난하고 사법 개혁과

---

36 Bendix, *Max Weber*, 448.

민주화 그리고 보통선거를 요구했다.37

1917년 9월 베버는 1차 세계대전 분석하면서 유럽 식민 지배에서 억압받던 아프리카인, 아랍인, 아시아인 등이 용병으로 징집되고, 여기에 세계에 흩어져 있는 도둑놈과 룸펜 집단이 영국과 프랑스를 위해 징집되었다고 말한다. 독일이 지배하던 서아프리카 역시 사정은 마찬가지였다. 백인 문명을 위해 인종 차별주의는 이미 군사 훈련과 위계질서 그리고 부상병을 치료하는 신체정치학에서 각인된다.

전쟁에 대한 베버의 태도는 애국주의적인 열망이 있지만 사실주의적인 접근을 한다. 그는 바이마르 헌법 기초에 조언자로 참가했고, 관료제를 제한하기 위해 보통선거 제도를 도입하고, 48번 조항에 의회의 허락 없이 대통령의 비상 상태 권한을 명시하기도 했다.

그러나 1차 세계대전에서 명성을 날린 장군 힌덴베르크가 1925년 바이마르 공화국의 대통령으로 선출되었다. 사민당을 혐오한 대통령 힌덴베르크는 1933년 아돌프 히틀러를 수상으로 임명하고 전제 정치와 나치당의 권력 부상을 위해 일조했다. 이러한 역사적 사실은 그토록 전제주의와 비밀 관료제를 봉쇄하려고 했던 베버에게는 역사의 아이러니로 남는다.

사실 베버는 정치로서의 소명에서 트로츠키의 국가 개념—모든 국가는 강제력에 기초된다—을 수용하고 국가를 신체적 권력을 합리적으로 지배하는 독점적 방식으로 정의했다.38 이것은 미셸 푸코가 전쟁 이론을 기초로 국가를 신체정치학으로 파악하는 것과 같다.

---

37 Weber, "Introduction," *From Max Weber*.
38 Weber, "Politics as a Vocation," 78.

베버는 이미 소비에트의 발전에서 미국의 테일러 시스템이 도입되고 작업장에서 노동자 신체 규율, 고액의 급료를 받는 관리들, 차르의 비밀 경찰들의 재고용 그리고 해외 자본을 추구하는 팽창을 보고 있었다. "소비에트는 볼셰비즘이 부르주아 계급제도로 투쟁했던 모든 것들을 절대적으로 다시 수용해야만 했다."[39] 이러한 베버의 비판은 스탈린의 『레닌주의 기초』에서도 여실히 드러난다. 레닌-스탈린주의는 미국 자본주의의 삶의 양식을 선호한다. 이것을 위해 계급이니 민중 투쟁을 하는가? 어이가 없지 않은가? 시민사회 국가의 공공선 거버넌스를 무시해버리고 지배 엘리트들이 속출하는 것이 보수와 진보가 공유하는 부르주아적인 사고방식이다.

베버: 사법적 합리성과 사회계층론

사실 베버의 탁월한 분석은 프랑스 혁명을 가능하게 한 서구 전통의 사법적 합리성에 있다. 이것은 힌두교의 미만사 학파—베다 속에 규정되어 있는 제의를 중시하며, 이후 발전된 베단타 철학과는 다르다—나 이슬람의 종교법학자들(울레마)보다는 고대 로마의 공화제와 사법 체계로부터 시작하며, 중세에 기독교적인 법적 사유와 합류된다. 이러한 사법적 합리성은 기독교의 자연법과 함께 화란에서 볼 수 있지만, 특히 프랑스 칼빈주의 저항권자들에게서 드러난다. 베버는 프랑스 혁명에서 변호사 출신들이 주도한 것에 주목한다. 이러한 법 사회학적 접근에서 베버는 서구 민주주의와 혁명이

---

39 Ibid., 100.

사법적 합리성에 기초되며 프랑스 혁명의 정신임을 말한다. "프랑스 혁명 이래 근대의 변호사와 민주주의는 절대적으로 같이 속한다."40

이러한 사법적 합리성은 공정한 행정과 도덕 그리고 책임에 기초한다. 베버가 말하는 책임윤리는 도덕적 훈련과 자기 부정 그리고 공정한 행정에 근거한다. 물론 베버는 민중 선동 정치가 민주주의 형식으로 나타난 고대 그리스 정부 형태를 알고 있었고, 특히 페리클레스(BC 495~429)에게서 민중 선동 정치를 보지만, 이전 개혁운동가 솔론(BC 638~558)에게 이런 용어를 사용하지 않았다.41

베버는 보통선거를 기초로 한 민중 선동 정치 기구가 미 대통령 제도에서 뇌물과 도덕적 타락으로 나타나는 것에 주목했다. 이러한 정치 기구 시스템은 내셔널 정당대회에서 의회의 간섭 없이 후보자들이 지명전을 벌이지만, 3~4만 명에 이르는 이들에 대한 공식적 임명은 오직 상원의 인준을 통해 대통령의 수중에 있다.

이러한 선거 기계 시스템의 보스들은 정치적인 자본가와 기업인들이고, 선거 결과를 컨트롤하고, 뇌물과 거래가 오고 간다. 이러한 보스들은 돈의 원천으로서 권력을 추구하고, 권력을 위해 권력을 추구한다. 영국과 달리 미국의 정치 선거 기계는 어둠 속에서 작동한다.42

베버는 자본 지배의 정당 기구에서 나타나는 부패 정치와 직업 정치인을 날카롭게 비판했다. 미국에서 노조 관리들의 부패는 다반사로 일어난다. 선동과 부패로 얼룩진 미국의 선거 기계 시스템에서

40 Weber, "Politics as a Vocation," 94.
41 Ibid., 96.
42 Weber, "Politics as a Vocation," 109.

정치인들은 영혼이 없으며 지성적으로 프롤레타리아트에 불과하다. 리더가 없는 민주주의는 직업 정치가들에게서 나타나며, 이들은 소명이나 내적인 자질과는 상관없는 패거리 지배자들에 불과하다.[43]

베버는 책임적 카리스마(심정)를 정치 소명으로 여기는 사람들을 위해 세 가지 탁월한 자질을 추천한다: 사실에 기초한 열정, 책임감, 그리고 균형감각 — 이것이 정치적 인격성의 강점이다.[44] 이에 반하여 정치가의 치명적인 죄악은 이기적인 권력 추구와 자기도취에 빠져 객관성을 상실하고 "아니면 말고" 하는 무책임에 있다.

이 지점에서 나는 카리스마-예언자적 심정윤리와 민중 선동의 카이사르주의를 구분한다. 베버는 사법적 합리성에 대한 접근에서 칼빈주의 저항권자들에 대한 정당한 평가를 했다. 이것은 루소의 사회계약론으로 이어진다. 루소는 고대 그리스의 선동 민중주의에서 타락을 보았고, 오히려 로마 공화제의 민주주의를 헌법에 기초한 시민국가론을 발전시켰다. 이런 측면에서 루소가 제네바의 칼빈을 단순한 신학자가 아니라 입법의 천재로 평가한 것은 칼빈주의의 새로운 면모를 보여준다.

아쉽게도 베버는 칼빈의 원류에서 흐르는 사법적 민주주의와 이후 저항권주의 사이의 선택적 친화력을 통해 시민국가의 개념을 그의 신체정치학적 국가론과 더불어 충분히 발전시키지 못했다.

정치적 성숙도는 의회 민주주의와 정치가의 카리스마와 책임윤리와 더불어 정치적 이슈들을 공론장으로 소통하고, 시민들은 정부 행정에 대한 적절한 이해와 관료 지배에 대한 시민적인 비판적인

---

43 Ibid., 113.
44 Ibid., 116.

소통을 담고 있어야 한다. 베버의 당대 독일의 정치적 분석은 한편에서 비스마르크의 절대관료주의와 융커와 대자본가들의 결탁으로 인해 시민을 기초로 한 민주주의 발전을 봉쇄했다. 다른 한편 사회민주당과 노동 귀족들이 부상으로 정치적으로 교육받지 못한 속물근성이 나타나는 것이다.

시민사회의 민주주의를 위해 소명의 정치가들은 정치적 성숙성을 위해 당원들과 시민들을 위해 훈련과 교육을 제공할 수 있어야 한다. 의회정치가 무능해지고 제대로 역할을 하지 못할 때 길거리 정치나 미숙한 생디칼리즘이 대중정치의 극단적인 예로 나타난다.[45]

다른 한편 베버의 사회계층 이론은 공론장의 다차적인 영역에서 계급과 신분 투쟁이 어우러지고, 종교가 정치, 경제, 문화, 교육 등에 미치는 영향을 분석한다. 여기서 종교가 미치는 사회적 실제, 즉 공론장의 변화 구조는 합리화와 전문화 그리고 기능적 분화를 통해 계층화가 된다. 더욱이 민족의 위신과 정치적 자본주의를 통해 베버는 해외 식민지와 제국주의를 분석하는데, 이러한 관점은 시민사회가 금융자본과 해외 자본으로 인해 어떻게 계급과 신분이 복합적으로 나타나는지를 보게 한다. 베버의 지배사회학과 더불어 사회계층론은 제국주의에 대한 시스템적 사고를 함축적으로 담고 있고, 베버의 한계를 넘어서서 후기자본주의 상황에서 나타나는 다양한 자본의 유형들과 지배와 예속의 문제 그리고 신분과 계급의 분화와 연대를 발전시키는 데 도움을 준다.

---

45 Bendix, *Max Weber*, 450, 457.

베버와 바르트: 갈라섬에도 여전히 공명이 있다

베버의 사회학적 분석은 바르트의 자본주의 혁명에 대한 분석과 맞물려 있다. 쇠창살에 갇혀버린 자본주의 합리성의 역사적 발전에서 마르크스 역시 화란의 이중 예정론과 식민지 자본주의가 나타난다고 보았다. 마르크스는 베버의 테제를 선취하고 화란의 식민 지배에서 나타나는 자본 축적 과정에 각인된 기독교적 성격을 신랄하게 비판했다.

바르트의 말씀의 신학에서 나는 베버와 마르크스의 다름이 합류될 수 있고 하나님의 혁명과 화해의 합리성을 기초로 공공신학의 새로운 플랫폼으로 파악한다. 그러나 바르트의 한계는 서구의 자본주의가 어떻게 해외 식민주의와 제국주의로 나가는지를 사회과학적으로 검토하지 못했다. 베버의 제국주의론은 바르트의 자본주의 혁명의 테제를 해외시장으로 확대시킨다.

그러나 베버가 마르크스주의를 의심한 것은 혁명 이후 인민 독재가 아니라 관료제의 지배로 결단날 것으로 진단한 데 있다. 그럼에도 불구하고 베버는 사민당의 지도자 아우구스트 베벨을 평가하는 데 인색하지 않았다. 베벨은 지성에서 평범하지만, 그의 고결한 성품은 대중들의 눈에서 볼 때 결코 이들의 신뢰를 저버린 적이 없고 확고한 대중의 지지를 받은 순교자였다.[46]

---

46 Weber, "Politics as a Vocation," 112.

바르트와 베버는 공공신학의 플랫폼

바르트의 해방의 소명과 시민국가론은 베버의 국가론과 책임의 소명을 보충해 줄 수가 있다. 베버의 종교 사회학과 사회계층론은 바르트의 주인 없는 세력의 시스템을 공론장에서 세밀하게 다룰 수 있도록 도움을 준다. 관료제에 대한 베버의 정치적 분석은 바르트의 경제적 접근에 접합될 수 있다. 그리고 베버의 제국주의론은 바르트의 자본주의 혁명 테제를 세계체제론으로 확대시켜 준다. 물론 이것은 제국주의에 대한 새로운 연구와 다양한 모델들을 분석한다.

예를 들어 새로운 연구들은 홉슨-힐퍼딩-레닌 테제와 베버와 브로델을 기초로 한 지오바니 아리히의 시스템적 자본 축적 사이클 이론 간의 논쟁이 있다. 더 나아가 요한 갈퉁과 헬무트 골비처의 자본주의 혁명과 제국주의 접합 이론이 있다. 이것은 공공신학과 포스트 콜로니얼을 세계체제론으로 다루는데, 새로운 챕터에 속한다.

베버는 사법적 합리성을 기초로 로마 공화국에서부터 프랑스혁명까지 민주주의 토대로 파악한다. 그러나 베버는 루소의 사회계약론과 국민주권 그리고 시민사회의 분배적 정의에 대해 별다른 주목을 하지 못했다. 베버는 루소의 식민지 비판이나 뒤르켐처럼 공동체의 역할과 사회 도덕적 통합 기능을 경제적 분배 정의와 협업 제도를 진척시키지 못했다.[47]

이 지점에서 바르트의 국가 이해는 베버의 국가론을 비판적으로 보충해 줄 수 있다. 국가는 평화와 정의를 구현해야 하며, 사회적

---

47 Bendix, *Max Weber*, 493.

범죄를 방지하고 시민들의 안전과 경제적 안전망을 구축해야 한다. 이러한 바르트의 입장은 하나님 나라와 루소의 사회계약론에 대한 신학적 반성에 기초한다. 교회는 이러한 과제를 위해 국가와 공동 책임성으로 불렀고, 관료제를 공동 지성인의 사회적 책임과 시민정치 참여로 전환해야 한다.

말쿠트 야훼(malkuth YHWH), 곧 '하나님 나라'는 하나님의 다스림이 예수의 십자가와 부활에서 현재적으로 일어났고 새 하늘과 새 땅의 종말론적인 기대 가운데 있음을 말한다. 예수의 복음의 중심에 하나님의 나라는 시작되었고 '세리와 죄인들'을 위한 그리고 모든 인류를 위한 기쁜 소식으로 선포되었다. 하나님의 나라는 여타의 파시즘적인 죽음의 문화를 거절하고 생명의 문화를 지향한다. 이것은 복음의 사회 변혁적인 성격을 말한다.

해방의 소명은 바르트의 다음의 표현에서 잘 나타난다. "교회 공동체는 사회 진보의 다양한 형식들이나 심지어 사회주의―항상 특수한 시대와 장소와 상황에서 가장 유용한 형식―를 지지할 수 있어야 한다"(CD 3/4:544).

베버는 역사에 대한 유물론적 해석을 함부로 취급하지 않았다. 그의 소명의 정치는 복음의 심정윤리를 책임으로 관련지어 숙고했다. 복음의 심정윤리는 귀결을 고려하지 않는 무책임한 것이 아니며, 책임윤리는 무원칙의 기회주의가 아니다. 베버는 볼셰비즘이나 침머발트 좌파에서 예언자적인 심정윤리가 폭력 정치로 뒤바뀌고 혁명의 목적이 수단을 정당화해 버리는 것을 보았다. 집단적 이기주의가 심리적 프롤레타리아화가 되며 사회 파시즘이 출현한다. 계급투쟁은 적으로 규정된 자들에 대한 증오와 보복으로 점철되며, 증오는

위선적으로 정당화하고, 이에 반대하는 자들은 이단자로 비방되고 정죄된다.48

그러나 베버에 의하면 기독교인은 결과를 하나님께 맡기고 최대한 책임윤리를 따른다. 소명으로서의 정치는 '사회질서의 부정의에 저항하는 화염'인데, 이것은 무엇으로도 끌 수 없는 제자직의 윤리일 수가 있다. 진정한 의미에서 정치의 소명을 갖는 사람은 복음의 심정과 책임윤리를 보충하고 하나로 통합하는 지도자이다.49 베버의 정치윤리는 바르트의 해방의 소명과 같이 갈 수 있다. 이런 점에서 공공신학은 생활세계의 파시즘화에 저항하며 파레시아 윤리를 인정 투쟁으로 실천한다.

---

48 Weber, "Politics as a Vocation," 125.
49 Ibid., 121-127.

부록

KARL BARTH

I. 토라와 복음
: 영성, 신체성 그리고 물질의 삶

상징, 물질적인 해석학에서 바라본 단상

서구의 계몽주의와 근대적 합리성과 유럽 중심 지배 그리고 식민주의 담론이 도처에서 비판 받고 있다. 흔히 학자들은 우리가 살고 있는 시대를 불투명하고 전망이 보이지 않는 상황으로 규정한다. 중요한 것은 우리가 이성적 주체로서 하나님에 관해 더 많이 말해야만 하는 것이 아니라 전적인 타자로서 하나님의 말씀에 대한 경청이다. 바르트의 말씀의 신학에서 핵심은 하나님은 다바르(*Dabar*)의 하나님이라는 것이다. 예수 그리스도는 하나님의 로고스이다. 예수 그리스도는 하나님의 다바르와 로고스로서 우리에게 토라와 복음을 매개하시는 분이다. 그렇게 예수 그리스도는 기독교적 반유대주의에 저항하여 서 계신 분이며 우리에게 생명과 평화를 주는 하나님 말씀으로 초대하시는 분이다.

바르트의 해방의 말씀과 이스라엘 신학은 21세기 교회가 말하는 영성, 신체성, 물질적 삶, 더 나아가 포스트콜로니얼 방향에 어떤 새로운 출발을 제공할 수가 있을까? 본 강연은 오랫동안 해외에 거주하면서 교수와 목회자로 경험했던 이야기를 바르트 신학에 빗대어 이야기체로 전개한다.

휴스턴 스미스(Huston Smith)가 던진 충격

2004년 가을학기 버클리 연합신학 대학원(GTU)에서 정승훈은 "기독교 신학과 세계종교의 지혜"란 제목으로 석사 과정 학생들을 세미나 지도한 적이 있다. 『세계종교』(*World's Religion*)이란 책을 써서 미국에서 백만 부 이상이나 판매된 베스트 셀러의 저자 휴스턴 스미스(Huston Smith) 교수님을 모실 기회가 있었다. 휴스턴 교수님이 하신 말씀이 기억에 남는다. 그분의 절친 가운데 성서학계에서 유명한 학자가 한 분 있다. 그는 성서비평학의 선두를 달리는 분인데, 하루는 대화 가운데 자신에게 이런 질문을 불쑥 던졌다. "스미스, 당신은 어떻게 경전에 대해 그렇게 확고한 신뢰를 가질 수가 있소? 나는 더 이상 경전에 신뢰를 가질 수가 없게 되었소. 이제 나는 기도조차도 하기 어렵소."

경전은 여전히 인간의 역사적-언어적 비평을 넘어서 우리에게 하나님의 신비의 아름다움과 지혜의 깊이를 준다는 휴스턴 스미스 교수와 한편으로 경전 안에서 언어학적-역사학적 한계를 비판적으로 깊이 있게 연구하며 살았던 그의 친구 사이에 도대체 무슨 일이 일어난 걸까? 영성을 말하기 위해서 우리는 인간의 지성적 노력을 포기해야 하는가? 아니면 학문으로서 신학을 말하기 위해 하나님의 신비를 추구하는 인간의 영적인 노력과 체험은 하찮은 것으로 여겨도 되는 걸까?

계몽주의 이후 서구신학의 발전을 볼 때 서구 신학은 하나님 앞에서 그리고 사회 안에서 인간의 통전적인 삶을 협소한 근대성의 의식으로 파악해 왔다. 데카르트의 명제—"나는 생각한다. 그러므로 존재한다"—에서 인간의 생각으로 들어오지 않는 자연의 세계나 타자는 배제된다. 생각이 존재를 결정한다. 하지만 과연 인간의 생각은 합리적인 의심으로만 가능할까? '나'의 생각은 이미 역사적으로 영향을 받고 사회적 조건에 의해 형성되지 않나?

바르트는 신앙에서 경험을 무시한 적이 없다. 그의 교의학적 반성은 믿음 안에서 나타나는 성령에 대한 체험을 간과하지 않는다. 그의 신학 안에는 성령 신학과 인간의 경험 그리고 말씀에 대한 의미론적인 풍부함이 담겨 있다. 영성과 교의학적 반성은 분리되지 않는다.

기독교 '영성'의 다양한 측면

최근의 영성 연구를 살펴보면 영성은 기도나 영적 수련에 연관되는 내적인 삶에만 국한되지 않는다. 오히려 신앙에 관계되는 통전적인 삶의 차원들, 즉 육체적, 심리학적, 사회, 정치, 문화, 종교적 차원들이 포괄되고 있음을 본다. 신비주의 연구의 대가인 시카고 대학의 버나드 맥긴(Bernard McGinn)은 기독교 영성이란 일반적이며 보다 특수화된 형식 안에 있는 기독교 신앙의 살아있는 경험으로 말한다.[1]

기독교인으로 살아가면서 예배나 하나님 말씀, 기도 또는 봉사

---

1 ed. B. McGin et al, *Christian Spirituality*, 1, xv-xvi.

생활에서 경험하는 살아 있는 신앙의 형식들 모두가 기독교의 영성의 탐구 대상이 될 수 있다. 영성은 인간의 경험에서 출발하기 때문에 기독교의 교리를 전문적으로 다루는 조직신학이나 교의신학과 구분된다. 만일 "믿음으로만 의롭게 된다"라는 바울의 진술을 다룰 때 교의학자는 믿음을 인간의 업적과 구분 짓고 하나님의 은총과 연결 지어 다룰 것이다. 그리고 하나님의 은총은 예수 그리스도의 십자가와 부활에서 나타난 구원과 해방에 연결될 것이다.

하지만 영성 신학자가 바울의 "믿음으로만 의롭게 된다"는 내용을 반성한다면, 먼저 바울은 하나님과의 어떤 체험을 통해 이런 표현을 사용했는가 하는 데 관심을 둘 것이다. 다메섹에서 만난 예수 그리스도의 체험은 바울로 하여금 종래 유대교에서 이해하던 율법의 하나님을 이제 그리스도 안에서 새롭게 보게 했다. 이러한 그리스도 체험을 통해 바울은 이전에 자신이 신봉하던 율법이 아니라 예수 그리스도에 대한 믿음이 인간을 하나님 앞에서 의롭게 한다고 생각을 바꾸었다. 그러므로 영성 신학자는 하나님(내지 그리스도)에 대한 체험이 한 인간의 삶에 어떤 실제적인 영향을 미쳤고, 개인뿐만 아니라 교회 공동체와 사회 문화적인 차원에서 드러나는지를 반성할 것이다. 이런 점에서 영성 신학은 기독교의 삶의 경험의 신학이다.

그래서 영성은 기독교 신앙의 살아있는 경험이며, 이러한 경험이 사회·역사·문화적으로 드러나는 것에 대한 해석학적 반성으로 전개될 수 있다. 영성 신학과 교의신학의 차이는 이들이 추구하는 목표인 하나님으로부터가 아니라 이들이 이해하는 해석과 인식론적인 방법에서 드러난다. 그러므로 이 둘은 서로 보완될 필요가 있다.

교의학적 접근은 간략히 말해 영성에 대해 위로부터, 즉 계시로부터 접근하는데, 여기서 영성은 성령 신학에 대한 기술적인 적용이 거나 아니면 계시의 하부 체계로 간주된다. 그러나 영성에 대해 밑으로부터, 즉 인간 경험으로부터의 접근은 인간학적 접근을 말하는데, 영성을 하나님과의 관계 안에서 살아가기 위한 역동적인 기독교인의 삶의 체험이나 신앙 활동으로 파악된다.

사실 인간의 종교적인 삶에서 드러나는 영적 차원과 합리적인 반성은 항상 구체적인 삶의 물질적인 조건들과 사회적인 관계에 따라 움직인다. 예를 들어 바울이 다메섹에서 부활의 그리스도를 만났다면, 이러한 만남은 바울이 서 있던 구체적 현장과 무관하게 그리스도가 갑자기 나타나서 바울에게 도전하지 않는다. 토라의 입장에서 기독교를 박해하던 바울은 나무에 매달린 자는 하나님으로부터 저주받은 자이고, 이런 자를 메시아로 선포하는 예수 운동의 추종자들은 도저히 용납할 수 없었다. 그것은 바리새파 바울이 토라를 위한 투쟁이었다.

영성 신학은 바울의 바리새파적인 토라에 대한 이해와 더불어 십자가에 달린 예수에 대한 메시아 의혹이라는 그의 삶의 연관에서부터 어떻게 일어났는지를 본다(의미론적 순환). 이것은 또한 교의학적 반성에 결정적인 동력을 제공한다. 이러한 의미론적 순환은 언어가 갖는 상징적인 담론적인 차원을 인간의 삶의 물질적인 조건들과 연결되게 한다. 여기서 상징이란 단순히 비현실적인 것, 메타포적인 것이 아니라 인간의 삶을 지배하고 규정하는 인식의 체계나 물질의 삶의 영역에서 나타나는 사회적 관계들의 총체(ensemble of social relations)를 지적한다. 이것을 나는 언어학적, 해방적인 문제틀 또는 상징-물질적 해석학으로 논의한다. 영성은 처음부터 이러한 언어학적, 물질적인 측면과 더불어 담론화가 된다.

영성과 물질성

영성이란 말은 헬라어의 단어 영(Pneuma)이라는 명사의 번역에
서 온다. 그 형용사인 프뉴마티코스(*Pneumaitikos*)는 바울의 서신에
서 언급되기도 한다(고전 2:14). 바울은 이 단어를 물질적 또는 육체적
이라는 말과 대립적으로 사용하기보다는 오히려 인간의 모든 것이
하나님의 성령에 연관되는 차원을 지적한다. 물론 바울은 심오한
영의 신학자이며 인간의 육신(human flesh)을 죄 된 상황으로 파악하
지만, 인간은 영의 존재이며, 바울은 성령과의 깊은 관계에서 오는
몸(소마)의 차원을 중시한다. 다시 말해 바울에게 영성 신학은 말씀과
성령과의 관련에서 로마제국의 사회정치 물질적인 삶에 대한 비판
과 맞물려 있다.

개신교 전통에서 슐라이에르마허는 경건을 그의 교의학을 규정
하는 주요 원리로 발전시켰다. 하나님은 초월적이며 인간의 합리적
반성, 그 너머에 있다. 그러나 인간은 하나님에 대한 절대 의존 감정
에 의해 움직인다. 칸트처럼 도덕의 영역으로 종교가 환원되는 것이
아니라 인간의 경건한 감정의 영역에서 종교가 자리를 갖는다. 인간
의 경건한 경험을 기술하는 것이 신학의 주요 과제로 등장한다. 바르
트는 평생 슐라이에르마허를 읽고 비판적인 대화를 이어갔다. 말년
에 바르트는 슐라이에르마허가 성령의 신학에 적합한 모델을 제공
하려 한 게 아닌가 반문하기도 했다.

최근 영성 연구에서 중요한 것은 신학의 담론과 영성의 체험과

교의학적 반성이 교회 공동체와 연관될 때 회중들의 일상의 삶에 어떤 영향을 미치는가 하는 데에 있다. 종교적인 이념이 회중들의 삶에 영향을 미칠 때 그것은 사회윤리적 태도를 규정한다. 사회학적으로 표현해보면 종교적 이념과 이러한 담론의 실천에서 물질적인 삶에 '선택적 친화력'을 가지며 사회발전을 이끌어간다. 종교적인 이념은 공동체 안에서 집단적인 표상이나 인식 구조를 창출하고, 회중들의 삶과 더불어 사회의 전반적인 영역에 스며들고, 사회질서에 지대한 영향을 미친다(에밀 뒤르켐). 이러한 사회학적 접근은 영성을 물질적인 삶과의 상호 연관에서 잘 보게 해준다.

종교적 담론: 몸의 해방과 페미니즘

성서는 하나님이 인간을 몸과 영혼의 통일체(네페쉬)로 창조했다. 인간의 몸은 영혼에 의해 활력을 입으며, 영혼은 몸의 영혼이 된다. 몸의 차원이 영적 차원에 매우 중요한 자리를 차지하게 된다. 제자들을 향한 예수의 명령에서도 하나님 나라의 선포는 환자를 치유하고, 죽은 자를 살려내고, 문둥병자를 정결케 하며, 악한 영을 내쫓는 것을 포함한다(마 10:7-8). 그리고 이런 질병들은 사회의 삶의 조건과 로마제국의 지배와 맥락을 같이한다. 플라톤적인 형이상학의 영혼 불멸설과는 달리 성서는 육체의 부활을 말하며, 이러한 몸의 부활의 빛에서 영혼과 몸은 연합이 된다. 무엇보다도 부활에 대한 성서적 이해는 우리에게 몸의 우위성을 말해준다. 부활은 육체적이고 물질적인 성격을 가지며, 복음서는 부활한 예수의 몸에 상처의 흔적이 있었다고 보도한다.

하나님이 우리를 죽음에서 변화시키고 생명을 주실 때 부활의 몸을 주실 것이다. 이런 점에서 하늘의 육체, 즉 그리스도의 부활의 몸은 인간의 영성의 삶에 연관된다. 영적인 신령한 몸(고전 15:44)은 새로운 삶 안에서 하나님의 성령이 활력을 불러일으키는 몸으로 이해된다. 첫 번째 사람인 아담은 살아있는 존재가 되었지만, 마지막 아담인 그리스도는 생명을 주는 영이 되었다(고전 15:45). 일차적인 것은 영적인 것이 아니라 신체적인 것이며, 새로운 삶은 물질적인 삶이다. 부활하는 것은 영혼이 아니라 죽음을 통해 주어지는 몸이며 불멸의 몸으로 변화된다.

여기서 중요한 것은 육체의 삶은 사회적 관계를 의미하며, 인간의 성(sexuality)은 사회성에 속한다. 달리 말하면 인간의 성은 본질적(essential)이라기보다는 지상의 삶에서 제한적이다. 예수는 부활의 몸에서 성의 분화와 결혼은 없을 것으로 말한다(눅 20:35). 성이 사회 물질적인 분화 과정에서 지배 체제와 연관된다면 이것은 가부장제의 지배에 대한 비판을 포함한다. 이미 바르트는 동정녀 탄생의 교리에서 가난한 시골 처녀 마리아의 몸을 입고 들어 오시는 그리스도의 성육신에서 성(sexuality)은 새 하늘과 새 땅에서 변형될 것으로 본다. 하나님의 신비와 다스림은 가부장적 지배 체제와는 거리가 멀다.

바르트는 당대 페미니즘의 수장 격인 시몬느 드 보브와르의 『제2의 성』을 읽고 모든 남성 신학자에게 이 책을 탐독할 것을 권유하기도 했다. 물론 사르트르의 실존철학에 경도되어 성의 문제를 분석하는 보브와르와는 달리 바르트는 성의 다름에 주목하고 물질적인 삶에서, 특히 사회주의 운동에서 파악되는 여성의 문제를 고려한다.

그리스도의 복음은 남성의 성의 지배를 통해 구축해온 역사화된

체제에 도전한다. 역사적 발전과 사회 분업을 통해 여성은 하위 체계에 종속되고, 여성의 억압된 담론과 상징에서 마리아의 기도는 중요한 것을 말한다. 그것은 하나님에 대한 찬미와 바로 고난받는 자들의 물질적인 이해관계를 담고 있다. 기도할 때 "우리는 불의한 사회를 향해 저항의 손길을 동시에 내민다"는 바르트의 말은 이것을 지적한다.

바르트가 말하는 남성주의 지배 체제는 단순한 생물학적인 '남성 중심'이라기보다는 역사나 사회발전의 과정에서 나타나는 합리화 과정과 전문화 그리고 다양한 사회 영역들에서 계급의 지배 체제를 유지하는 총체적인 인식 구조, 즉 에피스테메로 파악할 수가 있다. 이러한 에피스테메의 지배에 여성들 역시 참여하고, 가정과 교육을 통해 가부장적 지배를 습득하며, 이해관계와 특권을 추구한다. 타자로서 큰 여성(The M-other)인 모성은 '남성주의' 지배 시스템에 이미 포섭되고, 사회 문화적 영역에서 여성들 역시 계급화되며, 물신 숭배적인 상징 체계 안에서 특권과 맘몬 그리고 사회적 신분 상승과 명예를 위해 투쟁한다.

바르트에게서 남성 중심은 생물학적이라는 본질주의적인 페미니즘과는 먼 거리에 있다. 성의 문제는 단순한 사회 문화적 구성도 아니며, 더욱이 생물학적 본질주의적으로 '여성'을 낭만주의화하는 것도 아니다. 하나님을 여성으로 부르기? 이미 이사야는 "비록 너의 어머니가 자식을 잊는다 하여도 나 야훼는 너 이스라엘을 버리지 않는다"고 하지 않나?(사 49:15) 야훼 아도나이는 전적으로 다른 분이다(사 55:8). 이분은 예수가 고백한 아바 아버지가 아닌가? 고대 근동의 지배적이었던 모신 담론이 여성 해방에 도움이 될까? 고대 근동의 여성 신 담론은 당대 '남성주의' 지배 체제를 대변하고 합리화했던 종교적 상징이 아닌가?

설령 성경이 가부장 문화 안에서 쓰여졌다고 해도 토라 안에는 여전히 해방과 생명과 정의로운 사회를 향한 내재적 비판의 내용을 담고 있다. 이것은 예수의 십자가와 부활의 복음에서도 마찬가지다. 바르트는 슐라이에르마허가 여성이 되길 원했던 '이상한' 꿈을 어이없는 것으로 치부하지 않았다. 이 안에는 특별한 진리가 있다. 여성의 다름 안에서 하나님에 대한 체험은 남성과는 전혀 다르게 전개될 수가 있고 신학의 '남성주의'를 교정해줄 수가 있다. 그리스도는 마리아의 몸에서 인간성을 취했지, 요셉의 인간성으로부터 오지 않는다. 다시 말하면 여성의 인간성은 남성의 인간성으로 '동일화'되지도 않고, 여전히 타자와 다름으로 남는다. 여성은 그리스도의 순종에 남성보다 더 가까이 서 있으며, 그런 점에서 교회에서 우위성을 갖는다.

바울에게서 그리스도의 몸은 믿음의 공동체를 표현한다. 바울은 그의 성만찬 신학에서 물질적이며 공동의 삶의 차원을 옹호했다. 예수는 사회로부터 밀려난 자들과의 신체적 접촉과 연대를 통해 하나님 나라의 복음을 선포했고 떡과 포도주를 자신의 신체성과 동일시했다. 떡과 포도주를 먹고 마시면서 우리는 신체적이고 공동적인 그리스도의 몸의 신비와 타자와의 사회적인 관계로 들어서게 된다. 그러므로 성만찬의 참여는 죄 없는 희생자들과의 연대와 폭력적인 세상에 대한 저항을 담고 있다. 이런 점에서 바울은 고린도 교회의 성만찬 남용과 방종을 날카롭게 비판했고, 이러한 교회 안에 들어와 있는 당대 그리스 문화의 종교성과 음행 그리고 우상 숭배를 질타했다.

이런 점에서 육체와 성에 대한 미셸 푸코의 논의는 중요하다. 가톨릭교회에서 인간은 고해성사의 동물이 됨으로써 성은 억압되기보다는 생산적이 되었다. 푸코의 성의 억압 가설에 대한 비판은 성에 대한 생산적인 담론이 사회의 지식 체계에서 어떻게 권력관계와 연계되고 합리화되어 왔는지를 비판적으로 묻는다. 기독교적인 영성 지도, 고해성사, 양심의 성찰은 권력과 지식의 담론으로 종교제도화가 되었다. 여기서 성과 몸에 대한 종교적 담론은 권력관계의 그물망 안에 장착된다.[2]

바울의 동성애 비판은 단순히 개인의 삶에서 나타나는 성의 태도를 말하지 않는다. 그것은 그리스와 로마를 통해 확립되어 온 페드라스티(*pederasty*) 제도의 성적 남용과 특권 계층에 속하는 자유 시민들의 강간 제도를 향해 있다. 로마제국의 폭력은 신체 권력의 그물망을 통해 미성년자들을 성의 대상으로 삼거나 노예들을 성적 욕망의 노리개 정도로 생각하는 가부장적인 지배 체제, 다시 말해 상징의 지배 체제에 그대로 반영된다. 프랑스 사회학자 피에르 부르디외 역시 페드라스티를 '남성을 여성화시키는' 남성 지배의 괴물적인 폭력으로 비판한다.[3]

바울의 오네시모와 빌레몬의 이야기, 그리스도 안에서 모든 차이를 철폐하는 믿음 공동체에 대한 유토피아의 꿈은 과연 민중신학자들이 말하는 것처럼 바울이 역사적 예수를 탈각시키고 믿음의 그리스도를 추상화했다고 말해야 하나? 갈릴리 예수는 유대인이었고, 팔레스탄이 물질적인 삶의 조건인 가운데 예수는 토라를 실천했고, 편파적으로 오클로스와 암하레츠를 편들었던 분으로 파악한 바르트가 오히려 역사적 예수를 더 성서 주석적으로 옳게 파악하지 않나?

---

2 Foucault, *The History of Sexuality*, I:59, 73.

3 Bourdieu, *Masculine Domination*, 21.

아무도 권력과 지식의 연계나 사회 문화적 에피스테메에서 자유로울 수도 없고 초월할 수도 없다. '예수 사건=민중 사건'이라는 동일화 원리는 좌초되고 만다. 예수의 사회적 조건과 민중의 조건이 같을 수가 없기 때문이며, 우리 시대에 실존주의적인 짤막한 길을 통해 매개되지도 않는다. 나사렛 예수가 말한 비유에서 우리는 그가 이해한 민중을 해석할 뿐이다. 사건의 동일화가 아니라 해석과 문제들이 앞서간다.

권력과 지식의 연계는 이미 인간의 몸에 기입되어 있다. 그러나 성서는 그리스도와 우리의 관계가 지배가 아니라 자유, 해방 그리고 (지배로부터 자유로운) 교제로 말한다. 지배로부터 자유로운 인간의 몸의 현실은 사회적으로 개방된 공적인 영역을 지적하며, 정치와 사회 영역은 민주적인 절차와 합의 그리고 자유와 해방을 위한 삶의 자리가 되어야 한다.

영성 담론의 물질 해석학적인 차원

영성은 살아계신 하나님과의 관계에서 인간의 경험으로부터 출발한다. 이것이 '표현'되고, '이해'되고, '해석'(Interpretation)되지 않는다면 학문적인 대상이 되거나 탐구를 할 수 없게 된다. 20세기 신학의 흐름을 바꾸어 놓았던 바르트는 한때 이런 말을 하면서 웃은 적이 있다. "하늘의 천사들이 나의 신학을 읽는다면 고소를 금치 못할 것이다." 언어로 표현하는 것 — 이것은 신학의 자유이며, 동시에 한계이기도 하다.

논의를 단순화시켜보면 영성 신학은 모든 영역에서 살아 있는 하나님의 말씀에 열려있는 신학이며 독특한 해석학적 방법을 전개한다. "말할 수 없는 것에 관하여 침묵을 지켜야 한다"(비트겐슈타인)는 명제는 "우리가 알고 있는 어떤 것도 정확하고 남김없이 언명될 수 없다"는 언사와 연관된다. 그리고 다양한 영역에서 언어게임을 통해 참여자들에게 규칙이 요구되고 반칙을 서슴없이 행하는 자들에게는 퇴장이 주어진다. 언어게임과 그 안에서 구성되는 삶의 형식(또는 생활세계) 안에서 하나님과의 영성 체험은 다양하게 나타날 수가 있다.

안셀름이 말하는 것처럼 하나님은 아퀴나스처럼 부동의 일자가 아니라 '우리가 생각하는 것 이상으로 크신 분'이다. 하나님은 인간의 언어를 통해 남김없이 해명될 수가 없다. 그래서 신학의 언어는 하나님의 신비를 '비슷하게, 그러나 여전히 다르게' 표현되는 유비론적이 될 수밖에 없다. 그리고 신학의 반성에서 비판적인 변증법적인 분석이 필요하게 된다. 이러한 변증 유비론을 통해 바르트는 살아계신 하나님의 말씀을 신학적으로 그리고 교리적으로 전개하지만, 이러한 교리적 반성에는 항상 사회 물질적 조건을 분석하고 변혁하는 실천적인 전략이 담겨 있다. 하나님의 아들이 인간의 몸을 입고 육신(human flesh, *sarke*)이 되었다. 육신은 바울에게서 죄 된 현실을 말한다. 그리스도는 죄 된 현실의 몸을 입고 들어오셔서 사회 물질적인 지배 체제의 그물망과 권력관계에 사회로부터 밀려난 자들과의 운동과 연대로 인해 십자가에서 처형 당한다. 그래서 바르트는 예수를 '가난한 자들을 편파적으로 옹호하시는 분'(*Parteiganger der Armen*)으로 그리고 '영의 가난한 자'는 단순히 심령이 가난한 자가 아니라 성령에 의해 사로잡히고 하나님의 해방의 역사에 가담하는 사람들로 말한다.

성령은 권력과 맘몬의 탐욕에 얼룩져 있는 종교 지도자들이나 이를 추종하는 세계에 임재하는 것이 아니라 하나님 나라의 정의와 평화와 사랑에 굶주려있는 영이 가난한 자들에게 임재한다. 교회가 성령의 능력 안에 있는 공동체가 되려면 예수의 가난과 더불어 복음의 부요함을 배워야 한다. 영성은 여기서부터 참된 의미를 갖는다.

하나님의 신비를 표현하고 해석하는 논의들은 사회 문화 현실의 변혁과 '해방의 전망'을 통해 나타난다. 그러나 타자의 해방은 타자의 삶을 깊숙이 이해하고 공감하는 영성의 차원이 없이는 타자의 억압으로 흐른다. 이것은 해체주의나 본질주의적인 성의 담론으로는 어렵다. 왜냐하면 큰 타자(M-other)로서 어머니는 남성 지배 체제를 통해 상징화되고 사회적으로 각인된 성향과 취향(habitus)에서 벗어나기가 어렵다. 기호론적인 해체나 여성을 생물학적으로 찬양하고 여성 신을 남성 신 야훼에 대립시킨다고 해서 문제가 해결되지 않는다.

"상징적 상품들의 경제학에서 영원한 여성성을 구성하려는 해방의식은 충분하지 않다"는 프랑스의 사회학자인 피에르 부르디외의 말은 새겨들을 필요가 있다.[4] 해방의 전망에서 중요한 것은 담론체계가 견지하는 상징적이며 물질적인 사회 구조 내지 에피스테메가 무엇을 발생하고 재생산해내는지 분석해야 하고(다양한 사회적 영역들) 또한 생산력 과정에서 나타나는 몸의 지배와 자본의 축적의 상관관계를 노동 분업의 측면에서 분석해야 한다(신체 권력의 메커니즘). 더 나아가 생산 과정의 합리화 과정에서 드러나는 전문화와 특수화 그

---

4 Pierre Bourdieu, *Masculne Domintion*, 34.

리고 효율성이 어떻게 인간의 이성을 도구화하고 사회의 다양한 영역들(정치, 경제, 법적 구조, 종교, 문화, 교육 등)에서 상징적인 권력과 폭력이 어떻게 행사하는지 '고고학적으로' 폭로되어야 한다. 고고학적인 접근은 사회의 지배 에피스테메에서 밀려난 담론들에 대한 일상이 폭력이 지극히 정상적인 것으로 취급되는 자연적 태도에 대해 비판을 담고 있다. 이런 것들이 문제틀(*problematique*)로 들어올 때 영성과 몸의 연관성은 토라와 복음의 빛에서 어떻게 숙고할 수 있을까?

앞서 언급한 것처럼 의식이란 직접적으로 주어지는 자기의식이 아니라 인간이 처해있는 사회적 삶의 조건을 통해 매개된다. 해방의식도 사회적으로 규정된다. 유럽이나 미국의 해방 의식과 아프리카나 아시아의 해방 의식이 다르다. 생활세계가 다르고 사회적 발전수준과 시스템이 다르기 때문이다. 남아프리카의 해방신학자로 자처하고 백인의 사회체제를 격하게 비판했던 동료는 백인 여성을 너무 사랑해서 불륜을 저지르기도 한다. 이슬람의 시민사회와 여성해방 그리고 소통 민주주의를 부르짖던 유망한 사회 비판이론가는 자신과 더불어 이슬람 해방의 공동 프로젝트에 참여했던 여성 조교를 습관적으로 성추행해서 감옥에 가 있다.

나는 여기서 개인의 도덕성을 탓하는 데에는 관심이 없다. 인간이기에 어쩔 수 없다는 어정쩡한 말로 희석화 시키는 것도 아니다. 문제는 개인의 성적 취향과 문화적 습관은 사회적으로 각인되고, 이러한 지배 체제를 변혁하고 새로운 사물들의 질서로 재편하지 않는다면 이런 위선들과 도덕적 파렴치함은 끊임없이 속출할 수밖에 없다.

이것을 바르트는 자본주의 혁명을 통해 정치, 경제, 문화 사회 전반적 영역에 나타나는 하나님 없는 폭력의 현실로 언급한다. 이러한 현실은 부활한 그리스도의 예언자적인 투쟁의 역사와는 대립이 된다. 믿음의 공동체는 특권과 맘몬의 공허한 욕망인 자본주의 혁명을 추종하는 세력이 아니라 그리스도 안에 나타난 하나님의 화해와 해방의 현실을 따라가는 사람들이다.

"나는 생각한다. 그러므로 존재한다"라는 근대성의 에피스테메는 "네가 처해 있는 사회적 존재는 밀려난 타자에 의해 의심된다"로 변형된다. 인간이 노예가 되는 것은 일정한 사회적 관계의 총체에서 나타난다. 그러나 이러한 사회적 관계가 바뀔 때 노예는 노동자가 된다. 계급의 계층은 단순히 경제적인 영역에서만 찾아지는 것이 아니라 사회제도들과 권력관계를 통해 드러나는 사회자본, (교육과 취업과 직장의 계층을 통한) 문화 자본, 상징 자본―종교적 담론, 사회적 신분과 명성― 등 분화되고 세련된 계층화된 계급의 조건에서 나타난다.

에드문트 훗설은 인간의 의식(noesis)은 내면 안에 나타나는 의미 영역(moema)과 상관관계에 있음을 보았다. 세계나 사회에 대한 자연적 태도에 판단 중지할 것을 요청한다. 나의 의식의 세계는 역사와 전통 그리고 사회로부터 이미 영향을 받고 있고, 이러한 생활세계의 지평은 나의 의식과 의미의 상관관계에 영향을 미친다. 그리고 의식과 의미의 상관관계는 비판적으로 갱신되고 새로운 지평들을 융합하면서 새로운 종합을 이루며 나간다. 훗설은 인간의 몸이 상호주관성에 있음을 보았지만, 그것이 단순한 의식 세계가 아니라 사회적이며 물질적으로 영향을 받는 차원을 간파했다. 인간의 영성이나 체험적 의식은 사회적 몸의 경험과 떨어질 수가 없다. 사회적 조건이 나를 생각하게 하고, 지배 체계에 판단 중지를 요청하며, 생활세계와의 부단한 대화와 물신 숭배화된 사회에 대한 역사 변증법적 분석을 통해 인간은 의미의 세계를 창출한다.

그러나 훗설은 역사와 전통을 통해 침전된 편견과 폭력 구조에 과감한 책임적인 비판을 행하고 해방에 헌신할 것을 촉구한다. 이런 점에서 훗설은 독일 인종에게 '큰 존재'를 보고, 큰 존재인 독일 인종 안에서 현존재를 분석하고, 현존재를 큰 존재 독일 인종 안에 통합시켰던 하이데거와는 전혀 차원이 다르다. 언어는 존재의 집이기 전에 이미 사회적 존재란 히틀러 인종 정치로부터 외상을 입고 지워져 버린 자들이다. 언어는 거짓말, 음해, 선동을 통해 지배 체제를 공고히 할 수 있고, 그로 인해 언어 자체가 쇠 우리 창살에 가두어지고 만다. 바르트가 불트만과 하이데거에게 신랄한 공격을 퍼부은 것도 이것 때문이다. "나는 실존하기 때문에 생각하는 것이 아니다." 나의 실존은 거짓 담론의 상징 체계에 포섭되어 있고, 예수는 사탄을 거짓의 아비로 규정한다(요 8:44). 바르트는 복음의 빛에서 사탄의 거짓 언어와 담론은 상징-물질적인 조건과 정치적인 문서들을 비판적으로 분석하고 해명한다.

해석과 해방

역사의 전개 과정에서 교회의 언어와 상징 시스템은 복음과는 전혀 다른 자기 수치스러움의 효과를 드러냈다. "이론이 대중을 사로잡을 때 물질적인 힘으로 전환"된다면, 이미 여기에는 이론이 물질적 이해관계에 어떤 선택적 친화력이 있는지 분석을 요구한다.

선동과 모략으로 대중의 마음을 사로잡는다면, 그것은 부메랑으로 돌아온다. 그래서 혁명은 반동의 역사로 종종 물들어진다. 이론이 본래적 해방의 관심에서 벗어나서 권력과 특권과 맘몬에 기생할 때 종교적인 담론은 역사에서 심판을 당한다. 이론은 신중한 민주적 과정에서 시민적 승인을 통해 물질적 힘을 갖는다. 그리고 법적 지배에서 사회에서 밀려난 자들을 보호하는 제도가 확립되어야 한다. 직접민주주의는 불가능하지만, 참여와 승인을 통해 사회의 약자를 보호하는 법적 합리성은 가능하다. 유럽 중심이나 식민주의는 거절되며 심지어 전쟁을 통한 노예 제도나 재산 몰수도 비판된다. 이것은 장자크 루소가 말하는 사회계약론의 골자이고, 그는 법률학자인 칼빈에게서 지대한 영감을 얻기도 했다.

바르트는 이러한 칼빈-루소의 전통에서 한 걸음 더 나간다. 사회계약론은 하나님 나라의 유비론적 접근에서 보다 민주적이며, 보다 많은 사회 정의를 향해 전진해야 한다. 성령세례를 통해 믿음의 공동체는 이러한 하나님의 나라의 방향과 노선으로 전진해야 한다. 이러한 전진 운동에서 끊임없이 사회체제에 각인된 하나님이 없는 폭력 (Herrenlose Gewalten)이 만들어 내는 왜곡된 사회적 취향과 문화적인 삶의 방식들로부터 돌아서고, 하나님의 자녀들은 맘몬과 특권의 지배로부터 돌아서는 메타노이아를 항상 실천에 옮겨야 한다. 바울은 이것을 이렇게 말한다. "나는 곤고한 자다. 나는 죄의 현실에 매여 있다. 그러나 나는 나를 쳐서 복음에 복종시킨다. 성령이 말씀을 통해 나를 날마다 죽게 한다. 그리고 내 안에 그리스도가 산다." 이러한 구원의 드라마는 단순한 개인의 신비한 체험이나 영성이 아니라, 바울에게서는 로마제국의 폭력 지배에 대한 날카로운 비판과 관련되어 있다. 로마제국은 유대교를 승인하면서 유대교의 토라에 담겨 있는 해방을 제거하고 로마제국의 틀 안에서 사법적으로 인정될 수 있는 토라의 조항(음식 규정, 할례 등)을 허용했다. 그리고 이것을 당시 소수의 무리였던 그리스도교 공동체에 강제하고 추종할 것을 명령했다. 적어도 바울의 율법 비판은 로마 제국화된 죽음의 율법에 대한 비판을 담고 있다.

개인의 영성과 의식과 취향은 이미 정치, 경제, 문화, 종교들의 각 영역 안에서 영향을 받고 조건 지어진다. 제도화된 종교 역시 이러한 권력관계의 그물망을 피해가기가 어렵다.

해석학의 전통에서 보면 텍스트에 의해서 개방되는 의미나 사상들은 저자의 의도를 심리적으로 파고드는 해석(슐라이에르마허)이나 독자의 체험적 느낌(딜타이)에 근거되어 왔다. 그러나 텍스트 자체가 갖는 의미의 고유성은 사회적 조건에서부터 온다. 이 텍스트의 자율성 때문에 텍스트는 저자의 제한된 지평에서 벗어나서 자신의 생활세계를 가지며 독자를 향해 새로운 차원을 개방한다. 이해의 과정은 텍스트 앞에 서서 '나를' 비판적으로 변혁시키는 행위가 되며 이제 '나는' 텍스트 앞에서 비판적으로 새롭게 구성된다. 이것이 바로 텍스트 해석이 갖는 세계기획이며 주체의 새로운 구성을 말한다. 나의 주체는 생각하는 나가 아니라 하나님의 해방의 말씀 앞에서 새롭게 형성된다. 이제 텍스트의 세계나 사회적 영역들의 물질적인 조건들이 분석의 대상으로 들어오게 된다. 더 나아가 물질의 삶은 텍스트의 세계 안에 있는 긴장과 대립과 투쟁을 표현한다. 상징-물질적으로 성서 텍스트를 읽는 것은 사회적 해석학의 영역에 속하며 언어 해방적 차원을 갖는다. 여기서 원류로서 하나님 나라를 향한 복음은 이후 역사 발전을 통해 자기 수치 효과를 드러냈던 종교적인 담론의 식민지화 또는 폭력 구조를 문제틀로 설정하고 내재적으로 비판을 행한다(헬무트 골비처). 이런 점에서 영성은 말씀 앞에서 변혁되는 주체를 말한다. 물질 해석학의 의미론적인 순환은 인간의 이해를 넘어서서 주체의 변혁으로 강조한다.

토라와 아우슈비츠: 새로운 포스트콜로니얼 영성

사람들은 근대성이 아우슈비츠에서 끝났다고 진단한다. 여기서 무엇이 태어났는가? 일부는 성급하게 포스트모더니티가 그곳에서 태어났다고 하지만, 사태는 그리 간단하지 않다. 포스트모던주의의 난점은 근대성이 여전히 미완의 과제를 가지고 있고 후기자본주의 정당성 문제를 경시한다. 포스트모던 조건을 거대 담론에 대한 비판으로 치더라도(리요타르) 거대 담론이 한 사회나 역사의 에피스테메를 어떻게 지배하고 조직되는지에 대한 신체를 제어하는 권력 분석(생산력과 몸과 성의 규정)과 합리적 시스템에 대한 사회과학적인 분석에는 여전히 취약하다. 담론을 권력과의 관계에서 파악할 경우 포스트모던주의자들은 데리다적인 성급한 해체에 올인하고 먼 거리에 도달하기 위해 우회로를 필요로 하는 치밀한 반성을 던져버린다.

가다머와 데리다가 만나 논쟁하면 가다머는 이런 말을 할 것이다. "데리다 당신은 나를 해체하려면 나를 먼저 이해해야 할거요." 해체주의자들에게 이해는 무엇일까? 데리다의 세례를 받은 포스트콜로니얼 이론가인 가타리 슈피박에게서 그녀의 그람시나 마르크스 이해가 얼마나 피상적인지 보지 않는가? 에드워드 사이드는 어떤

가? 그의 푸코 이해가 오리엔탈리즘에 적합한가? 사이드가 마르크스를 유럽 중심으로 비판할 때 사용하는 문장 하나가 어처구니가 없지 않나? "그들(소농민)은 자신을 대변할 수 없다. 그들은 대변되어야만 한다."5

마크크스가 대변(representation)이라는 표현을 썼다고 푸코의 담론 이론을 갖다 붙여서 유럽 중심주의자로 매도하는가? 이 문장은 1848~1850년 기간 동안 프랑스의 계급투쟁을 분석하면서 루이 나폴레옹 3세에게 기만당한 소농민들에 대한 분석을 담고 있지 않나? 프랑스 혁명이라는 사회적 배경은 어디로 실종되고 대변이라는 단어 하나 덜렁 가지고 오리엔탈리즘을 해체한다는 것이 나에게는 촌극처럼 보인다. 어떤 인도 출신 포스트콜로니얼 성서학자는 바르트의 『로마서 강해』 2판을 식민주의 전형으로 비난한다. 과연 그가 로마서 주석이 바르트가 서 있던 스위스 대파업과 러시아 혁명의 한가운데서 그가 치열하게 벌였던 레닌의 '국가와 혁명'에 대한 비판적인 대결이 로마서 주석의 배경임을 알고나 있나? 텍스트를 신중하게 읽지 않고 행하는 피상적인 해체는 상징적인 폭력에 가담하게 된다. 너무도 참을 수 없는 지식의 가벼움이 판을 친다. 쯔빙글리를 개혁교회에서 회복해야 한다고 하는 사람들은 왜 종교다원주의와 씨름하는 사람들을 단죄하는가? 쯔빙글리는 종교다원주의의 원조격이 되지 않나? 종교적인 담론이 이해와 권력관계에 사로잡히면 수치를 당한다는 격언은 진리다.

내가 사이드라면 푸코의 생체 권력관계를 다양한 담론 분석과

---

5 Said, *Orientalism*, 21.

고고학에 연결 지어 유효한 역사(Wrkliche Historie)를 재구성했을 것이다. 이런 점에서 고전 텍스트와의 부단한 대화와 비판 그리고 의미의 재구성은 역사와 사회를 지배하던 에피스테메에 대한 사회학적 해명과 관련되고, 이것은 식민주의 시대에 기술 지배적 합리성과 권력관계 그리고 사회적 분업에 초점을 맞추게 된다.

마르크스는 러시아 마르크스주의자들이 러시아의 대농장 문제를 두고 문의했을 때 자신의 이론은 유럽의 경제사를 분석한 것이라고 진솔하게 말하지 않았나? 러시아는 자체 발전의 길을 갈 것이고 해방의 길에는 각 사회의 독특성이 고려되어야 한다.[6]

물론 해체주의 포스트콜로니얼 이론에 대한 비판은 사미르 아민이나 다른 팔레스타인 학자들에게 제기되는 상식적이고 진부한 것이다. 호미 바바는 어떤가? 헤겔의 주인과 노예의 인정 투쟁을 프란츠 파농은 사회 심리적으로 재해석했다. 그런데 바바는 라캉을 끌어들여 식민주의자에 대한 흉내 내기, 모방에서 해방의 차원을 말한다. 인도의 식민지 상황에서 친영주의자들의 흉내 내기가 해방적일런지는 모르겠지만, 한국의 식민지 담론에서 가능한가? 오히려 일제의 식민지 지배에서 나타나는 생체 권력과 지배 에피스테메에 대해 그 사회를 살았던 지식인들과 민중들의 저항 담론을 세밀하게 분석하는 것이 일차적이다. 그리고 새로운 근대성을 향해 가려고 했던 지배 당한 자들의 유효한 역사와 기억의 정치를 재구성하는 것이 포스트콜로니얼의 과제가 되어야 한다. 친일을 흉내 내기가 해방적이라고? 그래서 근대성은 일본이 가져다 준 것이라고? 글쎄! 모든

---

6 해체주의 포스트콜로니얼 이론에 대한 상세한 비판은 Chung, *Critical Theory and Political Theology*, 174-199 참조.

사회와 문화에는 다차적 근대성들(multiple modernities)을 향한 길이 이미 내재해 있다. 그것은 식민주의를 통해 이식된 근대성에 저항을 담는 대안적인 근대성(alternative modernity)이 동력으로 작용한다. 우리의 생활세계는 강요되고 이식된 식민지 근대성을 수용하기도 하지만, 비판하고 새로운 방향으로 발전시키면서 투쟁하지, 흉내 내기로 막을 내리지는 않는다.

나는 토라와 복음 안에 담겨 있는 물질적인 삶의 태도를 재구성하는 새로운 포스트콜로니얼 신학과 영성을 전개하길 원한다. 시민사회에서 푸코가 생각하는 것처럼 국가가 모든 것을 권력관계를 통해 결정짓는 것은 아니다. 담론은 언어 활동이나 매스 미디어나 문화, 교육, 예술 전반에서 상징, 물질적인 차원을 갖는다. 한 사회의 지배 담론으로서 에피스테메는 사물들의 질서, 다시 말하면 분업화된 사회적 영역들과 계급 계층들에서 나타나는 생산력과 합리화 과정, 이데올로기 그리고 사회화와 관료화, 사법 체계 그리고 정상과학들에 대한 분석을 요구한다.

아우슈비츠는 물질적이며 상징의 의미를 갖는다. 나치스의 강제 수용소들, 감옥들과 제 2차 세계대전의 전쟁터들, 더 정확히 말하면 그곳에서 형성된 종교인들의 영성은 무엇일까? 이것은 포스트모던 담론과 권력관계로 일반화되기는 어렵다. 왜냐하면 이것은 하나님의 문제와 관련되기 때문이다. 사람들은 종교를 가지고 무엇을 했나? 종교란 무엇인가라는 질문에 앞서 종교는 누구에게 봉사했으며, 누구의 종교인가라는 문제가 등장한다. 히틀러에게 복무했던 독일 루터란들, 이른바 독일 기독교인들(Deutsche Christen)은 야만적인 자들이 아니었다. 에어랑엔 학파의 거장인 파울 알트하우스나 베르너

엘러트가 "안스바하 조언"을 통해 히틀러를 하나님이 보낸 지도자이고 바르멘 신학을 공격했을 때, 신학의 투쟁은 내부로부터 온다. 이들 역시 지금도 여전히 루터란 신학에 지대한 영향을 미치는 사람들이다.

신학의 위기는 성서에 대한 주석의 아마추어리즘과 독일 인종주의 집단적 환상에서 오는 것을 바르트는 이미 성서 안의 새로운 세계를 만나면서 정확히 꿰뚫어 보고 있었다. 정치적, 사회적, 물질적 조건들을 향한 하나님의 살아있는 말씀을 소통시키고 폭력의 구조에 저항하려면 성서로부터 사자와 같이 포효하는 하나님의 음성을 들어야 한다. 그래서 바르트에게 경청이란 단어는 항상 순종과 관련된다. 바르트에게서 공부하던 한 미국 학생은 이런 말을 한 적이 있다고 전해진다. "왜 선생님의 글은 말씀에 대한 순종을 그렇게 강조하느냐? 개인주의가 판치는 미국의 문화에는 전혀 공명이 없다. 그래서 신정통주의는 미국에 적합하지 않다." 바르트의 대답은 간단하다. "독일어의 순종(Gehorsamkeit)은 경청에서 온다. 말씀에 대한 경청은 듣는 마음이고 이것이 지혜다." 사실 바르트는 자신을 신정통주의자로 생각해 본 적이 없다. 더 이상 신 정통주의자란 프레임을 씌우고 바르트를 옭아매서는 안 된다. 그는 해방의 말씀의 신학자이고 앞으로도 우리에게 신선한 새로운 출발을 제공할 것이다.

반유대주의 넘어가기

히틀러 당시 바르트의 유대인을 향한 연대는 잘 알려진 사실이다. 그러나 그가 은총의 선택론에서 이스라엘을 어떻게 신학화했는지, 왜 그의 전체 교의학의 중심 주제로 놓은 것인지에 대해서는 거의 연구가 없다. 이 분야의 기념비적인 해석은 프리델 마르크바르트 교수이며, 그의 박사 논문인 "칼 바르트와 이스라엘 신학"은 바르트 자신을 놀라게 한 연구이기도 하다. 바르트에게서 로마서 9-11장은 주석 되어야 할 새로운 텍스트를 말한다. 유대인 바울을 새롭게 보고, 이스라엘을 향한 하나님의 신실하심은 포기되지 않는다.

홀로코스트 이후 유대인들과 기독교인들은 여전히 사랑과 자비의 하나님을 말할 수 있는가 하는 심각한 위기에 봉착한다. 신 죽음의 신학과 모든 희망의 좌절이 한편에서 이야기되지만, 여전히 다른 한편에서 인간의 고난의 가운데 참여하는 하나님의 연대가 언급되기도 한다. 만일 유대인들의 고난이, 흔히 기독교 보수주의자들이 말하는 것처럼, 이들의 죄에 대한 처벌이며 하나님의 섭리라면, 유대인들은 이러한 하나님을 거절할 이유를 가지게 될 것이다. 홀로코스트는 서구의 계몽주의 철학과 세속화 문화에 대한 심판이며 또한 서구신학의 전체 발전에 대한 위기를 의미한다.

자신들이 믿는 하나님을 위해서 타자를 말살해도 좋다는 종교적 근본주의 배후에는 항상 인간 이성의 착란 증세가 숨겨져 있다. 신앙은 이해와 지성을 추구한다고 하지만, 종종 타자에 대한 이해보다는 폭력, 억압과 말살, 즉 역사에서 흔적 지우기로 나타난다. 유대인 홀로코스트만 있는 것은 아니다. 이전에 십자군 전쟁, 콜럼버스 아메리카 대륙 발견 이후 육백만 이상의 원주민들의 대학살, 최근에 일어나는 인종청소 전쟁이나 팔레스티나 분쟁에서 신앙주의는 종교적 광신으로 나타나기도 한다.

이른바 기독교의 대체주의(Supercessionism)는 마태복음의 사악한 소작인(마 21:33-46) 비유에 대한 전통적인 해석에 반유대주의를 잘 드러낸다. 주인은 포도원을 경작하고 소작인들에게 맡겼다. 추수철이 다가오자 주인은 열매를 수확하기 위해 그의 종들을 보냈다. 그러나 소작인들은 한 종에게는 폭력을 가했고, 다른 종은 살해했고, 마지막 종은 돌로 쳤다. 결국 주인은 자기의 아들을 보냈지만, 주인의 상속을 가로채려고 소작인들은 아들마저 죽이고 말았다. 이 비유는 다음의 선고에서 절정에 달한다. "그러므로 내가 너희에게 이르노니 하나님의 나라를 너희는 빼앗기고 그 나라의 열매 맺는 백성이 받으리라."

이러한 마태복음의 비유에 대한 기독교적인 '유형론적' 해석은 기독교 전통에서 유대인들을 불의한 소작인들에 비교해 왔다. 이들의 배신에 대해 하나님은 그분의 나라를 다른 백성에게, 즉 교회에 넘겨주었다. 이러한 해석은 유대인들을 하나님의 계약에서 파면해 버리는 기독교적 대체주의를 조장했다. 교회의 교부들은 유대인들의 실패를 유대교의 완고하며 세속적인 성격에서 찾았다. 무엇보다도 초대 기독교인들은 이러한 사실을 로마에 의한 예루살렘 성전의 파괴에서 보았다. 메시아적 기대를 향한 바코바 폭동의 실패(132~136) 역시 이들의 진정한 메시아였던 예수 그리스도를 살해한 범죄에 대한 하나님의 명백한 심판이었다.

그러나 유대인 바울은 로마서에서 유대인들이 예수 그리스도의 복음에 대한 거절이 바로 그분의 백성에 대한 하나님의 거절로 직결하는지 심각하게 묻는다(롬 11:1). 이에 대한 바울의 답변은 부정적이다. 유대인들의 불의에도 불구하고 이들에 대한 예정은 철회되지 않는다(롬 11:29; 9:6). 이스라엘의 불신앙에도 불구하고 하나님이 자신의 예정에 신실하지 않는다면, 기독교인들 또한 자신들의 예정을 어떻게 신뢰할 수 있을까? 바울의 근본 테제는 다음과 같다. "하나님은 이스라엘을 버리지 않는다."

바울에 의하면, 유대인들이 예수를 거절한 것은 하나님이 구원의 계획을 위하여 이방인들의 완전수가 찰 때까지 이들의 마음을 완고하게 했기 때문이다(롬 11:7-8). 그래서 이들은 이방인 기독교인들의 구원을 위해 '하나님과 원수'가 되었다. 바울은 종말론적인 측면에서 그리스도의 파루시아는 유대인들의 메시아적 기대를 충족시키며, 이들의 죄를 용서함으로써 이들과 맺은 하나님의 계약을 갱신할 것으로 본다.

예레미야 31장 31-32절과 이사야 59장 21절에 의하면 새로운 계약이 다른 백성들이 아니라 바로 이스라엘에게 주어졌고, 그것은 하나님과의 계약의 관계를 종말론적으로 갱신하고 성취하게 될 것이다.

그러나 유대교가 서구 사회에서 번영을 맞은 것은 기독교의 지배가 아니라 오히려 스페인의 코르도바의 이슬람의 지배하에서였다. 야곱의 후예 이스라엘은 에서의 후손인 에돔, 즉 로마-독일제국의 기독교의 지배에서보다 오히려 이스마엘의 후예인 이슬람의 지배로부터 관용의 정책을 얻었다.

역사적으로 볼 때 이미 바벨론 포로기 이후에 예루살렘으로 돌아오지 않고 바벨론에 거주한 유대인 공동체가 있었다. 이곳에서 유대인 공동체는 회당에서의 예배와 토라에 대한 연구를 지속할 수 있는 독자권을 부여 받았다. 이와 비슷하게 이슬람 제국은 특히 스페인에서 유대인 공동체에게 이러한 정신적인 권한을 부여했다. 더욱이 급진적인 유일신론과 정결과 음식 규정 등은 이슬람과 유대교 사이에 친화력을 가져왔다. 유대인과 아랍인들은 처음부터 원수였다는 말은 북미의 기독교 근본주의자들이 퍼트리는 낭설에 불과하다. 무어족이 지배하던 스페인에서 이슬람과 유대교의 공존 시기는 유대교의 역사에 매우 중요한 기억으로 남아 있다. 이 시기에 유대인의 지도적인 사상가인 모제스 마이오니데스의 역할은 두드러진다. 이 시기 걸출한 이슬람 사상가 아비센나와 아베로스는 어떠한가? 이 아름다운 과거의 역사는 동시에 오늘 팔레스틴에서 만행을 일삼는 이스라엘 국가를 향해 양심을 자극하는 유산으로 남아 있다.7

십자군전쟁 기간 동안(1095~1270) 가해진 유대인들에 대한 살육과 이어 기독교 유럽에서 이들의 추방과 고난의 역사는 예술과 문학, 철학, 신학 등을 통해 지지되면서 반유대주의에 대한 기독교적 경험과 태도를 확고하게 기초 지었다. 4차 라테란공의회(1215)는 유대인들을 죄의 종으로 규정하면서 기독교인 제후의 종이 되어야 한다고 교리적으로 정당화했다. 13세기에 기독교로의 개종을 거부한 수많은 유대인들이 살해 당했고, 히틀러가 아니라 이미 여기서부터 유대인 문제에 대한 최종적 해결(Endlösung)이 시작되었는지도 모른다. 물론 여기는 집시와 동성애자들도 포함된다.

홀로코스트 이후 양심적인 기독교 신학자로부터 반유대주의에 대한 비판들이 행해지기 시작한다. 희생의 번제가 되었다는 홀로코스트(창 22장)란 단어보다는 대재난 또는 대파괴란 의미의 쇼아(shoah)가 사용된다. 성서학계에서 유대인으로서 예수를 그의 고향인 유대

---

7 Hans Kueng, *Islam*, 374-376.

적인 콘텍스트에서 재평가하는 작업이 이루어진다. 유대인 학자들과 신학자들은 바울을 유대적인 토라 콘텍스트에서 다시 보기 시작했다. 유대인 적대자들에 대한 신약성서 저자들의 응답과 비판은 그 시대와 역사적 환경에 근거된 내적인 갈등이었지, 그 본질에 있어서 반유대주의이거나 기독교적 대체주의를 옹호하지 않는다.

해방의 토라를 긍정하는 포스트 쇼아 신학은 포스트콜로니얼 신학에 새로운 출발점을 제공한다. 이것은 반유대주의를 극복하는 데서 가능하다. 토라와 물질의 삶이 말씀의 신학에서 어떻게 전개될 수 있을까? 이것은 기존의 포스트콜로니얼(사이드, 바바, 슈피박)와 같이 담론의 사회적 물질적인 배경을 실종시켜버린 채 고전에 대한 손상과 폭력을 입히는 비상식적인 독해로는 어렵다. 여기서 바르트의 이스라엘 신학은 포스트 쇼아의 신학에 새로운 출발을 줄 수가 있다.

하나님의 초월과 희생자의 얼굴

가타리 슈피박은 "하위 계층의 사람들(subaltern)은 말할 수가 있을까?" 하는 물음을 던진다. 물론 이것은 데리다의 "절대 희생자는 말을 할 수가 있을까?"에 대한 아류적 표현이다. 슈피박은 인도의 사티에서 희생당한 여인들을 고려한다. 남편이 죽고 난 후 사티 화형에 처해 같이 매장되고 죽어간 절대적인 희생자는 말을 할 수가 없다. 그러나 슈피박은 그람시를 말하면서 왜 사티를 가능하게 한 인도의 가부장적인 지배 체제와 사회구조에 대해서 피해 가는가? 더욱이 사티 화형 제도를 폐기한 것은 영국의 기독교 정부가 아니었나?

왜 슈피박에게는 인도의 종교 경전 안에 담겨 있는 불의와 폭력에 대해선 침묵하는가? 그녀가 주장하는 다름에 대한 옹호에는 이미 인도의 문화적 상대주의와 도덕적 상대주의에 면죄부를 주는 것이 아닌가?

유태인이었던 레비나스는 포로수용소의 죄수로 지냈던 쓰라린 경험을 통해 인간의 주체성은 정신적 외상, 강박관념, 불면증 그리고 끊임없는 불안으로 특징 지어진다고 보았다. 인간은 고통 당하는 피조물에 불과하며, 하나님은 내가 존재하기도 전에 나를 존재로 부르신 무한한 각성이다. 존재를 넘어서 있는 것에 대한 이 끝 없는 갈망은 사심이 없음, 초월성, 즉 선함을 향한 갈망이다. 하나님은 나를 선으로 강력하게 이끌어 감으로써 타자의 얼굴이나 버림받은 타자의 고독 앞에서 개인주의적 자기 성취가 얼마나 위선적이며 허구에 불과한 것인가를 폭로한다. 무한한 하나님의 발자취는 바로 타자의 모습에서 발견된다. 나를 나로 만들어 주는 자아의 정체성의 발견은 타자의 일그러진 얼굴이 내 앞에 나타날 때 비로소 도덕적으로 발생한다.

레비나스에게 하나님은 순진한 희생자를 통해 우리에게 말씀하신다. 이러한 하나님의 살아계신 음성(다바르)이 우리를 윤리적 존재로 만들어 간다. 나의 사회적 취향과 문화적인 폭력의 습관으로부터 해방된 자들, 즉 영이 가난한 자들이 화해와 해방의 프로젝트에 가담하게 된다. 레비나스는 마지막 현상학자로 남아 있다.

영이 가난한 사람들

바르트는 평생 조그만 연립 주택에서 살았다. 그의 서재의 책상도 볼품이 없다. 여기서 그의『교회교의학』이 나왔다. 피츠버그 신학교 강연차 방문했다가 바르트의 아들인 마르쿠스 바르트가 그곳에서 교수 생활을 한 인연으로 피츠버그대학의 도서관에 기증한 바르트의 책상을 보았다. 바르트의 책상 주변에서 책을 읽고 공부를 하는 대학원생들을 보면서 참 부러웠다.

좋은 제자들은 대가의 손에서 길러진다. 훌륭한 스승은 항상 제자의 뒤에 머물고 그와 연대한다. 골비처의 제자인 프리델 마르크바르트는 교수 자격 취득 논문인 "신학과 사회주의"가 출간된 후 엄청난 논쟁과 정치적 소용돌이에 휘말렸다. 마르크바르트에 대한 논문 거절과 함께 학계에서 추방하려는 것이 심사위원들의 전략이었다. 그때 골비처는 자신의 교수직을 사퇴하고 베를린대학의 철학과로 학교를 옮겨 그곳 철학과에서 신학을 가르쳤고, 마르크바르트는 같은 대학에서 교수 논문이 인준되면서 유대교학을 가르쳤다. 그래서 그의 제자들은 골비처를 애칭과 존경의 표현으로 골리로, 프리드리히 마르크바르트를 프리델로 부른다.

영성이란 무엇일까? 그것은 하나님 나라의 복음을 위한 투쟁과 신실한 태도에서 온다. 영이 가난한 자만이 해방에 참여한다. 그리고 성령이 이들의 삶을 부요하게 하고 영원한 생명으로 인도한다.

마르크바르트는 서구의 성서비평학에 담겨 있는 반유대적인 차원을 가장 날카롭게 비판하고 분석한 신학자에 속한다. 역사 비평적 연구가 대표적인 반유대주의 전형에 속한다. 이러한 연구에서 유대인 예수의 모습은 사라진다. 서구의 근대적 의식을 통해 난도질 당한 '역사적 예수' 연구가 나타난다. 마태복음의 예수는 오클로스 민중에게 유대인 회당에 앉아있는 바리새파의 가르침을 경청하라고 하지 않았나? 물론 이들의 위선적인 행동을 본받지 말라는 경고가 아울러 있지만(마 23:1-3), 유대인 예수는 구약의 토라를 준수했고, 쉐마 이스라엘을 기도했으며, 이스라엘의 하나님과 투쟁을 한 분이 아니다. 예수에게 이스라엘의 하나님은 아바 아버지였고 탕자를 기다리고 사랑하는 아버지이다. 이러한 예수 비유의 모티브에서 요하킴 예레미아스는 예수의 본래적인 담론을 파악했다. 비유는 예수의 언어였고 체제를 전복하는 담론이었다. 이것은 이사야로부터 오지 않나? 예수에 대한 유대인들의 거절이 이제 예수의 토라에 대한 신실함에서 찾아져야 한다면, 부활의 그리스도는 유대인들에게 마지막 시간에 주어진 회개와 각성에 같이 할 것이다. 이런 복음 앞에 교회는 영의 가난한 믿음의 공동체로 서야 하지 않나?

모방의 욕망과 속죄양

르네 지라드(Rene Girad)는 희생자의 하나님에 대한 사회심리학적인 개념을 구성했다. 욕망의 구조는 항상 모방적이며 삼자적이다. 어린아이는 아버지에게 특별한 관심을 가지며, 아버지와 같아지기를 원하며 성장한다. 지라드에게서 오이디푸스 콤플렉스는 모방적으로 생산되며, 사회적으로 각인되며, 역사적으로 이어진다. 모방적인 관계가 극단적으로 될 때 무죄한 자에 대한 폭력과 살해로 나타난다. 이러한 모방의 욕망을 통해 지라드는 욥과 예수의 희생의 삶을 새롭게 해석했다. 욥과 그를 위로하는 친구들과의 대화를 분석하면서 지라드는 욥의 불행과 재난이 어디서 온 것인가를 추적했다. 그의 결론은 매우 명백하고 단순하다. 욥은 그의 주변의 삶들에 의해 추방당하고 박해받았다. 다시 말해 욥은 '공동체의 속죄양'이 되었다.

욥은 한때 백성들의 우상이었다. 욥의 '성공'을 욕망하는 것은 성공한 '욥'을 욕망하는 것을 의미했다. 그러나 이것은 동시에 욥을 향한 시기와 경쟁과 질투를 유발했다. 결국 욥을 향한 찬사와 부러움은 그에 대한 증오로 반전되었다. 그는 폭력적인 사람들의 희생자가 되었고, 이들은 자신들의 불행의 원인을 욥에게 돌려 그를 속죄양으로 삼았다.

욥과 마찬가지로 예수 역시 속죄양이었다. 그는 무죄한 자였지만, 사회적 긴장과 대중 폭력의 희생양이 되었다. 처음에 예수는 환호받고 존경받았지만, 결국 배척 당하고 파괴되었다. 결국 성서의 하나님은 처음부터 희생자들과 같이하는 하나님이었다. 이들은 영이 가난한 자들이었다. 결국 호미 바바의 흉내 내기는 결국 시기와 질투 그리고 속죄양으로 가는 관문이다.

지라드의 욕망의 해석학을 신학적으로 다 수긍할 필요는 없지만, 그가 주는 통찰은 텍스트에 은닉된 속죄양의 차원을 폭로해주는 데 있다. 하나님은 아벨의 죽음의 절규를 듣고 계셨다. 애굽에서 이스라엘 백성의 신음 소리를 듣고 계셨다. 하나님의 토라를 선포하고 박해를 받던 예언자들의 절규를 듣고 계셨다. 어쩌면 지상의 도시의 폭력성과 지상의 도시의 공동선을 위해 죄 없는 속죄양을 찾아야 하는 것은 이제 아우슈비츠에서 모든 것을 정죄하고 권위를 행사했던 근대적 이성의 정신 분열로 그 모습을 드러낸다.

호르크하이머와 아도르노는 이들의 공동 저작인 『계몽의 변증법』에서 오디세이가 트로이 전쟁을 마치고 귀향길에서 그가 만난 타자들을 어떻게 제거하는지를 분석한다. 타자는 말살되고, 그 흔적은 지워진다. 아무런 의식의 변화됨이 없이, 아무런 죄책감이 없이 오디세이는 자기의 고향 이타카로 돌아온다. 호르크하이머와 아도르노가 분석한 것처럼 서구의 이성은 자기 귀환이며 타자의 흔적을 지우는 권력으로 등장한다. 오디세이는 서구 자본주의의 전형적인 모습으로 그려진다.

그러나 아브라함은 다르다. 그는 하나님의 권능에 의해 타자를 향해 추방의 길(Abirren)을 갔다고 마르크바르트는 분석한다. 아브라함은 타자를 향한 축복으로 남아 있다. 하나님은 놀랍게도 아브라함의 삶에서 멜기세덱에게 축복을 받게 한다. 유대인들에게 이것은 놀라운 이야기다. 때론 하나님은 거짓 선지자 발람을 통해 이스라엘을 돕게 한다. 그것은 고레스도 마찬가지다. 이방인이 기름 부은 자로 이사야는 충격적으로 말한다. 이런 토라의 이야기는 팔레스티나 분쟁과 국가 이스라엘에 대한 비판을 담고 있다. 예루살렘 평화는 타자에 대한 인정에서 오지 말살이나 흔적 지우기로 오지 않는다. 인간은 하나님을 버릴 수 있지만, 하나님은 그리스도로 인해 더 이상 인간을 버릴 수가 없다.

이것은 바르트에게서 은혜의 신학의 정수가 된다. 은혜는 시류를 타고 특권을 추구하는 것이 아니라 거꾸로 거슬러 올라가는 것이다. 그래서 바르트는 현상 유지와 지배 체제와 특권에 대해 파레시아(담대하게 진리 말하기)를 말하라고 한다. 교회가 말하는 영성은 말씀과 은혜에 대한 체험과 특권을 가급적 포기하고 영의 가난한 사람으로 살아가는 것이다. 의인은 믿음으로 산다는 하박국의 표현은 구약의 전체 토라를 한마디로 요약한 것이다. 믿음을 통해 하나님의 의로움을 얻은 자들은 희생자들과 더불어 계신 하나님의 임재에 헌신한다.

우리는 다음의 이야기를 알고 있다. 1942년 8월 2일 오후 5시 나치스 친위대 장교 두 명이 네덜란드의 한 갈멜수녀원 입구에 도착했다. 유태인인 두 수녀를 죽음의 운명적인 여행으로 데려가기 위해서였다. 한 사람은 명망 있는 에드문트 후설의 조교로 일하던 탁월한 지식인이었다. 그 여인의 이름은 에디트 슈타인(Edith Stein, 1891~1942)이었고, 다른 수녀는 그 여인의 동생 로사였다. 체포되던 날 오후에 에디트 슈타인은 신비주의자인 십자가의 성 요한(1542~1591)의 마지막 죽음을 명상하고 있었다. 체포되던 날 친동생 로사의 손을 붙잡고 슈타인은 이런 말을 했다고 전해진다. "가자, 로사. 우리는 우리의 백성에게로 가는 거야."

나가는 글

홀로코스트 이후 랍비들은 하나님이 보다 더 많이 숨어 계신다고 말한다. 이것은 이사야로부터 온다. 버클리 연합 신학대학원의 유대교 센터의 동료들은 가끔 나에게 의미심장한 질문을 던지곤 했다. "왜 기독교인들은 신정론의 문제에 그토록 관심하느냐? 너희들이 존경하는 유대인 바울에게서 이방인 욥과 같은 신정론이 있는가?" 망치로 머리를 얻어맞은 느낌이다.

유대인들은 고난의 한밤 가운데서 "하나님이 선하시다면 왜 이런 일이 일어났는가" 하는 물음보다 "토라의 하나님이 우리의 유배의 한밤 가운데로 오셨다"고 고백한다. 쇼아(Shoah)의 어둔 밤에 하나님은 그분의 백성인 이스라엘과 함께 있었고, 이 하나님은 오늘 팔레스티나의 억압받는 자들 편에서 국가 이스라엘의 오만한 자들을 향해 심판의 소리를 하고 계신다.

왜 하나님은 홀로코스트를, 오늘 팔레스티나의 비극을 막지 않으시는가? 그 이유는 하나님이 인간을 계약의 성취를 위해 충분한 책임적인 존재로 부르셨기 때문이다. 그래서 하나님은 성령을 통해 용서와 화해의 은혜로 각성시키고 그리스도의 투쟁의 역사에 참여하게 한다. 바르트는 이것을 기독교인의 소명이라고 부른다. 우리는 하나님의 계약의 파트너로 불린 자들이다. 이제 권력과 현상 유지와 물신 숭배를 위해 하나님을 향한 기도는 더 이상 가능하지 않다.

아브라함의 이야기에서 하갈과 이스마엘은 버려지는 것이 아니라 하나님의 은혜와 보호 가운데 있다. 역사적으로 예수는 어떤 분이었나 하는 저술들은 신학교 도서관의 칸을 메우고도 남는다. 그러나 나는 루터와 칼빈 그리고 바르트와 더불어 예수 그리스도를 '참된 하나님'이며 동시에 '참된 유대인'으로 고백한다. 유대인들은 예수의 삶에서 진정한 유대인의 삶의 태도와 영성을 배울 수가 있다.

토라는 복음적인 의미를 가지고 있다. 토라는 평화와 자유와 삶의 토라였다(신 30:15,20). 토라는 삶과 죽음 사이에서 삶을 향한 결단과 부름을 의미한다. 더욱이 유대인들에게 토라란 개념은 우리 기독교인들이 상상하는 것처럼 율법적 권위나 금지를 의미하지 않는다. 오히려 이스라엘은 하나님의 토라에 대해 신랑과 신부처럼 매우 밀접한 사랑의 관계를 갖는다. 이들은 토라에서 깊은 의미를 끌어내며, 이것을 노래하며, 이것과 더불어 춤을 춘다. 토라는 유대인들에게 기쁨의 토라이다(*Simchat Torah*).

출애굽의 해방은 유대인들에게 하나님의 은총의 사건이었다. 하나님의 해방의 은총을 경험한 이스라엘 백성들에게 하나님은 시내산에서 모세에게 토라를 주셨다. 다시 말해 토라는 하나님의 구원의 은총에 대한 감사로 지켜지고 순종되는 것이다. 여기에 오순절 성령의 강림 사건이 의미를 갖는다. 우리 기독교인 역시 예수 그리스도의 십자가와 부활의 해방의 사건을 통해 우리에게 성령을 통해 그리스도의 복음과 토라가 주어진다. 그것은 예레미야에게 약속한 새 언약의 복음이 성령강림에서 교회로 온다.

그리스도는 인류를 위한 길이요 진리요 생명이다. 유대인을 거절하지 않으면서 성육신한 하나님의 말씀으로서 그리스도를 복음적으로 이해할 수는 없는가? 이미 유대인 바울은 로마서 11장에서 이미 기본적인 윤곽을 그려놓았다. 바울의 이스라엘 신학은 율법의 완성으로 오신 그리스도에 대한 증거이며 또한 포스트콜로니얼 시대에 영성 신학의 새로운 과제가 된다. 그렇게 토라와 복음 그리고 영성과 신체성은 서로 입을 맞춘다.

II. 교회와 새로운 자연의 신학(Theology of Nature) — 신학, 과학 그리고 형이상학의 재통합

1. 들어가는 말

현재 서구 신학에서는 신학과 과학의 대화 혹은 종교와 과학의 대화가 활발히 진행되고 있다. 그 중심에 비판적 실재론(critical realism)이 서 있다. 비판적 실재론이란 60년대 이후 영미를 중심으로 활동했던 종교와 과학 간 대화를 주도했던 과학적 신학자들의 입장을 일컫는 말이다. 비판적 실재론은 이안 바버(Ian G. Barbour)가 기초를 놓았고 아더 피코크(Arthur Peacocke)와 존 폴킹혼(John Polkingorne)에 의해 발전되었다. 비판적 실재론자들이 지난 수십 년 동안 종교와 과학의 대화 영역에서 정통적 위치를 점하고 있다 해도 과언은 아니다.[1]

이들은 모두 과학자에서 출발하여 신학을 연구한 뒤 종교와 과학의 대화를 위해 헌신하는 사람들이며 스스로를 과학 신학자(Scientific Theologian)로 불리기를 원한다. 이들 중 현재 폴킹혼이 가장 활발한

---

[1] Niels Henrik Gregersen, "Critical Realism and Other Realisms," *Fifty Years in Science and Religion, ed. Robert John Russel* (Burlington: ASHGATE, 2004), 77.

저술 활동을 하고 있다.

과학 신학자들에 따르면, 19세기 후반 다윈의 진화론이 등장하고 유물론적 사고가 확산되면서 자연과학은 오랫동안 무신론적 전제 속에 발전되어 왔다. 이런 자연과학이 신학 혹은 종교와 직접 대화하는 것은 난관이 너무 많다. 이 두 영역 사이에는 매개체(Vermittler)가 있어야 한다는 것이 이들의 판단이다. 그 매개체는 바로 형이상학적 방법론이다. 특별히 양자물리학과 카오스이론이 발표된 이후 과학 진영에서는 과학적 난제들을 해결하기 위해서 여러 가지 형이상학적 추론들을 사용해 왔다. 과학적 신학자들은 이런 형이상학적 추론들이 신학과 과학 간 대화의 중요한 매개 고리가 될 수 있다고 판단한다. 이안 바버는 과정철학을 이용하여 종교와 과학 간의 통합을 시도할 수 있다고 주장하는 한편, 존 폴킹혼은 몰트만의 영향을 받으면서 전통적인 자연신학을 과학과 대화를 통해 새로운 신학적 형이상학으로 구축하려고 한다.

그러나 신학, 자연과학 그리고 형이상학의 결합은 비판적 실재론자들에 의해 처음 시도된 것은 아니다. 그 역사는 과학혁명부터 시작된다. 코페르니쿠스를 비롯한 갈릴레오와 뉴턴은 스스로를 자연신학자 혹은 자연철학자의 계보 속에 서 있다고 생각했다. 이들의 자연과학 연구에서 자연신학과 형이상학은 중요한 부분을 차지하고 있었다. 이러한 자연신학과 철학은 독일관념론에까지 강한 영향을 미친다. 특히 자연과학과 거리가 멀다고 생각한 독일관념론의 대표자 칸트와 헤겔의 철학 체계에서조차 자연과학과 신학은 중요한 철학적 동기로 작용했다.

이런 맥락에서 본 논문의 목적은 최근 비판적 실재론자들이 어떻게 신학과 자연과학 그리고 형이상학을 한 시스템 안에서 관계 지어 이론을 정립하는지 살펴보는 데 있다. 이에 앞서 과학혁명 이후 과학과 신학 그리고 철학이 어떤 관계에 있었는지를 역사적으로 간략하게 서술할 것이다. 또한 이런 관계가 관념론 철학에도 강한 영향을 미치는데, 그 대표자인 칸트와 헤겔의 철학 체계 안에 있는 자연과학적 요소와 신학적 요소에 대해서 간략하게 언급할 것이다. 그 이유는 비판적 실재론자들의 노력이, 즉 신학과 과학 그리고 형이상학을 결합하여 하나의 신학적 체계를 구축하려는 노력이 단지 오늘날 제기된 문제가 아니라 오랜 사상사적 전통에 서 있음을 밝히기 위한 것이다.

2. 간략한 역사: 과학혁명 이후 신학, 철학 그리고 자연과학과의 관계

1) 과학혁명 이후

신학은 철학과 매우 긴밀한 관계 속에서 발전해 왔다. 그래서 판 덴베르그는 다음과 같이 말한다. "신학(조직신학)은 기독교 역사에서 볼 때 교부시대 이후로 늘 철학과의 논의를 통해서 발전해 왔다. … 또한 기독교 교리의 이런저런 형태에 대해서 비판하려면 이런 사실을 항상 고려해야만 한다. 이런 판단은 각각의 철학적 사유형식과도 관련되며, 따라서 철학적 문제의식에 담긴 역사를 알아가는 것과 더불어서 실행되어야 한다."[2] 이러한 신학과 철학의 긴밀한 관계는 어거스틴과 토마스 아퀴나스의 신학에 잘 관철되어 있다. 특히 토마스 아퀴나스가 철학적 신학 혹은 신학적 형이상학이라는 이름을 사용하면서 신학과 철학의 결합은 간과할 수 없는 한 부문으로 자리잡았다.

이후 종교개혁 시대를 지나면서 개신교 진영에서는 루터와 칼빈의 교리적 신학이 신학의 중심에 자리 잡았고, 철학적 신학 혹은 신학적 형이상학은 철학자들의 몫이 되었다. 따라서 계몽주의 이후부터 19세기까지의 철학 속에서는 인식론 및 존재론적 문제와 아울러 신의 문제를 숙고하는 철학적 신학의 모습을 많이 발견할 수 있다. 특히 대륙의 관념론 철학은 철학적 신학이라고 해도 과언이 아니다. 이런 철학적 신학의 모습은 헤겔에 와서 절정에 이른다.[3]

한편 과학혁명 이후 자연과학은 외관상 자연신학 혹은 자연철학으로부터 분리되어 독자적인 영역으로 발전된 것처럼 보인다. 그러나 코페르니쿠스부터 다윈까지의 과학발전의 내용을 자세히 살펴보면 자연과학은 자연신학 혹은 자연철학과 완전히 분리되지 못하였다는 사실을 알 수 있다. 과학혁명가의 대표자인 뉴턴의 저술을 살펴보면 자연과학과 자연신학 및 자연철학이 완전히 분리되어 있지 않다. 그의 대표작 『프린키피아』(*Principia*)의 원제목은 『자연철

---

2 Wolfhart Pannenberg, *TheologieundPhilosophie, IhrVerhältnis im Lichte ihrer gemeinsamen Geschichte* (Göttingen, 1996), 11-19.

3 물론 이러한 주장은 논란의 여지가 있다. 왜냐하면 헤겔은 자신의 주저 중 하나인 『종교철학강의』에서 강의 대상이 신 문제가 아닌 종교에 대한 학설로 한정하기 때문이다. 그럼에도 불구하고 바이세델은 헤겔 철학에서 신의 문제가 중심에 자리하고 있다고 역설한다. 헤겔은 초기 저작에서 "철학의 관심은 신을 절대적으로 철학 앞의 정점에 세우는 것"이라고 말했고, 심지어 『종교철학강의』에서 "철학은 단지 종교철학만이 아닌 신을 인식하는 목적을 지닌다"고 말하기 때문이다. Wihelm Weischedel/최상욱 역, 『철학자들의 신』(동문선, 2003), 414-416.

학의 수학적 원리』(*Philosophiae Naturalis Principia*)이다. 이 제목에서 알 수 있듯이, 뉴턴에게 있어서 과학은 자연철학 혹은 자연신학의 연장선상에 있었다.

이에 대해서 존 헨리(John Henry)는 다음과 같이 말했다. "종교단체들과 과학 사이의 긴장이 무엇이든 간에 과학혁명의 철학자들은 믿음에 헌신적이었다는 것은 역사적 사실이다. 더욱이 그들은 단순히 습관적 믿음에 젖어 있던 것이 아니었다. 과학혁명의 시대를 이끌었던 사상가들은 분명히 그들 스스로가 아마추어 신학자로 불릴 수 있다고 생각했고, 새로운 자연철학(자연과학)과 나란히 신학적 위상도 점점 발전할 수 있다고 생각했다. 그 결과 과학혁명 기간 동안 과학과 철학 그리고 신학에 종사한다는 것은 같은 일과 다름 아니었다."[4]

이러한 경향은 과학혁명 기간에만 그치지 않는다. 비록 점차 신학, 과학 그리고 철학이 분리되는 양상을 보이기는 했지만, 반신학적 과학의 시초라 여겨진 다윈의 진화론조차 자연신학 및 자연철학과 깊은 관계를 갖고 있다. 다윈은 케임브리지대학 시절 자연신학자인 윌리엄 페일리(William Paley)의 저서를 탐독하였으며, 그 책은 다윈의 인생과 학문에 가장 많은 영향을 끼쳤다. 그의 주저인 『종의 기원』에는 당시 자연신학의 대표적인 저술인 *Bridge Water Treatises*[5]에

---

4 John Henry, "Religion and the Scientific Revolution," ed. Pater Harrison, *The Cambridge Companion to Sceince and Religion* (Cambridge: Cambridge University Press, 2010), 41.

5 *The Bridgewater Treatise*는 Royal Society의 후원으로 Bridgewater의 남작 Francis Hennry Egerton에 의해 편집되었다. 이 책은 엄선된 8명의 자연신학자들이 작성한 논문으로 구성되어 있다.

서 인용된 문구들이 많이 있고, 다윈은 『종의 기원』이 이 책의 번안물이라고까지 말하였다. 따라서 다윈조차 그의 진화론에서 자연신학적 혹은 자연 철학적 향기를 완전히 제거했다고 볼 수 없다. 그리고 다윈의 『종의 기원』의 마지막 결론에서 창조주 하나님의 영광을 찬양하는 것은 그리 놀라운 일이 아니다.

또한 과학 혁명가들의 사상이 자연철학의 색깔을 많이 띠고 있었던 것처럼, 르네상스 이후의 철학은 자연과학과 긴밀한 관계를 갖고 있었다. 근대 철학의 아버지인 데카르트의 철학 체계 속에서 자연과학은 중요한 몫을 차지하였으며, 라이프니찌나 스피노자에게도 마찬가지이다. 데카르트의 『성찰』에서는 수학적 원리에 대한 천착을 볼 수 있으며, 라이프니찌는 미적분학을 발견하였다. 스피노자는 데카르트의 기학학적 방법을 계승하였다. 또한 두 철학자에게 신의 문제는 철학함의 이유요 목적이라고 해도 과언이 아니다. 라이프니찌는 모나드라는 개념을 통해서 세계 속에서 신의 개입이 필연적임을 역설하였고, 범신론적 공리(Axiom)를 사상의 기초로 삼았다.

따라서 과학혁명 이후부터 다윈 이전까지 신학과 철학 그리고 자연과학은 매우 복잡한 그림 속에서 상호 밀접한 관계를 갖고 있었다. 그리고 전혀 자연과학과 관계가 없을 것 같은 독일관념론의 대표자 칸트와 헤겔조차 그들의 철학 체계에 신학적, 자연과학적 요소를 함께 구성하려고 노력하였다.

2) 칸트와 헤겔

칸트와 헤겔은 계몽주의를 대표하는 두 철학자이다. 이들의 사상은 19세기를 넘어 오늘날까지 철학과 신학 그리고 인문과학 분야에 지대한 영향을 미치고 있다. 그런데 많은 이들이 칸트와 헤겔의 철학 체계 안에서 자연과학이 무시할 수 없는 역할을 하고 있다는 사실에 주목하지 않는다. 이들의 철학적 체계 안에 자연과학적 요소는 간과할 수 없는 길목에 서 있다. 특히 두 철학자의 철학 체계 안에서 자연과학적 요소는 데카르트와 뉴턴의 과학이념과 깊은 관계를 갖고 있다.

데카르트와 뉴턴은 모두 근대의 기계론적 세계관을 형성하는 데 결정적인 역할을 했지만, 두 사람의 자연과학에 대한 이념은 차이가 많다. 데카르트는 복잡 다양한 것처럼 보이는 자연현상의 배후에 질서 정연한 수학의 논리가 감춰져 있다고 생각하는 반면, 뉴턴은 자연계가 마치 섬세한 기계와 같아서 언제나 물리적 현상을 나타내기 때문에 그 현상들, 특히 자연에 작용하는 힘과 운동에 주목하였다. 이러한 자연현상에 대한 생각의 차이가 칸트와 헤겔에게 영향을 미친다. 칸트는 뉴턴 물리학의 근본 개념들을 이론적으로 보호하려는 강한 의지를 보인다. 즉, 칸트는 뉴턴 물리학의 인식론적 토대를 구축하는 것이 자신의 철학적 임무라고 생각했다.[6]

반면 헤겔은 뉴턴 물리학의 근본 개념들과의 직접적인 대결을 통해서 자신의 철학적 방법을 정초하려 했던 독일관념론의 대표자이다.[7] 이것은 심지어 헤겔이 『정신현상학』에서 자연 안에서 변증법적 논리를 추론하는 데서도 잘 볼 수가 있다.

---

[6] 칸트는 그의 가장 중요한 저서인 『순수이성비판』의 출판을 의도적으로 뉴턴의 『자연철학의 수학적 원리』가 출판된 지 100주년이 되는 시기와 맞추었다. 이는 자신의 철학이 기계론적 세계관의 인식론적 토대를 마련하는 것임을 표방하기 위해서이다.
[7] 윤병태, 『청년기 헤겔철학』 (용의 숲, 2008), 89-91.

다른 한편으로 칸트와 헤겔 철학 체계의 궁극적 목적이 신학적 요소라는 데에는 많은 이견이 없다. 칸트는 도덕 형이상학을 통해서 그리고 헤겔은 절대정신의 자기 실현이라는 개념을 통해서 신학적 요소를 자신들의 철학 체계 안에서 중요하게 다루고 있다. 말하자면 자연과학과 거리가 멀다고 생각된 두 철학자의 철학 체계에서조차 신학적 동기와 자연과학적 동기가 중요한 역할을 하고 있다. 따라서 현대의 철학과 신학 그리고 인문학에 막대한 영향을 미친 두 철학자 의 체계 안에서 신학, 자연과학 그리고 철학은 긴밀한 관계 속에서 통합되어 있다.

3. 신학, 자연과학 그리고 형이상학의 재결합을 위한 시도: 비판적 실재론

1) 신학, 자연과학 그리고 철학의 분리

19세기 말엽부터 신학과 자연과학 그리고 철학, 이 세 분야의 분리 경향이 뚜렷하게 나타난다. 이 시기부터 자연과학의 영역에서 신학적 논의가 급격히 감소되었다. 이는 다윈의 불독이라 불렸던 헉슬리(Huxley)가 교권과 논쟁을 벌이면서 시작된다. 그리고 20세기 초엽에 자연과학에 방법론적 자연주의와 과학적 결정론이 자리하 면서 과학적 담론에서 신학적 요소는 완전히 배제되었다.[8]

한편 철학에서 신학적 요소가 사라지기 시작한 것은 헤겔 이후부

8 J. H. Brooke, "Science and Secularization," *The Cambridge Companion to Science and Religion*, 111.

터이다. 베를린대학의 철학과 교수인 빌헬름 바이세델에 따르면, 헤겔은 철학과 신학적 요소를 완전히 결합하여 최고의 체계를 만들려고 했지만, 그의 이런 노력이 오히려 철학과 신학을 분리시키는 역할을 하였다. 앞에서 언급했듯이 헤겔은 하나님을 다양한 표현으로 서술하였다. 그리고 하나님께로 접근할 수 있는 통로로 인간의 의식과 변증법적 운동을 통한 역사적 발전을 강조하였다. 그러나 이런 노력이 포이에르바하를 비롯한 유물론적 철학자들에게 철학에서 신학적 요소를 배제할 수 있는 빌미를 제공하였다. 헤겔이 하나님께 이를 수 있는 중요한 통로로 인간의 자아를 강조하였을 때 그는 『정신현상학』의 마지막 장에서 절대지를 말하고 종교를 지양하는 것으로 말한다. 절대지는 바로 포이에르바하에게 신학은 인간의 의식과 역사적 발전을 통해 종교를 절대지로 통합하는 인간학적인 탐구에 지나지 않는다고 주장했다. 그래서 그는 "신학은 인간학이다"라는 모토로 헤겔 철학을 비판하였다.9

또한 20세기 초엽부터 등장한 신정통주의 신학도 신학과 다른 학문을 분리하는 데 큰 영향을 미쳤다. 신정통주의 신학의 대표자인 칼 바르트는 신학에서 철학적 요소를 배제하고 하나님의 말씀을 신학의 중심에 자리하는 데 힘을 쏟았다. 그리고 그는 신학과 자연과학은 서로 다른 독립적인 영역이라고 주장함으로써 신학과 자연과학이 함께 논의되는 것에 대해 반대하였다. 이런 신정통주의 신학이 20세기 유럽 신학을 주도하면서 철학적 요소와 자연과학적 요소가 신학 안에서 배제되는 경향이 강했다. 그럼에도 불구하고 바르트는

---

9 Wilhelm Weischedel, *Der Gott der Philosophen* (Darmstadt, 1972), 405.

다윈의 진화론을 배격하지 않았고 자연과학과의 대화의 길을 모색했다. 그의 화해론은 빛들의 교리에서 풍부하게 드러나며 교의학의 14권으로 일컬어지는『크리스천의 삶: 화해론의 윤리』에서 새로운 전망을 제공한다.

북미의 학계에서 바르트의 새로운 해석을 열어 놓은 학자로 여겨지는 정승훈 박사에 의하면, 칼 바르트는 신학과 자연과학의 영역에서 양자의 독립적 모델 또는 두 가지 다른 언어의 이론 모델(비트겐슈타인)을 일차적으로 고려한다. 신학과 자연과학은 서로 다르며 독립적이고 서로의 자유와 탐구 영역을 침해할 필요가 없지 않은가? 그럼에도 불구하고 바르트는『교회교의학』을 시작할 때 신학과 인문과학을 분리하려고 하지 않았다. 그의 화해론에서 바르트는 피조세계가 그 자체 빛들, 진리들, 언어들, 말씀들을 갖는다고 말한다. 여기에 자연계의 법칙과 경험과학 심지어 테크놀로지까지 포함된다. 근대적 의미에서 인간의 기술과 자연과학이 성과는 신학의 사유에서 무시 되지 않으며, 하나님은 피조 세계와 우주의 삶에서 생태학적 운동과 과정을 빼앗지 않는다. 화해론에서 나타나는 빛들의 교리를 자연과학적으로 해명하면서 정승훈 박사는 바르트를 비판적 실재론과의 대화로 가져간다. 여기서 전혀 다른 바르트의 모습이 새롭게 등장한다.[10]

이런 점에서 가톨릭의 자연신학에 대한 바르트의 변화된 입장을 추적하는 것은 대단히 중요하다. 바르트는 가톨릭신학자 쾽엔의 입장에서 신앙의 유비가 예수 그리스도를 통해 존재의 유비를 치유하

---

10 정승훈,『 바르트 말씀의 신학해설』, 69-76.

고 고양시킨다면, 바르트는 이전 존재의 유비를 적그리스도의 고안물로 비판할 이유가 없다고 한다(CD II/1:82). 바르트의 관계의 유비와 빛들의 교리는 창조에 대한 긍정을 말한다. 바르트가 부르너와의 논쟁에서 비판한 자연신학은 정치적으로 속류화된 형식이고, 브루너의 접촉점 이론이 당대 히틀러를 지지한 독일 기독교인들의 주요 잡지에서 매우 적극적으로 수용되고 있었다. 그러나 바르트는 화해론의 빛들의 교리에서 독일 루터란 신학자인 알트하우스가 사용했던 원 계시나 창조의 계시와 같은 위험한 개념들을 포괄시킨다.

토마스 토렌스는 자연신학이 부르너와는 달리 창조론의 통전적인 부분으로 다루어져야 한다고 말한다. 토렌스의 영향을 받은 폴킹혼은 물리학자의 종교적 경험을 환상적인 투사가 아니라 하나님과의 만남으로 말한다. 하나님의 신비와 씨름하면서 과학자들은 물리적 세계가 보여주는 아름다움을 창조주 하나님의 반영으로 본다. 칼빈에게서 창조가 하나님의 영광을 드러내는 무대라면, 자연과학은 칼빈과 바르트에게서 거절되는 것이 아니다. 물론 폴킹혼은 전통적인 자연신학이 자연주의나 왜곡된 정치 질서를 옹호하는 취약점을 가지고 있는 것을 잘 알고 있다. 이런 점에서 폴킹혼은 바르트의 입장을 존중한다. "하나님의 아름다움은 죽음과 생명을 포함하며, 두려움과 기쁨 그리고 [인간이 말할 수 있는] 추함과 아름다움을 모두 포괄한다."11

---

11 Polkinghorne, *The Faith of A Physicist*, 45.

2) 비판적 실재론의 등장

비록 폴 틸리히와 떼이야르드 사르뎅 그리고 판넨베르크 등의 신학자들이 신학과 철학 혹은 신학과 자연과학을 함께 논의하는 신학적 담론을 추구하였지만, 위에서 언급한 이유들 때문에 19세기 말부터 20세기 중반까지 신학, 자연과학 그리고 철학은 서로 다른 영역이라는 인식이 지배적이었다. 그러나 20세기 후반부터 상황이 바뀌었다. 신학과 자연과학의 대화가 새로이 모색되기 시작한 것이다. 바르트의 제자인 보훔대학의 크리스찬 링크(Christian Link) 교수에 따르면 이런 상황 변화에는 두 가지 원인이 있다. 하나는 실천적 차원에서 발생한 원인이고, 다른 하나는 이론적 차원의 원인이다. 실천적 차원의 원인이란 바로 환경문제이다. 환경문제는 20세기의 중요한 화두 중 하나이다. 교회와 신학은 환경문제를 외면할 수 없었다. WCC 대회를 통해 세계교회는 여러 차례에 걸쳐 환경문제에 함께 대처하기로 결의했다. 그리고 환경문제에 대처하기 위해서는 자연에 대한 신학적 담론이 재조정되어야 한다는 데 공감대가 형성되었다. 즉, 환경문제에 올바로 대처하기 위해서는 근본적으로 생태학에 대한 신학적 담론을 재조명해야만 했다. 그래서 신학은 자연에 대한 현대적 이해, 즉 자연과학과의 대화를 모색하지 않을 수 없었다. 그리고 신학과 자연과학의 대화를 위한 상황 변화의 두 번째 이유, 즉 이론적 차원의 원인은 자연과학 자체의 변화에 있었다.

1927년 닐스 보어를 중심으로 한 코펜하겐 해석이 발표되고 양자물리학의 이론들이 구체화되면서 기존의 기계론적 자연과학으로는 이해할 수 없는 상호 보충성의 세계가 자연과학의 대상으로 부각된 것이다. 그리고 양자물리학의 난제들을 해결하기 위해서 양자물리학은 형이상학과 대화를 모색하기 시작했다. 이런 자연과학의 이론적 변화는 신학과 자연과학이 대화하기 위한 좋은 토대를 마련해 주었다.[12]

이런 상황 변화에 힘입어 20세기 후반부터 신학과 자연과학의 대화를 위한 여러 시도가 등장하였다. 특히 영미권에서 활발히 전개되었는데, 그 대표적 그룹이 비판적 실재론이다. 이 비판적 실재론들에 속한 과학적 신학자들(Scientific Theologian)[13]은 신학과 과학의 직접적인 통합은 어렵다고 생각한다. 하지만 형이상학을 통해서 신학과 과학은 더욱 가까이 접근할 수 있었으며, 심지어는 양자의 통합까지 가능하다고 주장한다. 따라서 비판적 실재론에서는 신학과 형이상학 그리고 자연과학이 한 체계 안에서 논의된다. 다시 말해서 그동안 각자의 영역에서 논의되었던 신학, 형이상학 그리고 자연과학이 비판적 실재론자들의 신학적 체계 안에서 새로운 형태로 재결합된다. 이제 비판적 실재론의 대표자인 이안 바버와 존 폴킹혼의 신학 체계 안에서 이 세 가지 요소의 결합이 구체적으로 어떻게 논의되는지 살펴보도록 하자.

---

12 Christian Link, *Schöpfung, Schöpfungstheologie angesichts der Herausforderungen des 20. Jahrhunderts*, Band 2 (Gütersloher Verlaghaus, 1991), 343-344.

13 비판적 실재론에 속한 신학자들은 대부분 과학을 전공하고 신학을 공부하였다. 그래서 그들은 스스로를 과학 신학자들(Scientific Theologian)로 불리기를 원한다.

3) 이안 바버(Ian G. Barbour)와 형이상학

(1) 신학과 과학의 관계 모델

과학혁명 이후 교회는 자연과학에 대해서 다양한 입장을 취해 왔다. 역으로 자연과학자들도 역시 신학과 신앙에 대해서 여러 가지 입장을 갖고 있었다. 이런 상호 입장을 이안 바버는 다음과 같이 네 가지 모델로 정리한다.[14]

1. 갈등 이론: 성서문자주의는 생명과 우주의 기운에 대한 자연 과학적 설명을 거부하는 반면, 자연과학적 유물론은 환원주의의 입 장을 취하며 생명과 우주에 대한 종교적 설명을 무시한다. 양자 간에 는 수평적 갈등을 해결할 방법이 없다.

2. 독립 이론: 대표적으로 칼 바르트를 비롯한 신정통주의가 취 하는 입장이다. 즉, 종교와 자연과학은 별개의 영역이고 각자의 언어 로 세상을 표현한다는 입장이다. 자연과학과 종교는 완전히 다른 일을 수행하므로 자연과학을 종교의 기준으로 판단하지 말아야 하 며 종교를 자연과학의 기준으로 판단하지 말아야 한다는 것이다.

3. 대화 이론: 이 모델은 근본적으로 독립 모델과 같은 입장이다. 그러나 독립 모델이 자연과학과 종교의 차이를 부각시키는 반면, 대화 모델은 종교와 자연과학의 유사성을 강조한다. 자연과학과 종 교는 방법뿐만 아니라 중요한 개념들에 있어서도 많은 유사성을 갖 고 있다는 것이다. 따라서 종교와 자연과학은 각각의 정체성을 유지

---

14 이안 바버/이철우 역, 『과학이 종교를 만날 때』 (김영사, 2002), 26-75.

하면서 의미 있는 대화를 모색함으로써 서로 도움을 줄 수 있다는 입장이다.

4. 통합 이론: 바버는 종교와 자연과학의 통합(Integration)을 이룰 수 있다고 생각한다. 여기서 통합이란 단순한 대화를 넘어서 체계적인 융합을 이루는 것을 말한다. 그렇다면 체계적인 융합은 어떻게 가능할까? 바버는 종교와 자연과학의 체계적 융합을 위한 키워드를 형이상학에서 찾는다. 바버는 다음과 같이 말한다. "자연과학과 종교가 포괄적인 형이상학으로 정교하게 다듬어진 일관성 있는 세계관을 세우는 데 기여한다면, 이 두 분야의 좀 더 체계적인 통합이 가능할 것이다. 형이상학은 실재하는 다양한 모습들을 해석할 수 있는 일반 개념들의 집합을 찾으며 모든 사건의 기본적인 특성을 설명할 수 있는 포괄적 개념 조직을 모색한다. 그러한 형이상학은 자연과학자들과 신학자들의 연구 대상이기보다는 철학자의 연구 영역이지만, 자연과학과 종교의 공통적인 반성을 위한 광장의 역할을 할 수 있다."[15] 바버는 종교와 자연과학의 통합을 위한 매개체로 형이상학을 지목한다. 그에게 있어서 형이상학은 자연과학과 종교의 체계적인 통합을 가능하게 할 뿐만 아니라 양자의 공통적인 반성을 위한 광장 역할을 할 수 있다.

(2) 통합모델과 과정철학

종교와 자연과학의 통합이 형이상학을 통해서 가능하다면 과연

---

15 Ibid., 70.

어떤 형이상학이 가장 적합한가? 바버는 두 가지의 형이상학이 종교와 과학의 통합을 위해 유용하다고 생각한다. 하나는 토마스 아퀴나스의 신학적 형이상학이고, 다른 하나는 화이트헤드의 과정철학이다.16 그러나 바버는 이 두 가지 형이상학 중 과정철학을 선택한다. 왜냐하면 아퀴나스의 형이상학이 기독교 신학을 철학 및 과학과 잘 통합을 이루어 낼 수 있는 가능성을 갖고 있지만, 이원론을 극복하지 못했기 때문이다. 바버는 다음과 같이 말한다. "13세기 토마스 아퀴나스는 가톨릭 사상에 여전히 영향을 끼치고 있는 형이상학을 체계화하였다. 그의 방대한 저술은 초기 기독교 저술가들의 사상을 당시의 가장 훌륭한 철학 및 과학과 체계적으로 통합했다. 그가 활용한 철학과 과학은 대부분 아리스토텔레스의 업적에서 나온 것으로 아랍어로 번역되어 서구에서 재발견되었다. 그러나 아퀴나스의 사상은 물질과 영혼, 영과 육, 순간과 영원, 인간과 자연 등의 이원론을 대변하였으며 나중에야 부분적으로 극복되었다."17

따라서 바버는 중세의 이원론을 극복하지 못한 토미즘 대신 화이트헤드의 과정철학을 신학과 과학의 통합을 위한 가장 적절한 형이상학적이라고 생각했다. 바버는 다음과 같이 말한다. "과정철학이 서구철학의 고질적인 문제—예를 들자면 마음과 육체의 문제—에 응답할 수 있을 때, 과학적 사고와 종교적 사고의 영향 아래에서 형성되었기 때문에 오늘날 (신학과 과학의) 매개적인 역할을 할 수 있는 가능성이 많은 후보가 될 수 있다."18

---

16 *Historical Contemporary Issues* (New York: Harpercollins, 1997), 105-106.

17 이안 바버, 『과학이 종교를 만날 때』, 70

18 Ian G. Barbour, *Religion and Science: Historical and Contemporary Issues* (New

바버에 따르면 과정철학의 창시자 화이트헤드는 수학자였고 또한 철학자였다. 더욱이 철학 중에서도 종교와 가까운 유기체적 사상을 지향하는 철학자였다. 따라서 바버는 과정철학이 과학적 사고와 종교적 사고의 통합을 위한 가장 적절한 형이상학이라고 생각한다. 바버에 따르면, 과정철학은 단지 종교와 과학을 매개하는 데에만 유용한 형이상학이 아니다. 더 나아가 과정철학은 자연과학의 시대에 살고 있는 인간의 경험들을 보편화할 수 있는 형이상학이다. "화이트헤드는 세계의 모든 실재(entities)에게 보편적으로 적용할 수 있는 포괄적인 개념 도식(an inclusive conceptual scheme)을 만들려고 노력하였다. 그의 목표는 개개 경험적 요소들을 체계적으로 해석하고 구성할 수 있는 개념들의 일관된 세트(a coherent set)를 만드는 것이다. 그는 자연과학에 뿌리는 둔 세계의 여러 개념을 미적, 도덕적 그리고 종교적 관심들과 결합할 수 있는 하나의 사상적 체계(a system of ideas)를 구성하기를 원했다. 그가 기본적인 범주들을 만든 것은 20세기 자연과학에 의거한 인간 경험들을 일관되게 보편화하는 것을 말한다."[19] 따라서 바버에 따르면, 과정철학보다 자연과학과 종교 간 대화 매개체로 사용하기에 적당한 형이상학은 없다.

그와 함께 바버는 과정철학이 현대의 양자물리학에 잘 부합된다고 생각한다. "현대 과학의 모습들과 과정철학은 서로 상응한다. 현대 물리학이 아원자 세계에 대해서 말할 때(Temporality), 비결정성(Indeterminacy) 그리고 전일성(Holism) 등을 말하고 있는데, 그 세계는 단지 관찰자와의 상호작용을 통해서만 알 수 있다."[20] 다시 말해서

York, 1997), 104.

19 Ibid., 284.

코펜하겐 해석 이후 현대 물리학은 기존의 기계론적 세계관에서 벗어나 세계의 현상을 열린 구조 혹은 전일적 구조로 설명하고 있는데, 바로 과정철학이 이러한 양자물리학의 세계관과 잘 맞아떨어진다는 것이다.

뿐만 아니라 바버에 따르면 과정철학은 진화론과도 잘 상응한다. 그에 따르면 진화생물학은 역사적 연속성(historical continuity) 속에서 인간과 모든 생명체를 파악하는데, 이런 생각은 과정철학과 많은 공통점을 갖고 있는 것이다.[21]

그리고 바버는 과정철학이 현대의 심각한 환경문제를 개선하는 일에 기여할 수 있다고 믿는다. 과정적 사고에서는 인간과 비인간 사이의 경계가 분명하지 않다. 만약 다른 피조물들이 경험의 중심을 이루고 있다면, 다른 피조물들은 더 이상 인간을 위한 도구적 가치만 가지는 것이 아니라 각각의 고유한 가치를 소유한 존재로 파악된다. 환경윤리에 도움이 되는 과정철학의 또 다른 주제는 바로 상호 의존성에 대한 생각(Idea of Independence)이다. 즉, 모든 존재는 상호 의존적으로 존재하기 때문에 다른 피조물의 소멸은 모든 피조물의 공멸을 의미한다. 더욱이 과정철학은 신적 존재의 초월성을 강조하는 전통적 사고와는 달리 신적 존재가 자연에 내재하고 있다는 것을 강조한다. 이런 생각은 자연에 대한 경외감을 갖게 한다. 따라서 과정철학은 환경문제를 해결하는 데 많은 기여를 할 수 있다.[22]

이런 맥락에서 바버는 과정철학이 자연과학을 보완하는 형이상

---

20 Ibid., 291.

21 Ibid.

22 Ibid.

학으로 자리매김할 수 있다고 믿는다. 위에서 살펴보았듯이 과정철학은 물리학뿐만 아니라 진화생물학적 사고도 포괄할 수 있다. 자연과학은 개개 분야의 경험들을 우선으로 생각하는 경향이 있어서 한계가 분명하다. 즉, 자연과학에는 피조 세계 전체를 고려하는 통전적 사고가 부족하다. 하지만 과정철학은 각각의 자연과학의 경험들을 통합할 수 있는 형이상학이다. 따라서 과정철학은 개개의 자연과학에게 부족한 통전적인 사고를 통해서 자연과학의 한계를 극복하고 보완할 수 있는 형이상학이다.23 그렇다고 해서 바버가 자연과학에서 언급조차 꺼리는 화이트헤드를 무비판적으로 수용하는 것은 아니다. 여전히 하이트헤드의 과정철학은 양자물리학의 성과를 충분히 반영하지 못하는 한계를 가지고 있다.

어쨌든 바버는 과정철학을 모든 학문을 통합할 수 있는 메타 형이상학으로 생각한다. 과학과 신학을 연결시켜 주고, 자연과학과 인문학을 연결시켜 준다. 그리고 자연과학이 환경문제를 고려할 수 있도록 도와준다. 따라서 바버는 과정철학이 종교와 자연과학과의 대화를 위해서 중재자의 역할을 충분히 감당할 수 있다고 믿는다.

4) 존 폴킹혼과 형이상학

이안 바버가 비판적 실재론의 창시자라면 존 폴킹혼은 비판적 실재론을 발전시키고 좀 더 체계적으로 만든 과학적 신학자이다. 그는 고령임에도 불구하고 든든한 과학적 바탕 위에서 비판적 실재

---

23 Ibid., 293.

론을 새로운 방향으로 이끌어가고 있다.[24] 폴킹혼은 많은 과학 신학적 주제들에서 바버의 입장에 동의한다. 그러나 바버와 폴킹혼의 과학 신학적 입장에 결정적인 차이가 있다. 바로 형이상학의 문제이다. 이 형이상학을 바라보는 두 과학 신학자의 입장 차이는 두 사람의 과학 신학적 방향을 갈라서게 만드는 결정적인 역할을 하고 있다.

(1) 과학과 신학의 공명(Consonance)

위에서 서술한 것처럼 바버는 과학과 신학의 관계 유형을 네 가지로 규정한다. 그러나 폴킹혼은 더 세밀하게 구분하여 다음의 5가지 모델을 제안한다:[25] 충돌(Conflict), 독립(Independence), 대화(Dialogue), 통합(Integration) 혹은 동화(Assimilation), 공명(Consonance). 공명 유형을 제외한 네 가지 유형은 바버의 이해와 크게 다르지 않다. 단지 폴킹혼은 통합 유형과 동화 유형을 비슷한 것으로 이해하며, 이 유형의 대표자는 떼이야르 드 샤르뎅과 이안 바버이다.[26] 떼이야르 드 샤르뎅은 생물학적 진화론과 정신적 발전을 통합하여 하나의 개념으로, 즉 오메가 포인트에서의 만남(Culminating in Omega)으로 설명한다. 이는 물리적 과정과 우주적 예수의 도래 — 두 가지 상이한 개념을 통합하려는 시도이다. 즉, 통합 혹은 동화란 과학과 신학을 가능한 한 최대한 개념적으로 통합하려고 시도하는 것이다.

---

24 존 폴킹혼은 1980년까지 옥스퍼드 대학의 물리학과 교수로 재직했으며 세계적인 양자 물리학자였다. 따라서 과학 신학자 중 가장 든든한 과학적 토대를 갖고 있다고 말할 수 있다.

25 John Polkinghorne, *Science and Theology*, 20-22.

26 Ibid., 118.

폴킹혼은 이러한 통합 혹은 동화의 개념과 다른 과학과 신학의 관계 유형을 제안한다. 그것이 공명(Consonance)이라는 유형이다.[27] 공명이라는 단어는 본래 음악에서 유래되었다. 다른 두 악기가 연주될 때 각자 다른 음의 진동수가 전파되고, 그 다른 음들이 서로 만나면 두 음 사이에 에너지 교환이 이루어지며, 그 교환을 통해서 아름다운 하모니를 만들어 낸다는 의미이다. 두 악기가 각자의 소리를 내서 아름다운 화음을 만들어 내듯이, 자연과학과 신학은 각각의 정체성 상실을 최소화하면서 조화를 이루어 과학 시대에 맞는 신학을 정립할 수 있다는 것이다. 그렇다면 구체적으로 공명을 어떻게 이룰 수 있는가? 폴킹혼은 다음과 같이 말한다. "과학과 신학은 자신들의 지적 영역에서 고유한 자율성을 유지한다. 그러나 과학과 신학의 진술들은 자신들의 영역을 넘어서 서로 화해할 수 있어야 한다. 전에도 언급하였듯이 어떻게(How)와 왜(Why)에 대한 대답들은 서로를 거부하지 말고 함께 조화를 이루어야 한다."[28] 다시 말해서 과학은 '어떻게'를 묻고 대답하는 학문이고, 신학은 '왜'를 묻고 대답하는 학문인데, 이 두 영역이 서로 정체성을 훼손하지 않으면서도 서로가 대답할 수 없는 영역에 대해 도움을 줌으로써 조화를 이루어 낼 수 있다는 것이다. 이에 대해 폴킹혼은 좀 더 구체적으로 말한다. "신학은 과학이 존경해야만 하는 고유한 영역을 갖고 있다. 이와 똑같이 과학적 숙고는 신학적으로 조절되거나 간섭받을 수 없다. 그러나 (신학적으로 하나님의 하나 되심의 관점에서 보면) 지식은 하나이고, 창조된 실재(Reality)는 하나이다. 그리고 신학적 통찰 및 담론과 과학적 통찰 및 담론

---

27 Ibid., 21.
28 Ibid., 22.

사이의 상호관계는 존재해야만 한다. 과학 신학자 대부분은 '두 개의 언어'(Two-Languages), 즉 두 분야의 비상호적 설명(Non-Interactive Account)을 거부한다. 하나의 목적에 흡수되는 것에서부터 서로 완전히 독립된 관계에 이르기까지 다양한 관계의 스펙트럼 속에서 어디에서 과학과 신학이 서로 조화를 이루며 담론을 전개해 나갈 수 있는가하는 문제가 남아 있다."29

바로 이 문제를 해결하는 것이 과학의 시대를 살아가는 신학자들, 특히 과학과 신학의 조화를 모색하는 과학 신학자들의 과제이다. 폴킹혼은 이런 조화를 이루어 낼 때 과학과 신학은 서로 공명할 수 있다고 믿는다.

(2) 공명의 근거: 자연과학과 신학의 친족 관계(Kinship)

그렇다면 폴킹혼이 자연과학과 신학이 공명할 수 있다고 주장하는 근거는 무엇인가? 폴킹혼에 따르면 그 근거는 과학과 신학이 갖고 있는 유사성, 즉 과학과 신학의 친족 관계(Kinship)이다. 대부분의 사람들은 과학과 신학은 전혀 다른 학문으로 생각한다. 그러나 과학과 신학을 함께 공부한 폴킹혼은 두 학문 사이에는 의외로 많은 공통분모가 있음을 발견한다. 그는 그 공통분모를 '친족 관계'라고 표현한다.30 친족이 서로 닮듯이 전혀 다른 영역으로 알고 있던 과학과 사이에는 서로 닮은 점이 많다는 것이다. 이것은 비트겐슈타인이 말하는 가족 유사 관계(family resemblence)에 접근한다.

---

29 Ibid., 118.

30 John Polkinghorne, *One World*, 36.

특별히 과학은 물론 신학에서도 자연이 연구 대상이 될 수 있다는 면에서 더욱 그러하다. 물론 19세기 이후 개신교 내에서는 자연을 신학의 대상에서 제외시켜야 한다는 주장이 강하게 제기되었다. 그러나 어거스틴 이후 기독교 신학에서는 자연을 중요한 신학적 대상으로 삼아 왔으며, 이러한 전통은 적어도 다윈의 진화론이 등장하기 전까지 이어져 내려왔다. 비판적 실재론은 이런 자연신학의 전통을 되살려 과학 시대의 신학으로 정립하고자 한다. 따라서 비판적 실재론자들에게 있어서 자연 또한 중요한 신학적 대상이다. 그런데 이 자연에 대한 과학적 접근과 신학적 접근 사이에는 많은 유사성을 발견할 수 있다. 폴킹혼에 따르면 자연을 연구의 대상으로 삼을 때 과학과 신학은 여러 가지 유사성을 발견할 수 있다. 그중에 대표적인 유사성 두 가지를 말하자면 다음과 같다.

a) 진픕성(Versimilitude):31 양자물리학이 등장한 이후 과학은 더 이상 미시의 세계, 즉 양자(Quntum), 전자(Electron) 그리고 글루온(Gluon)을 정확하게 관찰할 수 없다는 생각이 확산되었다. 오늘날 대부분의 과학자들은 양자의 세계는 정확한 관찰이 불가능하며, 단

---

31 진픕성이라는 용어는 Karl Popper가 그의 주저 『탐구의 논리』(*Logik der Forschung*)에서 언급하였다. 코펜하겐 해석 이후 물리학의 주된 흐름은 양자물리학 쪽으로 기울어지게 된다. 그런데 양자물리학에서 대상은 정확하게 관찰할 수 없다. 양자들은 인간의 관찰 범주를 넘어서 있다. 따라서 양자들은 정확하게 관찰할 수 없다. 그것을 하이젠베르크는 불확실성의 원리로 설명한다. 그는 다음과 같이 말한다. "양자가 어디 있는지 알면 무엇을 하는지 모르고, 무엇을 하는지 알면 어디 있는지 모른다." 따라서 양자물리학에서 관찰 대상 혹은 연구 대상을 묘사할 때 정확하게 할 수 없다. 단지 확률에 의해 진리에 가까운 것을 인식할 수 있을 뿐이다. 즉, 양자물리학에서는 정확한 진리를 파악할 수 없고 그저 진리에 가까이 접근할 수 있을 뿐이다. 그래서 포커는 과학의 대상이 진픕성을 갖는다는 말로 표현하였다.

지 확률상의 수치로 계산하고 예측한다는 사실에 동의한다. 즉, 자연 과학에서조차 대상의 관찰에 대한 정의와 진술은 더 이상 분명하고 확실한 진리라고 주장할 수 없게 되었다. 단지 진리에 가까운 진술만 가능하게 되었다. 이것을 칼 포퍼(Karl Popper)는 진핍성(Versimlitude) 이라고 표현하였다. 과학적 관찰과 진술은 진리에 대한 객관적 진술이 아니라 진리에 가까운 진술(Wahrheitsnache)일 뿐이다.

폴킹혼은 이 점에 신학과 과학이 친족 관계를 갖는 근거라고 주장한다. 신학적 진술은 언제나 객관적 진리에 대한 명쾌한 진술일 수 없다. 왜냐하면 하나님은 인간 인식 너머에 계신 분이고, 하나님의 인격은 신앙인들의 체험을 통해 진술되는 경우가 많기 때문이다. 따라서 신학은 항상 진리 자체가 아닌 진리에 근접한 진술일 수밖에 없다. 이 점에서 폴킹혼은 과학과 신학이 닮았고 친족 관계를 가지고 있다고 주장한다. 그는 다음과 같이 말한다. "신학은 많은 점에서 과학과 다르다. 그 이유는 주된 문제들이 전혀 다르다는 데 있다. 인격적 하나님을 비인격적 물리 세계를 실험적 연구로 접근하는 방법으로 실험할 수는 없다. 그러나 과학과 신학은 모두 존재하는 것(what is)에 대한 탐구, 즉 실재(reality)에 대한 이해에 있어서 진핍성(versimilitude)을 탐구한다는 사실을 인정해야만 한다."[32]

따라서 과학과 신학이 다른 점이 많이 있지만 연구 대상이 진핍성을 갖고 있다는 점에서는 닮은 점이 있고, 이를 근거로 과학과 신학은 친족 관계를 갖고 있다고 말할 수 있다. 폴킹혼에게 있어서 이 대상의 진핍성이 과학과 신학의 공명을 위한 중요한 근거이다. 달리 말하면

---

32 John Polkinghorne, *One World*, 42.

하나님의 신비와 초월에 대해 접근할 때 진리를 완전히 표현할 수 없는 점에서 신학과 자연과학은 공명을 갖는다.

b) 대상의 특징: 폴킹혼에 따르면 자연과학자들은 단지 물리 세계에 대한 무감각한 탐구만 하는 것이 아니다. 과학자들은 물리 세계를 보면서 객관적 탐구 외에 여러 가지 느낌과 체험을 갖는다. 즉, 우주를 보면서 아름다움과 경외감을 느끼고, 미시의 세계를 보면서 신비감도 체험한다. 이런 체험들을 폴킹혼은 다음과 같이 정리한다: 난해함(Elusive), 지성적임(Intelligible), 다양한 논란(Problematic), 놀라움(Surprising), 우연과 필연(Chance and Necessity), 광대함(Big), 조밀한 짜임새(Tightly-Knit), 허무함(Futility), 완벽함과 불완전함(Complete and Incomplete).[33]

과학자들은 물리 세계를 관찰할 때 이런 체험과 느낌을 자주 경험한다. 그런데 폴킹혼은 이런 느낌과 체험은 종교적 체험과 크게 다르지 않다고 생각한다. 그에 따르면 과학자들이 느끼는 이런 체험들은 주일 예배를 드릴 때 느끼는 하나님의 임재 체험과 크게 다르지 않다는 것이다. 단지 과학자에게 그런 체험들은 연구 대상이 아니지만, 신학자들은 그 체험들을 통해 신적 실재에 접근한다는 차이가 있을 뿐이다.[34] 따라서 폴킹혼은 자연과학자들도 우주와 물리 세계를 관

---

33 Ibid., 43-61.

34 폴킹혼은 과학 시대의 신학자들은 체험과 경험을 중요한 신학적 도구로 사용해야 한다고 주장한다. 특히 기독교 역사에 나타난 위대한 신앙적 체험들과 오늘날 신앙인들의 신앙적 체험은 신학의 주요 연구 주제가 되어야 한다. 그 체험들은 연구함으로써 신적 실재에 접근할 수 있다는 것이다. 이런 점에서 폴킹혼은 슐라이에르마허의 신학과 루돌프 오토의 신학에 동의한다.

찰할 때 느끼는 그 체험들을 무시하지 않는다면 우주와 세계 뒤에 있는 진정한 실재(real reality), 즉 창조자에게 접근할 수 있다고 믿는다. 이런 체험을 통한 실재로의 접근이 과학과 신학에서 모두 가능하기 때문에 과학과 신학은 친족 관계를 가질 수 있다. 폴킹혼은 이런 친족 관계를 통해서 자연과학과 신학은 함께 공명할 수 있다고 확신한다. 이러한 폴킹혼의 입장은 『판단력 비판』에서 칸트가 개념화하는 자연의 세계에서 느끼는 숭고미에 대한 미학과 종교적 차원에 근접한다.

(3) 공명의 중재자: 형이상학

폴킹혼이 과학과 신학의 친족 관계를 주장하는 이유는 자연과학의 시대에 신학을 변증하고자 하는 의도가 강하다. 즉, 자연과학의 시대 속에서 신학은 엄밀한 학문으로 인정받지 못하고 있다. 특히 현대 자연과학의 철학적 기초를 마련한 논리실증주의의 검증 가능성[35]의 원리와 칼 포퍼의 반증 가능성의 원리를 따르고자 하는 현대 자연과학자들과 철학자들에게 있어서 신학은 두 가지 원리 모두에 위배되는 학문이다. 왜냐하면 신학의 주요 주제인 신 존재의 문제나 신학적 상상력들은 검증 가능하지도 않고, 반증 가능하지도 않기 때문이다. 따라서 현대 학문 세계에서, 특히 자연과학 쪽에서 신학을 학문으로 인정치 않으려는 경향이 강하다. 이런 상황 속에서 폴킹혼은 과학과 신학의 친족 관계를 주장하며 과학 시대의 신학 변증가를

---

35 루드비히 비트겐슈타인은 그의 저서 『논리철학논고』를 "생각할 수 없는 것은 말할 수 없다"는 문장으로 끝맺는다. 이 문장이 논리실증주의의 입장을 대변한다고 말할 수 있다.

자처한 것이다.

　그러나 폴킹혼이 변증적 차원에서 자연과학과 신학의 친족 관계를 주장했지만, 그는 또한 과거에 철학을 수용하여 신학화했던 것처럼 과학을 직접 신학화하는 데에는 큰 장애물들이 많다는 것도 인정한다.36 따라서 과학적 주제들과 신학적 주제들은 직접 접목될 수 없다. 이 둘이 접목되기 위해서는 매개체가 필요하다.

　바버처럼 폴킹혼도 과학과 신학 사이의 대화를 모색하고 새로운 자연의 신학 또는 과학적 신학으로 나아가기 위해서는 반드시 형이상학이라는 매개체가 필요하다는 사실을 인정한다. 그리고 바버처럼 과정철학과 토마스 아퀴나스의 자연신학이 과학과 신학을 위한 매개체로 적당하다는 사실까지도 인정한다. 그러나 폴킹혼은 바버와는 달리 과정철학을 과학과 신학의 공명을 위한 적절한 매개체라고 생각하지 않는다. 폴킹혼이 그렇게 생각하는 데는 몇 가지가 있다.

　첫 번째로 폴킹혼은 과정철학이 현대 양자물리학을 반영하지 못하고 있다고 주장한다. 그러나 바버는 과정철학이 그 한계에도 불구하고 현대 물리학의 주류인 양자물리학과 잘 상응하는 것으로 이해했다. 폴킹혼은 이런 바버의 의견에 반대한다. 폴킹혼에 따르면 과정철학이 구상될 당시 화이트헤드는 비록 수학자이긴 했지만, 양자물리학에 대한 정보를 갖지 못했다는 것이다. 폴킹혼은 다음과 같이 말한다. "나는 화이트헤드의 관점이 현대물리학의 통찰력을 적극 수용한 것이라고 생각하지 않았다. 그 이유는 다음과 같은 사실에서 분명하다. 즉, 화이트헤드는 런던에 있는 임페리얼 콜리지(Imperial

---

36 J. Polkinghorne, *An Gott glauben im Zeitalter der Naturwissenschaft*, 93-94.

College)의 수학과 교수로 일하다가 1924년 하버드 대학의 철학과 자리로 자리를 옮겼다. 그래서 양자물리학이 발표된 기적의 해(*anni mirabilis*)인 1925년과 26년 이전에 이미 물리학자로서의 사고는 끝났다."[37] 따라서 폴킹혼은 시간상으로 화이트헤드가 양자물리학을 자신의 철학에 반영할 수 없었을 것이라고 생각한다. 더군다나 과정철학에 대한 기본적인 구상과 생각은 『과정과 실재』[38]가 출판되기 전인 1927년의 길포드 강연에서 볼 수 있다. 따라서 양자물리학이 그의 사상 속에 반영될 가능성은 희박하다.

또한 폴킹혼은 과정철학이 갖고 있는 심신론적 성격에 동의하지 않는다. 즉, 과정철학은 마음과 육체를, 정신과 물체를 일원론적으로 보고 인간 경험을 통해 물질세계를 이해하려는 경향이 있다. 그러나 폴킹혼은 정신과 물질은 다른 차원으로 보아야 한다고 주장한다. 그에 따르면 정신과 육체를 완전히 분리하는 이원론도 문제이지만, 이 둘을 하나로 보려는 심신론적 일원론도 문제이다. 폴킹혼은 다음과 같이 말한다. "(과정철학을 인정하기에 부딪히는) 두 번째 문제는 범심신론적 성격(Panpsychic Property)이다. 세계에는 다양한 단계들(Gradations)이 존재한다. 즉, 돌 하나는 낮은 단계의 사건들(Events)을 모아 놓은 것으로 인식될 수 있는 반면, 살아있는 세포는 보다 높은 범주가 통합되는 사건이므로 이해될 수 있다. 그러나 인간 경험을 모든 경험을 풀어내는 실마리로 사용하는 것은 실패할 가능성이 높다."[39] 이런 이유들 때문에 폴킹혼은 과정철학이 현대 자연과학과 신학을 매개

---

37 J. Polkinghorne, *The Faith of a Physicist*, 22.
38 『과정과 실재』는 1929년 출판되었다.
39 J. Polkinghorne, *The Faith of a Physicist*, 23.

하는 형이상학으로 적당하지 않다고 생각한다. 그렇다면 폴킹혼은 자연과학과 신학의 공명을 위한 매개체로 어떤 형이상학이 적당하다고 생각하는가?

폴킹혼은 과정철학보다는 오히려 토마스 아퀴나스의 형이상학이 현대 양자물리학을 신학적으로 해석하는 일에 적절하다고 주장한다. 그는 다음과 같이 말한다. "피조 세계에서 하나님에 대해 탐구하는 자연신학은 오랜 역사를 갖고 있다. 그중에 토마스 아퀴나스의 신학 체계는 중요한 부분을 차지하고 있다. 그의 신학 체계는 현대 물리학을 기독교적으로 해석하기 위한 시조(始祖)라고 해도 과언이 아니다."[40]

특히 폴킹혼은 양자물리학을 존재론적으로 해석하기를 원한다.[41] 즉, 양자의 세계는 현대물리학이 밝혀낸 우주의 근거이며 토대이다. 따라서 그 양자 세계를 인간 이성으로 이해하려고 노력하는 양자물리학은 존재론적 해석을 배제할 수 없다. 그런데 양자물리학의 창시자 중 한 명인 하이젠베르크는 그의 저서 『부분과 전체』에서 아리스토텔레스의 형이상학과 현대 양자물리학 사이에 유사점에 대해서 피력한 바 있다. 다시 말해서 하이젠베르크가 양자 세계의 특징을 설명하면서 아리스토텔레스의 '잠재태'(potentia)라는 개념을 사용하였는데, 이는 그가 아리스토텔레스의 존재론과 양자 세계의

---

40 J. Polkinghorne, *One World*, 63.

41 양자물리학에서 양자의 세계를 보는 관점을 크게 두 가지 입장으로 나뉘어 있다. 양자의 세계가 갖고 있는 불확실성은 단지 인식하지 못할 뿐 인식의 도구나 방법이 발전하면 인식 가능하다고 믿는 입장과 양자의 세계는 본래 존재론적으로 불확성을 담고 있다는 입장이다. 데이비드 봄(David Bohm)과 아인슈타인(Einstein)이 전자의 입장을 취하고, 닐 보어(Niel Bohr)와 하이젠베르크(Heisenberg)가 후자의 입장을 취한다. 폴킹혼은 후자의 입장을 지지한다.

유사점을 피력한 것으로 해석할 수 있다.[42] 그러므로 폴킹혼에 따르면, 아리스토텔레스의 존재론을 수용한 토마스 아퀴나스의 신학적 형이상학이 양자 세계를 신학적으로 해석하는 데 많은 장점을 갖고 있다는 것이다.

그러나 폴킹혼에 있어서 토마스 아퀴나스의 자연신학은 단지 자연과학과 신학의 공명을 위해 참고가 되는 신학적 형이상학일 뿐이다. 자연과학과 신학의 대화에서 자연신학을 간과할 수 없고 토마스 아퀴나스의 신학적 형이상학은 전통적인 자연신학을 대표하고 있기 때문에 그의 자연신학을 오늘날 재고해 보아야 한다는 것이다.

특별히 신학자들보다는 자연과학자들 사이에 이런 분위기가 폭넓게 확산되어 있다. 자연을 과학적으로 관찰하다 보면 과학적 질문뿐만 아니라 과학을 넘어선 질문들도 묻게 된다. 그런데 자연과학을 넘어선 질문들에 대해서 자연과학적 방법만으로는 대답할 수 없다. 폴킹혼은 이런 질문들에 대한 대답을 자연신학에서 찾을 수 있다고 생각한다.

그래서 폴킹혼은 다음과 같이 자연신학의 회귀를 주장한다. "기초 물리학을 연구하는 사람들 사이에는 우리가 눈으로 보는 것 이상의 무엇인가가 존재한다는 생각들이 확산되고 있다. 자연과학과 자체를 넘어선 질문들을 던지면 그에 대한 대답 역시 자연과학을 넘어선 것이다. 세계의 구조 속에 고유하게 내재되어 있는 잠재성들(Potentiality)을 경험할 때, 예를 들면 세계가 정확하게 맞물려 있는 특징과 과학적 연구를 가능하게 만드는 자연의 지성을 경험할 때 자연과학

---

42 J. Polkinghorne, *The quantum world*, 81.

을 넘어선 질문이 제기될 수밖에 없다…. 그래서 우리는 부활된 자연신학(a Revived Natural Theology)뿐만 아니라 수정된 자연신학(a revised natural theology)에 관심을 갖고 있다."[43]

여기서 폴킹혼은 '수정된 자연신학'(Revised Natural Theology)이라는 표현을 사용한다. 이 표현에는 두 가지 의미가 함축되어 있다. 첫 번째는 전통적 자연신학이 많은 문제점들을 갖고 있다는 것을 그도 인정한다는 뜻이다. 두 번째는 전통적 자연신학을 자연과학의 시대에 그대로 적용할 수 없다는 뜻을 담고 있다. 따라서 전통적 자연신학은 온고지신(溫故知新)의 차원에서 수정되어야 한다. 그래서 폴킹혼은 '자연신학'(Natural Theology)이 아닌 '자연의 신학'(Theology of Nature)을 주장한다.

(4) 새로운 신학적 형이상학: 자연의 신학(Theology of Nature)

'자연의 신학'이라는 용어는 비판적 실재론의 창시자인 이안 바버가 처음으로 사용하였다. 그러나 이러한 자연의 신학에 대한 바버의 생각과 폴킹혼의 생각 사이에는 많은 차이가 있다. 우선 바버가 구상하는 자연의 신학은 자연과학을 그 출발점으로 삼지 않는다. 바버에게 있어서 자연의 신학의 출발점은 종교적 전승과 신앙 공동체의 체험들 그리고 역사적 계시이어야 한다. 거기에 자연과학적 관점에서 몇 가지 전통적 교리들을 변형(Modification)시켜야 한다고 주장한다. 특별히 자연과학의 시대에는 전통적인 교리 중 창조론과

---

43 J. Polkinghorne, *Science and Creation*, 15.

예정론 그리고 인간 이해를 변형시켜야 한다는 것이다. 왜냐하면 이 교리들에 대한 전통 신학의 이해는 과학적 사고와 충돌하는 부분이 많기 때문이다.[44]

반면 폴킹혼이 구상하는 '자연의 신학'은 바버가 생각하는 것과 다르다. 우선 폴킹혼은 신학을 두 분야로 나누어야 한다고 생각한다. 하나는 조직신학(Systematic Theology), 다른 하나는 철학적 신학(Philosophic Theology)이다. 폴킹혼에 따르면 조직신학은 종교적 체험과 직관력을 대상으로 삼아야 하며, 철학적 신학은 하나님의 존재에 대해 폭넓게 탐구하는 신학 분야이다.

폴킹혼은 구체적으로 다음과 같이 말한다. "나는 신학이 이중적인 역할(a Dual Role)을 해야 한다고 본다: 첫 번째는 우리가 종교적인 것이라고 부르는 경험과 통찰력의 특별한 형태를 전문적으로 탐구하는 것이고(조직신학), 두 번째는 지식의 근본이고도 폭넓은 영역들 가운데 모든 전문가적인 탐구들을 모은 통섭적인 학문(철학적 신학)이다. 첫 번째 의미에서 신학은 제 학문 중 하나의 학문이지만, 두 번째 의미에서 신학은 메타과학의 역할을 해야 한다. 나는 신의 존재 문제가 통섭적인 학문 가능성을 추구하는 이유라고 생각하기 때문에 형이상학이라는 표현보다는 철학적 신학이라는 표현이 더 마음에 든다."[45]

바버에게 있어서 자연의 신학은 자연과학에 위배되는 몇 가지의 교리들을 과학의 시대에 맞게 수정하고 또 과학과 신학을 과정철학적 개념으로 통합하는 하는 것을 말하는 반면, 폴킹혼이 추구하는 자연의 신학은 모든 학문을 통합하는 메타과학(Metascience)이다. 그

---

44 Ian G. Barbour, *Religion and Science*, 100.
45 J. Polkinghorne, *The Faith of a Physicist*, 47.

리고 그 메타과학의 궁극적 목적은 바로 신의 존재를 탐구하는 일이다. 폴킹혼은 이런 메타과학을 '신학적 형이상학'(Theological Metaphysic)이라고 부른다.[46] 이 시점에서 우리는 폴킹혼에게 한 가지 질문을 던질 수 있다. 어떻게 철학적 신학, 즉 신학적 형이상학을 만들어 낼 수 있는가?

폴킹혼은 신학적 형이상학을 구상하기 위해서 우선 모든 학문을 단계적으로 구분해야 한다고 생각한다. 물질 중에서도 기초적인 요소들을 연구하는 물리학이 신학적 형이상학을 위한 기본적인 토대를 제공한다. 그리고 물리학의 토대 위에 생물학이나 일반 자연과학적 방법이 동원되고, 그 위에 사회학이나 심리학과 같은 인문과학적 탐구가 더해진다. 그리고 마지막에 최종적으로 철학적 탐구에 도움을 받아 신학은 이런 제 학문이 제공한 다양한 정보를 기초로 신의 실존에 대한 물음에 대답해야 한다는 것이다.[47]

이런 신학적 형이상학, 즉 자연의 신학이 목적하는 바는 단지 신의 존재 가능성을 타진하는 것에 그치지 않는다. 폴킹혼은 신학적 형이상학을 통해서 세계에 대한 보다 폭넓은 이해를 얻을 수 있다고 생각한다. 개별 학문은 각각의 관점에서 대상을 해석하고 이해하기 때문에 세계에 대한 폭넓은 그림을 얻을 수 없다. 그래서 이들 개별 학문의 이해를 통합할 수 있는 메타 학문이 필요한데, 폴킹혼은 세계와 그 세계를 존재하게 하는 근거에 대해서 묻는 신학적 형이상학이 그런 메타 학문이 될 수 있다고 믿는다.[48] 또한 인간은 신학적 형이상

46 J. Polkinghorne, *Faith, Science and Understanding*, 20.

47 J. Polkinghorne, *One World*, 86.

48 J. Polkinghorne, *Faith, Science and Understanding*, 20.

학을 통해서 자신에 대해서 올바로 이해할 수 있다. 즉, 폴킹혼에 따르면, 인간은 하이데거가 표현한 것처럼 '우연히 세계에 던져진 의미 없는 현존재(Dasein)'가 아니다. 인간은 신학적 형이상학을 통해서 자신이 축복받은 존재요, 의미 있는 존재라는 사실을 깨달을 수 있다.[49]

그리고 이러한 신학적 형이상학은 자연과학자이든 신학자이든 한 개인이 이루어 낼 수 없다. 폴킹혼의 표현에 따르면, 신학과 과학 그리고 다른 학문을 섭렵하기에 인생은 너무 짧다. 따라서 폴킹혼은 학제 간의 대화를 제안한다. 즉, 여러 학문 분야의 전문가들이 참여하고 토론하여 그 결과들을 신학적 관점에서 통합할 때 세계를 폭넓게 파악할 수 있는 신학적 형이상학, 즉 자연의 신학을 완성할 수 있다고 주장한다.

나가는 말

지금까지 필자는 비판적 실재론을 중심으로 전개되는 과학과 신학의 통합을 위한 형이상학의 문제를 큰 틀에서 다루어 보았다. 모든 시대 속에서 신학은 시대정신을 흡수하고 재해석하며 발전해 왔다. 그러나 과학의 시대 속에서는 이런 재해석과 발전을 기대하기는 쉽지 않다. 앞에서 살펴보았듯이 과학과 신학을 매개하는 형이상학을 구성하고 발전시키는 일이 결코 만만치 않다. 아니, 어쩌면 불가능할지도 모른다. 그래서 과학과 신학의 대화를 위한 다른 루트를 찾아야 할지 모르겠다.

---

49 Ibid., 24.

현재는 폴킹혼이 제안한 과학과 신학을 매개하는 신학적 형이상학, 즉 자연의 신학에 대한 논의는 시작 단계에 불과하다. 그러나 늘 그러했듯이 신학은 모든 난관을 이기고 시대정신을 신학화했다. 시대정신을 대변하는 철학이 신학화되는 과정은 많은 시간과 노력이 필요했다. 그리고 그렇게 축적된 담론들이 쌓여서 어거스틴이나 토마스 아퀴나스와 같은 천재 신학자의 등장의 토대가 되고 새로운 신학의 시대가 열렸다. 과학과 신학의 대화를 위한 형이상학도 이런 과정이 필요할 것이다. 과학과 신학의 대화를 위한 담론들이 축적되어 천재적 신학자의 등장을 기대해 본다. 그래서 과학의 시대에 학문성조차도 의심받고 주변부로 밀려난 신학이 인문학 발전에 기여하고, 과학의 시대에 어려움을 겪고 있는 교회 선교가 탄력을 받는 것이 가능하지 않을까?

교회가 자연과학을 무시해서는 안 되는 이유가 여기에 있다. 목회 현장에서 부딪히는 진화론의 문제를 교리주의적으로 단죄하기보다는 진화론이 말하려고 하는 것들을 분석하고 이러한 이론이 창조론과 어느 지점에서 공명할 수 있는지를 보려면 비판적인 숙고가 필요하다. 이런 점에서 바르트는 자연과학의 독립성을 교회가 침해할 필요가 없지만, 자연과학의 성과를 인정하는 데 주저하지 않는다.

바르트의 말씀의 신학은 자연과학과 어떤 공명을 가질 수가 있을까? 폴킹혼은 몰트만의 영향을 받았지만, 영국의 저명한 학자인 토렌스의 영향을 통해 바르트의 신학에 인색하지가 않다. 바르트의 창조론에는 자연과학적 주제들과 대화할 수 있는 풍부한 사유들을 담고 있다. 이런 점에서 말씀의 신학과 자연과학의 대화는 목회 실천을 위해 새로운 과제에 속한다.

III. 칼 바르트: 프로렙시스, 자연과학, 생활세계

이 강연은 바르트를 자연과학과 철학적 논의에 재설정하고 그의 단편적으로 남겨져 있는 사유를 재구성한다. 바르트에 대한 새로운 해석은 자연과학의 영역에서 비판적인 논의를 거쳐 그의 신학적 반성을 현상학의 인식론적인 차원, 즉 프로렙시스와 생활세계에 관련시킨다. 그의 말씀의 신학과 화해론은 바르트의 창조론을 새롭게 보충하며 종래의 바르트 연구에서 탈각되어버린 차원을 해석학적으로 회복시킨다. 이러한 강연을 위해 나는 보훔대학의 크리스찬 링크의 바르트와 자연과학에 대한 접근과 태드 피터즈의 프로렙시스 원리로부터 많은 것을 배웠다.

패러다임 변화는 인식론적 파열로 일어난다

토마스 쿤의 패러다임 변화는 정상과학에서 새로운 모델로 이행되는 과정에서 일어나는 구조 혁명을 의미한다. 정상과학에서 비정상적인 문제들을 해결하지 못할 때 인식론적 파열이 생긴다. 과학공동체에 의해 보편적으로 나누어지던 합리성이나 가치에 대한 확신

그리고 기술 전반에서 새로운 변화가 일어난다.[1]

　이러한 인식론적 파열은 또한 창조적인 새로운 종합으로 제시되고 최근 과학과 종교 간의 대화에서 매우 생산적인 결과를 가져왔다. 자연과학의 성찰과 연구 결과들을 비판적으로 수용하면서 새로운 자연의 신학의 모델이 등장하고, 이러한 자연의 신학 또는 과학적 신학은 공론장에서 유전공학이나 환경문제 또는 의료 윤리를 다룰 때 과학적인 개념의 해명을 통해 윤리적 중요성을 부각시켰다.

　다른 한편 독일의 저명한 사회학자 니클라스 루만은 세포생물학에서 주장되는 살아있는 유기체의 자기 생산성과 자율성의 원리를 자신의 시스템 사회학에 수용하고 소통 이론으로 발전시켰다. 이러한 시스템 소통 이론을 통해 사회학 이론에서 인간 중심주의 모델에서부터 시스템 소통 모델로의 패러다임 변화를 본다.

　오토포이에시스(*autopoiesis*)라는 용어는 그리스어의 자기(*auto*)와 만듦(*poiesis*)의 합성어이며 자기 조직의 시스템의 자율성을 의미한다. 이 용어는 생물학과 사회 그리고 종교의 영역에서 교차되며 매우 중요한 역할을 한다. 칠레의 훔베르토 마투라나는 이 용어를 만들어 내고 어떻게 세포들이 순환 구조의 산물이 되는지를 설명한다. 이것은 세포의 순환적인 재생산의 개념을 말한다.[2]

　아리스토텔레스 철학에서 실천은 도시국가의 삶에서 자기를 실현시켜 나가는 과정에서(entelechy) 목적을 포함하는 행동을 말한다. 포이에시스(*Poiesis*)는 만들어 내는 산물을 의미한다. 마투라나는 이두 가지 개념을 *autopoiesis*란 합성어를 통해 가교를 놓는다. 그의

---

1 Kuhn, *The Structure of Scientific Revolutions*, 175.

2 Maturana, "Autopoiesis," *Autopoiesis: A Theory of Living Organizations*, 21-32.

제자이자 동료인 프란시스코 바렐라는 생물학의 영역을 넘어서서 이 개념을 조직체의 폭넓은 개념으로 확대시키고 사회 시스템의 다양한 실제들을 포괄했다.3

이러한 생물학의 리서치는 루만의 시스템 사회학에서 결정적인 역할을 하는데, 더 나아가 루만은 훗설의 현상학을 여기에 접합한다. 훗설의 의식의 의도성(noesis)과 의미 영역(noema)의 상관관계는 이제 사회 시스템이론으로 통합된다. 루만에 의하면, 후설은 사이버네틱 이론을 철학적으로 유용화하고 자기 생산적인 시스템의 작동을 인식론적으로 파악한 급진적인 철학을 보여준다.4

오토포이에시스와 루만의 사회학은 종교와 과학의 대화와 더불어 인문사회과학의 분야에서 분자생물학의 통찰의 중요성을 여실히 보여준다. 학제적 소통이 이제 학제를 넘나드는 대화와 통전 그리고 새로운 구성으로 나타난다. 이것이 오늘날 직면하는 패러다임의 변화이며 인식론적인 파열을 지적한다.

프로렙시스와 우주의 이성

나는 이러한 인식론적인 파열과 새로운 지평을 향해 복잡성의 과학을 프로렙시스 원리와 우주의 이성을 통해 고려한다. 복잡성의 과학은 생태계에서 상호 의존성과 새로운 생명의 출현을 보여주는데, 이것은 창조를 향한 하나님의 자유와 은혜를 표현하는 새로운 신학적 전망을 준다. 하나님은 자유를 자기 조직적인 피조물의 생과

---

3 Varela, "Describing the Logic of the Living," *Zeleny* (ed.), Autopoiesis, 36-48.

4 Luhmann, *Die neuzeitlichee Wissenschaften und die Phänomenologie*, 47.

우주에게 선물로 주면서 창조한다. 피조된 우주는 자기 조직적인 시스템을 자유와 창조성을 통해 유지하며, 하나님의 미래의 빛(새 하늘과 새 땅)은 계속 창조를 프로렙시스적으로 파악한다.

프로렙시스 원리는 스토아주의에서 볼 수 있다. 여기서 프뉴마 (생명-세계의 영)는 우주를 이끌어가고 물질 구조에 감각적인 정보를 이성과 지성의 통합체인 영혼에 전달하며 경험하게 한다. 프로렙시스 원리는 하나님 개념이나 선함을 인간의 내면적인 경향에서 파악하며 윤리와 합리적인 삶에서 중요한 역할을 한다.

다른 한편 프로렙시스는 미래를 예견하는 형식이며 현재의 삶에서 미래를 대변하면서 미래 사건을 예측하고 구성한다. 프로렙시스 의식은 관찰과 기억을 기초로 생명계의 지평 안에서 형성된다. 이러한 예견적 의식은 현재(지금 여기서 또는 삶에 대한 생생한 기술)와 과거(그때 거기서 또는 섬광처럼 들어오는 과거의 스토리)의 변증법적인 상호작용을 가능하게 한다. 프로렙시스적 원리는 과거 사건에 대한 플래시백을 통해 과거를 생생한 현재로 기술하며 또한 다가오는 미래를 예견하는 데 과거와 미래가 현재를 위해 매개된다.

캐나다 워털루대학의 과학과 기술 소통 분야 교수인 애슐리 멜렌바허는 기후변화 전문가인데, 그녀에 의하면 프로렙시스는 은유적인 지식을 활성화하고 알려지지 않은 미래의 사건에 대해 인간의 인식 반응을 자극한다.[5]

프로렙시스 원리는 기후변화를 예견하고 기술적인 소통을 통해 모든 시스템과 협력을 모색한다. 프로렙시스는 미래를 향한 의도성

---

5 Mehlenbacher, "Rhetorical Figures as Argument Schemes," *Argument & Computation* 8 (2017): 233-252.

을 말하며, 이러한 예기를 통해 생생한 현재를 위해 과거의 급진적 반성을 종합한다. 이러한 예기 의식은 생명계의 초월적 영향 아래서 인식론적으로 작동되며, 시간의 과정과 흐름에서 시작되는 현재는 미래를 위해 봉사한다. 프로렙시스적 의도성(노에시스)은 인간의 지성과 마음에서 보편적으로 요구될 수 있으며 세계 의미의 개방성(노에마)과 상관관계에 있다.

사실 스토아의 보편이성은 로고스 씨앗론을 말하는데, 우주적 질서의 근원이며 교회의 교부인 순교자 저스틴에게 깊은 영향을 주었다. 로고스(요 1장)는 보편적으로 세계의 로고스의 씨앗으로 인간의 마음과 지성에 존재한다. 보편이성과 프로렙시스 사이에는 잠재적인 관계가 있으며, 나는 이러한 관계를 공공신학에서 복잡성의 사이버네틱 세계와 피드백 그리고 촉매작용과 공생을 인식론적으로 다룰 때 중요하게 수용한다. 로고스의 씨앗은 인간에게만 국한되는 것이 아니라 살아있는 유기체의 자기 생산성과 집단적 촉매작용에서 공생과 공동 진화에서도 드러난다. 자연의 생에는 질서와 매개와 공생의 합리성이 존재한다. 로고스의 씨앗은 보편적으로 살아있는 생명계에 심어져 있다.

성서와 프로렙시스 원리

프로렙시스는 수사적인 표현이며 논쟁 전략을 갖는다. 이것은 성서의 생생한 현재에서 미래 사건을 구성한다(시 87:1; 22:18; 겔 1:1). 특히 마태복음 27장 52절에서 죽은 자들의 부활은 유대적 묵시문학적인 관점에서 예수의 십자가에서 프로렙시스적으로 일어난다. 프로렙시스 논쟁은 예수의 죽음과 부활의 현실을 유대적 메시아의 기대의 성취로 해석하며, 이것을 생생한 현재로 만든다.

유대 묵시적인 기대인 일반 부활이 예수 십자가에서 생생한 현재로 그리고 프로렙시스적으로 일어난 것은 고대 그리스 철학의 우주 신학을 보편사(역사로서 계시)로 갱신하는 미래 예기적 시도(판넨베르크)나 또는 다가오는 하나님의 미래(아드벤투스—몰트만)의 빛에서 현재를 보는 형이상학과는 다르다. 이 두 가지 기획에서 그리스도의 부활은 인류의 진보 역사에서 밀려난 자들의 유효한 역사를 생생한 현재를 위해 메시아 정치를 회복시키지 못한다. 다시 말해 몰트만과 판넨베르크에게서 현상학적인 차원에서 규명되는 프로렙시스와 아남네시스(과거 희생자들의 유효한 역사)의 접합에서 드러나는 생생한 현재는 찾아보기가 어렵다. 오히려 나는 이러한 차원을 바르트의 부활 이해에서 본다. 바르트에 의하면, 신약성서의 진술은 부활하신 그리스도의 빛에서 현재화되면서 묵시적 차원을 향해 개방하면서 기록되었다. 프로렙시스는 기본적으로 아포칼립시스적이다.

현상학적인 측면에서 프로렙시스적인 의식은 역사에서 밀려난 자들의 삶에 대한 아남네시스적 반성과 생활세계의 지평과 연관되고, 프로렙시스적인 생생한 현재는 새 하늘과 새 땅에서 보여지는 유토피아적인 가치를 지금 여기서 심어 나간다(마르크바르트). 생태학의 위기나 자연재해에 직면하여 성서적 유토피아의 현실을 프로렙시스적으로 파악하는 것은 지구의 생에서 밀려난 유효한 역사로부터 시작한다. 이것은 보편사 신학이나 그리스 철학적인 자연신학이 아니라 말씀의 신학의 빛으로부터 재구성된다.

미래 의도성의 지평은 성서적 종말론의 틀에서 생생한 현재를 위해 작동된다. 하나님의 미래는 그리스도의 화해의 현재적 현실과 상호관계에 있다. 부활은 하나님의 미래의 현재적 현실에 연관된 내러티브 질서에서 작동된다. 부활은 과거의 사건이 아니라 하나님의 미래인 새 하늘과 새 땅에 연관된 생생한 현재, 즉 지속적인 창조로 출현한다. 이러한 성서적 프로렙시스의 현재화된 개념에서 우리는 하나님의 미래를 보편적으로 예견하고, 그리스도의 부활의 현실이라는 구체적 담론에서 살아있는 현재를 경험하고 실천한다.

이런 측면에서 우리는 프로렙시스를 구체-보편적인 변증법 안에 설정하고 보편이성과 미래에 대한 인간의 예기적인 의식을 현상학적으로 종합한다. 프로렙시스적인 의식은 신앙의 경험을 강화하며, 성령의 선물로서 신앙은 화해의 생활세계에 의해 성장하며 부활의 그리스도의 살아계신 현실과 성령은 신앙 공동체로 부여된다.

칼 바르트와 자연과학

프로렙시스적인 관점에서 바르트의 빛들과 말씀들의 교리는 하나님의 말씀을 보편적인 효율성과 스펙트럼에서 강화될 수 있다. 전통적인 보편이성 구조와 프로렙시스 입장은 자연과학적 합리성을 통해 비판적으로 갱신될 수 있다. 바르트는 지성적인 우주에 대한 과학적 발견을 필수적인 것으로 간주한다. 왜냐하면 우리는 자연과학과 기술에 의존하여 살아가며, 이것은 유용한 작업 가설과 타당한 공식을 통해 상대적인 필요성을 갖는다(CD IV/3.1:166).

세계의 로고스들이 존재하며 많은 피조 세계의 진리들과 지성들은 하나님께 봉사하도록 불리고 통합 설정된다. 하나님은 급진적으로 세계를 변화시키고 갱신한다. 자연의 빛들과 세계의 로고스들은 하나님의 하나의 진리를 표현한다(CD IV/3/1:157). 창조의 무대에서 나타나는 현재의 실제는 하나님의 미래에 봉사하며 복잡성의 시스템에서 드러나는 지속적인 창조 과정에 빛을 비추어준다.

지속적인 창조의 신학적 개념은 하나님의 영광의 무대에서 나타나는 하나님의 창조행위를 의미하며, 이것은 자기 조직의 삶과 새로운 출현에서 확인된다. 이러한 유기체의 자기 생산적인 생은 화해된 세상에서 하나님의 소통의 탁월한 예로 간주된다. 화해의 세계는 독해되어야 할 텍스트이며 또한 진화의 역사와 공동 진화에서 그 자체 상 독자와 해석가가 된다. 화해와 생명계의 접합에서 자연의 삶에 대한 인정이 나타나며 자연과학의 연구와 성과는 이제 매우 중요하다. 창조와 공동 진화 개념(지속적 창조)은 서로 대립되지 않는다. 사실 바르트는 다윈의 진화론을 거절하지 않았고 과학적 연구 가설로 의미 있게 보았다.

이러한 측면은 과학적인 리서치에 기초한 새로운 자연의 신학에 중요한 과제가 된다. 이러한 새로운 유형의 과학 신학은 공론장에서 창조와 진화의 문제나 유전공학, 의료 윤리, 기후변화 등을 다룰 때 공공선에 기초된 거버넌스를 고려하게 한다. 자유방임이나 신자유주의 경제 모델은 더 이상 지속될 수가 없다.

하나님의 행동과 생의 복잡성

바르트에 의하면, 하나님의 피조 세계의 지성과 우주의 이해될 수 있는 가능성은 공생의 네트워크에서 다차적 형식들을 갖는다.

이것은 다수이며 특수하고, 변화와 변경 그리고 다양성을 포함한다. 이러한 삶의 복잡성은 수학이나 다른 합리적 법이나 패턴으로 환원될 수가 없다. 하나님은 진화-생태학적인 영역에서 피조물들과 살아있는 유기체들의 자유와 운동, 과정 그리고 새로운 시작을 빼앗지 않는다. 자연의 생은 여전히 실험과 오류, 종의 사멸 그리고 고통에 싸여 있다. 하나님은 신중한 지성적인 설계자라기보다는 피조물들의 삶을 동반하는 은총과 사랑의 활동자이며, 피조물들의 생은 지속적인 오고 가는 생명의 사이클을 거친다. 몰락이 없이 되어짐의 과정이 없고 또한 새로운 시작이 없는 몰락도 없다(CD IV/3.1:144).

이러한 바르트의 인식론적인 입장은 하나님이 세계와 갖는 관계성을 특징 짓는다. 전적 타자인 하나님은 은총과 사랑 그리고 그분의 자유로움을 통해 세계와의 관계 안에 거한다. 하나님은 무로부터의 창조를 해방(그리고 죽음의 무로부터 예수의 부활)을 통해 새롭게 하신다. 하나님은 인간과 우주와 협력의 관계에 있다. 최후의 창조는 새 하늘과 새 땅을 통한 하나님의 우주의 완성이며, 이러한 완성은 그리스도의 부활을 통해 프로렙시스적으로 우리 안에 현재한다.

이것은 본래적 창조, 지속적인 창조 그리고 새로운 창조의 완성의 비전에 담겨 있는 구원이다. 이러한 인식론적인 총체성은 과거와 현재를 하나님의 미래로 종합하는 프로렙시스적인 틀을 보여준다. 하나님의 미래의 빛은 태초를 비추어주고 있다(계 22:5).

이러한 내러티브의 담론은 주어진 스토리를 문학적인 종합을 통해 재조직하는데, 스토리 구성으로 담겨 있는 과거를 향한 섬광(아남네시스)은 현재를 미래 지향성의 지평 또는 프로렙시스와의 연관하여 파악한다. 예언자들의 증언에서 내러티브는 현재의 시점에서 뒤로 돌려놓고 플래시백처럼 예언이 언급되고, 이것은 또한 미래의 비전을 생생한 현재로 만들어가는 프로렙시스-유토피아 실천에 연관된다.

테드 피터즈: 프로렙시스, 소산 구조, 시간

과거와 미래의 상호 연관성에 대한 현상학적인 이해는 테드 피터즈의 하나님의 미래의 프로렙시스에 주목한다. 하나님의 미래는 하나님의 생활세계(창조, 부활, 화해, 지속적인 창조, 미래의 완성)에 대한 통찰을 보충한다. 피터즈의 프로렙시스에서 두드러지는 것은 프리고진의 소산 구조를 수용하고 시간의 화살을 그의 종말론적인 만유재신론에 통섭한다. 하나님의 무로부터의 창조는 하나님의 새로움을 예견하며, 이것은 만유 안에서 취하시는 하나님의 마지막 내주와 안식을 지적한다(고전 15:28). 물론 피터즈는 만유 안에 거하시는 하나님을 종말론적 만유재신론으로 파악하지만, 그렇다고 해서 여기서 하나님과 피조물의 완전 동일화를 말하지 않는다. 하나님은 여전히 하나님으로 남는다. 그런 점에서 그는 판넨베르크의 영향 아래 있고 간접적으로 바르트의 전통에 서 있다.

프리고진에 의하면, 시간의 화살은 열역학 법칙에서 보면 거대한 스케일에서 과거에서 미래를 향해 불가역적 방식으로 흐른다. 우주는 시간의 측면에서 유한하며 시작과 마지막을 갖는다. 그러나 이런 시간의 화실이 반드시 종결된 죽음을 의미하지 않는다. 열린 환경에서 그리고 비평형상태에서 엔트로피의 무질서의 증가는 오히려 역동적인 우주의 지속적인 창조성에서 무작위와 우연의 상호작용에 연결된다. 양극으로 갈라지는 분기점에 도달할 때 환경의 동요로 인해 미래 방향의 변화가 어떻게 일어날지는 비결정적이다. 보다 큰 무질서로 붕괴되거나 아니면 보다 높은 새로운 수준과 질서로 진입할지 모른다.6

이러한 관점은 현상학적으로 볼 때 시간의 흐름 안에 있는 인간의 인식(의식의 내적 시간)이 의미 영역과 상호 관련되고 미래를 예견하는 의식, 즉 프로렙시스는 시간의 화살 안에서 작동된다. 미래 방향의 미래는 비결정적이지만, 미래의 시간은 프로렙시스 의식 안에 들어와 있다!

생물권에서 나타나는 상호 의존성을 고려할 때 새롭고 고차적인 질서의 형식은 상호작용과 동요 그리고 엔트로피 증가를 통해 지속적인 창조에서 출현한다. 또한 우주적이고 포괄적인 규모에서 모든 에너지의 마지막 소멸을 향한 중단없는 행진이 동시에 있다. 피조된 공동-창조자의 개념에서 인간은 걸어 다니는 생태 시스템이며, 우리는 지속적인 창조 또는 에피제네틱 과정에 있다. 이러한 에피제네틱스는 DNA가 유전정보를 결정하고 유기체에 전달하는 것이 아니라(에드워드 윌슨, 리차드 도킨스) 오히려 유전자의 환경 문화가 유전자 정보를 조절하고 유기체가 진화한다.

에피제네틱 창조는 프로렙시스 원리와 동반되며, 하나님은 미래로부터 창조하며 또한 과거를 미래의 방향으로 해방시킨다. 새 하늘과 새 땅의 하나님은 하나님을 장소(마콤)와 미래의 하나님으로 지적한다. 하나님이 세상에 지속적인 창조를 위해 새로운 장소를 제공하며 미래의 완성으로 가지만, 인간의 공생과 윤리적인 책임은 하나님

---

6 Peters, *God — The World's Future*, 132.

과 협력자로서 생태계의 삶을 지속 가능한 장소로 만들어 간다. 이것은 예수 그리스도의 부활을 통해 프로렙시스적으로 우리의 삶 안에 현재하며, 메시아 정치가 우리를 지속 가능한 우주의 생과 사회적인 공생을 위한 유토피아적인 실천으로 각성시킨다.

프로렙시스는 부서지고 억압적인 삶을 치유하는 근원이며, 예수 그리스도에 대한 아남네시스는 오늘 나의 삶에서 플래시백처럼(아나렙시스) 예수의 약속에 연결된다. 동시에 이것은 예수의 미래, 즉 새 하늘과 새 땅의 프로렙시스적인 비전으로 들어오는 카이로스의 순간을 통해 매개된다. 과거와 현재와 미래를 매개하고 완성하는 것은 하나님의 영원하심과 살아 계심이며, 그분의 생명의 은혜가 예수 그리스도의 십자가와 부활 안에서 인류를 위한 화해와 구원으로 나타난다.

하나님의 첫 번째 행동은 본래적인 창조에서 나타나는데, 시간은 제로(t=0)로 표현되지만, 하나님은 시간의 근원으로서 그의 창조에 시간을 허락하신다. 인간의 죄에도 불구하고 생육과 번성의 축복을 통해 미래는 열린다. 프로렙시스 신학은 하나님이 허락하신 시간의 선물을 진지하게 취급하며 새 하늘과 새 땅을 약속하신 하나님에 대한 인간의 윤리적인 협력을 강조한다. 그리스도의 장성한 분량에 이르기까지 우리는 새로운 질서의 고차적인 생명, 즉 새로운 피조물로 거듭나는 영적인 차원을 갖는다. 탐욕과 부패와 도덕적 타락으로부터 메타노이아는 매우 중요하다.

인간의 삶에서 하나님의 지속적인 창조는 새로운 미래를 제공하지만 메타노이아가 없이는 일어나지 않는다. 하나님의 은총은 하나님의 자유 안에서 인류와 세계에 대한 사랑과 화해로 나타난다. 하나님의 행동은 그분의 피조물의 삶에서 총체적으로 나타나며, 십자가에서 부서지고, 연약한 생들과의 연대와 보호에서 나타난다. 이러한 프로렙시스 관점은 복잡성의 과학에서 나타나는 종교적 자연주의를 지속적인 창조로 파악하기도 한다. 이러한 논의를 위해 먼저 소산 구조와 비평형상태를 언급할 필요가 있다.

소산 구조와 비평형상태

자기 생산성의 생물학적 개념은 열역학 과정과 소산 구조 연구와 분리되지 않는다. 소산 구조는 러시아 출신의 화학자이자 물리학자인 일리야 프리고진에 의해 주장되었는데, 그는 1977년 노벨상 수상자이고 브뤼셀의 자유대학의 물리화학 교수로 재직했다.

산티아고 이론은 자기 생산적인 네트워크와 패턴을 기술하는 데서 조직과 작동의 닫힘에 초점을 둔다. 그러나 프리고진은 살아 있는 시스템의 구조를 에너지와 물질과의 관계에서 명료화했다. 살아 있는 시스템이나 구조는 질서와 무질서의 경계에 존재하며 외부 환경의 영향을 통해 비안정적인 지점이나 두 갈래로 나누어지는 분기점에 도달한다. 그리고 새롭게 분화된 질서나 시스템의 변화 그리고 새로운 구조로 출현한다. 소산 구조 이론은 살아있는 자기 조직적인 유기체가 비평형상태에 있을 때 나타나는 새로운 출현에 대해 통찰을 제공한다. 이것은 삶의 과정이 비평형 조건 아래서 유지되는 것을 지적한다.

예를 들어 밑에서부터 냄비의 물을 데우면 일정한 열이 밑에서부터 위로 퍼져 생겨난다. 바닥과 위 사이에서 열 차이가 지속적인 열전도를 통해 증가되면 어느 단계에서 비안정적인 지점에 도달하게 되고, 열의 흐름은 열의 대류로 대처된다. 이 지점에서 새로운 분자적 질서인 육각형의 세포 형태가 질서정연한 벌집처럼 출현한다. 이것은 자기 조직성이 불안정한 지점에서 또는 평형과는 다른 무질서에서 육각형과 같은 열의 대류로 출현하는 질서정연한 세포의 패턴을 보여준다(베르나르 세포). 이러한 실험은 소산 구조의 출현을 설명하는데, 창발 현상 또는 자기 조직화로 부를 수 있다. 분자들의 집합이 자동 촉매작용을 통해 새로운 안정된 화합물로 변형된다. 이것은 다른 자연현상들(허리케인, 토네이도, 소용돌이)이나 사회정치적 현상(위기, 변화, 개혁이나 혁명)에서도 관찰할 수 있다.

촉매작용과 복잡성 시스템

소산 구조는 평형상태를 벗어난 비안정적인 지점을 거치면서 외부의 동요와 영향을 통해 새로운 복잡성의 구조로 변형된다. 다른 구조로 바뀌는 지점에서 이것은 환경이 주는 적은 동요와 자극에도 매우 예민하게 반응한다. 복잡한 생화학 시스템에서 촉매적인 회로가 나타나며 비안정적인 무질서의 상태를 거치면서 높은 질서의 새로운 구조를 생산한다. 그러나 우리는 앞으로 새로운 구조를 만들어내는 시스템의 길을 예측할 수가 없다.

이러한 비결정성은 비평형상태에 처해있는 자기 조직 과정이 불가역적이며 예측 불가능한 성격을 지적한다. 구조의 변화는 기존의 결정주의적인 견해에서부터 인식론적인 파열 또는 변혁(비평형, 비일직성, 비안정성, 비결정성)을 의미한다. 인식론적인 비결정성은 살아있는 구조가 재생산하고, 진화는 이전의 발전과 새로운 환경의 에너지와 자원의 주입을 통해 나간다.

예를 들면 살아있는 세포의 시스템에서 대사 과정은 사이클을 보여주는데, 비평형상태에서 세포는 다차적인 피드백 회로를 통해 급증하는 복잡성의 형식으로 나타난다. 세포의 모든 분자는 다른 분자들의 촉매작용에 의해 구성된다. 글루코즈(혈당)는 세포의 삶에서 효소가 활동하는 최종적인 물질인데, 음식물에서부터 온다. 혈액은 혈당을 모든 세포의 삶에 운반한다. 효소는 화학 작용을 위해 생물학적인 촉매 역할을 하며 효소와 물질 관계의 네트워크에서 활동한다. 촉매작용은 환경과 기후에 민감하며 음식을 통해 들어온 물질은 자물쇠를 여는 열쇠처럼 또는 효소의 유도 작용에 의해 효소의 활성 부위에 들어온다. 촉매작용에서 효소는 들어온 물질에 보다 가깝게 적합하도록 맞추어지면서 효소의 비어 있는 활동적인 부위와 물질 사이에 응집력을 강화한다.

효소 조절 작용은 피드백을 제한하면서 모든 대사 과정을 촉진하고 음식을 통해 들어온 물질의 분자들을 생산한다. 촉매 기능은 매우 복잡한 효소 간에 상호적으로 일어나며, 대사 작용의 물질들은 에너지 혈당을 생산하는 데 사용되고 보다 큰 분자들을—음식물로 들어온 아미노산은 단백질 합성을 위해 사용된다— 합성한다.

촉매작용을 통해 효소 형성에 변화가 나타나는데, 효소는 비어 있는 활성 부위에서 끊임없이 음식물을 통해 들어온 새로운 물질들을 다양하게 산출한다. 이것은 집단적인 자동 분자 촉매작용으로 볼 수 있는데, 이러한 물질대사에서 일어나는 분해와 합성과 같은 화학 작용은 효소와 물질의 관계를 다양성과 복잡성으로 특징 짓는다.

한편 세포핵 안에 있는 2미터 정도의 길이가 되는 핵산 DNA를 포장하고 부피를 줄이는 것은 히스틴 단백질인데, 염색질의 대부분 단백질이다. 염색질은 DNA, 단백질과 RNA로 구성된 거대분자 복합체이다. 8개의 히스톤에 DNA 분자가 구슬처럼 감겨 있는 것이 뉴클레오솜인데, 이것은 염색질의 기본 구조가 된다. 염색질은 DNA가 유사분열하도록 하고, DNA 손상을 막고, 유전자 발현과 DNA 복제를 통제한다.

DNA 복구 효소는 염색질 안에 있는 히스톤 단백질 변형에서 볼 수 있는데, 이것은 DNA에서 나타나는 손상을 인지하고 고친다. 이러한 복구를 통해 유전자 정보 손실을 막고 돌연변이를 방지한다. 세포분열 과정에서 염색질은 더욱 꼬이고 응축되고 염색사를 거쳐 염색체를 형성한다. 동원체(중심절)는 복제된 염색분체에서 x 자 형태로 나타난다. 상동염색체(부모로 받은 대립 유전자)는 DNA 복제를 통해 자매염색분체가 되지만, 염색질의 역할은 중요하다. 여기서 변형된 히스톤(CENP-A)은 세포분열에서 DNA 시퀀싱(특정 염기 서열 결정)이 부재하는 경우에도 여전히 동원체(중심절)에만 결합하고 견고하게 유지해준다.

이것은 에피제네틱 유전의 실례(우울증 스트레스, 당뇨병, 암 위험 등)를 보여 주는데, 여기서 유전정보는 DNA 염기 서열 정보에 의해 결정되는 것이 아니라 히스톤 단백질과 크로마틴 리모델링에 의해 수행된다.[7] 분열기에 딸세포들이 동원체(중심절)에서부터 형성되며, 동원체는 각 세포로 정확한 숫자의 동일한 염색체가 이동하도록 해

---

7 Cooper, *The Cell*, 211.

주는 핵심적인 요소이다.

염색체에서 DNA 복제 과정은 세포가 분열하기 전(S기)에 일어나는데, 헬리카제 효소가 DNA 분자 시퀀스의 이중나선(A-T, T-A, G-C, C-G)를 Y 자로 열어준다. 이중나선의 왼쪽 가닥은 위에서 아래로 5'-3'방향이며, 오른쪽 가닥은 3'-5' 방향으로 반대이다. 이것은 반보존적 복제인데, 두 가닥으로 이루어진다. DNA를 복제하는 중합효소의 촉매작용은 새롭게 합성되는 선도 가닥을 복제 분기점의 진행 방향과 동일하게 5'-3' 방향에서 일어나게 돕는다. 지연가닥은 분기점 근처의 RNA 프라이머를 합성하면서 5'-3'방향의 짧고 불연속적인 DNA 가닥(오카자키 절편)으로 합성한다. 이런 절편들을 연속적인 가닥으로 하기 위해 DNA 연결 효소(ligase)가 이용된다.

그런가 하면 DNA의 유전정보를 메신저 RNA(DNA 복사)로 옮기는 전사 과정에서 RNA 중합 요소가 달라붙으면서 시작한다. 이것은 DNA 복제 과정과는 다르게 한쪽 가닥만을 정보로 삼아 옮겨 적는다. RNA가 합성된 후 DNA는 원상 복귀된다. 메신저 RNA는 DNA와 리보솜(RNA와 단백질 합성장소 또는 번역) 사이에서 매개 역할을 한다. 리보솜 구조는 세포핵 외부에 있는 세포질 기관인데, 단백질(구조 형성에 관여)과 효소(특수한 단백질 타입)가 만들어진다. 세포질은 젤라틴 같은 체액인데, 세포핵과 세포막 사이에서 흐른다. 여기서 기관들이 화학 반응을 위해 매개 역할을 한다.

이러한 세포의 네트워크에서 효소의 촉매 과정이 중요하게 나타나며, 유전자 발현과 정보에 결정적 역할을 미치는 것은 세포질과 히스톤 단백질로 나타난다. 유전정보는 DNA가 일방적으로 결정하지 않고 에피제네틱스의 환경 문화가 핵심 역할을 한다. 에피제네틱스 원리는 리차드 도킨슨나 에드워드 윌슨의 유전자 결정론의 결점을 폭로한다. 유전정보를 담고 있는 DNA가 사회, 종교, 문화를 주도하지 않는다. 원인-결과의 기초한 접근은 이 사이에서 작용되는 매개의 복잡성과 소통의 피드백 그리고 환경 문화를 고려하지 않고는 지지되기 어렵다.

시스템 생물학은 세포 내의 네트워크에서 세포와 환경 간의 역동적인 반응에 주목하고, 이러한 네트워크 안에서 연결되는 많은 다양한 경로들은 피드백 루프에 의해 조절되고, 이러한 회로 안에서 다양한 방식으로 소통(crosstalk)하면서 정보가 교환된다. 세포는 네트워크 안에 통합된 복잡성의 시스템으로 볼 수가 있다.[8]

시스템은 복잡한 유전자 정보와 전달에서 나타나는 촉매작용으로 인해 부분들의 총계보다 훨씬 크고 자기 조직의 구조와 역동적인 성질을 갖는다. 시스템의 자발적인 자기 조직은 창발적인 성격을 드러내며 다윈의 자연선택은 별다른 의미를 갖지 못한다. 화학적인 비안정성은 자동적으로 나타나는 것이 아니다. 촉매작용의 회로를 필요로 하며, 이것이 시스템을 규제하고 반복적인 자기 확장 피드백을 통해 비안정성의 지점으로 나간다. 화학작용과 동요와 확산은 비일직선적이며 비가역적인 과정으로 나타난다.[9]

복잡계의 역동성은 시스템이 작동하는 단계 공간을 궤도점(attractor)으로 부르는데, 시스템이 안정지점에 도달하면 진동과 마찰이 멈추면서 궤도점에서 정착한다. 궤도점에 정착되면 단계 공간에서 더 이상 변화가 일어나지 않는다. 그러나 사이클의 제한으로 인해

---

8 Ibid., 178.

9 Prigogine and Stengers, *Order out of Chaos*, 144.

외부로부터 궤도점에 압박이 주어지면 많은 다른 질서의 패턴들이 무질서, 즉 카오스 상태에 접근하며 새로운 역동성이 나타난다. 복잡성 시스템이 자기 조직과 환경적응의 특징을 드러낼 때, 이러한 적응은 선택적인 피드백의 과정에서 카오스의 상태에서 발생한다.

소산 구조는 무질서의 상태로 붕괴될 수 있거나 아니면 새로운 질서의 형태로 출현할 수도 있는데, 이것은 열린 외부환경과 이전 시스템의 발전과 역사에 의존된다. 역사와 구조는 접합되며 모든 살아 있는 시스템에 특징이 된다. 이러한 과학적인 통찰은 루만의 시스템 사회학에 구조의 중요성을 부여하며 또한 시스템 안에서 일어나는 촉매와 정보 그리고 매개를 부각시킨다. 이것은 여전히 시스템 안에서 구성원들의 역할, 즉 의미의 네트워크에 주목한다.

종교적 자연주의와 창발성

나는 소산 구조와 복잡성의 창발성 이론을 바르트의 말씀의 신학과 자연과학적 사유에 접합시킨다. 바르트의 말씀의 신학은 단순하지가 않다. 정규적인 차원에서 하나님의 말씀은 교회와 성서를 통해 선포되고 연구되지만, 전적 타자인 하나님은 교회 외부에서, 즉 세계와 창조의 세계를 통해 언제든지 교회를 향해 다르게 말씀하신다. 이것은 바르트의 말씀의 신학의 비정규적 차원에 속한다. 하나님의 말씀은 여전히 열려 있으며, 서로 다른 사회 문화적인 콘텍스트에서 항상 새롭게 시작되고 해석된다.

바르트의 프로렙시스적 사유나 자연과학과 기술에 대한 반성은 부분과 전체의 의미론적 연관성과 관련되고, 하나님은 화해의 스펙트럼에서 피조물의 생태적인 운동과 리듬에 자유와 생명을 허락하신다. 이러한 틀에서 바르트는 다윈의 진화론을 비판적으로 이해하길 원했다. 자연의 세계를 연구하는 진화론은 필요한 과학적인 가설이며, 교회는 이것을 배제해서는 안 된다. 인간은 자연과학과 생의학과 기술 진보가 없이 살아갈 수가 없다. 그럼에도 불구하고 이러한 자연과학적 분배나 생명과학의 정의는 사회에서 밀려난 자들의 공공선을 위해 조직되고 배려되어야 한다. 그러나 진화론이 성서가 말하는 창조와 화해 그리고 하나님의 은혜의 세계를 이해할 수도 없다.

소산 구조와 자기 조직성 내지 창발성은 살아있는 유기체의 집단 촉매 과정에서도 끊임없는 창조성을 드러낸다. 종교적 자연주의는 이러한 지속적 창조성을 하나님으로 부르기도 한다. 여기서 공동창조나 또는 진화에서 창발적인 접근은 생명 내재적 경향에 기초하며, 이것은 생존, 적응 그리고 유포 과정에서 나타나는 창조성과 복잡성 그리고 매개에 주목한다. 분쟁, 위기 그리고 전쟁을 넘어서서 새로운 질서와 세계로 출현하는데, 이것은 자기 생산적 원리와 동시에 집단적인 자동 촉매 시스템을 포괄한다. 오토포이에시스와 매개 시스템에서 살아있는 유기체의 복합성과 다양성이 분자들의 복잡한 작용을 통해서 출현한다.

집단적인 자동 촉매작용에서 생산자들의 복잡성의 웹은 따뜻하고 비가 많이 오는 것에서 형성되는 열대우림에서 볼 수 있다. 동남아나 중앙아프리카, 중남미 등지에서 볼 수 있는 열대우림은 복잡한 생태계를 형성하고 지구의 동식물 중에 절반 이상이 산다. 이것은 대기 중의 이산화탄소를 산소로 바꾸어 지구의 허파 구실을 한다.

기후변화를 막기 위해 아마존 등의 열대우림을 보호하는 것은 필수
적이다.

마찬가지로 인간의 몸은 걸어 다니는 생태 시스템이며 집단적
자동 촉매 네트워크로 이루어진다. 이것은 유기체의 적절한 배치,
공동 선택 그리고 상호 의존성으로 채워진 용광로와 같다. 공동 창조
의 복잡성의 웹은 사회, 정치, 경제, 문화 그리고 기술 시스템에도
적용된다. 여기서 하부 시스템들이 소셜 미디어나 교육, 학계 그리고
예술 등으로 새롭게 분화된다. 창발적인 복잡성에서 진화는 단순히
생존을 위한 잔인한 경주나 투쟁이 아니다. 유기체는 더 이상 사회
생물학에서 주장되는 것처럼 얌체 유전자의 작용을 돕는 도구에 불
과한 것이 아니다. 오히려 유기체의 피드백과 네트워크 그리고 매개
가 공생의 진화를 이끌어 간다. 생이란 처음부터 매개적이며 공생적
이다.[10]

공생하는 공동 창조는 종교적 자연주의를 함의하는데, 살아 있는
유기체의 복잡성과 창조성의 출현을 지적한다. 집단 자동 촉매의
네트워크는 살아있는 시스템을 구조(공간)와 질서(경계)를 구성하고
축적하면서 밀폐된 공간에서(뜨거운 물체가 차가운 물체로 흐르는) 엔트로
피(무질서) 증가를 억제한다.

공동 창조는 이런 측면에서 살아있는 유기체의 복합성이 어떻게
생의 머나먼 역사에서 자기 생산성으로 나타나는 지를 보여준다.
이것은 종교적인 의미를 가지며, 우리가 생의 신비에 직면하여 살아
간다. 펜실베니아대학의 생화학 교수인 슈트워트 카우프만은 시스

---

10 Peters and Hewlett, *Evolution from Creation to New Creation*, 60.

템 생물학으로 저명한 과학자이다. 그는 지구에서 생의 기원에 대한 오랜 연구를 통해 내린 결론은 다음과 같다. "완전히 자연적인 신은 바로 우주의 창조성이다."[11]

카우프만에 의하며 모든 살아있는 유기체들은 자율적인 행위자들로 볼 수 있고, 환경 안에서 비평형의 단계에서 스스로를 위해(목적론적으로) 활동하고 촉매작용을 한다. 유기체들은 열린 환경 안에서 화학작용에 의해 열역학 사이클에 따라 화학작용을 통해 재생산하는데, 세포의 활동에서 잘 나타난다. 재생산과 열린 환경(물질과 에너지공급)의 영향과 열역학 사이클이 카우프만의 새로운 조직 이론이 복잡성의 시스템에서 중요해진다.

복잡성의 시스템에서 생은 단순히 리보자임 RNA 분자의 자기복제가 아니라 집단적인 자동 촉매 집합에서 부분들이 상호작용하면서 전체적으로 돌연히 나타나는 창발로 볼 수가 있다. DNA은 RNA와 함께 뉴클레오타이드(인산/당/염기)를 구성하는데, 아미노산을 결합하면서 단백질 효소를 만들기도 하고, 외부 세계로부터 물질과 에너지를 얻어 화학작용을 통해 집단적으로 신진대사가 촉매되면서 생명이 시작된다. 열역학적인 사이클을 통해 세포막을 만들기도 하며 세포막은 물질의 출입을 제한하고 조절한다. 세포는 유전정보를 전달할 뿐만 아니라 자기 구조를 만들어 낸다. 이것은 촉매와 신진대사를 통해 구조와 한계를 만들어 내는 새로운 자기 조직 이론이다.

생명권 전체는 복합적인 웹에 엮여 있고, 생명 현상에는 모든 반응과 기능 그리고 변형은 생명의 구성 단위가 집단 촉매에 의해 매개

---

11 Kaufmann, *Reinventing the Sacred*, 6.

되며, 물질대사는 자기 조직의 시스템에 결정적이다. 생명은 집단적인 자동 촉매의 집합에서 나타나는 상호작용을 통해 새로운 종이 또 다른 새로운 종을 끌어들이고 함께 생태계에서 폭발적으로 공간을 확장해나간다. 이것은 생물권의 복잡성을 말하는데, 진화의 과정에서 새로운 유기체의 질서와 창조적인 생은 복합성의 네트워크에서 집단적인 자기 촉매작용을 통해 끊임없이 출현된다. 이것은 생태학적 과정 순환 안에 내재한 상호 혜택을 의미하며, 전체 집합 시스템은 복잡계이며, 분자의 물질에서 자기복제와 생산이 촉매되고 복제되며, 이것은 세포분열에 견줄 수가 있다. 결국 다윈의 진화론은 과학적 정당성을 가지기에 너무도 취약한 것으로 나타난다. 다윈의 진화론에서 프리고진의 소산 구조나 카우만의 시스템적 창발성은 찾아보기가 어렵다. 자연의 세계 안에서 새로운 변화와 생명이 공생과 매개를 통해 출현한다.

미래의 차원은 자연으로 복귀하는 것이 아니다

우리는 흐르는 시간을 되돌릴 수 없다. 일리아 프리고진이 말하는 것처럼 시간은 불가역적이다. 시간은 화살처럼 시위가 당겨져 날아가면 목표를 향해서 간다. 열역학 제2법칙이 이것을 말한다. 밀폐된 공간에서 따뜻한 음식은 식고 부패할 수밖에 없다.

이 지점에서 몰트만의 종말론의 신학은 설 자리가 없다. 몰트만에게서 미래는 장차 될 미래의 시간이 아니라 다가오는 대림(*adventus*)의 개념으로서 시간이 거꾸로 흐른다고 말한다.[12] 몰트만의 사변은 열역학 제2법칙과 대립되며, 프리고진의 시간 이해에서 볼 때 거절된다. 시간이 미래로부터 흐를 때 과거와 현재에서 저지르는 참담한 사회적 범죄와 전쟁에 대해 교회는 어떤 태도를 가져야 하나? 십자가에서 하나님이 고난을 받았다는 케노시스 이론으로 위로를 받아야 하나?

미래의 사변으로는 우주의 차원을 접근하기가 어렵다. 우주 자체는 역동적이며, 태양의 시스템 안에서 팽창하며 화살처럼 나간다. 은하계는 마치 젖이 흐르는 것처럼 뿌옇게 나타나지만, 태양 시스템을 포함한다. 블랙홀도 존재한다. 무수한 은하들이 존재한다. 에드윈 허블은 태양도 지구처럼 은하 주위를 공전한다고 말한다.

우주는 에피제네틱, 곧 후생 유전적이며 또 역사적이다. 우주의 진화에 영향을 미치는 주변 환경의 요소가 중요하다. 유전자가 인간의 삶을 결정하지 않는 것처럼, 우주 또한 결정론적이 아니라 시간의 화살과 더불어 비결정적으로 그리고 복합적으로 움직인다. 존재론적으로 우주는 미래로 열려 있지, 과거의 자연의 삶으로 회귀하지 않는다. 미래로부터 하나님의 창조 개념은 새 하늘과 새 땅이 그리스도의 부활을 통해 우주의 생에 들어갔고, 우주의 생은 새 창조의 원리인 부활에 의해 하나님의 미래로 이끌려 나간다. 시간의 근원으로서 하나님 안에 본래적 창조, 지속적 창조 그리고 미래의 완성이 구분되지만 연결된다.

창조와 역사는 둘 다 하나님의 미래를 향해 열려있는 시스템이다. 이러한 프로렙시스적 원리는 시스템적 사고와 생태학적 입장을 매개하고 종합한다. 이것은 과거 소급적인 차원, 즉 아남네스적인

---

12 Moltmann, *God in Creation*, 115.

차원을 포괄한다. 과거 소급적 존재론은 다음처럼 요약된다. "존재하는 것은 미래를 갖는다." 과거를 회상하는 것은 미래, 즉 하늘과 새 땅의 계기가 현재로 들어오는 것이다. 유대 기독교 전통에서 미래는 하나님이 인류에게 준 선물로 파악된다. 그러나 그것은 먼 훗날의 이야기가 아니라 지금 여기서 화해와 인정의 복음과 더불어 시작된다.

모든 피조물의 삶은 갱신되며, 이들은 상호 의존적이며 관련성 가운데 있다. 생태학적인 갱신은 유대 기독교 전통 이외에도 유교나 불교 그리고 이슬람에서도 작동한다. 살아있는 지구의 삶을 더 이상 고삐 풀린 성장, 무한 경쟁, 자유방임이라는 탐욕의 논리로 착취해서는 안 된다. 모든 피조물의 삶은 생의 영역에서 공생과 매개 그리고 협력을 보여준다.

미토콘드리아와 세포핵이 서로 공생한다. 유전자의 진행을 히스톤의 단백질이 매개하고 변이 상태를 치유하면서 좋은 환경을 만들어 준다. 이러한 에피제네틱은 '인식론적인 문화'로 표현되며, 수많은 효소의 매개 역할과 공생이 생명을 유지하는 데 큰 역할을 지적한다.

사자가 양과 함께 눕는 세상(사 11장)은 단순한 유토피아가 아니라 사자와 양들이 공생하는 새로운 자연과 생의 질서를 그린다. 자연과 인류 그리고 프로렙시스의 비전은 공론장의 정의를 위해 헌신한 자들에게 생태-윤리적인 지침을 제공한다. 프로렙시스적인 비전은 우리에게 잠재적인 능력이 주어지고, 현재의 기후변화와 같은 위기와 재앙 앞에서 신중하고 올바른 정책을 수행하고 행동을 취하도록 한다.

다윈의 진화론은 생태계의 복합성을 이해하지 못한다

생명권에서 오토포이에시스(자기 생산성)에는 자연법칙에 구애받지 않는 지속적 창조성이 집단적인 촉매를 통해 출현한다. 다윈의 전적응에 의하면, 생물의 진화에서 원래의 기능이나 특성이 이후에 다른 목적으로 적용된 것을 말하는데(외적응), 이러한 외적응을 가능하게 하는 것은 무엇인가? 이것은 미리 말할 수가 없다. 이러한 다양성의 진화는 시간의 화살을 통해 미래에서 나타나지, 자연선택이나 생존투쟁 그리고 이외의 다른 물리법칙을 넘어서기 때문에 비결정적이며 예측할 수 없다.

다윈은 심장의 기능은 피를 펌프질하는 것으로 자연적으로 선택된 것으로 보지만, 심장은 박동 소리도 낸다. 이것은 다윈이 말한 심장의 기능과는 다르다. 심장의 박동 소리는 전체 유기체의 한 부분인데, 이것을 알려면 유기체 시스템과 환경, 즉 전체성을 이해해야 한다.

생명체는 자기 조직의 자율성에 기초되며 다른 생명체가 살 수 있는 생태적인 공간과 지위를 만들어 낸다. 생태계는 집단적 자기 촉매 집합의 자발적 창발에 기초되며, 이러한 인접한 가능성에 기초한 창발성은 개인이나 공동체나 사회제도(경제) 또는 유기체나 생산과정 등에서 적용되는 가능성의 집합을 말한다. 매개 또는 촉매 과정을 통해 인접해서 나타나는 가능성은 생의 다양성들을 가능하게 하고 확장시키며 공동 진화의 조립(어셈블리)이 진행된다. 모든 먹이사슬은 매개적으로 순환된다.[13]

카우프만의 종교적 자연주의는 생명권에서 자연적 창조성을 성스러움으로 회복하고, 인간은 살아있는 유기체와 더불어 공동 건설자로 이해한다. 물론 여기서 자연적 창조성은 기독교의 인격적인 하나님과는 다르다. 하나님은 창조성과 의미의 근원이며, 상징적이며, 물질적인 영역에 적용될 수 있다.

이러한 입장은 진화의 창조성이 자연선택과는 무관하고 우연성이전에 자기 조직에서 스스로 발생한다. 결국 진화에서 나타나는 모든 창조성을 과학자들은 완전히 설명할 수 없다. 결국 자연선택을 기초로 생존투쟁과 적자생존은 시스템의 창발성 이론에서 적합하지 않다. 새로운 세계와 생명의 출현을 위해 공생과 매개와 상호 혜택이 존재한다. 더욱이 집단적인 자동 촉매작용과 오토포이에시스는 유전자 결정론을 넘어서서 에피제네틱스의 환경 문화를 중요하게 고려한다.

바르트: 프로렙시스 총체성과 탑-다운 방식

프로렙시스 원리는 포스트모던 총체성(holism) 개념과 관련되며, 창조의 앙상블은 부분적인 것들의 총계보다 더 크다. 이것은 미래로부터 하나님의 창조를 지적하며 과정신학을 넘어서서 하나님의 행동을 탑-다운 방식에서 파악한다. 하나님은 단순히 진화의 과정과 동일시되지 않으며, 과정신학은 하나님의 종말론적인 미래를 기획하지 못한다.

탑-다운 원인은 살아있는 유기체의 오토포이에시스에 열려 있

---

13 "The Adjacent Possible." A Talk with Stuart A. Kauffman, *Edge Video* (2003), 11-19.

으며, 세포와 같은 생물학적 시스템은 피드백과 순환적인 매개 역할에서 스스로 산출하는 자기 생산성을 보인다. 세포의 세계는 효소의 촉매작용과 세포의 순환적인 피드백과 재생산과정을 통해 공생의 패턴을 드러낸다.

한 걸음 더 나아가 프로렙시스의 탑-다운 인식론은 오토포이에시스를 하나님의 미래로부터 지속적인 창조의 과정으로 개념화하고 과정철학과는 다른 방향을 지적한다. 프로렙시스 총체성 또는 하나님의 미래에 대한 시스템적인 인식은 칼 바르트의 전체와 부분의 시스템에 대한 통찰에서도 중요하다. 자연과 우주적 생과 존재는 상호 의존되며 전체와 부분의 시스템을 드러내는데, 그것은 일반성이 특수하고 개별적인 것으로 분화되며 또한 특수하고 개별적인 것은 일반성에 예속된다. 전체는 오로지 부분 안에 존재하며, 마찬가지로 부분 또한 전체 안에 존재한다(CD IV/3.1:144).

이러한 바르트의 시스템적인 사고에서 중요한 것은 전체와 부분의 상호작용에 대한 두 가지 방식이다. 이것은 유기체의 반복적이며 갱신된 형태로 나타나는 패턴인데, 동일한 것은 네트워크 안에서 다르지만 질서 잡힌 특징과 다양성으로 나타난다. 복잡성의 상호작용은 부분과 전체에 서로 영향을 미치며, 이러한 시스템 작용은 부서지지 않고, 결코 중단되지 않는 사이클의 과정에 삽입된다(창 8:22).

전체와 부분의 상호작용에서 하나님은 자연의 생에 자유와 운동 그리고 지성적인 차원을 부여하며, 이들은 두 번째 원인으로서 첫 번째 원인자인 하나님과 관련된다. 하나님과 자연의 인과관계 또는 공존에서 하나님은 피조물의 이차적인 원인들인 세계의 무대에서 인간의 자유와 자연법칙을 존중하며 피조 세계의 자유로운 활동을 하나님의 영광을 위해 이끌어가신다. 이것은 바르트의 더블 에이전 시의 활동, 즉 하나님과 피조 세계의 활동에서 드러나는 하나님의 동행의 차원을 지적한다.

신학과 자연과학의 만남에서 드러나는 바르트의 모델은 피조 물의 활동의 상대적인 자율성에 관심한다. 피조물은 하나님의 자 유로운 은혜로운 사랑과 동행에 협력자로 살아간다. 하나님의 영 광은 예수 그리스도의 화해의 사랑과 은총의 능력에서 드러나며, 진화론적인 이차적인 원인은 일차적인 원인인 하나님의 행동을 동행 (concursus)과 은혜의 자유를 담고 있다. 이러한 하나님의 행동이 지 속적으로 피조물의 활동을 자유롭게 하고, 창발적으로 만들며, 하나 님의 창조적인 협력자로 만들어 간다(CD 4.3.1:110). 그러나 토마스 아퀴나스는 이러한 더블 에이전시에서 지속적인 창조와 화해 그리 고 프로렙시스적인 차원을 고려하지 못했다.

바르트에 의하면, 전체 시스템은 개별적이며 부분적인 영역에 침투해 들어가고, 이들의 관계와 참여에서 보다 포괄적인 통합적인 총체성을 이룬다. 부분과 전체에 대한 상호관계에 대한 시스템적인 견해는 바르트의 진화론에 대한 프로렙시스적 사고에 속한다. 우주 의 신비는 자체 상 지성적이며 질서가 잡혀 있고, 우리에게 알려질 수가 있고 또한 지성적이며 질서를 부여한다. 이러한 우주의 지성적 인 특질이 창발성, 즉 새로운 질서의 형식의 시작에 관여한다. 피조 물은 자유롭고 내재적이며, 피조된 영광의 무대인 세계에서 새롭게 출현한다. 자신의 존재와 리듬과 대립을 갖는다. 이들의 생은 자연법 에 묶여있지만, 여전히 자유롭게 활동한다.14

훗설적인 의미에서 바르트의 부분과 전체의 관계는 생활세계에 접근하며 그리스도의 화해를 통해 자연은 창조적인 삶을 가지고 살아간다. 이런 점에서 바르트의 시스템적인 견해는 과정철학을 수용한 이안 버버의 바르트의 평가와는 전혀 다르다. 바버에 의하면, 바르트는 하나님의 주권과 피조물의 자율성을 오로지 추상적으로만 파악한다.[15]

그러나 바르트는 부분과 전체의 상호작용 또는 시스템에서 복잡성의 네트워크를 고려하고 피조물의 협력과 자유로운 활동 그리고 새로운 출현을 부각시킨다. 이것은 동시 발생적 차원을 지적하는데, 아리스토텔레스의 세계의 영원성이나 아퀴나스의 창조의 유출설 또는 과정철학의 한계를 넘어선다.

아리스토텔레스에게서 하나님은 부동의 일자이며 자연과 피조물의 생에 관여하지 않는다. 오로지 인과관계의 원인자로서 초월적인 부동의 일자로 남아 있다. 하나님과 세계는 공동 영원성을 갖는다. 인간의 존재와 의지를 통해 하나님을 향해 접근하는 목적론적인 방향이 부각된다. 아리스토텔레스를 이어가는 토마스 아퀴나스에게서도 하나님은 부동의 일자이며 새로운 존재의 창발성이나 복잡성의 네트워크에서 드러나 피조물들의 창조적인 자유와 공생과 협력을 찾아보기가 어렵다. 여기서 화해를 통한 지속적인 창조와 하나님의 프로렙시스의 현재화는 실종된다. 그런가 하면 과정신학에서 하나님의 미래는 과정으로 함몰되고 만다. 그리고 지나간 과거의 유효한 역사는 과정을 위한 하나의 필연적인 단계가 되고 만다.

---

14 Ibid., 149.

15 Barbour, *Religion and Science*, 311.

현상학적 해명과 생활세계

이제 나는 생활세계론을 보다 철학-신학적으로 논의한다. 후설은 '유럽 학문의 위기와 선험적 현상학'에서 당대 자연과학에 의해 지배되는 문화와 학문의 위기를 진단했다. 이러한 위기는 17세기 갈릴레오와 뉴턴의 근대 과학혁명에서부터 시작되었다. 이것은 자연과 세계에 대한 수학화로 표현된다. 근대 과학의 아버지 갈릴레오(1564~1642)는 역사, 사회 그리고 자연(세계의 복합성)의 전체 관계를 기술 지배와 수학 공식으로 환원했다. 자연의 책은 수학의 언어로 쓰였다. 이것은 경험과 관찰에 기초한 갈릴레오의 자연철학(물리학)의 새로운 방법론이었다. 모든 존재하는 것들은 수학의 인덱스로 환원된다. 예를 들어 모양이나 크기나 위치나 숫자 등과 같은 일차적인 특질들은 수학적으로 표현되지만, 이차적인 특질들(색깔, 맛, 따뜻함, 냄새)은 수학의 언어로 표현될 수가 없다.

그러나 갈릴레오는 수학으로 표현될 수 없는 이차적인 자료들을 감각적인 신체에만 있는 텅 빈 이름으로, 즉 존재하지 않는 것으로 간주했다. 귀, 눈, 혀와 코를 제거해버리면 이차적인 특질들은 사라진다. 색깔의 성질은 간접적으로 파장의 길이로 환원함으로써 그리고 따뜻한 성질은 간접적으로 전자나 원자나 분자의 움직임으로 환원함으로써 수학적으로 표현할 수 있다. 이러한 수학의 형식주의를 통해 세계는 객관적인 실재로 완벽하게 설명되고 우리가 경험하는 세계와는 전혀 다른 접근을 보여준다.[16]

---

16 후설, 『유럽학문의 위기와 선험적 현상학』, 97.

과학 이전 세계의 경험, 즉 생활세계는 과학적 세계에 의해 단순한 환상으로 폭로된다. 수학적인 모델만이 전적으로 객관적인 실재인 자연세계를 대변하는 기획으로 드러나며, 이것은 자연과 세계에 대해 수학 공식으로 파악한 근대의 건설 프로젝트에 속한다. 자연의 수학화는 자연에 대한 경험과 관찰을 수학적인 용어로 번역하기보다는 수학 모델을 통해 살아있는 자연의 생을 대변하고 지배하며, 생활세계의 풍부한 의미(전통, 문화 역사, 사회 종교 등)는 사라진다. 더욱이 과학으로 환원될 수 없는 풍부한 생활세계에 대한 경험은 이제 수학 공식의 인덱스로 포함된다.

동시대에 활동하던 데카르트(1596~1650)에게서 이러한 과학적 방법론은 철학적으로 마음과 물질의 이분화로 개념화된다. 세계에 대한 기계론적인 견해가 태동하고, 이후 아이작 뉴턴(1642~1727)의 물리학에서 자연은 법칙에 따라 작동되는 기계 개념(만유인력의 법칙)에서 정점에 달한다. 수학은 이러한 자연 기계를 예측하는 법칙을 표현한다. 이러한 자연과학적 사유가 철학적으로 표현되는 것이 칸트의 『순수이성비판』이다. 인간의 의식과 오성 안에는 자연의 세계를 표상하는 선험적인 구조가 이미 들어와 있고, 인간은 물 자체를 파악할 수가 없다. 칸트에게 비판이란 인식 작용의 한계 설정을 의미한다.

그러나 후설은 세계의 수학화에 비판적이며 근대 자연과학의 환원주의에 저항한다. 그의 생활세계 개념은 기술 지배에 종속되지 않고 세계와 환경의 지평을 제공하는 선험적인 아프리오리로 나타나며, 오히려 역사적 과정과 사회 구성 안에서 드러나는 부식과 변질에 대한 책임적 비판의 근원으로 작용한다. 이러한 변질과 부식은 전통의 침전에 붙잡혀 있는 편견과 불명료함으로 인해 발생하며 인간을 관계의 총체성을 향한 해방의 기획으로 안내한다.

생활세계는 선험적인 의미구조로서 삶의 지향성과 언어행위 그리고 타자와의 신체적 공감을 통해 표현된다. 문화의 영역에서 의미는 가치의 체계로 이루어진다. 삶의 가치 체계는 문화적인 공감 윤리에 토대를 제공하며, 이 안에서 상호주체는 가치 합리성을 강화하고 의미와 자유의 상실에 처한 후기 근대성의 현실에 대한 내재적 비판과 더불어 해방의 기획을 한다. 생활세계의 존재론은 인간의 의식이 과거 지향과 미래 지향의 연속성에 움직이며 또한 타자와 더불어 타인과 더불어 살아가는 공동 주체와 세계를 지적한다.17

생활세계는 유럽, 아프리카, 라틴 아메리카 그리고 아시아 등에서 다르게 나타나지만, 각각의 문화에서 이해와 존재의 일반 구조로 작동된다. 다양한 생활세계는 풍요롭게 만들어지며 모든 상대성에도 불구하고 선험 세계, 즉 보편적 구조를 갖는다.18

생활세계 구조와 풍요로움은 인간 존재에 대한 일차원적인 이해를 거절하며, 자연의 수학화를 넘어서서 생활세계는 기술에 통제된 자연이 아니라 생명계의 네트워크와 복잡성 그리고 새로운 생명의 출현에 대한 함의를 내포한다. 역사와 사회가 생활세계에 의해 영향을 받고 해석학적인 대화와 소통을 통해 문화 세계를 풍부하게 한다면, 서로 다른 생활세계의 사회들과의 협력과 공동의 선을 추구하는 기획을 제공해 준다.

더 나아가 자연에 대한 접근에서 생태계는 생명계(나는 자연에 대한

---

17 Ibid., 309.
18 Ibid., 268.

생활세계를 생명계로 표현한다)의 살아 있는 유기체들의 협력과 매개 그리고 창발성의 근거로 나타난다. 그러나 생명계는 열린 환경과 상호작용하는 소산 구조와 더불어 리좀의 뿌리적 연결망(들뢰즈)을 토양 속의 균사와의 공생관계나 나무의 성장으로부터 분리하지 않는다. 생활세계는 리좀과 상호 관련되는 급진성과 열린 이해의 지평 그리고 다른 전통과 문화들에서 나타나는 기능적인 차이와 분화들을 인정하는 환경 현상학의 토대가 된다.

후설은 인간의 의식과 자연의 생을 묶어주는 생활세계를 전적 타자인 하나님과 동일시하지 않았다. 바르트적으로 표현해 보면, 하나님은 화해의 사건을 통해 생활세계 안에 들어와 있다. 생활세계로의 복귀는 윤리적 가치 체계를 재구성하며 기술적 합리성과 정보 존재 양식에 대해 내재적 비판의 차원을 갖는다.

신학적으로 말하면 생활세계는 그리스도 안에서 하나님이 화해한 세계를 지적한다. 이것은 공공선 거버넌스와 타자와 다름을 인정하는 문화적 태도이며 또한 편견과 위계질서 그리고 불명료함으로 침전된 전통을 책임적으로 비판하며 새로운 사회를 위해 해방을 기획한다. 생활세계의 존재론이 이론적 실천의 토대로서 학문의 주제로 등장하듯이, 화해론의 세계 지평이 공공신학의 중심으로 드러난다.

인간의 이해가 세계라는 삶의 지평의 통일성에 놓여있는 한, 이러한 인식론은 양자 이론의 개연성에 비견될 수 있고, 예측할 수 없는 양자 측정의 성격을 드러낸다. 양자를 측정할 때 파도와 분자와 같은 상호보충적인 성격은 기계론적인 확실성을 상대화한다. 생활세계의 작동이라는 측면에서 보면 측량과 상호 연관에서 나타나는 행위자의 선택은 여전히 합리적이다. 그러나 나의 진리는 타자의 진리에 의존된다. 진리는 세계 내 존재하는 것들과의 지향적 관계에서 파악된다. 이러한 진리의 상호 의존성은 후설의 현상학이 시스템적인 성격을 부각시키며, 그것은 학제적 소통에서 전개된다.[19]

생활세계는 자연과학과 인식론에서 잊힌 의미 토대로 고려될 수가 있다. 생활세계의 프로렙시스는 배를 조정하는 인간이라는 메타포와 더불어 시스템적 사고를 강화해 주며 의미와 가치 체계의 상호 연관성을 통해 새로운 세계를 구성한다. 이것은 의미 지평과 확대 그리고 종합을 통해 과거에 침전된 불명료함과 편견에 대한 책임적인 비판과 해방을 기획하며 새로운 질서를 확장해나가는 지속적인 창조와도 같다.

인간의 이성이나 시스템은 언어와 생활세계의 선험적 구조에 의해 영향을 받는다. 구조 변화는 시스템의 내적인 역동성에 미치는 열린 환경의 영향의 귀결로 드러난다. 각자 시스템 간의 구조 결합은 세계의 복잡성을 통해 나타나며, 구조의 새로운 변화는 비일직선적이며 예측할 수 없는 방식으로 진행된다. 이런 점에서 시스템의 환경 안에 닫혀진 작동의 원리는 시스템의 정체성을 표현하지만, 그 진정성은 고착된 것이 아니라 유기체의 소산 구조에 의해 결정된다. 비가역적이며 비평형적인 소산 구조는 생활세계의 일반 이론에 공명한다.

생활세계의 관점에서 보면 자기 생산성의 시스템은 자기 정체성을 환경에 구속된 것을 보여주며, 닫혀진 작동은 환경에 의해 결정된다. 이것은 자기를 네트워크 안에서 창출하며 영구화시킨다. 이것은 시스템의 변형과정을 통해 대처되기도 하며, 구조적인 결합을 통해

---

19 Smith, *Husserl*, 75.

인식론적 파열로 나타나면서 새로운 질서로 나간다. 이러한 구조적 입장은 생명의 진화를 알랑 비탈(베르그송/들뢰즈)에서 기초한 형이상학을 교정한다. 진화는 알랑 비탈이 아니라 오토포이에시스와 세포의 네트워크에서 일어나는 집단적 촉매작용, 근접한 생의 가능성 그리고 공생에서 일어난다. 소산 구조에서 나타나는 새로운 질서의 출현은 알랑 비탈이 아니라 열린 환경과의 살아있는 유기체의 상호작용에서 비평형상태인 무질서와 복잡성에서 나타난다. 다양체는 변이와 과정 그리고 생성 중에 있고, 의식의 흐름과 지속에서 겹쳐지고, 풍부한 내용으로 나타나지만, 끊임없는 생활세계와의 영향을 통해 의미와 자유의 진보와 해방으로 드러난다.

인식론적 상호작용, 구조 결합, 작동의 닫힘과 파열 등과 같은 시스템의 성격은 현상학적인 의미에서 생활세계의 환경적인 실제와 대립하지 않는다. 욕망과 충족의 체계 변화(헤겔)는 이러한 구조론적인 측면에서 비판과 해방을 위해 여전히 중요하며 구조 변혁과 함께 인간을 욕망 주체로 파악한다.

생활세계, 프로렙시스 그리고 사회 구성

이제 나는 생활세계에 대한 프로렙스적인 견해를 통해 칠레의 산티아고 학파 이론을 검토한다. 자기의식은 언어에 묶여 있고, 언어에 대한 접근은 소통에 대한 신중한 분석에서 행해진다. 이것은 살아있는 유기체들 사이에서 일어나는 행동을 상호적으로 배열하고 구조적인 결합을 시도한다. 언어적인 구분은 구조 결합의 네트워크에 존재하며 언어소통을 통해 엮어진다. 의미는 자기반성을 통해 언어적인 구분과 소통에서 일어난다. 인간이 된다는 것은 언어와 소통 속에서 살아가는 것을 말하며, 나의 행동을 타자와의 관계에서 상호 배열하고, 이들과 더불어 세계를 산출한다.[20]

자기반성 의식을 기초로 산티아고 이론은 상호주관적인 소통과 고전과 문학 텍스트의 세계와의 해석학적 대화의 차원을 포기할 필요가 없다. 이러한 상호주관적인 또는 텍스트의 세계와의 대화를 통해 우리는 타자와 더불어 세계를 산출하고, 의미의 지평을 확대하고, 비판적인 사고와 과거의 침전된 습속과 권위로부터 해방을 기획한다.

현상학적으로 볼 때 인간의 의식은 내적인 시간의 흐름에 있다. 이것은 프리고진의 시간의 화살에 상응한다. 내적인 시간의 흐름은 첫 번째 흘러간 시간 경험과 미래에 대한 예기적 의식 사이에서 나타나는데, 이것을 생생한 현재화를 하는 것은 반성이다. 상호 주관적인 차원에서 중요한 것은 반성과 더불어 시스템(삶의 형식) 안에 있는 인간의 신체이다. 타자의 신체와 소통과 공감을 하면서 언어와 문화를 통해 생활세계의 의미를 공유하고, 역동적인 이해의 윤곽을 보충하고 확정한다. 이러한 이해의 지평 과정에서 우리의 삶에 들어온 습속과 침전의 층—당연시 여기는 자연적 태도—을 해체하면서 타자와 더불어 새롭게 삶의 형식과 시스템을 구성해나간다. 타자는 나에게 공감의 의도성을 제시하며, 나와 더불어 인격적이며 윤리적인 존재로서 생생한 현재로 드러난다. 상호주관적 소통에서 나와 너의 실천적 행동은 세계를 공동으로 그리고 민주주의적으로 구성한다. 하나

---

20 Maturana and Varela, *The Tree of Knowledge*, 244.

님으로부터 오는 생활세계의 의미는 가능한 미래 경험을 위한 지평을 삶의 형식을 위해 열어준다. 생활세계의 보편적 지평 구조가 반성과 의미 그리고 상호 주관성과 삶의 형식에 기초한 사회에 새로운 방향과 미래적 차원을 상호주관적 인정과 공감 그리고 문화적 습속의 침전에 대한 비판 그리고 해방을 통해 제공한다.

세계를 구성하는 것(헤겔적인 의미에서 외재화)은 구조적으로 생활세계와 결합되고, 우리의 이해와 사회 그리고 문화를 언어와 사회적 소통을 통해 강조하며, 타자와 생명계의 공감을 기초로 한 가치 윤리—정언명법—를 지향한다. 반성과 상호 주관적 공감은 선험적 사실주의(생활세계의 상호 연관성)에 기초되며, 인간의 삶이 환경에 의존적인 가치 윤리에 결정적이다.

데리다의 후설 비판과 삶의 형식

데리다에 의하면, 후설의 현상학은 현전에 대한 인식론적이며 형이상학적 가치를 강조하는데, 이것은 후설의 전체 철학의 편견에 불과하다. 현전이 후설의 의미론에 기초되는데, 데리다는 이러한 문제를 후설의 언어이해에서 본다. 객관적인 의미(노에마)가 주체에 스스로를 드러내듯이 의식(노에시스) 또한 직접적인 의도성을 통해 자기 현전화를 한다.

데리다에 의하면 존재를 의미 현전과 자기 현존으로 해석하는 것은 후설의 의식과 의미 영역의 상관관계인데, 이것은 허구이다. 데리다의 해체는 파괴라기보다는 비판 또는 헤겔적인 의미에서 부정을 담지만, 특히 현상학과 음성(로고스중심)주의에서 나타나는 진리의 의미를 파괴한다. 문자 언어와 글쓰기를 통해 진리의 비결정성과 상대주의, 심지어 허무주의를 드러낸다.[21]

데리다와는 달리 후설의 언어 개념은 문법과 표현의 구분에 기초하지만, 언어는 표현과 소통에서 전거를 가지며, 의미를 갖는다. 후설에게서 문법이나 기호는 표현하기 위한 전거로만 중요하지 텅 빈 기표만 부각되는 경우는 거의 없다. 표현의 의미 내용이 이상적이며 기표나 기록된 문자에 사고와 영향을 불어넣는다. 후설에게 나의 노에마의 현전을 가능하게 하는 것은 생활세계로부터 오며, 생활세계 안에서 언어는 자기 전거와 표현 그리고 타자와의 소통을 통해 공동의 삶의 형식을 만들어 간다. 이것은 두꺼운 기술의 현상학을 지적하며, 의미의 현전은 방법적 관점주의(지향성, 윤곽 보충, 지평 확대와 구성)와 함께 삶의 형식을 타자와 더불어 공동의 의미 세계를 만들어 갈 때 드러난다. 그러나 원근법과 의미 현전은 일회적이 아니라 생활세계로부터 나오며 타자와 더불어 소통과 삶의 문법과 규칙을 지키면서 지속적으로 형성된다. 삶의 지향적 분석에는 인간의 신체와 정신이 포함되며 지평은 끊임없이 확장되고 접근된다.[22]

이러한 생활세계의 인식론은 기호학(문법)과 표현의 연결망을 통합하고 상호 주관적 소통과 삶의 실천 형식의 다양성을 고려한다. 노에시스와 노에마가 상관관계에 있는 것처럼, 문법과 표현 또한 상관관계에서 파악되어야 한다. 의미 내용이 자기의식에 이미 이상적인 것으로 현전한다면, 이것은 자기 반복과 대변을 통해 내적인 독백으로 머물지, 타자와의 소통을 불가능하게 한다. 데리다에 의하

---

21 Derrida, *Grammatology*, 10.
22 후설, 『유럽학문의 위기와 선험적 현상학』, 298, 300.

면, 언어에서 스스로 현전하는 것은 비현존, 즉 부재를 드러내며, 이것은 타자, 다름(차이와 지연) 또는 타재성이다.[23]

데리다는 상당한 정도로 하이데거의『존재와 시간』에서 나타나는 형이상학의 파괴 내지 해체를 차용하고 여과 없이 후설 해체로 이어진다. 데리다의 해체 철학은 과거와 현재와 미래를 벗어나 있는 차연의 무한한 게임에 근거해 있다. 그의 그라마톨로지(문자 언어)에서 음성 언어는 진리를 표현할 수가 없다. 문자의 언어가 먼저 있었고 로고스 중심주의에 종언을 고한다. 글쓰기에서 소통의 대상은 부재하며, 의미는 심지어 저자 자신에게도 현재하지 않는다. 진리와 의미는 차연의 네트워크에서 현재에 결정되는 것이 아니라 미래로 지연된다. 텍스트 외부에 아무것도 존재하지 않는다. 차연만이 존재하며 진리의 상대주의 내지 허무주의가 나타난다.

그러나 데리다와는 달리 단어의 의미는 현전의 형이상학이나 또는 차연의 장난이 아니라 언어의 다양한 사용과 삶의 형식에서 문화적으로 결정된다. 기호의 생명은 언어의 콘텍스트와 다차적 사용과 활동, 다시 말해 사건 보도나 이야기를 만들거나 가설을 세우고 테스트를 하거나 농담 등을 하는 것과 같은 언어의 공적 활동과 게임(비트겐슈타인)에 의존한다. 이것은 언어가 문법과 규칙과 삶의 활동에 의해 지배되는 것을 보여주며, 생활세계의 그물망 안에 있음을 보여준다.

프랑스 언어 중심주의에 기초한 데리다의 다름과 연기 또한 언어의 복잡한 게임과 활동, 다시 말해 가족의 유사함이나 다름의 네트워크에서 결정된다. 사실 동일한 개념도 폭넓은 삶의 형식 안에서 다르

---

23 Derrida, *Speech and Phenomena*, 55, 120-160.

게 사용된다. 언어의 다차적 사용과 가족의 유사함과 다름의 네트워크에서 중요한 것은 규칙을 배우고 바르게 지키는 것인데, 이것은 데리다가 비판하는 현전의 형이상학이나 본질주의와는 상관없다.

타자의 활동이 나의 의식에 영향을 미친다. 언어의 활동이나 삶의 형식은 언어의 규칙과 일치하여 나타난다. 발화 행위가 의미가 있으려면 원칙적으로 공적인 기준과 정확한 기준에 따라 수행되어야 한다. 차연과 같은 개인적인 말장난이 아니라 공적인 규칙에 의해 지배되고 모두가 이해되는 언어가 의미와 진리를 갖는다.[24]

생활세계와 삶의 형식

비트겐슈타인의 언어철학은 후설에게 중요한 반향을 갖는다. 후설은 언어의 활동을 선험적인 문법과 표현 그리고 소통에 기초한다. 일차적으로 언어가 의미를 갖는 것은 소통에서이다. 문법에서 조직되는 이상적인 내용은 여전히 비어 있고 상호주관적 소통에서 실현된다. 그러나 언어의 의미는 문법에서 출현하며, 단어의 의미는 화자의 의도와는 상관없이 문장의 규칙에서 나타난다. 단어의 기능(명사, 동사, 형용사 등)과 문법은 연결되어 있으며, 먼저 의미가 여기서 구성된다.[25]

언어는 문법과 문장의 규칙에서 형성되며(의미론적 서클) 상호주관적으로 소통되면서 삶의 형식 내지 시스템을 구성하고 반복되지만, 다른 콘텍스트에서 다른 의미를 획득한다. 다른 언어로 번역이

---

24 Wittgenstein, *Philosophical Investigation*, 261.
25 Husserl, *Fourth Logical Investigation* § 4, 54.

되기도 한다. 이러한 의미론적 서클이 언어의 기호를 선험적인 기의(생활세계)에 관련하여 표현하게 한다. 그럼에도 불구하고 생활세계는 기호나 의미에 환원되지 않고 다른 생활세계의 언어나 의미를 인정하고 진리와 의미 체계에 열려 있다.

이 지점에서 후설의 현상학과 비트겐슈타인의 언어게임이 만난다. 문법은 정확한 문장의 규칙과 의미론적 사용으로 이루어지며, 더 나아가 언어의 본질에 관련된 다차적 활동은 삶의 형식에서 특수한 규칙에 의해 지배되는 활동으로 파악된다. 언어의 본질은 문법에서 표현되며 소통을 통해 문법의 규칙을 지키면서 삶의 형식에서 다차적 활동으로 나타난다. 문법은 언어게임이 엮어져 있는 활동 안에 자리한다. 언어행위가 이러한 활동, 즉 삶의 형식의 부분이 된다.[26] 언어의 기능을 가능하게 하는 것은 역사나 문화나 사회와 같은 삶의 형식 내지 배경이며 참여자들이 공유하는 전거의 시스템인데, 이것은 후설의 생활세계 이론에 접근한다.

더욱이 후설의 기본입장은 의식과 의미 영역의 상관관계에서 의미는 자동적으로 주어지는 것이 아니라 반성을 통해 의식의 흐름 안에서 단계적으로 나타나며, 현전의 형이상학이 아니라 생활세계의 지평에 의해 의미가 갱신되고 확장된다. 여기서 타자는 다름이나 차연으로 사라지는 것이 아니라 주체와 동일한 현재화로 제시되며, 의미론적 순환(언어의 삶의 형식과 공감의 윤리)을 통해 공동으로 책임적인 비판과 해방의 세계를 향해 기획해 나간다. 결국 후설의 언어철학과 생활세계가 데리다의 문자학을 문제틀한다.

---

26 Ibid., 23.

바르트: 공공신학과 생활세계

강연을 거치면서 나는 바르트의 화해론과 말씀의 신학의 폭넓은 스펙트럼 그리고 더블 에이전시를 통해 그의 부분과 전체의 양자역학적인 차원과 프로렙스적 통찰을 후설의 생활세계론과 소산 구조 그리고 오토포이에시스로 접합시켰다. 물론 이것은 하나의 출발이고 시론에 불과하며, 바르트의 담대한 신학의 정신을 이어가는 후학들을 통해 새로운 방향으로 전개될 필요가 있다. 한신대 신학부에서 바르트 신학을 접하고 이후 교수 은퇴할 때까지 미국의 신학대학원에서 바르트를 가르치고, 신정통주의라는 코미디 같은 그룹에 가장 강력한 비판가로 글을 쓰고 강연을 했다. 바르트는 공론장에서 새롭게 재해석될 필요가 있으며, 비판적으로 발전될 필요가 있다.

"바르트안이 되지 마라" ─ 칼 바르트가 프리델 마르크바르트에게 한 말이다. 나 역시 이런 말을 유럽의 스승으로부터 들었다. 이른바 바르트안들은 얼마나 바르트를 아는가? 나는 바르트를 공공신학자로 발전시키기 위해 현상학적 사회학을 전문으로 연구했다. 후설의 생활세계 인식론과 문화 언어적 전환은 공공신학이 사회 시스템을 발전시키는 데 중요한 통찰을 제공한다. 이것은 종교적 담론과 행위자의 역할 그리고 사회 시스템들과 기능적 분화를 다룰 때 비-상호 주관적, 즉 포스트사회적 관계에 주목하는데, 여기서 환경 세계는 사회의 객관적 사실로 등장한다. 이것은 개인의 정체성이나 인간관계를 매개하고 문화적인 진정성을 형성할 때 결정적인 역할을 한다. 인식론적 환경 문화는 친화력, 필요성 그리고 역사적 일치에 의해 형성되는데, 이것을 통해 우리에게 주어진 영역에서 알게 된다.

객관적으로 주어진 사회적 사실들이나 이에 결부된 에피스테메에서, 즉 환경 세계에서 우리는 인식한다.[27]

　인식론적 문화는 자기 생산적인 성격을 가지며 구조적인 환경을 제공한다. 지식은 생산과 유포와 팽창을 통해 글로벌 지식사회로 확대되며, 객관적 에피스테메의 외부환경과 변형들은 상징적인 물질적 이익과 권력관계의 그물망 그리고 이데올로기적 정당성에서 일어난다. 시스템은 상징 물질적인 이해에 따라 배열되며, 사회 위계질서에 기초된 구조 변화는 권력관계에 따라 계층화가 된다. 이러한 시스템적인 인식론은 사회 문화적 실제에 대해 종교적 담론이 미치는 영향과 구성을 파악하는 데 매우 중요하며, 여기서 종교적 이념과 물질적 이익 그리고 권력관계에서 드러나는 선택적 친화력은 역사의 과정과 사회의 조건에 따라 다양하게 나타나며, 지배 방식은 다차적인 공론장에서 기능적으로 분화된다. 이념은 지속적인 피드백을 거치며 역사의 흐름에서 실제로 작동되면서 본래적 입장에서 동요하기도 하고, 이탈하기도 하며 또한 조정되기도 한다.

　공공신학자는 사회과학자들처럼 배를 조종하는 사람처럼 이념의 보트를 의도성에 따라 움직이면서 인과적으로 적합한 다차적 요소들 사이에서 선택적 친화력을 관찰하고, 어떤 물질적인 이익이 본래의 이념에서 빗나가게 하며 또한 어떤 권력관계가 이념과 실천을 통한 지배 방식을 결정하며, 이데올로기적으로 사회적 담론을 정당화하는지를 일탈, 조절, 남용을 통해 파악한다.

　이러한 인식의 절차는 사회학적이며 또한 사이버네틱 피드백의

---

27 Cetina, *Epistemic Cultures*, 1.

순환을 결합하고, 각자의 시스템의 자기 생산성과 자율성 그리고 창조성을 중요하게 고려한다. 동시에 이것은 선택적 친화력 안에 담겨 있는 본래적 이념의 내재적 비판(삶의 지향성)을 유지하고, 역사의 전개 과정과 사회적 조건에서 드러나는 권력관계를 통한 이념의 일탈과 컨트롤과 남용을 이데올로기적으로 정당화하지 않는다. 하나님의 미래에 대한 종교적 이념과 프로렙시스적 의식은 미래가 과거와 현재를 비추어주는 측면에 주목한다(계 22:5).

생활세계에 기초된 인식론적인 총체성은 진화(자기 조직에서 나타나는 기능 분화)와 혁명(소산 구조 안에서 나타나는 구조와 질서의 새로운 변화)을 복잡성, 촉매작용 그리고 공동 창조성을 통해 접합한다. 이러한 오토포이에시스에 기초한 구조 변화 이론은 사회학적으로 유용화하고 상호 관련, 창발성, 생명계의 공감의 가치 윤리 그리고 새로운 근접성에 주목한다.

간략히 말하면 인식론적 문화는 이념과 삶의 지향성이 행위자의 역할에서 어떤 선택적 친화력이 다음과 같은 영역에서 나타나는지에 주목한다: 물질적 이해, 권력의 지배관계, 신분/계급, 이데올로기적 정당성. 이러한 영역들은 사회발전과 더불어 계층화되고, 분화되고, 전문화되면서 계급과 신분이 새롭게 설정된다. 역사와 사회에서 이념과 물질적인 삶의 괴리나 일탈은 삶의 지향성과 생활세계의 빛에서 내재적으로 비판된다. 생활세계는 의미 구조로서 인간의 삶안에 전통과 문화와 언어를 통해 침전되어 있다. 이러한 침전에는 불명료함과 편견 그리고 위계적인 권위가 있으며, 생활세계에 대한 사회학적 반성은 하나님과 화해된 세계와 관련하여 공공신학적으로 발전된다. 화해의 의미는 공론장에서 비인격적 실재들의 지배(생활세계의 파시즘화)에 대한 저항과 예속된 자들과의 연대 그리고 다름에 대한 인정으로 구체화된다.

바르트의 화해론과 비인격적인 실제들의 하나님 없는 폭력들에 대한 비판은—특히 그의 자본주의와 관료제 비판과 더불어— 상당한 정도로 사회학적이다. 이런 점에서 공공신학은 화해의 의미와 생활세계를 사회학적으로 접합시키면서 삶의 지향성을 통해 지배 방식과 시민사회의 방어를 위해 책임적인 비판, 인정 그리고 해방을 통해 공공선의 거버넌스를 지향한다. 자연과학과 유전공학, 의학윤리, 기술 진보의 문제는 공공선을 위해, 특히 사회로부터 밀려난 암 하레츠와 아게네스(고전 1:28)의 안전망을 위해 조직화되어야 한다.

참 고 문 헌

게오르그 루카치/박정호·조만영.『역사와 계급의식』거름, 1986.

금장태.『다산 정약용』. 서울: 살림, 2007.

김형찬.『공자』. 서울: 홍익, 1987.

박경환.『맹자』. 서울: 홍익, 2008.

송영배.『중국사회사상사』. 서울: 한길사, 1986.

정대성. "계몽의 극한으로서의 사회진화론의 철학적 의의."「철학논집」 vol. 58(2019): 205-230.

정승훈.『종교개혁과 칼빈의 영성』. 대한기독교서회, 2000.

_____.『칼 바르트와 동시대성의 신학』. 서울: 대한기독교서회, 2006.

풍우란/박성규.『중국철학사 (상)』. 서울: 까치, 1999.

허교진.『칼 마르크스 프랑스 혁명사 3부작』. 서울: 소나무, 1987.

홍영남. "황교수 사태와 연구윤리." (2008. 04. 06.)
   https://snu.ac.kr/snunow/ snu_story?md= v&bbsidx=79807

Alexander, Leo. "Medical Science under Dictatorship." *New England Journal of Medicine* 241 (1949): 39-47.

Althusser, Louis and Etienne Balibar, *Reading Capital*, trans. Ben Brewster. London: Verso, 1979.

Amin, Samir. *Capitalism in the Age of Globalization: The Management of Contemporary Society*. London & New York: Zed Books, 1998.

_____. *Eurocentrism: Modernity, Religion and Democracy*. trans. Russel Moore and James Membrez. New York: Monthly Review Press, 2009.

_____. "Modes of Production and Social Formations." *Ufahamu: A Journal of African Studies*, 4^3 (1974).

Arghiri, Emmanuel. *Unequal Exchange: A Study of the Imperialism of Trade*. trans. Brian Pearce. New York: Monthly Review, 1972.

Aristotle. *The Politics*. ed. and trans. Ernest Barker. New York: Oxford University Press, 1946.

_____. *A New Aristotle Reader*. ed. J.L. Ackrill. Princeton, New Jersey: Princeton University Press, 1987.

Arrighi, Giovani. *The Long Twentieth Century: Money, Power and the Origins of Our Times*. London: Verso, 1994.

Augustine. *City of God.* trans. Gerald G. Walsh, et al. Garden City, N.Y.: Doubleday, 1958.

Baran, Paul A. and Paul Sweezy. *Monopoly Capital: An Essay on the American Economic Social Order*. New York and London: Monthly Review, 1966.

Barber, Michael D. *Ethical Hermeneutics: Rationalism in Enrique Dussel's Philosophy of Liberation*. New York: Fordham University Press, 1998.

Barth, K. *Church Dogmatics*. eds. Geoffrey Bromiley and Thomas F. Torrance. Trans. G. T. Thomson. 5 vols. London and New York: T. & T. Clark, 2004.

_____. *Epistle to the Romans*. trans. Edwyn Hoskyns. London: Oxford University Press, 1933.

_____. *Protestant Theology in the Nineteenth Century*. New edition. Grand Rapids, Mich.: Wm. B. Eerdmans, 2001.

_____. "The Christian Community and the Civil Community (1946)." in *Karl Barth: Theologian of Freedom*, ed. Clifford Green. Minneapolis: Fortress, 1991, 265-296.

Beauchamp Tom L. and James F. Childress. *Principles of Biomedical Ethics*, 3rd ed. New York, Oxford: Oxford University Press, 1989.

Beaud, Michael. *A History of Capitalism 1500-1980*. trans. Tom Dickman and Anny Lefevre. New York: Monthly Review, 1983.

Bedau, Hugo A. ed. *Civil Disobedience: Theory and Practice*. New York: Pegasus Books, 1967.

Bell, Daniel A. ed. *Confucian Political Ethics*. Princeton and Oxford: Princeton University Press, 2008.

Bellah, R. N. *Beyond Belief: Essays on Religion in a Post-Traditionalist World*. Berkeley: University of California Press, 1970.

_____. *Tokugawa Religion: The Cultural Roots of Modern Japan*. New York, N.Y.: The Free Press, 1985.

_____. *The Robert Bellah Reader*. eds. Robert N. Bellah and Steven M. Tipton.

Durham and London: Duke University Press, 2006.

Bellah, R.N. and Hans Jonas. eds. *The Axial Age and its Consequences*. Cambridge, Mass. and London: The Belknap Press of Harvard University Press, 2012.

Benedict, Ruth. *Patterns of Culture*. New York: Houghton Mifflin, 2005.

Bendix, Reinhard. *Max Weber: An Intellectual Portrait*. Berkeley: University of California Press, 1977.

Benjamin, Walter. *Illuminations*. trans. Harry Zohn. New York: Schocken Books, 2007.

Bhabha, Homi. "Of Mimicry and Man: The Ambivalence of Colonial Discourse." *Discipleship: A Special Issue on Psychoanalysis* (Spring, 1984), 125-133. https://www.marginalutility.org/wp-content/uploads/2010/12/01. -Bhabha.pdf

Bieler, A. *La Pensée Économique et Sociale de Calvin*. Paris: Editions Albin Michel, 1961.

_____. *The Social Humanism of Calvin*. trans. Paul T. Furman. Richmond, Va: Johm Knox Press, 1964.

Blurburn, Robin. *An Unfinished Revolution: Karl Marx and Abraham Lincoln*. Brooklyn: Verson, 2011.

Boff, Clodovis. *Theologie und Praxis: Die erkenntnistheoretische Grundlagen der Theologie der Befreiung*. Kaiser: Grunewald, 1986.

Boff, L and C. Boff, *Introducing Liberation* Theology. Maryknoll, N.Y.: Orbis, 1987.

Bonhoeffer, Dietrich. *Ethics*. trans. Neville H. Smith. New York, NY: Simon & Schuster, 1995.

_____. *Creation and Fall: A Theological Exposition of Genesis 1-3*. ed. John W. De Gruchy and trans. Douglas S. Bax. Minneapolis: Fortress, 1997.

Bourdieu, Pierre. *Masculine Domination*. trans. Richard Nice. Stanford, CA: Stanford University Press, 1998.

_____. "Genesis and Structure of the Religious Field." *Comparative Social Research 13* (1991): 1-44.

_____. *Distinction: A Social Critique of the Judgment of Taste*. Cambridge, MA: Harvard University Press, 1984.

Bourdieu, Pierre and Loïc Wacquant. *An Invitation to Reflexive Sociology*. Chicago: University of Chicago Press, 1992.

Brookfield, Stephan D. and Stephen Preskill, *Discussion as a Way of Teaching: Tools and Techniques for Democratic Classrooms*. San Francisco: Jossey-Bass, 2005.

Bryce A. Gayhart, *The Ethics of Ernst Troeltsch: a Commitment to Relevancy*. Lewiston: E. Mellen Press, 1990.

Butler, Judith. *Gender Trouble: Feminism and the Subversion of Identity*. New York: Routledge, 2007.

Calvin, J. *Institutes of the Christian Religion 1*. Ed. John T. McNeil. Philadelphia: The Westminster Press, 1970.

_____. *Commentaries on I and II Timothy, Commentary on Corinthians, Commentaries on Ezekiel, II*, in *The Commentaries of John Calvin, 46 vols*. Grand Rapids, Mich. Baker Book, 1979.

Ceperiano, Arjohn M. et al. "Girl, Bi, Bakla, Tomboy": The Intersectionality of Sexuality, Gender and Class in Urban Poor Contexts." *Philippine Journal of Psychology*, 2016, 49(2).

Cole-Turner, Ronald. Ed. *Beyond Cloning: Religion and the Remaking of Humanity*. Harrisburg: Trinity Press International, 2001.

Colletti, Lucio. *From Rousseau to Lenin: Studies in Ideology and Society*. Trans. John Merrington and Judith White. New York: Monthly Review Press, 1972.

Collins, Patricia H. *Black Feminist Thought: Knowledge, Consciousness and the Politics of Empowerment*, 2nd ed. New York: Routledge, 2009.

Cone, James H. *The Cross and the Lynching Tree*. Maryknoll, New York: Orbis, 2011.

_____. *A Black Theology of Liberation*. Philadelphia and New York: J.B. Lippincott Company, 1970.

Darwin, Charles, *The Origin of Species by Means of Natural Selection* (1872), 6th. New York, N.Y.: Wallachia, 2015.

Dawkins, R. *River Out of Eden*. New York: HarperCollins, 1995.

Diamond, Irene and Lee Quinby. eds. *Feminism & Foucault: Reflections on*

Resistance. Boston: Northwestern University Press, 1988.

Dilthey, W. *Selected Works, IV: Hermeneutics and the Study of History*. Princeton, New Jersey: Princeton University Press, 1996.

Dobb, Maurice. *Studies in the Development of Capitalism*. Rev. ed. New York: International, 1963.

Drescher, Hans-Georg. *Ernst Troeltsch: His Life and Work*. Minneapolis: Fortress, 1993.

Dreyfus, Hubert L. and Paul Rabinow. *Michel Foucault beyond Structuralism and Hermeneutics*, 2nd ed. Chicago: The University of Chicago Press, 1983.

Duchrow, Ulrich. *Alternative to Global Capitalism: Drawn from Biblical History, Designed for Political Action*. Gutersloh: international Books, 1998.

Duchrow, U. and Franz J. Hinkelammert. *Property for People, not for Profit: Alternatives to the Global Tyranny of Capital*. London: Zed, 2004.

Duggan, Lisa. *The Twilight of Equality? Neoliberalism, Cultural Politics and the Attack on Democracy*. Boston: Beacon, 2003.

Durkheim, E. *Montesquieu and Rousseau: Forerunners of Sociology*. Ann Arbor. MI: University of Michigan Press, 1960.

_____. E. *The Division of Labor in Society*. trans. W. D. Halls. New York: The Free Press, 1984.

_____. *Montesquieu and Rousseau*. Ann Arbor: University of Michigan Press, 1960.

_____. *On Morality and Society, Selected Writings*. ed. Robert N. Bellah. Chicago and London: The University of Chicago Press, 1973.

_____. *The Elementary Forms of Religious Life*. trans. Karen E. Fields. New York: The Free Press, 1995.

Dussel, E. *The Invention of the Americas, Eclipse of the Other and the Myth of Modernity*. trans. Michel D. Barber. New York: Continuum, 1995.

Eisenstadt, S. N. *Comparative Civilizations & Multiple Modernities II*. Leiden, Boston: Brill, 2003.

Engels, Friedrich. *Origin of the Family, Private Property, and the State*. Zurich: Hottingen, 1884.

Fanon, Frantz. *The Wretched of the Earth*. trans. Constance Farrington. New York:

Grove Press, 1963.

_____. *Black Skin and White Masks*. trans. Charles Lam Markmann, London: Pluto
　　　Press, 1986.

Fei, Hsiao-tung, *China's Gentry*. Chicago: University of Chicago Press, 1953.

Ferrarello, Susi. *Husserl's Ethics and Practical Intentionality*. London and New
　　　York: Bloomsbury Academic, 2016.

Fletscher, Joseph. *The Ethics of Genetic Control: Ending Reproductive Roulette*.
　　　Garden City, N.Y.: Doubleday, 1974.

Foucault, M. *Discipline and Punish: The Birth of the Prison*. trans. Alan Sheridan.
　　　New York: Vintage/Random House, 1979.

_____. *The History of Sexuality: An Introduction* vol. I, II. trans. Robert Hurley.
　　　New York: Vintage, 1990.

_____. *The Essential Foucault, Selections from Essential Works of Foucault*,
　　　1954-1984. eds. by Paul Rabinow and Nikolas Rose. New York, London:
　　　The New Press, 2003.

_____. *The Archeology of Knowledge and the Discourse on Language*. trans. A.M.
　　　Sheridan Smith. New York: Pantheon, 1972.

Franck andre G. *Dependent Accumulation and Underdevelopment*. New York:
　　　Monthly Review, 1979.

_____. *Capitalism and Underdevelopment in Latin America: Historical Studies
　　　of Chile and Brazil*, rev. ed. New York: Monthly Review, 1968.

Franklin, Julian H. trans and ed. *Constitutionalism and Resistance in the Sixteenth
　　　Century: Three Treatises by Hotman, Beza and Mornay*. New York:
　　　Pegasus, 1969.

Friedman, Milton. *Capitalism and Freedom*. Chicago: University of Chicago Press,
　　　1962.

Friedman, Milton and Rose. *Free to Choose*. New Work: Houghton Mifflin
　　　Harcourt, 1980.

Freirre, Paulo. *Pedagogy of the Oppressed*, trans. Myra Bergman Ramos. New
　　　York and London: Continuum, 2005.

Fukuyama, Francis. *The End of History and the Last Man*. New York: Free, 1992.

Gadamer, Hans. G. *Truth and Method*, 2nd Rev. ed. Joel Weinscheimer and

Donald G. Marshall. New York: Continuum, 2004.

Gaonka, D.P. ed. *Alternative Modernities*. Durham, NC: Duke University Press, 2001.

Garcia, J. Neil C. *Philippine Gay Culture: Binabae to Bakla, Silahis to MSM*. Diliman, Quezon City: The University of the Philippine Press, 1996.

Garner, Richard T. and Bernard Rosen. *Moral Philosophy: A Systematic Introduction to Normative Ethics and Meta-Ethics*. New York: Macmillan, 1967.

Geertz, Clifford. *The Interpretation of Cultures*. New York: Basic Books, 1973.

Gollwitzer, Helmut. *Krummes Holz aufrechter Gang: Zur Frage nach dem Sinn des Lebens*. Munich: Kaiser Verlag, 1985.

_____. *Auch das Denken darf dienen: Aufsätze zu Theologie und Geistesgeschichte*, I. ed. F. W. Marquardt. Munich: Chr. Kaiser, 1988.

_____. "Why Black Theology." *Union Seminary Quarterly Review 31*. no. 1 (1975), 38-58.

_____. *Umkehr und Revolution: Aufsätze zu christlichen Glauben und Marxismus 1*, ed. Christian Keller. Munich: Chr. Kaiser, 1988.

_____. ···*dass Gerechtigkeit und Friede sich küssen: Aufsätze zur politischen Ethik 1*. Ed. Andreas Pangritz. Munich: Chr. Kaiser, 1988.

_____. *An Introduction to Protestant Theology*. trans. David Cairns. Philadelphia: Westminster, 1978.

Gorovitz, Samuel, et al. *Moral Problems in Medicine*. Englewood Cliffs, N.J.: Prentice-Hall, 1976.

Gould, Stephen J. *An Urchin in the Storm: Essays about Books and Ideas*. New York: Penguin Books, 1987.

_____. *The Mismeasure of Man*. New York: Norton, 1981.

Graham, Fred W. *The Constructive Revolutionary: John Calvin and His Socioeconomic Impact*. Lansing: Michigan State University Press, 1987.

Gramsci, A. *Selections from Prison Notebooks*. ed. and trans. Quentin Hoare and Geoffrey Notwell Smith. London: ElecBok, 1999.

_____. "The Revolution against 'Capital'(1917)." https://www.marxists.org/archive/gramsci/1917/12/revolutionagainst-capital.htm.

Green, Clifford. ed. *Karl Barth: Theologian of Freedom*. Minneapolis: Fortress, 1991.

Guha, Ranajit and Gayatri Chakravorty Spivak. *Selected Subaltern Studies*. New York: Oxford University Press, 1988.

Gustafson, James M. *Ethics from a Theocentric Perspective I: Theology and Ethics*. Chicago: The University of Chicago Press, 1981.

_____. *Ethics from a Theocentric Perspective II: Ethics and Theology*. Chicago and London: The University of Chicago Press, 1984.

Guter, Bob and John R. Killacky. eds. *Queer Crips: Disabled Gay Men and Their Stories*. Harrington Park Press, 2004.

Gutierrez, G. *Las Casas: In Search of the Poor of Jesus Christ*. Orbis, 1993.

Habermas, Jürgen. *The Theory of Communicative Action I: Reason and the Realization of Society*. trans. Thomas McCarthy. Boston: Beacon, 1984.

_____. *The Theory of Communicative Action: Lifeworld and System: A Critique of Functional Reason II*. trans. Thomas McCarthy. Boston: Beacon, 1987.

_____. *Theory and Practice*. trans. John Viertel. Boston: Beacon Press, 1973.

_____. *Between Naturalism and Religion: Philosophical Essays*. trans. Ciaran Cronin. Malden, MA: Polity Press, 2008.

_____. *Legitimation Crisis*. trans. Thomas McCarthy. Boston: Beacon, 1992.

_____. *The Structural Transformation of the Public Sphere: An Inquiry into a Category of Bourgeois Society*. Polity, Cambridge, 1989.

_____. *Knowledge and Human Interests*. Boston: Polity Press, 1987.

_____. "Der Universalitäsanspruch der Hermeneutik (1970)." in J. Habermas, *Zur Logik der Sozialwissenschaften*. Frankfurt am Main: Suhrkamp, 1985. 331-366.

Halperin, David. "Homosexuality: A Cultural Construct. An Exchange with Richard Schneider." in *One Hundred Years of Homosexuality and Other Essays on Greek Love*. New York: Roudedge, 1990.

Hardt, Michael and Antonio Negri. *Empire*. Cambridge, Mass.: Harvard University Press, 2000.

Harvey, Peter. *An Introduction to Buddhist Ethics*. Cambridge: Cambridge

University Press, 2000.

Hefner Philip. *The Human Factor: Evolution, Culture and Religion.* Minneapolis: Fortress, 1993.

Hegel, G.W. F. *Lectures on the Philosophy of Religion,* I-III. ed. and trans. Peter C. Hodgson et al. Berkeley and Los Angeles, 1984-1987.

_____. *The Phenomenology of Mind.* trans. J.B Baillie. Mineola, New York: Dover Publications, 2003.

_____. *Philosophy of Right.* trans. S.W. Dyde. Kitchener, Ontario: Batoche Books, 2001.

Hick, John. *God has Many Names.* Philadelphia: The Westminster Press, 1982.

Hinkelammert, Franz J. *The Ideological Weapons of Death: A Theological Critique of Capitalism.* Maryknoll, NY: Orbis, 1986.

Holmes, Mary. *What is Gender? Sociological Approaches.* London: Sage publications, 2007.

Honneth, Axel. *The I in We: Studies in the Theory of Recognition.* Cambridge: Polity, 2012.

Horkheimer, M. *Critical Theory Selected Essays Max Horkheimer.* trans. Matthew J. O'Connel and Others. New York: The Seabury Press, 1972.

_____. *Eclipse of Reason.* Oxford: Oxford University Press, 1947.

Horkkeimer, M and Theodore W. Adorno. *Dialectic of Enlightenment.* trans. Matthew J. O'Connel and Others. New York: The Seabury Press, 1972.

Hubbard, Thomas K. ed. *Homosexuality in Greece and Rome: A Sourcebook of Basic Documents.* Berkeley: University of California Press, 2003.

Husserl, Edmund. *The Essential Husserl: Basic Writings in Transcendental Phenomenology.* ed. by Donn Welton. Bloomington and Indianapolis: Indiana University Press, 1999.

Hwang WS et al. "Evidence of a pluripotent human embryonic stem cell line derived from a cloned blastocyst." *Science* 2004; 303, 5664: 1669-1674.

Jagose, Annamarie. *Queer Theory: An Introduction.* New York: New York University Press, 2005.

Jalbert, John E. "Husserl's Position between Dilthey and the Windelband-Rickert School of Neo-Kantianism." *Journal of the History of Philosophy* 26 (2)

(1988), 279-296.

Jason, Throop, C. and Keith M. Murphy, "Bourdieu and Phenomenology: A Critical Assessment." *Anthropological Theory* Vol 2 (2).

Jaspers, Karl. *The Origin and Goal of History.* trans. M. Bullock. New Haven and London, Yale University Press, 1953.

Jessop, Bob. *The Capitalist State: Marxist Theories and Methods.* Oxford: Martin Robertson, 1982.

Jun Uchida, *Brokers of Empire: Japanese Settler Colonialism in Korea,* 1876-1945 Cambridge: Harvard University Asia Center, 2011.

Kant, Immanuel. *Critique of the Power of Judgment.* trans. Paul Guyer and Eric Matthews. Cambridge: Cambridge University Press, 2000.

Kaufmann, Gordon D. *In Face of Mystery*: A Constructive Theology. Cambridge, Mass.: Harvard University Press, 1993.

Keller. Evelyn F. *The Century of the Gene.* Mass., Cambridge: Harvard University Press, 2000.

Kellner, Douglas. ed. *Baudrillard: A Critical Reader.* Oxford and Cambridge: Blackwell, 1994.

King, Ursula. ed. *Religion and Gender.* Oxford and Cambridge: Blackwell, 2005.

Knitter, Paul F. *No Other Name?: A Critical Survey of Christian Attitudes Toward the World Religions.* Maryknoll: Orbis, 1996.

Kojeve, Alexandre. *Introduction to the Reading of Hegel: Lectures on the Phenomenology of Spirit.* ed. Allan Bloom and trans. James H. Nichols, Jr. Ithaca. NY: Cornell University Press, 1969.

Las Casas, B. *Indian Freedom: The Cause of Bartolome de las Casas.* NewYork: Sheed & Ward, 1995.

Leezenbeerg, Michiel. "Power and Political Spirituality: Michel Foucault on the Islamic Revolution in Iran." in *Michel Foucault and Theology: The Politics of Religious Experience.* eds. James Bernauer and Jeremy Carrette. Hampshire, Burlington: Ashgate, 2004.

Lehmann, Paul. *Ethics in a Christian Context.* New York and Evanston: Harper & Row, 1963.

Lenin, V.I. *The State and Revolution: The Marxist Teaching on the State and the*

Tasks of the Proletariat in the Revolution. Foreign Language Press: Peking, 1976.

Levinas, E. *Ethics and Infinity: Conversations with Philippe Nemo.* trans. Richard A. Cohen. Pittsburgh: Duquesne University Press, 1985.

_____. *Basic Philosophical Wrings.* eds. Adrian T. Peperzak, et al. Bloomington and Indianapolis: Indiana University Press, 1996.

Lindbeck, George A. *The Nature of Doctrine: Religion and Theology in a Postliberal Age.* Louisville, Kentucky: Westminster John Knox Press, 1984.

Loomba, Ania. *Colonialism, Postcolonialism.* London: Routledge, 1998.

Luxemburg, Rosa. *The Accumulation of Capital*, ed. Kenneth J. Tarbuck, and trans. Rudolf Wichmann. New York and London: Monthly Review Press, 1972.

Machiavelli, *The Prince.* ed. Philip Smith. Mineola, New York: Dover Publications, 1992.

MacIntyre, Alasdair. *After Virtues,* second edition. Notre Dame, Indiana: University of Notre Dame Press, 1984.

Malešević, Siniša. *The Sociology of War and Violence.* Cambridge: Cambridge University Press, 2010.

Mandel, Ernest. *The Formation of the Economic Thought of Karl Marx.* New York and London: Monthly Review Press, 1971.

_____, *Marxist Economic Theory I and II.* trans. Brian Pearce. New York and London: Monthly Review Press, 1968.

_____. *Late Capitalism.* trans. Joris De Bres. London, New York: Verso, 1975.

Margulis, Lynn and Dorion Sagan. *Microcosmos.* New York: Summit, 1986.

Marquardt, F.W. *Eia, warn wir da — eine theologische Utopie.* Gutersloh: Chr. Kaiser/Gutersloher Verlagshaus, 1997.

_____. "Gott oder Mammon über Theologie und Okonomie bei Martin Luther." *Einwürfe I*, Munich: Chr. Kaiser, 1983.

Marx, Karl. *Capital: A Critique of Political Economy, I, III.* trans. Ben Fowkes. London and New York: Penguin, 1990.

_____. *Karl Marx Selected Writings.* ed. David McLellan. New York: Oxford University Press, 1988.

Marx, Karl. "Revolution in China and In Europe." New York Daily Tribune, June 14, 1853.

   https://www.marxists.org/archive/marx/works/ 1853/06/14.htm.

Marx, K. and Frederick Engels. "Address of the Central Committee to the Communist League" (1850).

   https://www.marxists.org/archive/marx/works/1847/commun-ist-league/1850-ad1.htm.

Massey. Douglas S. and Nancy A. Denton. *American Apartheid: Segregation and the Making of the Underclass*. Cambridge, M.A: Harvard University Press, 1993.

McCann, Dennis. *Christian Realism and Liberation Theology: Practical Theologies in Creative Conflict*. Eugene, OR: 1981.

McCarthy, Thomas. *Race, Empire and the Idea of Human Development*. Cambridge: Cambridge University Press, 2010.

McMaken, W. Travis. *Our God Loves Justice: An Introduction to Helmut Gollwitzer*. Minneapolis: Fortress, 2017.

Miller, Kenneth R. *Finding Darwin's God: A Scientist's Search for Common Ground between God and Evolution*. New York: Harper, 2007.

Moltmann, J. *God for a Secular Society: The Public Relevance of Theology*, trans. Margaret Kohl. Minneapolis: Fortress, 1999.

Niebuhr, H.R. *The Responsible Self: An Essay in Christian Moral Philosophy*. Louisville, Kentucky: Westminster John Knox Press, 1999.

_____. *Christ and Culture*. New York: Harper & Row, 1951.

_____. *Radical Monotheism and Western Culture*. Louisville, Kentucky: Westminster/John Knox Press, 1970.

_____. *The Essential Reinhold Niebuhr Selected Essays and Addresses*. ed. Robert McAfee Brown. New Haven and London: Yale University Press, 1986.

Nitobe, Inazo. "Bushido: The Soul of Japan." *Collected Works of Nitobe Inazo vol. 12*. Tokyo: Kyobunkan, 1999-2001 [1899].

Nolan, Patrick and Gerhard Lenski. *Human Societies: An introduction to Macrosociology*. Boulder and London: Paradigm Publishers, 2006.

Norton, Ben. "Obama Admits Bipartisan Neoliberal 'Washington Consensus' Fueled Far-Right and Multiplied Inequality." https://bennorton. com/obama-neoliberal-washington-consensus-far-right- inequality/.

Nozick, Robert. *Anarchy, State and Utopia*. New York: Basic Books, 1974.

Ott, Michael R. *Max Horkheimer's Critical Theory of Religion: The Meaning of Religion in the Struggle for Human Emancipation*. Lanham: University Press of America, 2001.

Otto, R. *The Idea of the Holy*. Oxford: Oxford University Press, 1958.

Pangritz, Andreas. *Der ganz andere Gott will eine ganz andere Gesellschadt: Das Lebenswerk Helmut Gollwitzers* (1908-1993). Stuttgart: Verlag W. Kohlhammer, 2018.

Peacocke, Arthur R. *Creation and the World of Science*. Oxford: Clarendon, 1979.

Percy III, William Amstrong. *Pedrasty and Pedagogy in Archaic Greece*. Illinois: University of Illinois Press, 1996.

Peters, Ted. *The Stem Cell Debate*. Minneapolis: Fortress, 2007.

_____. *Science, Theology and Ethics*. Burlington: Ashgate, 2003.

_____. Ed. *Genetics: Issues of Social Justice*. Cleveland: The Pilgrim Press, 1998.

Poulantzas, Nicos. *State, Power, Socialism*. London and New York: Verso, 2000.

Radcliffe-Brown, A.A. *Structure and Function in Primitive Society*. New York: The Free Press, 1952.

Ramsey, Paul. *Basic Christian Ethics* (1950). Louisville, Kentucky: Westminster/ John Knox Press, 1993.

_____. *Fabricated Man: The Ethics of Genetic Control*. New Haven: Yale University Press, 1970.

Rendtorff, Trutz. *Ethics I: Basic Elements and Methodology in an Ethical Theology*. trans. Keith Crim. Philadelphia: Fortress Press, 1986.

Rifkin, J. Algeny. *A New Word   A New World*. New York: Penguin Books, 1984.

Riley, Dylan. "Bourdieu's Class Theory: The Academy as Revolutionary." *Catalyst* Vol.1. Nr. 2. (Summer 2017): 117-136.

Said, Edward. *The Edward Said Reader*. eds. Moustafa Bayoumi and Andrew Rubin. New York: Vintage, 2000.

Sandel, Michael J. *Justice. What's the Right Thing to Do?* New York: Farrar, Straus and Giroux, 2009.

Schmidt (1997). "Rediscovering Manchuria: Shin Ch'aeho and the Politics of Territorial History in Korea." *The Journal of Asian Studies 56*(1), 26-46.

Schutz, Alfred. *The Phenomenology of the Social World.* trans. George Walsh and Frederick Lehnert. Evanston, Illinois: Northwestern University Press, 1967.

Segundo, Juan Luis. *Faith and Ideologies.* trans. John Drury. Maryknoll. Orbis, 1984.

Sharot, Stephen. *A Comparative Sociology of World Religions: Virtuosos, Priests and Popular Religion.* New York and London: New York University Press, 2001.

Shwarz, David. *Culture and Power: The Sociology of Pierre Bourdieu.* Chicago: The University of Chicago Press, 1997.

Silve, Lee. *Remaking Eden: How Genetic Engineering and Cloning Will Transform the American Family.* New York: Avon Books, 1998.

Spence, Jonathan D. *God's Chinese son: the Taiping Heavenly Kingdom of Hong Xiuquan.* New York: W.W. Norton, 1996.

Spencer, Herbert. *Social Statics: The Conditions Essential to Human Happiness Specified and the First of Them Developed.* New York: S. Appleton, 1864.

Spivak, Gayatri Chakravorty. "Can the Subaltern Speak?" *Colonial Discourse and Postcolonial Theory: A Reader.* ed. Patrick Williams. New York: Columbia University Press, 1994.

Stalin, J. V. *The Foundations of Leninism.* Peking: Foreign Language Press, 1975.

Sweezy, Paul M. *The Theory of Capitalist Development: Principles of Marxian Political Economy.* New York and London: Monthly Review Press, 1942.

Tanner, Kathryn, *Theories of Culture: A New Agenda for Theology.* Minneapolis: Fortress, 1997.

Throop, C. Jason and Keith M. Murphy. "Bourdieu and Phenomenology A Critical Assessmen." *Anthropological Theory* Vol. 2^2, (2002): 185–207.

Tikhonov, Vladimir *Modern Korea and Its Others.* London and New York: Routledge, 2015.

_____. *Social Darwinism and Nationalism in Korea: the Beginnings*

(1880s-1910s): "Survival" as an Ideology of Korean Modernity. Leiden: Brill, 2010.

Tillich, Paul. *Systematic Theology 1.* Chicago: The University of Chicago Press, 1951.

_____. *Theology of Culture.* Oxford: Oxford University Press, 1964.

_____. *The Socialist Decision.* trans. Franklin Sherman. New York and San Francisco: Harper & Row, 1977.

Tracy, David. *The Analogical Imagination: Christian Theology and the Culture of Pluralism.* New York: Crossroad, 2000.

Troeltsch, Ernst. *The Social Teaching of the Christian Churches I, II.* trans. Olive Wyon. Louisville: Westminster John Knox, 1992.

_____. *The Christian Faith.* ed. Gertrud von le Fort, trans. Garrett E. Paul. Minneapolis: Fortress.

_____. *Religion in History: Ernst Troeltsch.* trans, James L. Adams and Walter F. Bense. Minneapolis: Fortress, 1991.

_____. *The Absoluteness of Christianity and the History of Religion.* trans. David Reid. Louisville, Kentucky: Westminster John Knox Press, 1971.

_____. "The Place of Christianity among the World Religions." in *Christian Thought: Its History and Application.* ed. Friedrich Hügel. London: University of London Press, 1923.

Vujacic, Veljko, "Stalinism and Russian Nationalism: A Reconceptualization." *Post-Soviet Affairs*, 2007, 23, 2, 161.

Wade, Nicholas. *The Ultimate Experiment: Man-Made Evolution.* New York: Walker and Co., 1977.

Wallerstein, I. *The Capitalist World-Economy: Essays by Immanuel Wallerstein.* Cambridge: Cambridge University Press, 1979.

_____. Modern World-System1: *Capitalist Agriculture and the Origins of the European World-Economy in the Sixteenth Century.* Oakland, CA. University of California Press, 2011.

_____. *Eurocentrism and its Avatars: The Dilemmas of Social Science.* https://iwallerstein.com/wp-content/uploads/docs/NLREURAV.PDF.

Weber, M. *Weber Selections in Translation.* ed. W. G. Runciman and trans. Erich

Matthews. Cambridge: Cambridge University Press, 1978.

_____. *From Max Weber: Essays in Sociology*. ed. and trans. H. H. Gerth and C. Wright Mills. New York: Oxford University Press, 1946.

_____. *The Protestant Ethic and the Spirit of Capitalism*. trans. Talcott Parsons. Mineola, N.Y.: Dover, 2003.

_____. *Economy and Society*. eds. Gunther Roth and Claus Wittich. Berkeley: University of California Press, 1978.

_____. *The Sociology of Religion*. trans. Ephraim Fischoff. Boston: Beacon Press, 1964.

_____. *Weber Selections in Translation*. ed. W.G. Runciman and trans. Erich Matthews. Cambridge: Cambridge University Press, 1978.

Wendel, F. *Calvin: Origins and Development of His Religious Thought*. trans. Philip Mairet. Durham, NC: Labyrinth, 1987.

West, Cornel. *Race Matters*. New York: Vintage Books, 1994.

Williams, Craig. A, *Roman Homosexuality*. Oxford: Oxford University Press, 1999.

Wilmut, Ian et al. *The Second Creation*. New York: Farrar, Straus and Giroux, 2000.

Wilson. Edward O. *Sociobiology: The New Synthesis*. Cambridge: Harvard University Press, 1975.

신체 권력 625, 628
심정윤리 473, 474, 476, 478, 484, 491, 511,
　　528, 529, 553, 559, 585, 590, 591, 593,
　　600, 602, 606, 610

ㅇ
아남네시스 162, 175, 176, 199, 200, 692,
　　695, 698
아우슈비츠 245, 275, 634, 637, 647
언어게임 627, 728
오리엔탈리즘 635
유전공학 559, 688, 694, 732
유효한 역사 636, 692, 716
이념형 344, 486, 492, 496
이데올로기 비판 183
이론적 실천 720
인식론적 파열 687, 688, 722
인종 파시즘 568

ㅈ
자본주의 정신 337, 338, 340, 341, 344, 345,
　　348, 394, 434, 437, 440, 441, 455, 466,
　　468, 490, 491, 548-551, 577, 578, 586
자본주의 혁명 581, 594, 608, 609, 629, 630
전적 타자 159, 251, 282-284, 358, 362, 363,
　　368, 377, 560, 564, 695, 705, 720
접합이론 609
제국주의 344, 401, 576, 577, 579, 594-597,
　　607-609
존재의 집 565, 631

ㅋ
카리스마 314, 343, 374, 473, 474, 476, 558,
　　584, 588, 593, 600, 602
칼뱅주의 458

ㅍ
파레시아 378, 379, 592, 611, 648
판단 중지 630, 631
판단력 비판 413, 677
페드라스티 625
프로렙시스 237, 687, 689-693, 695-698,
　　705, 710, 711, 713-716, 721, 722, 731
프랑스 혁명 399, 604, 605, 609, 635

ㅎ
하나님의 혁명 7, 10, 303, 354, 373, 376, 546,
　　551, 553, 608
하위 계급 559, 593
해방신학 273, 405, 629
헤게모니 594, 596
홀로코스트 376, 566, 586, 639, 642, 649,
　　650
회복의 정의 400, 402

공공신학과 정의론 3

칼 바르트와 공공신학

— 새로운 출발·복음적 진보 신학과 교회 실천

2023년 12월 27일 처음 펴냄

지은이 | 임창세
펴낸이 | 김영호
펴낸곳 | 도서출판 동연
등 록 | 제1-1383호(1992. 6. 12.)
주 소 | 서울시 마포구 월드컵로 163-3
전 화 | (02)335-2630
전 송 | (02)335-2640
이메일 | yh4321@gmail.com

Copyright ⓒ 임창세, 2023

ISBN 978-89-6447-978-0 94200
ISBN 978-89-6447-653-6 94200(공공신학 시리즈)